AF393301

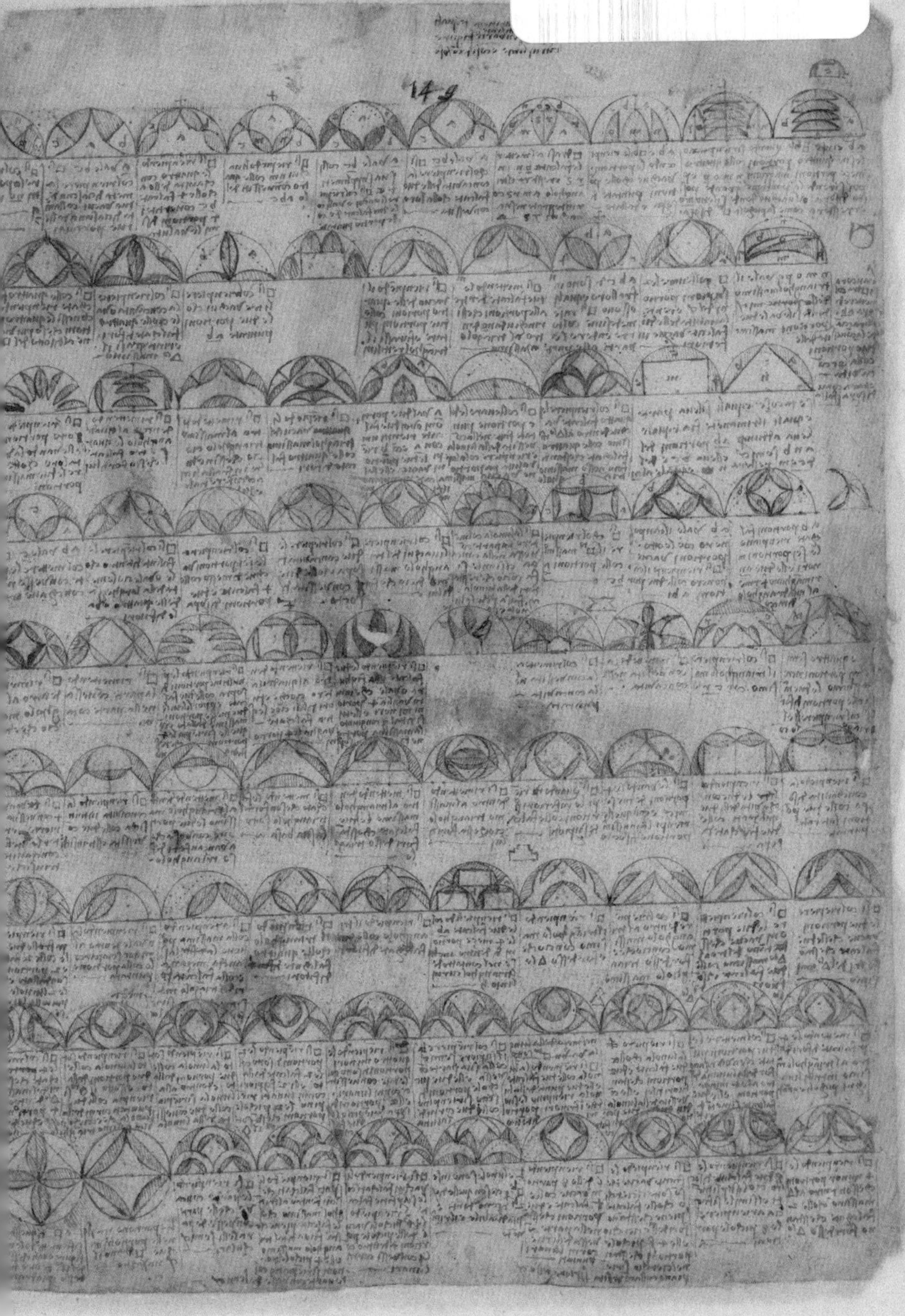

Bernd Roeck

Leonardo

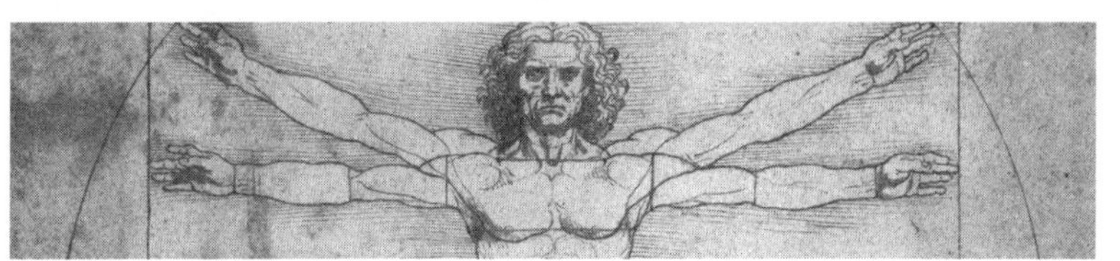

Bernd Roeck

Leonardo

Der Mann, der alles wissen wollte

Biographie

C.H.Beck

Für Gabi

1. Auflage. 2019
2., durchgesehene Auflage. 2019

Vorsatz: Leonardo da Vinci, Kreissegmente, 1513–1518,
Feder auf Papier, 64,5 × 43,5 cm (je Blatt),
Codex Atlanticus, fol. 455r, Mailand, Biblioteca Ambrosiana

Mit 104 Abbildungen, davon 32 in Farbe

3., durchgesehene Auflage. 2019
© Verlag C.H.Beck oHG, München 2019
Satz: Janß GmbH, Pfungstadt
Druck und Bindung: GGP Media GmbH, Pößneck
Gedruckt auf säurefreiem, alterungsbeständigem Papier
(hergestellt aus chlorfrei gebleichtem Zellstoff)
Printed in Germany
ISBN 978 3 406 73509 7

www.chbeck.de

Inhalt

Vorwort

Manchmal gab sich Leonardo bescheiden. Im Entwurf zu einem Vorwort für sein Buch über die Malerei schrieb er: «Da ich sehe, daß ich keinen Gegenstand von großem Nutzen oder Vergnügen behandeln kann, weil die vor mir Geborenen ihrerseits schon alle nützlichen und notwendigen Themen aufgegriffen haben, werde ich es wie einer machen, der sich aus Armut als Letzter auf dem Markt einfindet. Und da er sich nicht mit anderem versehen kann, nimmt er alle Dinge, die andere schon gesehen und nicht genommen, sondern wegen ihres geringen Werts verschmäht haben.»[1] Modernen Biographinnen und Biographen Leonardos ergeht es kaum anders. Seine Zeichnungen und Gemälde sind publiziert, die Schriftquellen ediert, viele davon wurden in modernes Italienisch und oft auch in andere Sprachen übertragen. Die Forschung hat sie hin- und hergewendet, ganze Bibliotheken mit Spezialliteratur gefüllt. Was also wird ein armer Historiker noch finden an Nützlichem und Vergnüglichem auf dem abgeräumten Markplatz von Vinci?

Er kann sich, wie es seinem Beruf entspricht, an eine kritische Auseinandersetzung mit der Überlieferung machen. Eben das hat der Autor dieser Biographie unternommen. Die vorwiegend italienischen oder lateinischen Quellen wurden neu übersetzt, dabei aber stilistisch nicht geglättet (was Wortwiederholungen und gelegentlich umständliche Satzbauten nach sich zog). Die Menschen der Renaissance sollten sprechen, nicht ihre Dolmetscher. Leonardo selbst präsentiert sich selten als großer Stilist, die Übertragungen verschleiern es nicht. Er schrieb holprig nicht aus mangelnder Begabung, sondern weil ihm Zeit, Lust oder beides fehlten, sich an die erforderliche Feilarbeit zu machen. Das meiste, was von ihm blieb, sind ohnedies nur Entwürfe, Ideenskizzen und Kritzeleien. Aus dem Durcheinander der Textfragmente funkeln dann aber doch immer wieder glanzvolle Passagen, denen die Literatur der Zeit wenig Gleichrangiges an die Seite zu stellen hat: die Hymnen an die Sonne und an das Auge, einige Landschaftsschilderungen, die Sintflutphantasmagorien – Texte, die eigentlich Gemälde sind.

Wir wollen nicht nur berichten, was man weiß, sondern ebenso, was man nicht weiß. Stets sollten die Probleme, die sich aus der Existenz einander scheinbar widersprechender Quellen ergeben, nachvollziehbar bleiben – so bei der Entstehungsgeschichte der beiden Versionen der «Madonna in der Felsengrotte» oder dem Rätsel der «neapolitanischen Mona Lisa». Allzuoft wurden und werden Lücken oder Widersprüche in der Überlieferung dazu genutzt, kühne, manchmal vollkommen absurde Thesen zu konstruieren. Auf «Nonsens-Leonardismus» solcher Art geht dieses Buch nur nebenbei ein. Allein der berühmtesten Fehldeutung, der die Psyche des Meisters aus Vinci unterzogen wurde, der Analyse Sigmund Freuds, ist ein längerer Abschnitt gewidmet. Dafür wollen wir versuchen, Leserinnen und Leser mit dem «fremden Denken» der Renaissance, dessen Spuren sich auch in Leonardos Aufzeichnungen finden, vertraut zu machen. Wenngleich Leonardo seine Zeit überragte, war er doch in vieler Hinsicht in ihr befangen.

Fachkundigen wird nicht entgehen, daß die vorliegende Biographie einige neue Thesen vorträgt und Akzente setzt, die der Forschungstradition widersprechen. Unter anderem bietet sie eine bisher nicht erwogene Rekonstruktion der Geschichte von Leonardos «Anna Selbdritt» und eine, wie ich hoffe, überzeugende Version der Schicksale der beiden «Felsgrotten-Madonnen». Einem von Leonardos Patronen, dem Staatssekretär Florimond Robertet «dem Großen», wird eine bedeutendere Rolle zugeschrieben als in der älteren Literatur. Wichtiger als diese und einige weitere Retuschen am Forschungsstand erschien aber die Rekonstruktion der kreativen Prozesse, die sich in Schriften, Zeichnungen und Bildern konkretisieren. Sie lassen sich dank einer reichen Überlieferung ausgerechnet im Fall des geheimnisumwitterten Leonardo genauer erschließen als bei jedem anderen Künstler nicht nur der Renaissance, sondern der frühen Neuzeit überhaupt. Ein mit modernen forensischen Methoden erarbeitetes Phantombild, das Leonardos mutmaßliches Äußeres wiedergibt, wird es erleichtern, sich den «echten» Leonardo aus Fleisch und Blut zu vergegenwärtigen. Die Leserschaft wird in diesem Buch einem gutaussehenden Mann begegnen, der sich gepflegt kleidete, von Sex viel und von Liebe noch mehr verstand, der gerne Wein trank, Schnurren erzählte und Zoten zum besten gab – dem, wie man so sagt, nichts Menschliches fremd war.

Das Fahndungsfoto ist insofern Programm, als dieses Buch sich nicht nur mit dem Gelehrten, dem Erfinder und Künstler Leonardo da Vinci beschäftigen wird. Leserinnen und Leser sollen auch an seinem Alltag teilhaben. Sie werden mit ihm vegetarische Gerichte speisen und sich seine Gesundheitstips zu Gemüte führen, an seiner Seite die sommerliche Toskana durchstreifen und ihn nach Venedig, Rom und an die Loire begleiten. In seiner Werkstatt in Mailands «Altem Hof» können sie ihm beim Anrühren von Farben, beim Mixen von Lasuren und natürlich beim Malen – mit Pinseln aus Eichhörnchenhaar und mit den Fingern – zusehen. Sie werden von den Beziehungsnetzen erfahren, die Leonardos steile Karriere trugen, und die Dukaten in seinem Geldbeutel zählen können. Gelegentlich sind sie zu Festen und Turnieren im Florenz Lorenzos des Prächtigen geladen, auch im Mailänder Sforza-Kastell und in Schloß Amboise. Leonardo hat für solche Anlässe Roboter und andere Apparate konstruiert, Kulissen und Kostüme entworfen.

Das Personenverzeichnis jeder Leonardo-Biographie gleicht einem Who's who der Hochrenaissance. So wird die Leserschaft vielen interessanten Leuten begegnen, zum Beispiel dem Notar Ser Piero, Leonardos vitalem Vater, seinem Lehrer Andrea del Verrocchio und den Jahrhundertmännern Bramante, Michelangelo und Raffael. Machiavelli und das Monster aller Renaissance-Monster, Cesare Borgia, streifen durch die folgenden Seiten, dazu illustre Patrone: Heerführer und Herzöge, zwei französische Könige und ein Papst, Leo X. Schöne und mächtige und manchmal dennoch unglückliche Frauen werden Rendezvous gewähren: die «wilde Tigerin» Ginevra Benci, Ludovico Sforzas Mätressen Cecilia Gallerani und Lucrezia Crivelli, auch Isabella d'Este, die kapriziöse Markgräfin von Mantua. Auf Caterina, Leonardos schattenhafte Mutter, können wir nur flüchtige Blicke werfen. Aber wir werden seinem berühmtesten Modell, Lisa del Giocondo aus Florenz, gegenüberstehen und Voyeure sein, wenn sie sich mit Schneckenwasser – einem Kosmetikum für Hartgesottene – zu verschönern trachtet. Zum Personal des Buches zählen schließlich neben anderen der lockenhaarige Salai, Geselle und vielleicht Bettgenosse seines Meisters, der legendenumwitterte «Zoroastro» Tommaso Masini und Francesco Melzi, Leonardos engster Freund in den späten Jahren.

Umgang mit Leonardo da Vinci bedeutet, sich nicht nur auf einen großen Künstler, sondern zugleich auf einen universalen Geist einzulassen – auf einen Mann, der tatsächlich alles wissen wollte. So sehen wir ihm zu, wenn er Experimente anstellt, geometrische Figuren entwirft und Naturgesetze zu ergründen sucht. Wir blicken ihm über die Schulter, wenn er Waffen, einen Bratenwender oder einen Flugapparat ersinnt, den Kosmos ins Visier nimmt oder Leichen seziert. Vor allem aber werden Leserinnen und Leser teilhaben an der Entwicklung großer Projekte, an großem Scheitern auch und dann doch an der Entstehung einiger der bedeutendsten Werke der Weltkunst.

Die letzte intimere Begegnung mit Originalen des Meisters aus Vinci war mir im Verlauf der Vorbereitungen für die Ausstellung «Europa in der Renaissance» gewährt, die das Schweizer Nationalmuseum 2016 veranstaltete. Als Kurator der Schau durfte ich in Schloß Windsor Blätter mit Entwürfen Leonardos für die «Anghiari-Schlacht» auswählen. Sie sollten neben einer großformatigen Rekonstruktion, die einen Eindruck von Leonardos Gesamtkonzept vermittelte, gezeigt werden. Ich danke Dr. Martin Clayton (Windsor) für die damals gewährte Unterstützung, ebenso Albert Boesten-Stengel (Universität Torún), dem Autor der Rekonstruktion von Leonardos ursprünglicher Bildidee. Sie wird in diesem Buch mit Alberts freundlicher Zustimmung erstmals veröffentlicht. Dank gebührt außerdem Dr. Grit Schüler (Sicherheitsdirektion/Forensisches Institut Zürich), die mit Begeisterung und Professionalität dem seltsamen Ansinnen nachkam, die Physiognomie eines Mannes zu ermitteln, der seit einem halben Jahrtausend flüchtig ist. Sie hat dem Buch zudem einige im Anhang abgedruckte Erläuterungen zur dabei praktizierten Methode beigesteuert. Eine vorbereitende Version – den «rasierten Leonardo» –

erarbeitete Sarah Steinbacher (Scientific Visualization and Visual Communication, Universität Zürich). Für Gespräche und Hinweise dankt der Autor weiterhin Rainer Babel (Paris), Szilvia Bodnár (Budapest), Peter Burke (Cambridge), Tatiana Crivelli und Andreas Maercker (beide Zürich), Sergiusz Michalski (Tübingen), Priscilla Roeck (Budapest), Tassilo Roeck und Klaus F. Steinsiepe (beide Zürich). Lucia Staiano-Daniels (Los Angeles) gewährte Einblick in ihre noch unpublizierte Dissertation. Bei der Beschaffung von Büchern halfen Mitarbeiterinnen und Mitarbeiter am Zürcher Lehrstuhl: Noemi Bearth, Rosemary Bor – die auch beim Korrekturlesen mitwirkte –, Jose Cáceres-Mardones und Stephan Sander-Faes. Jose erstellte daneben eine Fotomontage, die meine hypothetische Rekonstruktion der ursprünglich geplanten Hängung der «Anna Selbdritt» in der Priorenkapelle des Palazzo Vecchio in Florenz veranschaulicht.

Die bewährte Zusammenarbeit mit dem Haus C.H.Beck in München fand mit diesem Buch auf gewohnt angenehme Weise ihre Fortsetzung. Der Autor dankt Detlef Felken, Beate Sander, Christa Schauer, Susanne Simor, Katrin Maria Dähn und nicht weniger Jonathan Beck für das Vertrauen, das er dem Autor entgegenbrachte, indem er dessen «Leonardo» in das Programm seines Verlages aufnahm. Besonders herzlicher Dank gebührt Stefanie Hölscher, ohne deren Lektorat das Buch viel schlechter wäre. Der Verlag akzeptierte zudem eine gewisse Überschreitung des ursprünglich geplanten Umfangs und zählt damit gewiß nicht zu jenen «abbreviatori», die Leonardo einmal geschmäht hat: «Die Verkürzer der Werke fügen dem Wissen und der Liebe Schmach zu, dieweil die Liebe zu etwas die Tochter von dessen Erkenntnis ist; und die Liebe» – damit meint Leonardo wohl wissenschaftlichen Eros – «ist umso glühender, je sicherer das Wissen ist. Und ebendiese Gewißheit entsteht aus der vollständigen Kenntnis all jener Teile, welche, zusammen vereint, das Ganze jener Dinge bilden, die geliebt werden müssen».[2] Den «ganzen Leonardo» könnte dieses Buch freilich auch dann nicht erzählen, wenn es tausend Seiten hätte.

Gewidmet sei es meiner Frau, wie alles Übrige von mir.

Zürich, Ende August 2018

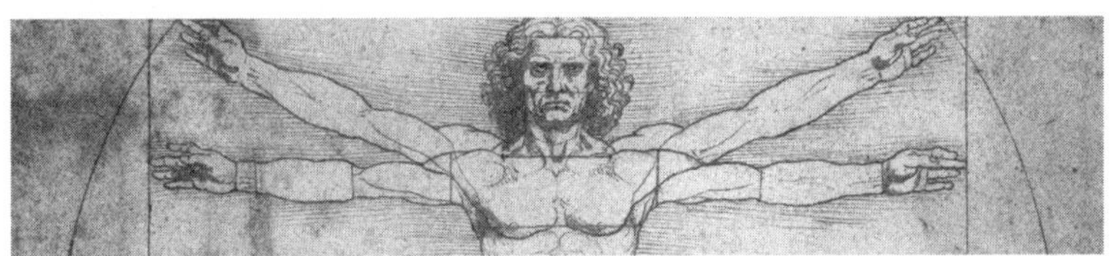

Auf dem Rücken des großen Schwans

Zwischen Fiesole und Maiano erhebt sich sanft der Monte Ceceri. Wanderwege führen durch Wälder von Pinien, Zypressen und Steineichen zum Gipfel. An klaren Tagen geht der Blick von dort bis Florenz, um sich im Blau der Hügel des Chianti zu verlieren. Berühmt wurde der Berg durch Leonardo da Vinci. Er soll ihn ausgewählt haben, um Flugversuche zu unternehmen. Was für eine Idee! Der Meister der schönsten Engel und Madonnen, der Maler des berühmtesten Bildes der Welt, der kühne Denker und Erfinder mit weitgespannten Riesenflügeln im Abendwind still übers toskanische Land schwebend, der sinkenden Sonne entgegen – und in der Ferne die von goldenem Dunst verklärte Silhouette seiner Stadt ...

Leider gibt es keinen Beleg dafür, daß die romantische Szene je Wirklichkeit war. Auch die Behauptung, Leonardo habe einen Assistenten, den geheimnisvollen, als Magier beargwöhnten Zoroastro, vorgeschickt, der sich dann bei einem Absturz die Knochen brach, ist unbewiesen. Einen Beinbruch, den ein Mitarbeiter Leonardos erlitt, vermelden die Quellen tatsächlich. Doch es war nicht Zoroastro, dem das Mißgeschick widerfuhr, sondern ein gewisser Antonio, wohl Antonio Boltraffio (1467–1516), Leonardos begabtester Schüler.[1] Der Unfall geschah schließlich nicht in der Toskana, sondern Ende September 1510 in Mailand. Seine Gründe sind unbekannt. Vielleicht fiel Antonio damals vom Malgerüst.

Der «Schwanenberg» aber – «cecero» heißt «Schwan» – findet sich, kaum verschlüsselt, in einer von Leonardos Notizen erwähnt: «Der große Vogel wird seinen ersten Flug vom Rücken des großen Schwans aufnehmen, und er wird das Universum mit Staunen und mit seinem Ruhm alle Schriften füllen. Und er wird dem Ort, wo er geboren wurde, ewige Ehre bescheren.»[2] So war es. In Stein gehauen, finden sich die Worte, die Leonardo um 1505 auf ein Blatt Papier kritzelte, am Weg zum Gipfel des Ceceri. Es sind bedeutungsschwere Sätze, die große Ambitionen andeuten. In jüngster Zeit wurden sie unter dem Titel «The Dream of Flight» sogar vertont, als Leitmotiv des Computerspiels «Civilization VI». Der Mythos inspirierte zu bombastischer Musik. Außer Zweifel steht, daß Leonardo flugfähige Geräte entwikkelte und sich intensiv mit der Mechanik des Fliegens auseinandersetzte. Wahrscheinlich kam ihm die Rede vom «grande uccello», dem «großen Vogel», in den Sinn, als er während eines Frühlingsspaziergangs nach Fiesole einen Raubvogel beobachtete (S. 240). Vor seinem geistigen Auge mag da ein gewaltiger Flugapparat aufgestiegen sein, mit dem man dereinst von der Höhe des sich vor ihm erhebenden Ceceri fliegen würde.

Auf große Ideen führt die Auseinandersetzung mit Leonardo immer wieder. Er will ein alle Maße sprengendes Bronzedenkmal schaffen, Kontinente verbindende Brücken bauen und riesige Paläste errichten. Neben Flugapparaten ersinnt er Tauchgeräte und Roboter, Hemmungen, Zahnräder und Getriebe. Er denkt sich nie zuvor gesehene Bildkompositionen aus, seziert Leichen, studiert Wolkenbildungen und Wasserstrudel. Und er fragt und fragt. Er betrachtet den blauen Sommerhimmel und will wissen, warum er blau ist. Er sieht Vögel fliegen und will wissen, wie sie fliegen. In ihm erweist sich die Renaissance mehr als in jedem anderen als «Zeitalter der großen Ungeduldigkeiten».[3]

Über keinen Künstler der Renaissance ist so viel bekannt wie über Leonardo da Vinci. Zugleich ist kein zweiter von so vielen Rätseln umwittert. Keines seiner Werke ist signiert oder mit einer Jahreszahl versehen. Die Diskussionen um Zu- oder Abschreibungen und Datierungen sind uferlos. Der Nachlaß an Schriften und Zeichnungen,

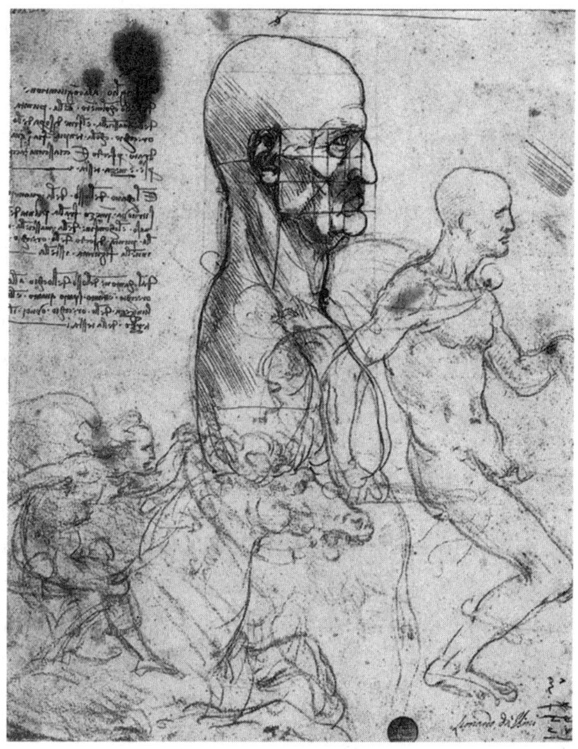

Abb. 1: *Leonardo da Vinci, Proportionsstudie eines Männerkopfes (um 1490), zwei Reiter (um 1503), Feder, Tinte, Rötel und Metallstift, 28 × 22,2 cm, Venedig, Gallerie dell'Accademia.*

zunächst in Händen von Leonardos Schüler Francesco Melzi (1491/93 – um 1570), wurde nach dessen Tod in alle Winde zerstreut. Erhalten ist immer noch viel, ein Bestand von gut 6000 Blättern. Die ursprüngliche Zahl mag das Fünffache betragen haben. Manche Quellen machten Passionen durch, zum Beispiel ein Konvolut, das im 17. Jahrhundert in den Besitz der Biblioteca Ambrosiana in Mailand gelangte und unter dem Namen «Codex Atlanticus» berühmt wurde. Den Namen hat es von seinem Format, den Maßen eines Atlas. Ein Vorbesitzer, der Bildhauer Pompeo Leoni (1533–1608), hatte 481 Blätter binden lassen, zuvor Zeichnungen und Texte ausgeschnitten, neu geordnet und aufgeklebt. Nach ihrer Ablösung zählt die Sammlung

1119 Blätter. Sie sind oft bis zum Rand gefüllt mit Texten und Zeichnungen zu Maschinen, Bauten, Waffen, mit Rechnungen und geometrischen Figuren. Papier war damals teuer. Manchmal zog Leonardo ein bereits benutztes Blatt nach über einem Jahrzehnt wieder hervor und fügte ganz andere Sujets hinzu. Ein Beispiel dafür bietet ein Exemplar der Accademia in Venedig. Die obere Hälfte dominiert das um 1490 mit der Feder aufs Papier gebrachte Profil eines Männerkopfes, offensichtlich eine Proportionsstudie. Unten sind, in Rötel, zwei Reiter zu sehen, die wohl um 1503 entstanden (Abb. 1).[4] Vom Zeichner ungewollt, ist die Gesamtwirkung des Blattes auf uns Heutige atemberaubend.

Zahlreiche Quellen sind über die halbe Welt verstreut. Von Napoleons Truppen aus Mailand entführte Notizbücher Leonardos finden sich im Pariser Institut de France, ein weiteres, den Codex Arundel, bewahrt die British Library. Den Codex Leicester, der Notizen zu Astronomie, Geologie und zur Physik des Wassers enthält und der ursprünglich vielleicht ebenfalls im Besitz Francesco Melzis war, erwarb der Computer-Tycoon Bill Gates 1994. Über den größten Bestand an Zeichnungen, gut 600, verfügt die Sammlung des britischen Königshauses in Schloß Windsor, während die in drei Heftchen gebundenen Blätter des Codex Forster nahebei, im Londoner Victoria & Albert Museum, liegen. Eines der wichtigsten Zeugnisse der technischen Fertigkeiten Leonardos wurde erst 1965 aufgefunden: zwei Manuskripte aus dem Nachlaß Leonis, die in der Madrider Biblioteca Nacional ursprünglich falsch katalogisiert worden waren – die «Codices Madrid».

Die Überlieferung zu Leonardo ist also reich, aber chaotisch. Mal sind die Quellen geschwätzig, mal zum Verzweifeln schweigsam. Daten finden sich nur wenige. Über die Zwecke vieler seiner Texte herrscht ebenso Unklarheit wie über die Umstände, unter denen sie niedergeschrieben wurden. Der «Mythos Leonardo» hat viel mit dem Durcheinander zu tun, das die Nachwelt unter seinen Papieren angerichtet hat. Vermutungen und Hypothesen wucherten, Romane bemächtigten sich des Meisters. Das Spektrum reicht von Dimitri Mereschkowskis Leonardo-Roman von 1903 bis zu Dan Browns Thriller «The Da Vinci Code», einem Weltbestseller, der auch verfilmt wurde.

Brown schöpfte aus Henry Lincolns, Michael Baigents und Richard Leighs Buch «Das heilige Blut und der heilige Gral». Es handelt von einem geheimnisvollen Orden, der «Bruderschaft vom Berg Zion». Deren Existenz sollen Dokumente belegen, die um 1900 in der Kirche von Rennes-le-Château, einem okzitanischen Dorf, gefunden wurden. Ziel der seit dem Ersten Kreuzzug bestehenden Vereinigung sei es gewesen, Abkömmlinge der Dynastie der Merowinger zu Herrschern Europas und Jerusalems zu machen – und zwar deshalb, weil in ihren Adern das Blut Jesu Christi pulsiere. Der Gottessohn habe nämlich, anders als die Kirche lehre, Maria Magdalena zur Frau genommen und mit ihr Nachkommen gezeugt. Unter den Persönlichkeiten, die als Großmeister der Zionsbrüder amtiert hätten, nennen die Autoren neben Isaac Newton und anderen Zelebritäten auch Leonardo da Vinci. Damit fand das weibliche Aussehen des Johannes auf Leonardos «Abendmahl» eine schlüssige Erklärung: Leonardo hat in Wahrheit nicht den Jünger dargestellt, sondern die Gattin Christi! Indem er zwischen Jesus und der Schönen ein V öffne, weise der Großmeister auf Magdalenas fruchtbaren Schoß, das göttliche Weibliche, hin … Kehre man das Zeichen um, deute es den männlichen Phallus an. Selbst monströser Nonsens dieser Art hat seinen Anteil daran, daß die Fama des Schöpfers des «großen Vogels» vom Monte Ceceri inzwischen die ganze Welt erfüllt.

Leonardo war schon zu Lebzeiten berühmt und die Qualität seiner Kunst sprichwörtlich. So schrieb Luca Ugolini, Capitano der Republik Florenz, am 11. November 1503 an seinen Chef Machiavelli, als er ihm zur Geburt seines Sohnes Bernardo gratulierte: «Tatsächlich hat sich Eure Mona Marietta nicht getäuscht: Er ist ganz der Vater und ähnelt Euch; Leonardo da Vinci hätte ihn nicht besser porträtieren können.»[5] Man riß sich um Bilder Leonardos. Einem Monolithen gleich überragte er schon um 1500 die Handwerkerwelt. Aus ihr, der Domäne der «mechanischen Künste», kam indessen auch der Mann aus Vinci. Bevor er zum Maler der Fürsten aufstieg, stand er sozial auf derselben Stufe wie ein Bäcker, ein Metzger oder ein Wollweber.

Erste kurze biographische Würdigungen verfaßten der Florentiner Antonio Billi zwischen 1516 und 1525 und ein unbekannter Autor, der

«Anonimo Gaddiano» oder «Magliabechiano». Gewichtiger ist die Biographie des humanistisch gebildeten Arztes Paolo Giovio (1483–1552) aus Como, der Leonardo noch persönlich gekannt hatte. Kein Text aber hat dessen Bild so geprägt wie das Leonardo-Kapitel der zuerst 1550 und in überarbeiteter Form nochmals 1568 erschienenen «Lebensbeschreibungen der hervorragendsten Maler, Bildhauer und Architekten» von Giorgio Vasari (1511–1574). Der «Vater der Kunstgeschichte» schöpfte aus älteren Quellen wie dem Gaddiano und Giovio und mündlicher Überlieferung. Er war zwar keineswegs der notorische Flunkerer, als der er mitunter dargestellt wird, aber doch ein witziger Toskaner, dem Boccaccios «Dekameron» ebenso vertraut war wie die Fazetien – «Possen» – eines Poggio Bracciolini oder die Novellen eines Franco Sacchetti. Eine gut erdichtete Anekdote geht Vasari allemal übers Rapportieren langweiliger Wahrheiten. Und er ist Patriot: Italien und besonders Florenz liebt er über alles. Dementsprechend stolz ist er auf die Kunst seiner toskanischen Heimat. Sie hatte in seinen Augen mit der Renaissance einen absoluten Gipfel erreicht, nachdem, wie er schreibt, von Cimabue und Giotto «erste Lichter» entzündet worden waren. Sein Gott ist Michelangelo, aber die Größe Leonardos – er nennt ihn «wunderbar und himmlisch» – entgeht ihm darüber nicht. «Mit seiner Geburt hat Florenz wahrlich das allergrößte Geschenk erhalten.» Obwohl Leonardo wenig vollendet, ja viel mehr mit Worten als mit Taten gewirkt habe, würden «wegen seiner vielen und göttlichen Fähigkeiten sein Name und sein Ruhm niemals verlöschen».[6] Der Kunst Vincis, den er einmal als den «Allergöttlichsten» – «divinissimo» – feiert, widmet Vasari wahre Hymnen. Zum Beschluß der Vita zitiert er den Lobspruch Giovanni Battista Strozzis: «Allein besiegte er alle, besiegte Phidias, siegt' über Apelles und ihre ganze siegreiche Schar.»

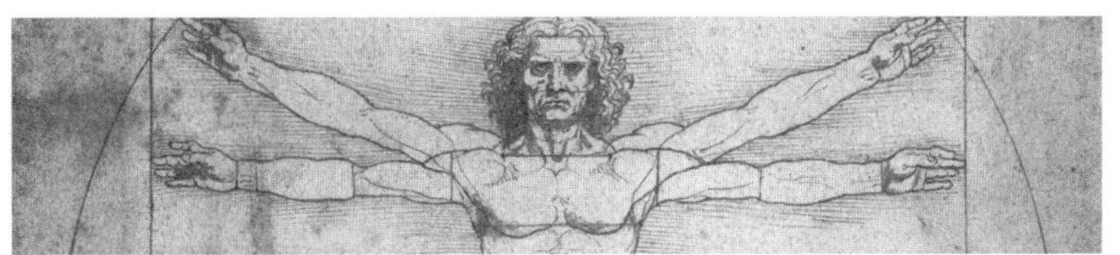

I.
Anfänge:
Vinci und Florenz, 1452–1481

1. Eine toskanische Jugend

Caterina, Antonio und Ser Piero

Leonardo da Vinci war die Frucht der flüchtigen Liaison zwischen dem Notar Ser Piero (1427–1504) und Caterina, der Tochter eines Bauern namens Meo di Lippo.[1] Pieros Vater Antonio hat bezeugt, daß das Kind am 15. April 1452, einem Samstag, «zur dritten Nachtstunde» das Licht der Welt erblickte.[2] Zählt man, wie damals üblich, die Stunden von Sonnenuntergang oder vom «Ave Maria» der Vesper her, muß das gegen 22 Uhr, vielleicht etwas später, gewesen sein. Unklar ist, wo genau die Niederkunft vonstatten ging. Das Gebäude, das in Anchiano, heute einem Ortsteil Vincis, als Leonardos Geburtshaus ausgegeben wird, kann die Ehre kaum beanspruchen. Denn 1452 befand es sich nicht im Besitz von seiner Familie. Piero da Vinci erwarb diesen «frantoio» – man mahlte Oliven darin – erst Jahrzehnte nach Leonardos Geburt. Stand dessen Wiege also im Haus Ser Pieros im «borgo» von Vinci, in der heutigen Via Roma 17–19? Oder wurde Leonardo in einem der Landhäuser der Familie entbunden? Die Augen der Nachbarschaft waren kaum zu fürchten. Noch war die allgemeine Moral laxer als in den frömmeren Zeiten von Reformation und Gegenreformation. Nicht weniger als fünf Paten und ebenso viele Patinnen bezeugten Leonardos Taufe in Vincis Pfarrkirche Santa Croce – als sollte bekräftigt werden, daß der Kleine in Ehren, ohne Wenn und Aber, in die Familie Ser Pieros aufgenommen sei.[3]

Was weiß man über Leonardos Mutter? Der «Anonimo Gaddiano» meint, sie sei von guter Herkunft, «di bon sangue», gewesen.[4] Neuerdings hat man sie zu einer getauften Sklavin gemacht. Die These stützt sich auf die Rekonstruktion eines Fingerabdrucks von Leonardo. Nach Meinung eines Anthropologen weise er Charakteristika auf – etwa eine Y-Form der Fingerlinien –, die auf eine arabische Abstammung hindeuteten.[5] Das ist blühender Unsinn. Doch entspricht es den Gesetzen des Mythos, über Leonardos Herkunft einen orientalischen Schleier zu breiten. Konnte der geheimnisumwitterte Titan tatsächlich Sprößling eines schlichten Bauernmädchens gewesen sein? Sklaven und Sklavinnen gab es allerdings damals auch im christlichen Italien. Ein besonders gut beschickter Menschenmarkt fand sich in Genua. Was Vinci betrifft, sind dort keine Sklavinnen bezeugt.

Sowohl Piero als auch seine Liebschaft heirateten kurz nach der Geburt ihres Sohnes, allerdings nicht einander. Caterina verband sich mit Antonio di Piero Buti del Vacca, einem Ziegel- oder Kalkbrenner. Sein Umfeld verpaßte ihm den wenig Gutes verheißenden Beinamen «Accattabriga», frei übersetzt: «Streithansel».[6] Ser Piero ehelichte die Florentinerin Albiera di Giovanni Amadori, die einem der besten Florentiner Häuser entstammte.

Solch eine Partie machte kein Provinzler aus einem Dorf von 350 Seelen, wie es Vinci war. Ein «Wandernotar» ist Piero wohl nicht einmal in seinen Anfängen gewesen. Schon 1449 urkundete er «im Palast des Podestà der Stadt Florenz», also im Bargello.[7] Seine Studios befanden sich stets in dessen unmittelbarer Nähe. Zuerst amtete und wohnte er an der Via del Proconsolo, vor den Straßendurchbrüchen des 19. Jahrhunderts der wichtigsten Nord-Süd-Achse der Stadt. Später finden wir sein Büro ein paar Schritte weiter an der Via Ghibellina gegenüber der Nordfront des Bargello.

Was die Schicksale von Ser Pieros kleinem Bastard betrifft, darf man sich eine alles in allem behütete Kindheit vorstellen.[8] Sie soll sich nach verbreiteter Meinung unter der Obhut von Großvater Antonio abgespielt haben, der in Vinci ein kleines, für dreißig Goldflorin erworbenes Wohnhaus samt Gemüsegarten besaß. Außerdem gehörten ihm zwei Wirtschaftsgebäude und Land, auf dem Getreide, Wein und Oliven wuchsen, die glorreiche Dreifaltigkeit der mediterranen Küche. Allerdings gibt es keine sicheren Belege dafür, daß Leonardo hier aufwuchs und nicht in Florenz, im väterlichen Haus. Ihre Steuern entrichteten die «da Vinci» jedenfalls von der Metropole aus. Offenbar wohnten sie im Gonfalone «del Drago». Dieser Steuerbezirk mit dem Drachen im Wappen nahm das westliche Drittel der Stadtteile «oltr'Arno» – «jenseits», also südlich des Arno – ein. Er erstreckte sich in die Gegend um Santo Spirito im Osten und im Süden bis zur Porta Romana. Ser Piero dürfte sich vor allem während der heißen Sommerwochen in Vinci aufgehalten haben. Rechnet man von der Geburt Leonardos neun Monate zurück, muß Leonardo im Juli 1451 gezeugt worden sein.

Als Ältester war Antonio das Oberhaupt der Familie. So war er es auch, der die Steuererklärung im Namen der ganzen Sippe abgab. Grundlage dafür war ein Gesetz von 1427. Es verfügte, daß jeweils «alle und jede immobilen Güter in der Stadt und im Umland und auch alles Bargeld und alle Tiere von Wert» aufgeführt würden, dazu «Kaufmannswaren, Handelsgut und andere Güter und Kapitalien und alles Vermögen an welchem Ort auch immer, innerhalb des Gebiets wie außerhalb des Gebiets besagter Kommune von Florenz und an jedem Ort der Welt».[9] Jeweils zwei Einnehmer waren für einen Gonfalone und so auch für den des «Drago» verantwortlich. Ihnen hatte Antonio Rede und Antwort zu stehen. In seiner Steuererklärung vom 28. Februar 1457 führte er seinen Besitz in Vinci auf. Pflichtgemäß nannte er zudem alle «bocche», die «Münder», die zu seiner Familie gehörten. Es waren seine Frau Lucia, 64 Jahre alt, daneben der inzwischen dreißigjährige Ser Piero und dessen Gattin Albiera, auch der zweite Sohn Francesco – er hänge ums Landhaus herum und tue nichts, schreibt Antonio über ihn –, schließlich unsere Hauptperson:

«Lionardo, Sohn des besagten Ser Piero, nicht legitim geboren von ihm und der Caterina, die gegenwärtig die Frau von Acattabriga di Piero del Vaccha aus Vinci ist, 5 Jahre alt.»

Leonardos Vater und Albiera Amadori sind mit einem Vermögen von je 200 Florin ausgewiesen. Das war viel Geld: Um 200 Florin zu verdienen, hatte ein Arbeiter damals über 2100 Tage – oder acht bis zehn Jahre – zu schuften.[10] Blickt man auf die Klienten des jungen Notars, muß sich dessen weiterer Aufstieg rasch vollzogen haben. Häufig erledigte er notarielle Akte für die jüdische Gemeinde. Dazu brachte er es zum Notar der wichtigsten Florentiner Klöster. 1458 signierte er einen Vertrag der Rucellai, die zur Geldelite von Florenz zählten und mit den Medici verbündet waren. Daß Piero tiefe Wurzeln in der Gesellschaft der Stadt hatte, zeigte sich nicht nur daran, daß er in die Familie Amadori hatte einheiraten können. Kein Geringerer als Cosimo de' Medici zählte zu seinen Klienten.[11] Auch ist zu bedenken, daß schon Ser Pieros Großvater, ebenfalls Piero mit Namen, Notar gewesen war und für die Florentiner Signoria Urkunden ausgefertigt hatte.[12] Vater Antonio war kein Jurist, wenngleich er mit einer Notarstochter verheiratet war. Er nährte sich von den Erträgen der Güter, die der Familie in und um Vinci gehörten.

1464 starb Albiera, erst 28jährig, im Kindbett. Quellensplitter deuten an, daß die Beziehung zwischen Leonardo und der Sippschaft seiner Stiefmutter lange über deren Tod hinaus währte. Alessandro de' Amadori, vermutlich ein Bruder Albieras, sprach von Leonardo als seinem Neffen.[13] «Familie» zählte viel im Florenz der Renaissance.

Zwei Jahre nach Albieras Tod ehelichte Ser Piero die blutjunge Francesca Lanfredini (1449–1474). Die seit dem 12. Jahrhundert in den Quellen greifbare Familie der Braut war durch Textilhandel zu Reichtum gekommen.[14] Viele Lanfredini brachten es zu hohen Ämtern. Wie die Amadori waren sie Alliierte der Medici, und so hatten ihre Anführer gute Karten in den Florentiner Machtspielen. Sie siedelten in derselben Gegend, in der Antonio da Vinci seine Steuererklärung abgab.

Ser Piero hatte seine Privatwohnung 1457 in ein Gebäude am Borgo dei Greci verlegt, das der Familie seiner ersten Frau gehörte. Später war er mit ihr an die Piazza di Parte Guelfa gezogen. Mit Francesca Lanfredini mietete er sich für 24 Fiorini jährlich an der Via delle Prestanze, der heutigen Via de' Gondi, ein.[15] Die Summe war beträchtlich. Der Maler Domenico Veneziano entrichtete zur selben Zeit für seine Werkstatt im Popolo di San Paolo eine Jahresmiete von 6 Lire.[16]

Welche weiteren Familienmitglieder dort ebenfalls Logis nahmen, wissen wir nicht. Das Kataster erwähnt die inzwischen verwitwete Mutter Ser Pieros – Antonio war hochbetagt um 1464 gestorben –, daneben den mittlerweile verheirateten Bruder Francesco samt Frau und wieder «Lionardo figl[i]uolo di detto Ser Piero non legiptimo deta anni 17».[17] Das Anwesen, von dem die «da Vinci» eine Hälfte bewohnten, gehörte der Arte di Calimala, der Zunft der Tuchhändler und -veredler. Nach weiteren Umzügen wird Ser Piero 1480 ein lange zuvor ererbtes Gebäude an der Via Ghibellina beziehen, nahe seinem Studio gegenüber dem Bargello.

Ein Genius mit Defiziten

Die Kunst des Rechnens dürfte Leonardo in einer der Abakus-Schulen von Florenz vermittelt worden sein – vielleicht von jenem «Mastro Benedetto», Leiter der «bottegha del abaco» von Santa Trinità, den er einmal erwähnt (S. 89).[18] Leonardo war Linkshänder, ein «mancino». Geschrieben hat er nicht in elegantem Humanistenduktus, sondern so, wie es unter Kaufleuten Brauch war, und das fast nur in Spiegelschrift. Solch seitenverkehrtes Schreiben ist alles andere als krankhaft und auch kein Charakteristikum von Linkshändern. Vielmehr zeigt es sich bei manchen Menschen als normale Phase im Prozeß des Schreibenlernens.[19] Daß Leonardo die Übung beibehielt, um Geheimnisse zu verbergen, ist ein unausrottbares Versatzstück seines Mythos. Vasari sah die Eigenheit nüchterner. «Er schrieb mit häßlichen Buchstaben, die mit der linken Hand seitenverkehrt angeordnet sind; wer keine Übung hat, sie zu lesen, versteht nichts, weil man sie nicht lesen kann, es sei denn mit einem Spiegel.»[20] Höhere Bildung, namentlich eine Unterweisung in der Weltsprache Latein, wurde Leonardo vorerst nicht zuteil.

Ein fester Bestandteil der «Legende vom Künstler» ist das Bild des frühreifen Knaben. Bei den größten Meistern muß sich das Genie früh andeuten. Die Renaissance sah darin eine Gottesgabe, keine durch mühsames Lernen erworbene Fertigkeit. So führt Vasari auch Leonardos Kindheit und Jugend als die des werdenden Genius vor – wenngleich mit Einschränkungen, die schon auf Defizite des Erwachsenen verweisen. «In Bildung und den Anfangsgründen der Wissenschaften hätte er große Fortschritte gemacht, wäre er nicht so wechselhaft und unbeständig gewesen. Er fing an, vieles zu lernen, gab es dann aber auf.»[21] Zugleich jedoch schildert ihn sein Biograph als einen, der mit mannigfaltigen Talenten gesegnet ist: Leonardo versteht sich auf die Meßkunst, fertigt Skulpturen; er erlernt das Lautenspiel und singt «göttlich» dazu. «Daneben unterließ er es nie, zu zeichnen und Reliefs zu bilden, Sachen, die seiner Phantasie mehr als alles andere entsprachen (…) Gott hatte auf seinen Geist solche Gnade gegossen und eine staunenswerte, mit Vernunft verbundene Darstellungsgabe, dazu ein ihm stets zu Hilfe kommendes Gedächtnis. Er konnte mit seinen von Hand gefertigten Zeichnungen seine Vorstellung gut ausdrücken, so daß er durch seine Überlegungen stets die Oberhand behielt und jeden noch so kühnen Geist verwirrte.» Vasari dachte hier wohl an den Topos von der «gelehrten Hand», der «docta manus», die, vom Intellekt geleitet, demjenigen zur Gestalt verhilft, was dem Geist vorschwebt.

Vielleicht empfing Leonardo im väterlichen Haushalt mehr an Bildung, als die Quellen erkennen lassen. Denn der Notarsberuf zwang förmlich dazu, sich mit den freien Künsten zu beschäftigen.[22] Ser Piero mußte Latein beherrschen und über Kenntnisse in der Kunst der Rhetorik verfügen. Mit dem Korpus des Zivilrechts, dem wichtigsten Handwerkszeug des Juristen, sah er sich der ehrfurchtgebietenden Kathedrale des «Ius romanum» gegenüber, der eindrucksvollsten intellektuellen Hinterlassenschaft der Römer. Es war naheliegend, sich auch mit anderem, was von der Kultur des römischen Imperiums hervorgebracht worden war, zu befassen. So ist es kein Zufall, daß es vor allem Juristen und unter ihnen in erster Linie Notare waren, von denen die erste Laienkultur des europäischen Mittelalters, die humanistische Bewegung, getragen wurde. Petrarca zum Beispiel war Sohn eines Notars und der Vater Machiavellis Anwalt.

In Pieros unmittelbarer Nachbarschaft, im Schatten von Badia und Bargello, hatte der Florentiner Buchhandel sein Zentrum. Auch die «cartolai», die Papierkrämer, waren dort angesiedelt, handelten sie doch mit dem wichtigsten Werkstoff der Buchhändler und eben auch der Notare. Die Symbiose zeigt den gerade angesprochenen Zusammenhang zwischen Jurisprudenz und Humanismus besonders augenfällig. Es dürften die für die Kommune arbeitenden Notare gewesen sein, die sich zuerst in dieser Gegend eingefunden und dann Schreiber, Buchhändler und den Papierhandel angezogen hatten.

Nicht weit von Ser Pieros erster Niederlassung an der Via del Proconsolo herrschte der «Fürst aller Buchhändler von Florenz», Vespasiano da Bisticci (1422/23–1498), über eine Armada von Schreibern, Illuministen und Buchbindern. Daß er, der Regisseur herrlichster Manuskripte, Gutenbergs Erfindung verachtete, überrascht nicht.[23] Seine «bottega», seine Werkstatt, war ein Treffpunkt von Intellektuellen und Künstlern. Gewiß fand sich auch Ser Piero gelegentlich dort ein. Leider wissen wir nicht, welche Themen die 22 Bücher behandelten, die in einem Inventar von seinen Besitztümern aufgeführt sind (S. 230). So muß offenbleiben, ob der junge Leonardo schon im Vaterhaus mit Ideen des Humanismus und Formen der Antike in Berührung kam. Immerhin verraten die Quellen, daß Ser Piero zahlreichen Malern und Bildhauern als Notar zu Diensten war, unter ihnen dem Wachsbossierer Benintendi, dem Keramiker Andrea della Robbia, dem Maler Alessio Baldovinetti und Antonio del Pollaiuolo (1431/32–1498), einem Maler und Bildhauer, der uns noch öfter begegnen wird.[24]

Es hätte der Familientradition entsprochen, Leonardo die Rechte studieren und eine Notarslaufbahn einschlagen zu lassen. Ob die illegitime Geburt das verhinderte oder die Neigungen des Jungen, der sich mehr zum Zeichnen hingezogen fühlte als zu Paragraphen? Ser Piero kümmerte sich jedenfalls um Leonardos Ausbildung. Es gelang ihm, seinen Sohn in der Werkstatt des Goldschmieds, Bildhauers und Malers Andrea del Verrocchio (1435–1488), eines der besten Künstler von Florenz, unterzubringen. Lassen wir alle Spekulationen über die

Jugend Leonardos als eines «Country Boy»[25] beiseite, dürfte dieser Schritt um 1465 erfolgt sein. Nach Florentiner Brauch wurde die Lehrzeit im Malerhandwerk wie in anderen Gewerben oft schon im Alter zwischen zehn und dreizehn Jahren begonnen[26], und es gibt keinen Grund anzunehmen, daß dies im Fall Leonardos anders war. Ser Piero soll mit Verrocchio eng befreundet gewesen sein; zwischen 1465 und 1471 arbeitete er als Notar für ihn.[27] Nützlich dürfte gewesen sein, daß er für dieselben Kreise tätig war, die Verrocchio mit Aufträgen bedachten. Ein Wort aus dem Mund eines Medici hätte genügt, und der Meister hätte selbst einen Blinden angestellt … Pieros Bastard aber hatte, zurückhaltend ausgedrückt, Talent, und Verrocchio dürfte das nicht verborgen geblieben sein. Leonardo scheint auch bei ihm gewohnt zu haben.[28]

«Die ansehnlichste und schönste Stadt der ganzen Welt»

Der Maler Cennino di Drea Cennini, Autor eines um 1400 entstandenen Handbuchs über die Malerei, gibt den Adepten seiner Kunst eine Empfehlung mit auf den Weg: «Bemühe und vergnüge dich immer mit den besten, von großen Meistern geschaffenen Werken, die du finden kannst. Und wenn du an einem Ort bist, wo viele große Meister gewesen sind – umso besser für dich.»[29] Ohne Zweifel war Florenz damals ein solcher Ort, vielleicht überhaupt der beste, um das Maler- und Bildhauerhandwerk zu erlernen.

Vasari hat sich gefragt, wie es komme, daß die Toskana so viele scharfsinnige und erfinderische Geister hervorgebracht habe. Als wichtigsten Grund führt er die «aria» der Toskana, ihr Klima, an.[30] Die These ist kühn, belegt aber eigentlich nur, daß die Zeitgenossen selbst etwas hilflos auf jene beispiellose Eruption von Kreativität blickten, die schuf, was wir «Kultur der Renaissance» nennen. Stolz auf das eigene Gemeinwesen spricht schon aus den Chroniken, Diarien und «Ricordanze» des 15. Jahrhunderts, des Quattrocento. Mit seinem «Lob der Stadt Florenz», einer Ruhmesrede auf deren Glanz und Herrlichkeit, hatte der Kanzler der Republik und Historiker Leonardo Bruni (1369–1444) Leitmotive vorgegeben. Andere stießen in dasselbe

Horn. Der Kaufmann Giovanni Rucellai (1403–1481) dankte seinem Herrgott dafür, in der «ansehnlichsten und schönsten Stadt nicht nur der Christenheit, sondern der ganzen Welt» geboren zu sein, und Benedetto Dei (1418–1492) – wir werden ihm am Mailänder Hof wiederbegegnen – schrieb, Florenz sei zu seiner Zeit in solcher Größe gewesen, daß ganz Italien es gefürchtet und geehrt habe.[31]

In der Tat zählte die «Fiorenza» zu den Weltstädten der Méditerranée. Ihre Handelsverbindungen umspannten halb Europa und reichten bis Nordafrika und in den Mittleren Orient, wo man an die pazifische Weltwirtschaft Anschluß finden konnte. Die Florentiner hätten ihre Flügel über die Welt gebreitet und verfügten über Neuigkeiten und Nachrichten aus allen ihren Ecken, hatte der Chronist Goro Dati (1362–1435) einst festgestellt.[32] Aus Handel, Bankgeschäften und einem vielfältigen Handwerk kamen unermeßliche Reichtümer. Goldene Fiorini – die Dollars des Mittelalters – ermöglichten es, Kriege zu führen, Latifundien zu erwerben, Paläste und Villen zu bauen. «Wer Haus und Land hat, kann beugen und nicht fallen», sagte ein Sprichwort, das Dei zitiert.[33] Tatsächlich war Florenz eine Plutokratie: Hinter republikanischer Fassade regierten Geld und Grundbesitz. Cosimo «der Alte» de' Medici (1389–1464), der eigentliche Begründer der Größe seines Hauses, agierte als geschickter Strippenzieher, und wenn Argumente nicht verfingen, überzeugte Geld. Er sorgte dafür, daß seine Freunde und Klienten Schlüsselpositionen in der Stadtregierung gewannen. Wer ihm umgekehrt gefährlich wurde, hatte die Bitternis des Exils zu schmekken. Cosimo war selbst 1433 verbannt worden, als ein Netzwerk um Rinaldo degli Albizzi die Herrschaft übernommen hatte. Nach einem erneuten Umsturz hatte er aber im Jahr darauf zurückkehren können.

Die Florentiner Republik war damals das kleinste unter den fünf großen Staatsgebilden der italienischen Halbinsel. Neben dem Medici-Dominium zählten dazu Venedig, Mailand, der Kirchenstaat und das Königreich Neapel. Das labile Gleichgewicht zwischen ihnen hatte der 1454 geschlossene Frieden von Lodi befestigt, der unter dem Eindruck der Eroberung Konstantinopels durch die Osmanen geschlossen worden war. Er sollte Italien ein halbes Jahrhundert prekärer Ruhe bescheren.

Die Machtkämpfe in den Stadtgesellschaften und die Kriege zwischen Italiens Staaten wurden nicht nur mit Kanonen und Lanzen ausgefochten. Man zeigte den anderen, was man hatte, und breitete eine irisierende Gaze von Kunst, Poesie und Gelehrsamkeit über brutale Macht und banale Geldgier. Die Chroniken der Zeit sind gefüllt mit Beschreibungen von Festen, Turnieren und «triumphalen» Einzügen. Aus Benedetto Deis Aufzeichnungen spricht stets der Geist der Konkurrenz, der Florenz belebte.[34] Wie ein Statistiker faßt er die Vorzüge von «Florentie bella» in Zahlen: 108 Kirchen, 23 Paläste, 50 Plätze, 270 Werkstätten von Wollwebern, 44 von Gold- und Silberschmieden, 83 Seidenweber, 33 Banken, die Geld aus der ganzen Welt wechselten. Und natürlich nennt er auch die Bauwerke: den Campanile, den Dom, die große Kuppel, das Straßenpflaster, die Annunziata, die Grabstätten der Medici und der Rucellai «und tausend anderes, eines neuen Roms würdig». Schließlich zählt er die «großen Feste» auf, die alljährlich gefeiert würden, und ruft aus: «O Römer, o Neapolitaner, o Venezianer, o Mailänder, o Genuese, o Sienese, o Ferrarese, o Lucchese und jeder andere Italiener: zieht den Vergleich zu besagten Sachen und zu besagter Stadt Florenz! Und auch o Levantiner, o Sorianer, o Zypriote, o Rhodeser, o Sizilianer, o Marchigianer, o Romagnole! Und wißt mir eine andere Stadt zu nennen, in der man den vierten Teil davon macht!»

Auf die Villen und Palazzi, die sich die Florentiner Großen und ihre Konkurrenten errichten ließen – man denke an die Paläste der Medici, der Strozzi oder Pitti –, hätte man dieselben Worte schreiben können, mit denen der zentralasiatische Despot Timur Lenk (1336–1405) seinen Palast schmücken ließ: «Wenn du Zweifel an unserer Größe hast, schau auf unseren Bau.»[35] Kunstwerke, Bauten und festliche Inszenierungen waren Zeichen, die von sozialem Status, von Macht und Bedeutung kündeten. Sie verschafften Prestige und grenzten ihre Besitzer von einfachen Bürgern ab. Die schlichteren Beweggründe, in Kunst zu investieren, sollten indes nicht übersehen werden: Das Schöne erfreute und half, die Zeit zu vertreiben. Er habe gelernt, daß es süßer sei, Geld auszugeben, als es zu verdienen, bekannte der Medici-Parteigänger Giovanni Rucellai, auch er einer der großen Patrone der Renaissance.[36]

Die stärksten Motive, Kunstwerke in Auftrag zu geben, lieferte die Religion. Seit der großen Pest, die 1347/48 auch in Florenz Massen gemordet hatte, war der Geruch des Todes immer wieder durch die Gassen gestrichen. Eine Einwohnerschaft von 90 000 vor der Katastrophe war zunächst um ein gutes Drittel zurückgegangen. Weitere Seuchenzüge verhinderten Erholung, so daß sich um 1450 nur etwa 50 000 Menschen im zu weit gewordenen Mauerring der Stadt verloren. Noch die erste halbwegs realistische Abbildung von Florenz, der vermutlich im letzten Jahrhundertdrittel entstandene «Plan mit der Kette», zeigt innerhalb der Mauern weite Grünflächen, obwohl inzwischen dank Zuwanderung vom Land her die alte Bevölkerungsstärke wieder erreicht worden war.

Florenz' Wirtschaft hatte schwere Einbußen erlitten. Waren vor der Pestperiode alljährlich 60 000–80 000 Ballen Tuch gewoben worden, zählte man um 1470 nur noch 20 000. Doch hatten die Epidemien zwar Menschen getötet, nicht aber Vermögen vernichtet. Das Geld und Land der Toten erbten die Überlebenden. Sie investierten nicht nur in Handelsgeschäfte und Land, sondern taten etwas für ihr Seelenheil, stifteten Messen, spendeten für die Armen und bezahlten Kunstwerke. Cosimo de' Medici ließ eine ganze Kirche, San Lorenzo, errichten und schenkte den Mönchen von San Marco ein neues Kloster und eine Bibliothek dazu. Auch andere, so die Franziskanerobservanten im Mugello, bekamen ihren Anteil. Vespasiano da Bisticci, der den Bankier persönlich kannte, vermittelt einen der seltenen Einblicke in die tieferen Gründe der alle Grenzen sprengenden Patronage des Medici. «Da Cosimo sich den weltlichen Angelegenheiten seiner Stadt gewidmet hatte, konnte es nicht ausbleiben, daß er dabei viel von seinem Gewissen gelassen hatte, wie es die meisten tun, welche die Staaten regieren und begehren, vor anderen zu stehen (...) Auch dünkte es ihn, Gelder zu besitzen, die aus nicht ganz sauberen Geschäften stammten; woher sie kamen, weiß ich nicht.»[37] Durch seine guten Werke erleichterte Cosimo sein Gewissen und glich sein Konto mit Gott aus.

Machtstreben, Patriotismus, Frömmigkeit und Langeweile also hielten die Florentiner, ihre Alliierten und ihre Gegner zu Investitionen in die Künste wie auch in die Wissenschaften an. Den «Kreativen» der Renaissance kam diese Situation zugute. Auch Leonardos Karriere wird das ein ums andere Mal zeigen. Und Florenz wurde tatsächlich zu einer der schönsten Städte der Welt.

2. Ausbildung: Eichhörnchenschwänze und Hühnerknochen

Aufbruch in die Wirklichkeit: Theorie und Praxis

Vor alle Kunst hatten die Götter buchstäblich knochenhartes Handwerk gesetzt, verlangte doch die Malerei das Beherrschen unzähliger ziemlich komplizierter Techniken. Cennino Cennini, der schon zitierte Maler aus dem toskanischen Städtchen Colle Val d'Elsa, beschreibt sie in seinem um 1400 abgefaßten «Libro dell'arte» mit trockenen Worten. Er vermittelt eine Vorstellung davon, womit Leonardo beschäftigt worden sein dürfte, als er bei Verrocchio in die Lehre ging.[1] «Das Fundament der Kunst und Anfang all der Handarbeit sind die Zeichnung und das Malen. Diese beiden Dinge erfordern folgendes, nämlich: Man muß zu zerstoßen oder zu mahlen verstehen» – nämlich die Farben –, «leimen, die Leinwand aufspannen, sie mit Gips bestreichen, ihn abschaben und glätten, ihn formen, rote Erde auftragen, Gold auftragen, polieren, mischen, den Malgrund bereiten, ihn mit Kohle bestäuben, auskratzen, ‹körnig› machen bzw. punktieren, Umrisse einritzen, die Tafel oder das Altargemälde bemalen, ausschmücken und firnissen.» Ebenso ausführlich erläutert Cennini das Malen «al fresco» und «al secco», das Zeichnen mit Bleistift, Feder und Kohle, das Arbeiten mit Blattgold. Breiten Raum nehmen Beschreibungen der Herstellung von Farben, Leim und allerhand Malutensilien wie Pinsel ein. Für die Produktion letzterer etwa rupfte man gekochte Eichhörnchenschwänze. Für Pinsel aus Schweinsborsten sollten Haare weißer, nicht schwarzer Schweine verwendet werden. Daneben wird erläutert, wie man Abgüsse herstellt oder auch farbiges Papier und Transparentpapier, das zum

Durchpausen von Bildern «von der Hand großer Meister» dienen konnte. Der Autor weiß genau, welche Farbmischungen Licht und Luft aushalten und welche man besser nur für Tafelbilder, die in geschlossenen Räumen blieben, verwendete. Ganz grundsätzlich mahnt er: «Sei vernünftig und praktisch!»[2] Dazu gehörte, die Eichhörnchenhaar-Pinsel vor Motten zu schützen, indem man sie, wurden sie gerade nicht gebraucht, in feuchte Erde oder Kreide einknetete. Daß Eichhörnchenschwänze nützlich für die Herstellung von Pinseln sind, weiß übrigens noch Conrad Gesners «Historia animalium» von 1551: «Cauda utilis est ad penicillos».[3]

Das «Kunstbuch» Cenninis bietet eine faszinierende Lektüre. Es ist ein Resümee über Generationen angehäuften Wissens und verrät allerlei Tricks. Um Kohlestifte herzustellen, gilt es, trockene, schlanke Weidenruten auf ein paar Fingerlängen Größe zu schneiden, sie mit Draht zu Bündeln zu verschnüren und in ein fest verschlossenes Tongefäß zu geben. «Dann gehe am Abend – sobald er zu arbeiten aufgehört hat – zum Bäcker und stelle diesen Topf bis zum anderen Morgen in den Ofen. Achte darauf, daß besagte Kohlestifte gut gebrannt und schön schwarz sind. Findest du sie nicht genügend gebrannt, dann laß sie im Ofen, bis sie gebrannt sind.»[4] Zum Grundieren von Zeichentäfelchen, möglichst aus gut abgelagertem Feigenholz, wurde unter anderem feingemahlenes, mit Speichel vermengtes Knochenmehl verwendet – «am besten von Rippen oder vom Geflügel der Hennen oder vom Kapaun; je älter sie sind, desto besser».[5] Dann geht's wieder ins Detail. «Wie du sie unter dem Tisch findest, gib sie ins Feuer; und wenn du siehst, daß sie schon weiß geworden sind, und zwar weißer als Asche, zieh sie heraus und mahl sie gut, mit Porphyr.» Nützlich waren auch Hinweise wie der, beim Apotheker den teuren Zinnober am Stück und nicht gemahlen zu kaufen, würde er doch häufig mit billiger Mennige oder Ziegelstaub gestreckt.

Wer noch der Legende glaubt, Jan van Eyck habe die Ölmalerei erfunden, lese die Kapitel 89 bis 94 von Cenninis Traktat, wo er die Technik genau erläutert. Daß sie bei den «Deutschen» sehr im Gebrauch sei, weiß er. Tatsächlich muß die Kenntnis von ihr aus Flandern importiert worden sein. Doch wurden so gut wie immer auch

Temperabindemittel wie Leim oder Ei verwendet. «Als erstes erinnere ich dich daran, daß du, bevor du zu malen beginnst und ein Kleid mit Karmesinrot oder einer anderen Farbe machen willst, zuerst nichts anderes tust, als einen gut gewaschenen Schwamm zu nehmen. Hab Eigelb samt dem Eiweiß zur Hand und gib sie, gut vermischt, in zwei Schalen mit klarem Wasser.»[6] Wer Cenninis Buch liest, bekommt eine Ahnung davon, wie aufwendig die Vorbereitungen waren, deren es bedurfte, bis der Maler auch nur den ersten Pinselstrich tat. Allein die Anleitung, wie sich aus zerriebenem Lapislazuli Ultramarinblau herstellen läßt, erstreckt sich über mehrere Seiten. Jeder Tropfen Bindemittel oder Firniß war das Resultat von Versuchen, Irrtümern und Ideen von Generationen. Und zum ersten Mal bringt Cennini eine Praktik auf den Begriff, die durch Leonardo berühmt wurde: die Kunst des «sfumato». Man solle mit Wasser, wenig Farbe und ohne Eile malen, dann würden die Schatten «gut rauchig», «bene sfumate».

Doch ist Cenninis «Libro» nicht einfach ein technisches Handbuch. Zum Beispiel erläutert er menschliche Proportionen und gibt Anweisungen, wie man richtig schattiert – nämlich so, daß die Schatten auf die natürliche Lichtquelle an dem Ort, wo sich das Bild befindet, bezogen sind. «Die vollkommenste Führerin, die man haben kann, und das beste Steuer ist die Natur.»[7] Bei der schon in der Antike geläufigen Aufforderung, sie nachzuahmen, beläßt Cennini es aber nicht. Neben Geschick müsse der Maler über «fantasia» verfügen, damit er nie gesehene Dinge erfinden könne.[8] Sie soll er «als einen Schatten der natürlichen Dinge jagen» und mit der Hand festhalten, um auf diese Weise zu zeigen, daß, was nicht ist, dennoch sei.[9] Als Beispiel nennt er unter anderem die Schöpfung eines Kentauren.

Einen brillanten Nachfolger fand Cennini in Leon Battista Alberti (1404–1472), einem vor allem als Architekten bedeutenden universalen Geist, der 1436 einen Traktat «Über die Malkunst» fertigstellte. Dominierten in Cenninis Werk Rezepte für die Werkstatt, dachte Alberti über ästhetische Kriterien nach. Zudem lieferte er eine erste Beschreibung des Verfahrens der Zentralperspektive. Im Vordergrund steht in seiner Schrift die Kunst der Mimesis, der Naturnachahmung, ein Leitmotiv der «Poetik» des Aristoteles.

Die Oberfläche des Gemäldes vergleicht Alberti mit einem offenen Fenster, «durch das ich betrachte, was dort gemalt werden wird» (bei Leonardo wird daraus eine Glasscheibe). Der Maler soll darstellen, was man sieht. Doch sollte die Wirklichkeit nicht einfach kopiert werden. Stets seien Schicklichkeit und Angemessenheit zu wahren. Die Dinge mußten also arrangiert werden, allzu Häßliches war fehl am Platze. Auch seien sanfte und anmutige Bewegungen zu bevorzugen und weiche Übergänge herzustellen. Wie die antike Rhetorik – die wichtigste Quelle seiner ästhetischen Maßstäbe – möchte Alberti auf Bildern «varietas», «Abwechslung», sehen. Doch solle der Maler nicht übertreiben. Formen gehörten gebändigt, Farben aufeinander abgestimmt. Vielfalt durfte nicht Überfülle sein. Höchstens neun oder zehn Figuren könnten auf einer Historie Platz finden. Modern gegenüber mittelalterlichem Brauch wirkt, wenn Alberti betont, daß der Maler mehr Lob gewinne, wenn er Gold mit dem Pinsel nachahme und nicht einfach Blattgold verwende. Kunstfertigkeit galt ihm mehr als Material.

Albertis Werk sollte Leonardo tief beeinflussen.[10] Den Anfänger mag es für den gewählten Beruf motiviert haben, vermittelte es doch ein wahrhaft erhabenes Bild davon. Die Malkunst mache Abwesende gegenwärtig und lasse Tote noch nach vielen Jahrhunderten als lebend erscheinen. Über solches Ansehen verfüge sie, daß ihr Meister sehen werde, «daß seine Werke angebetet werden und er selbst gleichsam als ein zweiter Gott» gelte. Albertis idealer Maler ist denn auch alles andere als ein schlichter Handwerker. Vielmehr erhebt der Autor ihn zum Gelehrten, der nicht nur geometrische Verfahren beherrschen, sondern auch in den anderen freien Künsten beschlagen sein soll. Hatte Cenninis «Libro» nach Farben und Leim gerochen, duftete Albertis Schrift nach Weihrauch.

In den Werkstätten hatten sich die Praktiker inzwischen tatsächlich an die Eroberung der Wirklichkeit gemacht. Der Aufbruch in die Realität wird früh in der Buchmalerei der Gebrüder Limburg und in Bildern des «Meisters von Flémalle», vermutlich des Flamen Robert Campin, faßbar. Mit Jan van Eyck (um 1390–1441) betrat ein Ausnahmekönner die Bühne. Er arbeitete in der Welt der flandrischen Städte mit ihrem vielfältigen Handwerk und ihren geldschweren Kaufherren wie in der Welt der Höfe, mit dem der burgundischen Herzöge als reichstem und damit für die Künstler interessantestem. Van Eyck brachte es auf seinen Bildern zu geradezu mikroskopischer Wirklichkeitstreue. Als erster Meister der europäischen Kunst beherrschte er die Luftperspektive – die Fertigkeit, Ferne zu malen, Hügel, Ebenen oder Wälder im blauen oder grauen Dunst vergehen zu lassen. Seine Malerei muß auf Zeitgenossen, für deren Auge solcher «Hyperrealismus» völlig neu war, überwältigend gewirkt haben. Wurden die Flügel seines «Genter Altars» zu besonderen Festtagen geöffnet, drängte sich das Volk, und man sah «junge und alte Maler und alle Kunstfreunde das Bild umschwärmen, gleichwie man im Sommer die Bienen und Fliegen süßigkeitslüstern an den Feigen- und Traubenkörnern haften sieht».[11]

Die Italiener öffneten Albertis Fenster auf die Welt immer weiter. Noch vor der Jahrhundertmitte begegnen «rauchige» Fernen auch in der Malerei des Südens. Schon Masaccio (1401–1428), der Bahnbrecher der Zentralperspektive, versucht sich daran. Leonardo rühmt diesen «Tomaso fiorentino, cognomato Masacio», er habe mit vollkommenen Werken vorgeführt, daß sich andere, die sich nicht die Natur, die «Meisterin der Meister», zum Vorbild nähmen, vergeblich mühten.[12] Zu den ersten italienischen Malern der Frührenaissance, die sich an die Schöpfung realitätsnaher Landschaften machten, zählten Piero della Francesca (um 1412–1492) und Antonello da Messina (um 1430–1479), beide «Importeure» niederländischer Maltechnik, daneben Alessio Baldovinetti (1425–1499) und die Gebrüder Pollaiuolo. Was die Italiener dem Realismus des Nordens hinzufügten, waren die Zentralperspektive und Bezüge auf die Antike – Ornamentik und Architektur der Alten und von Statuen abgesehene Körperlichkeit, insbesondere in deren nackter Gestalt.

Das Terrain, auf dem Leonardo seine Laufbahn begann, war also nord-südliches Gelände. Es war von vielfältigen Austauschprozessen geprägt. Anders als Flandern verfügte Italien über eine reiche, von antiken Autoren inspirierte Literatur, die darüber räsonierte, was «Schönheit» in den Künsten ausmachte – Alberti hat sich in zwei weiteren bedeutenden Werken über Skulptur und Architektur geäußert , und über Bibliotheken, die Schriften voll Gelehrsamkeit und Technik der Alten bewahrten, dazu deren Fabeln und Mythen. Humanistische Philologie machte sie zugänglich. Leonardo wird aus all dem schöpfen. Ohne Bücher (und ohne Florenz' Reichtum) hätte es den «großen Leonardo» nicht gegeben, allerdings auch nicht ohne Eichhörnchenschwänze und Hühnerknochen.

Was der Lehrling verdiente, wissen wir nicht. Zunächst erhielt er vermutlich nichts, mit der Zeit eine Handvoll Soldi, im zweiten und dritten Lehrjahr bis zu 28 Soldi jährlich (so jedenfalls hielt es Neri di Bicci, ein fleißiger, aber zweitrangiger Maler mit seinen Lehrlingen) und zwischen 32 und 48 im dritten.[13] Der Taglohn eines Facharbeiters beim Bau lag demgegenüber 1480 um die 15 Soldi. Ob dazu Logis und Verpflegung kamen, ist ungewiß. Ein ordentlicher Meister konnte gut das Zehnfache dessen einnehmen, was den Gehilfen in die Taschen gesteckt wurde.

Einige kamen zu Wohlstand. Von den Klageliedern, die in vielen Steuererklärungen angestimmt wurden, sollte man sich nicht beeindrucken lassen. Das eigene Vermögen kleinzujammern war eine Praxis von Steuerpflichtigen aller Zeiten. Der Sieneser Maler Benvenuto di Giovanni meinte, die Gewinne in seinem Beruf seien gering, weil wenig produziert und noch weniger verdient werde, und Leonardos Meister Verrocchio behauptete, mit dem Einkommen aus seiner Werkstatt könne er nicht einmal seine Hosen bezahlen.[14] Dabei besaß er ein Haus im Florentiner Stadtviertel Sant' Ambrogio, das er für zehn Florin jährlich vermietete; die beiden erhaltenen Verträge wurden von Leonardos Vater beurkundet.[15] 1471 spätestens hatte er eine Werkstatt an prominentem Ort gemietet, im Viertel San Michele Visdomini nahe dem Dom. Zuvor war sie von dem Bildhauer Donatello und von Michelozzo, dem Hausarchitekten Cosimo de' Medicis, benutzt worden. Hier ging nun auch Leonardo ein und aus.

Bei Verrocchio

Verrocchios Lehrer Desiderio da Settignano war 1464 gestorben, ebenso der Architekt und Bildhauer Bernardo Rossellino, ein Bahnbrecher des von antiken Formen inspirierten neuen Stils. Seit 1466 weilte auch der große Donatello nicht mehr unter den Lebenden. Die Todesfälle begünstigten Verrocchios Karriere. Im selben Jahr 1466 erhielt er vom Florentiner Handelsgericht den prestigeträchtigen Auftrag, für eine der Nischen der Fassade von Orsanmichele, der Kirche der Florentiner Zünfte, die Bronzefiguren Christi und des ungläubigen Thomas zu liefern.

Ursprünglich hatte Verrocchio eine Ausbildung als Goldschmied absolviert. Die Lehre muß ihm Erfahrung in der Kunst, Legierungen zu mixen, vermittelt haben. Auch bedurfte es der Hand eines Goldschmieds, um roh gegossene Figuren zu ziselieren und zu polieren. Das hochangesehene Handwerk eines «orefice» zu beherrschen, war jedenfalls beste Voraussetzung für eine Karriere als Bronzebildhauer. Das Goldschmiedehandwerk gab Verrocchio bald auf, nach seiner Steuererklärung von 1457 zu urteilen wohl aus Mangel an Aufträgen. Im Rechnungsbuch der «Compagnia di San Luca» firmiert er in seiner Erklärung als «dipintore e intagliatore», als «Maler und Bildhauer».

Einen Abglanz von Verrocchios Goldschmiedekunst könnte ein Geschmeide liefern, das auf mehreren Bildern Leonardos zu sehen ist – eine ovale Brosche, deren Edelstein von Perlen gerahmt ist. Sie hält die Gewänder von Leonardos frühen Madonnen zusammen und war ursprünglich auch, wie Röntgenbilder zeigen, der Maria der «Verkündigung», Leonardos erstem selbständigen Werk, zugedacht gewesen (Tafeln 5–7).[16] Man kann sie als eine Art Abzeichen der Verrocchio-Werkstatt lesen, ziert sie doch zudem Mariendarstellungen Lorenzo di Credis (um 1459–1537) und Domenico Ghirlandaios (1448–1494), die ebenfalls zu den Mitarbeitern Verrocchios zählten.

Außer Lorenzo di Credi und Ghirlandaio könnte Leonardo in Verrocchios Werkstatt Sandro Botticelli (1445–1510) und dem Bildhauer Francesco di Simone Ferrucci begegnet sein, ebenso Pietro Perugino (um 1450–1523). Raffaels Vater Giovanni Santi erwähnt ihn, den Lehrer seines Sohnes, in einem Atemzug mit Leonardo. Beide erscheinen in Santis Reimchronik als «zwei Junge, gleich an Alter und an Neigungen».[17] Eher als Assistenten denn als Schüler Verrocchios gelten Biagio d'Antonio und Francesco Botticini. Wahrscheinlich läßt sich in diesen Kreis noch der Bildhauer Gian Francesco Rustici einschließen.[18]

In der Werkstatt Verrocchios gewann Leonardo Vertrautheit mit Techniken und Material. In seinen Schriften ist nicht nur vom Universum und vom Fliegen die Rede, sondern auch von Leim, der sich aus Knochen, Fischgräten oder Reis anfertigen läßt.[19] Wir dürfen uns Leonardo also dabei vorstellen, wie er für seinen Meister auf dem Florentiner Fischmarkt kiloweise Tintenfischschulpe einkauft, sie zu Pulver zerreibt und dann mittels einer Hasenpfote über die Grundierung von Zeichentäfelchen verstreicht. Womöglich mußte er unter dem Mittagstisch Verrocchios herumkriechen und Hühnerknochen aufsammeln, Grundstoff für die Herstellung von «carte inossate», mit koloriertem Knochenstaub präpariertes Papier. Als Erinnerung daran, daß er die Mühe, Farben zu bereiten, geschmeckt hat, mag man eine seiner Erfindungen nehmen, nämlich eine am Prinzip der Ölmühle orientierte «Maschine» zum Mahlen von Farben.[20] Das Vorbild lieferte der «Mulino della Doccia» bei Vinci. Wie schon Cennino in seinem Traktat vorschlägt, will Leonardo, daß das Zerstampfen auf einem Untergrund von hartem Porphyr erfolgt.

Mit offenen Augen wird er die Arbeiten an den Skulpturen für Orsanmichele verfolgt haben. Die Gießkunst sollte ihn zeitlebens faszinieren. Daneben übte er sich im Zeichnen. «Weißt du, was dir beschieden sein wird, wenn du das Federzeichnen praktizierst? Daß du erfahren, geschickt und fähig sein wirst, viele Zeichnungen in deinem Kopf zu haben», weiß Cennino.[21] Der angehende Maler soll zeichnen und zeichnen. Leonardo selbst verbot gemäß Paolo Giovio seinen ihm liebsten Schülern, vor dem zwanzigsten Lebensjahr Pinsel und Farben anzurühren.[22]

Vom Zeichner Verrocchio ließ sich vieles lernen. Die Porträts von Frauen «von schönem Aussehen und Haartracht» soll Leonardo «wegen ihrer Schönheit» nachgeahmt haben.[23] Tatsächlich könnten die kunstvoll geflochtenen Zöpfe der «Madonna mit der Nelke», eines frühen Werks von Leonardo, Verrocchios Frisierkunst abgesehen sein. Auch ließ er sich von dessen Skulpturen inspirieren. Der erwachende Soldat einer «Auferstehung» – eines Terracotta-Reliefs, das Verrocchio für die Medici-Villa in Careggi gefertigt hatte – erfuhr unter Leonardos Händen die Verwandlung in Aristoteles. Seine Skizze zeigt, wie die schöne Phyllis den liebestollen Alten dazu bringt, auf allen vieren zu kriechen und sich als Reittier mißbrauchen zu lassen.[24] Die Botschaft ist: Selbst höchste Weisheit macht sich, von Eros verwirrt, zum Gespött ...

Übungsstücke aus der Werkstatt dürften Gewandstudien sein, die mal Leonardo, mal Verrocchios Umkreis zugeschrieben werden.[25] Einige dieser Blätter wirken fast fotorealistisch. Die dramatischen plastischen Effekte ergaben sich wohl daraus, daß die Zeichner bei Kerzenlicht arbeiteten, das die Konturen scharf hervortreten ließ. Vielleicht benutzten sie Holzfiguren oder Modelle aus Gips oder Ton, über die dann Tücher gebreitet wurden. Vasari kommt in mehreren seiner Biographien auf diese Übung zu sprechen. «Er beschäftigte sich intensiv mit dem Abmalen nach der Natur», erzählt er im Leonardo-Kapitel. «Manchmal machte er aus Ton Figurenmodelle, um die er feuchte, mit Ton getränkte Lumpen legte. Dann ging er geduldig daran, sie auf gewisse sehr feine Leinwände oder gebrauchte Leinentücher zu bringen. Er arbeitete mit der Pinselspitze in Schwarz und Weiß, was eine wunderbare Sache war. Und das bezeugen noch einige Zeichnungen, die ich von seiner Hand in unserem Album habe.»[26] Leonardo empfahl, fürs Zeichnen Winterabende zu nutzen.[27] Eines der ihm zugeschriebenen Blätter könnte direkte Spuren dieser Arbeitsweise aufweisen. Die schwarze Farbe besteht aus Lampenruß. Daneben studierten die Maler – was schon Alberti empfahl – den Faltenwurf antiker Statuen.

Lorenzo der Prächtige (1449–1492), der Enkel Cosimos des Alten und Erbe der Medici-Macht, bezahlte Leonardo für Arbeiten in seinem Garten bei San Marco – welcher Art sie waren, ist unbekannt. Er gestattete dem jungen Mann, sich in der «Schule», die der Medici

Garten bot, an antiken Skulpturen zu bilden.[28] Auf diese Weise entstanden Mustersammlungen, die Bildideen und Vorlagen für Details bewahrten. Einige davon, darunter die Zeichnungsbücher Jacopo Bellinis und Fra Bartolomeos, sind erhalten. Ob «Werkstattgeheimnis» war, was sie enthielten, steht dahin. Ghirlandaio etwa soll seinem damaligen Lehrling Michelangelo Einblick in sein Vorlagenbuch verwehrt haben.[29]

Immer wieder dürfte es Leonardo hinausgezogen haben ins toskanische Land mit seinen Farben – dem Ocker der unbestellten Felder, dem Frühlingsgrün der Weiden und Wiesen, den weißen und blauen Anemonen, den Sommerteppichen von rotem Mohn und Feuerwerken strahlend gelben Ginsters. Im Freien gemalt hat er allerdings nie. «Pleinair» kam erst im 19. Jahrhundert in Mode. Ein Renaissancemaler hätte eine ganze Wagenladung von Pigmenten, Mörsern, Schüsseln, Öl, Eiern und Pinseln mitführen müssen. Dafür fertigte Leonardo draußen in der Natur zahllose Zeichnungen an. Was einst nur Übung, Studienmaterial oder Bestandteil eines Arsenals von Vorlagen war, bewundern wir heute als Kunstwerke – etwa ein Blatt, auf dem einfach nur Bäume im Sonnenlicht zu sehen sind (Tafel 1).

Ein Frühwerk Leonardos, der Entwurf für eine Tapisserie, dürfte den Ausflügen aufs Land viele Details verdankt haben.[30] Der Karton soll neben dem ersten Menschenpaar und dem Feigenbaum eine Wiese mit zahllosen Kräutern gezeigt haben, auch Tiere und eine «mit großer Kunst und wunderbar» gemalte Palme. Vasari scheint den Karton noch im Palast Ottaviano de' Medicis gesehen zu haben. Der Entwurf ist verloren, und die Ausführung – die nach Vasari für den portugiesischen Thronfolger bestimmt gewesen sei – unterblieb. Ob Raffaels «Adam und Eva» an der Decke der «Stanza della Segnatura» im Vatikan Ideen von Leonardos Aquarell aufgreift?

Seine Lehrzeit – sie dauerte normalerweise sechs Jahre[31] – dürfte er um 1470 abgeschlossen haben. Er war wohl zuletzt nicht mehr nur Gehilfe Verrocchios, sondern dessen Partner. Fließende Übergänge zwischen dem einen und dem anderen Status erfolgten in den Werkstätten der Renaissance häufig.[32] Mancher Genosse konnte bis zur Hälfte des Gewinns aus größeren Projekten einstreichen. Benozzo

Gozzoli zum Beispiel erhielt zwischen 1444 und 1447 für seine Mitarbeit an der zweiten Paradiestüre Ghibertis Summen von zunächst sechzig, dann achtzig Goldflorin. Das war viel Geld, wenn man bedenkt, daß die Jahresmiete für eine Werkstatt im Durchschnitt etwa sechs bis sieben Florin ausmachte.[33]

Die falsche Flora, Drachen und ein Fisch

1909 tätigte der Generaldirektor der Berliner Museen, Wilhelm Bode, einen spektakulären Ankauf. Für die gewaltige Summe von 185 000 Goldmark erwarb er aus dem englischen Kunsthandel die Wachsbüste einer barbusigen, blumenbekränzten Frau, deren Lächeln sie als Werk Leonardos auszuweisen schien (Abb. 2). Als die Schöne dem Publikum präsentiert wurde, enthüllte die englische Presse, daß es sich in Wahrheit um eine Fälschung handle. Der Wachsbossierer Richard Cockle Lucas behauptete, die Figur selbst hergestellt zu haben. In Deutschland und England entbrannten publizistische Kampagnen für oder gegen die Echtheit der Dame, ein Vorflimmern des Ersten Weltkriegs auf kulturpolitischem Schlachtfeld. Chemische Analysen zeigten indessen, daß die «Flora» nicht aus der Renaissance stammen kann. Ihr Schöpfer mag sich an einem leonardesken Gemälde orientiert haben. Vielleicht verwendete er Teile einer Wachsplastik des späten 18. Jahrhunderts für sein Elaborat.[34]

Eine Büste von Leonardos Hand – das wäre zu schön gewesen, um wahr zu sein. Wurde doch bisher keine einzige Skulptur, die ihm sicher zugeschrieben werden kann, entdeckt. Vasari behauptet allerdings, Leonardo habe in seiner Jugend Porträtbüsten lachender Frauen aus Ton geschaffen. Ebenso wie seine meisterhaft geformten Kinderköpfe seien sie in Gips nachgebildet worden.[35] Leonardo selbst schreibt um 1492, er habe sich nicht weniger in der Skulptur als in der Malerei betätigt.[36]

Wahrscheinlich hat der junge Vinci Anteil an Arbeiten Verrocchios. Vielleicht zeichnete er die «concetti», die Entwürfe, für einige Applikationen am Grabmal Pieros «des Gichtigen» (1416–1469), des Nachfolgers Cosimo de' Medicis – etwa für die naturnah geformten

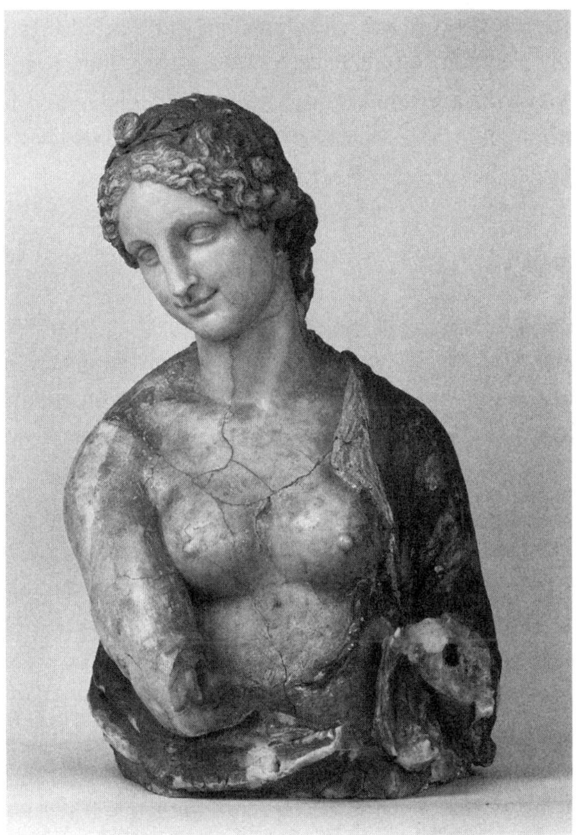

Abb. 2: Richard Cockle Lucas (?), Flora, um 1845, Wachs, Farben, Höhe 67,5 cm, Berlin, Bode-Museum.

Schildkröten, die den Sockel des Sarkophags tragen, daneben für Girlanden, Akanthusranken und Füllhörner. Vielleicht entwarf er auch das Geflecht von Seilen, das den Sarg umrankt und dessen Deckel überspannt. Dergleichen zu zeichnen war eine seiner Passionen.[37] Außerdem könnte er Schmuck – Drachen, Delphine, ein Löwenhaupt – für ein Lavabo in der Alten Sakristei San Lorenzos entworfen haben.[38] Diese Drachen zählen zu jenen Erfindungen, die – mit Cennini – etwas, was nicht war, zeigten, als wäre es. Die Ungetüme sind wundersame Hybride: langschwänzige Reptilien mit Hundsköpfen, deren Teile «nach der Natur» gebildet sind, während das Ganze reines Phantasieprodukt ist. Wenn ein solches Monster natürlich erscheinen solle, müsse es in allen Teilen wirklichen Tieren nachgebildet sein, hat Leonardo später konstatiert und empfohlen: «Verwende dafür den Kopf eines Bluthundes oder eines Bracken, die Augen einer Katze, die Ohren eines Stachelschweins, die Schnauze eines Windspiels, die Brauen eines Löwen, die Schläfen eines alten Gockels und den Hals einer Wasserschildkröte.»[39]

Genauso soll Leonardo gemäß Vasari vorgegangen sein, als ihn sein Vater darum bat, eine Feigenholzscheibe mit einem Bild zu schmücken. Leonardo habe als Sujet ein furchtbares Wesen ersonnen, das ähnliches Entsetzen hervorrufen sollte wie das schlangenumzüngelte Haupt der Medusa. Als Modelle habe er Eidechsen, Heuschrecken, Schlangen, Fledermäuse und anderes Getier gesammelt. Voller Begeisterung für die Kunst soll er alles um sich herum vergessen haben. Selbst den Gestank, den die Kadaver verbreiteten, habe er nicht wahrgenommen, als er an seinem Ungeheuer malte. «Er ließ es aus einer dunklen, zerklüfteten Felswand hervorkommen, wobei es giftigen Atem aus dem offenen Rachen schnaubte, Feuer aus den Augen stieß und Rauch aus der Nase – so wunderlich, daß es in der Tat ungeheuer und furchtbar erschien.» Als Ser Piero das Bild abholte, sei er zunächst angstvoll zurückgeschreckt, als wäre das Wesen echt.

Man sollte die schöne Geschichte nicht für bare Münze nehmen. Vasari greift hier einen antiken Topos auf. Die größten Meister, so seine Botschaft, konnten der Natur vollkommen Paroli bieten. In seiner «Naturgeschichte» erzählt Plinius der Ältere (23/24–79 n. Chr.) vom Wettstreit zwischen den Malern Zeuxis und Parrhasios: Zeuxis habe Trauben so wirklichkeitsnah wiedergegeben, daß eine Schar Tauben versuchte, sie von der Leinwand zu picken.[40] Seinen Konkurrenten habe der Künstler dann siegessicher aufgefordert, nun endlich den Vorhang von *seinem* Bild zu ziehen. Da konnte Parrhasios triumphierend darauf verweisen, der sei nur gemalt. Es war ihm gelungen, nicht unvernünftiges Geflügel, sondern das Auge eines erfahrenen Künstlers zu täuschen. So trug er den Sieg davon. Leonardo selbst gibt eine abgewandelte Version der Anekdote zum besten. Er habe beobachtet, wie ein Hund das Porträt seines Herrn begeistert begrüßte – «er machte ein großes Fest» –, oder auch, wie Hunde gemalte Hunde anbellten und diese beißen wollten.[41] Wer einen Hund besitzt, wird bestätigen können, daß Leonardo flunkert: Sehen Hunde ein Bild, erschnuppern sie Öl, nicht Hund oder Herrchen, und bleiben gelassen.

Leonardos Monsterbild, so er es tatsächlich realisiert hat, ist verschollen. Erste Spuren seiner Malkunst finden sich auf Arbeiten Verrocchios, der als Bildhauer bedeutend, als Maler aber zweitrangig war. Vasari meint, er pflege «einen ziemlich harten und rohen Stil wie einer, der ihn durch endloses Studium erwirbt und nicht als Gabe der Natur oder natürliche Fähigkeit besitzt». Anders gesagt, Verrocchio erschien seinem sachverständigen Biographen als fleißig, aber ohne Talent.

Selbst wer Versuchen, verschiedene Hände in einem Bild zu unterscheiden, mit gebotener Skepsis begegnet, wird erkennen, daß an Verrocchios «Taufe Christi» (Tafel 2) ein Begabterer mitgearbeitet hat. Vasari berichtet, was der Augenschein bestätigt: Einer der Engel, die dem Gottessohn die Kleider hielten, sei von Leonardo so vollendet ausgeführt worden, daß dessen Arbeit die des Meisters bei weitem in den Schatten gestellt habe.[42] Auch der duftige, in Öl gemalte Landschaftshintergrund verrät Leonardos Hand. Dagegen zeigen andere, weitgehend mit Tempera gemalte Partien des Bildes die Arbeit eines Malers, der im Herzen Bildhauer war, also den Stil Verrocchios. Die Palme am linken Bildrand zum Beispiel sieht aus, als wäre sie aus eingefärbtem Blech.

Ein zweiter Fall hat einen Fisch als Argument. Auf einem ebenfalls Verrocchio zugeschriebenen Bild, dem «Tobias mit dem Engel» in der Londoner National Gallery (Tafel 4), finden sich Details, deren Virtuosität dramatisch vom Rest absticht: ein kleiner Terrier mit lockigem weißen Fell und der Fisch, den Tobias mit sich trägt. Dieser Fisch – vielleicht bot sein Modell ein Döbel, wie er auch im Arno herumschwamm – ist ein Bravourstück (Abb. 3). Sein Maler hat ihm zielsicher Lichter aufgesetzt, läßt das Auge glitzern und die Schuppen

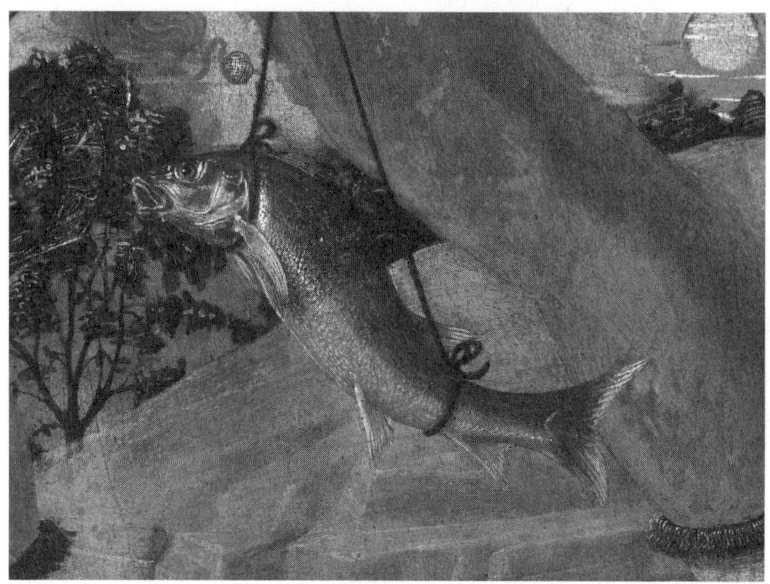

Abb. 3: Ausschnitt aus Tafel 4.

schimmern, selbst die Kiemenflosse darf einen leichten Schatten werfen. Naturnäher geht's kaum. Getreu der Legende, nach der die dem Fisch entnommene Galle Tobias' Vater wundersam von seinem Augenleiden heilte, hat der Künstler dem Tier den Bauch aufgeschlitzt. Zähe Blutstropfen fließen aus der Wunde. Daß Fisch wie Hündchen dem weitgehend fertigen Bild nachträglich hinzugefügt wurden, zeigt der jeweils ein wenig durchscheinende Hintergrund. Auch die Art, wie die Locken des Tobias und ein mit gelbem Ocker – und nicht mit Muschelgold – gehöhter Ärmel gestaltet sind, deutet darauf hin, daß da ein anderer seine Hand im Spiel gehabt haben dürfte. Daß dieser andere Leonardo war, ist eine naheliegende Vermutung.[43]

Die frühen Spuren seiner Kunst auf Verrocchios Tobias-Bild und dessen «Taufe» dokumentieren die Gleichzeitigkeit des Ungleichzeitigen – zweier Epochen der Kunstgeschichte, der Frührenaissance mit ihren scharf gezeichneten Konturen und leuchtenden Farben einerseits und der Hochrenaissance andererseits, die sanfte Übergänge zu gestalten verstand. Leonardo, der bedeutendste der Revolutionäre, die dem neuen Stil zum Durchbruch verhalfen, hielt nichts von der älteren Art, wie sein Urteil über Botticellis Landschaften dokomentiert: Er fand sie schlicht «tristissimi», jämmerlich.[44]

Von Verrocchio kann Leonardo nicht gelernt haben, wie man einen Wunderfisch wie den des Tobias oder die Zauberlandschaft im Hintergrund der «Taufe Christi» malt. Selbst Lorenzo di Credi verstand sich besser darauf. Unter den Meistern, denen Leonardo absehen konnte, wie man Fische und Fernen fertigt, ist der wahrscheinlichste Kandidat Antonio del Pollaiuolo. Auch er hatte ein Tobias-Bild gemalt, gemeinsam mit seinem Bruder Piero. Unverkennbar steht es mit der Version des Teams Verrocchio-Leonardo in Dialog.[45]

Antonio Benci, so hieß er eigentlich – den Beinamen «del Pollaiuolo» hatte er nach seinem Vater, einem Geflügelhändler –, zählte zu den überragenden Könnern der Generation vor Leonardo.[46] Sein Ruhm gründet auf dem gut zwei mal drei Meter messenden «Martyrium des heiligen Sebastian» (Tafel 3).[47] Pollaiuolo zeigt Körper von allen Seiten, einige verkürzt, «in iscorto».[48] Er läßt Muskeln spielen oder streift seinen Akteuren faltenreiche Gewänder über. Im Vordergrund spannt einer der Folterknechte die Armbrust. Sein Gesicht ist rot vor Anstrengung, tief hat sich die Zornesfalte ins Antlitz eingegraben. Wir sehen gepanzerte Reiter und sich aufbäumende Pferde, auf den Stromschnellen eines Flusses vermag man sogar hingetupfte Schaumkronen auszumachen. «Renaissance» drängt sich am linken Rand ins Bild – die riesige Ruine eines antiken Triumphbogens. Dahinter breitet sich eine toskanische Landschaft. Man sieht Zypressen und Gebüsch in der breit hingelagerten Ebene, dahinter Hügel und Berge, darüber einen erst blauen, dann zum Horizont hin ins silbrige Weiß verflirrenden Himmel. Der Auftraggeber des Meisterwerks, Antonio Pucci, entlohnte den Maler mit der sehr hohen Summe von 300 Scudi.

Auch andere Werke weisen Antonio als meisterhaften Landschaftsmaler und Menschenbildner aus. Einst schmückten drei seiner Tafeln, Darstellungen der Taten des Herkules, den «Großen Saal» des Medici-Palasts.[49] Daneben malte er einige der schönsten Frauenporträts der Frührenaissance. Vielleicht hat er, wie später Leonardo,

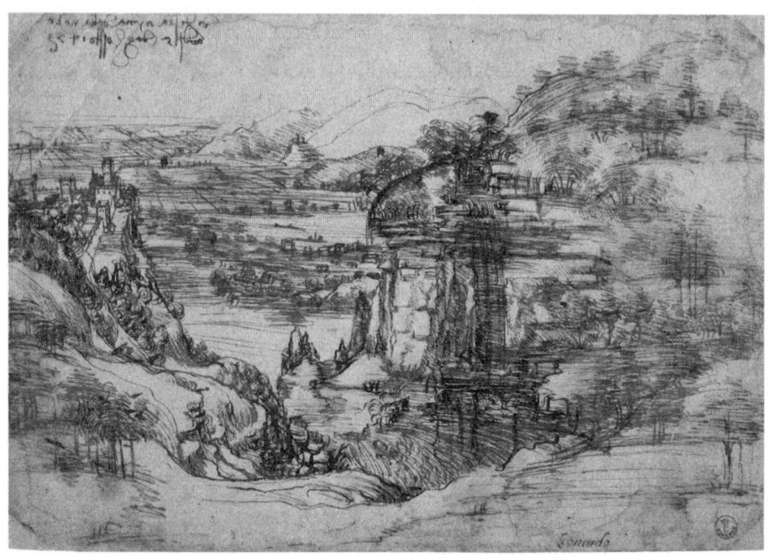

Abb. 4: Leonardo da Vinci, Landschaft, 1473, Feder und braune Tinte, 19 × 28,5 cm, Florenz, Uffizien.

Leichen seziert und Muskeln und Sehnen studiert.[50] Ein großer Kupferstich, der zehn nackte junge Männer im Kampf darstellt – das Thema war neu, die Botschaft ist rätselhaft –, fand in ganz Europa Verbreitung. Ein weiteres ebenfalls einzigartig dastehendes Werk, das Antonios Kenntnis der menschlichen Anatomie bezeugt, ist ein Wandgemälde in der Villa La Gallina auf den Hügeln von Arcetri. Zwischen 1471 und 1475 entstanden, zeigt es Nackte in bacchantischem Tanz. Einer von ihnen dürfte nach dem Vorbild einer antiken Satyrfigur gestaltet worden sein.

Wir können ziemlich sicher sein, daß Leonardo einst auch dieses Wandbild bestaunte. Die «Gallina» gehörte nämlich den Lanfredini und damit der Familie, in die sein Vater 1466 eingeheiratet hatte.[51] Als Auftraggeber des gewagten Reigens, der erst 1897 unter weißer Tünche wiederentdeckt wurde, kommen die Brüder Jacopo und Giovanni d'Orsino Lanfredini in Frage, hilfreiche Patrone Antonio del Pollaiuolos.[52] Jacopo, der ältere der Brüder, rühmte «seinen» Maler damals in den höchsten Tönen. «Er ist der erste Meister in dieser Stadt», urteilte er, «und vielleicht der beste, der hier je war. Und dies ist Meinung aller, die von diesen Dingen etwas verstehen.»[53]

Es könnte die familiäre Beziehung zu den Lanfredini gewesen sein, über die Leonardo Zugang zur Werkstatt Antonios gefunden hatte. Einen weiteren, freilich äußerst vagen Hinweis auf Beziehungen zwischen den beiden gibt Leonardos erste datierte Zeichnung – die berühmte, am 5. August 1473, dem «Tag der heiligen Madonna vom Schnee», angefertigte Landschaftsskizze (Abb. 4). Einen Ort zu finden, von dem aus sich genau die Ansicht öffnet, die das Blatt wiedergibt, ist bisher nicht gelungen. Vielleicht zeigt der Zeichner im Hintergrund den Kegel des Monsummano nördlich von Vinci, dazu das Sumpfland von Fucecchio und die Hügel um Valdinievole, vielleicht auch kombiniert er in der Werkstatt Verrocchios Erfundendes und zuvor Gesehenes.[54] Den felsigen Abhang, von dem sich ein Wasserfall ergießt, fügte Leonardo dem Panorama ebenso hinzu wie die turmbekränzte Mauer links und den Fluß im Mittelgrund. Auf der Rückseite des Blattes findet sich ein kryptischer Satz: «Io morando dant sono chontento», «Ich, Morando d'Antonio, bin es zufrieden». Handelt es sich hier um die ersten Worte eines Vertrags mit einem Auftraggeber namens Morando?

Oder sollte die Übersetzung ganz anders lauten, nämlich, wie ebenfalls vorgeschlagen wurde: «Ich, bei Antonio weilend, bin glücklich»? Damit würde der Text, wie vermutet wurde, auf einen sommerlichen Aufenthalt in Vinci bei Antonio Buti, Leonardos Stiefvater, verweisen. Eine dritte Möglichkeit hat man bisher nicht erwogen: daß nämlich «Antonio» kein anderer war als Antonio del Pollaiuolo. Der arbeitete damals gerade an seinem «Sebastian». Die Nähe zwischen der Szenerie, die Leonardos Skizze zeigt, und dem Landschaftshintergrund von Pollaiuolos Hauptwerk ist unübersehbar und fiel schon immer auf.[55] Unbeweisbar, aber nicht völlig unmöglich ist es mithin, sich Leonardo und Antonio auf einer Wanderung unter dem samtenen Augusthimmel der Toskana vorzustellen und sie dabei Landschaften zeichnen zu lassen.

3. Erste Werke und eine Sexaffäre

Der Blick Colleonis

Im Jahr vor der imaginären Wanderung der beiden Maler, 1472, findet sich Leonardos Name unter den Mitgliedern der «Compagnia di San Luca»: «Lyonardo di Ser Piero da Vinci dipintore».[1] Die Bruderschaft – ihr Patron St. Lukas hatte der Legende nach die Gottesmutter porträtiert – war um 1330/35 gegründet worden. Die Mitglieder pflegten gemeinsames Gebet, sorgten für bedürftige Kollegen und zechten miteinander. Zu Maria Lichtmeß hatte jeder Genosse Kerzen zu opfern. Das Dokument, in dem Leonardos Name begegnet, diente der Kontrolle, ob dieser Pflicht genügt worden war.[2] Der Jahresbeitrag für die Mitgliedschaft betrug zehn Soldi, was etwa dem Tagelohn eines Hilfsarbeiters gleichkam. Die Zunft erhob eine Aufnahmegebühr von sechs Florin.

Neben schlichten Goldschlägern, «battilori», nennt das Dokument von 1472 auch die Namen Verrocchios, Piero del Pollaiuolos und Botticellis. Der Titel «Mag.», «Meister», den es Perugino zuerkennt, findet sich vor Leonardos Namen noch nicht. Gemäß der Liste arbeiteten damals in Florenz 42 Maler, unter ihnen etwa 30 Figurenmaler – gegenüber etwa ebenso vielen Gold- und Silberschmieden, 270 Wollhandwerker-Werkstätten und 83 Seidenwirkern. Wie bedeutend das Gewicht des Kunsthandwerks im Florenz der Renaissance war, läßt sich daran erkennen, daß hier mehr Bildhauer und Intarsiatoren wirkten – nämlich 84 – als Metzger, die es nur auf 70 brachten.

Die weitaus meisten Bildhauer und Maler, die in der Liste erwähnt werden, bleiben für uns bloße Namen. Mit kaum einem lassen sich Werke verbinden. Was ihre Alltagsarbeit ausmachte, deuten die «Ricordanze» des Malers Neri di Bicci (1418/20–1492) an.[3] In dieser für Florenz einzigartigen Quelle, einer Art Werkstattchronik, finden sich Hinweise auf die Herstellung von Tafelbildern, Fresken, Altardecken und Vorhängen, von Gemälden für die häusliche Andacht, Truhen und Kisten. Auch von Restaurierungen und Überarbeitungen schon vorhandener Werke ist die Rede. Die Meister der Renaissance bemalten alles: Wände, Kerzen, Schachteln, selbst die Gesichter quicklebendiger Florentinerinnen. Denn auch zum Schminken konnte man sich zu einem Maler begeben, der sich dazu bei Bedarf kräftiger Ölfarben bediente.

Was die Einschätzung der Stellung des jungen Leonardo erschwert, ist der Umstand, daß die Florentiner Kunsthandwerker keine eigene Zunft bildeten. Das Kriterium für die Zuordnung lieferten die Materialien, mit denen sie arbeiteten.[4] Die Maler gehörten zur Zunft der «Medici, Speziali e Merciai», die außer ihnen Ärzte, Apotheker, Krämer und Gewürzhändler vereinte. Goldschmiede, Goldschläger und Goldfädenspinner fanden sich in der «Arte della seta», der Zunft der Seidenweber. Ihrer großen Zahl verdankten die Holz- und Steinbildhauer, daß sie über eine eigene Vereinigung, die «Arte dei maestri di pietra e legname», verfügten. Dort trafen sie auch auf Zimmerleute. In der Praxis hatte sich im 15. Jahrhundert der Zunftzwang gelockert, so daß nicht alle Künstler in eine Korporation eintraten. Ob Leonardo sich einer Zunft zuwandte, und wenn ja, welcher, ist unbekannt. Die Register der «Arte dei Medici, Speciali e Merciai», in der seine Mitgliedschaft am wahrscheinlichsten wäre, brechen 1444 ab und setzen erst 1490, als sich Leonardo in Mailand aufhielt, wieder ein.

Die toskanische Künstlerwerkstatt der Renaissance war ein «fluktuierendes Unternehmen». War ein Großauftrag zu erledigen, stellte der Meister zusätzliche Kräfte ein – nicht nur schlichte «garzoni» oder «lavoranti», die beim Farbenanrühren und Grundieren halfen, sondern auch selbständige Meister, die gerade ohne Auftrag waren.[5] So bildeten sich für begrenzte Zeit Malergemeinschaften, «compagnie», die über Verträge die Aufteilung von Kosten und Gewinn regelten oder auch festlegten, welcher Partner welche Details des Werks auszuführen hatte. Die Vereinbarungen zwischen Künstlern und Auftraggebern schrieben oft selbst die Qualität und den Preis der zu verwendenden Materialien vor, namentlich, wenn es um Gold und das extrem teure Ultramarin ging. Der Lapislazuli, aus dem diese Farbe aller Farben hergestellt wurde, mußte damals aus Afghanistan bezogen werden. Manchmal wurde auch festgelegt, daß ein Bild oder wenigstens wesentliche Partien

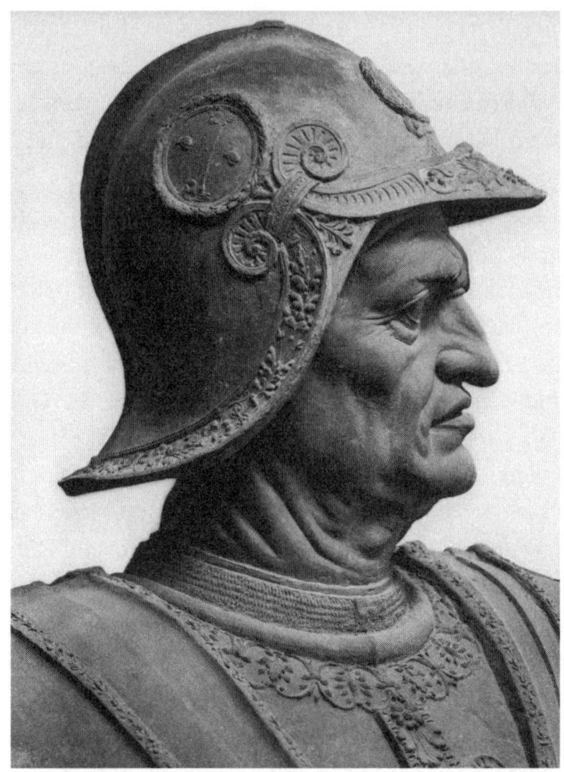

Abb. 5: Andrea del Verrocchio/Alessandro Leopardi, Bartolomeo Colleoni (Detail), 1480–1492, Bronze, ursprünglich vergoldet, Venedig, Campo Santi Giovanni e Paolo.

vom Meister selbst auszuführen waren.[6] Dabei ging es nicht darum, sich der Reliquie eines mythischen Genies zu versichern. Vielmehr sollte schlicht professionelle Handwerksarbeit gewährleistet sein, die Kunst «eines guten und klugen Meisters», «da buono e discreto maestro».

Ob Leonardo seine als «früh» angesehenen Bilder für Verrocchios Werkstatt oder auf eigene Rechnung angefertigt hat, entzieht sich der Klärung. Die offene Organisation der Florentiner Malerwerkstätten schloß weder die eine noch die andere Möglichkeit aus. So ist auch die Funktion der vermutlich von Leonardo stammenden Silberstiftzeichnung eines Kriegers unklar (Abb. 6).[7] Zwischen 1470 und 1480 entstanden, könnte sie ein verlorenes Bronzerelief Verrocchios wieder-

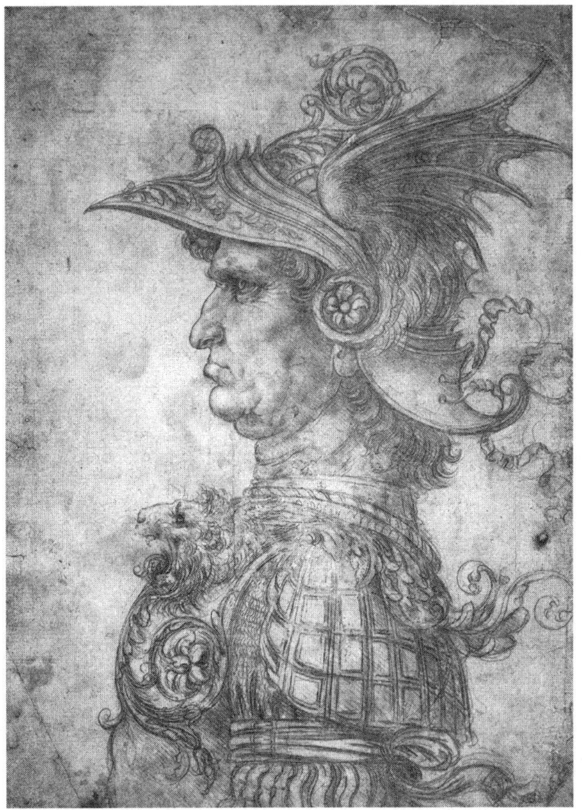

Abb. 6: Leonardo da Vinci, Krieger (Bartolomeo Colleoni?), 1470/80 (?), 1483 (?),
Silberstift auf cremefarbigem Papier, 28,7 × 21,1 cm, London, British Museum.

geben.[8] Die Physiognomie des Mannes ähnelt zudem auffällig dem
Gesichtsausdruck Bartolomeo Colleonis auf Verrocchios Reiterdenkmal in Venedig (Abb. 5). Daß es tatsächlich einen Zusammenhang
zwischen der Zeichnung und einer der berühmtesten Skulpturen der
Renaissance gibt, deutet ein bisher kaum beachtetes Detail an: Leonardos Zeichnung zeigt auf dem Harnisch des Kriegers einen geflügelten Löwen und damit das Symbol Venedigs, der Erbin des Condottiere und Auftraggeberin von dessen Denkmal. Der Vertrag über das
Großprojekt wurde 1483 geschlossen. Zuvor scheint ein Wettbewerb

stattgefunden zu haben.[9] Lieferte Leonardo seinem alten Lehrer bei dieser Gelegenheit einen Entwurf – eben die Zeichnung des Gewappneten –, den Verrocchio dann für die Ausführung des Monuments benutzte? Ist somit der Blick des Erzmannes, der herausfordernd die Welt ins Visier zu nehmen scheint, der Blick Leonardos? Der Typ des «grimmig Entschlossenen» begegnet in dessen Werk noch mehrmals, so auf dem «Letzten Abendmahl». Hier leiht er einem Apostel die Züge – keinem anderen als Bartholomäus, Colleonis Namensheiligen.

Verrocchio starb 1488. Fertiggestellt wurde das Reiterstandbild von Alessandro Leopardi. 1496 konnte es enthüllt werden. Bis zuletzt hatte man an der heute längst verschwundenen Vergoldung gearbeitet.

Verklungene Feste

Der Betrieb in einer großen Florentiner Künstlerwerkstatt war gewiß nicht durchweg vom Ringen um Unsterbliches geprägt. Der Luccheser Maler Bartolomeo Puccini zum Beispiel garantierte 1468 in einem Vertrag die Haltbarkeit der bei der Herstellung einer Altartafel verwendeten Materialien für zwanzig Jahre.[10] Verrocchio übernahm auch Aufträge, die keinen Künstler, sondern einen versierten Techniker erforderten. Er hatte sein Prestige durch den Auftrag gemehrt, die vergoldete Kugel, die über Brunelleschis Domkuppel schwebt, anzufertigen und sie und das Kreuz darauf an ihrem Standort zu befestigen. Drei Jahre, zwischen 1468 und 1471, arbeitete seine Mannschaft an dem Projekt. Noch der alte Leonardo wird sich daran erinnern.[11] 1601 wurde die Kugel allerdings von einem Blitz getroffen, fiel herab und zerbrach. Doch konnte sie repariert werden. So spiegelt sich das Weichbild von Florenz bis heute im Gold eines Werks von Leonardos Meister.

Dieses Florenz war, mit Polizian, eine Stadt «herrlichen Gepränges und wilder Spiele».[12] So gehörte zum Geschäft eines Unternehmens wie dem Verrocchios auch die Herstellung von Festdekorationen und Karnevalswägen, Prozessionsbannern, Theaterkulissen und Standarten. Das meiste davon war aus billigem Material und nach Gebrauch dem Untergang geweiht. Von mancher Inszenierung, deren Pracht die Zeitgenossen geblendet hatte, blieben kaum mehr als dürre Chronik

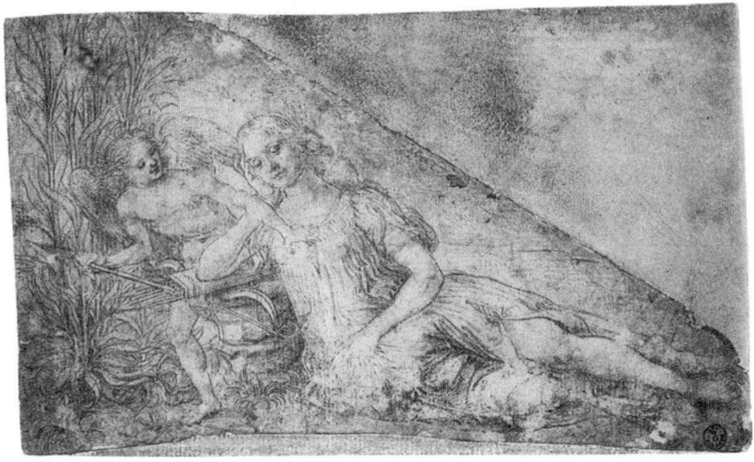

Abb. 7: Andrea del Verrocchio/Leonardo da Vinci (?), Venus oder Nymphe und Amor, 1475,
Bleistift, Feder, etwas braun laviert, 14,8 × 25,9 cm, Florenz, Uffizien.

notizen. Doch war mit den Arbeiten dafür gutes Geld zu verdienen.
Pietro di Giovanni d'Ambrogio strich für eine Prozessionsfahne 55 Florin ein, während Luca Signorelli für ein kleineres Werk, das allerdings viel reicheren Figurenschmuck aufwies, 20 Florin erhielt.[13] Über die Hälfte der Summe dürfte für Gold, Holz und Farben aufgewandt worden sein. Tatsächlich hing der Preis für solche Gebrauchskunst vom Material, dazu von der Zahl der Figuren und der Größe der zu bearbeitenden Fläche ab. Daß auch der Rang des Künstlers eine Rolle spielen konnte, belegt der Preis, den der Malerfürst Piero della Francesca für eine Prozessionsfahne kassierte: 32 Fiorini d'oro larghi. Von Neri di Bicci war ein solches Stück schon für zwei bis drei Fiorini zu haben.

Vielleicht das einzige Objekt dieser Art, das von einem Medici-Fest Ende Januar 1475 erzählt, ist auf einem dreieckigen, 14,8 × 25,9 Zentimeter messenden Blatt der Uffizien überliefert. Man sieht darauf Amor, der im Begriff ist, eine schlafende Nymphe – oder ist es Venus? – zu wecken (Abb. 7).[14] Der Stil verweist auf die Verrocchio-Werkstatt. Leonardo werden die Pflanzen links im Hintergrund und mitunter der Amor zugeschrieben. Auf das fertiggestellte Produkt dürfte eine Notiz in einer Liste verweisen, die von den Medici bei Verrocchio geordete Werke vermerkt. Sie nennt eine Standarte mit einem «spiritello», einem geflügelten Genius, die «für Giulianos Giostra» bestimmt sei. Damit ist ein Turnier gemeint, das während des Fests auf dem Platz vor Santa Croce veranstaltet wurde. Das Spektakel hatte ein Werk der Diplomatie zum Anlaß – eine im vorausgegangenen November geschlossene Allianz zwischen Florenz, Venedig und Mailand, die dem Papst und Neapel die Stirn bieten sollte. Wieder war Italiens Mächtegleichgewicht neu austariert worden.

Tatsächlich feierten die Medici sich selbst. Turniere erinnerten an vergangene Ritterpracht und an die höfische Kultur Burgunds, die damals ganz Europa faszinierte. Die aktive Teilnahme daran – die «Turnierfähigkeit» – war lange ein eifersüchtig gehütetes Adelsprivileg gewesen. Ein solches Spektakel zu inszenieren bedeutete für die Medici, sich dem höheren Stand zuzudrängen. Was ihnen fehlte, war Tradition. Ihre alles Maß sprengende Kunstpatronage hatte darin einen tieferen Grund. Die Größe ihres Stadtpalastes und ihrer Villen, die unverschämt teuren Kleider und die edlen Pferde, die sie sich leisteten, sollten vergessen machen, daß sich da kein tausendjähriges Geschlecht der Stadt Florenz bemächtigt hatte, sondern Abkömmlinge von schlichten Geldwechslern. Einen großen Schritt hin zum Aufstieg in die Kaste der Blaublütigen hatte die Ehe markiert, die Lorenzo der Prächtige 1469 mit Clarice Orsini, Tochter eines römischen Adelshauses, eingegangen war.[15] Da hatte Geld Tradition geheiratet. Ein protzig inszeniertes Turnier war schon damals Höhepunkt des Hochzeitsfests gewesen.

Die «giostra» von 1475 verdankt ihren Nachruhm dem Hausdichter der Medici, Angelo Poliziano (1454–1494). Die Standarte illustrierte, was seine «Stanzen für das Turnier», die «Stanze per la giostra», zum Thema haben. Den Rahmen bot Giuliano de' Medicis Minne-Liebe zu Simonetta Vespucci (1453–1476). Für die Genuesin, die er als «Königin der Schönheit» feierte, zog er ins Turnier und trug, wie es sich gehörte, den Sieg davon.

Polizian machte die platonische Renaissance mit ihrer Feier der himmlischen und irdischen Liebe zu Poesie. In Iulio, der Hauptfigur

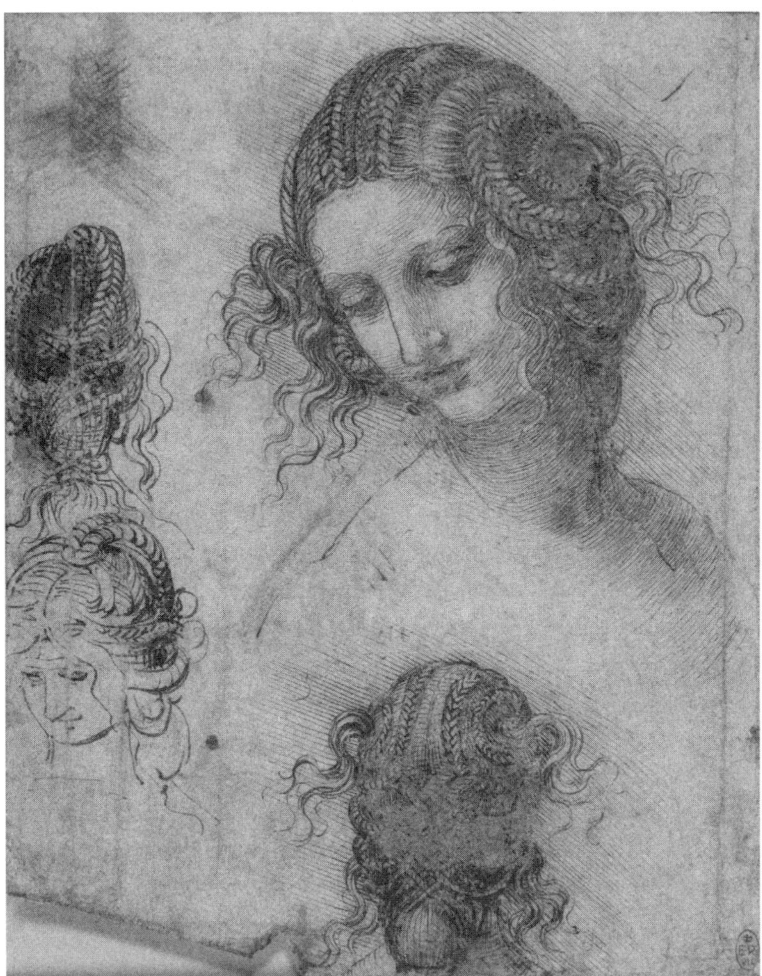

Abb. 8: *Leonardo da Vinci, Studien zum Kopf der Leda, 1505–1510 (?), Feder, Tusche und schwarze Kreide, 20 × 16,2 cm, Windsor Castle, Royal Library.*

des Gedichts, verbirgt sich Giuliano. Amor, der Liebesgott, lockt den Jäger mittels einer weißen Hirschkuh in den Wald und arrangiert die Begegnung mit einer berückend schönen Nymphe. So erleidet Iulio-Giuliano die «süß-bitteren Kuren, die Amor verabreicht». Die Geschichte bietet Polizian Anlaß zu epischer Schilderung der Natur und des Palasts der Venus, erlaubt beiläufig auch Lob auf den Mäzen «Lauro» – Lorenzo de Medici –, «unter dessen Schirm das glückliche Florenz sich Friedens erfreut».[16] Die Nymphe, hinter der sich keine andere als Simonetta versteckt, erscheint als «Anmut in menschlicher Gestalt». Ihr weißes Kleid ist mit Blumen bemalt, ihre Augen leuchten von süßer Heiterkeit, und ein Hauch von Rosen liegt auf ihrem hellen Antlitz. «Mit weißer Hand rafft sie das Kleid/erhebt sich, und gefüllt mit Blumen ist ihr Schoß».[17] Ob Polizians Gedicht zwei berühmten Bildern Botticellis, dem «Frühling» und der «Geburt der Venus», Regieanweisungen bot, ist umstritten – nicht aber, daß wir uns mit Polizians Versen in dieselbe heitere, aller bösen Gegenwart ferne Welt versetzt finden, in die Botticellis Gemälde entrücken. «Die Luft umher», so eine Passage des Gedichts, «ist ganz mild, und überall glitzern die Lichter der Liebe.»

Wie Verrocchio und Leonardo schuf auch Botticelli für Giuliano de' Medicis Turnier eine Standarte. Auf ihr war Pallas Athene zu sehen, vielleicht in Gestalt Simonetta Vespuccis, deren Physiognomie man zudem in seiner «Venus» auszumachen glaubte. Sollte ein Porträt des Frankfurter Städel-Museums tatsächlich die von Giuliano de' Medici Verehrte zeigen, galt sie kaum zu Unrecht als eine der Schönsten von Florenz, verheiratet freilich und dem Begehren Giulianos entzogen.

«Mode» zeigte sich in Botticellis Bildern nicht zuletzt in den kunstvollen Frisuren, den «ghirlande», vieler seiner Frauen. Ghirlandaio, der eigentlich Domenico Bigordi hieß, soll die Haarmode in der Florentiner Malerei eingeführt haben, was ihm seinen Beinamen bescherte.[18] Selbst ein fingerfertiger Coiffeur dürfte Stunden gebraucht haben, um das Haupthaar ähnlich kunstvoll zu gestalten wie auf dem Porträt des Städel. Zöpfe waren zu flechten, Perlenschnüre und rotes Band einzubinden, Haarteile hinzuzufügen, eine mit Reiherfedern versehene Aigrette aufzustecken. Leonardo interessierte sich für solche Accessoires weiblicher Schönheit und deren «erotischen Appell» nicht besonders. Den meisten seiner Frauen fällt das Haar, mit Polizian, «sine lege», «ohne Gesetz» herab, sehen wir von den frühen Madonnenbildnissen ab. Erst mit seinen Studien für den Kopf der Leda, also seit etwa 1505, beschäftigte er sich wieder eingehender mit dem Frisurenstil der Damen seiner Zeit (Abb. 8).

Bilder für die Madonna

Einige seiner ersten Florentiner Aufträge dürfte Leonardo den Beziehungsnetzen seines Vaters verdankt haben.[19] Die «Verkündigung» (Tafel 5), vielleicht seine erste selbständige Arbeit, befand sich, bevor sie 1867 in die Uffizien gelangte, in San Bartolomeo a Monteoliveto nahe Bellosguardo. Für den Konvent, der die kleine Kirche betreute, amtete Ser Piero als Notar.[20] 1472 war sie renoviert worden. So kann es sein, daß die Mönche den Altar mit einem neuen Bild schmücken wollten und Leonardo mit dem Auftrag bedachten. Ob das Gemälde neben oder nach der Mitarbeit an Verrocchios «Taufe Christi» entstand, ist unbekannt.

Lange war umstritten, ob die «Verkündigung» tatsächlich ein vollkommen eigenhändiges Werk ist. Zweifel wurden durch einige Schwächen und Fehler genährt, die dem Genie zuzuschreiben man sich scheute. Die rechte Hand der Madonna müßte gemäß der perspektivischen Konstruktion und der Haltung der Dargestellten – man beachte die Position des rechten Knies! – weiter nach «hinten», also nach links gerückt werden. Auch wirken einige der Bäume im Mittelgrund fast so, als hätte sie ein braver Handwerker wie der Zeitgenosse Pinturicchio (1452–1513) gemalt. Dahinter aber öffnet sich eine unvergleichliche «Leonardo-Landschaft», die unter Gabriels Gefieder das Motiv des Monsummano aufzunehmen scheint. Dem Erzengel wachsen «echte» Flügel aus den Schultern. Er kniet auf einer echten Wiese und nicht auf einem Tausendblumenteppich, wie ihn Botticelli unter die Füße der Schönen seiner «Primavera» breitet. In der Linken hält der Engel eine weiße Lilie, Zeichen der Reinheit der Frau, die ihren Sohn unbefleckt empfangen wird. Nur wenige waren damals in der Lage, einen so hauchzarten Schleier, wie er Lesepult und Marmor umspielt, zu malen.

Die Gottesmutter wird als schöne junge Frau präsentiert. Nach der Mode der Zeit hat sie sich gar die Augenbrauen ausgezupft. Ihr Gestus, der gemäß der Tradition ihre Überraschung, ja Bestürzung andeutet,[21] die das Erscheinen des Engels bei ihr hervorruft, steht im Gegensatz zur ruhigen Körperhaltung und dem gelassenen Gesichtsausdruck. Will der Maler damit andeuten, daß Maria die heilsgeschichtliche Bedeutung des Geschehens ahnt? Eines der Argumente dafür, daß das Bild von Leonardo selbst stammt, liegt in dem Umstand, daß die Farben an manchen Stellen mit Fingern und Handballen verstrichen wurden, damit sich sanfte Übergänge ergaben.[22] Das Verfahren war typisch für Leonardos Arbeitstechnik. Auch hat er Öl unter die Tempera gemischt.

Die Experimente mit dem nicht unbekannten, aber ungewohnten Bindemittel verliefen nicht immer zum besten der Bilder. Schon die verschrumpelte Oberfläche der «Madonna mit der Nelke», eines weiteren Frühwerks (Tafel 6), läßt darauf schließen. Vermutlich hatte Leonardo viel Öl unter die Pigmente gemischt, um mehr Zeit für die Bearbeitung zu gewinnen, und dabei des Guten zu viel getan.[23] Der Florentiner Architekt und Architekturtheoretiker Antonio di Pietro Averlino, genannt «il Filarete», der «Freund der Tugend» (um 1400 – nach 1465) meint, die Kunst der Ölmalerei sei schön – zumindest bei den Malern, die mit ihr umzugehen verstünden.[24] Und Leonardo war mit ihr ersichtlich nicht ganz vertraut, als er das kleine Bild anfertigte. Die Zuschreibung an ihn wird inzwischen allgemein akzeptiert. Für sie sprechen etwa der meisterhaft gemalte Landschaftshintergrund und eine ebenso meisterhaft gestaltete Kristallvase. Nur die Flamen verstanden sich genauso gut darauf, aus fettem Öl gläserne Transparenz zu zaubern. Das Antlitz der Madonna hat Entsprechungen in Porträts Verrocchios. Unverkennbar sind auch Ähnlichkeiten mit Lorenzo di Credis «Madonna di Piazza» in Pistoia.[25] Wer hier von wem abgemalt hat, ist nicht zu entscheiden.

Hausmadonnen wie dieses heute in München aufbewahrte Bild wurden im Florenz der Renaissance zu Tausenden produziert. Ihre im Spätmittelalter zunehmende Häufigkeit ist ein auch aus Schriftquellen sprechendes Anzeichen gesteigerter Heilssehnsucht, wie sie das ganze vorreformatorische Europa erlebte. Überall in Florenz hatte die Gottesmutter ihre Altäre. Auf Fassaden freskiert oder von Tabernakeln umhegt, wachte sie über Straßen und Plätze. Als wichtigste Fürsprecherin der Menschen vor Gott war Maria in jedem Florentiner Haushalt anwesend, auch in dem von Leonardos Vater Ser Piero (S. 230). Oft fand sie ins Schlafzimmer, das noch nicht den intimen Charakter von heute hatte. Es stand Besuchern offen und konnte entsprechend repräsentativ ausgestattet sein. Cosimo de' Medici hatte in seinem Schlafgemach gleich zwei Madonnen, ein Gemälde und eine Terrakotta-Figur.[26] Neri di Bicci verpflichtete sich sogar, einem Auftraggeber bis zum Abschluß der Arbeiten an einem gerade bestellten Tabernakel mit Madonna leihweise ein gebrauchtes Bild zur Verfügung zu stellen – eine «Vergine Maria da chamera», ein für die Stube bestimmtes Bildnis der Jungfrau Maria.[27] Keinen Tag sollte der Kunde ohne sie auskommen müssen! Nicht nur Neri stellte Madonnen in Serie her, Massenware, bei der ein Bild dem anderen glich. Vorbilder lieferte oft die Produktion der «Großen», Verrocchios etwa oder Ghirlandaios und, was die Skulptur betraf, Antonio Rossellinos und Desiderios da Settignano. Von einem Relief des letzteren ließ sich auch Leonardo bei der Konzeption seiner «Madonna mit der Nelke» anregen.[28]

Viele solcher Bilder wurden direkt für den Markt produziert und konnten in der Werkstatt des Malers erworben werden. Leonardo selbst empfahl, stets einige gute Werke verschiedener Preisklassen parat zu haben.[29] Ein Großunternehmer wie Neri di Bicci orderte dutzendweise Gipsreliefs, die er dann in seiner Werkstatt farbig fassen ließ. Umgekehrt beauftragten Bildhauer Maler damit, Skulpturen zu kolorieren. Giuliano da Maiano (1432–1490) bediente sich für solche «niedere» Arbeit eines Spitzenkünstlers wie Alessio Baldovinetti.[30] Die meisten großen, heute berühmten Madonnengemälde entstanden indes aufgrund förmlicher Aufträge.

Nicht nur die Kleineren, auch die Großen wiederholten ihre Erfindungen und kopierten einander. Der Connaisseur und Kunsthändler Bernard Berenson (1865–1959) verzweifelte an der Schwierigkeit, eigenhändige Madonnenbilder Botticellis von stilistisch benachbarten Werken zu unterscheiden, so sehr, daß er eine Kunstfigur erfand: einen «amico di Sandro», einen «Freund Sandros». Der Anonymus sollte im Umfeld des Hauptmeisters gearbeitet und geschickt alle möglichen Anleihen bei dessen Werken gemacht haben.[31] Ebenso gut wäre die Erfindung von «Freunden» Leonardos angebracht – man denke allein an die gelegentlich ins unfreiwillig Komische abgleitenden Bemühungen, Gewandstudien für Leonardo zu retten oder aber ihm abzuschreiben. Sein Werkstattgenosse Lorenzo di Credi soll gemäß Vasari als erstes Werk ein Tondo mit dem Bildnis der Gottesmutter nach einer Zeichnung Verrocchios geschaffen haben, dazu ein weiteres Madonnentondo nach einem Bild Leonardos. Dieses sei von seinem Vorbild nicht zu unterscheiden gewesen.[32] Vasari meint das nicht als Kritik, sondern als Lob: So gut wie der Beste zu sein, war keine Schande. In einer solchen Bewertung macht sich noch immer das hergebrachte Bild vom Künstler als einem präzisen Handwerker geltend.

Die überdurchschnittlich hohen Preise, die einige Spitzenkönner für Madonnen und selbst schlichte Andachtsbilder erzielten, deuten auf eine zunehmende Wertschätzung von Originalität, eigentlich künstlerischer Arbeit also, hin.[33] «Jämmerlich ist der Schüler, der seinen Meister nicht übertrifft», meinte Leonardo. Viele seiner Bilderfindungen brachen mit der Tradition. Die «Madonna Benois» der Ermitage (Tafel 7) bietet ein Beispiel dafür. Das Christuskind mustert mit ernstem Blick eine weiße Blume, vielleicht eine Senfrauke, deren kreuzförmige Blüte schon die Passion andeutet. Maria lächelt dazu.[34] Zeitgenossen dürften das harmonische Kolorit, die sanften Schattierungen und den Faltenwurf bewundert haben, vor allem aber den Dialog zwischen Mutter und Sohn, der sich über Mienenspiel und Gesten vollzieht. Durch ihn unterscheidet sich Leonardos Bildnis am deutlichsten von allen Vorläufern.[35] Wie die Nelkenmadonna zählte das Petersburger Bild zur Gattung der Kleinformate, der bis 1,5 «braccia» (etwa 88 Zentimeter) großen «tavole piccole». Sie waren gewöhnlich nicht teuer. Leonardo mag für das eine wie das andere Gemälde ein paar hundert Soldi erhalten haben.[36]

Wer sich wundert, warum aus dem ganzen Jahrzehnt zwischen 1470 und 1480 nur eine Handvoll Gemälde Leonardos überliefert sind, sollte sich den arbeitsteiligen Betrieb im Florenz des Quattrocento vor Augen halten. In Verrocchios Werkstatt, einem der führenden Florentiner Unternehmen, gab es stets genug zu tun. Allein für das Medici-Fest von 1475 muß im großen Stil entworfen und gemalt worden sein. Dergleichen produzierte selbst eine gut trainierte Equipe nicht in ein paar Tagen. Für die Herstellung einer – allerdings fast sechs Quadratmeter großen – Prozessionsfahne, die Pietro di Giovanni d'Ambrogio 1444 für eine Bruderschaft in Sansepolcro zu bemalen hatte, wurde eine Frist von fünf Monaten eingeräumt. Piero della Francesca bekam für eine vergleichbare Arbeit ein ganzes Jahr gewährt.[37] Gut möglich, daß Leonardo nicht nur damit beschäftigt wurde, Turnierstandarten zu bemalen, sondern auch für seinen Meister oder andere Bildhauer Skulpturen zu kolorieren hatte. Daß die Quellen darüber nichts verlauten lassen, liegt in der Natur der Sache. Über solchen Kleinkram wurden keine Verträge geschlossen. Mündliche Vereinbarung genügte.

Wir stellen uns den jungen Leonardo als einen fleißigen Handwerker vor, dem sein Können einen Vorzugsplatz in Verrocchios Team verschafft haben dürfte. Im April 1476 indes sah sich der ruhige Gang der Dinge jäh unterbrochen. In einem «tamburo» oder «Loch der Wahrheit» – einem Kästchen, in dem im Schatten der Anonymität Denunziationen abgelegt werden konnten – hatte sich eine brisante Anzeige gefunden. Unter den Augen zweier Notare war sie geöffnet worden.[38] «Ich teile euch, ihr Herren Offiziere, mit, daß es wahr ist, daß Jacopo Saltarelli, der leibliche Bruder des Giovanni Saltarelli, mit ihm beim Goldschmied an der Vacchereccia» – der Via Vacchereccia nahe dem Mercato Nuovo, wo auch Pollaiuolo seine Werkstatt hatte – «gegenüber dem Tamburo lebt: Er ist in Schwarz gekleidet und 17 Jahre alt, ungefähr. Dieser Jacopo geht vielen Erbärmlichkeiten nach und ist dazu bereit, jenen Personen willfährig zu sein, die ähnliche Schlechtigkeiten von ihm fordern. Und auf diese Weise mußte er vielerlei machen, nämlich Dutzenden von Personen zu Diensten sein, von denen ich gute Informationen habe, und hiermit nenne ich einige von ihnen: Bartolomeo di Pasquino, Goldschmied; wohnt an der Vacchereccia; Lionardo di Ser Piero da Vinci, wohnt bei Andrea del Verrocchio; Baccino, Wamsmacher, wohnt bei Orsanmichele in jener Straße, wo zwei große Tuchscherer-Werkstätten sind; sie führt zur Loggia der Cierchi: Er hat ein neues Wamsgeschäft eröffnet; Lionardo Tornabuoni, genannt ‹der Teri›, er trägt schwarze Kleider. Und diese haben den besagten Jacopo zum Sodomisieren gehabt, und darüber lege ich euch Zeugnis ab.» Leonardo hatte nun ein Problem.

Die unbotmäßige Stange: Sex, Liebe und Schmerz

Die Fülle der Madonnen, die in Florentiner Werkstätten gemalt und gemeißelt, aus Ton geknetet, glasiert und gebrannt wurden, erinnert daran, daß Florenz ein gläubiges, ja frommes Gemeinwesen war. Seine Mauern umschlossen einen Bezirk, der in doppelter Hinsicht rein sein sollte – rein von allem irdischen Schmutz, von Gestank und damit Krankheit verursachenden Fäkalien ebenso wie rein im metaphysischen Sinn, von Sünde und allem Übel, von Dämonen, Hexen, Verbrechern. Florenz leistete sich ganze Heerscharen von Mönchen und Nonnen, deren Fürbitten zum Himmel stiegen; eine knöcherne Armee von Heiligen ruhte in den Kirchen, bereit, zum Geisterkampf gegen das Böse aufzubrechen. Das Volk war zu gottgefälligem Leben angehalten, zu Gebet und Stiftungen, auf daß der Zorn Gottes die Stadt verschone. Ein feingesponnenes Netz von Spionen, daneben zahlreiche Denunzianten halfen beim Überwachen und Strafen.

Als für das Gemeinwohl besonders gefährliches Übel wurde neben der Spielsucht eben jenes Laster der «Sodomie» verteufelt, dessen Leonardo bezichtigt wurde. Der Begriff meinte homosexuelle Praktiken und überhaupt sexuelle Handlungen jenseits des Beischlafs von Mann und Frau. Der entscheidende Punkt war, daß Sünden «wider die Natur» zugleich gegen die göttliche Ordnung zu verstoßen schienen. An biblischen Belegen für die Folgen mangelt es bekanntlich nicht. Florenz sollte Jerusalem sein und nicht Sodom. Die Sodomie sei ein Ärger vor Gott und schädlich für den Staat, wegen der Übel, die sie mit sich bringe, formulierte die Präambel eines Gesetzes von 1458.[39] Selbst Leonardos Halbbruder Lorenzo, ein frommer, theologisch interessierter Tuchhändler, wird in einem Traktat gegen das «Laster der Sodomie» wettern.[40]

Von den Kanzeln mahnten die Prediger. Einer der populärsten, der heilige Bernardino von Siena – zugleich ein glühender Feind der Juden –, hielt zu den Fastenzeiten 1424 und 1425 eine ganze Serie von Brandpredigten, in denen er gegen Homosexuelle hetzte. «Aufs Feuer!» rief der furchtbare Heilige aus. «Sie sind alle Sodomiter! Und ihr seid in Todsünde, wenn ihr versucht, ihnen zu helfen!»[41] Er forderte sein Publikum auf auszuspucken, um das Feuer der Begierde, das in den Sündern loderte, zu ersticken. Auf den Marmorboden von Santa Croce hätten die Leute gespien, daß es wie Donner schien, so ein Chronist. Mit den Schwulen waren Schuldige für alle möglichen Bedrängnisse gefunden. Ihre Funktion war dieselbe, die Juden oder Hexen zukam, nämlich das Elend der Welt zu erklären: Hunger, Teuerung, Seuchen und Krieg.

Die Signoria, die Florentiner Stadtregierung, zog schließlich Konsequenzen. 1432 erließ sie neue Gesetze und installierte eine eigene Behörde, deren Aufgabe es war, Homosexuelle aufzuspüren und zu verfolgen: das Amt der «Offiziere der Nacht». Keine andere Stadt ging ähnlich systematisch gegen Homosexualität vor. Doch anders, als der unheimliche Name der Institution vermuten läßt, verfuhren die Offiziere mit der «unaussprechlichen Sünde» weit weniger hart, als es ältere Gesetze vorsahen. Sie hatten noch Strafen im Programm gehabt, die bis zu öffentlicher Kastration und Verbrennung reichten.[42] Jetzt wurde die Strategie verfolgt, das «Übel», wenn es schon nicht auszurotten war, einzuhegen und Auswüchse zu beschneiden.

Um 1460 – wir nähern uns der Zeit, zu der Leonardos Affäre spielt – hatten die Verfahren wegen Sodomie dramatisch zugenommen. In Zahlen: In den folgenden vier Jahrzehnten erreichten die Offiziere 13 000 Denunziationen, darunter viele Selbstanzeigen, die Straffreiheit verschafften. Der Grund für den Anstieg lag in einer damals durchgeführten Reform. Ihr Kern war eine drastische Milderung der Strafsummen.[43] Es hatte sich nämlich erwiesen, daß Handwerker und Arme, die das Gros der Delinquenten stellten, die hohen Beträge nicht aufzubringen vermochten. Zudem ließen zu harte Strafen die Magistrate zögern, Schuldsprüche zu verhängen. Ein übriges taten Bestechungsgelder, mit denen sich viele Angeklagte freikauften. So schien es der Regierung vorteilhafter, realistische Gebühren zu erheben und damit die Hemmschwelle für Verurteilungen zu senken. Der Fiskus gewann dabei. Zudem ließ sich das «verfluchte und verabscheuungswürdige Übel» wirkungsvoller bekämpfen. Gemessen an den Verhältnissen in anderen Städten erscheinen die Maßnahmen der Florentiner Signoria als geradezu human.[44] Für die Florentiner hatte der von Predigern wie Bernardino entfachte Lärm allerdings die Folge, daß ihre Stadt in halb Europa als notorisches Schwulennest verspottet wurde. Die Deutschen nannten Männer mit homoerotischen Neigungen gar «Florenzer».[45]

Für den Zeitraum zwischen 1478 und 1494 liefern die Quellen genauere Zahlen. 343 Delinquenten wurden zu Geldstrafen verurteilt, neun wanderten ins Gefängnis, sechs wurden ausgepeitscht und zwei an den Pranger gestellt.[46] Nahezu zwei Drittel aber waren nicht einmal verhört worden. Ansonsten blieben die meisten Beschuldigten straffrei. Zu ihnen gehörte auch Leonardo. Lediglich für ein paar Tage scheint man ihn in der Torre Volognana des Bargello eingekerkert zu haben; ein kryptischer Satz dürfte darauf anspielen: «Als ich einen Christusknaben machte, habt ihr mich ins Gefängnis gesteckt, und jetzt, wo ich ihn erwachsen zeige, werdet ihr noch übler mit mir umgehen.»[47] Weder der junge noch der ältere Christus, von dem Leonardo spricht, lassen sich identifizieren.

Um den glimpflichen Ausgang der Angelegenheit zu erklären, muß man weder auf Leonardos Talent und sein Beziehungsnetz verweisen noch darauf, daß mit einem Tornabuoni ein Mitglied der gesellschaftlichen Spitze von Florenz unter den Denunzierten war und die Affäre deshalb diskret beerdigt wurde. Der Verlauf der Angelegenheit entsprach der laxen Strafpraxis in Florenz und damit dem von Tausenden anderer Verfahren.[48] Jacopo Saltarelli dürfte schon deshalb ungeschoren davongekommen sein, weil er noch keine achtzehn Jahre alt war. Selbst «Wiederholungstäter» wurden damals übrigens häufig nicht belangt.[49] Der Hinweis in den Akten der «Offiziere der Nacht» zu Leonardo, er sei bei Verrocchio, «sta con Andrea de Verrocchio», belegt, daß Leonardo noch 1476 die Werkstatt mit dem Bildhauer teilte – ob auch das Bett, steht in den Sternen.[50]

Ebenso ist unklar, ob sich Jacopo Saltarelli, der Sohn einer angesehenen Florentiner Familie und angehender Goldschmied, gegen ein paar Soldi verdingt hatte oder einfach selbst homosexuelle Praktiken bevorzugte. Schon vor 1476 war er wegen Sodomie angezeigt worden. Minderjährige wie er übernahmen gewöhnlich – genauer gesagt, waren es etwa neunzig Prozent der Beschuldigten – die «weibliche»

Rolle.[51] Wenn Ältere den passiven Part spielten, widersprach das weit mehr den herrschenden Konzeptionen von Männlichkeit und Ehre als der gegenteilige Fall, in dem Moralisten den Mann in der Rolle des «Weibes», ja der Hure sahen.[52] Als Lohn für Willige werden in den Quellen meist ein paar Soldi oder kleine Geschenke erwähnt.

Das Florenz eines heiligen Bernardino repräsentierte jedoch nur seine eine, düstere Seite. Die Arno-Metropole war eine intellektuell bewegliche und geschwätzige Stadt, eine «città di parlare avida».[53] Sie liebte Spott, pflegte Fäkalsprache und verfügte über Poeten, die mit Sodomitern höchstens ihren Spaß trieben und nicht gegen sie eiferten.[54] Einen Höhepunkt von Libertinage markierte der «Hermaphroditus» Antonio Beccadellis, des «Panormita» (1394–1471). Das 1425 abgeschlossene Werk war ein Skandal; alle schlafen darin mit allen, auch Männer mit Männern. Unter dünnem literarischen Negligé bietet das Buch reine Pornographie. Der Autor wagte dennoch, es Cosimo de' Medici zu widmen. Die Entrüstung des Beschenkten mochte gespielt sein oder echt – Beccadelli mußte sein Buch öffentlich verbrennen, blieb aber sonst unbehelligt. Später machte er am neapolitanischen Hof Karriere. Und auch Leonardo zählte – obwohl er sich von Altären und Palästen nährte – zum zweiten, zum intellektuellen, sarkastischen und poetischen, dabei elitären und autoritären Florenz der Medici, nicht zur dumpfen Stadt der Frömmler, Schwulenhasser und Judenfeinde.

Über die Frage, ob er homosexuell war oder nicht, hat sich die ältere Forschung entweder in wolkigen Formulierungen verloren, oder sie hat sie gar nicht diskutiert, weil kein Schatten den Glanz des Genies verdunkeln sollte. Heute wird unbefangener mit der Sache umgegangen. Die Saltarelli-Affäre spricht ebenso für Leonardos Homosexualität wie später seine Beziehung zu Salai (S. 146) oder der Umstand, daß einer seiner Gesellen wegen homosexueller Handlungen bestraft wurde. Eine Notiz verrät, daß er beabsichtigte, jeden Samstag in die Badestube zu gehen, weil dort nackte Männer zu sehen waren.[55] Ob es ihm nur um Modellstudien für seine Bilder ging? Die Behauptung, Leonardo habe in Rom eine Prostituierte namens Cremona aufgesucht, ruht jedenfalls auf brüchiger Quellengrundlage –

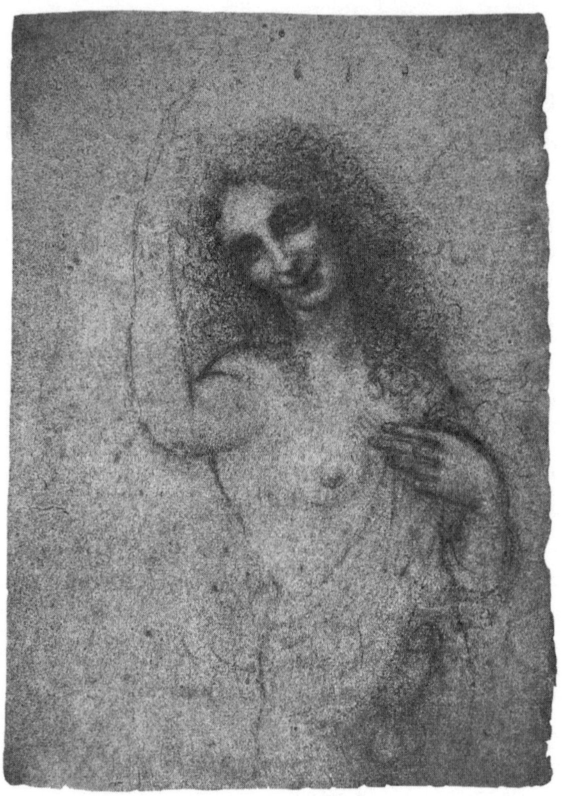

Abb. 9: Leonardo da Vinci, «Der fleischgewordene Engel», 1513/15 (?), Kohle auf rauhem, blaugefärbtem Papier, 26,8 × 19,7 cm, Privatbesitz (Depositum Fondazione Rosanna e Carlo Pedretti/Lamporecchio).

einmal abgesehen davon, daß man mit Frauen nicht unbedingt schlafen muß, sondern sie zum Beispiel einfach nur malen kann.[56]

Die Frage nach Leonardos Sexualität ist indes nicht so wichtig und nur insofern interessant, als seine Neigungen sich auf die Art seiner Werke ausgewirkt haben könnten. Eben diese Spur verfolgte der Kunsthistoriker Kenneth Clark. Er führte die androgynen Charaktere in Leonardos Œuvre auf dessen sexuelle Orientierung zurück. Das Beispiel aller Beispiele bietet neben dem Jünger Johannes auf dem «Letzten Abendmahl» Leonardos «Johannes der Täufer» (Tafel 31).[57]

Auch der rätselhafte «fleischgewordene Engel», die 1991 entdeckte Zeichnung einer Knabengestalt mit erigiertem Penis (Abb. 9), fand im Zusammenhang mit Clarks Frage Beachtung.[58] War sie Hommage an einen Gespielen mit mächtigem Gemächt? Oder gaben Verse Antonio Puccis die Anregung? Sie besingen einen jungen König, der von einem Mädchen in einen mit großem Glied ausgestatteten Mann verwandelt wurde.

Leonardo machte sich die Mühe, gängige Begriffe für das edle Körperteil zusammenzustellen, von «cazzo» bis «pinchellone».[59] Wie es funktioniert, hat er in einem seiner anatomischen Texte beschrieben. «Die Stange. Sie steht mit dem menschlichen Geist in Austausch und hat bisweilen einen eigenständigen Intellekt. Wenn der männliche Wille sie reizen will, verharrt sie bei Verweigerung und hält es auf ihre Weise; manchmal bewegt sie sich von sich aus, ohne Erlaubnis oder Gedanken des Mannes. Während er schläft, macht sie ebenso, was sie begehrt, wie wenn er munter ist. Und oft schläft er und sie ist wach, und vielmals ist er wach und sie schläft. Vielmals will der Mann sie antreiben und sie will nicht, oder er will nicht und verbietet es ihr. Deshalb scheint es, daß dieses Lebewesen oft eine Seele und einen von dem des Mannes getrennten Verstand hat. So ist es unrecht, daß er sich schämt, sie zu erwähnen, und erst recht, sie zu zeigen – sie vielmehr stets bedeckt und verbirgt –, während er sie schmücken und, als seine Dienerin, feierlich zeigen müßte.»[60] Im Widerspruch dazu meint er an anderer Stelle, der Geschlechtsakt und die an ihm beteiligten Gliedmaßen seien eigentlich abscheulich – «wären da nicht die schönen Gesichter der Beteiligten und alles, was ihnen sonst zur Zierde gereicht, würde die Natur die Menschheit verderben».[61] Schönheit allein überwindet niedere Körperlichkeit mit all dem Ekel, den diese hervorruft. Allein ihr gilt das Streben des Eros selbst dann, wenn es sich auf Aneignung des anderen Leibes richtet. Und sie bezwingt, wer sich ihr hingibt. «Wenn die Freiheit dir teuer ist, enthülle nicht, daß mein Gesicht das Gefängnis der Liebe ist.»[62]

Hingeworfene Worte deuten tiefere Einsichten in das Wesen der Liebe an und das Unglück dessen, der sie sich wohl oft genug kaufen mußte, da Zuneigung sie ihm nicht schenkte. «Die Begleitung durch

Wollust bereitet der Liebe Verdruß», notiert Leonardo auf die Rückseite des schon erwähnten Blattes, das Phyllis und Aristoteles zeigt. «Eifersucht mißfällt der Glückseligkeit, Neid dem Glück. Reue. Verdacht.»[63] Ob ein Bilderrätsel, das er entwirft, nicht doch mehr war als nur ein höfischer Spaß? Die Auflösung lautet: «Ich wäre glücklich, wenn meine Liebe zu dir erwidert würde …»

4. Bilder für Magnaten und Mönche

Leonardos Handstreich

Keine zwei Jahre nach der Saltarelli-Episode, am 10. Januar 1478, erteilte die Signoria Leonardo einen wichtigen Auftrag, der ihn ins Herz des Staates führte.[1] Für die Priorenkapelle des Regierungspalastes, des heutigen Palazzo Vecchio, sollte er ein Altarbild malen. Die dem heiligen Bernhard geweihte Kapelle war für die «priores artium», die Vorstände der Zünfte, reserviert. Völlig ungewöhnlich war, daß der Auftrag kaum zwei Wochen vor dem Beschluß, ihn Leonardo anzuvertrauen, schon einmal vergeben worden war – an Piero del Pollaiuolo (1441/43–1496), den Bruder Antonios. «Besagter Piero» war, wie oft in Abmachungen dieser Art, gemahnt worden, das Bild, «so schnell er kann, zu machen», mit Schmuck und Gold, ein Werk, «wie zu besitzen es der Republik Florenz wohl ansteht». Die Bezahlung sollte erfolgen, sobald das Gemälde auf dem Altar angebracht sei.

Die zuständige Baukommission hatte also eine abrupte Kehrtwendung vollzogen. Der neue Beschluß ist in umständlichem Juristenlatein formuliert. «Ungeachtet welches anderen Vertrags auch immer bis zum heutigen Tag, auf welche Weise, wie auch immer und mit wem auch immer er abgeschlossen wurde, verdingten sie Leonardo Ser Pieri de Vincio, Maler, die Tafel des Altars in der Kapelle des heiligen Bernhard besagter Regierung im Palast des Volkes von Florenz zu malen und neu zu fertigen, mit dem Schmuck, der Beschaffenheit, der Art und Form und um den Preis und anderes, so wie es durch das

Baukomitee besagten Palasts dargelegt werden wird.» Am 16. März 1478 wurden Leonardo 25 Goldflorin als Anzahlung übergeben, eine ziemlich hohe Summe. Zum Vergleich: Botticelli erhielt 1485 für seinen monumentalen Bardi-Altar an Malerlohn nicht viel mehr, nämlich 35 Fiorini. Dazu kamen 40 Fiorini für Material.[2]

Die Umstände der Auftragsvergabe an Leonardo waren sehr ungewöhnlich. Ein Maler, der noch kaum durch seine Kunst hervorgetreten war, bekam nicht nur einen bedeutenden, gut bezahlten Auftrag, sondern erreichte dazu die Annullierung eines Vertrages mit einem etablierten Meister. Daß der Bruch der früheren Abmachung nicht einvernehmlich erfolgt war, zeigen die gerade zitierten salvatorischen Klauseln, die den Kontrakt mit Leonardo einleiten. Man hat vermutet, hier hätten die Beziehungsnetze Leonardos oder Ser Pieros ihre Wirkung getan.[3] In der Tat ließe sich darauf hinweisen, daß gerade 1477 ein Lanfredini, Mitglied also der Familie von Leonardos Stiefmutter, das Amt eines Priors angetreten hatte.[4] Doch hatten auch die Pollaiuolo beste Beziehungen, die wie die der Vinci bis zu Lorenzo dem Prächtigen reichten. Der Medici, selbst Mitglied der Baukommission, hatte ohnedies in allem das letzte Wort.

Die naheliegendste Erklärung für den Kurswechsel der Kommission ist, daß Leonardo im letzten Moment einen Alternativentwurf zu dem «modello», das Piero del Pollaiuolo eingereicht hatte, ins Spiel brachte. Sein Vorschlag muß so überzeugend gewesen sein, daß sich die «Operarii» dazu entschlossen, die getroffenen Abmachungen zu annullieren. Wie könnte der Gegenentwurf ausgesehen haben? Da Leonardo das Altarbild niemals lieferte, muß es bei Hypothesen bleiben.

Eine davon kann sich auf einen auffälligen Sachverhalt stützen. An der Stirnwand der Kapelle – ebendort, wo Leonardos Werk hängen sollte – erblickt man heute ein an dieser Stelle überdimensioniert wirkendes Gemälde. Es zeigt Maria, Elisabeth, den Jesusknaben und den kleinen Johannes. Gemalt hat es um 1514 ein mittelmäßiger Meister, Mariano da Pescia «Graziadei» (1491–1518).[5] Zuvor war hier keine «Heilige Sippe» zu sehen gewesen, sondern, was angesichts des Patroziniums der Priorenkapelle auch nahelag, eine um 1335 entstandene Darstellung des heiligen Bernhard, eines «maestro Bernardo», wahrscheinlich Bernardo Daddis.[6] Noch der Vertrag mit Pollaiuolo hatte festgelegt, daß dessen Bild sich an diesem Gemälde zu orientieren habe. Es sollte «nach Art und Gestalt wie im Entwurf und auf dem schon vorhandenen Bild» gemalt werden.[7] Irgendwann muß davon abgegangen worden sein, das Sujet «St. Bernhard» beizubehalten.[8] War es womöglich Leonardos Konkurrenzkonzept, das Anlaß dazu gab?

Leonardo hat sich intensiv mit dem Thema «Heilige Familie» auseinandergesetzt. Belegt ist das allerdings erst für spätere Jahre, nämlich für die Zeit ab etwa 1500. Damals entstand der berühmte «Burlington House Cartoon» (Tafel 8), der Maria mit dem Kind und Johannes zeigt, allerdings nicht die heilige Elisabeth, sondern St. Anna. Zur selben Zeit oder etwas später arbeitete Leonardo an der «Anna Selbdritt» des Louvre (Tafel 22). Sollte zutreffen, daß Leonardo Piero del Pollaiuolo mit einer «Heiligen Sippe» aus dem Feld schlug – die Verehrung Annas war im Florenz der Frührenaissance sehr populär –, müßte er sich schon sehr viel früher mit dem Sujet beschäftigt haben. Welche Sensation ein Entwurf Leonardos für ein Bild dieser Thematik machen konnte, deutet eine Episode in Vasaris Leonardo-Vita an (S. 198). Ob der vielbewunderte Karton mit Maria, Anna und dem Jesusknaben 1478 einen Vorläufer hatte oder gar damals entstand, muß offenbleiben – ebenso, warum Leonardo den prestigeträchtigen Auftrag der Signoria liegenließ.

Vielleicht kam ein Engagement in Pistoia dazwischen.[9] Verrocchios Werkstatt hatte dort 1477 und 1478 zwei Großprojekte in Angriff genommen: ein Marmorkenotaph für den 1473 in Rom gestorbenen Kardinal Niccolò Forteguerri und einen Altar für das Oratorium der Madonna di Piazza, das an Kardinal Donato de' Medici (1436–1474) erinnern sollte. Eine Quelle bezeugt, daß das Altarbild 1485 nahezu fertiggestellt, aber vor 1479 begonnen worden war. Verrocchio hatte, als der Vertrag geschlossen wurde, wie üblich eine Skizze des geplanten Kunstwerks geliefert. Die Ausführung gehört allein Lorenzo di Credi.[10] Ob Leonardo an dem einen wie dem anderen Werk beteiligt war, wird kontrovers diskutiert. Ebensowenig ist gesichert, daß er der Schöpfer eines farbig gefaßten Terrakotta-Engels in der Kirche von San Gennaro nahe Pistoia ist.[11]

Ein kryptischer Satz deutet darauf hin, daß Leonardo mit einem «Fieravante di Domenico» aus Pistoia in freundschaftlicher Beziehung stand.[12] Interessanter ist eine Notiz auf demselben Blatt, die den Schluß zuläßt, daß er noch 1478, im September oder Dezember, mit neuen Arbeiten begann, nämlich zwei Madonnenbildern: «… bre 1478 Incominciai le due Vergine Marie.» Um welche «Jungfrauen Maria» es sich handelte, ist unbekannt. Nicht auszuschließen ist, daß Leonardo sich erst jetzt an die «Nelkenmadonna» und die «Madonna Benois» machte und diese beiden Bilder meinte. Zeichnungen belegen Erwägungen zu einer Gottesmutter, auf deren Knien das eine Katze umarmende Christuskind sitzt.[13] Eine venezianische Quelle schließlich erwähnt eine Madonna Leonardos in der Sammlung Marcello Contarinis. Sie reiche dem Kind die Brust. Vielleicht handelte es sich dabei jedoch um die meist Boltraffio zugeschriebene «Madonna Litta».[14] Möglich ist aber auch, daß Leonardo – darüber gleich – einen eiligen Auftrag Lorenzos des Prächtigen zu erledigen hatte und deshalb das Bild für die Priorenkapelle in den Hintergrund trat.

Der Gehenkte und drei Lorenzos aus Wachs

Der Spezereiwarenhändler Luca Landucci (1437–1516) berichtet in seiner Chronik: «Am 15. April 1478, etwa um die 15. Stunde, als in Santa Maria del Fiore die große Messe gefeiert und die Hostie erhoben wurde, starb Giuliano di Piero di Cosimo de' Medici (…) im Chor besagter Kirche nahe dem Portal, das zu den Servi führt; und Lorenzo de' Medici wurde am Hals verletzt.»[15] Letzterer zog das Schwert und schützte sich mit seinem um den Arm gewickelten Mantel, zwei Höflinge standen ihm bei. Angelo Poliziano schlug Luca della Robbias schwere Bronzetüren hinter ihm zu. Lorenzo war gerettet.

Nicht «Volk», vielmehr ein rivalisierender Clan, die alte und mächtige Familie Pazzi, hatte nach Demütigungen durch die Medici Revanche gesucht. Ihr Verbündeter war Papst Sixtus IV. (1471–1484), der gegen heftigen Widerstand der Medici die strategisch wichtige Stadt Imola für seinen Nepoten Girolamo Riario erworben hatte. Mit Lorenzos Überleben war der Umsturzversuch gescheitert. Die Rufe

«Popolo e libertà», «Volk und Freiheit», mit denen die Pazzi-Anhänger zu gewinnen hofften, verhallten über der Piazza della Signoria. «Palle, palle!» schallte es den Verschwörern entgegen – das meinte die sechs Kugeln des Medici-Wappens. Die folgenden Szenen zeigen eine barbarische Seite der Stadt des Morgens der Renaissance. Lorenzos Leute bemächtigten sich des Palazzo Vecchio. Sie warfen die Verschwörer aus den Fenstern oder hängten sie an den Fensterpfosten auf. Auch Francesco Salviati, der in das Komplott verstrickte Erzbischof von Pisa, endete auf diese Weise. Einer von Salviatis Priestern wurde von der Menge geviertelt; der Pöbel paradierte mit dem aufgespießten Kopf durch die Stadt und brüllte dazu: «Tod den Verrätern!» Nicht einmal den toten Iacopo de' Pazzi, der zuerst im Familiengrab der Pazzi bestattet und dann vor Florenz' Mauern verscharrt worden war, ließ man ruhen. Drei Wochen nach dem Tag des Anschlags wurde der Leichnam ein weiteres Mal ausgegraben. Ungeachtet des Gestanks, den er verströmte, schleiften johlende Kinder ihn am den Hals noch umschlingenden Henkerstrick durch die Gassen und trieben ihren Spott mit dem Toten. Schließlich warfen sie ihn in den Arno. «Herr Iacopo geht den Arno runter!», «Messer Iacopo giù per Arno se ne va!» skandierte man dem in Richtung Pisa treibenden Körper hinterher.[16] Das alles spielte sich in der gleichen Welt ab, aus der Leonardos lächelnde Madonnen, seine «Mona Lisa» und Botticellis traumverlorene Schönheiten kamen …

Lorenzo der Prächtige, der sich nun als Terrorfürst von archaisch anmutender Rachgier zeigte, nutzte das Momentum und räumte unter seinen Gegnern gründlich auf. Daß man über Staaten nicht mit Vaterunsern herrscht, hatte schon Lorenzos Großvater Cosimo bemerkt.[17] Die Macht des Medici – man titulierte ihn «Haupt von Florenz», «maior Florentiae»[18] – war nun gefestigt wie ein «Felsen von Bronze». Die Feinde der Medici waren tot oder im Exil. Wie weit der Arm des «Magnifico», des «Prächtigen», reichte, mußte Bernardo di Bandino Baroncelli erfahren, der Mörder Giulianos. Obwohl er bis nach Istanbul geflohen war und beim Sultan Schutz gesucht hatte, spürten Lorenzos Agenten ihn auf. Beladen mit Geschenken, fanden sich Medici-Gesandte am Goldenen Horn ein und erreichten Baron-

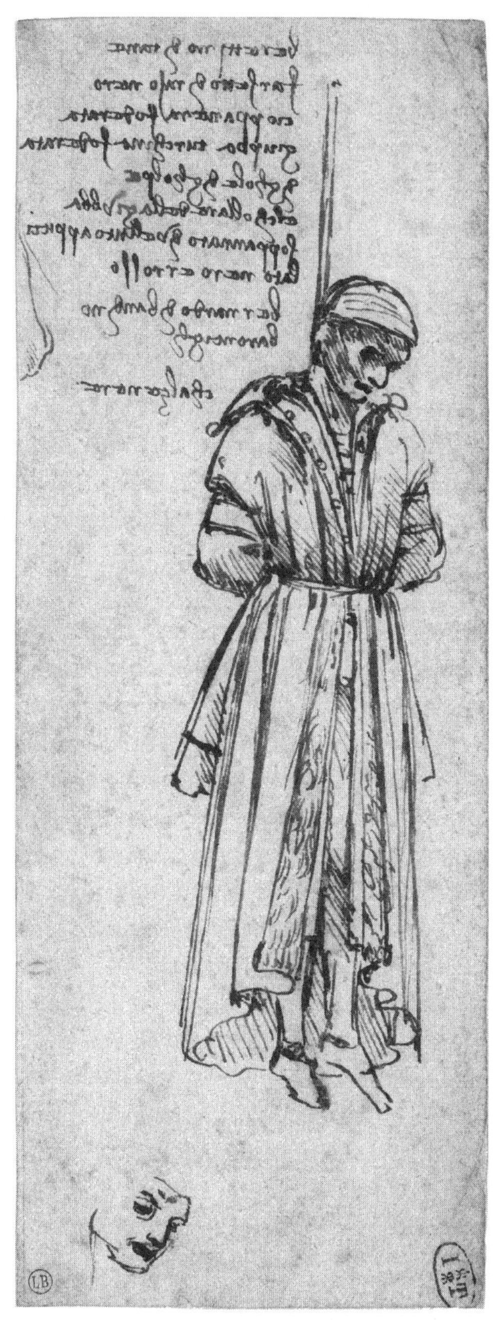

Abb. 10: Leonardo da Vinci,
Bernardo Bandini (dei)
Baroncelli, 1479,
braune Tinte,
19,2 × 7,3 cm, Bayonne,
Musée Bonnat-Helleu.

cellis Auslieferung. Er wurde nach Florenz gebracht, wo man ihn nach Verhör und Folter im Morgengrauen des 29. Dezember 1478 an einem Fenster des Palazzo Vecchio aufknüpfte.

So etwa, also ziemlich wild, gestalteten sich die Zeitverhältnisse, als Leonardo den Auftrag für die Priorenkapelle erhielt und den Pinsel an seine zwei rätselhaften Madonnenbilder setzte. Die Wirren hinterließen eine Spur in seinem Werk: Eine Federzeichnung von seiner Hand zeigt den gehenkten Baroncelli (Abb. 10). Nach dem Zustand des Toten zu schließen – die Augen sind schon tief eingefallen –, dürfte sie einige Zeit nach der Hinrichtung, in den ersten Januartagen 1479, entstanden sein.

Vielleicht markiert das Blatt den Auftrag, ein «Schandgemälde» Baroncellis anzufertigen.[19] Solche Bilder an öffentlichen Gebäuden anzubringen war eine in Italien wie im Norden verbreitete Methode, säumige Schuldner, Verbrecher und Feinde anzuprangern – oder auch sie stellvertretend hinzurichten, so sie noch auf der Flucht waren.[20] Schon unmittelbar nach dem Attentat im Dom, im Juli 1478, malte Botticelli die acht Hauptverschwörer des Pazzi-Komplotts auf die Fassade des Bargello oder über die Porta della Dogana des Palazzo Vecchio.[21] Dafür sollte er vierzig Fiorini Lohn erhalten, also fünf pro Verschwörer. Baroncelli war damals noch auf der Flucht. Vielleicht griff man wenig später auf Leonardo zurück, weil Botticelli inzwischen anderweitig beschäftigt war. Lorenzo de' Medici war die Sache so wichtig, daß er zur Feder griff und zum Bild des gehenkten Bandino ein Spottgedicht als Beischrift ersann: «Ich bin Bernardo Bandini, ein neuer Judas/Ein tödlicher Verräter in der Kirche bin ich gewesen/und ich habe rebelliert, um einen weit härteren Tod zu erwarten.»

Dafür, daß Leonardo ein Gemälde des Hingerichteten anzufertigen plante, sprechen seine Notizen neben der Zeichnung. Sie vermerken penibel Farben und Material der Kleider Bandinos, könnten also zur Vorbereitung eines farbig auszuführenden Bildes gedient haben: «Ein kleines Barett von kastanienbrauner Farbe; ein Wams aus schwarzem Atlas; eine schwarze gefütterte Schaube; ein mit Fuchszungen gefütterter blauer Mantel. Und der Kragen des Mantels wurde mit Samt bedeckt und mit Knöpfen [versehen], rot und schwarz; Bernardo di

Bandino Baroncigli. Schwarze Beinkleider.»[22] Sollte Leonardo ein Gemälde ausgeführt haben, ist es verloren, denn die an die Pazzi-Verschwörung erinnernden Bilder wurden beim Sturz der Medici 1494 getilgt.

Das Mordkomplott bescherte auch der Verrocchio-Werkstatt Arbeit. Kaum war das «Amen» der Exequien für Giuliano de' Medici unter den Gewölben des Doms verhallt, erhielt sie den Auftrag, wächserne Votivbilder Lorenzos des Prächtigen anzufertigen. Damit sollte Gott für die Errettung des Herrn von Florenz gedankt werden. Bei der Herstellung der Figuren arbeiteten Verrocchio und seine Leute mit Orsino Benintendi (um 1425–1498) zusammen, Mitglied einer Sippe von Wachsbildnern mit dem Beinamen «Fallimagini», «Bildermacher».[23] Orsino fertigte die Figuren, die dann mit Ölfarbe bemalt und mit wachsgetränktem Stoff bekleidet wurden. Verrocchio und seine Leute dürften Entwürfe geliefert und sich um die Kolorierung gekümmert haben. Drei solcher Plastiken soll Andrea den Medici geliefert haben. Eine davon stellte man, während Lorenzo in seinen Gemächern gesundgepflegt wurde, an einem Fenster des Medici-Palastes zur Schau. Damit sollte der Eindruck erweckt werden, der vom Attentat verletzte Hausherr sei wohlauf. Eine zweite Figur wurde in der Kirche Santissima Annunziata über ein Portal gehängt, die dritte nach Assisi gebracht. In der dortigen Kirche Santa Maria degli Angeli verharrte der wächserne Lorenzo vor einer Madonnenfigur in unablässigem Gebet.

Wachs war ein billiges Surrogat für kostspielige Materialien wie Marmor oder Bronze. Man konnte damit zudem Skulpturen von geradezu erschreckender Lebensnähe gestalten. Die Votive hatten den Charakter von Fetischen, in denen die Dargestellten auf unbestimmte Weise anwesend schienen. Dasselbe Doppelleben hatte wohl die realistische Kunst der Renaissance überhaupt.

Wachsvotive müssen die Kirchen Italiens in ganzen Heerscharen bevölkert haben.[24] Die «Annunziata» in Florenz war so voll mit ihnen, daß man sie an die Decke geknüpft hatte. Gleich Gehenkten baumelten sie an Stricken. War ein Seil mürbe geworden, konnte es vorkommen, daß die Figur herunterkrachte und Besucher verletzte.

So wurde die gespenstische Schar bis zum 18. Jahrhundert beseitigt. Es ist gut möglich, daß dabei ein von Leonardo bemaltes Exemplar auf dem Müll landete.

Ein Acker für ein Bild

Irgendwann nach 1476 hat Leonardo sich seine eigene Werkstatt eingerichtet. Im Katastereintrag von 1480 wird er nicht mehr als Mitglied des Hausstandes seines Vaters erwähnt. Ser Piero hatte die 22jährige Gattin Margherita Giulli, seine dritte Frau, dazu endlich auch zwei gemeinsame Söhne bei sich, den nach dem Großvater genannten Antonio und den einjährigen Giuliano.[25] Vielleicht sollte der Name des letzteren an den ermordeten Bruder Lorenzos des Prächtigen, zu dessen Klienten die Vinci sich zählten, erinnern.

Wer Leonardos Werkstatt damals angehörte, ist nicht genau bekannt. In einem Schreiben des Signore von Bologna, Giovanni de' Bentivoglio (1443–1508), an Lorenzo de' Medici begegnet ein «Paolo de Leonardo de Vinci da Fiorenze», der damals in Leonardos «bottega» gearbeitet haben dürfte.[26] Aus dem auf den 4. Februar 1479 datierten Brief geht hervor, daß dieser Paolo aufgrund einer Intervention des Medici für sechs Monate in Bologna eingekerkert worden war. Als Grund wird seine «üble Lebensführung» genannt – vielleicht waren homosexuelle Aktivitäten gemeint. Bentivoglio nennt als Zweck der Haft, daß Paolo sich bessern und von seiner schlechten Umgebung lösen möge. Er wolle in seinem Handwerk, der Intarsienschreinerei, arbeiten, sich in Florenz wieder einbürgern lassen und bitte Lorenzo um Gnade. Wir wissen nicht, ob Bentivoglios Bitte entsprochen wurde. Gewiß ist nur, daß Leonardo inzwischen einen Gesellen beschäftigte. Vielleicht erarbeitete er wie Botticelli und möglicherweise auch Piero della Francesca Entwürfe für Intarsien, die Paolo dann auszuführen hatte.

Zu den ersten Aufträgen, die Leonardo als selbständiger Meister erhielt, dürfte sein «Heiliger Hieronymus» zählen (Tafel 9).[27] Denkbar ist, daß das Gemälde für eine Kapelle der Badia bestimmt war; 1478 hatte Ser Piero den Mönchen der Abteikirche einen hohen Kredit über 364 Fiorini gewährt.[28] So mag er ihnen seinen Sohn nicht ohne Nachdruck als Maler empfohlen haben. Wie das Bild nach Rom gelangte, wo es in der vatikanischen Pinakothek unterkam, ist unbekannt.

Der Typus des bartlosen Hieronymus hat Vorläufer auf einem Fresko Andrea del Castagnos und Arbeiten des Verrocchio-Kreises.[29] Wieder ist unklar, ob Leonardo zu letzteren selbst Vorzeichnungen lieferte oder seinerseits den «Verrocchio-Hieronymus» aufgriff. Die Halspartie auf seinem unfertigen Gemälde zeigt, daß er inzwischen über gute anatomische Kenntnisse verfügt haben muß.[30] Das «Drehbuch» der Darstellung ist ein Abschnitt der «Goldenen Legende» – einer im Spätmittelalter vielbenutzten Sammlung von Heiligengeschichten –, in dem erzählt wird, daß Papst Damasus Hieronymus ins Heilige Land gerufen habe, auf daß er die Ämter der Kirche reformiere. Leonardo zeigt den Kirchenvater bei brachialer Buße, die die Abtötung aller Fleischesbegierden zum Ziel hatte. Die noch sichtbare Vorzeichnung könnte, gemäß der Legende, die Höhle andeuten, in der einst Jesus bestattet worden war und an deren Eingang Hieronymus selbst begraben wurde, nachdem er fast hundertjährig gestorben war. Vor dem Heiligen liegt der Löwe, dem er der «Legenda aurea» zufolge einst einen Dorn aus der Pranke gezogen hatte. So sei die Bestie zahm geworden.

Mit dem Juli 1481 fällt endlich etwas Licht ins Dunkel von Leonardos Werkstatt. Damals schloß er mit den Augustinermönchen von San Donato a Scopeto einen Vertrag über die Herstellung eines Hochaltarbildes für ihre Kirche. Das Dokument bezieht sich, obwohl das Thema des Gemäldes nicht genannt ist, mit Sicherheit auf die «Anbetung der Magier» in den Uffizien (Tafel 10). Der Text läßt den Schluß zu, daß Leonardo schon im März 1481 mit der Arbeit daran begonnen hatte.[31] Die Abmachungen sahen vor, daß das Bild innerhalb von zwei Jahren, spätestens aber in dreißig Monaten fertiggestellt sein mußte. Sollte der Maler dieser Verpflichtung nicht nachkommen, fiel das bis zu diesem Zeitpunkt Erarbeitete an die Mönche, die frei waren, damit zu machen, was sie wollten. Als Lohn sollte Leonardo ein Drittel eines Landgutes im Tal der Elsa erhalten.

Dabei handelte es sich um die Stiftung, die Simone, Vater des Bruders Francesco, dem Kloster hinterlassen hatte. Simone hatte an sein

Legat die Auflage geknüpft, daß die Mönche den Leonardo zu über-
lassenden Anteil drei Jahre nach Abschluß der Arbeiten für 300 «Fiorini di sugello»[32] zurückkaufen konnten. In dieser Zeit durfte Leonardo den Besitz nicht veräußern. Er mußte Farben und Gold stellen
und auch alle weiteren anfallenden Kosten bestreiten. Zudem wurde
er verpflichtet, 28 Fiorini für die Finanzierung einer Mitgift für das
«Töchterlein» eines gewissen Salvestro di Giovanni in Höhe von
150 Fiorini bereitzustellen. Dieses Geld sollte beim «Monte delle doti»
investiert werden, einem für die Florentiner Staatsfinanzen bedeutenden und wegen der hohen Zinserträge populären Fonds.[33]

Völlig aus dem Rahmen fällt der komplizierte Vertrag nicht. Spit-
zenkünstler wurden häufiger mit Immobilien entlohnt, wenn hohe
Summen aufzubringen waren. So erhielt Piero della Francesca 1454
für ein monumentales Projekt, das Polyptychon der Augustinerkirche
seiner Heimatstadt Sansepolcro, 320 Goldfiorini in Aussicht gestellt,
von denen 150 in Bargeld ausbezahlt wurden. Den Rest beglichen die
Auftraggeber durch ein Stück «bebaubares Land», «terra laborata».[34]
Leonardo wird es bei anderer Gelegenheit zum Besitzer eines Weingartens bringen (S. 182).

Er machte sich zunächst mit Eifer ans Werk, fertigte Federskizzen,
ließ eine Tafel grundieren, die über sechs Quadratmeter maß und aus
zehn Brettern zusammengeleimt war. Doch brachte er keinen sauber
mit Kohlenstaub durchgepausten Entwurf auf den Malgrund, sondern
skizzierte Ideen und deutete an einigen Stellen noch immer Alternativen
an. So beobachten wir ihn nicht nur beim Malen, sondern auch beim
Denken. Mit wenigen Strichen ist im Hintergrund eine Landschaft mit
schroffem Gebirge vorgesehen. Ganz rechts am Bildrand ahnt man den
sonst zentral plazierten Stall samt obligatem Ochsen. Allein das Geäst
der Bäume hat feste Kontur gewonnen. Die Ruinen von Davids Palast –
sie erinnern an den alttestamentarischen Vorläufer Christi – sollten
sorgfältig, nach perspektivischen Regeln, konstruiert werden. Im Vordergrund ist zu sehen, wie dem Christuskind das zweite Geschenk der
Magier, Weihrauch, übergeben wird. Das Publikum, unter dem sich
auch der kauernde Joseph befindet, wahrt Abstand, als scheute es den
Bannkreis des Heiligen. Ein Knabe scheint sich mit vorgehaltenen

Händen vor dem göttlichen Licht zu schützen, ein alter Mann rechts von Christus beschirmt sich die Stirn. Einige zeigen auf den Stern, der die Könige geleitet hat, andere suchen ihn mit den Augen. Albertis Forderung, ein Bild müsse «varietas», Abwechslung, aufweisen, ist Leonardo gewiß nachgekommen.[35] Sein Werk entsprach den ästhetischen Kriterien seiner Zeit vollkommen. Was die Zahl der Dargestellten anbelangt, bescheidet er sich nicht, ist indes auf sorgfältige Arrangements der Figuren bedacht und verleiht der Fülle damit Würde und Maß.

Das eine oder andere Detail mag zwar der Tradition geschuldet oder von Vorbildern ableitbar sein, so von Botticellis ein halbes Jahrzehnt früher entstandener Fassung des Themas; der sinnend links im Vordergrund stehende Alte erinnert an Masaccios statuarische Figuren, etwa die des Petrus auf der «Zinsgroschenlegende». Doch war, was Leonardo entworfen hatte, ein heiliges Theater, wie es die Zeitgenossen so noch nie gesehen hatten. Das fromme Thema scheint nur Vorwand zu sein, Gesten und Körperhaltungen vorzuführen, sich aufbäumende Pferde in Szene zu setzen – wie das ging, hatte Antonio del Pollaiuolo vorgemacht – und gewagte Verkürzungen zu konstruieren. Selbst in seinem unfertigen Zustand ist das Bild ein Wunder der Malkunst. Man versteht, warum der noch nicht Dreißigjährige ein Honorar in Aussicht gestellt bekam, wie es sonst nur den Fürsten seines Fachs gegeben wurde.

Aus den komplizierten Vereinbarungen mit den Mönchen von San Donato spricht der Juristenverstand Ser Pieros, der auch in anderen Geschäften für den Konvent tätig war.[36] Man gab sich ersichtlich Mühe, Zahlungsmodalitäten auszuhandeln, die den Bedürfnissen beider Parteien Rechnung trugen. Tatsächlich verfügte Leonardo noch nicht über die Mittel, die im Vertrag festgelegten finanziellen Verpflichtungen zu erfüllen. Das Kloster mußte ihm, wie aus einem Eintrag in den Akten hervorgeht, 28 Fiorini leihen, damit er die anstehende Einzahlung in den «Monte delle doti» vornehmen konnte. «Und die Zeit verging, und davon hatten wir einen Nachteil», notiert der Schreiber. Zudem bezahlte man anderthalb Fiorini für Farben, die bei den Gesuati gekauft worden waren: eine Unze Ultramarin und eine weitere «giallorino», einen hellen Gelbton, der aus Antimon und Blei hergestellt wurde.[37]

Die hier erwähnten «Ingesuati» waren eine Laiengemeinschaft, die nach einer Ordensregel lebte. In San Giusto alle Mura stellten sie Glasmalereien her und unterhielten einen regen Handel mit Pigmenten.[38] Nach Vasari soll Perugino im Auftrag des Priors im Kreuzgang des Klosters eine «Anbetung der Könige» gemalt haben. «Da war eine unendliche Zahl von unterschiedlichen Köpfen und nicht wenige nach der Natur gemalte Porträts, unter ihnen das Andrea del Verrocchios, seines Lehrers.»[39] Da das Kloster 1529 während der Belagerung von Florenz durch spanische Truppen abgebrochen wurde, läßt sich nicht mehr klären, ob Leonardos Konzept der «Anbetung» dem Fresko die Vorlage bot.

Die hochbezahlten Aufträge der Signoria und der Mönche von San Donato zeigen, daß Leonardo inzwischen – aus welchen Gründen auch immer – hohes Ansehen als Maler genoß. Doch warteten auch die Brüder von San Donato vergeblich auf ihr Altarbild. Vasari schreibt: «Er porträtierte Ginevra d'Amerigo Benci, ein sehr schönes Bild, und ließ die Arbeit bei den Mönchen liegen, die auf Filippino zurückkamen. Der konnte es, da der Tod dazwischentrat, nicht vollenden.»[40] Letztere Aussage stimmt nicht. Tatsächlich stellte Filippino Lippi seine «Anbetung der Könige» fertig, wenngleich erst 1496, und erhielt dafür dieselbe Summe von 300 Florin, die Leonardo in Aussicht gestellt worden war.[41] Daß Leonardo, vermutlich zwischen 1478 und 1480, den Auftrag für das Porträt Ginevras erhielt und ihn anderen Verpflichtungen vorzog, ist dagegen durchaus möglich. Das Werk befand sich bis zu seinem Verkauf an die National Gallery Washington 1967 im Besitz der Fürsten von Liechtenstein (Tafel 11).

Amerikas «Mona Lisa»: Ginevra de' Benci

Während der Verhandlungen um den Kauf des Fünf-Millionen-Dollar-Bildes hatte man Ginevra den Codenamen «Bird», «Vogel», gegeben. Als das Geschäft perfekt war und der Restaurator Mario Modestini sich mit der Dame auf den Weg in die Vereinigten Staaten machte, sandte er ein Telegramm voraus, auf dem nur die Worte standen: «Der Vogel fliegt». Für die klimatisierte Kiste mit ihrem kostbaren Inhalt hatte er den Nachbarsitz in der ersten Klasse gebucht, offiziell für «Mrs. Mario Modestini».

Die «amerikanische Mona Lisa» dürfte vollkommen eigenhändig sein.[42] Allerdings wurde das Bild irgendwann beschnitten. Vielleicht zeigte es noch, ähnlich wie später die «Mona Lisa», die ineinander gelegten Hände der jungen Frau. Eine Zeichnung Leonardos, die sich mit dem Porträt in Verbindung bringen läßt, stützt diese These ebenso wie die Verrocchio zugeschriebene Marmorbüste einer Frau mit Blumenstrauß, die wie eine dreidimensionale Version der «Ginevra» wirkt – man betrachte nur ihr mit einem Knopf geschlossenes Hemd und ihre Haartracht.[43] Einen Bruch mit der Florentiner Tradition, die bisher nur Profilporträts von Frauen gekannt hatte, bedeutete die Darstellung Ginevras im Dreiviertelprofil. Allein Niederländer – Jan van Eyck, Rogier van der Weyden, Petrus Christus – hatten zuvor ähnliche Ansichten gegeben.

Die Porträtierte, Ginevra de' Benci (1457 – um 1520), entstammte einer der reichsten Familien von Florenz. Ihr Vater Amerigo di Giovanni (1432–1468) war ein Mann der Medici wie alle Patrone und Freunde, die Leonardo umgaben.[44] Bis etwa 1463 hatte er Cosimo dem Alten als Leiter der Genfer Filiale des Bankhauses gedient: Ginevras Taufname erinnerte daran. Die Identifikation der Porträtierten legen der Wacholderbusch («ginepro») im Hintergrund und ein gemaltes Reis desselben Gewächses auf der Rückseite des Bildes nahe. Zudem helfen Schriftquellen weiter. Antonio Billi bemerkt, Leonardo habe Ginevra di Amerigo Benci porträtiert, und zwar so schön, «daß sie selbst es zu sein schien und nichts sonst».[45] Die Inschrift auf der Rückseite des Porträts kommentiert ihr Antlitz: «VIRTUTEM FORMA DECORAT», «Schönheit schmückt Tugend» oder «Sie schmückt die Tugend durch Schönheit». Die Worte erinnern an die Diskussion um die Beziehung zwischen dem Schönen und dem Guten, ein zentrales Thema in der Schrift «Über die Liebe oder Platons Gastmahl» des Florentiner Neuplatonikers Marsilio Ficino (1433–1499). Eros erscheint darin als ein seliger Gott, weil er beides zugleich ist – schön und gut.[46] Ginevras Vater war ebenso wie ein anderer Benci, Tommaso (1427–1470), dem Kreis um Ficino verbunden.[47] Tommaso ließ Ficino sogar an «Platons

Gastmahl» teilnehmen. Als Auftraggeber des Bildes kommen die beiden jedoch nicht in Frage, weilten sie doch, als es entstand, nicht mehr unter den Lebenden. Die Inschrift deutet allein die geistige Atmosphäre an, der es entstammt.

Eine Röntgenaufnahme des Spruchbandes brachte denn auch einen unsichtbaren Dritten ins Spiel.[48] Sie enthüllte, daß es zuvor die Aufschrift «VIRTUS ET HONOR», «Tugend und Ehre», getragen hatte. Die Worte konnten als Devise des venezianischen Diplomaten Bernardo Bembo (1433–1519) dechiffriert werden. Doch welche Geschichte erzählen sie?

Bembo hatte Anfang 1475 Aufnahme in die Kreise um Marsilio Ficino und Lorenzo de' Medici gefunden.[49] Grund seines Aufenthalts in Florenz waren die schon erwähnten Verhandlungen über eine Allianz gegen Neapel und den Papst gewesen. Gewiß war damals auch er unter den Zuschauern von Giuliano de' Medicis Turnier. Hofierte Giuliano die schöne Simonetta, war Bernardos Auserwählte keine andere als Ginevra Benci. Auch für den Venezianer war das Spiel mit dem Begehren nur heiterer Zeitvertreib. Poeten gestalteten die Liaison aus. Einer von ihnen, Alessandro Braccesi, schildert, wie die Schöne beim Kirchgang zur Santissima Annunziata absichtsvoll ihren Veilchenstrauß habe fallen lassen, so daß der Dichter die Blumen aufheben und sie dem, dem sie zugedacht gewesen seien, überbringen konnte, nämlich dem züchtig verehrten Bernardo.[50] Ob Ginevras von Leonardos Porträt abgesägte Hände wohl einst Veilchen hielten?

Bembo, ein Liebhaber der platonischen Philosophie auch er, schrieb seinerseits an den Rand eines Autographs von Ficinos Werk, Ginevra sei «die schönste unter den Frauen und auch durch Tugend und Sittsamkeit berühmt».[51] An anderer Stelle notiert er dort Verse Cristoforo Landinos. Sie klingen, als habe ihr Dichter dabei an Ginevras Porträt gedacht: «Die Liebe (…) liebt das Schöne und erfreut mit Bildern des Schönen./Und was immer gut ist, ist schön,/alles Schändliche aber verrucht./So fordert Amor das Schöne und vermeidet das Schlechte.»[52]

Ginevras Bildnis dürfte Bembo zwischen 1478 und 1480, während eines erneuten Aufenthalts am Arno, in Auftrag gegeben haben. Unter

Leonardos Werken ist es das am meisten von «flämischem Flair» berührte Bild. Damit dürfte es den Geschmack Bembos genau getroffen haben. 1471 hatte er sich als «ambassadeur de Venize» am Hof Karls des Kühnen aufgehalten und dort die «herbstliche Pracht» des burgundischen Hofes erlebt.[53] Er erwarb Bilder Hans Memlings (1433/40–1494), hinter dessen «Mann mit römischer Münze» er sich verbergen könnte: Zwei Lorbeerblätter am unteren Bildrand und eine Palme, die sich inmitten einer ansonsten mitteleuropäischen Landschaft spreizt – Symbole der Tugend und des Ruhmes, die auch Bembos Devise zieren –, liefern das stärkste Argument für diese Identifikation.

Ginevras Porträt scheint die Spannung zwischen Schönheit und Unberührbarkeit aufzugreifen, die das Minnespiel um ihre Person durchzog. Die Stacheln des Wacholderbusches, der ihr Antlitz unter dem streng gescheitelten Haar umrahmt, deuten einen wehrhaften Willen zur Versagung an. Das immergrüne Gebüsch galt als Keuschheitssymbol. Ginevra wirkt wie die «belle dame sans mercy», die einst der Dichter Alain Chartier (1385 – nach 1430) erfunden hatte: eine erbarmungslose Schöne, die kalt bleibt gegenüber allem Liebeswerben. Die wirkliche Ginevra allerdings war, ein halbes Kind noch, 1474 mit dem Kaufmann Luigi di Bernardo Niccolini verheiratet worden. Eine Mitgift von 1400 Fiorini hatte darüber hinweggetröstet, daß der Gatte fünfzehn Jahre älter war als sie.[54] Merkwürdig, daß von Ginevra, die eine respektable Dichterin gewesen sein soll, als einziger Satz der Beginn einer Sestine überliefert ist, der die bleiche, zarte Schönheit von einer ganz anderen Seite zeigt: «Ich flehe um Gnade und bin eine wilde Tigerin», lautet er, «chieggio merzede e sono alpestro tygre».[55]

Es scheint, daß Leonardo Ginevras Porträt, als Bembo 1480 Venedig verließ, noch nicht fertiggestellt hatte.[56] Deshalb – und das würde die nachträgliche Änderung der Inschrift auf der Rückseite erklären – könnte die Familie Ginevras ins Mittel getreten sein. Ihr waren die da Vinci seit langem verbunden. Ser Piero war zwischen 1458 und 1465 als Notar für sie tätig gewesen, unter anderem auch für Ginevras Vater Amerigo.[57] Welcher Benci aber kommt als neuer Patron des Porträts in Frage? Wahrscheinlichster Kandidat ist Giovanni (1456–1523), Amerigos Erstgeborener und somit ein Bruder Ginevras. Er scheint ein vielseitig interessierter, etwas extravaganter Herr gewesen zu sein. Als Erbe eines der größten Vermögen von Florenz leistete er sich ein 600 Fiorini teures Pferd.[58] Für diese Summe konnte man damals zwei stattliche Häuser erwerben. Leonardo pflegte offenbar eine Freundschaft mit ihm. Man tauschte Bücher aus, auch erwähnt Leonardo eine «Weltkarte, die Giovanni Benci hat», und einen in dessen Besitz befindlichen Jaspis.[59]

Von den weiteren Schicksalen Ginevras vermelden die Quellen wenig. Im Kataster von 1480 erwähnt ihr Gatte teure Kuren «wegen ihrer Krankheit». Woran sie litt, bleibt offen. Lorenzo der Prächtige widmete ihr zwei seiner Sonette[60], in denen sich alle Frivolität verloren hat. Der Medici schreibt von der erwachten frommen Glut der «neuen Bürgerin von Bethanien» und von der Stimme des Hirten, die süß das «Schäflein» rufe. «Du bist entflohen, welch großes Wunder/der Stadt, die stets von allen Lastern brennt/wisse, sanfte Seele, daß es deine Pflicht ist/niemals mehr auf sie zurückzublicken.»[61] Ob sich die einst «wilde Tigerin» tatsächlich dem Getriebe des «Sodom Florenz» entzogen hatte? Wir wissen nur, daß sie, kinderlos und verwitwet, um 1520 starb. Als ihren Erben hatte sie Giovanni Benci eingesetzt.[62] Begraben wurde sie im Kloster Le Murate, das sich von jeher der Förderung der Benci erfreute. Als Zeichen der Demut streifte man ihrer Leiche den Habit einer Nonne über.

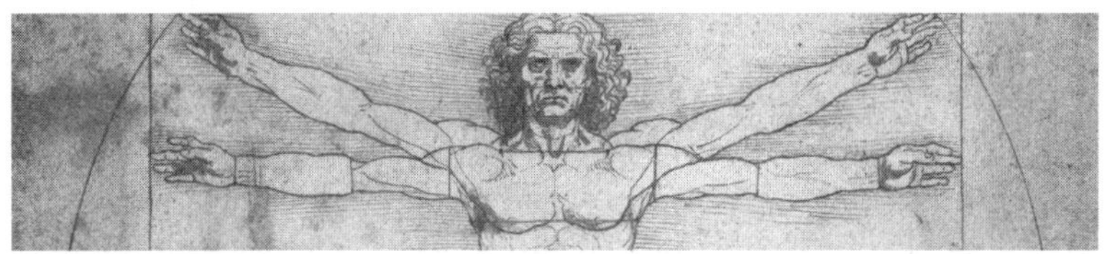

II.
Höhenflüge: Mailand, 1481–1500

1. Florenz, Mailand: Kulturtransfers

Das Universum im Visier

Nach der gescheiterten Pazzi-Verschwörung versuchte Papst Sixtus, durch Krieg zu erreichen, was durch Intrige und Mord nicht geglückt war. Gemeinsam mit König Ferrante von Neapel (1458–1494) zog er gegen Florenz, über das er zugleich das Interdikt verhängte. Lorenzo der Prächtige reagierte mit einem kühnen Schachzug. Er reiste allein und ungeschützt zu Ferrante – einem jener Monster, von denen Jacob Burckhardt in seiner «Cultur der Renaissance in Italien» ebenso kühl wie genüßlich berichtet. Der Aragonese soll es geliebt haben, seine Gegner entweder lebend im Kerker oder tot, einbalsamiert und bekleidet in seiner Nähe zu wissen. Zu diesem Zweck sei im düsteren Castel Nuovo von Neapel ein eigenes Mumienkabinett eingerichtet gewesen.[1] Lorenzos Mut wurde belohnt: Es gelang ihm, Ferrante dem Papst abspenstig zu machen. So war die Situation fürs erste bereinigt. Sixtus bequemte sich zum Friedensschluß.

Während der Gespräche zwischen ihm und Lorenzo de' Medici war das Engagement einiger Florentiner Maler angebahnt worden, die nun die Wände der nach Sixtus benannten Kapelle im Vatikanspalast freskieren sollten. Im Sommer 1481 – Leonardo arbeitete wohl noch an Ginevra Bencis Porträt – reiste eine Equipe, zu der die Elite der verfügbaren Florentiner Kräfte zählte, an den Tiber: Ghirlandaio, Botticelli, Perugino, Filippino Lippi. Leonardo aber war nicht unter ihnen.

Vielleicht interessierte ihn der Auftrag nicht. Die Freskotechnik, die in der Sixtina gefragt war, verlangt schnelles Arbeiten, weil der feuchte Putz, auf den die Farben gebracht werden, rasch trocknet. Da war an einem Sommertag schon einmal eine ganze Figur vorzuzeichnen und auszuführen – ein Greuel für den Perfektionisten, der Leonardo war (S. 357). Vermutlich hatte er ganz einfach weder die Lust noch die Energie, sich das anzutun. Sein Lehrer Verrocchio scheint nie «al fresco» gearbeitet zu haben, und so war Leonardo in der komplizierten Technik wohl auch nicht ausgebildet worden.[2] Die Wandmalerei blieb für ihn zeitlebens ein sperriges Metier.

Dazu kam, daß er sich inzwischen intensiver mit technischen und wissenschaftlichen Fragen auseinanderzusetzen begann. Um 1478 füllte er die ersten Blätter mit technischen Zeichnungen und Notizen dazu. Auf demselben Stück Papier, das Arbeiten an den «beiden Jungfrauen Maria» dokumentiert, skizzierte er Zahnräder, Winden und eine Maschine, die es gestattete, eine riesige Armbrust zu spannen.[3] Er tüftelte an der Konstruktion eines Automaten und an einem Gerät, das zum Schleifen konkaver Linsen dienen sollte. Mit archimedischen Schrauben wollte er Wasser von unten nach oben winden.[4] Schon deuten sich auch erste Überlegungen zum Bau einer Flugmaschine an.[5] Am linken Rand einer seiner Zeichnungen erkennt man die Skizze eines Tauchgeräts. Außerdem versuchte er, sich die Konstruktion eines antiken Kriegsschiffes klarzumachen.[6] Als Spaß gedacht war ein Dampf auspustender Kopf aus Metall oder Ton. Solche «sufflatores» oder, zu Deutsch, «Püsteriche» kannte schon die Antike.[7]

Noch ein Weiteres geht schon aus Leonardos frühen technischen Studien hervor. Er muß nicht nur die Funktionsweisen aller möglichen Apparate studiert, sondern auch viel gelesen haben, etwa Traktate Francesco di Giorgio Martinis (1439–1501) und des «Archimedes von Siena», Mariano di Iacopo «il Taccola» (1382 – um 1453).[8] In dessen «Erfindungen» ist zum Beispiel ein Krieger abgebildet, der eine

Art Schnorchel benutzt. Leonardo ließ sich davon zu einem eigenen Entwurf anregen.[9]

Um 1480 schrieb er eine Liste mit Namen nieder, wobei wir nicht wissen, ob er Treffen mit den dort Genannten plante oder Lektüren auflistete, die er sich vorgenommen hatte.[10] Einige der Männer sind identifizierbar. Ihre Erwähnung deutet zumindest den weitgespannten Bildungshorizont an, den Leonardo um 1480 ins Visier nahm. Der erste Eintrag, «quadrante di charlo Marmocchi», verweist auf astronomische Interessen: Marmocchi war der Mann, der Florenz die Zeit gab. Er kümmerte sich um das Stellen und Reparieren der großen Uhr des Palasts der Signoria.[11] Neben dem Notar Ser Benedetto Ciepperello und dem Maler Domenico di Michelino begegnet ein Messer Francesco «Araldo», vielleicht ein Rezitator oder Sänger, wie er bei Banketten oder Theateraufführungen zum Einsatz kam.[12] Der Eintrag «benedetto de labbacho» bezieht sich auf den Mathematiker Meister Benedetto, den Leiter der Abakus-Schule von Santa Trinità. Der Autor eines zwischen 1440 und 1463 zusammengestellten Arithmetik-Lehrbuchs könnte Leonardos Lehrer in der Kunst des Rechnens gewesen sein.

Berühmt sind zwei weitere Namen: zum einen ein «Maesstro pagholo», zum anderen «Giovanni Argiropolo». Der Grieche Johannes Argyropoulos (um 1415–1487), Flüchtling aus dem 1453 von den Osmanen eroberten Byzanz, unterrichtete am Florentiner «Studium» griechische Philosophie und Naturwissenschaft. Er war einer der besten Kenner der Lehren Platons in dieser Zeit. Eine Reihe aristotelischer Schriften hat er ins Lateinische übersetzt.[13] Mit «Maesstro pagholo» ist der Arzt, Mathematiker und Astronom Paolo dal Pozzo Toscanelli (1397–1482) gemeint, der als Autor eines Traktats über die Perspektive gilt.[14] Leonardos Aufzeichnungen zum Thema verraten die Kenntnis auch dieses Werks. Jahre zuvor hatte Paolo von der Laterne der Florentiner Domkuppel aus astronomische Messungen mit einer Lochkamera vorgenommen. Dasselbe Instrument zeigt eine Zeichnung Leonardos (Abb. 11).[15] Er bildet es zusammen mit einem Perspektographen ab, um vorzuführen, wie ein Maler – er selbst? – eine Armillarsphäre zeichnet. Damit gibt er ein Emblem seiner eigenen Ambitionen: das Universum ins Visier zu nehmen, um es exakt

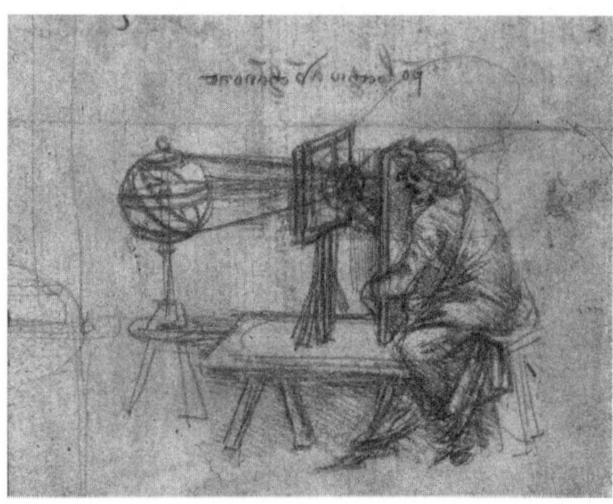

Abb. 11: *Leonardo da Vinci, Ein Maler zeichnet mit dem Perspektographen eine Armillarsphäre, um 1480, Rötel, Codex Atlanticus, fol. 5r (Ausschnitt, ca. 12,2 × 8 cm), Mailand, Biblioteca Ambrosiana.*

abzubilden. Der Zeichner bedient sich dazu der «freien Kunst» der Geometrie. Wissenschaft und Praxis erscheinen miteinander verbunden. Wer die eine liebe, ohne die andere zu beherrschen, hat Leonardo einmal geschrieben, sei wie ein Seemann, der sein Schiff ohne Ruder und Kompaß besteige.[16]

Während er über technischen Problemen grübelte und ein paar Pinselstriche an seinen Bildern tat, war die Malertruppe in Roms Sixtina mit einem Tempo an die Arbeit gegangen, von dem Leonardos Auftraggeber nur träumen konnten. Spätestens Ende Mai 1482 kehrten die Florentiner an den Arno zurück. Papst Sixtus führte damals kleine Kriege gegen die Colonna, eine seiner eigenen Familie, den Rovere, feindliche römische Adelssippe, und plante, einen großen um Ferrara zu gewinnen. In den letzten Jahren seines Pontifikats zimmerte er mit Neapel, Mailand, Florenz und einigen weiteren Fürsten eine Allianz, die sich diesmal gegen Venedig richtete, das seinerseits Ambitionen auf die Stadt am Po hatte. Als die Partner, der Kosten überdrüssig, mit der Serenissima einen Waffenstillstand schlossen, ohne auf Sixtus Rücksicht zu nehmen, soll er nach einem Tobsuchtsanfall vom

Schlag getroffen worden sein. «Er war ein schlechter Papst», urteilte ein römischer Chronist. «In der ganzen Zeit, in der er lebte, dreizehn Jahre, hielt er uns immer in Krieg und Mangel und ohne jede Gerechtigkeit.»[17] Das für seine Maler bestimmte Geld hatte inzwischen der Krieg verzehrt. Erst sieben Jahre nach Abschluß der Arbeiten wurde Perugino eine noch ausstehende Forderung von 180 Gulden beglichen.[18]

Trotz der Finanznöte der Kurie lief Rom allmählich Florenz den Rang als Zentrum der Renaissancekunst ab. Einer der Gründe dafür war, daß auch den Medici, den Auftraggebern aller Auftraggeber, das Geld ausging. So begabt Lorenzo der Prächtige als Machtpolitiker war, so unfähig erwies er sich als Bankier. Der Niedergang des Medici-Konzerns wurde durch die sich verschlechternde wirtschaftliche Lage beschleunigt. Unvorhergesehene Ereignisse kamen hinzu, so der Untergang eines Großschuldners, Karls des Kühnen, der 1477 bei Nancy den Schlachtentod fand. Dramatischer noch wirkte sich der Krieg gegen Rom und Neapel aus. Die Medici-Besitzungen dort waren beschlagnahmt und die Zinszahlungen eingestellt worden.[19] Lorenzo sah sich zeitweilig gar genötigt, heimlich in die Staatskasse zu greifen.

Aufbruch nach Mailand

Leonardo hätte eigentlich noch seine Florentiner Aufträge zu erfüllen gehabt. Die Mönche von San Donato a Scopeto waren von dem, was von der «Anbetung der Magier» bereits zu sehen war, anscheinend so begeistert, daß sie nicht auf Einhaltung der Vertragsbedingungen bestanden und das Geld vorstreckten, das Leonardo für die Mitgift der Tochter Salvestro di Giovannis aufzubringen hatte. Dafür dekorierte er ihnen im Juli 1481 die Uhr ihres Klosters zu günstigem Preis. Die Mönche wiederum übersandten Reisig und eine «soma» großer Holzscheite. Zudem warf das Land in der Val d'Elsa, das Leonardo zur Verfügung gestellt worden war, ein wenig ab. Im August wurde ihm eine «moggia» Getreide in sein Haus gekarrt.[20]

Frieren und hungern mußte Leonardo also nicht. Daß er über kein Bargeld verfügte, hing damit zusammen, daß er zwar über Mangel an Aufträgen nicht klagen konnte, aber bislang keinen davon zu Ende gebracht hatte. Vielleicht nährte er sich vom Verkauf der beiden im September oder Dezember 1478 begonnenen Madonnen, so er sie ausgeführt hat. Fest steht, daß er Ende 1481 oder Anfang 1482 Florenz den Rücken kehrte und nach Mailand reiste. Eine letzte Lieferung von Erträgen seines Grundstücks ließen ihm die Mönche von San Donato am 28. September 1481 zukommen: ein Barile Rotwein, etwa 45,6 Liter.[21]

Die unvollendete «Anbetung» scheint gemäß Vasari für eine gewisse Zeit im Haus Amerigo Bencis «gegenüber der Loggia der Peruzzi» verblieben zu sein.[22] Dieser Amerigo war natürlich nicht der Vater Ginevras, sondern der gleichnamige älteste Sohn (1598 – nach 1560) von Leonardos Freund Giovanni Benci. Von letzterem dürfte Amerigo das Gemälde geerbt haben – ein weiteres Indiz dafür, daß Giovanni seinerzeit für Bernardo Bembo als Käufer von Ginevras Porträt eingesprungen war.

Warum aber hat Leonardo die «Anbetung» nicht fertiggestellt? Möglicherweise stand ihm auch hier sein Perfektionismus im Weg.[23] Vasari rühmt als Vorzug des unvollendeten Gemäldes, daß darauf «molte teste», «viele Köpfe», zu sehen seien.[24] Genauer gesagt hätte Leonardo mindestens 66 Figuren, dazu elf Tiere ausführen müssen. Seinen Ansprüchen an sich selbst zu genügen hätte in diesem Fall unendlich viel Arbeit erfordert. In duftigem Kolorit wären die Akteure mit ihren Emotionen zu malen gewesen, jeder anders als die anderen, dazu die Architektur, die Landschaft, die sich aufbäumenden Pferde … Fürs erste stellte sich wohl die Alternative: Magier oder Mailand. Die Entscheidung fiel vermutlich leicht.

Gelegenheit, Beziehungen zum damals reichsten Hof Italiens zu knüpfen, hatte ein Auftrag Lorenzos des Prächtigen geboten. Der «Anonimo Gaddiano» vermerkt, daß der Medici Leonardo, «als er dreißig Jahre alt war», zum Herzog von Mailand gesandt hatte, damit er diesem eine Laute überbringe.[25] In seiner Begleitung habe sich Atalante Migliorotti befunden, «der einzigartig im Spielen eines solchen Instruments war». Vermutlich hatte Leonardo außer einem Empfehlungsschreiben Lorenzos Zeichnungen und Gemälde im Gepäck. Ein Verzeichnis, das mit der Reise nach Mailand in Verbindung stehen dürfte, nennt unter anderem ein «fertiges» Madonnenbild und ein weiteres, fast vollendetes Bild, das die Gottesmutter im Profil zeigte.[26] Vielleicht handelte es sich dabei um die ominösen beiden Marien, die Leonardo Ende 1478 begonnen hatte. Daneben werden Zeichnungen erwähnt, darunter solche technischer Art, etwa für Öfen, «bestimmte Werkzeuge für Schiffe» und den Wasserbau. Andere Blätter könnten zur Vorbereitung von Gemälden gedient haben, etwa «viele nach der Natur gezeichnete Blumen», «mehrere Zusammenstellungen von Engeln», nackte Figuren, Studien zu Armen, Beinen, Füßen und Körperhaltungen. Darüber hinaus werden Proportionsskizzen, Perspektivkonstruktionen und weitere Porträts aufgeführt. Der «Kopf des Herzogs» und eine – oder ein? – «Atalante», «das Gesicht erhebend», verweisen auf Geplantes oder Verlorenes. «Gewisse Figuren des heiligen Hieronymus» waren vielleicht Studien für das unvollendete Altarbild. Ob eine 2016 aufgetauchte und auf einen Wert von 16 Millionen Dollar geschätzte Zeichnung, die den heiligen Sebastian zeigt, als eine der acht in der Liste erwähnten «San Bastiani» identifizierbar ist?

Die Stadt des «Mohren»

Der französische Diplomat Philippe de Commynes bewunderte die Lombardei am Ende des 15. Jahrhunderts als eine der schönsten, reichsten und am dichtesten bewohnten Regionen der Welt. Obwohl eben, ließe sie sich schlecht durchreiten, da sie wie Flandern, ja mehr noch von Wassergräben durchzogen sei. «Doch ist sie um einiges besser und fruchtbarer, sowohl an gutem Getreide wie an guten Weinen und Früchten; und jene Ländereien kommen nie zur Ruhe.»[27] Die Metropole Mailand zählte am Ende des 15. Jahrhunderts etwa 125 000 Seelen, das Dreifache der Einwohnerzahl von Florenz.[28] Besuchern schien es, als habe die Stadt keine Mauern, so dicht reihten sich Vorstädte um sie.

Seinen Wohlstand – an dem allerdings nur eine dünne Oberschicht teilhatte – verdankte Mailand neben dem Handel vor allem der Seidenproduktion, dem Waffenhandwerk und Luxusgütern für den Hof. Die in der Stadt herrschenden Sforza waren Neureiche der Macht. Der Dynastiegründer Francesco Sforza (1401–1466), illegitimer Sproß eines Söldnerführers bäuerlicher Herkunft und eines Mädchens vom Land, hatte seinen märchenhaften Aufstieg zum Herzog von Mailand als Condottiere und Schwiegersohn des letzten Visconti männlicher Linie, Filippo Maria (1392–1447), begonnen. Nach dessen Tod hatte er sich mit hoher politischer Intelligenz in den Besitz des Staates gebracht. Sein engster Verbündeter während des Kampfs um die Macht war Cosimo de' Medici gewesen und mit ihm dessen Geld. Aus der Perspektive der Florentiner war die venezianische Bedrohung größer erschienen als die Gefahr durch den alten Feind Mailand, dessen Herzog Gian Galeazzo Visconti sich im fernen Jahr 1402 beinahe ihrer Stadt bemächtigt hätte. Durch die Wirren in der Lombardei sah sich die Serenissima damals ermutigt, ihren oberitalienischen Festlandsbesitz zu erweitern. Dem trat das Medici-Regime im Bündnis mit dem neuen Freund entgegen.

Als Leonardo in Mailand eintraf, war dessen starker Mann ein Sohn Francescos, Ludovico Sforza (1452–1508). «Il Moro», den «Mohren», nannte man ihn wegen seines dunklen Teints. Sein älterer Bruder Galeazzo Maria war 1476 erdolcht worden; ob Ludovico Auftraggeber des Mordes war, ist unbekannt.[29] Das Attentat in der Kirche San Stefano scheint der Pazzi-Verschwörung zwei Jahre darauf das Vorbild abgegeben zu haben. Ludovico war es zudem gelungen, den legitimen Erben Gian Galeazzo Maria (1469–1494) kaltzustellen. Den zuvor mächtigen Kanzler Cicco Simonetta ließ der «Moro» 1480 enthaupten.

Glich Florenz zu dieser Zeit dem alten Athen, war Mailand Italiens Sparta. Das düstere Sforza-Kastell, das auf den Mauern eines verfallenen Vorgängerbaus errichtet war, ähnelte eher einer Festung als einem Schloß. Das mächtige Viereck seiner Mauern schützte mehr noch vor den eigenen Untertanen als vor äußeren Feinden. Nicht so sehr Literaten und Anhänger der platonischen Philosophie wie in Florenz prägten das Klima am Hof, vielmehr Männer der Praxis, Ingenieure, Mathematiker, Architekten – mit Donato Bramante (1444–1514) als bedeutendstem –, dazu Astrologen.[30] Historiker halfen, die Vergangenheit zu ändern. Sie erfanden den Sforza eine Tradition. Der Humanist Giorgio Merula wurde beauftragt, eine Geschichte der Visconti, der Vorfahren Ludovicos mütterlicherseits, zu verfassen und damit der Nachfolgedynastie ein wenig mehr an goldener Beleuchtung aus der Vergangenheit zu verschaffen.[31] Ludovico brachte es dank seiner Lohnschreiber zum Abkömmling eines Langobarden namens Anglus, der ein Enkel des Aeneas, des mythischen Gründers von Rom, gewesen sei.[32] Kontinuität zu den Visconti hatte schon Francesco Sforza demonstriert, indem er deren Wappen mit einer sich ringelnden gekrönten Schlange übernahm. Als stolzestes Prädikat führte er den ererbten Titel eines Herzogs von Bari. Ferrante von Neapel hatte ihn 1464 einem Sohn Francesco Sforzas verliehen.

Bereits zur Zeit Francesco Sforzas hatte sich ein reger Kulturaustausch zwischen Florenz und Mailand entwickelt. Das eindrucksvollste Stück Renaissance in Mailand, das Hospital für Arme – «Ca' Granda», «großes Haus», nannten es die Einheimischen – hatte der Florentiner Filarete errichtet. Dessen Engagement war von Cosimo de' Medici vermittelt worden.[33] Filarete entwarf auch den eleganten Turm des Sforza-Kastells, der 1521 durch eine Pulverexplosion zerstört wurde und heute als Nachbildung vor Augen steht.

Auch in Mailand präsentierten sich die Medici mit Glanz. Cosimo hatte einen Palast errichten lassen, der von dem Venezianer Marcantonio Michiel als der schönste der Stadt beschrieben wurde. Bauherr vor Ort war der Medici-Manager Pigello Portinari gewesen, Baumeister vermutlich ebenfalls Filarete.[34] Der Palast maß gut fünfzig Meter in der Breite wie in der Länge. Innen öffneten sich ein großer, von Arkadengängen gesäumter Hof und ein weiterer, kleinerer, in dessen Mitte ein Brunnen plätscherte.[35] Außerdem bot ein Garten Erfrischung. Die Fassade zeigte eine eigentümliche Verschmelzung toskanischer und lombardischer Elemente. Florentiner Renaissance ist zudem in einer Kapelle der Kirche Sant' Eustorgio anzutreffen, deren Freskenschmuck von Vincenzo Foppa (um 1427 – um 1515) ebenfalls auf einen Auftrag Portinaris zurückgeht. Daß die Dominanz der Florentiner der Mailänder Konkurrenz nicht schmeckte, versteht sich. Nachdem Regengüsse Pilaster an Bauten von Filarete und Benedetto da Firenze hinweggespült hatten, murrte Francesco Sforzas Hofarchitekt Bartolomeo Gadio: «Diese Florentiner wollen alles nach ihrem Kopf machen und wissen bisweilen nicht, was sie tun.»[36] Erhalten sind von dem im späten 18. Jahrhundert abgebrochenen Komplex des «Banco Mediceo» nur noch geringe Reste. Das Museum im Sforza-Kastell bewahrt Medaillons mit Imperatorenbüsten und ein Portal, das einem Triumphbogen gleicht.

An einem Hof unterzukommen, war Sehnsuchtsziel aller Maler, Bildhauer, Gelehrten und Poeten der Renaissance.[37] Dort sahen sie sich der Zunftmacht entzogen. Im Fürstendienst war am meisten Geld zu verdienen, Pensionen und Privilegien lockten, ebenso Straf- und Steuerfreiheit. Selbst Adelstitel waren zu gewinnen. Hofkünstler hatten Aussicht auf ein stimulierendes intellektuelles Ambiente und durften Feste erleben, sei es als Organisatoren, sei es als Teilnehmer. Denn an den Höfen spielte damals buchstäblich die Musik. Für die Mehrheit der Künstler mußte eine solche Karriere Traum bleiben, nicht aber für Könner ersten Ranges wie Leonardo. Sein Wechsel von Florenz nach Mailand folgte der Logik der guten politischen Beziehungen zwischen den beiden Dynastien. Sein gepflegtes Äußeres, sein Humor und Charme mögen ein übriges dazu beigetragen haben, daß er Zugang zum Umkreis Ludovico Sforzas fand und sich dort behaupten konnte. Für fast zwei Jahrzehnte wurde Mailand seine Heimat.

Ein oft zitiertes Schreiben an den «Moro», eine Art Bewerbungsdossier, dürfte aus den Anfängen seiner Mailänder Zeit stammen. Es ist allerdings nicht datiert und nicht eigenhändig. Vielleicht wurde es nie abgesandt.[38] Leonardo hebt darin vor allem seine Fähigkeiten als Erfinder von Waffen hervor. Er bietet sich an, Sforza seine «Geheimnisse» vorzuführen. Darauf folgt eine lange Liste, die aufzählt, was alles zu konstruieren er imstande sei. Im Angebot sind leichte, gut transportierbare und dennoch stabile Brücken, Belagerungsmaschinen und Schiffe, die dem Angriff größter Bombarden standhielten. Er verstehe sich darauf, Belagerten das Wasser abzugraben, und kenne Methoden, wie sich ganz ohne Lärm verborgene Gänge vorantreiben ließen, selbst unter Gräben und Flüssen. Daneben schreibt er von Panzerwagen, die jeden Verteidigungsring durchbrechen könnten. Im Bedarfsfall werde er große Geschütze, Mörser und leichte Gewehre bauen, dazu Katapulte, Mauerbrecher und andere Apparate «von wunderbarer Wirkung». Überdies verstehe er sich auf das Errichten von öffentlichen und privaten Bauwerken, die keinen Vergleich zu scheuen hätten. Auch könne er Wasser vom einen zum anderen Ort leiten. Erst ganz am Schluß rühmt sich der Briefschreiber künstlerischer Fähigkeiten. «Ich kann Skulptur in Marmor, Bronze oder Ton ausführen; in der Malerei kann ich gleichermaßen machen, was sich nur denken läßt, so gut wie jeder andere, wer es auch sei.» Am Ende kommt Leonardo auf ein am Sforza-Hof schon seit einem Jahrzehnt verfolgtes Projekt zu sprechen, ein Reiterstandbild aus Bronze. «Es wird der unsterbliche Ruhm und die ewige Ehre des glücklichen Angedenkens des Fürsten, eures Vaters, und des herrlichen Hauses Sforza sein.» Darüber werden wir noch mehr zu berichten haben.

Am Anfang der Mailänder Jahre stand die Arbeit an einem Altarbild: der «Madonna in der Felsengrotte». Diesmal führte Leonardo den Auftrag ganz aus. Das Gemälde ist in zwei Fassungen auf uns gekommen: Eine befindet sich im Louvre, eine weitere in der Londoner National Gallery (Tafeln 12, 13). Die Schriftquellen fließen zu beiden Fassungen reichlicher als zu allen anderen Werken Leonardos. Aber sie sind widersprüchlich und gestatten mehrere, einander ausschließende Rekonstruktionen der Entstehungsgeschichten und der weiteren Schicksale der Gemälde.[39]

Die «Madonna in der Felsengrotte»: Erster Akt

Am 25. April 1483 fand sich Leonardo da Vinci im Mailänder Kloster San Francesco Grande im Garten der «Foresteria» ein – des Gebäudes, in dem Besucher empfangen wurden. Mit ihm gekommen waren zwei weitere Maler, die Halbbrüder Giovanni Ambrogio und Evangelista de Predis. Zweck ihres Besuchs war die Unterzeichnung eines umfangreichen Vertragswerks, das die Anfertigung von Bildern für den Altar der Kapelle zur Unbefleckten Empfängnis zum Gegenstand hatte. Betreut wurde das Projekt von der Bruderschaft, der «Schola», der die Kapelle gehörte. Zusammen mit weiteren Mitgliedern hatte sich deren Prior, der Franziskaner Bartolomeo Scarlioni, eingefunden. Wir stellen uns vor, daß der Notar Antonio de' Capitani, als die Runde vor der Foresteria vollständig war, den Vertragstext vorlas.[40] Drei Zeugen bürgten für den korrekten Ablauf der Prozedur: Seitens der Bruderschaft standen Daniele de' Coyri und Abondio de' Carabelli bereit. Leonardo und seine Kollegen hatten den Bildhauer und Architekten Agostino de' Fonduti aus Crema benannt.[41]

Der Auftrag, den Leonardo durch den Akt im Klostergarten übertragen erhielt, war nicht unbedeutend. Die Bruderschaft zählte zu den vornehmsten der Stadt. Die Basilika San Francesco Grande war vor ihrer Zerstörung 1806 die nach dem Dom zweitgrößte Kirche Mailands.[42] Neben den Grablegen vornehmer Mailänder Familien bewahrte sie auch die sterblichen Überreste des berühmten Condottiere Francesco Bussone «il Carmagnola». Als Söldnerführer Venedigs hatte er mit Mailand konspiriert und war deshalb 1432 zwischen den Säulen der Piazzetta vor San Marco hingerichtet worden.

Das Retabel des Bruderschaftsaltars in der Kapelle hatte der Bildhauer Giacomo del Maino bereits gefertigt. Es war – geht man von Giacomos üblichem Stil aus – ein aufwendiges, reichverziertes Werk. Als Termin für die Fertigstellung der Gemälde nahm der Vertrag den «nächstkünftigen» Festtag der Unbefleckten Empfängnis, also den 8. Dezember 1483, in Aussicht. Doch war wie in solchen Verträgen üblich Vorsorge getroffen, falls nicht rechtzeitig geliefert würde. Die Bruderschaft sicherte sich das Recht, andere mit der Fertigstellung des Altars zu beauftragen, falls «Meister Leonardo» – den Titel hatte er also in der Zwischenzeit erworben – vorzeitig Mailand verlassen würde. Den vereinbarten Preis, 800 «Lire imperiali», ließen sich die Auftraggeber für die Dauer von zehn Jahren garantieren. Hundert Lire sollten bis Mitte Mai 1483 und der Rest in monatlichen Raten zu jeweils vierzig Lire gezahlt werden. Zudem wurde eine Bonuszahlung in Aussicht gestellt, die nach Abschluß der Arbeiten zu entrichten war. Ihre Höhe lag im Ermessen der Bruderschaft. Diese Klausel sollte noch für viel Ärger sorgen.

800 Lire waren kein geringer, wenngleich auch kein exorbitanter Lohn. Er lag nur wenig über den Kosten für die Herstellung des Retabels, für die 710 Lire aufzubringen waren. Geht man von dem vereinbarten Abgabetermin aus, waren für die Fertigstellung der Bilder siebeneinhalb Monate vorgesehen, eine gemessen an anderen Aufträgen

dieser Art realistische Schätzung. Bei fristgemäßer Fertigstellung wären, zahlreiche Kirchenfeste abgezogen, etwa 160 Arbeitstage zu entlohnen gewesen, bei drei Malern also 480 – nicht gerechnet die Mitarbeit von Gesellen. Ein guter Handwerker verdiente damals bis zu siebzehn Soldi pro Tag; eine Lira imperiale entsprach zwanzig Soldi. Aus diesen Zahlen ergibt sich ein Tagelohn von etwa 33 Soldi. Zieht man die Ausgaben für das Material ab – sie konnten bis zur Hälfte der Gesamtsumme ausmachen –, dann entspricht die Bezahlung dem, was jeder bessere Handwerker für seine Arbeit erhielt.

Ambrogio dürfte die beiden Engel, die Leonardos Altarbild ursprünglich flankierten, gemalt haben, während Evangelista sich um die Vergoldung des Retabels kümmerte. Leonardo hatte die Führungsposition in der Equipe inne. Im Vertrag wird er stets an erster Stelle genannt, und allein er wird als «Herr Meister» tituliert. Während Evangelista de Predis als Künstler nicht weiter faßbar wird, zählte Giovanni Ambrogio (um 1455 – nach 1508) zu den besten Malern Mailands.[43] Spätestens seit 1482 stand er in Ludovico Sforzas Diensten. Seine Stärke waren Porträts. Das vielleicht schönste von seiner Hand zeigt eine Unbekannte, die «Dame mit dem Perlennetz».

Der Vertrag war in Latein abgefaßt und mit juristischen Wendungen gespickt. Viel dürften die Maler davon nicht verstanden haben. So war ein Blatt beigegeben, das die entscheidenden Abmachungen auf Italienisch mitteilte. Ansonsten regelten die Bestimmungen die Qualität des zu verwendenden Materials. «Erstens, wir wollen, daß das ganze Altargemälde, nämlich die geschnitzten Teile, ausgenommen die Köpfe, mit feinem Gold zu einem Preis von 3 Lira 10 Soldi pro hundert Blatt zu versehen sind. Desgleichen Unsere Madonna in der Mitte: Ihr Gewand sei von Goldbrokat und Ultramarinblau. Desgleichen der Mantel von Goldbrokat mit Karmesinlack in Öl. Desgleichen Gottvater, das Obergewand in Goldbrokat und Ultramarinblau. Desgleichen sollen die Engel mit Gold geziert, ihre Hemden auf griechische Art und in Öl eingelassen werden. Desgleichen die Berge und Felsen, in Öl gearbeitet und mit mehreren Farben abgetönt.» In diesem Stil geht es weiter. Genau festgeschrieben wurde auch, daß die Maler das Blattgold direkt von der Bruderschaft beziehen sollten. Die im Vertrag angegebene Summe lag geringfügig, um zwei Soldi, über dem Florentiner Wert.[44] Wohl damit kein Blättchen veruntreut wurde, waren die Maler gehalten, die Vergoldung im Kloster vorzunehmen.[45] Die übrigen Arbeiten konnten sie «in ihren Wohnhäusern, oder wo immer sie wollten», durchführen. Offenbar teilte Leonardo mit den de Predis Wohnung und Werkstatt in der Pfarrei San Vincenzo in Prato «intus», «innerhalb» der Stadtmauer.

Für Verehrer des «Genies» Leonardo ist der Vertrag samt dem «Verzeichnis der Zierden für das Altargemälde der Empfängnis der glorreichen Jungfrau Maria» eine ernüchternde Lektüre. Das Dokument wirkt wie ein Gesprächsprotokoll, das unsystematisch alle möglichen Wünsche der Auftraggeber erfaßt. Zwar läßt das ausgeführte Bild zahlreiche Abweichungen gegenüber den Anforderungen, die das Papier vorsah, erkennen. Zum Beispiel sollten vier voneinander verschiedene Engel gemalt werden, geliefert wurden aber nur deren zwei.[46] Der künstlerischen Freiheit blieb dennoch wenig Spielraum. Selbst einfachere Arbeiten wie die Reparatur beschädigten Schnitzwerks waren laut Vertrag durchzuführen, und einen vielleicht wegen nachträglich vorgenommener Korrekturen zerkratzten Seraphim galt es zinnoberrot zu übermalen.

Verwirrend ist, daß sich einige der Angaben auf Leonardos Tafel, andere auf die beiden Seitentafeln, wieder andere auf Skulpturen des Retabels bezogen. Deshalb finden sich in der Liste Gottvater, Propheten und Sibyllen genannt. Zudem scheint geplant gewesen zu sein, hinter dem Gemälde Leonardos ein Kultbild zu verbergen. Das Publikum sollte es nur zum Festtag der Unbefleckten Empfängnis sehen können. Leonardos Bild war damit die Funktion eines Vorhangs zugedacht, der Wertvolleres – eine Art magischen Fetisch – verdeckte. Die «camora», also der Mantel der Madonna des Kultbildes, war in Karmesinrot zu geben. Wenn im Vertrag wiederholt festgehalten wird, für Hände, Gesichter, nackte Beine und andere Partien seien Ölfarben zu verwenden, erinnert das daran, daß die Anwendung dieser Technik noch immer keineswegs selbstverständlich war. Mit «Unserer Frau» und den anderen «griechischen Figuren» dürfte das Kultbild gemeint gewesen sein. Sie sollten mit verschiedenen Farben in «fogia grega», nach «griechischer Art»[47], oder auf moderne Weise geschmückt werden – also wohl wie Ikonen mit Goldgrund oder wahlweise im zeitgenössischen Renaissancestil.

Die beiden Fassungen der «Madonna in der Felsengrotte» zeigen inmitten einer bizarren Berglandschaft die Gottesmutter, den Johannesknaben und, zur Linken Marias, das von einem Engel sanft gehaltene Christuskind. Die Pariser Fassung läßt den Engel mit dem Zeigefinger auf Johannes deuten, eine Geste, die der Londoner Variante fehlt. Deren Engel trägt Blau, während sein Pariser Pendant in Rot gehüllt ist. Auf beiden Bildern sind die Gottesmutter und Christus im Vergleich zu Johannes und dem Engel rechts etwas zu groß geraten. Wollen wir Leonardo hier keinen Fehler unterstellen, mag sich darin ein Rest mittelalterlicher Bedeutungsperspektive andeuten: Wichtigere Figuren gab man entgegen der Realität größer als weniger wichtige. Noch Botticelli wandte das Verfahren auf seiner 1500 vollendeten «Geburt Christi» an. Daß Leonardos Gottesmutter sehr jung wirkt, könnte ihre Jungfräulichkeit andeuten, somit ebenfalls theologischen Erwägungen geschuldet sein. Auch Michelangelo wird die Maria seiner «Pietà» als sehr junge Frau und nicht als die Matrone darstellen, die sie beim Tod ihres 33jährigen Sohnes gewesen sein muß. Einen eklatanten Verstoß gegen die Gesetze der Biologie hatte sich Leonardo schon im Fall der Madonna Benois erlaubt (Tafel 7). Sie wirkt eher wie die ältere Schwester des feisten Babys auf ihrem Schoß als wie dessen Mutter.

Unter dem Firnis der beiden Felsgrotten-Madonnen mag sich noch mehr Theologie verbergen.[48] Der kleine Johannes konnte als «alter Franciscus», als «anderer» Franziskus – Vorläufer des heiligen Franz –, aufgefaßt werden. Daraus ergäbe sich eine Beziehung zum Titelheiligen des Klosters San Francesco Grande. Vielleicht auch sollten die Berge im Bildhintergrund an den Monte Verna erinnern – den Ort, wo Franziskus seine Stigmata empfangen haben soll. Die in der ersten Hälfte des 14. Jahrhunderts zusammengestellten «Blümchen des heiligen Franziskus» erzählen, der Heilige habe staunend die Risse und Klüfte in den gewaltigen Felsen betrachtet und sich der Bibelworte erinnert, denen gemäß sich während der Passion des Herrn die Felsen gespalten hätten.

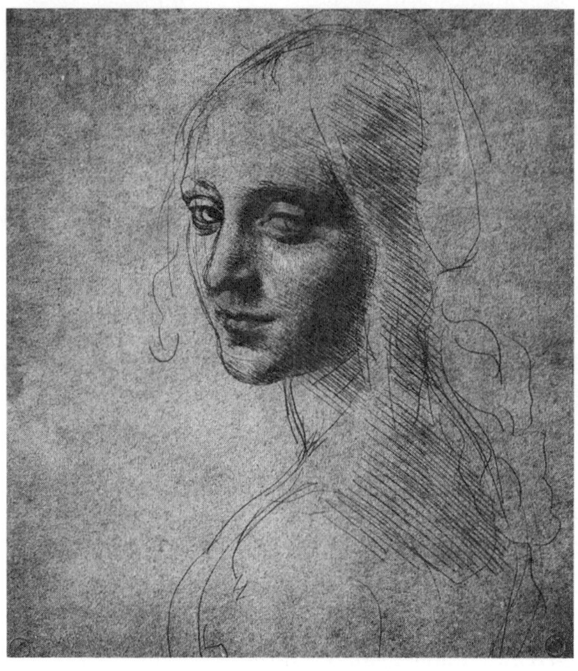

Abb. 12: Leonardo da Vinci, Mädchenkopf, um 1483, Silberstift auf bräunlichem Papier, 18,2 × 15,9 cm, Turin, Biblioteca Reale.

Was wir nicht wissen, ist, wie es dazu kam, daß Leonardo schon kurz nach seinem Eintreffen in Mailand einen Auftrag vom Kaliber der «Felsgrotten-Madonna» gewinnen konnte. Gewiß überzeugten Proben seiner Arbeit. Eine Zeichnung mit dem Porträt einer jungen Frau, die dem Engel des Altarbilds ähnelt, bewunderte Kenneth Clark als eine der schönsten der Welt (Abb. 12).[49] Wie ihr gemaltes Pendant auf der Pariser Version des Gemäldes sucht die junge Frau Kontakt mit Betrachterin oder Betrachter. Ein möglicher Türöffner in die Welten des Hofes und der Mailänder Aristokratie könnte Bramante gewesen sein, der schon seit einigen Jahren für die Sforza arbeitete. Zwischen ihm und Leonardo – der den Architekten bald liebevoll «Donnino» nannte – entwickelte sich eine lebenslange Freundschaft. Vielleicht war Bramante es auch, der Leonardo die Bekanntschaft mit dem Bildhauer Agostino de' Fonduti, dem Zeugen des Vertrags mit der Bruderschaft der Unbefleckten Empfängnis, vermittelte.[50] Fonduti arbeitete damals mit dem Architekten beim Bau der Sakristei von Santa Maria presso San Satiro eng zusammen. Seine späteren Werke lassen Einflüsse von Leonardos Stil erkennen.

Ende Dezember 1484 erhielten Leonardo und die beiden de Predis von der Bruderschaft 730 Lire.[51] Das entsprach nicht den vereinbarten Zahlungsmodalitäten, ist aber ein Indiz dafür, daß die Arbeiten an dem Altar vorangekommen waren. Vertrauen wir einer – allerdings sehr viel späteren – Quelle, Carlo Torres Beschreibung Mailands von 1674, gelangte Leonardos Tafel nicht sofort an ihren Bestimmungsort. Zur Kapelle der Unbefleckten Empfängnis wird darin ausgeführt: «Sie hat auf dem Altar eine Jungfrau Maria, gemalt von Leonardo da Vinci, auf einer anmutigen Tafel mit zwei Engeln an den Seiten vom selben Maler, obgleich man nur einen für eigenhändig hält. Diese Tafel des Leonardo befand sich in San Gottardo in der Corte dell' Arengo.»[52] Demnach hätte sich zunächst Ludovico Sforza in den Besitz des Gemäldes gebracht und es in einer Kirche aufstellen lassen, die seinem Haus eng verbunden war. Azzo Visconti (1302–1339) hatte San Gottardo 1336 unmittelbar neben seiner Residenz in Mailands Zentrum errichten lassen. Der Bau gewann damit die Funktion einer Palastkapelle.[53] Dem heiligen Gotthard war darin zwar ein Altar gestiftet; Azzo litt an der Gicht, «gotta», und erhoffte gemäß dem Gesetz der Analogie von eben jenem Gottardo Heilung. Die Kirche aber war Maria geweiht. Nach einer Beschreibung des 14. Jahrhunderts fand sich die Gottesmutter dort durch ein von Gold funkelndes Triptychon geehrt. Auch an Ultramarin war nicht gespart worden.

Das Mausoleum ihres Gründers machte San Gottardo zu einem Erinnerungsort der Visconti. So hätte Ludovico mit seiner Gabe von Leonardos Bild nicht nur der Gottesmutter Gutes getan, sondern auch der Visconti-Tradition. Auf Anordnung Azzo Viscontis hätten, so Torre, ursprünglich Franziskaner über die herzogliche Kapelle verfügt. Doch unter der Herrschaft Ludovicos seien die Mönche abgezogen worden. «Diese Maßnahme erfolgte deshalb, weil der Sforza-

Herrscher argwöhnisch lebte und keine fremden Personen in seinem Palast unterhalten wollte, fürchtend, er nähre giftige Schlangen in seinem Schoß und werde unversehens ermordet. Befleckte Gewissen haben immer die Furcht als Freundin.» Leonardos Gemälde sei derweil in die Kapelle der Unbefleckten Empfängnis geschafft worden. So hätte es sich am Ende des 15. Jahrhunderts wieder im Besitz seiner Auftraggeber befinden müssen. Wie und wann aber gelangte die Madonna nach Paris? Und wie kam sie zu ihrer Londoner Schwester? Diese Fragen werden uns noch zu beschäftigen haben (S. 262–266).

2. Neureiche der Macht

Konkurrenzen um den «tiburio»

Zum 16. März 1485 berichteten süddeutsche Chronisten von einem beunruhigenden Himmelsereignis. Die Sonne hatte sich verfinstert, zur dritten Stunde des Nachmittags. Wie zur Nacht seien die Sterne am Himmel zu sehen gewesen.[1] Die Vögel seien vom Himmel gefallen, das kleine Vieh habe blökend, das große grauenhaft brüllend seinen Ställen zugestrebt. Für gläubige Beobachter kommentierte Gott mit solchen Erscheinungen das Weltgeschehen, mit Erdbeben, Regenbögen, Kometen – oder indem er eben die Sonne verfinsterte. Die Welt zeigte sich als lesbar wie ein gewaltiges Buch.

Was Mailand betraf, schien die Sonnenfinsternis ein Krisenjahrzehnt zu kommentieren. So töteten Seuchen zwischen 1483 und 1486 ein Zehntel von Mailands Bevölkerung.[2] Auch Leonardo blickte damals zum Himmel. Die Finsternis veranlaßte ihn aber nicht dazu, sich über ihre mögliche Bedeutung als Zeichen oder Vorzeichen Gedanken zu machen. Einige Jahre später überlegte er sich eine Methode, die es bei einer Sonnenfinsternis gestattete, das gleißende Gestirn zu betrachten, ohne daß es die Augen schmerzte. Man nehme einfach ein Blatt Papier, steche mit der Nadel Löcher hinein und blicke durch sie auf die Sonne! Ebenso könne man es mit Sternen machen (Abb. 13).[3]

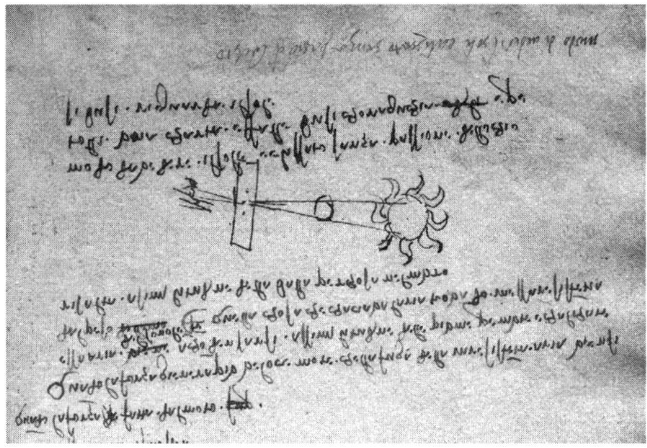

Abb. 13: Leonardo da Vinci, Studie zur Technik der Beobachtung einer Sonnenfinsternis, 1487/90, schwarze Tinte, 14 × 20,5 cm (gesamtes Blatt), Mailand, Biblioteca Trivulziana.

Das Himmelsereignis von 1485 liefert einen Anhaltspunkt, wann Leonardos Interesse für astronomische Fragen erwachte. Vier Jahre darauf tritt er uns auch als Anatom gegenüber. Er fertigte damals eine Serie von Zeichnungen des menschlichen Schädels, die den Anfang eines Buches «Über die Gestalt des Menschen» machen sollten.[4] An Akkuratesse übertreffen sie alles, was in Jahrhunderten zuvor und danach zum Thema geschaffen wurde, Andreas Vesalius' bahnbrechendes Anatomiewerk von 1543 eingeschlossen. Leicht wird übersehen, daß Leonardo gelegentlich geschickt mehrere Perspektiven kombinierte, um das Schädelinnere detailliert darstellen zu können (Abb. 14). Mit feinem Silberstift auf blau imprägniertes Papier gebrachte Skizzen, die den Aufbau des Gehirns erläutern, bezeugen sein Interesse auch für das, was sich unter Haut und Haaren verbirgt.

Ob Leonardo – so eine geistreiche Vermutung – Menschenschädel aufsägte und sie studierte, um sich der «Leichtbauweise des Knochens» zu vergewissern und seine Erkenntnisse für die Lösung statischer Probleme zu nutzen, sei dahingestellt.[5] Tatsächlich aber hat er sich zur selben Zeit, als sein Studium der Anatomie des Menschen erste Spuren hinterließ, auch mit Architektur beschäftigt.[6] Anlaß bot ein Prestigepro-

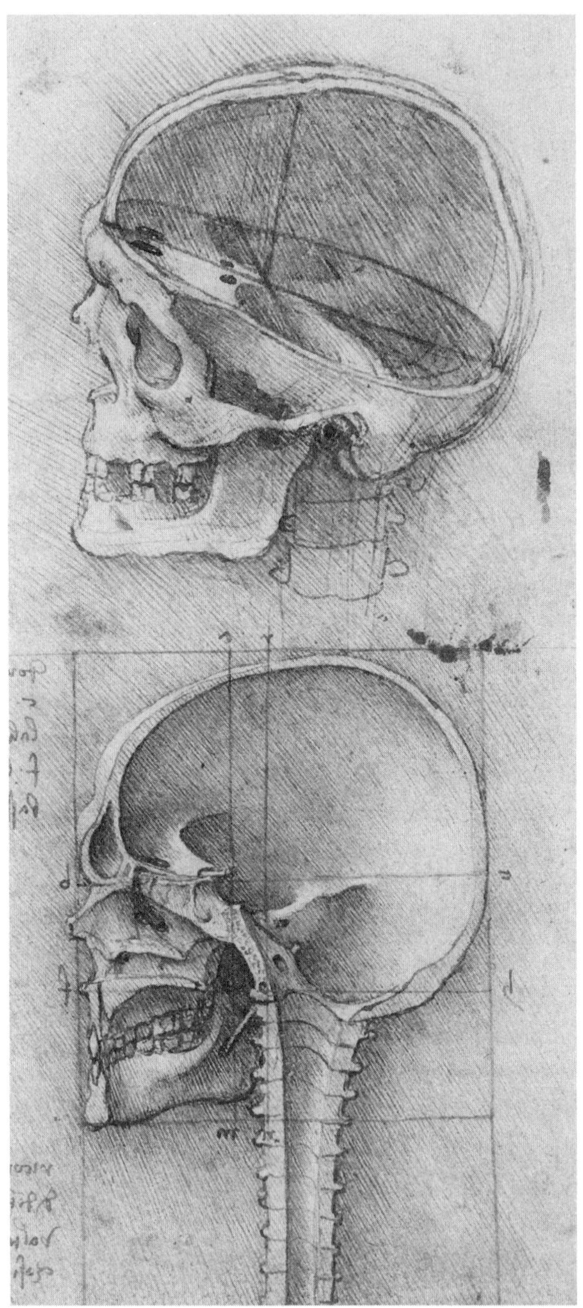

Abb. 14: Leonardo da Vinci, Schädel, 1489, Feder und braune Tusche über schwarzer Kreide, 18,8 × 13,4 cm (gesamtes Blatt), Windsor Castle, Royal Library.

jekt der Sforza, nämlich der Bau einer Kuppel, eines «tiburio», über der Vierung des Mailänder Domes. Es war die anspruchsvollste Aufgabe, die sich denken ließ. Die Kuppel als «Würdeform» ließ antike Großarchitektur assoziieren. Auch symbolisierte sie das Firmament. So wurden neben Mausoleen insbesondere der Himmelskönigin Maria geweihte Kirchen mit Kuppeln beschlossen. Einen spektakulären Fall stellt Brunelleschis Bravourstück in Florenz dar. Wie der Florentiner Dom gehörte auch Mailands Kathedrale der Gottesmutter.

Einen ersten Entwurf für die Kuppel hatte Guiniforte Solari, der Nachfolger Filaretes als Hofarchitekt der Sforza, erarbeitet. Als er 1481 starb, steckte das Projekt noch in den Anfängen. Während das Herzogshaus anscheinend Guinifortes Sohn als Nachfolger wünschte, sah sich die Bauhütte, in der noch Gegner der Sforza den Ton bestimmten, anderweitig nach Ersatz um.[7] Das Engagement des in der Straßburger Münsterbauhütte tätigen Hans Niesenberger (um 1415–1493) samt seinem Bautrupp erwies sich als Fehlschlag, da er der Aufgabe nicht gewachsen war. Nach dem Scheitern der Deutschen, die, warum auch immer, Mailand im Herbst 1486 fluchtartig verließen, nahm Ludovico das Heft in die Hand. Der «tiburio» sollte zu seinem und seines Hauses Denkmal werden und fortan seinen Schatten über die Völker der Lombardei werfen wie Florenz' Domkuppel über die der Toskana.

Nun kam Leonardo ins Spiel, der inzwischen am Sforza-Hof Fuß gefaßt haben muß. Zu welchen Bedingungen, ist unbekannt. Das erhaltene «Frühwerk» allein erklärt seinen Erfolg nicht. Zwischen August 1487 und Januar 1488 erhielt er 37 Lire für Entwürfe.[8] Zur selben Zeit empfingen der Schreinermeister Bernardo Maggi da Abiate und seine Mitarbeiter für die Anfertigung eines Holzmodells Zahlungen in fast derselben Höhe, nämlich 34 Lire.

Leonardo war nicht der einzige, der sich um das Projekt bemühte. Dombauhütte und Herzog hatten sich mit vier oder fünf Alternativen auseinanderzusetzen. Es gelang, mit dem Toskaner Luca Fancelli (um 1430 – nach 1495) einen erfahrenen Architekten – er arbeitete damals für die Gonzaga in Mantua – als Gutachter zu gewinnen.[9] Der Experte war entsetzt über den Zustand der Baustelle: Der Dom sei «ohne Halt und Maß», schrieb er 1487 an Lorenzo de' Medici. Nach Abbruch des

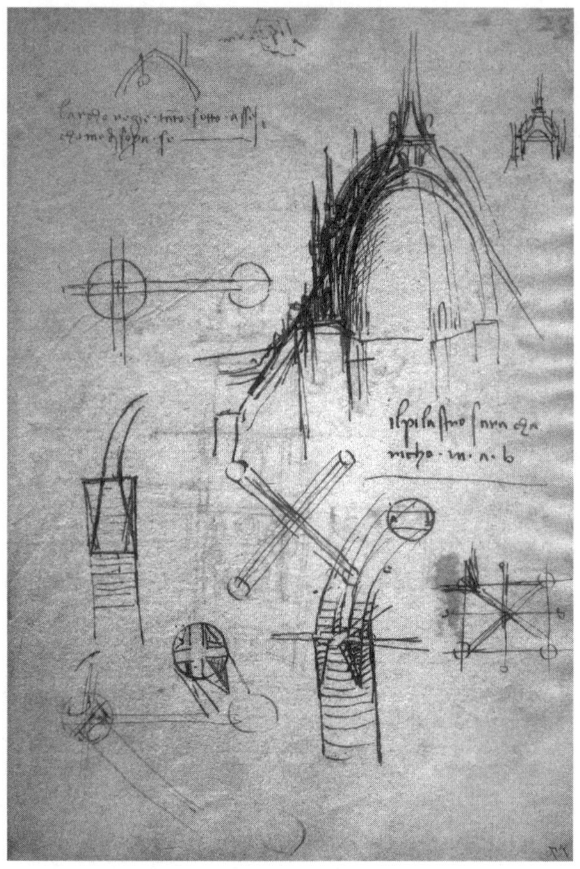

Abb. 15: *Leonardo da Vinci, Studien zur Kuppel des Mailänder Domes, 1487–1490, Feder und rote Tinte, 14 × 20,5 cm, Mailand, Biblioteca Trivulziana.*

alten «tiburio», dessen Einsturz befürchtet worden war, sei es schwierig, einen neuen zu errichten.

Leonardo feilte damals an einem Text, der ein weiteres Mal seine Qualitäten als «Verkäufer» großer Projekte zeigt. Er vergleicht darin den Dom mit einem Kranken und den Architekten mit einem Arzt. Sich selbst präsentiert er, «ohne jemand anderen zu schmähen», als den geeigneten «Architekten-Arzt».[10] Was die Ursachen für Ruin oder Stabilität von Gebäuden seien, zeige er, indem er die Wirkungen aus

Gründen ableite, Gründe durch Erfahrungen bestätige und alles mit den Prinzipien der Architekten der Antike in Übereinstimmung bringe. «Um nicht weitschweifig zu werden, werde ich Euren Exzellenzen zunächst die Erfindung des ersten Architekten des Domes darlegen und in aller Klarheit zeigen, was seine Absicht war.» Daraus könnten sie ebenso deutlich erkennen, daß sein Modell in sich jene Symmetrie und jene «Übereinstimmung» aufweise, die dem wichtigsten Gebäude der Stadt gebühre. Mit «conformità» dürfte Leonardo auf Albertis Begriff architektonischer Schönheit anspielen – «eine Art Übereinstimmung und ein Zusammenklang der Teile zu einem Ganzen, das nach einer bestimmten Zahl, einer besonderen Beziehung und Anordnung ausgeführt wurde, die das Ebenmaß, das heißt das vollkommenste und oberste Naturgesetz, fordert.»[11] Tatsächlich hätte sich die von Leonardo entworfene Kuppel dem gotischen Mailänder Bau harmonisch eingefügt. Zeichnungen belegen, daß er sich intensiv mit den statischen Problemen, die ihre Errichtung mit sich gebracht hätte, beschäftigte (Abb. 15).

Bramante äußerte sich kritisch über die ihm vorliegenden fünf Modelle. Die Kriterien, nach denen er urteilte, waren die Maßstäbe des antiken Theoretikers Vitruv: Festigkeit und Schönheit, daneben wieder Konformität mit dem Rest des Gebäudes und «Leichtigkeit». Auch müsse die Kuppel hoch genug sein, nämlich 120 Braccia vom Boden her gerechnet. Dieselbe Höhe, etwas über 70 Meter, hatte Leonardo veranschlagt. Würde sie erreicht, müsse man sich nicht allzu weit vom Dom entfernen, um den «tiburio» zu sehen.[12] Die von der Bauhütte bevorzugte Lösung schien Bramante aus statischen Gründen problematisch. Er erbot sich, aus den vorliegenden Modellen binnen einer Stunde ein neues zu erarbeiten, das deren Vorzüge aufweise und realisierbar sei. Allerdings sehe er, daß sich die für die Bauorganisation zuständige «Fabbrica» schon für eine andere Lösung entschieden habe.

Es fällt auf, daß Bramante das Projekt Leonardos in seinem Gutachten nicht erwähnt. Der hatte sein Modell im Monat zuvor zurückgefordert, angeblich um einige abgefallene Applikationen zu ergänzen.[13] Tatsächlich war wohl auch ihm nicht entgangen, daß sein Vorschlag chancenlos war. Doch gab er noch nicht auf. Im Mai 1490 stellte ihm die Dombauhütte zwölf Lire für einen neuen Entwurf in Aussicht. Wieder wurden Experten aufgeboten, neben Fancelli ein weiteres Schwergewicht: Francesco di Giorgio, vordem in Diensten Federicos da Montefeltro. In Cortona hatte er gerade mit der Errichtung einer Marienkirche, eines Zentralbaus mit Kuppel, begonnen.

Mit ihm und «seinen Kollegen und Schülern und mit Pferden», also mit großem Gefolge, reiste Leonardo am 21. Juni 1490 nach Pavia, um Ideen zum im Gang befindlichen Neubau der dortigen Kathedrale beizusteuern.[14] Auch hier stellte die Errichtung der Kuppel die größte Herausforderung dar. Der Rat war übrigens teuer: Im Gasthaus «Zum Sarazenen» hinterließ der Gutachtertrupp eine Zeche von zwanzig Lire. Pavias Dombauhütte beglich die Rechnung.

In Mailand billigte Ludovico Sforza wenig später das konservative Kuppelprojekt der einheimischen Architekten. Francesco di Giorgio nahm, reich entlohnt, seinen Abschied, während Leonardo sich aus dem Unternehmen zurückzog. Ein Großauftrag, der Guß eines Reitermonuments für Francesco Sforza, nahm ihn weitgehend in Beschlag. Vielleicht hat er daneben mit Bramante beim Umbau von Santa Maria presso San Satiro und der Errichtung der Chorkuppel von Santa Maria delle Grazie zusammengearbeitet.[15] Für einen unbekannten Auftraggeber – vielleicht Mariolo de' Guiscardi, einen Kämmerer Ludovico Sforzas – skizzierte er Pläne für eine Vorstadtvilla.[16] Der «tiburio» des Domes rückte in den Hintergrund. Verwirklicht wurde er nie.

Imaginäre Architekturen, urbanistische Gedankenflüge
und der Hauch des Todes

Leonardo hat unabhängig von konkreten Aufträgen immer wieder Architekturzeichnungen angefertigt. Bei vielen ist unsicher oder völlig unklar, in welchem Zusammenhang sie entstanden. Das besondere Interesse Vincis fanden als Zentralbauten organisierte, mit Kuppeln geschmückte Kirchen. Sie mögen den Dialog mit Bramante andeuten. Daneben skizzierte er Paläste und Befestigungsanlagen. Seine Zeichnung eines «Ortes, an dem man predigt», ist visionäre Spielerei.[17] Sie

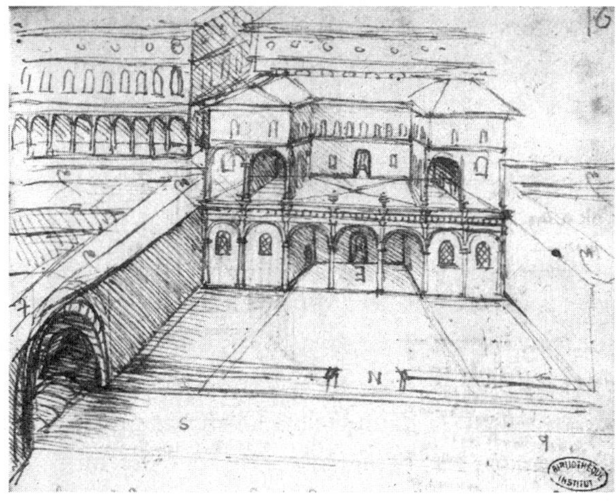

Abb. 16: Leonardo da Vinci, Stadt mit Straßen auf zwei Ebenen, um 1487/90, Feder und Tinte, 23,3 × 16,5 cm (gesamtes Blatt), Paris, Bibliothèque de l'Institut de France.

zeigt ein rundes, überkuppeltes Gebäude. Die Ränge des einer Hohlkugel gleichenden «Amphitheaters» im Inneren sind wie in einem Sportstadion durch umlaufende Gänge erschlossen. Der Redner sollte von der Höhe einer in der Raummitte plazierten Säule aus sprechen. So wäre er von allen Seiten her gut zu verstehen gewesen. Nicht minder spektakulär ist der Entwurf eines Mausoleums auf einem künstlich aufgeschütteten Hügel, der von einer etruskischen Grabanlage angeregt wurde.[18]

Auch machte Leonardo sich Gedanken über die Konzeption einer Urbanistik, die geometrisch angelegt war und hygienische Probleme bedachte. Vermutlich hatten die jüngsten Pestzüge Anlaß dazu geboten. Albertis Architekturtheorie widmete dieser Problematik ebenso große Aufmerksamkeit, wie es die Baugesetzgebung italienischer Städte von jeher tat. Luca Fancelli, der Gutachter über den «tiburio», errichtete nicht nur Kirchen, Villen und Paläste, sondern kümmerte sich auch um die Pflasterung der Straßen.[19] Man glaubte, durch Versiegelung des Bodens verhindern zu können, daß Gestank aus ihm drang – der gefürchtete Pesthauch, der Krankheit und Tod mit sich tragen sollte. Der Kampf gegen die gefährlichen Schwaden war eine Obsession der Epoche.

Daß Städtebau eine machtpolitische Dimension hatte, war Leonardo bewußt. Das zeigt ein hellsichtiges, wohl für Ludovico Sforza bestimmtes Memorandum mit Überlegungen zum Ausbau der Peripherie Mailands, das er um 1493 niederschrieb.[20] Die Magnaten könnten sich ihren Oberherren auf zweierlei Art verbinden. Die eine sei Blutsverwandtschaft, wobei ihre Kinder dann, wie Geiseln, Sicherheit oder Unterpfänder einer zweifelhaften Treue seien. Die zweite seien Güter. Leonardo spricht den Sforza direkt an: «Du wirst jedem von ihnen ein oder zwei Häuser in Deiner Stadt bauen lassen, aus denen sie irgendwelche Einkünfte ziehen». Dazu weist er auf die hygienischen Aspekte hin, denen der Fürst durch urbanistische Maßnahmen Rechnung tragen könne: «Du wirst eine so große Versammlung von Leuten, die ähnlich wie Ziegen einer neben dem anderen stehen, alles mit Gestank erfüllen und sich die Saat des Pesttods bereiten, voneinander absondern.» Die Stadt werde Schönheit zur Begleiterin ihres Namens machen, wegen der Abgaben von Nutzen sein und dem Fürsten durch ihr Wachstum ewigen Ruhm bescheren.

Leonardo wollte verboten wissen, daß Unrat in die Kanäle geworfen werde. Schiffe sollten den Kot abtransportieren.[21] Er schlug vor, Straßen auf zwei Ebenen anzulegen: die oberen allein für Edelleute, die unteren für das Volk und den Güterverkehr (Abb. 16). Dem Abtransport von Fäkalien dienten unterirdische Gänge. Die Beschreibung geht bis in Details, die alltagsnahe Erfahrung verraten. So rät Leonardo, Treppen, die von den oberen zu den unteren Straßen führen, um runde Säulen zu legen – und zwar deshalb, «weil man in die Ecken der quadratischen pißt». Die Bruchstücke seiner Architekturtheorie weisen auch sonst stets einen Zug ins Praktische auf – nicht nur, wenn es um Latrinen geht, um Fragen der Statik oder darum, Rissen in Mauern vorzubeugen. Seine Erwägungen zum Festungsbau, die der Durchschlagskraft moderner Feuerwaffen Rechnung trugen, führen über die Arbeit von Spezialisten wie Francesco di Giorgio hinaus. Auch entwarf er einen «sauberen Stall» mit gepflastertem Boden. Die Versorgung der Krippen mit Heu sollte aus einem gut belüfteten

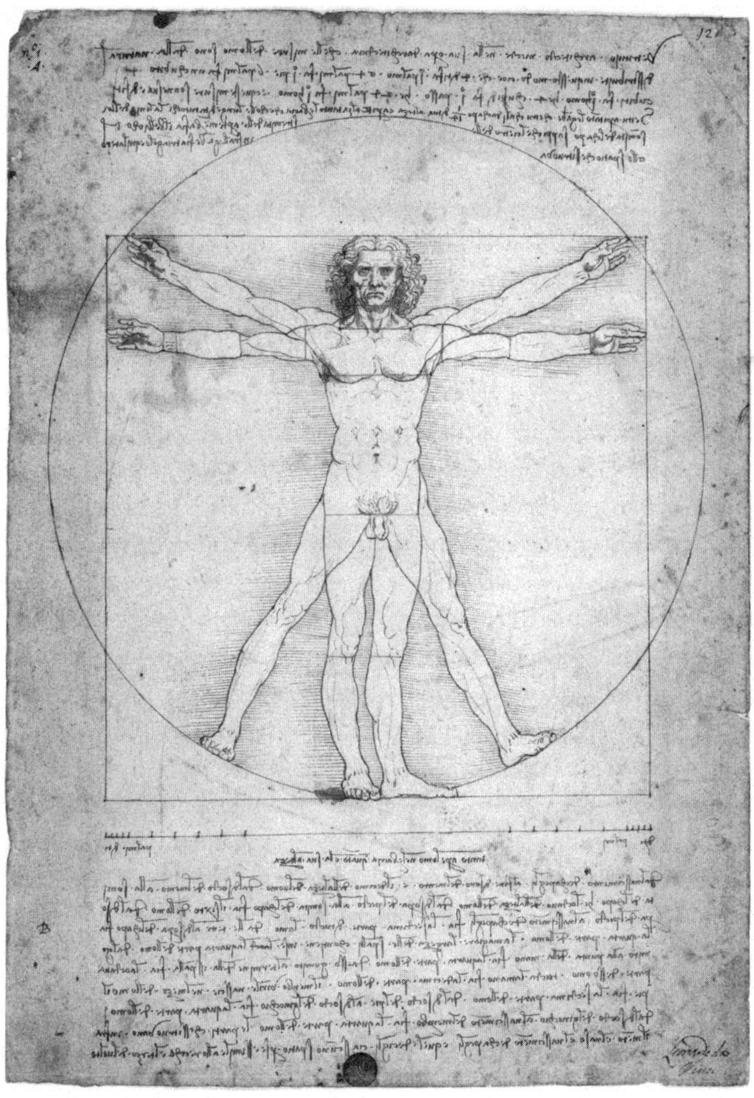

Abb. 17: Leonardo da Vinci, Vitruvsche Figur, um 1490, Feder, Tinte und Tusche über Metallstift, 34,4 × 24,5 cm, Venedig, Gallerie dell'Accademia.

Obergeschoß erfolgen – über Röhren, die sich, damit sich die Büschel nicht stauten, gleich umgekehrten Trichtern nach unten öffneten.[22]

Leonardo besaß Leon Battista Albertis «Zehn Bücher über die Baukunst» und fertigte ausführliche Exzerpte aus Francesco di Giorgios Traktat über Militärarchitektur.[23] Auch die Architekturtheorie Vitruvs hat Spuren in seinem Werk hinterlassen. Zu ihnen zählt die berühmte, um 1490 entstandene Zeichnung, die den ideal proportionierten Menschen zeigt (Abb. 17).[24] Neben ihr hat Leonardo vermerkt: «Vetruvio, der Architekt, sagt in seinem Architekturwerk, daß die Maße des Menschen von der Natur auf folgende Weise verteilt sind: Vier Finger machen eine Spanne, und vier Spannen machen einen Fuß, und sechs Spannen machen eine Elle, und vier Ellen machen einen Mann (…) und diese Maße sind bei seinen Gebäuden (…) Von den Haarwurzeln bis unter das Kinn ist es ein Zehntel der Höhe des Mannes, von unter dem Kinn bis zum Scheitel ein Achtel, von über der Brust bis zum Scheitel ein Sechstel.» Leonardo hat solche Werte offenbar nicht einfach kopiert, sondern selbst am Menschen Maß genommen.[25] Er scheute sich nicht, Vitruv indirekt zu widersprechen, als er feststellte, Schönheit und Nützlichkeit seien unvereinbar, «wie sich an Festungen und Menschen zeigt».[26] Damit meinte er wohl, daß Nützliches in grundsätzlichem Widerspruch zum nicht Notwendigen wie etwa dem Ornament steht. Die richtigen Verhältnisse an Bauwerken ließen sich für Leonardo aus der Rationalität der Natur ableiten. Schönheit konnte mathematisch gefaßt werden: «Die Straße möge so breit sein wie die durchschnittliche Höhe der Häuser.»[27]

Paradiesfest

Ludovico Sforza bemühte sich stets, den Schein der Legitimität zu wahren. Er gestattete, daß dem Schattenherzog Gian Galeazzo von Papst Innozenz die «Goldene Rose» übergeben wurde; der Akt markierte ein Stück Anerkennung für den Sforza-Staat durch den Papst, war diese Ehrung doch hohen Fürsten vorbehalten.[28] Der «Mohr» hielt auch das schon von Gian Galeazzos Vater gegebene Versprechen, den jungen Mann mit Isabella von Aragon (1470–1524), einer

Tochter des künftigen Königs von Neapel, zu verheiraten. Das Geschäft bescherte erneut Ehre und zudem die horrende Mitgift von 100 000 Dukaten. Die Hochzeit wurde in Neapel geschlossen, wenn auch nur formal, wobei Hermes Sforza, ein Bruder Gian Galeazzos, den Bräutigam «per procuram» vertrat.

Im Januar 1489 brachten neapolitanische Galeeren die Angetraute und ihre gut 400köpfige Entourage nach Genua. Von dort ging es auf dem Landweg weiter in Richtung Mailand. In Tortona, wo prächtiger Einzug gehalten wurde, sah sich das Paar zum ersten Mal von Angesicht zu Angesicht. Bergonzio Botta (um 1454–1504), ein Mailänder Patrizier und später Generalschatzmeister der Sforza, richtete in seinem Palast ein üppiges Bankett aus. Alle Sinne wurden betört. Jeder Gang war von Inszenierungen begleitet, die die erlesenen Speisen in mythologische Zusammenhänge rückten. Unter anderem wurden in weißer Sauce gesottene Krabben und ein silbernes Kalb aufgetragen, aus dem lebende Vögel, Geschenke des Gottes Merkur, flatterten; zwei Kalbsbraten versteckten sich darin, die wiederum mit Fasanen und Rebhühnern gefüllt waren.[29] Zum Finale führte eine Schauspielertruppe allegorische Szenen auf. Deren letzte bestritt ein Silen – eine schmerbäuchige mythologische Figur aus dem Gefolge des Dionysos –, der betrunken von seinem Esel fiel; das mag auf den inzwischen erreichten Zustand der Gäste schließen lassen.

Ob Leonardo an den Vorbereitungen für das Bankett beteiligt war, ist umstritten.[30] Der Gastgeber Bergonzio Botta entstammte einer in der Gegend von Pavia begüterten Familie.[31] Als Ableitungen von Wassern des Po zu bauen waren, arbeitete Leonardo mit ihm zusammen. Er dürfte den prächtigen Palast, den Botta sich am Ende des 15. Jahrhunderts in Mailand errichten ließ – den heutigen Palazzo Pozzobonelli-Isimbardi an der Via Piatti –, oft betreten haben. In seinen Schriften hat er den mächtigen (und korrupten) Mann nur am Rand erwähnt.[32]

Isabella von Aragon reiste einem unfreundlichen Schicksal entgegen. Ihr junger Gatte hatte den Spott Ludovicos zu erdulden, weil es ihm anfangs, wie Kundschafter berichteten, nicht gelang, die geschlossene Ehe auch zu vollziehen. Sie selbst hielt sich für die «unzufriedenste und am schlechtesten verheiratete Frau der Welt.»[33] Nach außen hin aber gab man sich festlich. Eine Menschenmenge säumte die von Pavia herkommende Wasserstraße, den «Naviglio Pavese», als die Neapolitaner und die Mailänder Fürstlichkeiten auf sechs Schiffen, prächtig ausstaffierten «bucintori», Einzug hielten.[34] Vom Arsenal, der Endstation der Wasserstraße, ging es ins festlich geschmückte Kastell. Hier lud in der Sala della Torre ein luxuriöses Ehebett dazu ein, endlich die geschuldete Liebespflicht zu erfüllen. Anfang Februar wurden die Hochzeitszeremonien im Dom ein weiteres Mal begangen. Ein Meer weißer Tücher – von der Arbeit daran ist in Leonardos Aufzeichnungen die Rede[35] – bedeckte den Weg dorthin, Tapisserien säumten ihn. Darüber spannten sich aus Ginster und Pomeranzen geflochtene Girlanden. Im Viertel der Goldschmiede begrüßte eine vergoldete Kugel mit dem Schlangenwappen die Eheleute. Ein als Cupido verkleideter Knabe rezitierte heitere Reime.

Es war hohler Schein. Das Paar sah sich bald nach Pavia ins trutzige Visconti-Kastell verbannt, wo es sich von einem traurigen Hofstaat – Sklaven, Dienern und Spionen – umgeben fand. Als wollte er die heikle Situation verschleiern, entschloß sich Ludovico, ein Fest auszurichten, wie es Mailand und vielleicht Europa nie zuvor erlebt hatten: die berühmte «Festa del paradiso» am 13. Januar 1490.[36] Der «Moro» zeigte, was er vermochte. Der verschwenderische Aufwand sollte augenfällig sein und beeindrucken. Schein und Sein waren einander damals näher als zu unserer Zeit; Äußeres verwies auf Inneres, Festesglanz auf wirkliche Macht. Sie zu zeigen – und damit zugleich daran zu erinnern, daß alle Herrlichkeit ohne Gottes Segen nicht zu entfalten wäre – erscheint als eigentlicher Zweck all der Inszenierungen, prunkvollen Einzüge und pompösen Feste, die sich die Fürsten der Renaissance leisteten.

Ludovico ließ bei solchen Anlässen in einem Raum des Sforza-Kastells ganze Berge von Golddukaten auftürmen, dazu zehn goldene Medaillons, jedes 10 000 Dukaten teuer – einen Schatz, dessen Wert staunende Besucher auf 800 000 Dukaten bezifferten, nicht gerechnet die Juwelen, Ketten, silbernen Figuren, Kruzifixe und Riesenhaufen silberner Münzen.[37] Das alles verkündete nur eines: Macht! Und es sagte Botschaftern und Fürsten: Fürchtet euch, oder sucht Freundschaft mit mir! Zugleich besann sich Ludovico darauf, daß es ihm gut anstand, sich im Inneren als fürsorglicher Landesvater zu zeigen. Er förderte Reformorden und baute das Rechtssystem Mailands aus.[38] Der Florentiner Bernardo Bellincioni (1452–1492) rühmte den Sforza-Hof, er sei voller «virtuosi» und voller Musik; hier sei der heilige Berg Parnaß, jeder Gelehrte käme wie die Biene zum Honig. «Ein neuer Martial ist Pelotto», so bejubelt er den heute vergessenen Epigrammatiker und Arzt Antonio Peloto. Auch Leonardo wird gewürdigt: Aus Florenz sei ein «neuer Apelles» hergeführt worden.[39]

Für das «Paradiesfest» entwarf Bellincioni die Dramaturgie, während der Florentiner Apelles sich um die spektakuläre Technik und die Dekorationen kümmerte. Notizen Leonardos führen in die Niederungen der Werkstatt.[40] Sie zeigen den Meister als Mechaniker der Macht. Es ging um das Erstellen tragbarer Gerüste, «um Mauern zu bemalen», und um die Anfertigung von an langen Stangen befestigten Pinseln, mit denen sich hohe Wände weißeln ließen. Stoff war zu schneiden, «um einen Himmel für einen Apparat zu machen». Zudem ersann Leonardo eine kostensparende Methode, blaue Farbe anzurühren. Auch beschreibt er, wie man Schmuck «in Form von Gebäuden» herstellt: «Um diese Säule binde man vier Stangen, an die man einen Finger dicke Weidenzweige nagelt; daraufhin mache man Wacholdersträuße daran, mit den Spitzen nach unten, und das von oben bis unten. Es mögen vom einen bis zum anderen Kranz anderthalb braccio sein, und der Wacholder soll grün sein».[41] Die überflüssigen Zweige der Wacholdergebinde an der Decke seien mit der Schere zu stutzen. Da begegnet der berühmteste Maler der Welt als eine Art Florist. Tatsächlich wurde anläßlich des Paradiesfestes im großen Hof des Sforza-Kastells unter anderem eine auf sieben Säulen ruhende, mit grünenden Wacholderzweigen besteckte Portikus errichtet. Der Historiker und, wie Bellincioni ihn nennt, «Mäzen» Tristano Calco erzählt vom angenehmen Anblick des Arrangements, das weithin lieblichsten Duft verströmt habe.[42]

Dank einer reichen Historiographie läßt sich fast jeder Moment des Ereignisses rekonstruieren.[43] «Das Brautpaar», so heißt es in einer Chronik, «betrat Hand in Hand das Kastell, in dessen Hof die Mauern mit blauen Tüchern verkleidet waren.» Auf das Problem, sie einzufärben, mag sich Leonardos eben erwähnte Notiz beziehen. Vor dem

Blau hingen Festons von Efeu und Lorbeer, «auf antike Art gemacht», dazu jeweils die Insignien des Herzogs und die der Städte und Burgen des Staates, mit gemalten Kentauren als Bewachern. Der ebenfalls mit Girlanden und Wappen geschmückte Festsaal des Schlosses war zu einem Theater mit Bänken und einer großen Tribüne ausgebaut worden. An den Wänden hatte man Gemälde angebracht, die antike Historien wiedergaben und von Taten Francesco Sforzas erzählten. Die Bühne am Saalende war noch mit Atlas verhüllt, als Ludovico und sein Marionettenherzog samt Hofstaat und Botschaftern Einzug hielten. Iacopo Trotti, der Gesandte der Este, notierte jedes Detail. Ludovico sei nach spanischer Mode gekleidet gewesen, in schwarzbraunen, mit Goldbrokat auf weißem Grund gefütterten Samt. Dazu trug er eine schwarze Kappe. An der Halskette des ebenso prächtig ausstaffierten Gian Galeazzo baumelte ein «Balasso», ein Rubin oder Spinell, auf dem Barett funkelte ein Diamant, daneben schimmerte eine Perle. Seine Angetraute trug über brokatener Jacke einen Mantel aus weißer Seide, dazu reichlich Juwelen und Perlen.

Musik von Pfeifern und Posaunen erklang, man rührte die Trommeln, spielte auf zu neapolitanischen Tänzen. Nach der Mode aller möglichen Länder Kostümierte überbrachten Isabella die Komplimente der Kronen Europas. Dazwischen wurde musiziert und getanzt, und ein Jongleur unterhielt mit seinen Kunststücken. Selbst einem Gesandten des «Großen Türken», des Sultans, war ein Auftritt gewährt. Hoch zu Roß kam der Maskierte in den Festsaal geritten. Sein Herr sei es nicht gewohnt, verkündete er, Feste der Christen zu ehren. Doch als er von der Größe und dem Ruhm des Herzogs von Mailand vernommen habe, sei ihm eine Ausnahme angebracht erschienen. Ludovico stahl sich nun für einen Moment davon. Ein Raunen dürfte durch die Festgesellschaft gegangen sein, als er zurückkehrte – im Gewand eines Türken. Gegen Mitternacht nahte der Höhepunkt des Fests: Leonardos Moment. Jetzt zeigte sich, daß er sich zu Recht «ingeniarius» nannte.

Im Saal verloschen die Lichter. Unter dem Knattern von Feuerwerkskörpern fiel der Bühnenvorhang. Noch verbarg, die Spannung steigernd, eine weitere Stoffbahn die Bühne. Nachdem ein «nach Art eines Engels» kostümierter Knabe, wohl ein Cupido, das Kommende verkündet hatte, fiel auch sie: Dem faszinierten Publikum öffnete sich der Blick ins Paradies. Der «große Geist und die Kunst des Meisters Leonardo Vinci» hatten eine riesige, innen vergoldete Kugelhälfte – gleich einem halben Ei – konstruieren lassen. Unzählige Kerzen vermittelten den Eindruck flimmernder Sterne. In Nischen thronten die von Schauspielern verkörperten Sonne, Mond und die damals bekannten fünf Planeten, «gemäß ihrem Rang» und «in der Gestalt und den Gewändern, wie sie von den Dichtern beschrieben sind».[44] Am Rand der Halbkugel waren die zwölf Tierkreiszeichen angebracht, von Lichtern hinter Glas illuminiert. Aus den Kulissen erklangen «viele Gesänge und süße, liebliche Klänge», während die von Schauspielern verkörperten Planeten ihre Nischen verließen, um der Herzogin Elogen darzubringen.

Jupiter gebot schließlich Ruhe. Er dankte dem «höchsten Gott» – eine Konzession humanistischer Antikenbegeisterung an den christlichen Glauben –, daß er ihm gestattet habe, eine dermaßen schöne, anmutige, wohlgestalte und tugendhafte Frau wie Isabella zu erschaffen.[45] Da beklagte sich eifersüchtig Apoll, daß der Kollege ein schöneres Geschöpf als ihn kreiert habe. Jupiter entgegnete, eben dies habe er sich vorbehalten. «Und so stieg er mit allen anderen Planeten vom Paradies herab», erzählt Trotti. «Er begab sich auf den Gipfel eines Berges, und nach und nach ließen sich besagte Planeten dort nieder und setzten sich zu ihm. Als sie nun alle saßen, sandte [Jupiter] Merkur zu besagter Madonna [Isabella] und ließ ihr kundtun, wie er auf die Erde herabgestiegen sei, um sie zu erhöhen und zu rühmen und ihr die Drei Grazien zu schenken.» Apoll wurde dazu ausersehen, die Schönen ihrer neuen Gebieterin zuzuführen. Die Sieben Tugenden kamen hinzu und geleiteten sie unter Lobgesängen in ihre Gemächer. Trotti schließt: «So wurde das Fest beendet. Es war so schön und gut eingerichtet, wie es sich nur denken läßt auf Erden.»

Wilde Männer, schöne Frauen

Trottis Gebieter, Ferraras Herzog Ercole d'Este (1431–1505), hatte guten Grund, sich genauestens über die mailändischen Festlichkeiten orientieren zu lassen. Denn im folgenden Jahr sollte seine eigene

Tochter Beatrice (1475–1497) die Ehe mit Ludovico Sforza schließen – nach langer Verlobungszeit, war die Heirat doch bereits 1480 vereinbart worden. Zugleich sollte der vierzehnjährige Alfonso d'Este, Beatrices Bruder, Galeazzo Marias Tochter Anna heiraten.[46] Die Doppelhochzeit wurde mit großem Aufwand begangen, mit Bällen und Banketten, Schauspiel und Turnieren. Der Tag der Vermählung, der 18. Januar 1491, war nach Berechnungen des Hofastrologen Ambrogio Varesi da Rosate festgelegt worden. Wieder hatte Leonardo zu tun. Ein Schlaglicht auf sein Engagement fällt durch eine Notiz vom 26. Januar 1491, die einen Besuch im Haus des Grafen von Caiazzo, Galeazzo Sanseverino (1458–1525), erwähnt.[47] Galeazzo zählte zu den «großen Severini», einer Familie, die damals Mailands Militär kontrollierte.[48] 1489 hatte er Bianca Sforza, eine Bastard-Tochter Ludovicos, geehelicht. Der Graf galt als einer der besten Turnierkämpfer seiner Zeit. Castiglione bemerkt im «Cortegiano», wie gut und anmutig er «alle Körperübungen» absolviere.[49] Leonardo berichtet, er sei dort gewesen, um das Fest für ein Turnier einzurichten, das Galeazzo ausrichtete. Einige Lakaien hätten sich entkleidet, um ihre Maskeraden als «Wilde Männer» anzuprobieren.

«Wilde Männer» wie die, deren Verkleidung Leonardo für das karnevaleske Turnier entworfen hatte, waren in Legenden, Reiseberichten und selbst auf Wappen des Mittelalters und der Renaissance häufig anzutreffen: zottelige, starke Riesen, die, mit Keulen oder ausgerissenen Bäumen bewehrt, in der Tiefe der Wälder oder in fernen Regionen ihr Unwesen treiben sollten. Auf ihre exotische Herkunft dürfte auch die Maskerade des Gastgebers angespielt haben. Sanseverino präsentierte sich als «Sohn des Königs der Inder», während eine Truppe wilder Männer aufgaloppierte, gewiß in Kostümen nach Entwürfen des «Couturiers» Leonardo. Ob das Design von Galeazzos Goldhelm, der mit Widderhörnern versehen und mit einer sich windenden Schlange geschmückt war, ebenfalls von ihm stammte?

Isabella von Aragon war inzwischen, am 30. Januar 1491, von einem Knaben entbunden worden. Ihrem Gatten Gian Galeazzo war es also doch gelungen, mit ihr zu schlafen. Das Kind wurde auf den Namen Francesco getauft – ein Signal an den Usurpator Ludovico: Der Name

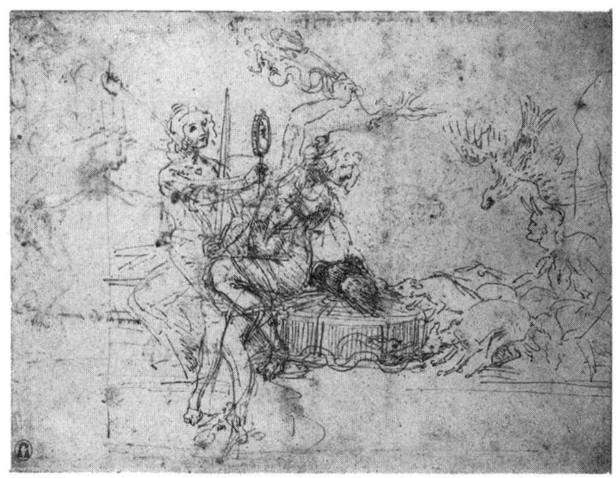

Abb. 18: Leonardo da Vinci, Allegorie (Ludovico Sforza als Beschützer Gian Galeazzo Sforzas?), um 1491, Feder und Tinte, 20,5 × 28,5 cm, Oxford, Christ Church Picture Gallery.

war eine Hommage an Francesco Sforza und damit ein Hinweis auf die Tradition der legitimen Erbfolge. Der Umstand, daß nun nicht mehr nur der bald volljährige Gian Galeazzo als Nachfolger bereitstand, sondern auch ein «duchetto», das Herzoglein Francesco, machte das Leben der Eheleute jedoch nicht einfacher. Und Ludovico mußte handeln, wollte er nicht die Macht und womöglich den Kopf verlieren. Vorerst beließ er es dabei, dem Paar die Apanage auf 200 Dukaten im Monat zu kürzen. Die Summe entsprach zwar dem etwa hundertfachen Verdienst eines Malers und dem 24fachen Lohn für einen Kammerdiener.[50] Für einen Herzog aber waren 200 Dukaten nur ein Almosen.

Wie Hohn auf die ungemütliche Situation Gian Galeazzos wirkt eine von Leonardo gezeichnete Allegorie. Sie zeigt Frauen, die «Gerechtigkeit» und «Klugheit» darstellen (Abb. 18). Letztere und eine Schar Schlangen schützen einen auf seinem Käfig sitzenden Hahn vor dem Angriff einer Fuchsmeute, die von einem gehörnten Teufel, wohl Sinnbild des Bösen, angetrieben wird. Prudentia, die Klugheit, schwingt eine weitere Schlange und einen Handfeger über dem Kopf; die Reptilien waren ebenso wie der Besen Embleme der Sforza. Ludovico, so läßt sich das Bilderrätsel auflösen, bewahrt den Hahn, den «galletto» – den jungen Galeazzo –, vor seinen Feinden. Daß er dabei durch den Luftangriff eines Adlers, Wappentier der Este, unterstützt wird, legt nahe, die Skizze in den Zusammenhang der Eheallianz Mailands und Ferraras zu rükken und sie auf die Zeit um 1491 zu datieren.

Der frischvermählte Ludovico hatte indes nicht einmal die Hochzeitsnacht mit Beatrice d'Este verbracht. Sein Herz gehörte einer Mailänderin vornehmer Abkunft, der schönen und gebildeten Cecilia Gallerani (1473–1536).[51] Botschafter Trotti hatte noch unmittelbar vor der Hochzeit nach Ferrara berichtet, Ludovico verbringe viel Zeit mit dieser Geliebten. «Er hält sie im Kastell und hat sie überall, wohin er geht, bei sich; er liebt sie sehr. Sie ist schwanger und schön wie eine Blume.» Nach der Hochzeit mit Beatrice wußte Trotti mitzuteilen, die Angetraute verweigere sich dem Mohren. Der habe ihm höchstselbst ins Ohr geflüstert, daß er nun eben ins «Castello» gehen und «jenes Werk» mit Cecilia verrichten werde. Beatrice wolle es nicht anders. Die Betrogene tröstete sich mit einem Einkaufsbummel, den sie an einem regnerischen Apriltag gemeinsam mit Isabella von Aragon tätigte; für hochgestellte Damen war ein solcher Spaziergang sehr ungewöhnlich. Ludovico berichtete Beatrices Schwester Isabella d'Este denn auch ausführlich darüber – und über die «triumphalen und herrlichen Feste», von denen eines das andere jagte.[52] Beatrice gelang es zwar, ihren Gatten dazu zu bringen, die Gallerani vom Hof zu entfernen. Doch kroch Ludovico nun nicht etwa reumütig ins Ehebett, sondern nahm sich mit Lucrezia Crivelli eine neue Mätresse. Gleichwohl sollte Beatrice ihrem Gatten zwei Kinder gebären: Ercole, den der Vater 1493 zu Ehren seines neuen Verbündeten und Schwagers König Maximilian in «Massimiliano» umbenennen ließ, und Francesco, der den gleichen Namen erhielt wie Gian Galeazzos Erstgeborener. Schon 1497 aber starb Beatrice bei der Totgeburt eines dritten Kindes (S. 166 f.).

Der Ruhm Cecilia Galleranis überstrahlt den ihrer unglücklichen Konkurrentin bis heute. Der Grund dafür ist ein Porträt, die in Krakau zu bewundernde «Dame mit dem Hermelin» (Tafel 14). Daß es von

Leonardos eigener Hand stammt, ist nahezu unstrittig. Als Bildträger diente das von ihm besonders geschätzte Walnußholz,[53] und wie andere seiner Bilder weist es «Fingerwischer» auf. Vor allem aber handelt es sich um ein nahezu vollkommenes Meisterwerk. Allein die Rechte der Frau wirkt wie die Hand der «Felsgrotten-Madonna» etwas zu groß. Den Mund umspielt die Andeutung eines Lächelns. Ungewöhnlich ist die Position der Porträtierten. Ähnlich wie Ginevra Benci wird sie – vor ursprünglich blauem Hintergrund – in dynamischer Körperhaltung präsentiert, nicht im langweiligen Profil oder «en face». Nie solle ein Porträt das Gesicht in derselben Richtung gewendet zeigen wie die Brust, legte Leonardo denn auch angehenden Malern nahe.[54]

Was die Entschlüsselung des Porträts erschwert, ist, daß Leonardo noch in Mailand eine weitere Schöne gemalt hat, die heute im Louvre befindliche «Belle Ferronière» (Tafel 15).[55] Das Holz der Tafel wurde anscheinend aus demselben Stamm geschnitten wie das der «Dame mit dem Hermelin». Datierungen der beiden Bilder müssen sich auf unsichere stilistische Erwägungen stützen. Wann und von wem die «Ferronière» ihren Beinamen erhielt, der sich auf ihr metallenes Stirnband beziehen soll, ist unbekannt. Für ähnlichen Schmuck gebräuchlich wurde das Wort kaum vor dem 19. Jahrhundert. Aber wen stellen die Bildnisse dar?

Zwei Gedichte nehmen auf Porträts Cecilias und ihrer Nachfolgerin in Ludovicos Lotterbett Bezug. Das erste ist Bellincionis «Sonett über das Porträt der ‹Madona Cicilia›, das Meister Leonardo gemacht hat». Es muß vor 1492, Bellincionis Todesjahr, entstanden sein. Thema ist ein Gespräch zwischen dem Dichter und der Natur, die Leonardo beneide und ihm zürne. Der habe Cecilia so trefflich porträtiert, daß die Sonne gegenüber ihren schönen Augen als dunkler Schatten erscheine. Auch zeige er sie, als lausche sie und rede nicht – also mit einer damals bei Frauen als selten geltenden Tugend. Und er überliefere Cecilias Schönheit für alle Zeiten, der Natur, ihrer Schöpferin, zum Ruhm.[56] Auch das auf Lucrezia Crivelli bezogene Gedicht, dessen Autor unbekannt ist, spielt mit dem Topos der Konkurrenz zwischen Kunst und Natur.[57] «Es hätte Vinci, wie er das übrige gewährte, ihr auch die Seele gegeben/doch wollte sie's nicht, auf daß [das Bild] ihr ähnlicher sei. So ist sie eine andere:/Der liebende Mohr besitzt ihre Seele./Der Name derjenigen, die du betrachtest, ist Lucrezia./Mit freigebiger Hand schenkten die Götter ihr alles./Ihr ist seltene Schönheit gegeben; Leonardo malte sie, es liebte sie/der Mohr – der eine der erste der Maler, der andere erster der Fürsten.»

Soweit die Stimmen der Hofdichter. Sie beweisen nur, daß Leonardo sowohl Cecilia Gallerani als auch Lucrezia Crivelli gemalt hat, aber nicht, welches Porträt wen zeigt, und auch nicht, ob die erhaltenen Bilder überhaupt mit den beiden Frauen in Verbindung zu bringen sind. Auffällig ist, daß keiner der Poeten auf das putzige Hermelin Bezug nimmt. Versuche, dessen Bedeutung zu ermitteln, sind Legion. Unumstritten symbolisierte das Tier Reinheit. Leonardo selbst kannte die alte Legende: Eine seiner Notizen teilt mit, das Hermelin wolle eher sterben, als daß es sich beschmutze. Ähnlich lautete das Motto des von Neapels König Ferrante gegründeten Hermelinordens.[58] So mag das Attribut einfach die Tugend der Dargestellten andeuten. Der Maler rückte ins Bild, was Dichter routinemäßig hervorhoben, wenn es galt, eine Frau zu rühmen. Ähnliches signalisierte das Hermelin noch auf einem viel späteren (und viel schlechteren) Gemälde, nämlich dem William Segar zugeschriebenen «Hermelin-Porträt» der «Virgin Queen», der jungfräulichen Elizabeth I. von England.

Ein konkreter Bezug zu Ludovico Sforza ergibt sich daraus, daß Ferrante, der Großvater Isabellas von Aragon, Ludovico 1488 in seinen Hermelinorden aufgenommen hatte.[59] Der um Anerkennung im Konzert der Fürsten ringende «Moro» dürfte über diese Ehre hocherfreut gewesen sein. Allerdings hätte die Idee, den schwarzhaarigen Weiberhelden in Gestalt eines schneeweißen, keuschen Schoßtieres von der Kurtisane Cecilia kraulen zu lassen, einen Gipfel an Ironie dargestellt. Leonardo wäre ein solch aparter Spaß durchaus zuzutrauen, ebenso wie Bellincioni. Ludovicos Hofdichter nennt seinen Herrn den «italico Morel, bianco ermellino», den «italischen Mohren, das weiße Hermelin».

Die Gegenmeinung, daß sich in der geheimnisvollen «Dame mit dem Hermelin» Ludovicos Gattin Beatrice d'Este verbirgt, hätte den Vorteil, daß das Pelztier mit seiner Tugendbotschaft in deren Armen den plausibleren Ort hätte. Tatsächlich ähnelte Beatrice der Schönen, wie der Vergleich mit ihrem Porträt auf der «Pala Sforzesca» zeigt. Noch komplizierter wird die Sache dadurch, daß die «Belle Ferronière» den gleichen Frauentyp repräsentiert. So wurde auch das Pariser Konterfei als Porträt Beatrices gedeutet. Sogar eine etwas gealterte Hermelin-Dame wollte man aus der «Ferronière» machen.[60] In diesem Fall wäre Lucrezia Crivellis Bildnis, von dem der Dichter schwärmt, verschollen, und wir hätten Cecilia Gallerani oder eben Beatrice d'Este gleich doppelt.

Was bleibt, ist ein auf den ersten Blick reichlich obskures Argument. Zoologisch ist ein Hermelin nichts anderes als ein Wiesel, auf Griechisch «galä», mit weißem Pelz. Damit spielte das Tier auf Cecilias Nachnamen Gallerani an. Vor dem Hintergrund der Wortspiele, die Leonardo zu Hunderten erfand, ist diese Konjektur nicht ganz so abwegig, wie es scheinen könnte (S. 151, 156).[61] Das ernüchternde Fazit aber lautet: Es gibt keine Quellen, die zwingend eine bestimmte Identifikation begründeten, auch wenn Cecilia und Lucrezia am ehesten Leonardo Modell gesessen haben dürften.

Die weiteren Schicksale der Geliebten Ludovicos sind rasch erzählt. Lucrezia Crivelli schenkte ihrem Liebhaber im März 1497, zwei Monate nach dem Tod von dessen Gattin Beatrice, einen Sohn, Giovanni Paolo. Er sollte als Condottiere Kriegsruhm erwerben. Kurz darauf heiratete Ludovico seine Lucrezia in aller Heimlichkeit. Zwei Töchter, Bona und Isabella, verkuppelte er an Söhne seiner Ex-Mätresse Cecilia Gallerani. Die Netze zwischen dem Blaubart und seinen Liebschaften blieben also eng geknüpft. Ob eine fein ausgeführte Zeichnung auf Pergament Bianca Sforza, eine weitere illegitime Tochter Ludovicos, zeigt, ist umstritten, mehr noch, ob sie von Leonardo stammt.[62]

Von der späteren Lebensgeschichte Cecilia Galleranis ist nicht viel bekannt. Der Bastard, den Ludovico mit ihr gezeugt hatte, war im Mai 1491 entbunden worden. Er erhielt den stolzen Namen Cesare. Mit dem Lehen Saronno und dem Palazzo Carmagnola in Mailand wurde er fürstlich ausgestattet, während Sforza dafür sorgte, daß seine Mutter den Grafen Lodovico Bergamini heiratete. Sie widmete sich fortan literarischen Interessen in ihrem Palast, einst Besitz des Condottiere Carmagnola. Hier versammelte die «Heroine» (Matteo Bandello) einen kleinen Musenhof – Musiker, Maler, Architekten und Gelehrte. Leonardos Kunst rühmte Cecilia noch nach Jahren. Sie glaube nicht, daß es einen gebe, der ihm gleichkomme.[63] Vielleicht dauerte sogar der persönliche Kontakt an. Auf einem Blatt des Codex Atlanticus finden sich rätselhafte Worte: «Herrliche Cecilia, meine geliebteste Göttin, nachdem ich deine lieblichsten … gelesen habe (…)». Ob die so überschwenglich Angesprochene die Gallerani war, ist freilich ungewiß.

Cecilia wird noch lange Jahre in Mailand verbringen – nach kurzem Exil in Ferrara während der französischen Besetzung ihrer Stadt – und dort 1536 das Zeitliche segnen. Von Leonardos Porträt geben die Quellen erst viel später Nachricht. Der polnische Staatsmann Fürst Adam Jerzy Czartoryski erwarb die «Dame mit dem Hermelin» 1798 während eines Italienaufenthaltes.[64] So gelangte das Bild nach Krakau. Heute ist es Polens berühmtester Kunstbesitz.

«Nie war Schöneres auf Erden»: Ein Pferd für den Ruhm der Sforza

1493 hatte Ludovico bei seinem Bemühen um den kostbaren Stoff «Legitimität» einen weiteren Coup gelandet. Es war ihm gelungen, für seine Nichte Bianca Maria – nachdem sich ein Heiratsprojekt mit dem ungarischen König Matthias Corvinus durch dessen Tod erledigt hatte – die Hand Maximilians von Habsburg zu gewinnen. Die Liaison mit dem deutschen König und künftigen Kaiser kostete ihn 370 000 Gulden, davon 70 000 in Juwelen und anderen Preziosen.[65] Für die nach heutigen Begriffen absurd hohe Summe kaufte Ludovico nicht nur blaues Blut, das die Sforza mit einer der ältesten Dynastien Europas verband, sondern auch die Aussicht auf Belehnung mit der Herzogswürde. Man schätzt, daß sich der Sforza die prestigeträchtige Allianz in den folgenden Jahren eine Million Gulden kosten ließ. Der Abfluß dieser Gelder sollte nicht unwesentlich zur Zerrüttung der mailändischen Staatsfinanzen beitragen. Militärischen Nutzen erbrachte die Verbindung mit dem notorisch geldklammen Habsburger nicht. Eine Flugschrift zeigte damals einen sich emporschwingenden Reichsadler, der nicht einmal eine Mücke zu fangen versteht.[66]

Auch Bianca Maria war ein hilfloses Unterpfand politischer Schachzüge. Schon bei der Vermählung und Krönung im Mailänder Dom am 30. November 1493 ließ sich ihr Angetrauter durch Markgraf Christoph von Baden vertreten. Onkel Ludovico feierte das Ereignis gleichwohl mit Pomp. Die Braut, von einer Robe aus karmesinrotem Goldbrokat umhüllt, thronte auf einem mit Gold belegten, von vier Schimmeln gezogenen Wagen. Man durchfuhr Triumphbögen und bewunderte Tapisserien, die den Weg säumten. Beim Gastmahl im Sforza-Kastell ließen sich die üppigen Geschenke bestaunen, mit denen Ludovico die königliche Nichte ausgestattet hatte: Preziosen, goldenes und silbernes Geschirr, teure Gewänder, Tapisserien, Reitzeug.

Leonardo dürfte alle Hände voll zu tun gehabt haben. Daneben arbeitete er mit Hochdruck an dem schon erwähnten Denkmal für Ludovicos Vater Francesco Sforza.[67] Staunend stand die Festgesellschaft vor einem bis in Details ausgearbeiteten Tonmodell. Über sieben Meter war es hoch, eines Königs oder eines Gottes würdig.[68] Ein Reiterstandbild dieser Größe gab es bisher nirgendwo. Sforzas Hofpoet Baldassare Taccone (1461–1521) überhäufte dessen Schöpfer mit Lob. «Sieh, im Hof läßt er aus Erz/dem Vater zum Gedenken ein groß' Riesenbildnis machen./Ich glaube fest und ohne Fehl,/daß Griechenland und Rom nie Größ'res sahen./Schau nur, wie schön dies Pferd ist!/Um es zu machen, hat Leonardo Vinci allein sich gemüht/– ein Bildhauer, guter Maler, guter Geometer;/so seltenes Genie erlangt man nur vom Himmel./Und wenn man's früher nicht begann,/obwohl Herrn [Ludovicos] Wille stets bereit:/noch war ein Leonardo nicht gefunden –/er, der er's jetzt so schön geformt,/daß jeder, der es sieht, bewundernd steht./Und zieht man den Vergleich/zu Phidias, Myron, Skopas und Praxiteles,/so wird man sagen: Nie war Schöneres auf Erden.»[69]

Die lange Geschichte des Zauberpferdes hatte zwei Jahrzehnte zuvor begonnen.[70] 1473 hatte Galeazzo Maria Sforza seinen Architekten Bartolomeo Gadio gebeten, nach Meistern zu suchen, die einen solchen Auftrag auszuführen in der Lage seien – in Mailand zuerst, dann in Rom, Florenz und anderen Städten. Nach dem gewaltsamen Ende Galeazzo Marias hatte sich Ludovico der Sache angenommen. Erste Skizzen für das Monument waren von Antonio del Pollaiuolo geliefert worden. Doch war es Leonardo, der im Sommer 1489 das Projekt anvertraut erhielt. Der Florentiner Gesandte in Mailand, Pietro Alemanni, schrieb damals an Lorenzo den Prächtigen, Ludovico wolle seinem Vater ein angemessenes «Grabmal» errichten. «Er hat schon angeordnet, daß Leonardo da Vinci ein Modell davon anfertigt: nämlich ein sehr großes Bronzepferd und auf ihm den Herzog Francesco in Rüstung. Und weil Seine Exzellenz etwas von allerhöchster Qualität gemacht zu haben wünscht, hat er mich beauftragt, Euch zu schreiben, er begehre, daß Ihr ihm einen oder zwei Meister schickt, die für ein solches Werk tauglich sind. Und obwohl er mit diesem Projekt Leonardo da Vinci beauftragt hat, so scheint es mir nicht, daß er viel Vertrauen darauf hat, jener verstehe es auszuführen.»[71] Ludovico hegte anscheinend den Verdacht, daß Leonardos Selbstanpreisungen dessen tatsächlichen Fertigkeiten nicht immer entsprachen. Allerdings wußte auch der Medici keinen Fachmann zu benennen. So wurde das Gesamtprojekt doch Leonardo übertragen. Er hatte einen im Umkreis der Sforza einflußreichen Florentiner Freund, den Humanisten Piattino Piatti, mobilisiert. Dessen Elogen auf «Florentinus Leonardus, Vincia proles» hatten wohl das Ihre dazu beigetragen, Vinci den Auftrag zu verschaffen.[72]

Wenn in Alemannis Brief von einer «sepoltura», einem Grabmal, die Rede ist, deutet das darauf hin, daß dem Gesandten Reiterstandbilder nahezu ausschließlich als Grabdenkmäler oder Kenotaphen vor Augen standen. Dazu zählten etwa der «Gattamelata» Donatellos in Padua, die Scaliger-Gräber in Verona oder in Mailand Bonino da Campiones Monument für Bernabò Visconti. Letzteres erhob sich ursprünglich in San Giovanni in Conca.

Leonardos Reiterstandbild sollte die Magnifizenz der Sforza vorführen und an deren Anfänge erinnern. Den Dynastiegründer hoch zu Roß und lebensgroß in «ewiges Erz» zu bannen, erschien als anspruchsvollste Ehrung, die sich denken ließ. Pferde waren Statussymbole, Reiterdenkmäler hochgestellten oder hochverdienten Personen vorbehalten. Antonio del Pollaiuolo empfahl denn auch einem seiner Auftraggeber, dem Condottiere Gentil Virginio Orsini, sich ein solches errichten zu lassen: «Es wird dich ewig machen.»[73]

Leonardo da Vinci, Gehölz, 1500–1510, rote Kreide, 19,1 × 15,3 cm, Windsor Castle, Royal Library.

Tafel 1

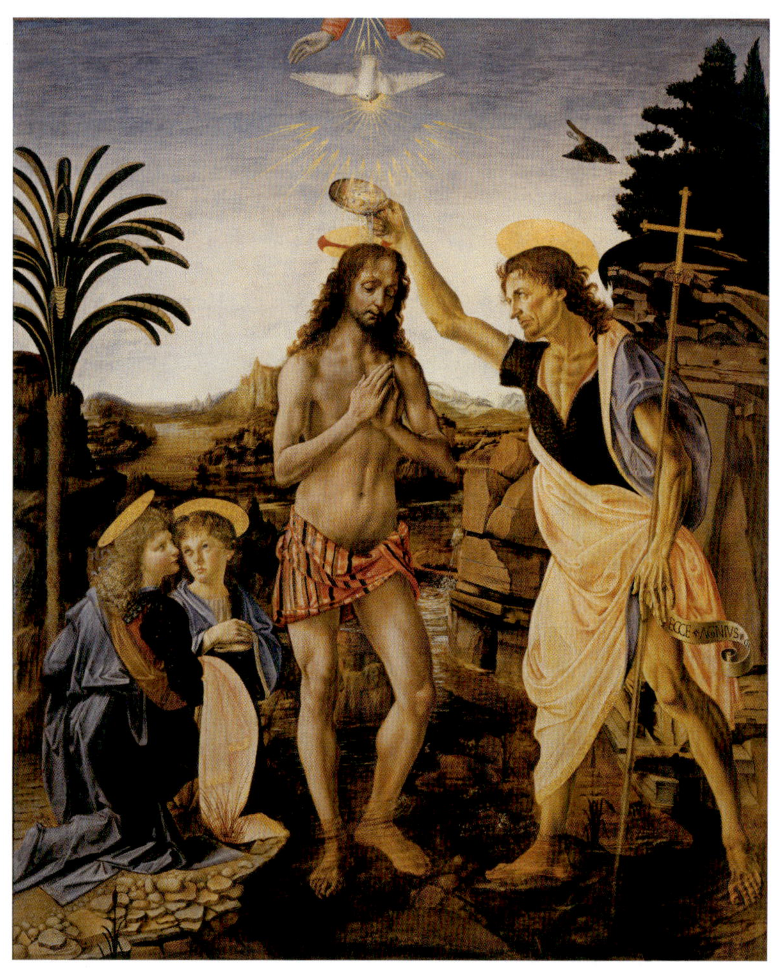

Andrea del Verrocchio/Leonardo da Vinci, Taufe Christi, um 1470/75,
Öl und Tempera auf Pappelholz, 180 × 152 cm, Florenz, Uffizien.

Tafel 2

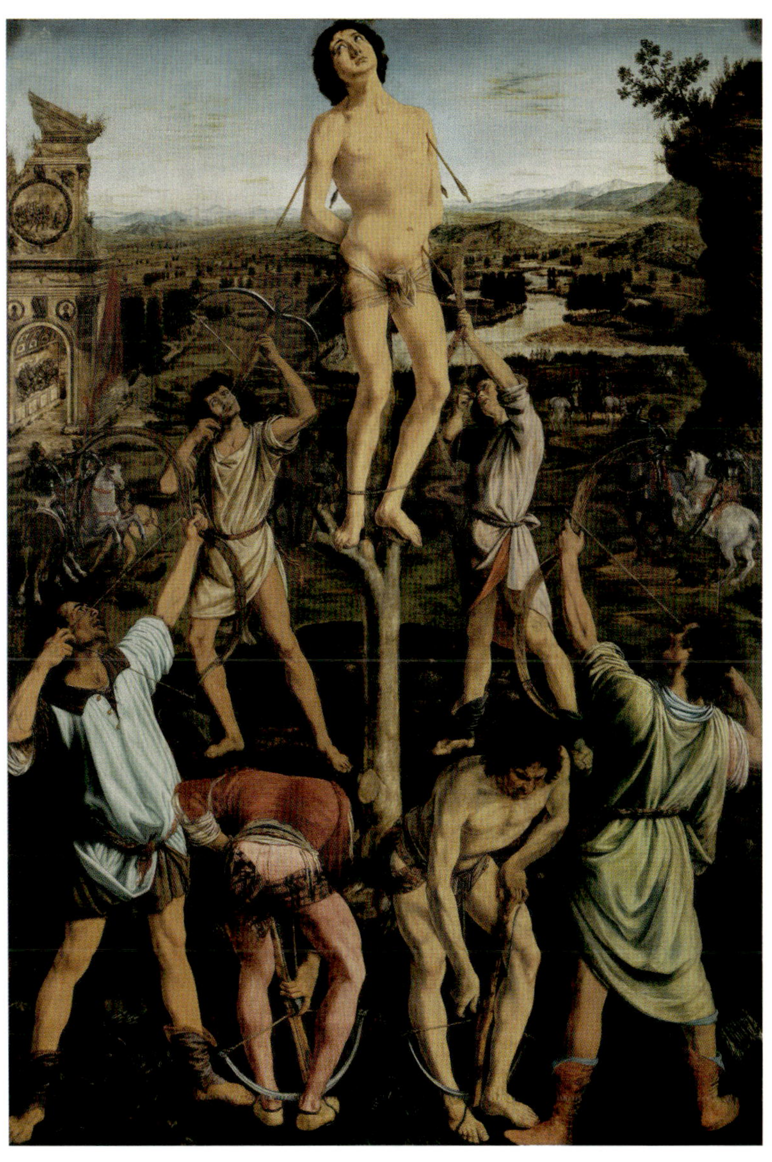

Antonio del Pollaiuolo/Piero del Pollaiuolo, Martyrium des heiligen Sebastian, vollendet 1475, Öl auf Holz, 291,5 × 202,6 cm, London, National Gallery.

Tafel 3

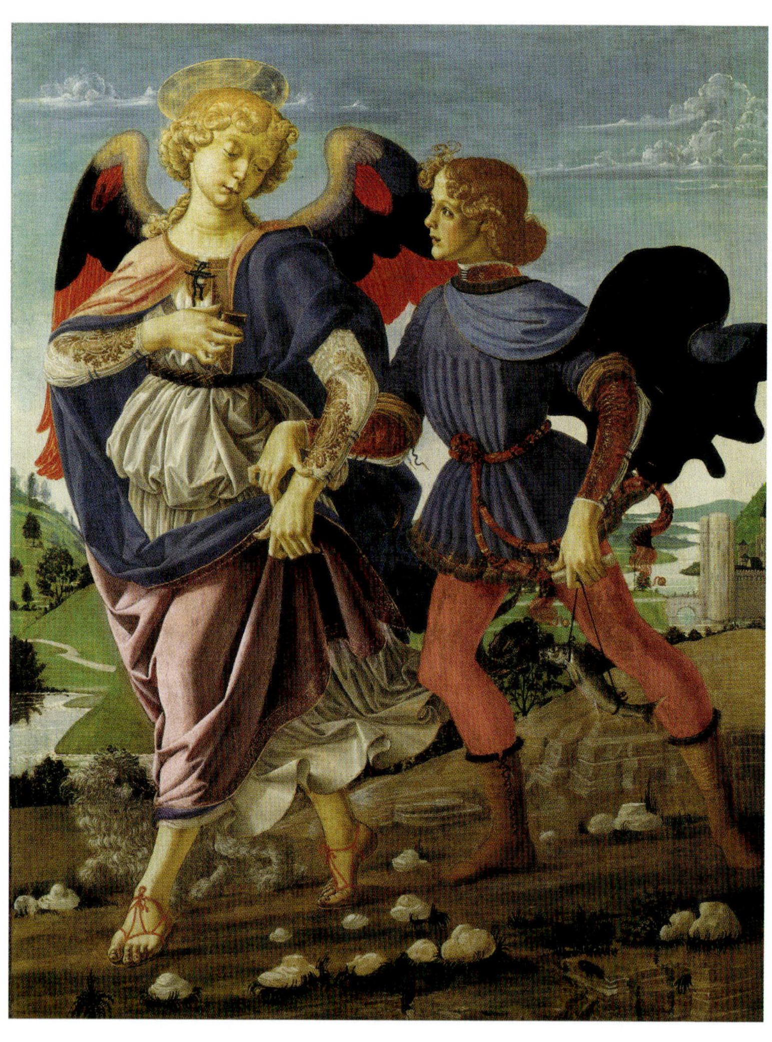

Andrea del Verrocchio/Leonardo da Vinci, Tobias und der Engel, um 1470/75,
Tempera auf Pappelholz, 83,6 × 66 cm, London, National Gallery.

Tafel 4

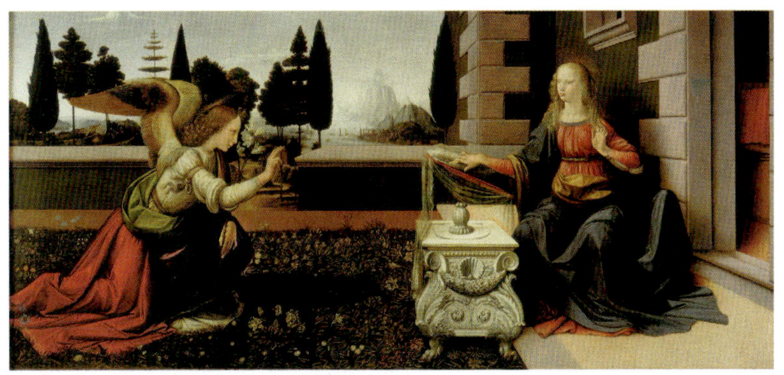

*Leonardo da Vinci, Verkündigung, 1472–1475 (?), Öl und Tempera
auf Pappelholz, 100 × 221,5 cm, Florenz, Uffizien.*

Tafel 5

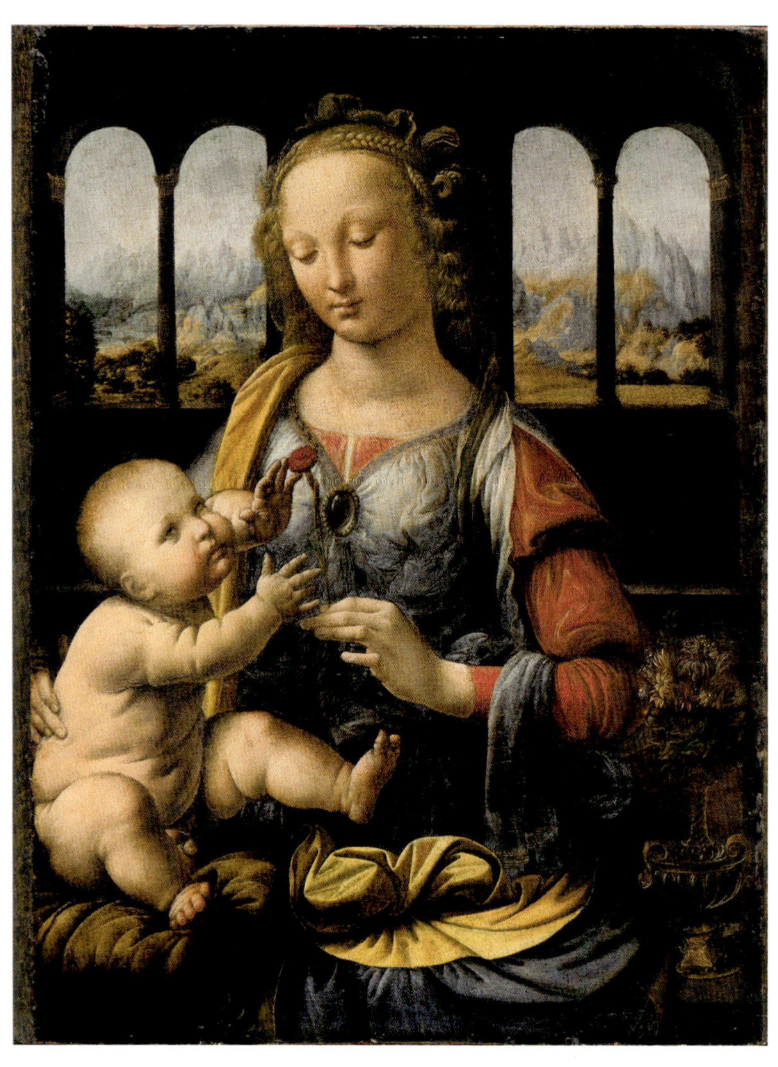

Leonardo da Vinci, Madonna mit der Nelke, um 1475, Öl und Tempera auf Pappelholz, 62 × 48,5 cm, München, Alte Pinakothek.

Tafel 6

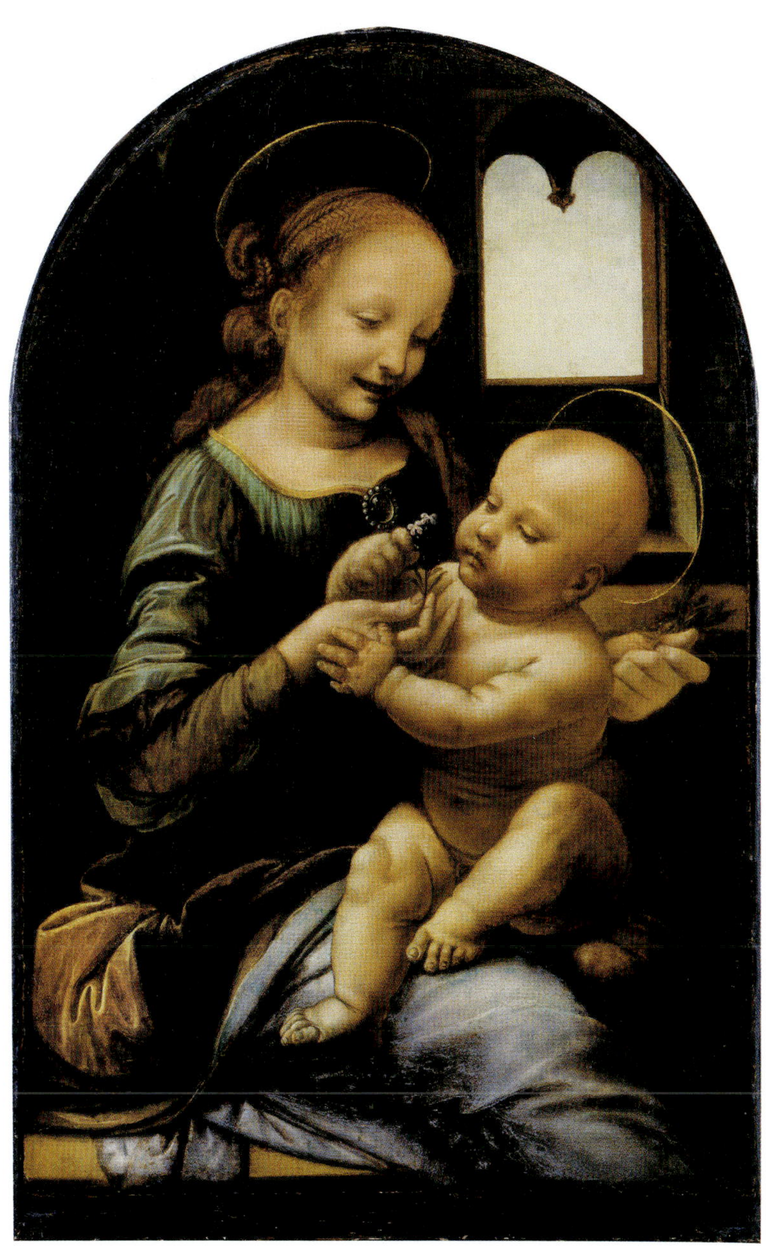

Leonardo da Vinci, Madonna Benois, um 1478/80, Öl auf Leinwand (von Holz übertragen), 49,5 × 33 cm, St. Petersburg, Ermitage.

Tafel 7

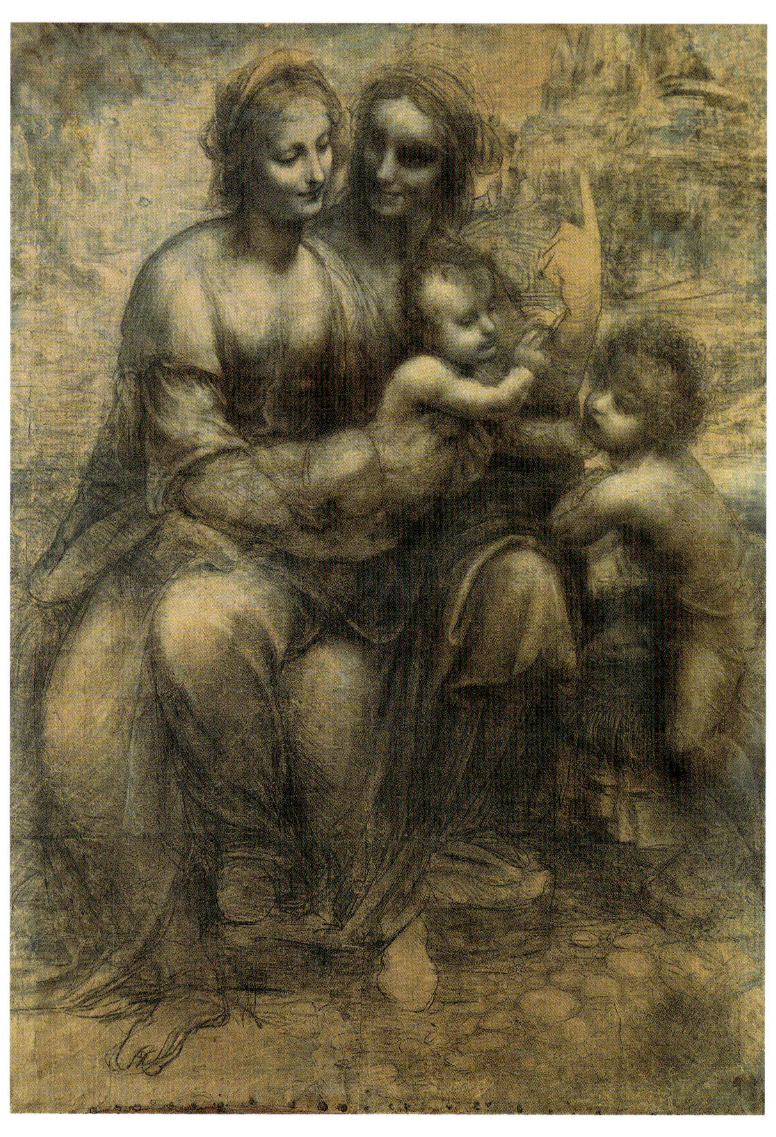

*Leonardo da Vinci, Maria mit Kind, Anna und Johannes (Burlington House Cartoon),
um 1500 (?), Kohle und weiße Kreide auf Papier, auf Leinwand aufgezogen,
141,5 × 104,6 cm, London, National Gallery.*

Tafel 8

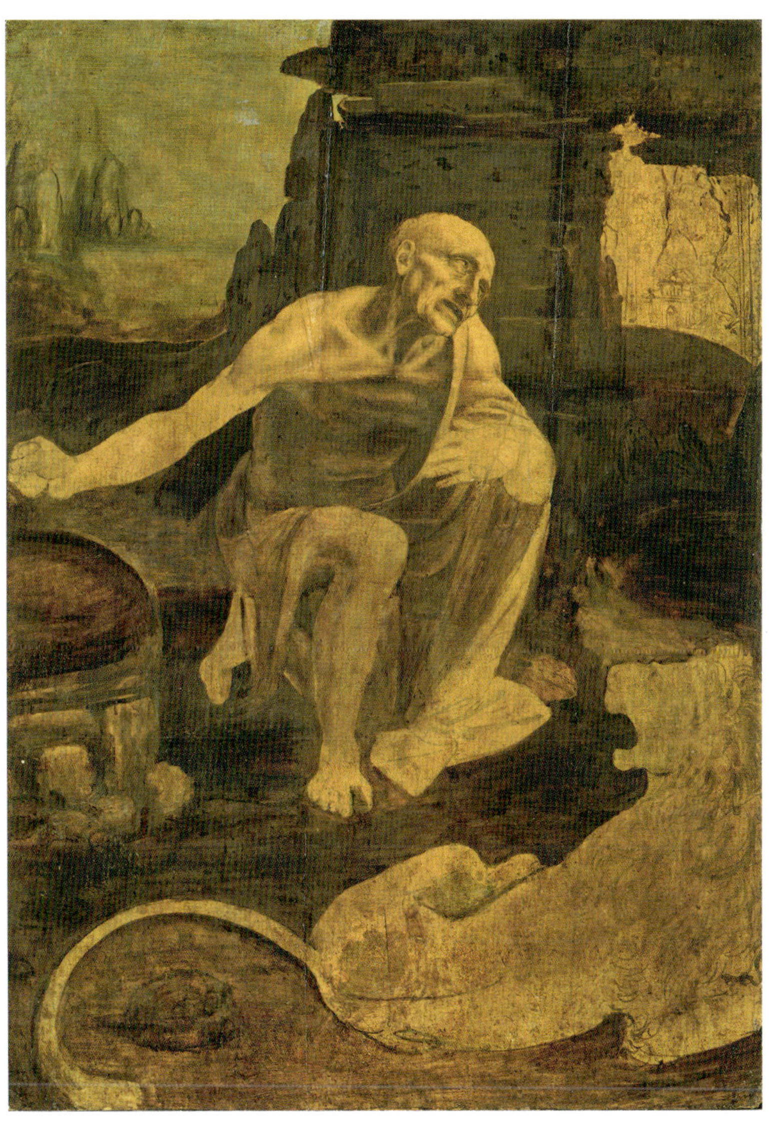

Leonardo da Vinci, Heiliger Hieronymus, um 1480/82, Öl und Tempera auf Nußbaumholz, 103 × 75 cm, Rom, Vatikanische Museen.

Tafel 9

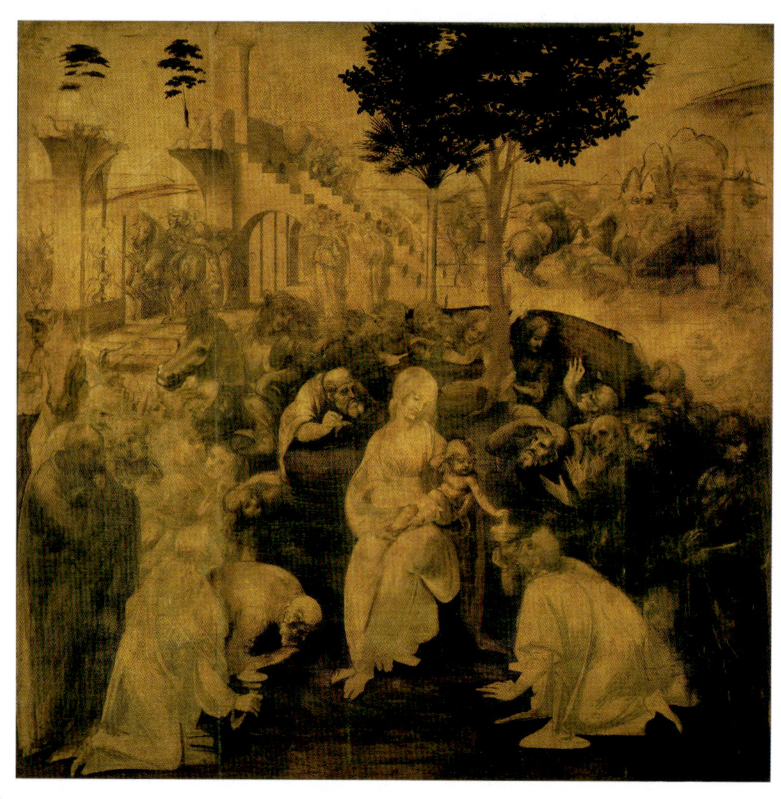

Leonardo da Vinci, Anbetung der Magier, 1480–1482, Öl und Tempera auf Holz, 243 × 246 cm, Florenz, Uffizien.

Tafel 10

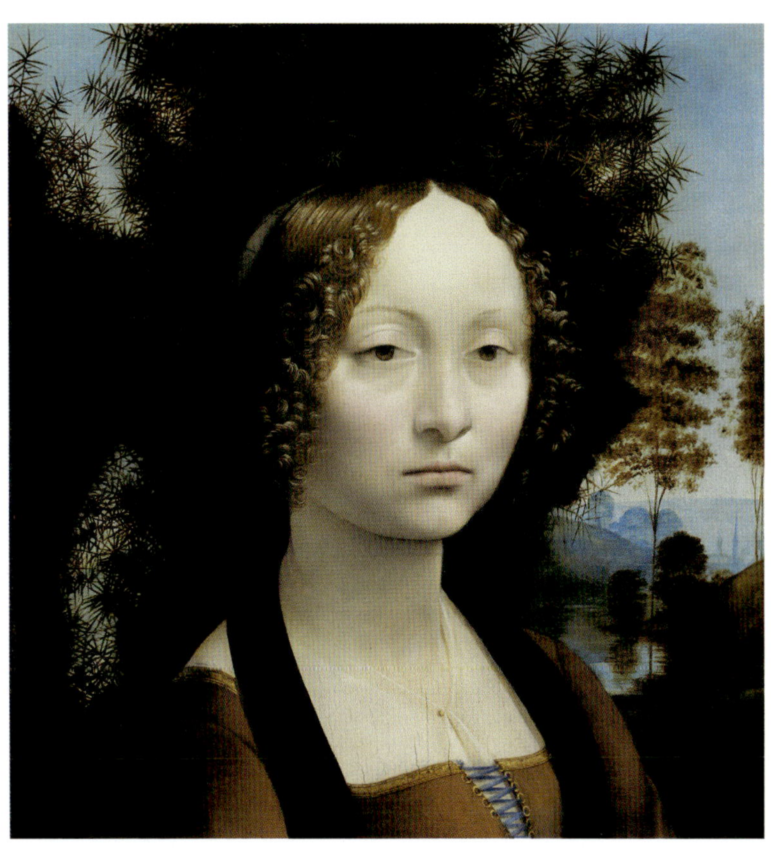

Leonardo da Vinci, Ginevra de' Benci, um 1474–1478, Öl und Tempera auf Pappelholz, 38,1 × 37 cm, Washington, National Gallery.

Tafel 11

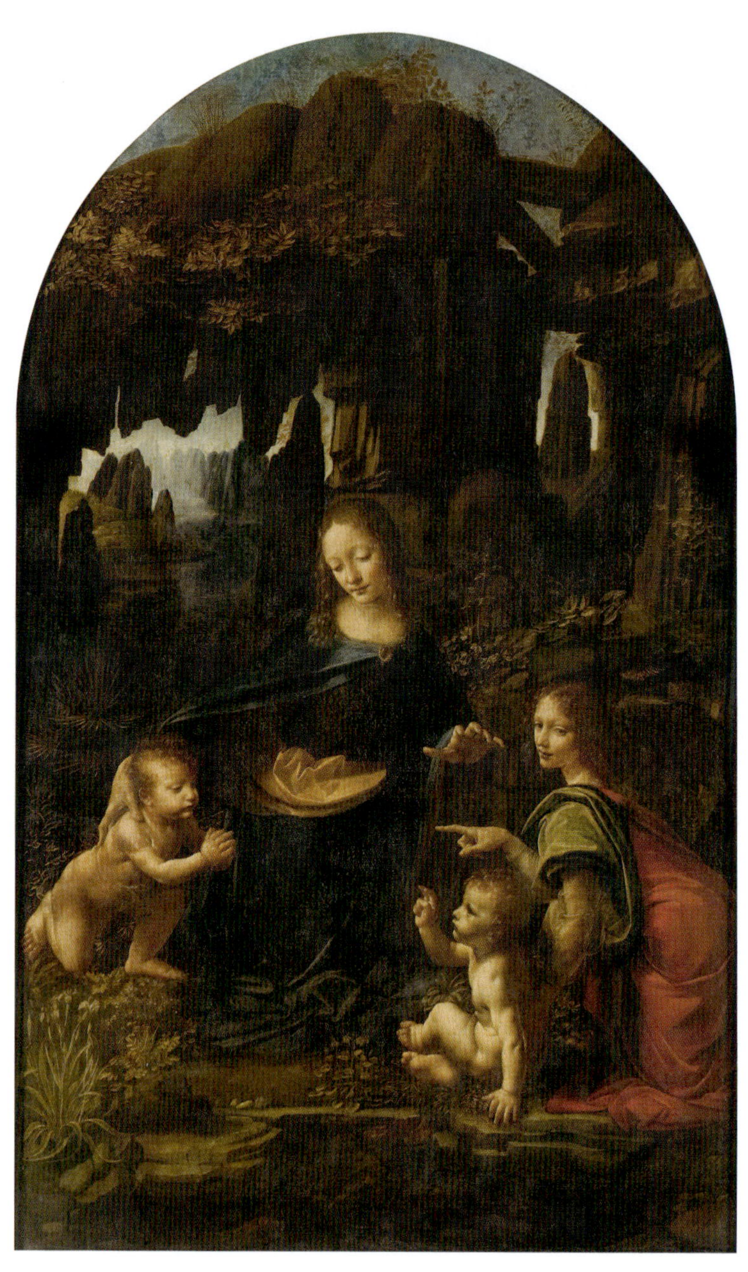

Leonardo da Vinci, Madonna in der Felsengrotte, 1483–1485 (?), Öl auf Holz, auf Leinwand übertragen, 197,3 × 120 cm, Paris, Musée du Louvre.

Tafel 12

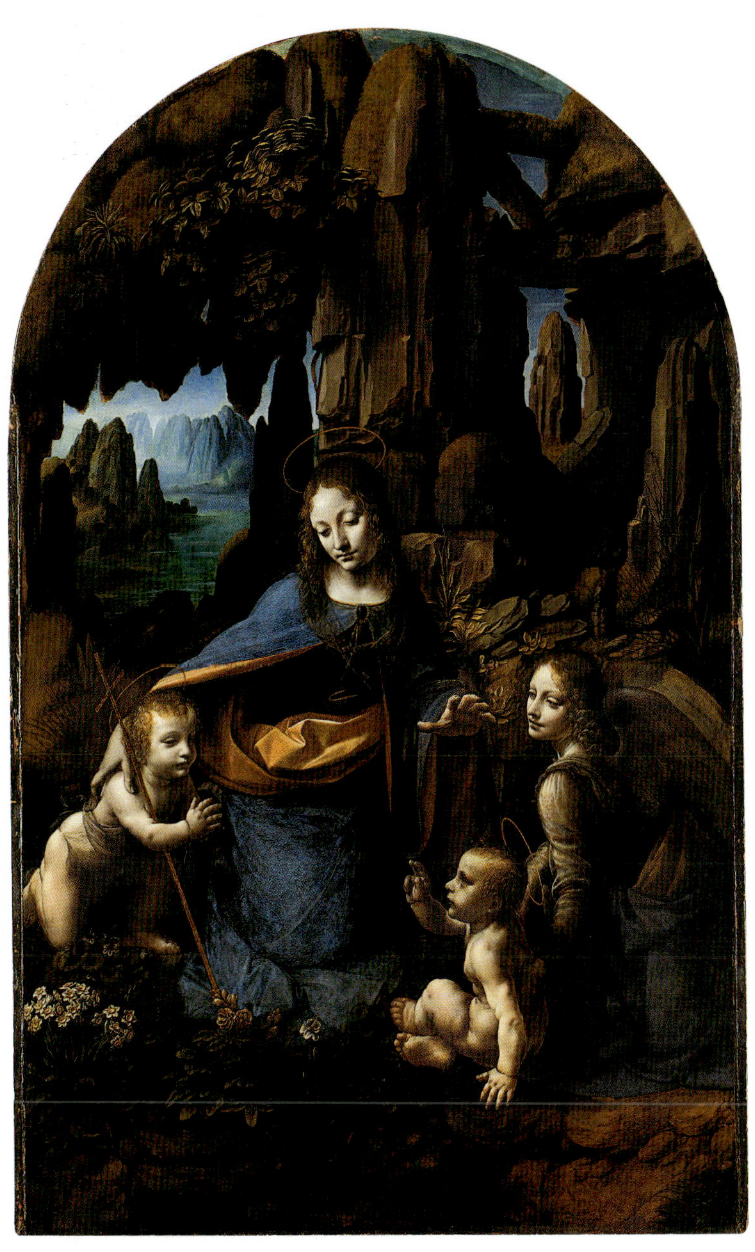

Ambrogio de Predis/Leonardo da Vinci, Madonna in der Felsengrotte, 1500–1509 (?),
Öl auf Pappelholz, 189,5 × 120 cm, London, National Gallery.

Tafel 13

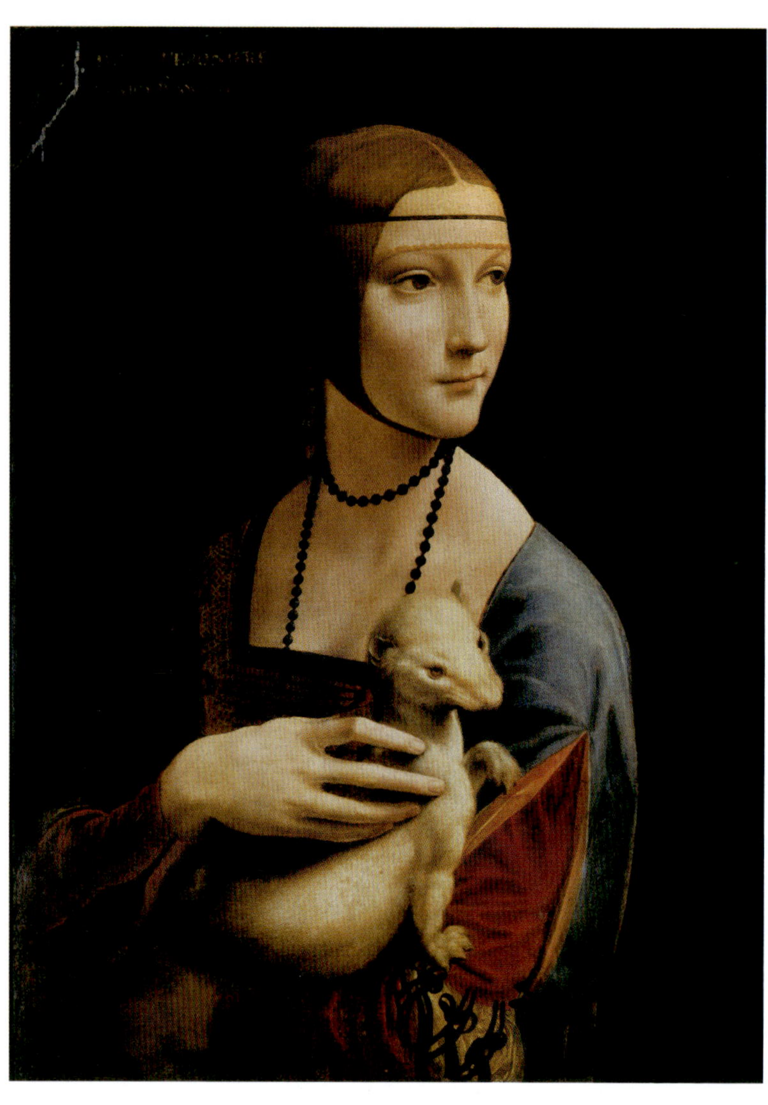

Leonardo da Vinci, Die Dame mit dem Hermelin (Cecilia Gallerani?), um 1490 (?),
Öl auf Nußbaumholz, 55 × 40,5 cm, Krakau, Muzeum Narodowe.

Tafel 14

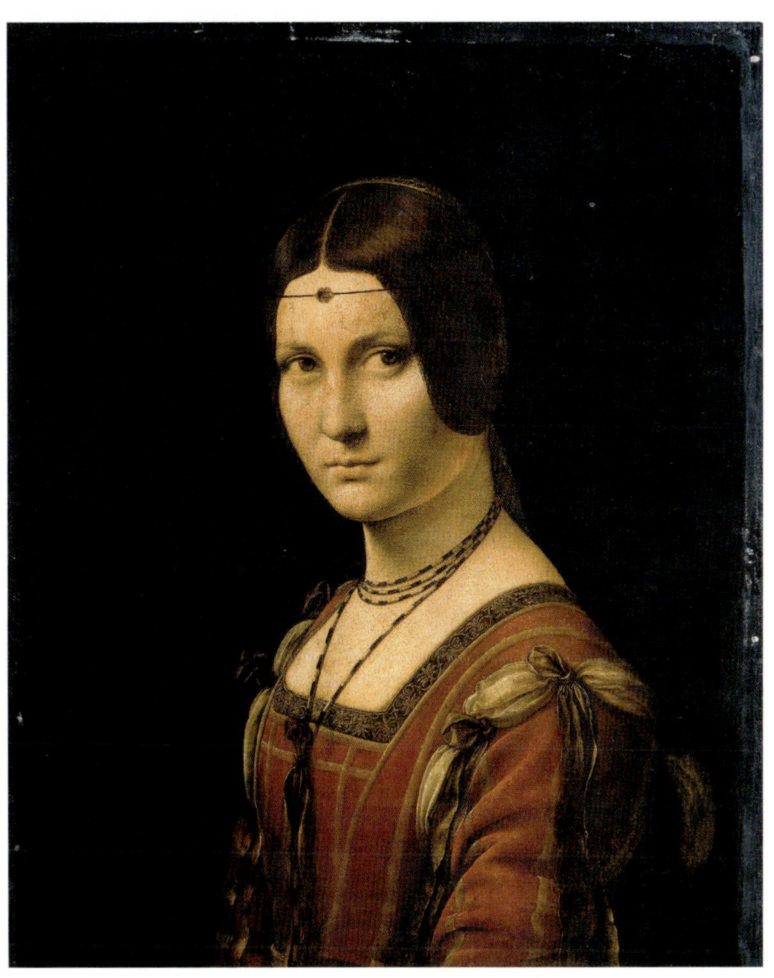

*Leonardo da Vinci, Porträt einer Unbekannten («La Belle Ferronière»; Lucrezia Crivelli ?),
um 1495 (?), Öl auf Nußbaumholz, 63 × 45 cm, Paris, Musée du Louvre.*

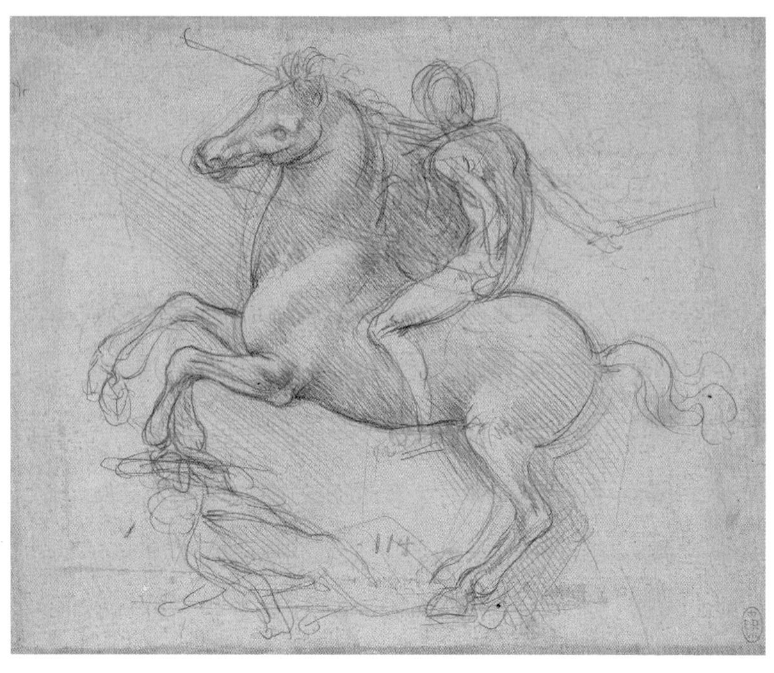

Leonardo da Vinci, Studie für ein Reiterdenkmal, um 1485/90, Metallstift auf blauem Papier, 15,2 × 18,8 cm, Windsor Castle, Royal Library.

Der Guß einer Skulptur in der geplanten Dimension war technisch äußerst anspruchsvoll. Einen Eindruck davon vermittelt ein weitverbreitetes Buch, das allerdings erst zwei Jahrzehnte nach Leonardos Tod im Druck erschien: die «Pirotechnica» des Sienesen Vannoccio Biringuccio. Wie Cenninis «Malerbuch» ist das Werk eine Schatzkammer voller Handwerkertricks. Zunächst bedurfte es eines Gußkerns aus Ton, der um ein eisernes Stützgerüst modelliert wurde. Manche Gießer, so verrät Biringuccio, näßten ihn mit Salzwasser und kneteten Rostsplitter oder feingemahlene Eisenspäne hinein. Auch getrockneter Kot von Pferden, Maultieren oder Eseln fände Verwendung.[74] Der Kern wurde mit einer Wachsschicht bedeckt, in die der Künstler die Oberfläche der gewünschten Figur schnitt. Darüber wurde der mit Gußröhren und Entlüftungskanälen versehene Mantel gebreitet, aus zunächst feingeschlämmtem, dann gröberem Ton. Nach Ausschmelzen des Wachses konnte gebrannt werden. Sehr schwierig war es, die benötigte Metallmenge genau zu bestimmen. Hauptbestandteil der Legierungen war mit bis zu 90 Prozent Kupfer, dazu kamen zwischen 10 und 25 Prozent Zinn und manchmal Messing, Zink, Antimon, Nickel, Arsen, Blei und Silber.[75] All das war nun auf über tausend Grad zu erhitzen. Je nach Größe der Figur brauchte der Gießer dafür zehn, zwanzig oder mehr Stunden. Dann war rasch zu arbeiten: Die Bronze mußte in die Gußröhren geschüttet werden. Nach ihrer Abkühlung folgte der dramatische Moment, wenn der Tonmantel abgeschlagen wurde und sich erwies, ob der Guß nach Wunsch verlaufen war. Den Abschluß machten Goldschmiede, die nun die rauhen Oberflächen ziselierten, polierten und sie, wie im Fall von Verrocchios «Colleoni», vergoldeten.

Bronzeguß war sehr kostspielig. Man brauchte außer dem Metall – im Fall des Sforza-Pferdes über vierzehn Tonnen – riesige Öfen, große, von Wasserrädern bewegte Blasebälge und gewaltige Mengen Holz. Über 1200 Bäume hätten für Francescos Reiterdenkmal gefällt werden müssen.[76] Auch eine Dammgrube, in die die Form zum Guß gesenkt wurde, war auszuheben. Über das nötige Know-how verfügte in Italien kaum eine Handvoll Spezialisten. Wer es besaß, hatte allen Anlaß, sich dessen zu rühmen. Es verwundert nicht, daß Leonardo in seinem

«Bewerbungsschreiben» vor allem seine Fähigkeiten als «Ingenieur» hervorhebt. Noch Benvenuto Cellini bildete sich auf den Guß seines «Perseus» weit mehr ein als auf alle seine Kunst im modernen Sinn.

Leonardo suchte den Rat von Experten, etwa des Architekten Giuliano da Sangallo (um 1445–1516).[77] Skizzen und Notizen, aber auch penibel ausgeführte Zeichnungen zeigen ihn als Techniker ebenso wie als entwerfenden Künstler. Pferde hatten ihn schon immer beschäftigt. Sie tummeln sich auf der «Anbetung der Heiligen Drei Könige» und auf zahlreichen Zeichnungen – weidend, ruhig schreitend, galoppierend, sich aufbäumend. Eine Skizze auf blau grundiertem Papier variiert Antonio del Pollaiuolos Idee, einen stürmisch den Feind überwindenden Reiter zu zeigen (Tafel 16). Vermutlich wegen der Schwierigkeit, ein sich aufbäumendes Riesenroß zu gießen, entschloß sich Leonardo zu einer Planänderung und kehrte zur klassischen Form des ruhig einhertrabenden Pferdes zurück. Ein Vorbild bot der «Regisole», ein spätantikes Reiterstandbild, das sich bis zu seiner Zerstörung 1796 vor der Kathedrale von Pavia erhob (Abb. 19). «An jenem [Pferd] von Pavia lobt man mehr als alles andere die Bewegung. Die Nachahmung der alten Sachen ist lobenswerter als jene der modernen», notierte Leonardo angesichts des Monuments und fügte hinzu: «Der Trott ist gleichsam die Natur des freien Pferdes.»[78] Er kam also zu dem Schluß, daß die jetzt gewählte «langweiligere» Lösung natürlicher war und Idealen der Alten eher entsprach als das barocke Konzept eines sprengenden Gauls, obwohl es auch für eine solche Lösung antike Muster gab. Der «Sonnenkönig» von Pavia lieferte ästhetische Argumente für eine Entscheidung, die eher eine Kapitulation vor technischen Problemen war.

Für den Guß war offenbar ein Verfahren vorgesehen, wie es bei der Herstellung von Kanonen angewandt zu werden pflegte. Das Modell sollte mit feiner Asche überstäubt werden, damit der Gußmantel nicht mit dem Modell verklebte. Dieser Mantel, die «cappa» oder «femmina», die «Frau», wäre nach dem Trocknen abgenommen und, in Teile zerlegt, gebrannt worden. Am Ende hätte man die Stücke um einen Kern, den «Mann» – «masschio» – montiert. Um den Druck des nun eingegossenen Metalls abzufangen, hätte es kräftiger Eisenarma-

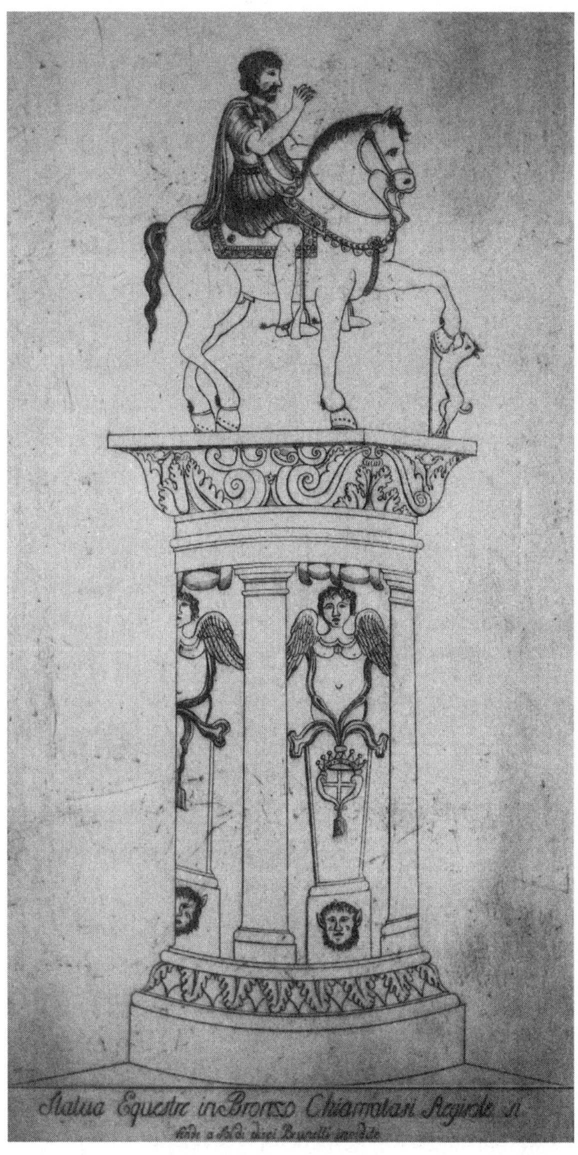

Abb. 19: V. Brunelli, «Regisole», 1816, Feder, Aquarell, 31 × 16,5 cm, Pavia, Musei Civici.

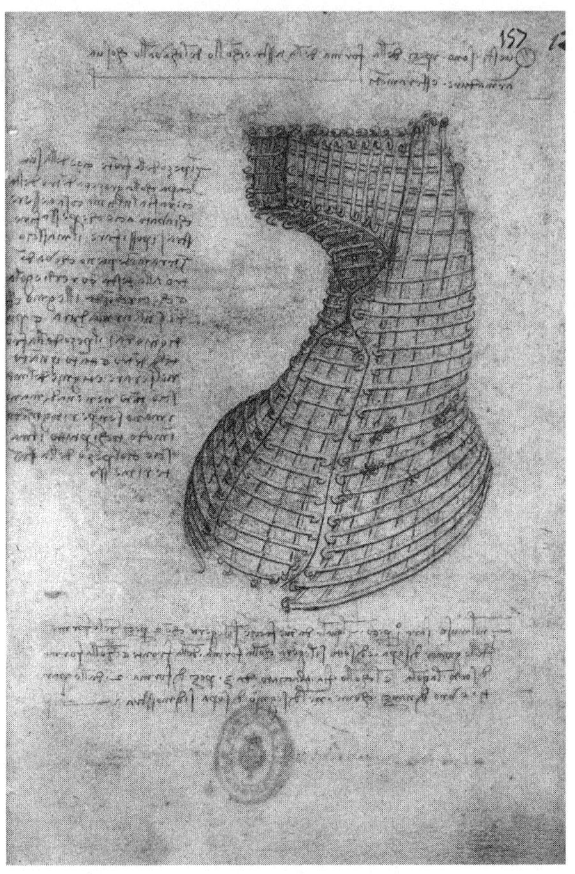

Abb. 20: Leonardo da Vinci, Gußform für das Monument Francesco Sforzas, um 1491–1493, Rötel, 21 × 29 cm (gesamtes Blatt), Madrid, Biblioteca Nacional.

turen bedurft. Leonardo fertigte detaillierte technische Zeichnungen dazu (Abb. 20). Gegenüber der herkömmlichen Methode entwickelte er ein Verfahren, das einen einzigen Guß vorsah, wodurch sich unschöne Nähte vermeiden ließen. Anhand eines Duplikats aus Wachs oder Ton sollte die Bronzeskulptur überarbeitet werden, bis Vollendung erreicht war.

In vergoldeter Bronze ausgeführt, wäre das Sforza-Monument ein Weltwunder geworden, das bei weitem eindrucksvollste Reiterstandbild der Renaissance. Ein dichtender Mailänder Maler, vielleicht Ambrogio de Predis, rief angesichts des Tonmodells seinem «herzlieben, anmutigen Partner Vinci» zu: «Die Siegesgöttin siegt und du, Sieger Vinci, siegst» – «Victoria vince et vinci tu, victore Vinci».[79] Er wurde Lügen gestraft. Die technischen Probleme wären vielleicht lösbar gewesen. Äußere Umstände sollten aber verhindern, daß es zur Probe aufs Exempel kam (S. 163, 184).

3. Höfling

Der toskanische Ikarus

Seine Werkstatt unterhielt «Maestro Leonardo, fiorentino in Milano»,[1] in der Corte Vecchia, dem «Alten Hof», der im 18. Jahrhundert dem Palazzo Reale weichen mußte. Ihn meinte Taccone, als er schrieb, das Sforza-Pferd werde «im Hof», «in corte», gefertigt. Zur Zeit der Kommune war die weitläufige Anlage mit ihren zwei Innenhöfen als «Palazzo del Broletto» Sitz der Stadtregierung gewesen. Später diente sie den Herren Mailands: zunächst den Torriani, dann den Visconti, schließlich Francesco Sforza. Vom Dach des Gebäudes aus könnte dessen nachmals berühmtester Bewohner um 1492/93 Flugversuche gestartet haben. Er wollte anscheinend, daß sie unbeobachtet blieben, denn er bemerkte: «Wenn du auf dem Dach an der Seite des Turmes stehst, werden dich die, die auf dem ‹tiburio› [arbeiten], nicht sehen.»[2] Dafür, daß Leonardo sich tatsächlich Flügel umgeschnallt hat und unbeschadet in den weitläufigen Hof der Corte Vecchia schwebte, gibt es allerdings ebensowenig Belege wie für die Wahrheit der Erzählung von Probeflügen am Monte Ceceri. Der Pavese Gerolamo Cardano (1501–1576), einer der geistigen Erben Leonardos, schrieb über dessen Traum vom Fliegen, Vinci habe es versucht, aber vergebens. Begütigend fügte er hinzu: «Er war ein hervorragender Maler».[3]

Leonardos Vorhaben, ein Flugzeug zu bauen, steht in einer bis in die Antike zurückreichenden Tradition. Roger Bacon (1214/20–1292)

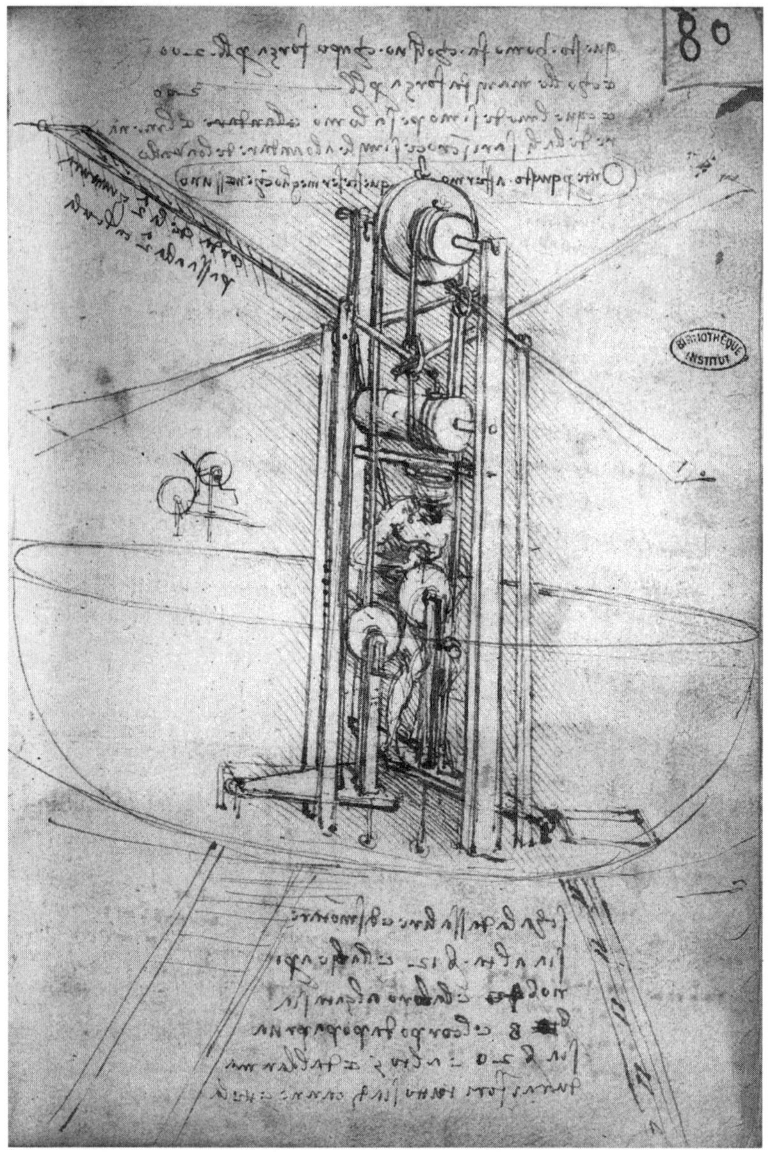

Abb. 21: *Leonardo da Vinci, Flugapparat, 1487/90, Feder und Tinte, 23,2 × 16,5 cm,
Paris, Bibliothèque de l'Institut de France.*

hatte die Vision eines Fluggeräts, in dem ein Mann einen Mechanismus bewegte, der «kunstvoll konstruierte Flügel die Luft schlagen lasse, nach Art eines fliegenden Vogels».[4] Ein Zeitgenosse Leonardos, der Mathematiker Giovanni Battista Danti, soll Gleitflüge über den Trasimener See erfolgreich absolviert haben. Bei einer Vorführung 1497 in Perugia indes riß ein Flügel seines Geräts ab. Danti stürzte auf ein Kirchendach und brach sich beide Beine.[5]

Erste Ideen zum Fliegen hatte Leonardo noch in Florenz gefaßt.[6] In den späten achtziger Jahren entstanden Konstruktionszeichnungen seines «Ornithopters». Wie einen Vogel wollte er den Piloten aufflattern lassen. In einer Variante sollte der Pilot in ein Gestänge geschnallt werden und mit Armen und Beinen die Schwingen seines Apparats auf- und niederschlagen. Gesteuert worden wäre das Gerät durch Kopfbewegungen. Eine weitere Skizze ließ den Aeronauten in einer Halbkugel stehen (Abb. 21). Mit Pedalen und einer Handkurbel hatte er vier riesige Flügel zu bewegen. Komplizierte Mechanismen sollten die Kraftumsetzung bewerkstelligen. Der «Schneckenflügler» schließlich sollte sich wie eine Schraube in die Luft bohren. So nahm dieser «Helix pteron» das Prinzip des Helikopters vorweg (Abb. 22).[7]

Zum Fliegen taugte keine dieser Maschinen: Sie waren zu schwer. Viele der erforderlichen Werkstücke hätten aus Holz, einige aus Metall gearbeitet werden müssen. Muskelkraft hätte nie und nimmer ausgereicht, sie abheben zu lassen – eine Einsicht, die mit der Zeit auch in ihrem Konstrukteur reifte. Einer seiner Apparate ermöglichte immerhin Gleitflüge. Ein nachgebautes Exemplar bestand 2003 den Praxistest, den die damalige Weltmeisterin im Drachenfliegen, Judy Leden, durchführte. Auch ein Fallschirm aus vier in Form einer Pyramide zusammengenähten Stoffdreiecken – der einen mittelalterlichen Vorläufer hatte – tat, was er sollte. Ein Absprung aus 3000 Metern Höhe, den der Brite Adrian Nicholas im Jahr 2000 damit wagte, zeigte, daß die Erfindung ein sanftes Niedergleiten ermöglichte. Zur Sicherheit benutzte Nicholas für die letzte Phase einen herkömmlichen Fallschirm. Denn das von Leonardo entworfene elf Meter lange und 85 Kilogramm schwere Gerät war weder zusammenklappbar noch elastisch. So hätte dem Testpiloten gedroht, am Ende von ihm erschlagen zu werden.[8]

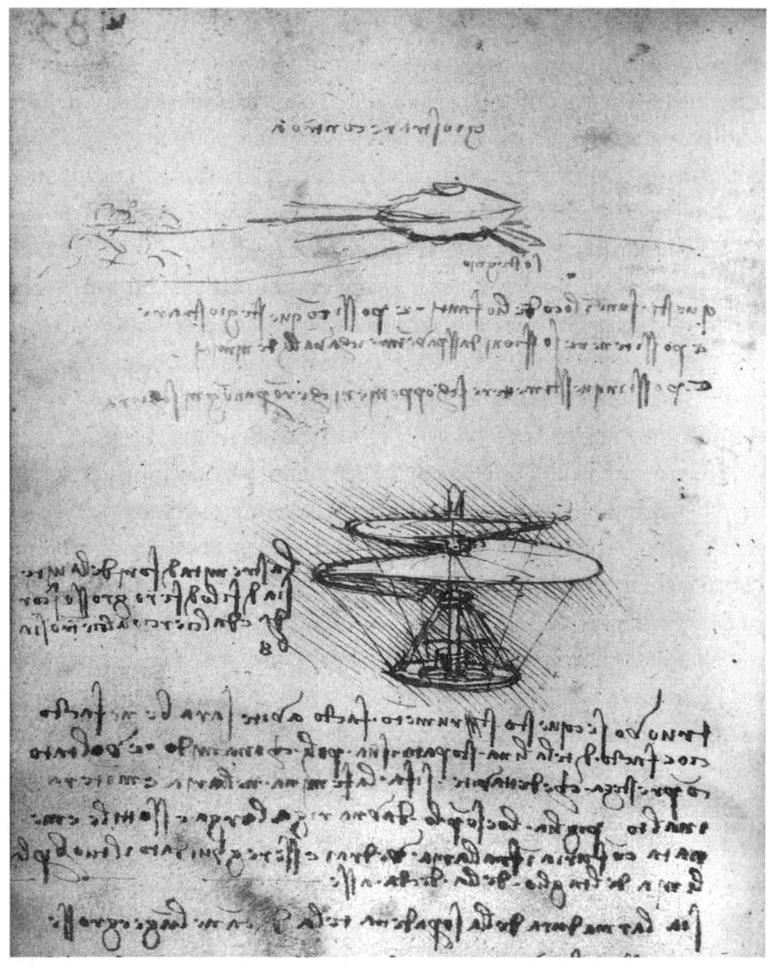

Abb. 22: Leonardo da Vinci, «Schneckenflügler», 1487/90, Feder und Tinte, 32,2 × 16,5 cm (gesamtes Blatt), Paris, Bibliothèque de l'Institut de France.

Daß Leonardo um die Gefahren wußte, die bei einer harten Landung drohten, belegen akkurate Entwürfe für Stoßdämpfer, die sich im Codex Madrid finden. Leonardo war übrigens nicht der erste, der die Idee hatte, einen Fallschirm zu basteln. Eine Zeichnung des 15. Jahrhunderts zeigt eine sehr ähnliche Konstruktion.[9]

Über die Entwicklung einer Flugmaschine hat Leonardo bis in seine letzten Lebensjahre nachgedacht. Er kam zu dem Schluß, daß am ehesten Vögel und Fledermäuse lehrten, wie sich erdenschwere Menschen in die Lüfte erheben lassen. Damit – und mit Vergleichen der Stromlinienform von Fischen mit den Umrissen von Schiffen – wurde er zu einem Vordenker der Bionik.[10]

Bedeutendstes Resultat seiner Beobachtungen waren die um 1505 begonnenen Notizen zum Vogelflug.[11] Sie setzten sich mit dem Luftwiderstand und der Kraft des Auftriebs auseinander, beschrieben das Gleiten, Kreisen und Schwirren der Vögel und zeigten, wie diese mit den Schwanzfedern steuern und Luftwirbel unter ihren Flügeln sie in Balance halten.

Die Bauweise der Schwingen von Leonardos Maschinen war Fledermausflügeln abgesehen. Er stellte sich die Aufgabe, eine Fledermaus zu sezieren, und hielt in seinem Notizheft fest: «Vergiß nicht, daß dein Vogel nichts anderes nachahmen darf als die Fledermaus.»[12] Auch beschäftigte er sich mit Material, das Leichtbauweise ermöglichte. Nicht Metall sollte benutzt werden, sondern in Alaun gegerbtes Leder, sehr starke Rohseide und Schilfrohr. Den scharfen Blick des Anatomen verraten Bemerkungen zur Funktion des Flügeldaumens des Vogels, dem noch der Flugpionier Gustav Lilienthal (1849–1933) Aufmerksamkeit widmete.

Schließlich gelangte Leonardo zu einer bemerkenswerten Einsicht. «Der Vogel ist ein Instrument, das gemäß mathematischen Gesetzen arbeitet. Es liegt in der Macht des Menschen, es mit allen seinen Bewegungen – aber nicht mit so großer Kraft ausgestattet – nachzubauen (...) So können wir sagen, daß einem solchen Instrument, vom Menschen verfertigt, nichts fehlt als die Seele des Vogels, und diese Seele müßte entsprechend der des Menschen gebildet sein.»[13] Und er fragte: Haben Tiere eine Seele? Sind sie Geräten zu vergleichen? Welchen Sprengstoff diese Bemerkungen bargen, zeigt eine Folgefrage, die 250 Jahre später Julien Offray de La Mettrie aufwarf: Ist nicht auch der Mensch nichts anderes als eine komplizierte Maschine? Leonardo erscheint so als herausragender Vertreter des «Zeitalters der Mechanisierung», wie der Physiker und Wissenschaftshistoriker Pierre Duhem die Epoche genannt hat, die mit Erfindungen wie der mechanischen Hemmung und der Räderuhr begann.

Alltage, Studien, Ideen

Im Februar und nochmals am 20. März 1494 finden wir Leonardo in der Sforza-Villa bei Vigevano, die Ludovico seiner Frau Beatrice im Monat zuvor geschenkt hatte. Er entwarf einen hölzernen Pavillon, der im Park der Sforzesca – einer imposanten Vierflügelanlage, Zentrum ausgedehnter Landwirtschaft – errichtet werden sollte.[14] Mit Ausstattungsarbeiten könnten Rechnungen zu tun haben, die Kosten von Gold und Farben für Ornamente, die Darstellung von Philosophen und «24 römische Historien» ausweisen. Daneben inspizierte Leonardo einen Weinberg und überlegte, wie sich die Leistung einer Mühle verbessern lasse. Er bestieg den Turm der Abteikirche von Chiaravalle, damals ein Dorf bei Mailand, und studierte die Mechanik der dortigen astronomischen Uhr.[15] Und er durchstreifte das Land um den Comer See und Chiavenna.[16] Unterwegs freute er sich an kräftigem Wein, der zudem billig war, nämlich weniger als einen Soldo pro Kanne kostete. Bei der «Fonte Pliniana» oberhalb Bormios registrierte er ein Phänomen, das schon der Antike aufgefallen war: Das Wasser der Quelle stieg alle sechs Stunden an – und zwar so, daß es «während seiner Höhe zwei Mühlen anzutreiben vermochte» –, um dann wieder abzuebben. Ob er Erzählungen, daß sich die Äschen des Flusses Adda von Silber ernährten, glaubte? Immerhin schien die Mär den Glanz ihrer Schuppen zu erklären.

In Mailand besuchte er interessante Leute wie den Arzt Giuliano da Marliano «gegenüber den Zimmerleuten», der ein Herbarium und ein Werk «Über die Knochen» besaß.[17] Ein andermal finden wir ihn beim Abendessen mit dem Architekten und Vitruv-Kommentator Giacomo Andrea da Ferrara.[18] Bei seinen Rundgängen durch Mailand machte er sich Notizen über die Topographie, da er offenbar vorhatte, einen Stadtplan anzufertigen.[19] Er zeichnete schöne Pferde wie den Rappen «Morell, den Florentiner» oder den «Sizilianer Messer Galeazzos» – gemeint ist Sanseverino – und beobachtete Menschen.

Zettel dienten als Gedächtnisstützen für geplante Besuche oder Einkäufe: «Nadel – Nicolao – Zwirn – Ferrando – Iacopo Andrea – Leinwand – Stein – Farben – Pinsel – Palette – Schwamm – die Tafel des Herzogs.»[20] Selbst Leonardos Speisezettel kann man sich aus verstreuten Quellen zusammenreimen. Wein, «der göttliche Saft der Traube»[21], den er schon morgens, vermutlich stark verdünnt, zu trinken pflegte, fehlte darauf nicht. Vegetarisches dominierte: Suppen und Brot, Kräuter wie Petersilie, Minze und Thymian, Weinessig und Salz. Weitere Notizen nennen Saubohnen, grüne Bohnen, Hirse und Erbsen, Buchweizen, Pilze, Eier und Quarkkäse – «ricotta» –, schließlich Pomeranzen, Trauben und Maulbeeren.[22] Ob das gelegentlich erwähnte Fleisch oder ein Rebhuhn für den Meister selbst bestimmt waren? Zumindest in späteren Jahren lebte er angeblich als Vegetarier.[23] Über das Verspeisen und spätere Ausscheiden gesottener Zungen von Schweinen und Kälbern schrieb er: «O welch ein Dreck, wenn man sieht, daß ein Lebewesen die Zunge eines anderen im Hintern hat!»[24]

Kerzen benötigte Leonardo zum Zeichnen und für Experimente, die zum Beispiel dazu dienten, die Physik von Flammen und Rauch zu studieren.[25] Auch pflegte er den Tag in die Nacht hinein zu verlängern und erfand sogar eine Lampe. Nachtarbeit war zu seiner Zeit alles andere als selbstverständlich. Die meisten Handwerker hielten es anders: Sie standen mit der Sonne auf und gingen mit ihr zu Bett.[26] Wachs oder Tran waren schließlich teuer. Leonardo aber kauerte gewiß nächtelang am Tisch oder stand am Pult, tüftelte, zeichnete, schrieb, bis der Morgen graute. Einmal können wir ihn dabei beobachten. «In der Nacht des St.-Andreas-Tages gelangte ich zum Ende mit der Quadratur des Kreises. Es war das Ende des Lichts und der Nacht und des Papiers, auf das ich schrieb; den Schluß zog ich zum Ende der Stunde.»[27]

Meist ist nicht klar, ob von Leonardo angeführte Autorennamen oder Buchtitel auf Gelesenes oder zu Lesendes verweisen, ob er die Bücher erworben hatte oder sie sich zu beschaffen gedachte – wie im Fall einer «Algebra», die sich im Haus der Marliani befand. Von einem Messer Aliprando, der bei der Osteria «Zum Bären» wohnte, wußte er, daß dieser den Vitruv-Kommentar Giacomo Andreas besaß.[28] Dazu

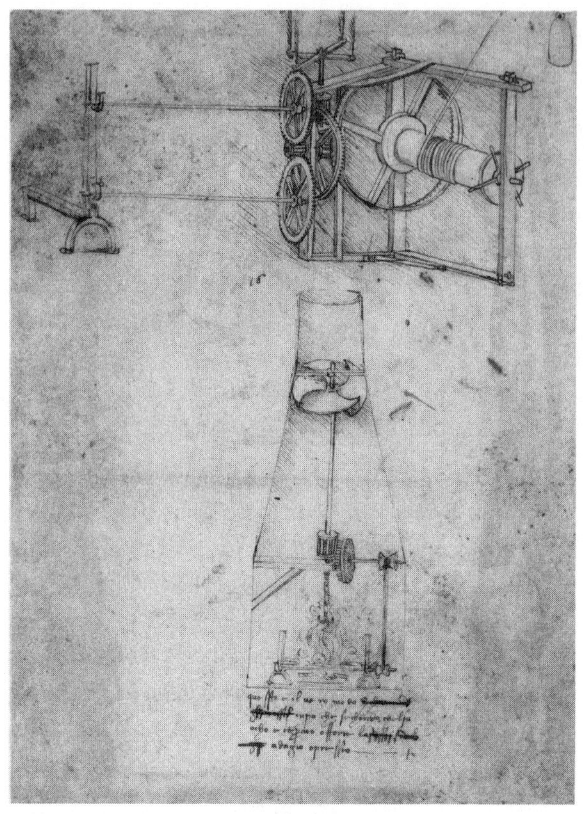

Abb. 23: Leonardo da Vinci, Entwurf für einen Bratenwender, um 1480 (?),
Feder und Tinte, 25,5 × 19,1 cm, Mailand, Biblioteca Ambrosiana.

mahnte er sich zur Erledigung weiterer «Hausaufgaben»: «Die Maße
von Mailand und der Vorstädte (...) laß dir vom Abakus-Meister zeigen, wie man ein Dreieck quadriert (...) Frag Benedetto Portinari, auf
welche Weise man in Flandern über das Eis läuft (...) die Armbrust
von Meister Gianotto (...) Die ‹Meteora› des Aristoteles auf Italienisch.»[29] Dann rief er sich ins Gedächtnis, zum «Frate der Brera» zu
gehen, der ihm Jordanus Nemorarius' Schrift «Über die Gewichte»
zeigen sollte, und forderte sich auf: «Beschaffe Vitolone» – die «Per-
spectiva», das Werk zur Optik von Witelo (um 1237 – nach 1275) –,
«der in der Bibliothek von Pavia ist.»

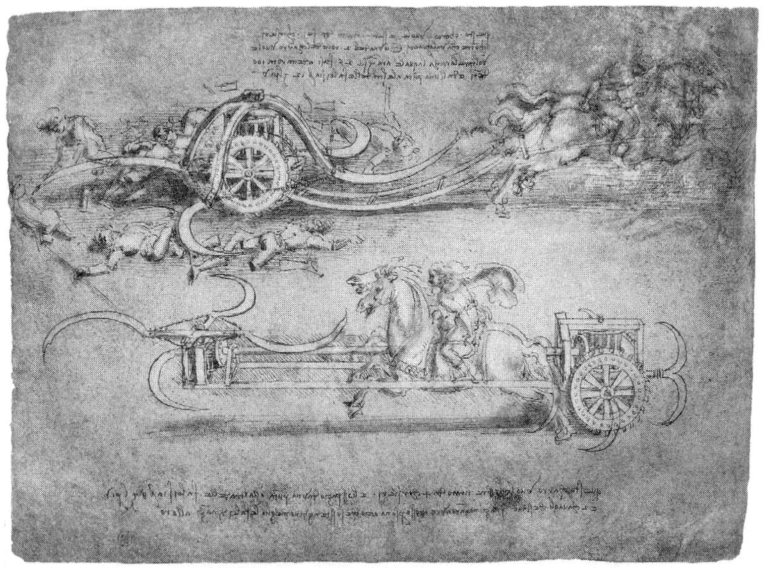

*Abb. 24: Leonardo da Vinci, Sichelstreitwagen, um 1483/85, Feder und Bister, 21 × 29 cm,
Turin, Biblioteca Reale.*

Daneben füllten sich Blätter, die «Codices Forster I–III» – sie wurden um 1487 begonnen –, mit Studien zur Geometrie, Hydraulik und Chemie oder auch dem Rezept für eine Salbe, die gegen Krätze helfen sollte.[30] Um 1493 begann Leonardo die Arbeit an den Texten und Zeichnungen der «Codices Madrid». Sie beschäftigen sich mit Maschinen, Uhren, Optik, Theorie der Mechanik, Pneumatik und dem Guß des Sforza-Pferdes. Auch finden sich Anleitungen zur Herstellung von Firnis und von Grundierungen. Wie nebenbei entwikkelte Leonardo eine verbesserte Version der Gutenbergschen Drukkerpresse. Auch entwarf er, vielleicht nach einem Vorbild des Taccola, einen Rettungsgürtel für Schiffbrüchige. Das Feuer eines Bratenwenders, den er entwickelte, grillte nicht nur das Fleisch, sondern sorgte zugleich für die Hitze, die über ein Flügelrad den Bratspieß in Drehung versetzte (Abb. 23).[31]

Über die niederländischen Schlittschuhläufer erkundigte er sich übrigens nicht, weil ihn der aus italienischer Sicht exotische Sport

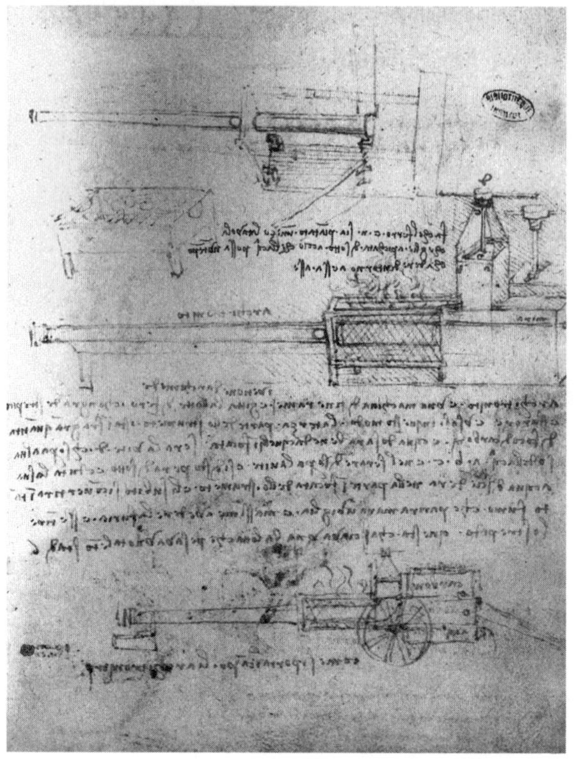

*Abb. 25: Leonardo da Vinci, «Architronito», um 1487/89, Feder und Tinte,
23,2 × 16,5 cm, Paris, Bibliothèque de l'Institut de France.*

neugierig machte. Vielmehr interessierte ihn das physikalische Problem, wie sich dabei die Balance halten lasse. So forderte er sich auf herauszufinden, «warum einer, der über Eis gleitet, nicht fällt».[32] Im selben Zusammenhang steht eine Voraussage, die oft zitiert wird, weil sie Leonardo als seherisches Genie zu zeigen scheint. «Ein Wagen könnte gefertigt werden, der von selbst fährt» – wobei er aber nicht an ein Auto dachte, sondern an ein Fahrzeug, das sich unter geringsten Reibungsverlusten bewegt. Der zweite, meist nicht zitierte Satzteil lautet nämlich: «– ebenso, wie über den zugefrorenen Fluß ein Mann läuft, ohne die Füße zu bewegen». Das Fahrrad hat Leonardo übrigens nicht erfunden. Eine Zeichnung im Codex Atlanticus, die ein solches zeigt, dürfte erst im 19. Jahrhundert auf das Blatt gestrichelt worden sein.

Grenzenlos war seine Kreativität als Erfinder von Waffen, wobei er oft auf antike und mittelalterliche Ideen zurückgriff.[33] Er entwickelte Explosivstoffe und Schnellfeuergewehre, wassergekühlte Läufe und eine Wechsellaufpistole, entwarf Orgelgeschütze und eine riesige Armbrust. Sein Schrapnellmörser sollte «in der Zeitspanne eines ‹Ave Maria›» Schwärme pulvergefüllter Kugeln explodieren lassen.[34] Ein Blatt zeigt eine Art Panzer, ein anderes einen mit rotierenden Sicheln versehenen Wagen, der Feinden die Glieder absäbeln sollte (Abb. 24). Leonardo wußte von ihm dank einer Rekonstruktion, an der sich Roberto Valturio (1405–1475), ein Militäringenieur des Condottiere Sigismondo Malatesta, versucht hatte. Valturios Buch «Über die Kriegskunst» erwähnt auch die Möglichkeit, Eisenkugeln mittels Dampfdruck abzuschießen.[35] Die Kanone, die Leonardo daraufhin entwarf, nannte er nach dem mutmaßlichen Entdecker des revolutionären Prinzips «Architronito», «Donner des Archimedes» (Abb. 25). Eine ähnliche Waffe kam während des amerikanischen Bürgerkrieges tatsächlich zur Anwendung. Valturios Buch war zudem Quelle eines Rezepts für die Herstellung von Griechischem Feuer.[36]

Gesellen, Gefährten und ein kleiner Dämon

In seinem feudalen Appartement dürfte Leonardo selten allein gewesen sein. «Mit seiner Freigebigkeit versammelte er Freunde um sich und bewirtete sie, arme wie reiche, wenn sie nur Geist und Können zeigten», schreibt Vasari.[37] Es hatte sich herumgesprochen, daß in der Corte Vecchia ein Mann hofhielt, der sich für Kurioses interessierte. So brachten ihm Bauern einen Sack versteinerter Muscheln und Korallen, die sie in den Bergen von Parma und Piacenza gefunden hatten. Er studierte sie und lernte aus ihnen (S. 273).

Bis zu sieben Gesellen, Lehrjungen und von Zeit zu Zeit andere Meister teilten Werkstatt und Wohnung mit ihm. Es schloß nicht aus, daß sie selbständige Aufträge übernahmen. Marco d'Oggiono (um 1475 – um 1530) und Giovanni Antonio Boltraffio etwa begegnen schon

1491 als selbständige Partner, «compagni pittori», bei der Arbeit an einer «Auferstehung» für die Mailänder Kirche San Giovanni sul Muro.[38] Boltraffio war nicht zuletzt ein fähiger Porträtist. Einer seiner Patrone nannte ihn Leonardos «einzigen Schüler (...), der mit Griffel und Pinsel jeden schöner machte als die Natur».

Ein dritter Geselle war der später berühmteste: Gian Giacomo Caprotti (um 1480–1524).[39] Sein Herr hatte ihm den Spitznamen «Salai» gegeben, wahrscheinlich nach einem kleinen Dämon, der in Luigi Pulcis «Morgante» und in der Korrespondenz des Dichters mit Lorenzo dem Prächtigen auftaucht.[40] Der Name paßte gut, denn der Kleine – er war, als er um 1490 in Leonardos Leben trat, gerade zehn Jahre alt – erwies sich als Tunichtgut. Vier Lire, die sein Meister bereitgelegt hatte, um ihn mit Kleidern auszustaffieren, verschwanden schon am Tag darauf. «Es war niemals möglich, ihn dazu zu bringen, es zuzugeben, obwohl ich mir vollkommen sicher war», ärgerte sich Leonardo und schimpfte: «Dieb, Lügner, Sturkopf, Schmarotzer.»[41] Seinen Kollegen stahl Salai Silberstifte. Vom Erlös eines entwendeten Pelzes kaufte er sich Aniskonfekt. Und ein Besuch in der Taverne ging übel aus: «Giacomo aß für zwei und richtete für vier Unheil an, indem er drei Fläschchen zerbrach und den Wein verschüttete.»

Im März 1493 stieß Giulio, «ein Deutscher», der sich auf Metallarbeiten verstand, zu Leonardos Mannschaft. Vermutlich war er wegen der Arbeiten für das Sforza-Denkmal engagiert worden. Offenbar orientierte er seinen Chef über technische Entwicklungen in seiner Heimat. Zur Konstruktionszeichnung eines Wellenlagers – es diente der Verminderung von Reibung – notierte Leonardo, Giulio habe beobachtet, daß in Deutschland eines der Räder einer solchen Vorrichtung von der Welle abgenutzt worden sei.[42] Weitere Namen, so der Lucias, die wohl Köchin und Haushilfe war, bleiben ohne Gesicht. Viel hat man darüber gerätselt, ob eine gewisse Caterina, die sich im Juli 1493 in der Corte Vecchia einfand, als Leonardos Mutter zu identifizieren ist.[43] Dagegen spricht, daß er sie nicht «Mutter» nannte, sondern «Caterina» – dafür, daß er sich um einen Arzt kümmerte, als sie, wohl 1497, krank wurde, und schließlich die mit 123 Soldi ziemlich hohen Kosten für ihr Begräbnis bestritt.[44]

Eine Familie war es nicht, die Leonardo in der Corte Vecchia um sich hatte. Wie auch in toskanischen Werkstattgemeinschaften kamen die Gesellen und gingen wieder, sobald ein Auftrag erledigt war. «Am Donnerstag, dem 27. September» – so Leonardo zum Jahr 1492 – «kam Meister Tommaso zurück und arbeitete für sich selbst bis zum vorletzten Tag des Februar.» Während ihres Aufenthalts hatten die Gesellen und Lehrlinge für Kost und Unterkunft aufzukommen. Leonardo rechnete sorgsam darüber ab, etwa zum 1. November 1493. «Giulio blieb es, vier Monate zu erstatten; und Meister Tommaso neun Monate; Meister Tommaso machte dann sechs Leuchter, zehn Tage [Arbeit]; Giulio einige Feuerzangen, fünfzehn Tage. Dann arbeitete er für sich selbst bis zum 27. Mai an einem Hebezug bis zum 18. Juli, und dann bis zum 17. August, und für einen halben Tag für eine Dame; dann für mich zwei Schlösser bis zum 20. August.»[45] Daß in der Werkstatt mitunter Schabernack getrieben wurde, deutet ein Spaß an, den sich Leonardo mit «Meister Tommaso» erlaubte: Er fertigte ihm einen Mantel aus Galläpfeln, «gallozzole», was diesem den Spitznamen «il Gallozzolo» bescherte.[46]

Der dergestalt Verspottete war ein Gehilfe, der Leonardo nach Mailand begleitet hatte: Tommaso di Giovanni Masini da Peretola (1462/66–1520), der angebliche Pilot von Leonardos Flugmaschine auf dem Monte Ceceri. Seinen Ruf als Alchemist, Zauberer und Wahrsager, ebenso den weiteren Beinamen «Zoroastro» – eine Anspielung auf Zarathustra, der als Erfinder der Magie galt – verdankt Tommaso späteren Quellen.[47] In seinen letzten Lebensjahren finden wir ihn im Haus eines portugiesischen Kardinals in Rom, inmitten einer Alchemistenküche mit magischen Substanzen und Wunderdingen: Wurzeln, Zähnen eines Gehenkten und einer vierfüßigen Schlange. Tommaso behauptete, das Untier sei von einem Greifen von Libyen nach Rom getragen worden, wo er es beim Ponte Mammolo aufgelesen und gezähmt habe.

Leonardo sprach von seinem «famiglio» nie als «Zoroastro», sondern stets als «Maestro Tommaso».[48] Daß dessen bizarre Lebensgeschichte dazu beitrug, Vincis Mythos um die Facette des Magischen zu bereichern, verwundert nicht. Dabei war Leonardo alles andere als ein Anhänger der Schwarzkunst (S. 282 f.). Die Alchemie mit ihren Versuchen, die Elemente voneinander zu trennen, war einer der Versuche der Renaissance, die Natur der Dinge zu erforschen und ihre verborgenen Eigenschaften zu entdecken. Tommasos Grabinschrift in der römischen Kirche Sant'Agata dei Goti spricht eben diesen Gedanken an, wenn sie hervorhebt, der dort Ruhende sei ein wahrer Gelehrter gewesen, der in das Dunkel der Natur geblickt habe.

In die Mitte der Leonardo-Mythologie führt auch Salai, der sich ungeachtet seiner Diebereien und Flegeleien das Wohlwollen seines Meisters bis zu dessen Lebensende bewahren konnte. Ob er Leonardos Malergeselle war, eine Art Faktotum, sein Modell, sein Liebhaber oder alles zusammen, ist nicht bekannt. Eine obszöne Zeichnung des Codex Atlanticus ist mit «Salaj» beschriftet. Sie zeigt zwei mit Beinen versehene Penisse, von denen einer im Begriff ist, einen Anus zu penetrieren.[49] Ob die plumpe Strichelei überhaupt aus dem 16. Jahrhundert stammt, ist unsicher. Vasari beläßt es bei Andeutungen: «Er [Leonardo] nahm in Mailand den Mailänder Salai als seinen Lehrjungen auf. Er war sehr anmutig, von Liebreiz und Schönheit, und hatte schönes, gelocktes und geringeltes Haar, das Leonardo sehr gefiel, und er lehrte ihn vieles in der Kunst. Gewisse Arbeiten, von denen man in Mailand sagt, sie seien von Salai, wurden von Leonardo verbessert.»[50] Leonardo wandte viel Geld für Salai auf, kaufte ihm Kappen, Schuhe, ein Schwert, rosenfarbene Hosen.[51] Einmal summierten sich die Ausgaben auf 26 Lire für vier Braccia Silberbrokat und grünen Samt, «um ihn zu schmücken», dazu für Bänder, Schneiderlohn und anderes. «Salai stiehlt Geld», kommentierte Leonardo die Ausgaben trocken.[52] Aber er gab immer wieder.

Ob sich Salais Porträt hinter Leonardos verführerisch lächelndem «Johannes» (Tafel 31) verbirgt? Oder ist er der junge Mann mit Lockenhaar, den einige von Leonardos Zeichnungen zeigen? Ein Blatt der Uffizien konfrontiert einen jugendlichen Schönen mit einem bärbeißigen, glatzköpfigen Alten (Abb. 26). Leonardo präsentiert sich hier kaum, wie behauptet wurde, als «Sugar-Daddy» mit seinem arroganten Gespielen.[53] Plausibler erscheint, daß er eine von ihm selbst formulierte Regel erprobt. «Ich sage auch, daß man in einer Historie die

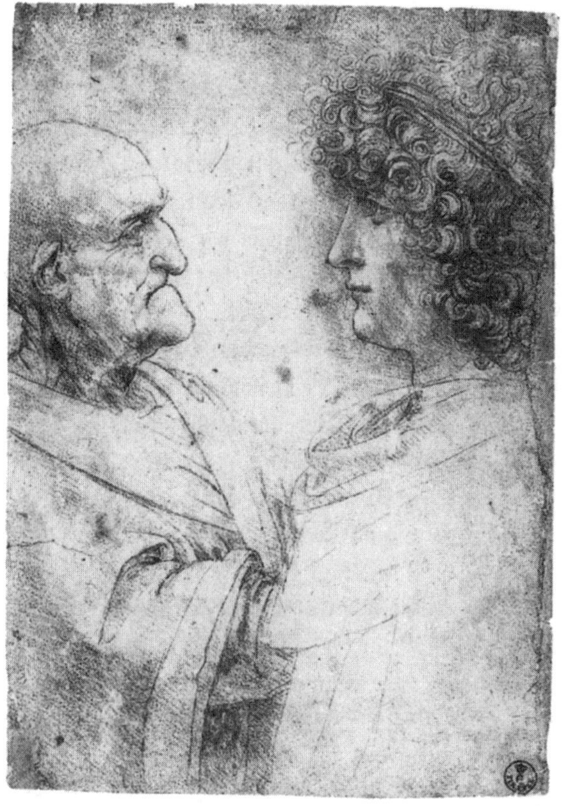

Abb. 26: Leonardo da Vinci, Profilstudien eines alten und eines jungen Mannes, um 1500/05, Rötel, 21 × 15 cm, Florenz, Uffizien.

richtigen Gegensätze einander benachbart vermischen soll, weil so das eine mit dem anderen in großen Wettbewerb tritt; und das um so mehr, je näher sie sich sind, also das Häßliche nahe dem Schönen, das Große dem Kleinen und das Alte dem Jungen und das Starke dem Schwachen. Und so biete man Abwechslung, sosehr man kann.»[54]

Leonardo singt zur Lyra

Wer an einem Fürstenhof reüssieren wollte, brauchte gute Nerven, diplomatisches Geschick und ein hohes Maß an Leidensfähigkeit. Man mußte sich aufs Schmeicheln verstehen und, mit Torquato Accetto, auf die «ehrsame Kunst der Verhehlung», den Einsatz von Notlügen. In der Nähe gekrönter Mäzene und Monster war ebenso Reichtum zu gewinnen wie das Leben zu verlieren. Auch das Seelenheil erschien bedroht. Moralapostel warnten vor den Gefahren, die das Lotterleben «bei Hofe» mit sich bringen konnte. Hinweise darauf, was zu Leonardos Zeit von einem Höfling erwartet wurde, gibt Baldassare Castiglione (1478–1529). Dessen «Cortegiano» – eben der «Höfling» – zeigt «sprezzatura»: Er ist in Literatur und Künsten gebildet und versteht sich darauf, Konversation zu pflegen. Er ist brillant, ohne damit zu protzen. Er hat geschliffene Umgangsformen, ohne steif zu wirken. Er ist schlagfertig, verfügt über Humor und ist freundlich, biedert sich aber nicht an.

Leonardo besaß nicht wenige dieser Eigenschaften. Vasari rühmt ihn als liebenswürdig, von großmütigem, königlichem Geist und glänzender Ausstrahlung. «Er schmückte und ehrte mit jeder Handlung jede selbst ehrlose, armselige Wohnung.»[55] Unser Mann dürfte also ein angenehmer Zeitgenosse gewesen sein. Und er hielt auf sein Äußeres. Anscheinend färbte er sein ergrauendes Haar, parfümierte die Hände mit Rosenwasser und zerriebenem Lavendel und kleidete sich elegant.[56] Zum Beispiel trug er Stiefel aus rotem Cordovan-Leder und, gemäß dem Magliabechiano, «einen rosenfarbenen ‹Pitocco›, der bis knapp übers Knie reichte».[57] Ein Verzeichnis, das er 1504 anlegte, öffnet eine luxuriös bestückte Kleidertruhe. Sie barg einen Umhang aus Taft, Samtfutter, einen dunkelvioletten Mantel mit breiten Aufschlägen und samtener Kapuze, einen weiteren aus violettem Kamelott, ein Wams aus pfauenblauem Satin. Dazu kam eines nach französischer Mode und ein Hemd aus feiner Reimser Seide. Er verfügte über zwei rote Hüte und zwei rosenfarbige Barette, schließlich schwarze, violette und rosafarbene Strümpfe. Bei Gelegenheit mag sich Leonardo bei Damen des Hofes beliebt gemacht haben, indem er elegante Handtaschen für sie entwarf.[58] Zweifellos verstand er sich auf das «far figura», die Kunst der

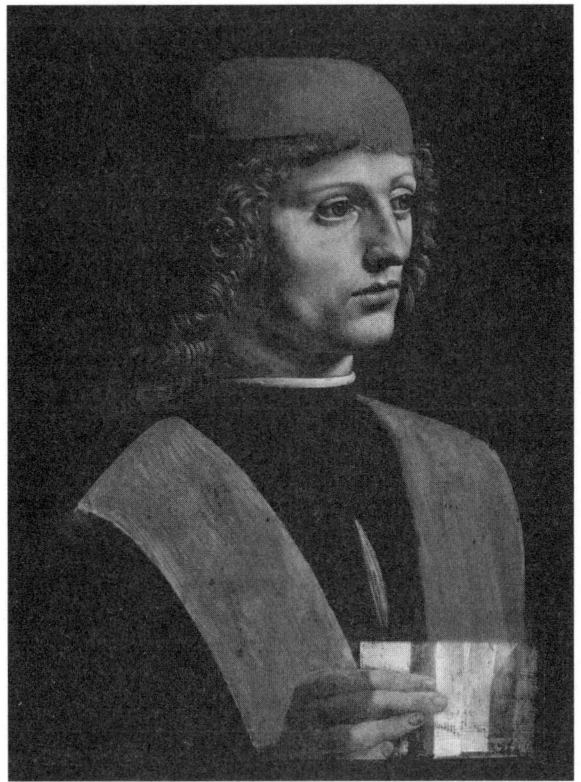

Abb. 27: Leonardo da Vinci (?) und Werkstatt (?), Porträt eines Musikers, um 1485, Tempera und Öl auf Holz, 44,7 × 32 cm, Mailand, Biblioteca Ambrosiana.

Selbstinszenierung. Selbst wenn er sonst nichts besaß, so Vasari, soll er sich stets mit Dienern und Pferden umgeben haben. Tatsächlich finden sich in seinen Abrechnungen Ausgaben für Stroh, Hafer und Pferde.[59]

Auch Paolo Giovio, der Leonardo noch persönlich gekannt hatte, schildert ihn als Mann von «sprezzatura». «Er war von sehr freundlichem, heiterem und edlem Naturell, von lange sehr anmutigem Antlitz. Zugleich war er überhaupt Schiedsrichter des Geschmacks und vor allem Autor der außerordentlichsten Vergnügungen, namentlich des Theaters; zur Lyra sang er sehr schön, was allen Fürsten gleich

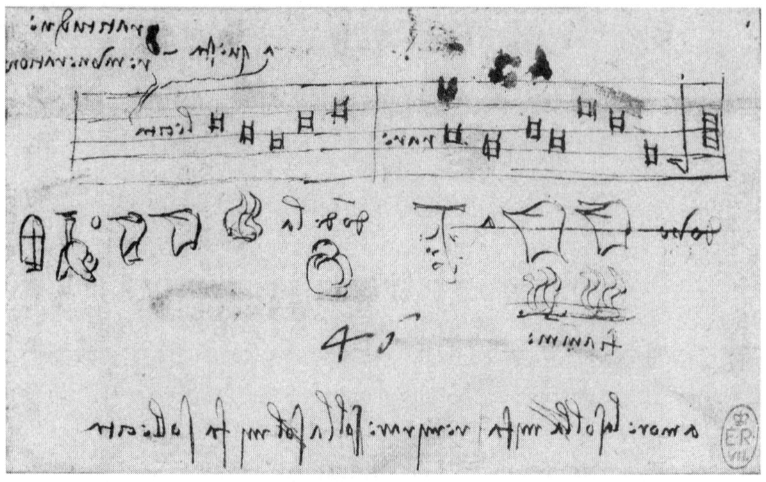

Abb. 28: *Leonardo da Vinci, Rebus, um 1487/90, Feder und braune Tinte, 6 × 10,3 cm (gesamtes Blatt), Windsor Castle, Royal Library.*

welchen Alters außerordentlich gefiel.»[60] Gemeint war eine «Lira da braccio», ein mit sieben Saiten versehenes Streichinstrument, das damals mit der Lyra der antiken Mythologie gleichgesetzt wurde.

Musik war für die Sforza ein wichtiges Medium der Inszenierung der Macht, ja Göttlichkeit des Fürsten. Sie gewannen hervorragende Meister wie Franchino Gaffurio (1451–1522), einen auch als Musiktheoretiker bedeutenden Vermittler zwischen flämischer und italienischer Tradition, außerdem den berühmten Josquin des Prez (1450/55–1521). Ob das manchmal Leonardo zugeschriebene «Porträt eines Musikers» (Abb. 27) einen der beiden zeigt, ist ungewiß. Vollkommen eigenhändig ist es kaum.[61]

Vasari meinte, es seien vor allem Leonardos Qualitäten als Musiker und Instrumentenbauer gewesen, die ihm den Ruf nach Mailand verschafft hätten.[62] Mit einer wie ein Pferdeschädel gestalteten silbernen Lyra, «einem phantastischen und neuen Ding», soll er Töne von größerem Volumen und hellerem Klang als üblich erzeugt haben. Von einer ähnlichen Erfindung zeugt eine Zeichnung, die den Schädel eines gehörnten Ungeheuers zeigt. Die Unterseite ist mit drei Saiten bespannt.[63] Leonardo entwickelte auch ein Glockenspiel und automatische Trommeln, mit denen sich Akkorde spielen ließen. Durch Straffen oder Lockern des Fells war es möglich, die Tonhöhen zu variieren. Das komplizierteste Instrument, das Leonardo ersann, war die «Viola organista», eine Kreuzung von Orgel und Violine. Ihre Saiten wurden mittels einer Klaviatur auf einen durch Räder bewegten Riemen gedrückt. Vielleicht kamen von Leonardo entworfene Flöten und Sackpfeifen bei der Hochzeit Ludovico Sforzas und Beatrice d'Estes zum Einsatz. Ein «Ohrenzeugenbericht» weiß von «zehn sehr hochtönenden Trompeten», die fremdartige Töne angestimmt hätten, während Ziegenlederbeutel als Sackpfeifen dienten. Tatsächlich hatte Leonardo Blasebälge für einen Dudelsack erfunden und Flöten, die «nach Art der menschlichen Stimme» Glissandi hervorzubringen vermochten, gleichsam ein «akustisches Sfumato».

Seines Musikverstands bediente er sich auch bei der Abfassung von Bilderrätseln (Abb. 28). Eines davon operiert mit der von Guido von Arezzo im 11. Jahrhundert entwickelten «Solmisation». Nach diesem System wurden die Töne der C-Dur-Tonleiter mit Silben benannt, nämlich «ut» – später «do» –, «re», «mi», «fa», «sol», «la» und «si». Damit ließen sich Worte bilden. In Spiegelschrift und von rechts nach links schrieb Leonardo Noten auf das Blatt: Re-sol-la-mi-fa-re-mi. An den Anfang strichelte er eine Angel, auf Italienisch «amo», ans Ende «rare».[64] Damit war das Rebus komplett. Die Auflösung hat er darunter notiert: «Amore sola mi fa remirare, la sol mi fa sollecita», «Allein die Liebe läßt mich sie betrachten[65], sie allein läßt mich begehren.»

Es bedurfte nicht nur der Fähigkeit, Noten zu lesen, um das Rätsel zu lösen. Denn in ihm verbarg sich eine Anspielung auf die neuplatonische Philosophie, die «Eros» als universale Energie auffaßt. Liebe wirke hinter allem Begehren, sie dränge zu Forschen und Schaffen – und zum Schauen des Schönen, aus dem stets ein Funke der göttlichen Schönheit leuchte. Marsilio Ficino schreibt Amor beide Kräfte zu: das Verlangen zum Anschauen und den Drang, Schönheit zu zeugen.[66] Vielleicht wußte Leonardo von dieser Philosophie durch Ficinos Freund und Schüler Bernardo di Simone Canigiani (1443–1497).

Der Name steht im Codex Atlanticus bei einem Satz, der wiederum in die Nähe von Leonardos Noten-Rebus führt: «Essendomi sollecitato; s'amor non è che dvnque», zu Deutsch: «Ich bin begehrlich geworden; wenn es keine Liebe gibt, was dann?»[67]

Florentiner Humor

Mit seinen weitgespannten Interessen, seinem überragenden Wissen und den Erzählungen von seinen technischen Virtuosenstücken dürfte Leonardo ein faszinierender Gesprächspartner gewesen sein. «Fu eloquente nel parlare», er sei beredt gewesen, hebt schon sein frühester Biograph hervor, und Vasari rühmt ihn als den besten Stegreifdichter seiner Zeit.[68] Kurz, er war ein wahrer «homo facetus», ein «Mann mit Witz», und damit genau der Richtige, um Langeweile und Melancholie, die zähen Leiden vergnügungssüchtiger Aristokraten, zu lindern.[69] Vieles, was Leonardo schrieb und zeichnete, diente gewiß der Unterhaltung und Belustigung der Florentiner Aristokraten oder Mailands Hofgesellschaft. Auch der nach 1500 verfaßte «Diodario-Brief» gehört wohl in solche Zusammenhänge.[70] Er sorgte einst für heftigen, inzwischen verwehten Gelehrtenstreit. Der Leonardo-Forscher Jean Paul Richter (1847–1937) meinte nämlich, mit ihm beweisen zu können, daß Vinci in jungen Jahren eine Orientreise unternommen habe. Das Schreiben richtet sich angeblich von Armenien aus ebenso angeblich an einen hohen mamlukischen Würdenträger, den, wie Leonardo schreibt, «Großkanzler [diodario] des heiligen Sultans in Syrien». Anlaß des Briefes sollte eine furchtbare Katastrophe gewesen sein – die Überschwemmung von Teilen Armeniens und der Untergang einer Stadt. Der größte Teil der Geschichte ist nur durch Stichworte angedeutet. Sie sollte etwa um die Jagd auf einen Priester und um einen Propheten gehen oder, das klingt sachlich, um die «Zerstörung durch Schnee». Breit ausgeführt findet sich eine Beschreibung des Taurus, der nicht als Gebirge, sondern als Berg erscheint. So hoch sei er, daß die gleißend weißen Felsen des Gipfels schon vier Stunden vor Sonnenaufgang zu leuchten begännen und noch drei Stunden nach Einbruch der Dunkelheit die Nacht erhellten wie anderswo der Mond. Augenzeugenschaft spricht aus solchen Schnurren nicht. Was Leonardo vom Orient wußte, entstammte trüben Quellen, darunter den Reiseberichten eines Fabulierers, der sich Sir John Mandeville nannte, oder Antonio Puccis «Geschichte der schönen Königin des Orients».[71]

Ein fiktiver Brief Leonardos an seinen Landsmann Benedetto Dei, dem er am Mailänder Hof begegnet sein dürfte, läßt für einen Moment denselben burlesken Humor aufblitzen, mit dem damals auch Narren ihr Publikum erheiterten. Er bot eine Persiflage auf das Schwadronieren des weitgereisten Benedetto, der bis ins mythenumrankte Timbuktu gelangt zu sein behauptete.[72] Leonardo berichtet darin seinerseits Neuigkeiten aus dem Osten. Er erzählt von einem Riesen, der aus der libyschen Wüste in die Levante gekommen sei. «Dieser Gigant war auf dem Berg Atlas geboren; er war schwarz und hatte gegen Ataxerxes, Ägypter, Araber, Meder und Perser zu kämpfen. Er lebte im Meer von Walfischen, von großen Pottwalen und Schiffen.» Der Erzähler läßt den Giganten «auf Blut und Schlamm» ausgleiten, stürzen, betäubt zu Boden fallen. Wie bei einem Erdbeben sei das Land erzittert, selbst der höllische Pluto sei von Furcht gepackt worden, und Mars habe sich in Todesangst unter Jupiters Bett versteckt. Dann zeigt sich der Erzähler als Maler, wobei man sich die Bilder, die er gibt, gut vorstellen kann: Er vergleicht den Riesen, über den die Menschen wie Ameisen wimmeln, mit einer gefällten Eiche. Der Riese steht nun auf, brüllt wie ein Ochse und greift sich an den Kopf. «Da bemerkte er ihn voller Menschen, die sich an die Haare klammerten wie jene kleinen Tiere, die dort zu entstehen pflegen.» Darauf schüttelt der Riese das mächtige Haupt, so daß viele der Ameisenmenschen abfallen und, am Boden zerschmettert, zu Tode kommen. Verzweifelt halten sich die übrigen an den Haaren des «gigante» fest «wie Seeleute im Sturm, die an den Seilen hochklettern, um die Segel zu reffen».

Der «Held» eines blasphemischen Spaßes von Leonardo ist goldfunkelnder Wein.[73] Er befindet sich in einem Kelch, und zwar auf der Tafel keines Geringeren als des Propheten Muhammad. Der Stolz des Weines auf diese Ehre verfliegt jedoch sofort, als er sich bewußt wird, nun bald in den häßlichen und stinkenden Kavernen eines Menschenkörpers zu versickern und aus einer duftenden Flüssigkeit in garstigen Urin verwandelt zu werden. Der Wein fleht deshalb zum Himmel, wenigstens die Trauben mögen doch davor verschont bleiben, gekeltert zu werden. Jupiter erbarmt sich. Er läßt dem Propheten den Geist des Weines ins Gehirn steigen, damit er verrückt werde und viele Irrtümer ersinne – darunter auch das Verbot, Wein zu trinken. Für einen solchen Spaß würde man wohl noch heute in manchen Ländern hingerichtet …

Leonardo kannte Franco Sacchettis Novellen, die Fazetien Poggio Bracciolinis, Ludovico Carbones und anderer mehr.[74] Einer seiner Geschichten lieferte Alberti die Vorlage. Daß man toten Dingen wie Muhammads Wein, Nüssen, Lorbeer oder Myrte Leben geben und sie reden lassen kann, dürfte er von dem dichtenden Barbier Domenico di Giovanni, dem «Burchiello» (1404–1449) – einer Art Dadaisten seiner Zeit –, gelernt haben (S. 241 f.). Dessen Geschichten handelten von Heuchlern und Halunken, Potenten und Prostituierten, Geilen und Geizigen, betrogenen Betrügern und gehörnten Ehemännern. Besonders häufig wurden Kleriker, namentlich Mönche, Zielscheiben des Spotts. Die Pointe war oft eine schlagfertige Antwort, eine kleine Moral oder gar keine.

Eine der Possen Leonardos hatte ihre Wurzel in den «Saturnalien» des Macrobius.[75] «Ein Maler wurde gefragt, warum er, da er doch so schöne Bilder von Dingen, die doch tot seien, male, seine eigenen Kinder [aber] so häßlich gemacht habe? Darauf antwortete der Maler, daß er die Bilder am Tag und die Kinder bei Nacht mache.» Macrobius hatte die schlagfertige Antwort einem Lucius Mallius, der als bester Maler Roms galt, zugeschrieben. Im 14. Jahrhundert legte Benvenuto da Imola sie Giotto in den Mund. Die Episode dürfte ebenso den Nerv der spottlustigen Florentiner getroffen haben wie die folgende Fazetie. Leonardo erzählt von einem Priester, der zur Osterzeit in einer Malwerkstatt Bilder mit Weihwasser besprengt.[76] Er tue damit etwas Gutes, meint der fromme Mann, und er wisse, daß Gott jede gute Tat hundertmal vergelte. Da habe ihm der Maler einen Eimer Wasser über den Kopf geschüttet: «Da ist deine hundertfache Belohnung von oben, was dir von dem Guten widerfährt, das du mit deinem Weihwasser getan hast, mit dem du mir die Hälfte meiner Bilder beschädigt hast!» Besonderen Respekt vor Priestern und Weihwasser hatte Leonardo offensichtlich nicht.

Nicht wenige von seinen Texten lassen das «decorum», das Schickliche, vermissen. Sie passen kaum zu einem dezenten höfischen Ambiente, wie es Castigliones «Cortegiano» inszeniert – doch darf man sich den Sforza-Hof kaum als allzu zart besaitet vorstellen. Von einem anderen Grund, der Leonardo zum Erzählen hanebüchener Geschichten bewog, berichtet der Maler und Kunsttheoretiker Giovanni Paolo Lomazzo (1538–1600).[77] Dabei bezieht er sich auf Erinnerungen von Vincis Dienern. Leonardo habe, um Mienen und Gesten beim Lachen studieren zu können, für Freunde und ein paar Bauern ein Mahl ausgerichtet und dabei die verrücktesten und lustigsten Geschichten der Welt zum besten gegeben, so daß die Gäste lachten, bis die Kinnknochen brachen. Dabei habe er sie, die sie seine Absicht nicht bemerkten, genauestens beobachtet und, nachdem sie gegangen waren, Zeichnungen von ihnen angefertigt.

Einige der Zoten, die Leonardo bot, mögen tatsächlich an solche Situationen erinnern. Einen gewissen Maso läßt er die Stadt Modena loben, weil er hier nur fünf Soldi Zoll entrichten müsse, um «samt Schwanz, Hoden und dem ganzen Rest» Einlaß zu finden, während er in Florenz zehn Golddukaten zu bezahlen habe, «um allein den Schwanz hereinzustecken».[78] Und in einer Fazetie fragt ein Priester eine Frau, die beim Wäschewaschen vor Kälte rotgefrorene Füße bekommen hat, woher deren Farbe wohl käme? Das sei, so antwortet sie, die Wirkung des Feuers, das sie «unten» habe. «Da legte der Prete Hand an das Glied, das ihn mehr zum Priester als zur Nonne machte, näherte sich ihr und bat sie mit süßer und unterwürfiger Stimme um die Gefälligkeit, diese seine Kerze ein wenig anzuzünden.»[79] Von einem obszönen Witz ist – glücklicherweise – nur der Anfang bekannt. Er läßt Haarsträubendes erwarten: «Ein Mädchen zeigte einem Priester die Scheide einer Ziege anstelle der ihren, nahm einen Grosso dafür und verspottete ihn damit».

Die Rede der Natur und der Dinge

In Leonardos Nachlaß sind zahlreiche groteske Köpfe überliefert. Die frühesten stammen wohl noch aus den Florentiner Jahren.[80] Die meisten anderen Blätter – so die berühmten fünf Köpfe, die wohl einen von «Zigeunern» betrogenen Mann zeigen – entstanden in Mailand (Abb. 29). Karikaturen, die reale Physiognomien ins Groteske verzerrten und sie dennoch kenntlich bleiben ließen, hatte es vor Leonardo nicht gegeben. Er scheute sich nicht einmal, Dante mit Hakennase und «Nußknacker-Kinn» auszustatten. Auch Scaramuccia, eine Figur des Volkstheaters, soll er gezeichnet haben.

Daß Leonardo Sinn für Humor hatte, zeigt sich auch an seinen Bilderrätseln. Ein Beispiel bietet ein Blatt, das über und über mit Wörtern und kurzen Texten zu kleinen Zeichnungen bedeckt ist.[81] Das meiste davon ist nicht so tiefgründig wie das platonische Spiel mit Noten, Silben und Bildern, das wir gerade verfolgten. Da finden wir eine Sanduhr mit der Beschriftung «ora», «Stunde», einen Flötenspieler – «sono» kann heißen «ich spiele» oder «ich bin» – und eine Bratpfanne auf der Feuerstelle. Das ergibt «Ora sono fritto», «Jetzt bin ich erledigt!». Sich und seine Schüler zeigte der Meister mit einem im Feuer sitzenden «brennenden» Löwen – «Lion arde» – und zwei Tischen, «deschi», woraus sich die «Leonardeschi» zusammenreimten. Es ist diese Vorliebe Leonardos für kuriose Wortspiele, die den Identifikationen Ginevra Bencis mit Hilfe des «ginepro» und der Gallerani durch das griechische «galä» Gewicht verleiht und wohl auch Mona Lisas Lächeln erklärt (S. 225).

Leonardos Kritzeleien sind Fragmente eines «Vokabulars der Dinge». Abstrakte Begriffe gewannen durch die «andere Rede» der Bilder anschauliche Form. Nichts anderes meint «Allegorie». Der Beruf des Malers erforderte es denn auch, die Sprache der Symbole zu kennen. Leonardo notierte lapidar, welche Attribute Heiligen zuzuordnen sind: «Antonio, Lilie und Buch; Bernardino, mit dem Jesuszeichen; Lodovico, mit drei Lilien auf der Brust und der Krone zu Füßen (...)».[82] Zur Entzifferung von Naturerscheinungen ließ sich außer der Bibel eine reiche Literatur zu Rate ziehen.[83] Unter den

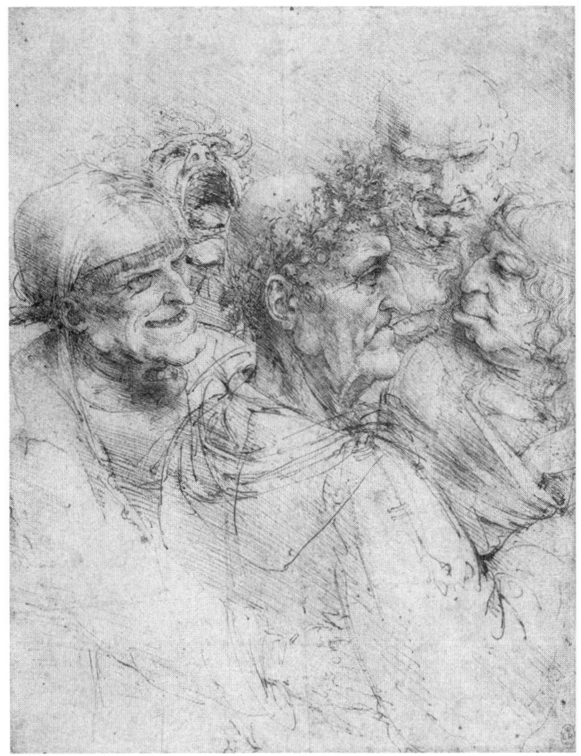

Abb. 29: Leonardo da Vinci, Fünf groteske Köpfe, um 1493, Feder und Tinte, 26 × 20,5 cm, Windsor Castle, Royal Library.

von Leonardo befragten Quellen fand sich etwa der «Physiologus», eine versponnene spätantike Schrift. Sie lieferte Deutungen von Pflanzen, Mineralien und Tieren und berichtete von Fabelwesen wie Antholops, Kentaur oder dem Vogel Phoenix. Auch ein Blatt Leonardos, das ein Mädchen neben einem Einhorn zeigt, ist vom «Physiologus» inspiriert (Abb. 30).[84] Das Tier sei von ungezügelter Wildheit, heißt es darin. Doch komme es an der Seite von «reinen Jungfrauen» zur Ruhe, falle in Schlaf und werde so zur Beute von Jägern.

Weitere Werke, die Leonardo studierte, waren die 1300 entstandene «Fiore di virtù» eines Frate Tommaso und die «Acerba» Cecco d'Ascolis (1269–1327). Letztere bot in 5000 Versen eine Enzyklopädie

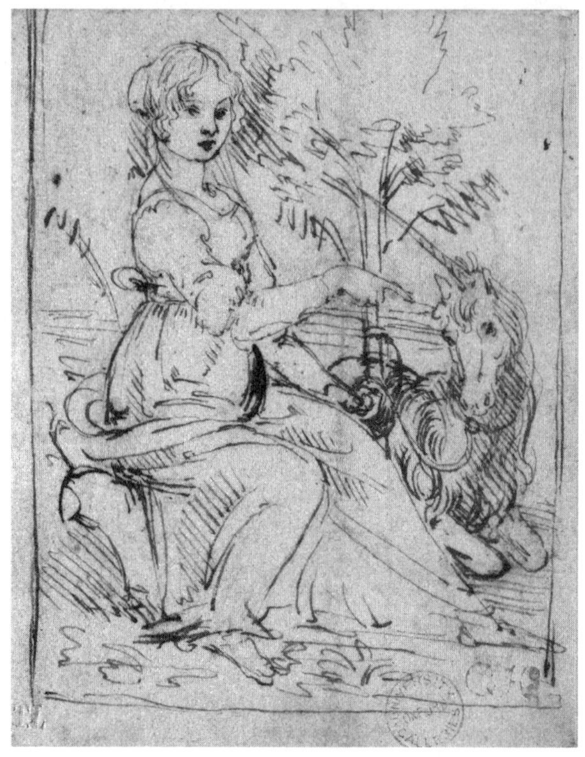

Abb. 30: Leonardo da Vinci, Mädchen mit Einhorn, um 1480 (?), Feder und braune Tinte, 9,5 × 7,5 cm, Oxford, Ashmolean Museum.

naturwissenschaftlichen Wissens. Reiches Material lieferte schließlich Plinius. Über ihn mag sich Leonardo mit dem jungen Dichter Gasparo Visconti (1461–1499), der ebenfalls am Mailänder Hof verkehrte, ausgetauscht haben. Viscontis «Rithimi», eine Sammlung von Sonetten, die sich in Leonardos Besitz befand, verarbeiteten unter anderem Material aus Plinius' «Naturgeschichte».[85]

In dem Bestiarium, das Leonardo beim Exzerpieren aus den alten Schriften zusammenstellte, begegnen neben einheimischen Tieren und Monsterfischen auch Drache und Basilisk, desgleichen der Vogel Lumerpa, der so hell leuchte, daß er seinen eigenen Schatten verzehre. Damit qualifizierte sich das Wundertier als Symbol für Ruhm. Leonardo registrierte, daß der Hahn Heiterkeit bedeute und der Rabe Trauer; Kraniche sollten für Treue stehen, Ameisen für Klugheit und die Kröte für Geiz. Vom immergrünen Efeu wußte er: «Der Efeu ist von langem Leben».[86] Manchmal notierte er allein Stichworte: «Wahrheit – die Sonne» und «Lüge – Maske». Zu Ceccos Bemerkung, daß die Fledermaus um so weniger sieht, je heller es ist, fügte er als Hinweis für seine Malerei hinzu: «Für ‹Laster›, das nicht bleiben kann, wo Tugend ist.»[87] In den «Acerba» fand Leonardo den Mythos vom im Sterben süß singenden Schwan und die Mär vom Krokodil, das, nachdem es einen Mann verschlungen hat, mit Tränen und Gejammer Trauer heuchelt.

Die Exzerpte halfen bei der Erfindung von Emblemen, Allegorien und Erzählungen. Was wohl eine Gestalt mit Brille bedeutete? «Scharfblickende Wahrheit», lautete die Auflösung.[88] «Klugheit» symbolisierten drei Augen, und einer, der, selbst von der Sonne beschienen, eine Kerze auspustet, bedeutete «Undankbarkeit». Ein Blatt der Zeit um 1497 zeigt Gualterio da Bascapè, einen einflußreichen Hofmann, wie er ehrerbietig den als Fortuna gegebenen Ludovico Sforza am Gewand hält: Er ergreift sein Glück. Die Konzeption solcher Spielereien war eine Herausforderung für Geist und Witz der Künstler, ihre Entzifferung das Vergnügen eines gebildeten Publikums. Man könne, so Leonardo, mit Poesie und Malerei viele Sitten und Moral zeigen, wie es Apelles mit seiner «Verleumdung» getan habe.[89] Die von Lukian überlieferte Anekdote erzählt, der berühmte Maler Apelles sei von einem Konkurrenten bei Ptolemaios, einem Heerführer Alexanders des Großen, zu Unrecht bezichtigt worden, an einer Verschwörung gegen den Herrscher beteiligt gewesen zu sein. Apelles habe, nachdem seine Unschuld erwiesen war, aus Rache eine Allegorie der «Verleumdung» gemalt. Auf einen Mann mit langen Eselsohren, neben dem «Unwissenheit» und «Argwohn» stünden, schreitet die erhitzte, erregte «Verleumdung» zu; «Neid», «Tücke» und «Betrug» begleiten sie, und trauernd folgt die «Reue», die weinend und beschämt auf die nahende «Wahrheit» blickt. Leonardo wußte von dem legendären Bild durch Albertis Malereitraktat, der Lukians genaue Beschreibung referiert.[90] Botticelli hat sie als Vorlage für sein um 1495 entstandenes Bild genom-

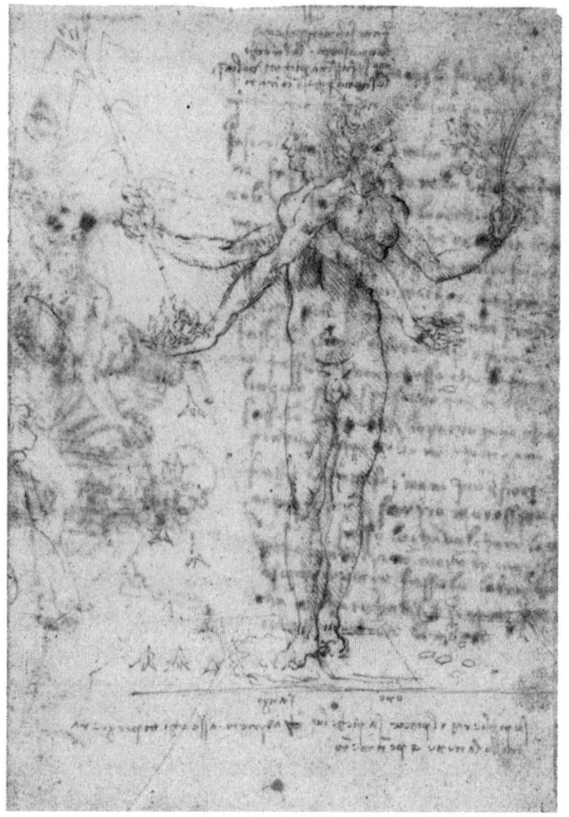

Abb. 31: Leonardo da Vinci, Allegorie der Lust und der Unlust, um 1490/94, Feder und Tinte, 21 × 29 cm (gesamtes Blatt), Oxford, Christ Church Picture Gallery.

men. Leonardo dürfte es gekannt haben, befand es sich doch in der Sammlung seines Freundes Antonio Segni.[91]

Es war das Rätselraten selbst, das Vergnügen bereitete. «Viele schlagen viele Interpretationen vor, keiner sagt dasselbe», kommentierte der Humanist Giovanni Aurelio Augurelli (um 1456–1524?) die Diskussion um eine kryptische Imprese, die Giuliano de' Medici während seines Turniers im Jahr 1475 gezeigt hatte. «All das ist viel schöner als die gemalten Bilder.»[92] So sind denn auch einige von Leonardos Allegorien bis heute nicht entschlüsselt. Eine davon zeigt kämpfende Tiere, ein

Einhorn, einen Drachen und einen Löwen. Mit glänzendem Schild lenkt ein Mann die Strahlen der Sonne auf die Szenerie.[93] Im Vordergrund faucht eine Katze, aus einer Felskluft eilt ein Wildschwein hinzu. Eine überzeugende Deutung steht aus.

Manchmal liefert Leonardo die Auflösung seiner Rätsel mit, so im Fall eines seltsamen Zwitterwesens (Abb. 31). Von der Brust an hat es zwei Oberkörper und Köpfe, den eines schönen jungen Mannes und den eines verdrießlichen Alten. «Das ist Vergnügen zusammen mit Kummer. Und zeige sie als Zwillinge, weil der eine nie vom anderen gelöst wird. Und man macht sie mit einander zugekehrten Rücken, weil der eine dem anderen entgegengesetzt ist, und man macht sie auf ein und denselben Körper gegründet, weil sie das gleiche Fundament haben, insofern der Grund des Vergnügens die Beschwerde am Mißvergnügen ist und der Grund des Mißvergnügens die leeren und wollüstigen Vergnügungen sind.»[94] Die Figur halte daher ein Schilfrohr, das keine Früchte trage, und die Wunden, die man mittels der Pflanze zufüge, seien giftig. Ob man selbst im banalen Alltag die Sprache der Schilfrohre verstand, wie Leonardo glauben macht? Er schließt nämlich: «Man legt sie in der Toskana als Unterlage ins Bett, um anzudeuten, daß man dort leere Träume hat und einen großen Teil des Lebens verbraucht. Es ist hier, wo man viel nützliche Zeit verschwendet und viele nichtige Vergnügungen hat.» Da schreibt einer, der viel zu tun hat und Schlaf für Zeitverschwendung hält. Ob er tatsächlich Sex nur als hohlen Spaß nahm?

4. Zeitbruch

«Mit Musik endet das Fest»

Am 21. Oktober 1494 war Mailands rechtmäßiger Herzog Gian Galeazzo Maria Sforza in Pavia gestorben. Vermutlich hatte man ihn auf Anordnung seines Onkels Ludovico vergiftet. Isabella von Aragon wurde aus dem «Castello» in die Corte Vecchia verbannt, wo sie nun

Leonardos Nachbarin war. Der «Mohr» vergoß Krokodilstränen und wurde umgehend zum neuen Herzog proklamiert. Ludovico stand nun auf dem Gipfel seiner Macht. Er ließ sich als «Schiedsrichter und Orakel Italiens» feiern und spottete, der Papst sei jetzt sein Kaplan, der Kaiser sein Läufer und der König von Frankreich sein Condottiere.[1] Tatsächlich verdankte Alexander VI. Borgia (1492–1503) die Tiara den Machinationen Kardinal Ascanio Sforzas (1455–1505), eines Bruders Ludovicos, dazu mailändischem Geld. Ascanio, der selbst Ambitionen auf den Heiligen Stuhl gehegt hatte und weiterhin hegen sollte, wurde vom Papst mit dem einflußreichen Amt des Vizekanzlers abgefunden. Er galt zunächst als der eigentliche Strippenzieher in Rom, als Papst des Papstes. Doch war Alexander nicht aus dem Holz, aus dem man Marionetten schnitzt. Er spielte sein eigenes Spiel und suchte das Bündnis mit Neapel, wo nach dem Tod König Ferrantes dessen Sohn Alfonso die Krone trug. Um den Borgia-Papst zu zügeln, machte Ludovico Sforza nun der französischen Krone Avancen.

Doch entglitt ihm das Gesetz des Handelns. Denn Karl VIII. von Frankreich (1483–1498) aus dem Haus Valois machte mit dem Vorhaben Ernst, die alten Ansprüche der Anjou auf Neapel durchzusetzen. Im August 1494 brach er mit einem Heer von über 30 000 Mann nach Süden auf. Der in Lodi austarierte Frieden brach, Italien wurde zum Schlachtfeld des Duells zwischen Habsburg und Valois. Florenz gewann der König kampflos, da Piero de' Medici (1472–1503), Sohn und Nachfolger des 1492 gestorbenen «Magnifico», keinen Krieg wagte und sich den Franzosen in die Arme warf. Den Beinamen «der Unglückliche» trug Piero mit Recht; durch die Kehrtwendung hatte er allen Kredit verspielt. Im November 1494 wurden er und seine Familie aus Florenz vertrieben.

Kein italienischer Fürst hatte der mit moderner Artillerie versehenen französischen Streitmacht etwas entgegenzusetzen. Auch Alexander VI. zog es vor, sich mit den Eindringlingen zu arrangieren. Vielleicht spielt eine Allegorie Leonardos auf das Geschehen Ende 1494 an: Sie zeigt einen Wolf, wohl den verschlagenen Papst, der, vom Kompaß geleitet, sein Schiff hin zu einem bekrönten Adler lenkt. Er mag Frankreich oder Karl VIII. bedeuten.[2] Im Frühjahr 1495 waren Leonardo und andere Künstler mit Vorbereitungen für den Besuch König Maximilians beschäftigt, der Ludovico Sforza am 26. und 28. Mai in öffentlichen Zeremonien in Mailand und Pavia die Reichslehen übertragen sollte.[3]

Auch Neapel fiel dem Franzosenkönig rasch zu. Das aragonesische Regime brach zusammen. Mit solchen Erfolgen hatten aber weder Ludovico Sforza noch die anderen italienischen Mächte gerechnet. Eine französische Herrschaft auf der Halbinsel wollte niemand. So schlossen sich Mailand, Rom und Venedig zu einer Defensivallianz zusammen. Am 6. Juli 1495 schlug ihr Heer die Franzosen bei Fornovo nahe Parma. Den Sieg erleichtert hatte eine unheimliche Verbündete, ein Mitbringsel der Eroberer Amerikas: die Syphilis. Sie fraß sich in die Knochen von Karls Söldnern, und bald nannte man das Leiden «Franzosenkrankheit». Das Sforza-Regime hatte sich eine Gnadenfrist erkämpft. Finanziell aber war der Staat ausgeblutet. 1496 galt es allein für den Krieg monatlich 50 000 Dukaten aufzuwenden.[4] Zum großen Problem wurde nun die mangelnde Liquidität, denn auf jeden Dukaten, der in die Kassen wanderte, lauerten Gläubiger. Als sein Kämmerer Giovanni da Pirovano Ende Januar 1496 eine Zahlung von 31 043 Lire für ein Darlehen anmahnte, konstatierte Ludovico trocken: «Giovanni fordert von uns die Abzahlung besagten Kredits in Geld, aber wir haben keine Möglichkeit, ihn in Bargeld auszulösen.»

Die eisernen Zeiten waren schlecht für die Künste. Das Projekt des Sforza-Monuments erlitt einen herben Rückschlag. Schon beschaffte Bronze war für den Guß von Kanonen zweckentfremdet worden.[5] Leonardo sah sich dazu veranlaßt, eine Bittschrift an Ludovico Sforza aufzusetzen. Darin beklagte er seine finanziellen Bedrängnisse und bemerkte: «Über das Pferd werde ich nichts sagen, weil ich die Zeitläufte kenne». Und er erinnerte daran, daß er noch mit dem Ausmalen von «Kämmerlein», Räumen wohl im Sforza-Kastell, beschäftigt sei.

Die Arbeiten scheinen nicht vorangekommen zu sein, vielleicht weil ein frustrierter Leonardo für einige Zeit den Dienst quittiert hatte. Im Juni 1496 wandte sich Ludovico jedenfalls an den Mailänder Erzbischof mit der Bitte, ihm Ersatz für einen «pinctore» zu verschaffen, der ihm jene Zimmer hätte ausmalen sollen. Der jedoch habe sich davongemacht.[6] Eine Bemerkung Vasaris gestattet die Hypothese, daß

Leonardo im Sommer 1496 nach Florenz reiste, um «Urteil und Rat» zum Bau des Großen Saals im Palazzo Vecchio, der späteren Sala dei Cinquecento, beizusteuern.[7]

Zur selben Zeit hielt er nach Aufträgen Ausschau. In einem Briefentwurf empfiehlt er sich den für die Kathedrale von Piacenza verantwortlichen «fabbricieri» für die Anfertigung von Bronzeportalen.[8] Aufs neue zeigt er sich als wortmächtiger Verkäufer seiner selbst. «Öffnet die Augen und achtet gut darauf, daß Ihr euer Geld nicht dafür ausgebt, um Schande zu kaufen. Ich sage Euch, daß Ihr hier allein Werke nach Art geringer und plumper Meister gewinnen werdet; da gibt es keinen, der etwas taugt, außer Leonardo, dem Florentiner, der das Bronzepferd des Herzogs Francesco macht.» Ob «Lonar fiorentino» sein hochtrabendes Schreiben überhaupt abgesandt hat, ist wie üblich unbekannt. Zu einem Engagement in Piacenza kam es nicht. So arbeitete er vorerst weiter an seinem Pferd, betrieb gelehrte Studien und erledigte die üblichen Arbeiten für den Hof.

Sein Entwurf eines Emblems greift die bei Plinius zu findende Fabel von der wachsamen grünen Eidechse auf, die einen Schlafenden vor dem Biß der Schlange bewahrt – Sinnbild des Fürsten, der seine Untertanen beschützt?[9] Daß die Zeichnung im Kontext einer Theateraufführung entstand, macht ihr Ort wahrscheinlich. Sie befindet sich nämlich auf der Rückseite eines Blattes, das Anweisungen für die Einrichtung einer Bühne gibt (Abb. 32). So zählt sie vermutlich zu den wenigen Überresten, die von einer Aufführung der «Danaë» Baldassare Taccones blieben. Sie fand am 31. Januar 1496 im Palast des Condottiere Gian Francesco Sanseverino – des älteren Bruders des schon erwähnten Galeazzo Sanseverino – statt, in Anwesenheit Ludovico Sforzas und Mailänder «Volks». Als Schauspieler agierten unter anderen der Dichter selbst und ein «Gian Cristoforo», wahrscheinlich der Bildhauer Gian Cristoforo Romano (1456–1512), der später für Isabella d'Este arbeitete und einen Nebenpart in Castigliones «Cortegiano» hat. Die Welt der italienischen Renaissance war klein.

Leonardos Zeichnung auf der Vorderseite des Blattes deutet einen gewölbten Saal mit Bühne an. Inmitten ist eine von einer flammenden Mandorla umstrahlte Gestalt auszumachen, gewiß Jupiter. Zwei wei-

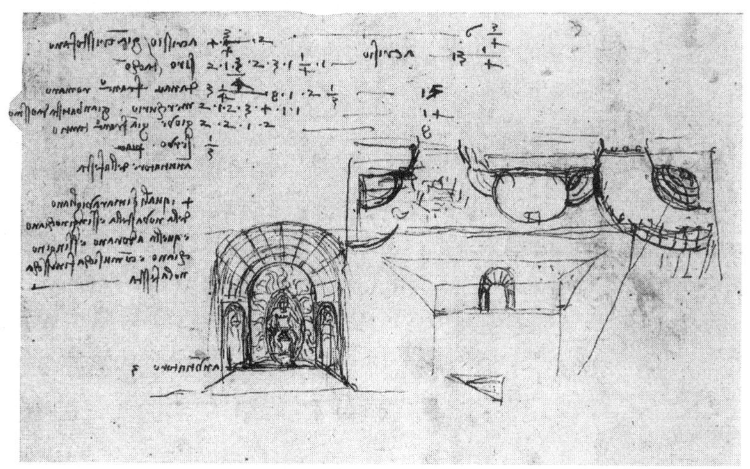

Abb. 32: Leonardo da Vinci, Entwurf für eine Theaterbühne, 1495 (?), Feder und braune Tinte, ca. 16,1 × 9,9 cm (Ausschnitt), New York, Metropolitan Museum of Art.

tere Götter flankieren ihn.[10] Während des Spiels war ein schöner Himmel zu sehen gewesen, «mit einer unendlichen Zahl von Lampen, wie Sterne». Leonardo zelebrierte offenbar dieselben Effekte wie einst zum Höhepunkt des Paradiesfestes. Danaë, deren Liebesbeziehung mit Jupiter Thema von Taccones Schauspiel ist, verkörperte das rechte Verhalten der Untertanen gegenüber ihrem Herrn, dem mit aller Ergebenheit zu dienen sei. Der Götterfürst belohnt Danaë mit Unsterblichkeit und verwandelt sie in einen Stern.[11] Langsam stieg das Gestirn in der Aufführung zum flammenden Himmel, «mit so vielen Klängen, daß es schien, als stürze der Palast ein». Der Ruf «Es lebe der Mohr, triumphierend und voll Kraft!» enthüllte Jupiter als den Sforza-Herzog. Leonardo erwähnt in den Randnotizen zu seiner Skizze noch «Vier, die sich über den neuen Stern wundern und niederknien und ihn anbeten». Er schließt: «Mit Musik endet das Fest.»

Aal mit Orangenschnitten: Das «Letzte Abendmahl»

Im Sommer 1496 reiste Ludovico Sforza in Begleitung seiner Frau ins habsburgische Vinschgau, um König Maximilian zu treffen.[12] Auch Gesandte Spaniens, des Papstes, Venedigs und anderer italienischer Staaten fanden sich im Bergland ein. Das kleine Städtchen Glurns sah sich von Hunderten von Gesandten und 1600 Pferden bedrängt. Illusionäres Ziel der habsburgischen Diplomatie war es, die Allianz zu einem Vernichtungskrieg gegen Frankreich zu bewegen und das Fell der erlegten Beute zu verteilen, mithin die europäischen Machtverhältnisse neu zu ordnen – mit italienischem, vor allem mailändischem Geld, weil die deutschen Fürsten sich einem solchen Abenteuer verweigerten. Der Sforza sollte Asti erhalten, Venedig halb Florenz. Der Gesandte der Serenissima meinte zu diesen Vorschlägen süffisant, Venedig wolle keinen fremden Staat, es wünsche vielmehr, den eigenen zu bewahren.[13] So blieb man uneinig, obwohl die französische Bedrohung andauerte. Denn Valois war bei Fornovo zwar geschlagen worden, aber nicht besiegt.

Im Schatten der Krise schuf Leonardo im Refektorium des Dominikanerklosters Santa Maria delle Grazie sein neben der «Mona Lisa» berühmtestes Werk: «Das letzte Abendmahl» (Tafel 18).[14] Als Auftraggeber tritt Ludovico il Moro deutlicher in den Vordergrund als der Mönchskonvent. Hier, so hatte er entschieden, sollte die Grablege seiner Familie ihren würdigen Ort finden. Gegenüber der Wand, auf die Leonardo sein Gemälde brachte, hatte zuvor Giovanni Donato Montorfano eine «Kreuzigung» gemalt. Sie zeigt Ludovico und Beatrice d'Este nebst ihren Söhnen in anbetender Haltung. Schon der ruinöse Zustand dieser Figuren – sie sind anders als der Rest nicht «al fresco» gemalt – spricht für Leonardos Autorschaft. In den Lünetten darüber malte aller Wahrscheinlichkeit derselbe Leonardo die Wappen Ludovicos, Beatrices und das des legendären Dynastieahnen Anglus (S. 95), der hier, aller historischen Realität zum Trotz, als «Herzog von Bari» firmiert. Der Bildschmuck des Raumes demonstrierte also, wie gewohnt, Alter, Rang und Legimität der Sforza-Visconti.

Der Tod der Gattin am 2. Januar 1497 veranlaßte Ludovico dazu, die Arbeiten in Santa Maria delle Grazie voranzutreiben. Er hatte sofort entschieden, Beatrice dort zu bestatten und sich, wenn ihm selbst die Stunde geschlagen hatte, an ihrer Seite das Grab bereiten zu lassen.[15] Cristoforo Solari «il Gobbo», «der Bucklige», erhielt den Auftrag, eine Grabtumba zu gestalten; auch an diesem Projekt könnte Leonardo mitgewirkt haben. Ende Juni befahl der Herzog seinem Sekretär Marchesino Stanga zu sehen, ob der Gobbo nicht noch im laufenden Jahr mit den Arbeiten für einen Altar beginnen könne. Im selben Zug drängte er, Leonardo zur Fertigstellung seines Werks im Refektorium anzuhalten, damit er sich der Bemalung der anderen Wand widmen könne.[16] Zudem sollte der «Fiorentino» endlich den Vertrag über das «Abendmahl», in dem der Termin von dessen Fertigstellung festgelegt war, unterschreiben. Es ist ein Hinweis darauf, daß das Projekt erst kurz zuvor begonnen worden war.

Leonardo malte auf trockenen Grund, «al secco». Wie kompliziert diese Technik war, zeigen die entsprechenden Abschnitte in Cenninis Buch.[17] Man solle mit «verdeterra» arbeiten, aus Eisensilikat gewonnenem und mit Leim vermischtem «Veroneser Grün». Auch der Gipsgrund, der mit kräftigem Borstenpinsel in zwei oder drei Schichten aufgetragen wurde, war mit Leim anzureichern. Das alles sollte mit Wasser verrührt und um einen Löffel Honig ergänzt werden. Daraufhin sei das Gemisch mit nassem Schwamm auf den Grund zu bringen. Für die Vorzeichnung empfahl Cennini Tinte oder Kohle aus Weinstockholz: sie sei gut gemahlen und vermischt mit Ei. «Gib dann deine Schatten mit Wasserfarbe, zart, weich und ‹rauchig› [sfumanti]». Erst jetzt ließen sich Farben auftragen. Cennini riet, die Tempera mit Feigenmilch, die aus jungen Blättern des Feigenbaums gewonnen wurde, zu vermischen. Damit vermengtes Bleiweiß könne den Figuren die Lichter geben. Außerdem seien zum Beispiel Ocker, Cinabrese – eine ins Rosa spielende Fleischfarbe – oder Auripigment zu verwenden.

In den Malerwerkstätten der Renaissance wurde fortwährend experimentiert. Botticelli etwa hatte die Idee, in den Gips der Grundierung seiner «Venus» Alabasterstaub zu rühren, um die Farben zum Leuchten zu bringen.[18] Leonardo mischte neben Quarz und Kalk pulverisierten Nesquehonit – ein weißes, transparentes Mineral – darun-

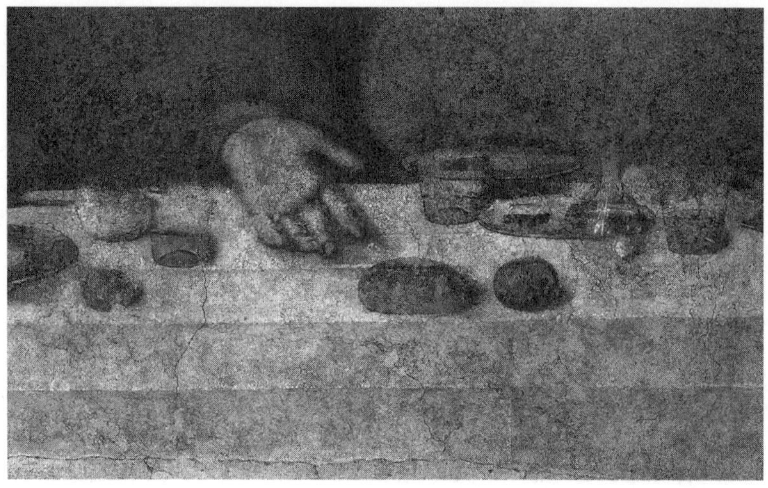

Abb. 33: *Leonardo da Vinci, Der gedeckte Tisch des «Letzten Abendmahls», Ausschnitt aus Tafel 18.*

ter.[19] Die Gründe, aus denen er sich dafür entschied, sein «Abendmahl» in «tempera grassa» – mit Öl versetzter Tempera – auszuführen, sind nachvollziehbar: Er konnte damit viel differenzierter gestalten, weichere Umrisse geben und feinere Schattierungen. Man erkennt noch auf den ruinösen Resten des «Abendmahls» die Falten des weißen, zartblau gemusterten Leinentuchs, das den Tisch bedeckt, ebenso die Knoten an dessen Enden. Das Zinn oder Silber der Teller und Schüsseln funkelt, und die Farben der Gewänder spiegeln sich in ihnen (Abb. 33). Der heiligen Runde ist ein üppiges Mahl bereitet. Aalstückchen liegen bereit, dazu Orangenschnitten, wohl auch Lammbraten. Rotwein schimmert aus virtuos gemalten Glasbechern. Kaum zu erkennen ist heute, daß vor den Bergen, die sich durch die Fenster im Hintergrund zeigen, eine Stadt, Jerusalem, angedeutet war.

Ein Vorteil der Al-secco-Technik war, daß der Maler sich nicht gezwungen sah, gegen die Uhr zu arbeiten. Er konnte – anders als beim Freskieren, das ein rasches Vorgehen verlangt – in Ruhe das eine oder andere Detail hinzufügen oder Korrekturen vornehmen. So wurde eine Arbeitsweise möglich, wie sie der Novellenschreiber Matteo Ban-

dello (1485–1561) schildert, der Leonardo bei der Ausführung des
«Letzten Abendmahls» zusah.[20] «Ich selbst habe ihn mehrmals gesehen und betrachtet, wie er am Morgen zu früher Stunde auf das Gerüst stieg, war doch das ‹Abendmahl› ziemlich hoch über dem Boden.
Er pflegte, sage ich, von Sonnenaufgang bis zu einbrechender Dunkelheit den Pinsel nicht aus der Hand zu legen. Essen und Trinken
vergessend, malte er ohne Unterlaß. Dann mag vorgekommen sein,
daß er zwei, drei oder vier Tage nicht daran arbeitete und dennoch
manchmal eine oder zwei Stunden am Tag allein in Betrachtung verharrte, nachdachte und prüfend, bei sich, seine Figuren beurteilte.
Auch habe ich ihn gesehen, daß er, wie ihm gerade der Kopf stand
oder ihn eine Grille überkam, zur Mittagsstunde, wenn die Sonne im
Löwen steht, von der Corte Vecchia – wo er jenes bewundernswerte
Pferd aus Ton formte – aufbrach und stracks zur ‹Grazie› ging: Da
erstieg er das Gerüst, nahm den Pinsel und brachte ein oder zwei Pinselstriche auf einer jener Figuren an, um unversehens wieder wegzu-
gehen und sich anderswohin zu begeben.»

Vasari ergänzt die Schilderung um eine Anekdote, die den Künstler
als Geistesarbeiter zeigt. Der Prior des Klosters habe Leonardo dabei
beobachtet, wie er einen halben Tag lang geistesabwesend verharrte.
Er habe ihn antreiben wollen wie seine Gärtner, sich gar beim Herzog
über den säumigen Maler beschwert. Leonardo habe Ludovico daraufhin dargelegt, daß «höhere Geister» am meisten arbeiteten, wenn
sie nicht arbeiteten – indem sie im Kopf nach Einfällen suchten und
jene vollkommenen Ideen bildeten, die sie dann mit den Händen zum
Ausdruck brächten.[21]

Das Wandgemälde zeigt einen dramatischen Moment der biblischen Erzählung, als nämlich Christus den bevorstehenden Verrat
an ihm ankündigt: «Und während sie aßen, sprach er: ‹Amen, ich
sage euch: Einer von euch wird mich ausliefern.› Da wurden sie sehr
traurig und einer nach dem andern fragte ihn: ‹Bin ich es etwa,
Herr?›»[22] Wie kein anderer vor ihm hat sich Leonardo in die Situation hineinversetzt. Jeder der überraschten Jünger reagiert auf seine
Weise. Bartholomäus ist erregt aufgesprungen. Jakobus der Jüngere
berührt Petrus an der Schulter, um dessen Aufmerksamkeit zu er-

regen. Der impulsive Apostelfürst hat sich, den Ellbogen herausgereckt, erhoben, um Johannes etwas zuzuflüstern. In seiner Hand blitzt schon ein Messer. Judas sieht sich beiseite gedrängt. «Ich nicht, um Gottes willen!» scheint Andreas zu sagen. Thomas droht mit dem Zeigefinger, der ältere Jakobus breitet, düster blickend und ratlos, die Arme aus. Den Tränen nahe beteuert Philippus seine Unschuld, während die übrigen heftig diskutieren. Im Zentrum thront Christus, ernst und ergeben.

Leonardo hatte zahlreiche Entwürfe erarbeitet (Abb. 34), zunächst aber eine Art Regieanweisung verfaßt: «Einer, der getrunken hat und das Glas an seinem Platz stehenließ und den Kopf dem Redner zuwendet. Ein anderer verschränkt die Finger seiner Hände und wendet sich mit strengen Augenbrauen seinem Gefährten zu. Ein anderer zeigt mit offenen Händen deren Innenflächen und hebt die Schultern gegen die Ohren und macht einen erstaunten Mund. Ein anderer spricht in das Ohr des anderen, und der, der zuhört, wendet sich ihm zu und leiht ihm das Ohr, wobei er in einer Hand ein Messer hält und in der anderen ein von jenem Messer zur Hälfte geteiltes Brot (...).»[23] Genau der Haltung des Bartholomäus entspricht «ein anderer, der die Hände auf den Tisch stützt und schaut». Einen, der die Backen aufbläst, oder denjenigen, «der mit der Hand seine Augen beschattet», sucht man vergeblich.

Zweierlei, nämlich den Menschen und sein Inneres darzustellen, sei dem Maler aufgegeben, forderte Leonardo einmal. Ersteres sei leicht, letzteres schwierig, weil Charakter und Gemüt allein durch Gesten und Bewegungen der Glieder gezeigt werden könnten.[24] In der Tat redet das «Abendmahl» mit Mienenspiel und Handzeichen. Keine Geste wird wiederholt, keine Physiognomie gleicht der anderen. Dieselben Bewegungen und dieselben Gesichter zu wiederholen hielt Leonardo für den größten Fehler, der Malern unterlaufen könne.[25]

Der Literat und Mediziner Giambattista Giraldi (1504–1573) erzählt, Leonardo habe sich stets zunächst die Eigenschaften einer zu malenden Figur klargemacht, dann deren Pendant unter seinen Bekannten gesucht und von ihm eine Zeichnung angefertigt. Judas mußte besonders häßlich sein, zeigte sich doch gemäß aristotelischer Auffassung

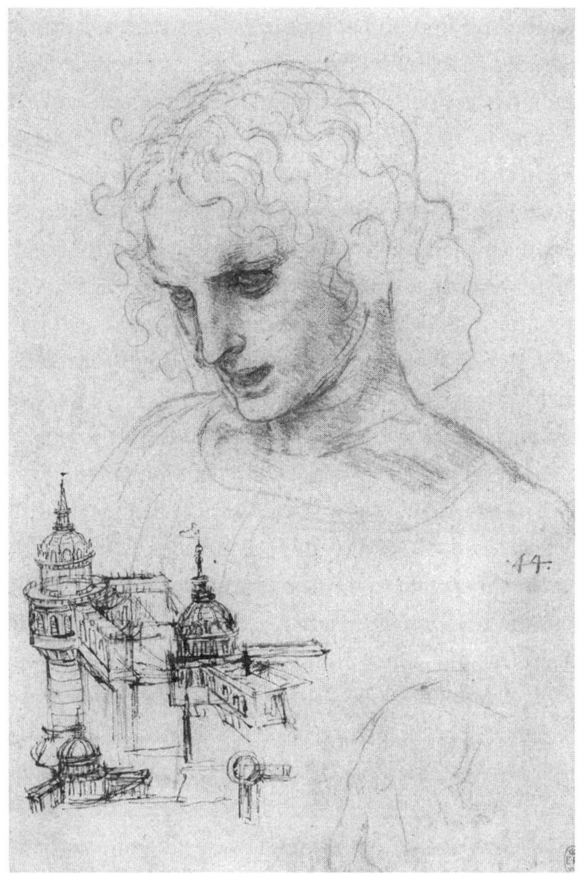

*Abb. 34: Leonardo da Vinci, Jacobus maior und Architekturskizze
(Studie zum «Letzten Abendmahl»), um 1495, Rötel, Feder und Tinte, 25,2 × 17,2 cm,
Windsor Castle, Royal Library.*

eine böse Seele in entsprechendem Äußeren. So habe Leonardo die
Vorstadt durchstreift, wo «alle niederen, größtenteils bösen und verbre-
cherischen» Menschen lebten.[26] Da er keinen fand, der abscheulich genug aussah, habe er den gerade erwähnten lästigen Prior als Modell
gewählt. Das ist nur Anekdote. Doch hielt Leonardo tatsächlich stets
nach Menschen Ausschau, die ihm als Muster dienen konnten. Angehenden Malern hat er geraten, immer ein Büchlein mit eingefärbtem

oder mit Gips grundiertem Papier bei sich zu tragen. Beim Spazierengehen seien die Gesten und Haltungen der Leute beim Reden, Streiten oder Lachen, bei Weinen, Schmerz oder Staunen zu beobachten und mit dem Silberstift zu skizzieren. Man müsse dabei aber darauf achten, daß sie sich unbeobachtet wähnten.[27] Unter Leonardos Aufzeichnungen finden sich Hinweise, daß er selbst so verfuhr. «Cristofano da Castiglione, der bei der Pietà wohnt, hat einen ansehnlichen Kopf», lesen wir da oder: «Giovannina, närrisches Gesicht, ist im Hospital von Santa Caterina.»[28] Für die Figuren des «Abendmahls» soll er Höflinge und «Mailänder jener Zeit» nach der Natur und in ihrer wahren Größe porträtiert haben.[29]

Leonardo wollte erreichen, daß sich beim Betrachten seiner Bilder dieselben Emotionen einstellten, wie sie die gemalten Figuren zeigten.[30] Die Strategie entsprach ebenso rhetorischen Prinzipien wie einer Regel, die Aristoteles für Tragödien formuliert hatte.[31] Danach sollten die nachahmenden Handlungen der Schauspieler Gefühle erregen: Jammern oder Mitleid, Schaudern oder Furcht. Das «Letzte Abendmahl» bot die vollkommenste Umsetzung dieser Forderung überhaupt und erfüllte auch sonst alle Qualitätskriterien der Kunsttheorie der Renaissance. Neben Vielfalt, «varietas», zeigt es Albertis «Ebenmaß». Die Schockwelle der Worte Christi bewegt vier harmonisch organisierte Dreiergruppen.[32] Die Farbgebung genügt Anweisungen desselben Alberti, der feststellte: «Es gibt eine gewisse Freundschaft unter den Farben, so daß die eine, verbunden mit der anderen, ihr Würde und Anmut verleiht. Rosarote Farbe zwischen Grün und Himmelblau geben zusammen Ehre und Ansehnlichkeit.»[33] Die Kombination zeigt sich zum Beispiel in den Gewandfarben von Philippus, Jakobus dem Älteren und Matthäus.

Die perspektivische Konstruktion – ihr Fluchtpunkt findet sich in der Schläfe Christi – öffnete einen zweiten, mit dem Refektorium korrespondierenden Raum. Christus und die Jünger hatten an den realen Mahlzeiten der Mönche teil. Goethe, der im Mai 1788 auf seiner italienischen Reise in Mailand Station machte, hob das hervor, als er konstatierte, daß Leonardo das Mahl nicht wie ein antikes Symposium gegeben habe. «Nein! [Die heilige Gesellschaft] sollte der Gegenwart

angenähert werden, Christus sollte sein Abendmahl bei den Domini-
kanern zu Mayland einnehmen.»[34] Der Gründungsakt der Eucharistie
gewann im Speisesaal der Mönche ewige Präsenz. Leonardo erzählte
auf glaubhafte Weise, was damals geschehen war, und hielt zu Erinnerung und Mitleiden an. Warum aber hat er darauf verzichtet, den
Weinkelch, neben dem Brot das wichtigste Requisit der Episode, abzubilden?

Die Zeiten spielten seinem Werk übel mit. Es sei «eccellentissima»,
bemerkte ein Reisender schon 1517, jedoch im Begriff zu verderben:
«Ich weiß nicht, ob wegen der Feuchtigkeit, die aus der Mauer dringt,
oder aufgrund einer anderen Unachtsamkeit.»[35] Vasari sprach von
einem – freilich faszinierenden – «Flecken». Ihm schien, als habe Leonardo das Antlitz Christi unvollendet gelassen, so zerstört muß es
bereits damals gewesen sein.[36] Seit 1726 erfuhr das Werk sieben Restaurierungen. Viel «Leonardo» klebt nicht mehr an der Wand des
Refektoriums. Was noch vorhanden war, genügte, um die Jahrhunderte staunen zu lassen.

Bald nach Abschluß der Arbeiten scheint Leonardo nach Brescia
gereist zu sein.[37] Eine Notiz mit Heiligennamen könnte die Absicht
andeuten, ein Altarbild für die dortige Franziskanerkirche anzufertigen. Wenn es einen solchen Auftrag gegeben haben sollte, wurde er
nie ausgeführt.

Die Kunst der Geometrie

Zu den ersten, die das «Abendmahl» bestaunten, zählte der Mathematiker Fra Luca Pacioli (um 1445–1514/17). In der Vorrede zu seinem
Traktat «Über die göttliche Proportion» lobt er die lebhafte, sprechende Gestik der Apostel.[38] Das Datum, das die Widmung des Traktats an Ludovico Sforza trägt, der 9. Februar 1498, gilt als Zeitpunkt,
vor dem das Gemälde weitgehend fertiggestellt gewesen sein muß.[39]
Die frühesten Kopien sollten schon in den ersten Jahren des 16. Jahrhunderts entstehen.

Inzwischen war der Schöpfer des berühmten Bildes damit beschäftigt, einen Raum des Sforza-Kastells auszuschmücken, den «Kleinen

schwarzen Saal», die «Saletta negra» – so angeblich genannt aus Trauer über Beatrice d'Estes Tod.[40] Die Rede ist von einer Krone; vielleicht war sie, da Ludovico endlich legitimer Herzog von Mailand war, dem Sforza-Wappen hinzuzufügen.[41] Die Überwachung der Arbeiten lag bei Gualtieri Bascapè, der zugleich ein größeres Projekt beaufsichtigte, an dem Leonardo ebenfalls beteiligt war, nämlich die Ausmalung der nach ihrer Bretterverkleidung benannten «Salla delle asse» im Nordostturm des Schlosses.[42] Leonardo, so Bascapè, habe zugesagt, die Arbeiten bis September 1498 abzuschließen. Bei all diesen Aufträgen wie schon bei der Ausführung des «Abendmahls» müssen ihm Gesellen zur Hand gegangen sein, die Gips anrührten, Farben bereiteten, vielleicht auch einfachere Partien malten. Zwei von ihnen, Benedetto und Ioditti, werden auf einer Abrechnung erwähnt, ohne daß vermerkt wäre, wofür sie entlohnt wurden. Benedetto verdiente in zwei Monaten 38 Lire, Ioditti bekam für fast vier Monate Arbeit 59 Lire. Sie hatten jedoch wie andere Gesellen vier Dukaten monatlich für Kost und Logis zu bezahlen, so daß von dem Geld wenig übrigblieb.[43]

Die «Sala delle asse», ein großer, quadratischer Raum mit Seitenlängen von je fünfzehn Metern, zählte zum Appartement des Herzogs. Sie dürfte ebenso privat genutzt worden sein wie dem Empfang hochgestellter Gäste gedient haben. Leonardo und seine Mitarbeiter schufen auf einer Fläche von fast 880 Quadratmetern eine imaginäre Pergola in Öl und Tempera (Tafel 17). Die Äste von sechzehn Maulbeerbäumen, dazwischen goldene Bänder, sind an der Decke zu einem vollkommen symmetrischen Muster verflochten. Unter Tünche wurden die Malereien erst 1893 freigelegt. Weitere Restaurierungsarbeiten brachten zudem gemalte «leonardeske» Felsformationen und darin das Wurzelwerk eines der Bäume ans Licht. Die Maulbeerbäume, «moroni», spielten auf «il moro», den Auftraggeber, an.

Die Texte von vier Inschriftentafeln sind verloren, konnten aber rekonstruiert werden.[44] Drei davon erinnerten an Maximilians Heirat mit Bianca Maria Sforza, an die Belehnung Ludovicos mit Mailand und seine «Deutschlandreise», mit der sein Ausflug ins Vinschgau im Sommer 1496 gemeint war. Dort habe er bewirkt, daß der «göttliche König» sich in Italien Karl VIII. entgegenstellte. Viel dreister ließen

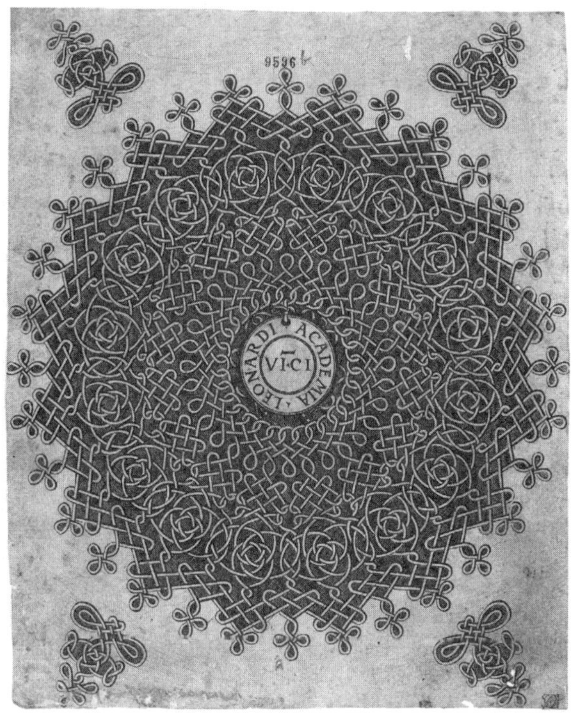

Abb. 35: Nach Leonardo da Vinci, «Academia Leonardi Vinci», 1490/1500, Kupferstich, 29 × 21 cm, London, British Museum.

sich die mageren Resultate des Treffens im Vinschgau nicht verschleiern.

Leonardo konnte bei der Entwurfsarbeit für die «Sala delle asse» ungehemmt seiner schrulligen Neigung frönen, strikt geordnete Geflechte zu konstruieren – er habe viel Zeit mit solchen Spielereien vertan, behauptet Vasari.[45] Dieselbe Passion verraten sechs «Knoten», die durch Kupferstiche des ausgehenden 15. Jahrhunderts überliefert und im Zentrum «Academia Leonardi Vinci» oder ähnlich beschriftet sind (Abb. 35).[46] Allein Girolamo Borsieris 1619 publiziertes Buch über den Mailänder Adel erwähnt eine solche Akademie, die «Lektionen» über Perspektive, Maschinen und Gebäude herausgebracht habe.

Hinter dem Wort «Accademia» mußte sich keineswegs eine Institution mit festem Sitz und Statuten verbergen. Leonardos «Akademie» war allenfalls ein loser Zirkel von Künstlern, Gelehrten und Höflingen, vielleicht auch eine Mal- und Zeichenschule.[47] Auf Diskussionen in einem solchen Kreis könnte sich Paciolis Erinnerung an ein «gelehrtes Duell» am 9. Februar 1498 in Ludovicos «uneinnehmbarer Festung» beziehen, an dem außer dem Herzog und Leonardo Bischöfe, Äbte, Ärzte, Juristen und Ingenieure teilnahmen.[48] Pacioli erwähnt neben anderen Galeazzo da Sanseverino, den Hofastrologen Ambrogio da Rosate und den Architekten Giacomo d'Andrea.

Ob Leonardos «Knoten» nun Wappen eines akademischen Kreises waren oder nicht, sie machten Karriere. Dürer kopierte das Motiv, als er sich zwischen 1505 und 1507 in Venedig aufhielt; ähnlicher Schmuck ist auf der Frontseite des Altars von Raffaels «Disputà» im Vatikan anzutreffen. Zuhauf finden sich «nodi» in Initialen der 1509 erschienenen Druckausgabe von Paciolis «Göttlicher Proportion». Ob Leonardo sie entwarf, ist unsicher. Doch lieferte er Entwürfe für die Abbildungen der fünf regulären geometrischen Körper nebst der von ihnen abhängigen Varianten. Die Vorlagen, so Pacioli, stammten von der «für alle mathematischen Disziplinen äußerst geschickten linken Hand des heutigen Fürsten [der Künste] unter den Sterblichen, unseres Leonardo da Vinci aus Florenz, zu jener glücklichen Zeit, als wir uns zusammen im selben Sold in der wunderbarsten Stadt Mailand befanden» – also zwischen 1496 und 1499.[49] Es dürfte die 1494 in Venedig gedruckte «Summa über Arithmetik, Geometrie, Proportionen und Proportionalität» gewesen sein, die Pacioli den Zugang zum Mailänder Hof verschafft hatte. Leonardo erwarb sie für 119 Soldi.[50] Das Buch enthielt neben einem Kapitel über den «Goldenen Schnitt» die bis dahin ausführlichste Beschreibung der doppelten Buchführung. So wurde Pacioli irrtümlich auch für deren Erfinder gehalten. «De divina proportione» entstand in Mailand. Die Druckausgabe von 1509 wurde wiederum in Venedig verlegt.

Jacopo de' Barbaris Porträt von Luca Pacioli (Tafel 19) ist ein Emblem des «geometrischen Geists» der Renaissance. Pacioli zeigt auf eine Tafel, die für Euklids «Elemente» steht, die damals autoritative Geometrie. Der Blick des Porträtierten geht auf einen transparenten

Rhombenkuboktaeder. Pacioli stammte aus Borgo Sansepolcro, der Stadt Piero della Francescas. Dieser Meister einer «mathematischen» Malerei hatte selbst theoretische Abhandlungen verfaßt: eine über den Abakus, eine weitere zur Perspektive und ein «Büchlein», das erstmals genaue Konstruktionsanleitungen für die regulären geometrischen Körper bot. Vasari behauptet, Pacioli habe «alle Arbeiten jenes guten Alten» einfach abgeschrieben und unter eigenem Namen publiziert.[51] Das war nicht falsch. Der Frate war lediglich ein Kompilator, der Bekanntes zu resümieren verstand, nicht aber das Mathematikgenie, für das er zu seiner Zeit gehalten wurde. Das Kapitel über die «Fünf regulären Körper» hat er tatsächlich bei Piero kopiert. Ihn rühmt er zwar an anderer Stelle als «den Monarchen der Maler zu unseren Tagen», zitiert ihn aber nicht als Quelle. So war es eigentlich Piero, der Leonardo die Hand führte, als er die geometrischen Gebilde entwarf. Vinci erwähnt den großen Vorläufer nur einmal, auf einem mit allerlei Memoranden beschrifteten Blatt: «Brille», «das Gewand trocknen», «Michelangelos Kette», «Multiplikation von Wurzeln», «Socken», «mein Buch binden lassen», «Muskatnuß» – und «mestro Piero dal Borgo».[52]

Der Retter der Welt

Mit Pacioli pflegte Leonardo intensiven Umgang. Man kann sich die beiden sogar beim Schachspiel vorstellen, verfaßte der Frate doch um 1499 einen Traktat darüber. Eine Mitarbeit Leonardos daran läßt sich nicht belegen.[53] Die Abhandlung blieb ungedruckt wie auch eine Schrift «Über die Kräfte der Quantität», die mathematische Fragen diskutierte und Zaubertricks mitteilte.[54]

Vielleicht zeigt ein von einigen Kennern als eigenhändiger «Leonardo» eingestuftes Tafelbild, der im November 2017 versteigerte «Christus als Salvator mundi» (Tafel 20), Spuren der Gespräche mit Pacioli.[55] Die Tafel ist aus Walnußholz geschnitten, einem Material, das Leonardo vor allem in seiner Mailänder Zeit für seine Bilder bevorzugte. Eine aufwendige Restaurierung brachte unter Übermalungen verborgene Renaissance zutage: ein weich modelliertes Gesicht, sorgfältig gemalte Leonardo-Locken, naturnahen Faltenwurf – für den Vorzeichnungen erhalten blieben – und die zum Segen erhobene Hand. Ein technisches Meisterstück ist die Kristallkugel, die Christus in der Linken hält.

Sie legte platonische Assoziationen nahe. Die Kugel galt seit Platon als der vollkommenste aller geometrischen Körper, schloß sie doch alle anderen in sich. Gott konnte einer Kugel verglichen werden, deren Mittelpunkt überall und deren Umfang nirgendwo sei.[56] Was auffällt, ist, daß Leonardos Kugel kaum Lichtbrechung erkennen läßt. Unverzerrt scheint das blaue Gewand Christi hinter ihr durch. Leonardo zeigt sie präzise gemäß den Kategorien, nach denen er vier Arten von Licht unterschied: erstens diffuses Licht wie das der Erdatmosphäre, zweitens solches, das von der Sonne, durch ein Fenster oder andere Öffnungen, komme, und drittens reflektiertes Licht. Als viertes nennt er Licht, das durch transparente Körper «wie Leinwand, Papier oder ähnliches» scheine. Glas oder Kristalle erweckten den Anschein, «als ob nichts zwischen dem undurchsichtigen Körper und dem Licht, das ihn beleuchtet, sei».[57]

Versucht sich Leonardo mit der vollkommen transparenten Kugel an der Darstellung der «quinta essentia», des fünften Elements der antiken Naturphilosophie? Es sollte von feinster Art sein, Materie und Nichtmaterie zugleich, dabei unvergänglich.[58] Weder schwer noch leicht, nicht dünn und nicht dicht, verschloß sich die Quintessenz aller Beschreibung. Über Jahrhunderte versuchten Alchemisten, den Zauberstoff herzustellen, verhieß er doch ewige Jugend, selbst Unsterblichkeit. Alles, was oberhalb der Sphäre des Mondes sei, sollte aus ihm bestehen. Hier, wo sich in kristalliner Ordnung die Sphären der Planeten drehten, herrschten nach Auffassung der Kosmologen der Renaissance andere Gesetze als in der wirren Erdenwelt. Alle Bewegungen sollten sich stets in Kreisform vollziehen – entsprechend der Vollkommenheit der Kugelgestalt der Gestirne und der perfekten Substanz, aus der sie gebildet waren. Die Vermutung, daß es Luca Pacioli war, der Leonardo auf die Bedeutung der Kugel und die Eigenheiten der Quintessenz aufmerksam machte, legen Passagen seines Buches über die «Göttliche Proportion» nahe. Gestützt auf Platon, läßt er sich darin ausführlich über das fünfte Element verlauten.[59] Gott selbst habe aus ihm die übrigen Elemente destilliert. Pacioli beschreibt es als eine «himmlische Kraft», die alles in seinem Sein erhalte, eine ursprüngliche «architektonische Substanz» des Universums und dessen Raum in einem. Leonardo nennt die Quintessenz «Geist der Elemente» und «Gefährtin der Natur». Auch die Seele sollte aus ihr bestehen.[60]

Christus, in dessen Hand der kristalline Kosmos ruht, hat der Maler auf konventionelle Weise porträtiert. Der schwierigen Aufgabe, ihn, der der schönste der Menschen sein mußte, darzustellen, kam entgegen, daß es Bilder von ihm gab, die als authentisch verehrt wurden. Man sprach von «Acheiropoieta», nicht von Menschenhand geschaffenen Porträts. Zu ihnen zählte das «Tuchbild» von Edessa, das sogenannte Mandylion, das im 10. Jahrhundert nach Konstantinopel gelangte.[61] Wie andere «vera icones», «echte Bilder», soll es durch einen magischen Akt entstanden sein, durch Berührung mit dem Gesicht des Herrn. Irgendwann nach der Eroberung Konstantinopels ging es verloren. Doch waren Kopien angefertigt worden, von denen einige bald ihrerseits als Originale galten. Eine davon, der «Santo Mandillo», gelangte als Geschenk des byzantinischen Kaisers 1384 nach Genua, wo Leonardo sie gesehen haben könnte.[62]

Doch war der Typus des «Salvators» so verbreitet, daß wir Leonardo nicht unbedingt in die ligurische Küstenstadt schicken müssen, um ihn dort eine mögliche Vorlage für den «Retter der Welt» kopieren zu lassen. Wie auf zahllosen Christus-Porträts entspricht das Aussehen des Gottessohnes bei Leonardo einer Beschreibung, die als Augenzeugenbericht eines Zeitgenossen galt. Der angebliche Autor Lentulus war eine erdichtete Person, seine Erzählung eine Fälschung der Zeit um 1300. Der Text mag seinerseits von Christus-Bildern nach Art des «Mandylion» angeregt worden sein. «Er hat ein ehrwürdiges Antlitz, das die ihn Betrachtenden leicht ebenso lieben wie fürchten können. Er hat Haare von der Farbe einer reifen Haselnuß. Sie sind glatt bis zu den Ohren, von den Ohren hinab aber gelockt, etwas dunkler und glänzender, und sie spielen um die Schultern. In der Mitte sind sie nach Sitte der Nazarener gescheitelt. Die ebene, überaus heitere Stirn mit einem Gesicht ohne jegliche Falten verschönert ein leichtes Rot. An Nase und Mund ist durchaus nichts zu tadeln. Er hat einen reichen und den Haaren an Farbe gleichen Bart, nicht lang und in der Mitte geteilt.»[63]

Die Frage, welche Teile des Bildes von Leonardo selbst, von Schülern – etwa Boltraffio – stammen oder der Restaurierung geschuldet sind, wird noch lange für Diskussionsstoff sorgen. Zum Beispiel scheinen die mit strengen geometrischen Mustern verzierten Borten, die sich vor der Brust Christi kreuzen, wie mit Lineal und Schablone gemacht, ohne Rücksicht auf die Perspektive und ohne Falten. So etwas wäre Leonardo nicht unterlaufen. Technische Befunde, die zum Beispiel Pentimenti – nachträgliche Korrekturen – ans Licht brachten, deuten aber doch darauf hin, daß es sich um ein großteils eigenhändiges Werk handeln dürfte.

Das Bild regte früh andere Künstler an. Als einer der ersten ließ sich Bernardino Luini (um 1480–1532), einer der bedeutendsten Nachfolger Leonardos, zu einer Variante inspirieren. Wenceslaus Hollar fertigte 1650 einen Kupferstich des «Salvator»; damals soll sich das Gemälde im Besitz Henrietta Marias, der Witwe Karls I. von England, befunden haben, später in einer englischen Privatsammlung. Seit 2017 soll es dem Louvre-Ableger in Abu Dhabi gehören. Sein gegenwärtiger Aufenthaltsort ist unbekannt.

Geld und nochmals Geld

Die Finanzsituation Mailands hatte sich zum Jahrhundertende hin weiter verschlechtert. Von den erforderlichen Ausgaben in Höhe von 340 000 Dukaten konnten lediglich 180 000 bezahlt werden.[64] Was sich in den Schatztruhen noch fand, war für Söldner bestimmt, nicht für Maler. Für manchen Hofkünstler bewahrheitete sich ein Sprichwort, das Benedetto Dei überliefert: «Wer mit den Höfen der Herren zu tun hat, stirbt am Ende als Bettler und arm.»[65] Wie demütig man am Sforza-Hof bisweilen um Geld betteln mußte, deutet ein witziger Dialog an, den Bramante erfand. Sein Gegenüber ist Gasparo Visconti, der Höfling und Dichter.[66] Bramante bittet den bei Ludovico einflußreichen Visconti um Fürsprache, wie es vielleicht auch in Wirklichkeit vorkam. Visconti: «Bramante, du bist zu unhöflich. Jede Stunde schickst du um Strümpfe; dabei hast du einen Berg Geld zur Seite gelegt. Scheint es dir so wenig, wenn ich dir deine Kosten bezahle?» – Bramante: «Mein Herr, ich hab auf Treu und Glauben keinen ‹Torinese›! Ach, bitte! Gib mir einen Soldo und häng mich dann auf.» – Visconti: «Wie, bei Hof bezahlt man dich nicht? Du hast doch fünf Dukaten im Monat.» – Bramante: «Um die Wahrheit zu sagen, die Höfe sind wie Priester, die Wasser, Worte, Rauch und grüne Zweige geben. Wer nach etwas anderem fragt, handelt gegen die Vorschriften.» – Visconti: «Und dein Borgonzio und Marchesino [Stanga], was machen sie? Hast du nicht ihre Gunst?» – Bramante: «Ach, sie bleiben stumm. Alle sind wir taub, wenn's um Geld geht. Aber kommen wir auf die Kleider zurück. Wenn du mir ein wenig meine Strümpfe richtest, werf ich die alten in die Ecke.»

Die Parodie könnte ein wenig auch Leonardos Situation spiegeln. Oft genug mußte er dem ihm zustehenden Lohn hinterherlaufen. In seiner Bittschrift von 1494 schreibt er an Ludovico Sforza, «Ihre Herrlichkeit» nicht an seine kleinen Angelegenheiten erinnern zu wollen. Die Künste seien zum Schweigen gebracht. «Es betrübt mich sehr, in Not zu sein». Ganz Höfling, fährt er fort: «Doch mehr noch schmerzt mich, daß sie der Grund dafür ist, der mich hindert, mein Verlangen zu befriedigen, das immer darauf gerichtet war, mich Eurer Exzellenz gehorsam zu erweisen.» In 36 Monaten habe er ganze 50 Dukaten erhalten. Dabei seien sechs Münder zu stopfen, dazu – oder unter ihnen? – zwei Meister zu entlohnen.

Man kann den armen L.V. sogar zum Kapitalismuskritiker machen. Männer, die allein materiellen Reichtum begehren und den der Seele nicht, verachtet er.[67] Düster und geheimnisvoll liest sich eine seiner «Prophezeiungen»: «Aus dunklen und umschatteten Höhlen wird hervorkommen, was das ganze Menschengeschlecht in große Angst, Gefahr und Tod bringen wird. Vielen seiner Anhänger wird es, nach vielen Ängsten, Freude bereiten. Wer aber nicht zu seinen Parteigängern gehört, wird in Mangel und Elend sterben. Es wird zu unendlichem Verrat führen, die Zahl schlechter Menschen vermehren, sie zu Mord, Raub und Versklavung anstacheln; es wird argwöhnisch machen gegenüber den eigenen Gefährten, freien Städten ihren Staat zerstören und vielen das Leben; es wird die Menschen damit plagen, daß sie untereinander viel Betrug, Täuschung und Verrat begehen. O monströse Kreatur! Wieviel besser wäre es für die Menschen, sie kehrten alle in die Hölle zurück! Seinetwegen werden die großen Wälder verwüstet werden (...) und unzählige Lebewesen werden das Leben verlieren.»[68] Gemeint ist nichts anderes als Metall, der Stoff, aus dem Waffen sind – und Geld, der mörderische Mammon.

Auch eine von Leonardos Rätselzeichnungen zeigt, daß er um die Ambivalenz materieller Errungenschaften wußte.[69] Man sieht einen Wolkenbruch, der nützliche und schöne Dinge – Musikinstrumente, Glocken, Werkzeug, Rechen, Zangen, Kannen, einen Blasebalg, auch eine Brille – zur Erde regnen läßt. Daß der Segen am Jammer der Welt nichts ändert, deutet der Text am unteren Bildrand an: «O menschliches Elend, von wie vielen Dingen machst du dich um Geld zum Sklaven!» Aber Leonardo wäre nicht Leonardo, ließe er uns nicht ein Problem: Was soll der in den Wolken thronende Löwe bedeuten?

In den Quellen finden sich Indizien dafür, daß Leonardo selbst zur Zeit der Krise der Mailänder Staatsfinanzen keine Not litt. Dafür spricht, daß er um 1500 über ein beträchtliches Vermögen verfügte (S. 187) und anderen, so dem Miniaturisten Attavante, Geld lieh. Daß ihm alljährlich 2000 Dukaten ausbezahlt wurden, ist allerdings Legende.[70] Gaspare Bugatti, ein Mailänder Historiker des 16. Jahrhunderts, nennt die Summe von nur fünfzig Dukaten. Ob dieses Gold tatsächlich floß, wissen wir nicht. Für größere Aufträge wie das «Abendmahl» wurde Leonardo ohnedies gesondert entlohnt. Der Mangel an Bargeld mag nach Fertigstellung des Gemäldes dazu bewogen haben, ihn mit einer Immobilie abzufinden. 1499 übertrug ihm der Herzog einen Weingarten, den er schon zuvor hatte nutzen können.[71] Das etwa 175 mal 60 Meter messende Grundstück lag innerhalb der Stadtmauern, in einer damals kaum bewohnten Gegend nahe San Girolamo und Santa Maria delle Grazie.[72]

Vom Wein verstand Leonardo übrigens nicht wenig. Er beschreibt, wie man mittels Galläpfeln und Vitriol Weißwein zu Rotem panscht. In späteren Jahren gibt er seinem Verwalter Zanobi Boni, der ihm von einem ererbten Landgut bei Fiesole einen schlechten Tropfen geliefert hatte, Hinweise, was zu tun sei, um dessen Qualität zu heben.[73] Italien könnte von dem Gut mit dem allerbesten Wein versorgt werden, wenn man nur die Weinstöcke besser pflegte. Leonardo empfiehlt, ihre Wurzeln im Winter mit Kalkschutt zu bedecken. Das halte sie trocken, während Stämme und Blätter durch die Luft all jene Substanzen anzögen, die der Ausreifung der Trauben zuträglich seien. Den Wein dann einfach in offenen Gefäßen gären zu lassen, habe aber zur Folge, daß sich die Essenz, der Geist des Weines, verflüchtige. Es bleibe allein ein fader Saft, gefärbt von Schalen und Fruchtfleisch. «Wenn man ihn nicht (…) von Gefäß zu Gefäß umgießt, wird der Wein trüb und ist schwer im Magen.» So schließt Leonardo, in der ungewohnten Rolle des Weinbauern: «Wenn Ihr und andere gewissenhaft diese Ratschläge in acht nehmt, würden wir hervorragenden Wein trinken.»

Das Mailänder Grundstück war eine fürstliche Entschädigung. Weinland war teuer und begehrt. Der Wert des Grundstücks, den sein neuer Besitzer errechnete, lag bei über 2000 Lire imperiali. Von Leonardos Leben dort – umgeben von Reben, vielleicht Zitronenbäumen, gewiß umweht von den Düften des Sommers und dem Gesang der Zikaden – wissen wir nichts. Ohnedies konnte sich Leonardo des Daseins eines Landlords nicht lange erfreuen. Krieg zog auf.

Mailänder Endspiel

Ludwig XII. von Frankreich (1498–1515) plante, das mailändische Herzogtum zu gewinnen, nachdem sein Vorgänger Karl mit diesem Vorhaben gescheitert war. Im Juli 1499 sammelten seine Generäle bei Lyon ein großes Heer, zwischen 6000 und 9000 Reiter und 17 000 bis 20 000 Fußsoldaten. Durch Savoyen drang es in die Lombardei ein.[74] Als erstes fiel Asti. Ludovico Sforza suchte sein Heil in der Flucht und hoffte, bei König Maximilian Unterstützung zu finden. Doch fiel Mailand schon am 10. September. Die Söldner hausten nach ihrer Art. Sie verwüsteten Galeazzo Sanseverinos Palast und die Ställe seiner edlen Pferde – Leonardo hatte für einige von ihnen Entwürfe geliefert –, ebenso den Garten Bergonzio Bottas, Gastgeber des Festmahls für Gian Galeazzo Sforza und Isabella von Aragon in den glücklicheren

Wintertagen Anfang 1489. Leonardo notiert kryptisch: «Borgonzio fing an und wollte nicht, und daher entkam er dem Schicksal.»[75] Prominentestes Opfer der Soldateska war das Tonmodell des Sforza-Pferdes. Es wurde zur Zielscheibe gascognischer Armbrustschützen, die sich mit seiner Zerstörung die Zeit vertrieben.[76] Anders, als der Dichter Paolo Cortesi vorausgesagt hatte[77], blieb dem Gründer der Größe der Sforza ewiges Gedächtnis in Gestalt eines Reitermonuments versagt. Auch aus der Idee Ercole d'Estes, Leonardos Formen nach Ferrara schaffen zu lassen und sie für den Guß eines Este-Monuments zu nutzen, wurde nichts.[78]

Anfang Oktober hielt Ludwig XII., bekleidet mit einem Herzogsmantel aus weißem Damast, in Mailand triumphalen Einzug. Im Dom ließ er sich als neuer Landesherr feiern und machte sich dann an die Besichtigung der Stadt. Er besuchte den Palast, den Ludovico Sforza einst der Gallerani geschenkt hatte, und das Kastell. In der «Sala delle asse» wird er über die großmäuligen Inschriften des Besiegten gespottet haben. Eine davon ließ er mit einem Text übermalen, der an dessen schmähliche Flucht erinnerte. Er wurde bei Restaurierungen von patriotischen Konservatoren nicht wiederhergestellt. So blieb der Platz leer bis heute.

Ungerührt von all diesen Konvulsionen machte sich Leonardo noch Anfang August 1499 Gedanken über die Physik von Bewegung und Gewicht und richtete eine Heizanlage für Isabella von Aragons Bad ein.[79] Und er nutzte die Gelegenheit, mit Ludwigs XII. Hofmaler Jean de Perréal (um 1460 – nach 1530) Kontakt aufzunehmen. Nicht ästhetische Aspekte von dessen Kunst interessierten ihn, da hatte er keine Unterweisung nötig. Es ging ihm um technisches Wissen. Das deuten die Stichworte an, die er niederschrieb: «Die Methode, al secco zu malen; die Art, weißes Salz und gefärbtes Papier zu machen (…) und sein Farbkasten; lerne, Tempera aus Hornmehl zu machen, lerne, Schellack aufzulösen.»[80]

Neue Patrone zu finden und damit Geldquellen zu erschließen, war für Leonardo Gebot der Stunde. Denn was von den Franzosen zu erhoffen war oder zu befürchten stand, erschien ungewiß. Zudem war Sforza zwar geschlagen und geflohen, aber noch am Leben. Sollte er zurückkehren, war eines sicher: daß jeder Dukaten für Söldner und Kanonen ausgegeben würde und gewiß nicht für Bilder oder ein Bronzedenkmal. So bereitete Leonardo in aller Heimlichkeit seine Abreise vor. «Finde ‹ingil› und sage ihm, daß du ihn in ‹amor› erwartest und daß du mit ihm nach ‹ilopan› gehen wirst.» Die Auflösung des Satzes ist einfach – man lese die Rätselworte rückwärts, dann ergeben sich «Roma» und «Napoli». Dort also hoffte er, sein Auskommen zu finden. Hinter «Ingil» verbarg sich Graf Louis de Luxembourg-Ligny (1467–1503), einer der Anführer der französischen Invasionsarmee.

Vorerst rüstete Ludovico zur Gegenoffensive. Im Februar 1500 konnte er sich mit Hilfe rasch angeworbener Söldner nochmals zu Mailands Herrn machen. Als Devise wählte er ein Tambourin, dazu die Worte: «Je sonneray l'yver pour danser l'este», «ich werde im Winter erklingen, um im Sommer zu tanzen».[81] Doch mußte der Ball abgesagt werden. Schon im April sah sich Ludovico im gerade erst zurückgewonnenen Novara eingeschlossen. Seine Söldner verweigerten den Gehorsam, wohl weil es an Geld fehlte, sie zu bezahlen. Beim Versuch, als Landsknecht verkleidet zu entkommen, wurde Ludovico verraten und gefangengenommen.

Leonardo kommentierte lakonisch: «Der Herzog hat den Staat verloren, seinen Besitz und die Freiheit, und keines seiner Projekte wurde für ihn zu Ende gebracht.»[82] In Mailand wurde gemordet und geplündert. «Visconti verschleppt, und dann sein Sohn getötet», notierte Leonardo. «Giovanni della Rosa, das Geld genommen.» Gouverneur Gian Giacomo Trivulzio (1441–1518), ein geschworener Feind der Sforza, hielt grausames Strafgericht. Am 12. Mai 1500, da hatte Leonardo Mailand schon den Rücken gekehrt, wurde sein Freund Giacomo Andrea, der Vitruv-Kenner, geköpft. Er war der Verschwörung gegen das neue Regime verdächtigt worden. Seine Leiche wurde geviertelt. Die blutigen Fetzen stellte man an den Stadttoren zur Schau, zur Abschreckung aller Feinde Frankreichs. Im fernen Schloß Loches verbrachte derweil Herzog Ludovico seine Tage in französischer Haft. In einem Verließ im Martelet-Turm sollte er nun genug Zeit haben, über die Launen Fortunas nachzudenken.

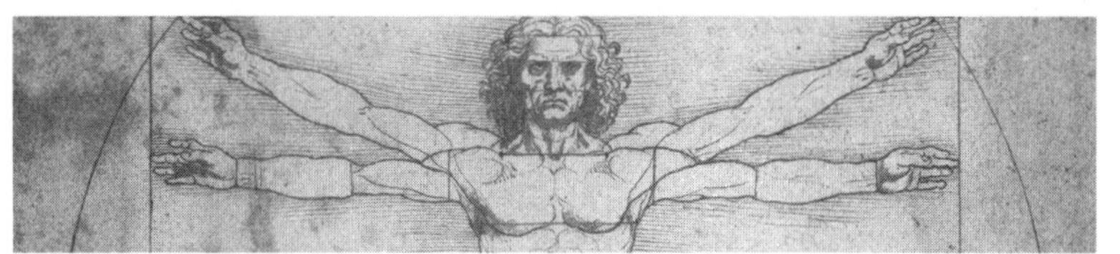

III.
Neue Patrone: Florenz, 1500–1506

1. Umorientierung

Italienische Reise: Mantua, Venedig

Als Leonardo die Reise nach Neapel erwog, hatte er nach seiner Gewohnheit eine Liste mit allem, was nun vorzubereiten war, angelegt.[1]
«2 Kästen machen, Decken für Maultiertreiber, oder besser wären
Bettdecken; es sind 3, von denen du eine in Vinci läßt (…) kauf Man-
tillen und Tischtücher, Mützen, Schuhe, 4 Paar Hosen, ein Wams aus
Gemsenleder und Haut, um neue zu machen. Die Drehbank Ales-
sandros. Verkauf, was man nicht tragen kann.» Ob auch Zeichnungen
und Gemälde im Gepäck verstaut waren, verrät die Quelle nicht. Den
größten Teil seines Vermögens, 600 Goldfiorini, überwies Leonardo
Mitte Dezember 1499 nach Florenz und legte ihn beim Ospedale
Santa Maria Nuova an, das wie andere kirchliche Einrichtungen auch
als Depositenbank diente.[2] Bargeld, im April 1499 218 Lire, pflegte er
in Päckchen aus verschieden gefärbtem Papier zu wickeln und in der
Werkstatt zu verstecken.[3] Seinen Weingarten verpachtete er.

Ende 1499 verließ Leonardo Mailand, gemeinsam mit Luca Pacioli
und Salai.[4] Ziel der Reise war Florenz, zunächst aber ging es nach
Mantua. Die Stadt am Mincio, Residenz der Gonzaga, war berühmt

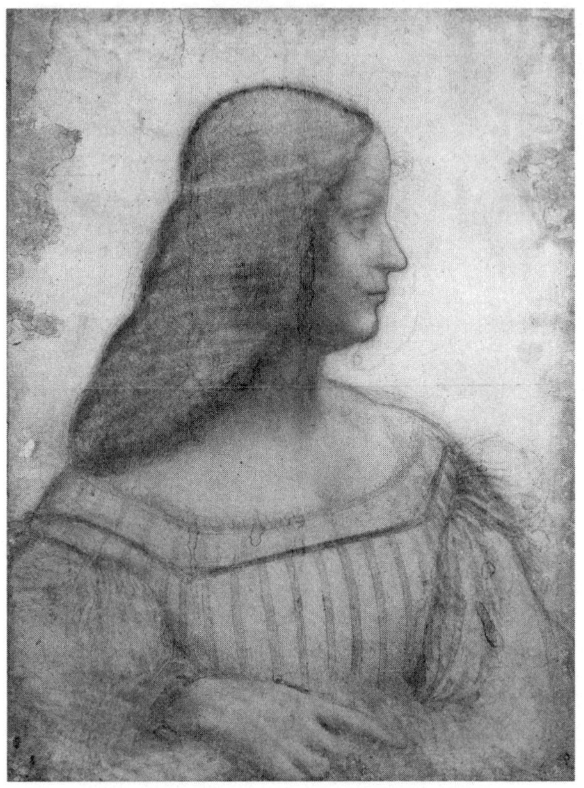

Abb. 36: Leonardo da Vinci, Porträt Isabella d'Este, 1500, schwarze Kreide, Rötel und Ockerkalk auf Papier, 61 × 46,5 cm, Paris, Musée du Louvre.

als eines der kulturellen Zentren Europas, ein Ort humanistischer Gelehrsamkeit und der Künste. Alberti hatte hier mit den von ihm entworfenen Kirchen San Sebastiano und Sant' Andrea der Renaissance zum Durchbruch verholfen. Noch lebte Andrea Mantegna (1431–1506), seit 1459 Hofmaler der Gonzaga. Leonardo könnte ihm begegnet sein. Gewiß besichtigte er im Herzogspalast die «Camera degli sposi», in der Mantegnas Fresken mit gewagten Verkürzungen, mit Landschaften und einem der schönsten Pferde des Quattrocento aufwarteten.

Mantuas Fürstin Isabella d'Este (1474–1539) war eine Schwester von Ludovico Sforzas verstorbener Gattin und die Ehefrau des Markgrafen Francesco II. Gonzaga.[5] Berühmt ist sie als fanatische Kunstsammlerin. Ihr Studio im Mantuaner Palast bewahrte Gemälde, antike Statuen, Gemmen und Medaillen. Zu Isabellas sehnlichsten Wünschen zählte, ein Werk von Leonardo zu besitzen. Im April 1498 hatte sie Cecila Gallerani, inzwischen Gräfin Bergamini, darum gebeten, ihr Leonardos Porträt auszuleihen: «Als wir heute einige schöne Bildnisse von der Hand Giovanni Bellinis sahen, kam das Gespräch auf die Werke Leonardos, und wir begehrten, sie im Wettstreit [«al parangone»] mit jenen zu sehen.»[6] Die Gallerani entsprach der Bitte, gab aber zu bedenken, daß ihr das Porträt nicht mehr ähnlich sehe – keineswegs aus Unvermögen des Meisters, dem, wie sie glaube, niemand gleichkomme, vielmehr deshalb, weil sie damals noch in «unvollkommenem Alter» gewesen sei und sich ihr Aussehen inzwischen völlig verändert habe (sie hätte auch einfach schreiben können, daß sie älter geworden war). Wunschgemäß war die Leihgabe umgehend wieder nach Mailand zurückgebracht worden.

Nun also stand der verehrte Meister vor Isabella. In Mantua halten konnte sie ihn nicht, aber sie bat ihn, sie zu porträtieren.[7] Tatsächlich fertigte er eine Vorzeichnung (Abb. 36). Deren Konzeption – man vergleiche etwa die verschränkten Hände – läßt schon die «Mona Lisa» ahnen. Die Konturen sind perforiert, so daß sie mit Kohlestaub auf den Malgrund getupft werden konnten; man nannte das «spolverare». Ein fertiges Gemälde aber hinterließ Leonardo nicht, als er nach Venedig weiterreiste. Von dort schrieb Lorenzo Gusnasco, ein Instrumentenmacher und Kunstagent Isabellas, an seine Auftraggeberin, er habe «Lionardo Vinci» getroffen, der ihm ihr Porträt gezeigt habe. Es sei ihr sehr ähnlich und «so gut gemacht, daß es nicht möglich ist, es besser zu machen».[8] Vielleicht hatte Gusnasco die Vorzeichnung in Händen gehabt. Sollte Leonardo während der venezianischen Tage tatsächlich ein Gemälde ausgeführt haben, ist über dessen Schicksal nichts bekannt. Vasari sagt, Giorgione habe einige «sehr rauchige», dunkle Werke von Leonardo gesehen und sei lebenslang von ihrem Stil beeinflußt geblieben; er sagt aber nicht, daß Giorgione die Bilder in Venedig gezeigt worden seien.[9]

Gut möglich, daß es Freund Pacioli gewesen war, der Leonardo dazu ermuntert hatte, sein Glück am Rialto zu versuchen. Er kannte die Stadt; sein Verleger Paganino Paganini hatte dort seine Offizin. Sollte Leonardo die Absicht gehabt haben, sich um einen Kunstauftrag zu bewerben, war der Zeitpunkt ungünstig. Die Serenissima stand in hartem Abwehrkampf gegen die Osmanen, die Streifzüge bis ins Friaul unternahmen. Vermutlich im Auftrag des Senats machte Leonardo eine Inspektionsreise an die Ufer des Isonzo. Dort hörte er sich unter den Bauern um und prüfte Möglichkeiten, den Fluß – entscheidende Verteidigungslinie im Fall eines türkischen Angriffs – durch Schleusen zu regulieren und zu befestigen.[10] Wie Venedigs Kunst auf Leonardo wirkte, verschweigen die Quellen. Sie verraten nur, daß er am Meer den Rhythmus von Ebbe und Flut beobachtete – wobei er umständlich zu begründen versuchte, daß die Anziehungskraft des Mondes mit dem Phänomen nichts zu tun habe.[11]

Am 24. April 1500 finden wir ihn in Florenz. An diesem Tag hob er im Ospedale Santa Maria Nuova von seinem Konto fünfzig Goldflorin ab, genug Geld, um einen neuen Hausstand einzurichten. Eine Bleibe fand er bei den Serviten von Santissima Annunziata.

Florenz, 1500: Die Schatten der Apokalypse

Die Welt hatte sich seit Leonardos Abschied fast zwanzig Jahre zuvor dramatisch verändert. Sie war größer geworden, eine Folge der afrikanischen Expeditionen der Portugiesen und der Reisen des Kolumbus. Ein Florentiner, Amerigo Vespucci, sollte es zum Namenspaten Amerikas bringen. Ein weiterer, der von Leonardo einmal erwähnte Paolo dal Pozzo Toscanelli (S. 89), spielt in der Vorgeschichte der Fahrten des Kolumbus eine Rolle. In einem Brief hatte der berühmte Gelehrte 1474 den Genuesen in seiner Überzeugung bestärkt, es müsse möglich sein, Indien über den Ozean in westlicher Richtung segelnd zu erreichen.

Der Entdecker begegnet in Leonardos Aufzeichnungen übrigens ebensowenig wie Amerika. Ein Indiz dafür, daß Vinci von den «Dekaden über die neue Welt» des Petrus Martyr von Anghiera gehört hatte und vielleicht den Brief kannte, den Vespucci 1504 an den Florentiner Gonfaloniere Piero Soderini richtete, liefert einer seiner späten Texte. In ihm prangert Leonardo an, daß der Mensch – «König der Tiere, besser der Bestien» – Söhne, Vater, Mutter, Brüder und Freunde fresse, auf fremden Inseln den Männern Glieder und Hoden verstümmle, sie mäste und dann die Gurgel hinabjage.[12] Das ist alles, und nicht einmal diese Sätze müssen sich auf die «Neue Welt» beziehen. Warum Leonardo, der sonst so maßlos Neugierige, der sich über alles und jedes Gedanken machte, ausgerechnet über Amerika, das sensationellste Novum der Epoche, kein Wort verliert, zählt zu den großen Rätseln seiner Biographie.

Auch Florenz war nicht mehr die Stadt, die Leonardo einst verlassen hatte. Nach dem Tod Lorenzos des Prächtigen und der Vertreibung seiner Familie 1494 war es zu einer republikanischen Restauration gekommen. Die Signoria blieb in allen ihren Beschlüssen an die Zustimmung eines tausendköpfigen Großen Rats und eines achtzig Mitglieder zählenden Kleinen Rats gebunden. Das Regiment des frommen Fanatikers Girolamo Savonarola war Episode geblieben. Man hatte ihn am 25. Mai 1498 auf der Piazza della Signoria gehenkt, seinen Körper verbrannt und die Asche dem Arno anvertraut. Doch zitterten die Erschütterungen des religiösen Erdbebens, das der Dominikaner ausgelöst hatte, noch lange nach. Bei manchen nährten sie Endzeitfurcht, zumal als das ominöse runde Jahr 1500 unmittelbar bevorstand. Im Dom von Orvieto brachte Luca Signorelli seine Vision des Jüngsten Gerichts auf eine Kapellenwand, und Botticelli malte seine «Mystische Geburt».[13] Eine mit griechischen Buchstaben an den Rand des Bildes gemalte Inschrift erklärt, es sei am Ende des Jahres 1500 entstanden, «in den Wirren Italiens» – während der Zeit des Krieges, in dem man die zweite von sieben Plagen der Endzeit erblickte.

Aus einigen von Leonardos «Profetie» scheint auf den ersten Blick dieselbe Zeitstimmung zu sprechen, die Botticellis Gemälde und Signorellis Fresko hervorbrachte.[14] Die meisten verfaßte er zwischen 1497 und 1500, einige in den ersten Jahren des 16. Jahrhunderts. Aneinandergereiht lesen sie sich wie eine Bußpredigt. «Den Menschen wird es scheinen, neues Verderben am Himmel zu sehen. Die Flammen, die von ihm herabsinken, scheinen sich im Flug zu ihm zu erheben, ihn zugleich voll Furcht zu fliehen. Sie werden Tiere aller Art mit menschlicher Stimme reden hören. Sie werden von einem Moment zum anderen in verschiedene Teile der Welt fliehen, in Person, ohne sich zu bewegen. Sie werden im Dunkel größten Glanz sehen. O! Wunder des Menschengeschlechts, in welche Raserei bist du verfallen (…) Man wird in der Luft in größter Höhe sehr lange Schlangen sehen, wie sie mit Vögeln kämpfen (…) Man wird die Erde von unterst zu oberst kehren und die gegenseitigen Hemisphären betrachten und Höhlen entdecken und furchtbare Tiere (…) Zahllosen werden ihre kleinen Kinder genommen, und sie werden entfleischt und auf grausamste Art gevierteilt (…) Viele ihrer Kinder werden unter unbarmherzigen Schlägen den Armen ihrer Mütter entrissen, auf den Boden geworfen und zerschmettert»…

Leonardo war aber nicht der düstere Verkünder endzeitlicher Katastrophen, für den man ihn nun halten könnte. Die Texte entpuppen sich als Rätsel nach bekannten Mustern. Überschriften oder «Motti» geben die manchmal überraschende, öfter schlichte Lösung. Flammen am Himmel, sprechende Tiere, Glanz im Dunkel? Die Überschrift «Vom Träumen» relativiert das apokalyptische Szenario. Eine von unterst zu oberst gekehrte Erde, Höhlen, furchtbare Tiere? Was sonst als umgepflügter Boden soll hier gemeint sein? Mit Vögeln kämpfende Schlangen in der Luft? Leonardo gibt als Lösung: «Schlangen, von Störchen getragen». Entfleischte, geviertelte, zerschmetterte Kinder? Es sind «Schafe, Kühe und Ziegen» oder «Nüsse und Oliven und Eicheln und Kastanien und ähnliches».[15]

Die Schrecken ernster Bilder verlieren sich in Witzen, auch wenn manchmal ein unheimlicher Nachklang bleibt. «In euch, o Städte Afrikas, wird man eure Kinder in ihren eigenen Häusern von äußerst grausamen und räuberischen Tieren eures Landes geviertelt sehen» – dahinter verbergen sich nichts als «Katzen, die Mäuse fressen». Besonders originell ist die Auflösung der folgenden Prophezeiung: «O Seestädte, ich sehe in euch eure Bürger, männliche wie weibliche, fest durch starke Bänder gebunden – von Leuten, die eure Sprache nicht verstehen. Und ihr könnt euren Schmerzen und [dem Kummer] der verlorenen Freiheit allein Luft machen durch tränenreiche Klagen und Seufzen unter euch selbst.» Die Lösung lautet hier: «Von Kindern, die in Windeln gebunden sind».

Mit solchen Stücken – gut 150 sind erhalten – dürfte Leonardo ein Publikum, dem dergleichen aus den Donnerreden der Prediger und namentlich Savonarolas vertraut war, glänzend unterhalten haben. Einige der «Profetie» bieten Spott über Kleriker, im besonderen Mönche. Nahezu blasphemisch ist es, wenn Leonardo Priester nach Genuß der Hostie als «über die Straßen der Welt wandernde Tabernakel» schmäht.[16] Die «Prophezeiungen» waren nichts als Parodien auf das bluternste Beschwören der Schrecken des Jüngsten Tags, das die Prediger zelebrierten. Mit dem Einbrechen der Soldateska Karls VIII. hatten sich die Brandreden in Florenz gehäuft, hatten Höfe und Plätze ergriffen. Angstvoll blickten die Leute um sich und versuchten, die Rede der Dinge zu entziffern. Leonardo dagegen begegnete dem Schwadronieren mit Humor. Er zeigte sich als Aufklärer.[17]

Isabella d'Este will einen «Leonardo», Florimond Robertet erhält einen

Nachdem Isabella d'Este Leonardo – sie nennt ihn «Unseren Freund» – nicht zum Bleiben hatte bewegen können, erwies er ihr und ihrem Gatten wenigstens Gefälligkeiten. So begutachtete er im Mai 1502 vier zum Kauf stehende Vasen aus dem Nachlaß Lorenzos des Prächtigen für sie, da sie die eine oder andere für ihr Studio erwerben wollte.[18] Zuvor hatte Isabellas Gatte, Markgraf Francesco, Leonardos Hilfe gesucht. Er war von der Villa des Florentiner Kaufmanns Angelo Tovaglia, dessen Gast er auf der Durchreise gewesen war, beeindruckt und erwog nun, das Landhaus bei Mantua nachbauen zu lassen. Leonardo zeigte sich dazu bereit, es abzuzeichnen.[19] Auch erbot er sich, ein farbiges Bild oder ein «modello» davon zu liefern. Der eher bescheidene Bau liegt, umgeben von Buchsbaum, Zypressen und Lorbeer, im Hügelland südlich von Florenz, nahe dem Kirchlein Santa Margherita a Montici. Dem Blick bietet sich eine schöne Aussicht über die Val d'Ema. Im Inneren beindruckt ein Saal mit mächtiger, nach Art der Antike gewölbter Decke. Der eigentliche Clou der Immobilie war allerdings deren Lage. So schlug Leonardo scherzhaft vor, man müsse einfach das Gelände dorthin transportieren, wo der Herr bauen lassen wolle – dann werde er gewiß zufrieden sein. Verwirklicht hat Markgraf Francesco seinen Plan offenbar nicht.

Im Gegensatz zu seiner Gattin kümmerten ihn die Künste wenig. Seine Welt waren Turniere, die Jagd, der Krieg und echte, nicht gemalte Frauen. Selbst Lucrezia Borgia soll zu seiner Beute gehört haben. Als Condottiere kämpfte er zuerst für Mailand gegen Frankreich, dann, seit 1499, für Frankreich gegen Mailand. Seinem neuen Herrn Ludwig XII. versuchte er durch Geschenke gefällig zu sein, etwa durch Karpfen aus dem Gardasee oder ein Gemälde Mantegnas.[20] Vermutlich beging er dabei eine Todsünde: Es ist gut möglich, daß unter den Gaben auch Leonardos Entwurf für das Porträt Isabellas war – was erklären würde, warum sich die Zeichnung heute im Louvre befindet. Man möchte nicht in seiner Haut gesteckt haben, als die Ehefrau davon erfuhr …

Umgehend bemühte sich Isabella um Ersatz. Sie setzte einen in Florenz weilenden Vertrauten, den Generalvikar der Karmeliten Pietro da Novellara, in Bewegung. Erfolg scheint dessen Bemühungen nicht beschieden gewesen zu sein. Zugleich hoffte sie, doch noch ein Gemälde Leonardos erwerben zu können. Der Frate hatte die Vollmacht, dem Meister alle Freiheit zu lassen, was Thema und Fertigstellungstermin betraf. Sollte sich Leonardo widerspenstig zeigen, möge Pietro ihn wenigstens dazu bringen, ein Bildchen der Madonna, «so andächtig und anmutig, wie es ihm so liegt», zu malen.[21] Salai und einige seiner Freunde geleiteten, als Entourage eines Malerfürsten, Leonardo zu Isabellas Mittelsmann, der dem Meister den Wunsch der Markgräfin übermittelte. Der Umworbene beließ es bei Höflichkeiten. Feste Zusagen machte er nicht. Fra Pietro gab sich dennoch optimistisch: Er habe Leonardo sehr bereitwillig gefunden, dem Begehren Isabellas zu entsprechen, schon wegen der ihm in Mantua erwiesenen Freundlichkeit. Man habe offen geredet und sei zu folgendem Schluß gelangt: Wenn er, Leonardo, sich von Seiner Majestät, dem König von Frankreich, lösen könne, ohne dessen Ungnade zu verfallen – was, wie er hoffe, in spätestens einem Monat der Fall sei –, werde er Isabella eher zu Diensten sein als sonst jemandem auf der Welt. Ob die Arbeit, die ihn an Ludwig XII. band, der «Salvator mundi» gewesen ist? Es gibt Indizien dafür, daß sich das Bildnis im Besitz des französischen Königshauses befand, bevor es in die Sammlung Karls I. von England gelangte. Die besten frühen Kopien entstanden in Frankreich.[22]

Die Verbindungen zu den Franzosen hatte Leonardo mit seiner Abreise aus Mailand offensichtlich nicht gekappt. Er hatte für sie sogar einen Spionageauftrag zu erledigen. Als er nach Florenz aufbrach, befand sich ein geheimnisvolles Memorandum in seinem Gepäck: «Erinnerung an Meister Leonardo, rasch die Information über den Zustand von Florenz zu beschaffen, nämlich auf welche Art und Weise der Ehrwürdige Vater, genannt Bruder Geronimo [Savonarola], bei der Einrichtung der Festungen vorgegangen ist; weiterhin, den Inhalt und Wortlaut jeder seiner Anordnungen und wie (…) sie [die Florentiner] ausgerüstet waren und ob sie es bis jetzt sind.»[23] Leonardo war in der Tat der richtige Mann, die gewünschten Informationen unauffällig zu beschaffen, etwa unter dem Vorwand, Mauern, Kanäle oder Flußläufe zu inspizieren – Aufgaben, die er auch in Mailand und, wie gerade erzählt, im Friaul wahrgenommen hatte.

Einer seiner ersten Streifzüge führte ihn im August 1500 auf die Anhöhen südlich von Florenz. Von hier aus war ein vorzüglicher Überblick über die Befestigungen der Stadt zu gewinnen. Eigentlicher Zweck – oder Vorwand – des Ausflugs war, daß er sich im Auftrag der für den Bau zuständigen Arte di Calimala mit Schäden der Kirche San Francesco al Monte zu befassen hatte.[24] Vielleicht war der Unbekannte, der Leonardo als Spion beschäftigen wollte, jener Louis de Ligny, mit dem er 1499 nach Neapel zu reisen geplant hatte. Leonardo könnte ihn 1494, als er sich in Begleitung Karls VIII. in Mailand aufhielt, kennengelernt haben. Ein anderer Verdächtiger, Leonardos «Agentenführer» gewesen zu sein, ist ein Mann, der uns noch öfter begegnen wird: Florimond Robertet (1458?-1527). Daß er zu den Auftraggebern Leonardos zählte, ist durch einen Brief Novellaras an Isabella d'Este bekannt. Leonardo werde umgehend ihr Porträt malen, sobald er ein kleines Bild für «einen gewissen Robertet, einen Favoriten des Königs von Frankreich», fertiggestellt habe.[25]

Die Beziehung zu Robertet zu pflegen, hatte Vorrang. Florenz fehlte inzwischen mit den Medici die kulturelle Mitte. Die Florentiner Regierung setzte nun auf die französische Großmacht. Es mangelte an Geld, ein Krieg gegen Pisa verschlang Unsummen. Robertet dagegen verfügte über den Schlüssel zu einem der reichsten Höfe Europas. Ein Historiker des 17. Jahrhunderts, Antoine Fauvelet du Toc, nannte ihn, der sich den Beinamen «der Große» verdiente, den Vater aller französischen Staatssekretäre.[26] Er hatte schon Karl VIII. gedient und ihn auf dem Zug durch Italien begleitet. Und er sollte, wie es scheint, noch lange in Beziehung zu Vinci stehen. Novellara gibt Isabella eine genaue Beschreibung des Gemäldes, das Leonardo für ihn malte. «Das Bildchen, das er macht, ist eine Madonna, die dasitzt, als wolle sie Spindeln aufhaspeln. Das Kind hat den Fuß auf das Körbchen mit den Spindeln gestellt, die Haspel ergriffen und schaut aufmerksam auf die vier Stäbe, die in Form eines Kreuzes angeordnet sind. Als sehnte es sich nach diesem Kreuz, lacht es und hält sie fest; es will sie der Mutter nicht überlassen. Sie möchte sie ihm anscheinend wegnehmen.» Die Haspel symbolisierte die Jesus bevorstehende Passion, sein Lächeln wohl die freudige Annahme der heilsgeschichtlichen Rolle.

Zwei Kopien, die eine Madonna mit Haspel zeigen – beide als «Madonna mit der Spindel» bekannt –, könnten noch in Leonardos Werkstatt entstanden sein. Eine, «Lansdowne Madonna» genannt, findet sich heute in einer New Yorker Privatsammlung (Tafel 21); eine weitere, die «Buccleuch-Madonna», bewahrt Schloß Drumlanrig in Schottland.[27] Sie unterscheiden sich vor allem durch ihre Hintergründe. Auf letzterer Version dehnt sich das Meer, während die Landschaft der New Yorker Fassung schon an jene der «Mona Lisa» mit ihren bizarren Bergen, mit Fluß und Brücke denken läßt. Kenner halten es für möglich, daß beide Gemälde Pinselstriche Leonardos aufweisen. Das Bild, dessen Entstehung Novellara erwähnt, muß verschollen sein, nehmen wir die Beschreibung, die er gibt, wörtlich. Denn die Haspel auf den Kopien hat nicht vier, sondern nur zwei Querstäbe. Vor allem aber vermißt man den «Korb mit Spindeln», der gemäß Pietros Schilderung Christus als Fußstütze diente. Auch ist nicht zu bemerken, daß Maria im Begriff wäre, ihrem Sohn die ominöse Haspel wegzunehmen.

Heilige Familien, heimatlos

Fra Pietro hatte von Isabella d'Este auch den Auftrag erhalten, herauszufinden, welches Leben Leonardo führe, ob er, wie ihr berichtet worden sei, irgendein Werk begonnen habe und, wenn ja, um was für
eines es sich handle. Der Frate schrieb, Leonardos Lebensführung sei
wechselhaft und sehr unbestimmt. Es scheine, daß er in den Tag hinein lebe. Er wende «starke Arbeit» auf die Geometrie; seine mathematischen Experimente hätten ihn so sehr dem Malen abspenstig
gemacht, daß er den Pinsel nicht ertragen könne.[28] «Seitdem er in Florenz ist, hat er allein einen Entwurf auf einem Karton gemacht. Er er-
findet ein Christuskind im Alter von etwa einem Jahr, als ob es sich
den Armen der Mutter entwindet und ein Lamm ergreift, das es zu
umhalsen scheint. Die Mutter, anscheinend im Begriff, sich aus dem
Schoß Sankt Annas zu erheben, ergreift das Kind, um es vom Lamm –
dem Opfertier, das die Passion bedeutet – zu trennen. Die heilige Anna
erhebt sich ein wenig vom Sitzen, und es scheint, als wolle sie die
Tochter davon zurückhalten, das Kind vom Lämmchen zu trennen.
Vielleicht soll das die Kirche darstellen, die nicht will, daß die Passion
Christi verhindert wird. Und diese Figuren sind von natürlicher
Größe, doch passen sie auf den kleinen Karton, weil alle sitzen oder
sich beugen. Und die eine steht etwas vor der anderen, nach links hin.
Und dieser Entwurf ist noch nicht fertig.» Etwas anderes habe Leonardo nicht gemacht – außer daß seine zwei Gesellen Bildnisse anfer-
tigten, an die er gelegentlich etwas Hand anlege. Was Novellara mit
letzteren meinte, muß offenbleiben. Zur Wahl stehen die «Madonna
mit der Spindel», der «Salvator mundi» und die «Leda».

Novellaras Beschreibung des Kartons erinnert an die Kunst der Renaissance, mit Bildern zu erzählen. Die genauere Lektüre einer auf den
ersten Blick einfach nur reizenden Szene erschließt eine heilsgeschichtliche Botschaft. Daß die Beschreibung nicht den Burlington-House-
Karton (Tafel 8) meinen kann, ist klar: Die Haltung der Figuren weicht
von ihm ab, und das Lamm sucht man darauf vergebens. Der in Florenz
und Siena tätige Andrea Piccinelli, «il Brescianino» (um 1486 – um
1525), und Raffael ließen sich von Leonardos verlorener Zeichnung

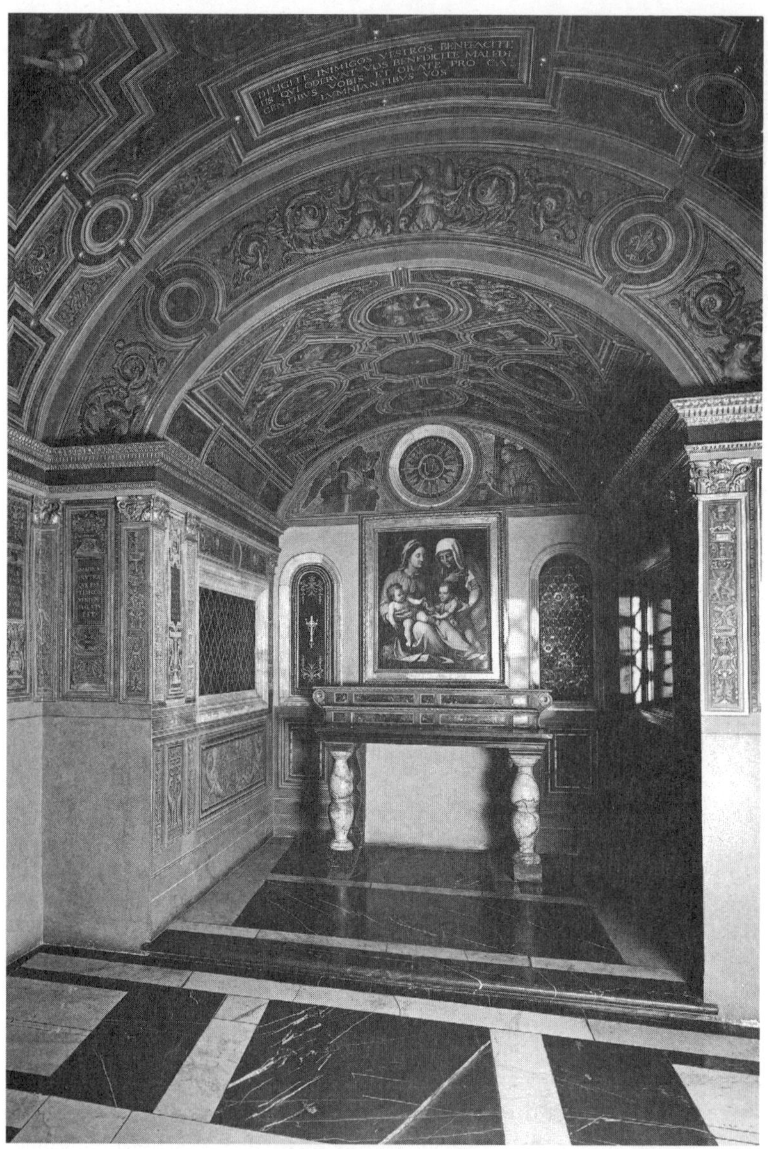

Abb. 37: Florenz, Palazzo Vecchio, Capella dei Priori, 1511–1514.

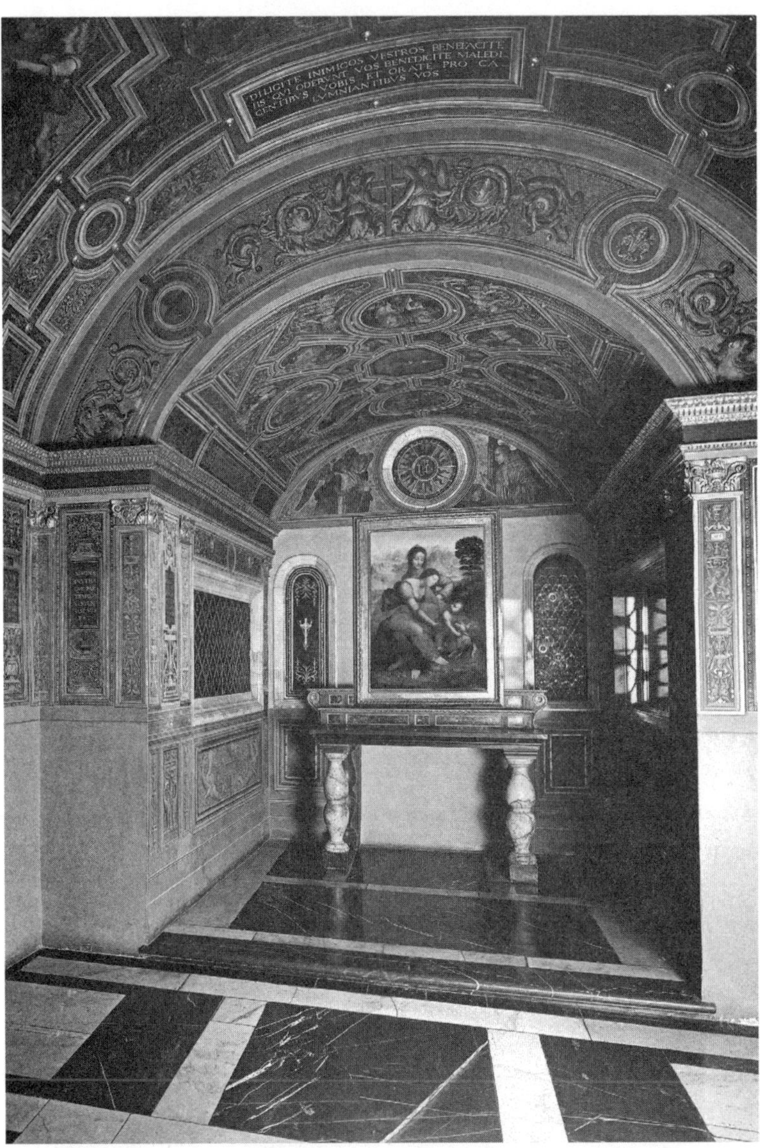

Abb. 38: Florenz, Palazzo Vecchio, Capella dei Priori. Rekonstruktion mit Leonardos «Anna Selbdritt» (Montage: Jose Cáceres-Mardones).

anregen und malten heilige Familien, deren Anordnung dem Text des Frate entspricht. Sie müssen Leonardos Entwurf gesehen haben. Raffael ersetzte allerdings die Mutter Anna durch den heiligen Joseph.[29]

Näher an die Komposition des Londoner Kartons führt eine Erzählung Vasaris, die sich wie der Bericht Novellaras auf die Zeit um 1501 beziehen dürfte. Leonardo soll in einem Zimmer des Konvents der Santissima Annunziata einen Karton «mit einer Madonna und einer heiligen Anna und einem Christus» ausgestellt haben, der nicht nur Künstlern Anlaß zur Bewunderung bot. «Als er vollendet war, sah man für zwei Tage Männer und Frauen, Alte und Junge in das Zimmer kommen, um ihn zu sehen. Ebenso, wie man zu einem feierlichen Fest geht, kamen sie, um die Wunder Leonardos, die all das Volk staunen ließen, zu sehen.»[30] Vasari beschreibt genau, was die Leute faszinierte: die feine Psychologie der handelnden Figuren, die Originalität der Konzeption. Der Meister habe es verstanden, in den Gesichtsausdruck der Maria alles an Schlichtheit und Schönheit zu legen, was der Mutter Christi Anmut verleihe. Er gebe ihr eben jene Bescheidenheit und Demut, die eine Jungfrau erkennen lasse, die voll Freude über die Schönheit ihres Söhnchens sei, das sie sanft im Schoß halte. «Und während sie sich mit ehrbarstem Blick von unten erhob, spielte ein kleiner Johannesknabe mit einem Lamm – nicht ohne das Lächeln einer heiligen Anna, die, von Freude erfüllt, sah, daß ihre irdische Nachkommenschaft zur himmlischen geworden war: wahrhaft Ideen des Geists und des Verstandes Leonardos.»[31] Daß sich das Volk vor dem heute in London aufbewahrten Karton drängte, ist erneut unwahrscheinlich, weil auch Vasari von einem Lämmchen schreibt, das dem Burlington-House-Karton fehlt. Die Leute dürften einen – verlorenen – Entwurf für die «Anna Selbdritt» des Louvre bewundert haben, auf der ja tatsächlich ein das Lämmchen umhalsender Johannes zu sehen ist.

Wie passen die Puzzleteile aus Bildern und Schriftquellen zusammen? Bedenken wir zunächst die Situation, in der sich Leonardo 1501 befand. Er war nun wieder, auf vorerst unbestimmte Zeit, in der Stadt, die er 1482 verlassen hatte. Zu versuchen, mit der Florentiner Regierung ins Geschäft zu kommen, war naheliegend. Allerdings hatte die Signoria, wie erinnerlich, noch eine Rechnung mit dem Meister aus

Vinci offen: War er doch mit 25 Goldfiorini Anzahlung im Sack abgereist, ohne das Altarbild für die Priorenkapelle gemalt zu haben. An der dafür vorgesehenen Wand prangte nach wie vor Bernardo Daddis altbackener St. Bernhard. Das Konto mit Florenz zu bereinigen, erschien für Leonardo als Gebot der Stunde. Und ebendas könnte er nun versucht haben.

Im ersten Jahrzehnt des 16. Jahrhunderts müssen Überlegungen angestellt worden sein, die Priorenkapelle neu auszustatten.[32] In den Zusammenhang der Planungen dafür könnten Leonardos Entwürfe für eine «Anna Selbdritt» und eine «Heilige Familie» gehören. Seine aus Texten, Skizzen und dem Burlington-House-Karton erschließbaren Erwägungen erschienen damit als Zeugnisse eines für ihn typischen langwierigen «kreativen Ringens». Dessen Ergebnis wäre nach unserer Hypothese die «Anna Selbdritt» gewesen (Tafel 22, Abb. 37, 38). Der Aufbau des Bildes erscheint wie eine Weiterentwicklung der Ideen des Burlington-House-Kartons und der Entwürfe, die von Novellara und Vasari beschrieben werden. Außer dem Umstand, daß Daddis «Bernhard» am Ende von Mariano Graziadeis «Heiliger Familie» ersetzt wurde – also das Thema des Altarbilds geändert und dem Sujet der «Anna Selbdritt» angenähert wurde –, spricht ein scheinbar marginales Detail dafür, daß Leonardos Tafel in der Tat zeitweilig für die Priorenkapelle des Palazzo Vecchio bestimmt gewesen sein könnte. Sie war ursprünglich schmaler, als sie sich heute zeigt. Irgendwann wurden ihr rechts wie links zwei jeweils neun Zentimeter messende Brettchen aus Eichenholz angesetzt.[33] Seither 130 Zentimeter breit, brachte sie es zuvor nur auf 112 Zentimeter. Der Bildaufbau ist «steiler» als auf dem Londoner Karton; das Bild war damit nicht sehr harmonisch proportioniert. Ebendies mag dem Ort geschuldet gewesen sein, für den es zunächst bestimmt gewesen sein könnte. Es hätte zwischen ein Rundbogenfenster und einen Wandschrank, die sich beide in die Mauer hinter dem Altar schneiden, gezwängt werden müssen. Auch Graziadeis Bild nimmt sich an der Wand zu groß aus.

Daß Leonardo um 1503 an einer Darstellung St. Annas arbeitete, geht aus einer zeitgenössischen Quelle hervor (S. 218, 226 f.).[34] Vielleicht hatte die Signoria Leonardo nach seinem Eintreffen in Florenz gedrängt, den Vertrag von 1478 zu erfüllen, bevor sie ihn mit einem neuen Auftrag bedachte. Der Regierungspalast wäre ein angemessener Ort für die «Anna Selbdritt» gewesen. An deren Festtag, dem 16. Juli, war 1343 eine Revolte ausgebrochen, die das ungeliebte Regiment des Herzogs von Athen hinweggefegt hatte; und der heilige Johannes war – und ist – Florenz' Stadtpatron. Doch blieb Leonardos Gemälde unvollendet. Sein Schöpfer hat wohl, was daran fertig war, nach Mailand und dann nach Frankreich mitgenommen (S. 326). Den Karton, der als «Burlington House Cartoon» berühmt ist, erwarb Bernardino Luini. Um 1580 befand er sich im Besitz von dessen Sohn Aurelio.[35] Bernardino fertigte nach Leonardos Entwurf eine «Heilige Familie» in Öl, die heute in der Ambrosiana zu besichtigen ist. Zu Maria und Anna gesellt sich dort der heilige Joseph. Tatsächlich zeigte eine genaue Untersuchung des Londoner Kartons, daß Leonardo erwogen hatte, auch Marias Gatten zu zeigen. Wohl, weil die Anwesenheit des Alten die Ausgewogenheit der Komposition beeinträchtigt hätte, ließ Leonardo diese Idee wieder fallen. Die Priorenkapelle erhielt zwischen 1511 und 1514 durch Ridolfo Ghirlandaio neuen Freskenschmuck. Damals dürfte dessen Schüler Graziadei auch sein Altarbild geliefert haben. Dessen Maße, 125 × 98 cm, stimmen fast auf den Zentimeter genau mit Brescianinos Kopie nach dem von Pietro da Novellara beschriebenen Entwurf Leonardos überein: 129,6 × 96 cm. Es ist ein weiteres Argument dafür, daß Leonardos Entwurfsarbeit ursprünglich um einen Auftrag für die Priorenkapelle kreiste.[36] Ob Brescianinos Bild – ebenso wie das Raffaels, das den heiligen Joseph berücksichtigt – Spuren von Leonardos hypothetischem Konkurrenz-«modello» von 1478/79 zeigt?

An der Seite des Valentino

Ende Juni 1502 finden wir Leonardo in der Umgebung Cesare Borgias (um 1475–1507). Für Jahrhunderte war dieser Sohn Papst Alexanders VI. Objekt des Abscheus oder auch schaudernder Bewunderung. Die Kunst der Maler machte aus seinem von der Syphilis entstellten Gesicht das Antlitz eines ruchlosen Schönen, der entschlossen die Welt ins Visier nimmt, um sie nach seinem Willen zu formen. Nietzsche bildete ihn zu einer Kunstfigur, zur Metapher für animalische Leidenschaft. Die Quellen zeigen den wirklichen Borgia als Hasardeur, dessen politische Projekte ohne echte Erfolgschance waren. Dabei hat er seine Ziele mit Listen, Lügen und Skrupellosigkeit verfolgt.

Wer war der Mann, dem Leonardo nun für einige Monate diente? Von seinem heiligen Vater war er in jugendlichem Alter reichlich mit Pfründen versehen, gar zum Kardinal erhoben worden. Den Purpur hatte er 1498 abgelegt, um sich ganz weltlichen Händeln widmen zu können. Es fügte sich, daß man zuvor seinen Bruder Juan erstochen aus dem Tiber gefischt hatte. Nach dem Papst war Cesare nun der wichtigste Mann des Borgia-Clans.

Alexander VI. befand sich mittlerweile mit Frankreich im Bund. Er war Ludwig XII. bei der Auflösung von dessen kinderloser Ehe zu Diensten gewesen und hatte französische Ansprüche auf Mailand unterstützt. Cesare erntete die Früchte der Allianz. Der Franzosenkönig machte ihn zum Herzog von Valentinois – «Valentino» nannten ihn deshalb die Italiener – und gab ihm die Hand seiner Nichte Charlotte d'Albret, einer Schwester des Königs von Navarra.

Im italienischen Machtpoker hatte Ludovico Sforza dem Borgia die Rolle einer Speerspitze gegen die aragonesischen Gebiete des Südens zugedacht. Cesares Traum aber war, nachdem Ludovico im Staub lag, sich einen eigenen mittelitalienischen Staat zu schmieden. 1499 hatte er seine Raubzüge begonnen. Die kleinen Signorien fielen wie die Dominosteine: Imola und Forlì, Pesaro und Rimini. Sein Schwager Alfonso von Aragon, der Gatte Lucrezia Borgias – auch sie eine Frucht der päpstlichen Lenden –, wurde beseitigt, da die Verbindung Frankreichs Ansprüchen auf Neapel entgegenstand. Die Witwe sah sich mit Alfonso d'Este, einem Bruder Isabellas, versorgt. Ferrara blieb verschont. Nach Belagerung und harten Kämpfen fiel Ende April 1501 Faenza. Seinen Herrn, den jungen Astorre Manfredi, ließ Cesare in der römischen Engelsburg erwürgen. Florenz indes kaufte sich frei, indem es mit dem Borgia einen Soldvertrag abschloß, der diesem 36 000 Dukaten jährlich einbringen sollte. Dafür opferte die Signoria Piombino, das eigentlich Schutz hätte erwarten dürfen. Ein Engagement im Neapolitanischen, zu dem Ludwig XII. den Borgia drängte, bescherte Mittelitalien nur eine kurze Pause. Im Juni und Juli 1502 fielen Cesare Urbino und Camerino zu. Der kränkliche Erbe des großen Federico, Guidobaldo da Montefeltro, konnte gerade noch aus Urbino fliehen. Er fand in Venedig Asyl.

Im Palazzo Vecchio setzte man weiter auf Dukaten und Diplomatie. «Es schien, daß die Florentiner sich vor Furcht in die Hosen machten», kommentierte Luca Landucci. «Alle ringsherum lachten über sie.»[37] Noch im Juni reiste eine Delegation unter Führung Francesco Soderinis, des Bischofs von Volterra und künftigen Kardinals, nach Urbino, wo sich der Valentino aufhielt. Unter den Mitgliedern der Gesandtschaft befand sich ein heute Weltberühmter: Niccolò Machiavelli. Er verfaßte für seine Signoria Berichte, die das Treffen in den von kostbaren Tapisserien behängten Mauern des Montefeltro-Palasts überliefern. Die Florentiner begegneten einem großspurigen Parvenü, der, wie Machiavelli bemerkte, in militärischen Dingen vollkommen von sich überzeugt sei – so gebe es keine noch so große Unternehmung, die ihm nicht klein erscheine.[38] Bei seinen Soldaten mache er sich beliebt, zudem habe er die besten Männer Italiens in Dienst genommen. «Das alles macht ihn siegreich und bedrohlich, gepaart mit seinem unablässigen Glück.» Die Devise Valentinos sprach für sich: «Aut Caesar, aut nihil» – «Entweder Caesar oder nichts».

Die Florentiner sahen sich Einschüchterungen und Erpressungen ausgesetzt. Ihre Republik sei unzuverlässig. Umgehend, innerhalb von vier Tagen, möge sie ihre Verfassung ändern. Noch im September entsprach der Große Rat dem frechen Ansinnen tatsächlich. Piero Soderini (1452–1522), der Bruder Bischof Francescos, wurde auf Lebenszeit zum «Gonfaloniere», zum «Bannerträger», erhoben. Außerdem scheint dem Borgia zugesagt worden zu sein, man werde ihm einen fähigen Militärarchitekten zur Seite stellen, der den Zustand der Festungen in den unterworfenen Gebieten beurteilen und Schäden beheben lassen sollte. Und der war kein anderer als Leonardo.

Auf welchen Wegen er nach Urbino gelangte, ist unklar. Sein oft zitierter Satz «Wo ist Valentino?», der neben Stichworten wie «Stiefel, Kiste im Zollhaus (…) schick die Säcke zurück» steht, sind nicht unbedingt als Spuren des Aufbruchs zu Borgia interpretierbar.[39]

Lassen wir Leonardo von Florenz aus losreiten, hätte die Reise über Arezzo geführt. Von hier aus dürfte es ins Tibertal und über das Schlachtfeld von Anghiari nach Sansepolcro gegangen sein, in die Heimatstadt Piero della Francescas. Leonardo verliert über Werke des Kollegen kein Wort. Wir lesen jedoch den Satz: «Borges» – Kardinal Antoine Boyer – «wird dir den ‹Archimedes› des Bischofs von Padua beschaffen und Vitellozzo jenen von Borgo San Sepolcro».[40] Vitellozzo war einer der Condottieri des Valentino und hatte gerade im Juli 1502 Sansepolcro besetzt. Der Gedanke ist verführerisch, daß der «Archimedes von Sansepolcro» mit einer Handschrift der Florentiner Biblioteca Riccardiana zu identifizieren ist, die Werke des Griechen enthält, eine Kopie nach der Übersetzung Jacopo da Cremonas.[41] Erst kürzlich stellte sich heraus, daß Text und Zeichnungen dieses Florentiner Exemplars von keinem Geringeren als Piero della Francesca stammen. War es also Leonardo, der das kostbare Stück mit nach Florenz brachte, wo es später auf unbekannten Wegen in die Riccardiana gelangte?

Von Sansepolcro dürfte er nun nach Urbino weitergezogen sein. Die Reise führte über einen Paß des Apennin hinunter ins Tal des Metauro, durch das man in zwei Tagesritten den Hauptort der Montefeltro erreichte. Am 31. Juli langte Leonardo dort an. Schon kurz darauf finden wir ihn in Pesaro. Weiter ging es nach Rimini und Cesena, Anfang September war der Hafen Cesenatico erreicht. Inzwischen versicherte ihn eine Urkunde «Caesars», so nennt sich der Borgia darin, der nötigen Unterstützung durch lokale Befehlshaber.[42] Leonardo sieht sich in dem Paß als «unser vortrefflichster und hochgeschätzter Freund», Architekt und «Generalingenieur» gewürdigt. Eine Bemerkung Paciolis läßt darauf schließen, daß Leonardo sich als Pionier bewährte und aus Holzbalken eine Brücke konstruierte, über die Cesares Heer einen Fluß queren konnte.[43]

Leonardo tut uns nicht den Gefallen, über das Architekturwunder des Montefeltro-Palasts von Urbino zu schreiben. Er skizziert die Capella del Perdono des Palazzo, einen Taubenschlag, Treppen und die Festung auf dem Monte di San Sergio.[44] In der Bibliothek fand er eine Karte Norditaliens, die Pietro del Massaio zwischen den 1450er und 1470er Jahren angefertigt hatte.[45] Leonardo schattierte darauf

Berge mit brauner Farbe und kolorierte Meer, Seen und Flüsse blau, so daß die Reliefs der Landschaft wie bei einer Luftaufnahme naturnah hervortraten. So etwas hatte es zuvor nicht gegeben. Das Blatt gilt als Meilenstein in der Geschichte der Kartographie.

In Pesaro besuchte Leonardo die von Alessandro und Costanzo Sforza eingerichtete Bibliothek, in Rimini interessierte ihn die Fontana della Pigna. Dabei nahm er sich vor, bei Gelegenheit mit «verschieden herabfallendem Wasser» eine ähnliche Harmonie zu erzeugen wie hier. Vermutlich war an dem Rimineser Brunnen eine Art Wasserorgel installiert.[46] Leonardo zeichnete, machte sich Notizen über Land und Leute. In Cesena beobachtete er, wohl während des Marktes von San Lorenzo um den 10. August, den Transport von Trauben. Unsinnig schien ihm, daß man Karren benutzte, die vorne kleine, hinten große Räder hatten, so daß die vorderen, wie er meinte, zu stark belastet wurden. Die Romagna sei «Haupt der Dummheit», spottete er.

In Imola muß er sich länger aufgehalten haben. Skizzen lieferten das Material für einen ziemlich genauen Stadtplan, die vielleicht früheste Ichnographie, der erste echte Stadtgrundriß, der Welt (Tafel 23). Sein Vermessungssystem hatte Leonardo Albertis «Mathematischen Spielen» abgesehen. Er konstruierte einen in acht gleiche Segmente geteilten Kreis mit Zentrum in der Stadtmitte.[47] Vielleicht kam bei den vorbereitenden Arbeiten ein von ihm entwickeltes Hodometer zum Einsatz (Abb. 39).[48] Man schob es wie eine Schubkarre. Eine Umdrehung der Räder entsprach zehn Braccia, und nach jeder Meile fiel ein kleiner Stein in einen auf das Gefährt montierten Kasten und verursachte ein Geräusch. So ließ sich die zurückgelegte Distanz abschätzen.

Schon über den Wochen, die der Valentino in Imola verbrachte, lag Götzendämmerung. Einige seiner Condottieri und andere Feinde hatten sich verabredet, ihn zu entmachten. Zeitweilig fielen ihnen Urbino, Camerino und andere Orte zu, doch konnte der Herzog das Blatt nochmals wenden. Das Ende des Komplotts war mit der «Mordnacht von Senigallia» an Neujahr 1503 besiegelt. Cesare gab sich versöhnlich und lud die Gegner – darunter seinen Condottiere Vitellozzo Vitelli – zum Friedensmahl. Unversehens ließ er sie verhaften und zwei von ihnen, Vitelli und Liverotto da Fermo (auch er einer seiner Unterführer),

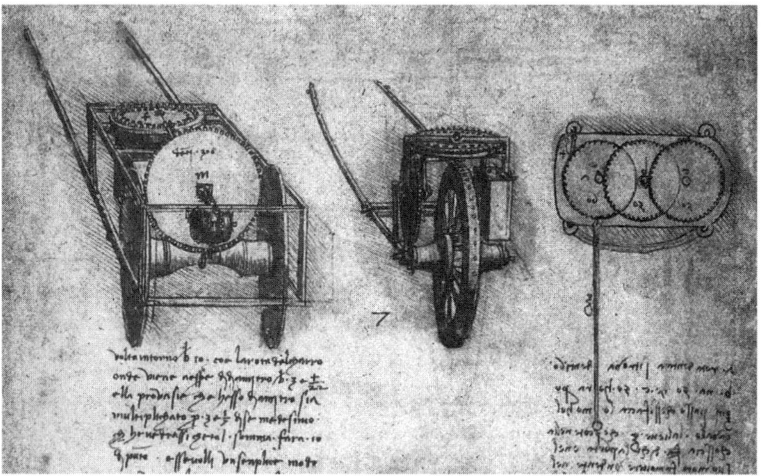

Abb. 39: Leonardo da Vinci, Hodometer (Meilenmesser und Schrittmesser), um 1503 (?), Feder und braune Tinte auf Papier, 26,5 × 19 cm (gesamtes Blatt), Codex Atlanticus, fol. 1b r, Mailand, Biblioteca Ambrosiana.

erdrosseln. Die anderen wurden wenig später ebenfalls erwürgt oder vergiftet.

In der ersten Jahreshälfte 1503 schien der Valentino nochmals Herr der Romagna zu sein. Doch hatte er seinen Erfolg, wie Machiavelli schon in Imola bemerkt hatte, allein der wankelmütigen Schicksalsgöttin zu verdanken, konkreter: den Truppen Frankreichs und dem Geld des Papstes. Als Alexander am 31. August 1503 starb, wurde in Florenz gemunkelt, Cesare habe versucht, vier Kardinäle zu vergiften, um sich ein seinen Plänen gewogenes Konklave zu verschaffen. Da die Weinflaschen vertauscht worden seien, habe er seinen Vater gleich mit umgebracht.[49]

Mit Alexanders Tod hatte der Valentino seine Trumpfkarte verloren. Julius II. della Rovere (1503–1513), der Alexander nach dem kurzen Pontifikat Pius' III. nachfolgte, war ein erbitterter Feind der Borgia und ein klügerer Dompteur der Macht als Cesare. Zudem erwiesen sich die Truppen des aufsteigenden Spanien als denen Frankeichs gewachsen und, in den Schlachten bei Cerignola und am Gargliano, als überlegen. Über die Geschicke Italiens sollte künftig in Madrid und

Paris entschieden werden, nicht mehr in Imola oder Senigallia. Den Valentino hat Julius umgehend kaltgestellt. Im Mai 1504 fiel Cesare seinen aragonesischen Gegnern in die Hände. Er wurde nach Spanien geschafft und floh schließlich zu seinem Schwager, dem König von Navarra. Als dessen Condottiere fiel er 1507, von der Syphilis zerfressen, im Kampf gegen einen aufständischen Grafen. Fortuna hatte ihm die zweite Alternative seiner Devise beschieden: Nichts.

Ein Brief an den Sultan und ein Kanal nach Livorno

Als Leonardo im Juni oder Juli 1502 nach Urbino aufbrach, hätte er sich seine Auftraggeber fast nach Belieben aussuchen können. Wodurch war der Vielgefragte wohl veranlaßt worden, den Dienst bei dem unberechenbaren Cesare Borgia anzutreten? Vielleicht gedachte er einfach die Gelegenheit zu nutzen, dem lästigen Malergeschäft für einige Zeit zu entkommen und Italiens Land und Leute zu erkunden. Die Florentiner Signoria beabsichtigte, wie berichtet, dem Usurpator einen Gefallen zu erweisen, und zwar nichts Substantielles: keine Söldner und möglichst wenig Geld. Schon weil Leonardo ihr noch etwas schuldete, konnte er sich ihrem Wunsch, dem Valentino zu Diensten zu sein, kaum entziehen – so er es denn wollte. Gewiß sollte er nicht nur ihm als Zeichner und Ingenieur nützlich sein, sondern auch für die Signoria auskundschaften, über welche militärischen Ressourcen Cesare verfügte. Leonardo mochte seinerseits darauf hoffen, daß dieser ihm den Weg nach Rom oder, besser noch, an den Hof seines französischen Freundes ebnete.

Wie ungeduldig Leonardo war und wie hochfliegend seine Pläne, belegt ein Sensationsfund, der 1951 in den Beständen des türkischen Staatsarchivs im Topkapi-Palast gelang. Der Historiker Adnan Erzi entdeckte hier die «Abschrift eines Briefes, den der Lionardo geheißene Ungläubige aus Genua gesandt hat».[50] Der deutsche Osmanist Franz Babinger nahm sich der Sache an und fand heraus, daß der «Ungläubige» kein anderer war als Vinci. Das an Sultan Bayezid II. (1481–1512) gerichtete Schreiben dürfte im Juli 1502 oder 1503 nach Istanbul expediert worden sein. Dort übertrug es ein Beamter der Hohen Pforte ins Türkische und ergänzte es um muslimische Formeln: Gott – «Er sei hochgelobt!» – wird dreimal erwähnt, was kaum Leonardos Art war.[51] Der Briefschreiber erbietet sich, mit Hilfe eines «Kunstgriffs» eine Windmühle zu bauen und eine sich von selbst drehende Maschine, die Wasser aus Schiffen zu ziehen vermöge. Auch habe er gehört, daß der Sultan beabsichtige, eine Brücke von Galata nach Stambul zu errichten, sich jedoch kein dazu fähiger «Kenner» gefunden habe. «Ich, Dein Sklave, weiß es.» Er werde sie so groß aufführen, daß ein Schiff mit gespannten Segeln unter ihr durchfahren könne. Zudem werde er eine Zugbrücke konstruieren, über die man bis zur Küste Anatoliens gelangen könne. Wie man einen solchen «ponte levatoio» einrichtet, könnte Leonardo in Mailand gesehen haben.[52]

Eine Brücke über den Bosporus, dessen geringste Breite 700 Meter beträgt, lag vollkommen jenseits der damaligen technischen Möglichkeiten. Vielleicht dachte Leonardo an eine Art Pontonbrücke. Allerdings ist auch wahr, daß er vom Unmöglichen zu träumen liebte. Hatte er nicht behauptet, er könne Florenz' Baptisterium versetzen? Der Tenor des Briefes an Bayezid klingt vertraut. Er erinnert an den Ton des einst für Ludovico Sforza bestimmten «Bewerbungsschreibens». Auch paßt es zu dem, was wir über Leonardos Persönlichkeit wissen, daß er sich an den mächtigsten Herrscher des Orients wandte, und das mit megalomanen Vorhaben.

Eine weitere Brücke, deren Bau er vorschlug, hätte das Goldene Horn überspannt. Er hat zu diesem Projekt eine Zeichnung angefertigt, auf der zu lesen ist: «Brücke von Pera in Konstantinopel, 40 Braccia breit, vom Wasser ab 70 Braccia hoch, und zwar 400 [Braccia Länge] über dem Meer und 200 auf Land, wo sie sich in sich selbst stützt» (Abb. 40).[53] Die geplante Länge der Konstruktion «über dem Meer» betrug fast 240 Meter. Gemäß Leonardos Plan wäre für den Bau ein Bogen mit einer Jochhöhe von fast 41 Metern erforderlich gewesen. Technisch war das damals nicht machbar. Neu war die Idee, dem gewaltigen Druck durch zwei schwalbenschwanzförmige Auffangbögen zu begegnen. Die Ingenieurkunst des 19. Jahrhunderts wird solche «Y-förmigen Doppelzufahrten» tatsächlich konzipieren.[54]

Sein Schreiben an den Sultan dürfte Leonardo nicht ins Blaue

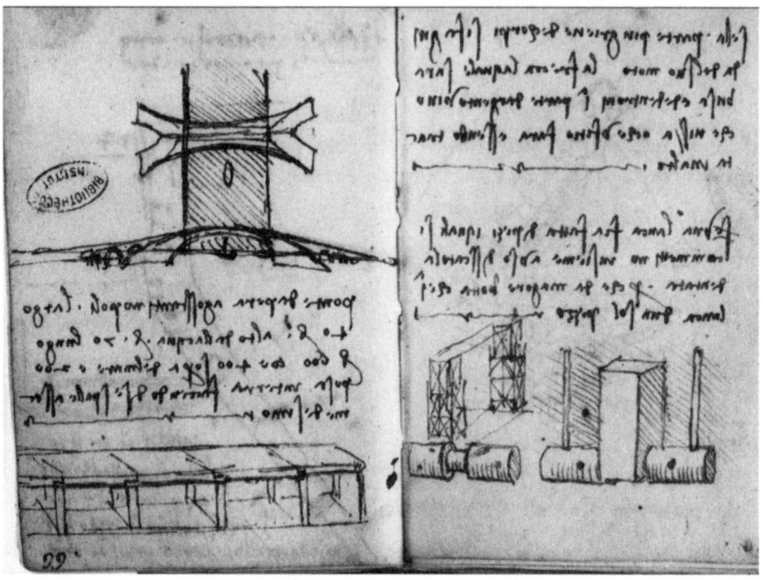

Abb. 40: Leonardo da Vinci, Entwurf für eine Brücke über das Goldene Horn, 1502,
Feder und braune Tinte auf Papier, 14 × 20 cm (beide Blätter), Paris,
Bibliothèque de l'Institut de France.

hinein abgesandt haben. Vielleicht ergab sich ein Kontakt über die osmanische Gesandtschaft, die 1502 Papst Alexander aufgesucht hatte. Auch Gianfrancesco Gonzaga stand mit Bayezid in Beziehung.[55] Doch blieb der Brief ohne Antwort.

Leonardo zog nicht an den Bosporus, sondern blieb am Arno. Hier betätigte er sich erneut als Militäringenieur. Es ging um Pisa, das sich auch nach Abzug der Armada Karls VIII. geweigert hatte, unter florentinische Oberhoheit zurückzukehren. Die Eroberung der Stadt, im Mittelalter Florenz' Rivalin auf Augenhöhe, war für das Soderini-Regime zur Prestigesache geworden. Bisher war der Krieg in gelegentlichen Streifzügen und Plünderungen dahingeflackert. Jetzt sollte die Wende herbeigeführt werden. Die Florentiner bemächtigten sich Mitte Juni 1503 der Festung La Verruca auf einer Anhöhe östlich Pisas, von der aus sich das Panorama des Arnotals öffnet.[56] Kurz darauf entsandte die Signoria eine Kommission ins Kriegsgebiet, die sich ein Bild der

Lage verschaffen sollte. Leonardo, der ihr angehörte, habe die Verrucola gut gefallen, heißt es in einem der Regierung übersandten Rapport. Er denke, sie uneinnehmbar machen zu können. Da die Sicherung einer weiteren Anlage – beim heutigen Ripafratta zwischen Lucca und Pisa – vordringlich war, wurde Verrucas Ausbau jedoch zurückgestellt. Leonardo scheint nur erste Entwürfe geliefert zu haben. Zugleich wurde ein abenteuerlicher Plan erwogen: Konnte es nicht gelingen, Pisa vom Wasser abzuschneiden, indem man den Arno umleitete, und es auf diese Weise überwand? Der Militärkommissar Francesco Guiducci schrieb am 24. Juli aus dem Feldlager an die Signoria, man sei nach «vielen Diskussionen und Zweifeln» zu dem Schluß gekommen, daß das Vorhaben, Pisa auszutrocknen, erfolgversprechend sei. So wurde das Projekt in Angriff genommen.[57]

Leonardos Überzeugungskraft hatte wohl ihre Wirkung nicht verfehlt. Vermutlich war er es gewesen, der die Idee ins Spiel gebracht hatte. Schon während seiner frühen Florentiner Jahre hatte er Überlegungen angestellt, wie sich Florenz, Prato, Pistoia, Pisa und das Meer durch einen Kanal verbinden ließen.[58] Die zu erwartenden Zolleinnahmen schätzte er damals auf 200 000 Dukaten jährlich. Zudem hätten weite Gebiete bewässert und so landwirtschaftlich genutzt werden können. Der Aufwand wäre freilich gigantisch gewesen. Um den Kanal auch im Sommer mit Wasser versorgen zu können, hatte Leonardo vorgeschlagen, einen Stausee südlich Arezzos anzulegen, der das ganze Chiana-Tal überflutet hätte. Außerdem wäre es erforderlich gewesen, unter dem Apenninenpaß bei Serravalle einen Tunnel zu bohren.

Ganz so groß dachte man 1503 nicht. Der Arno sollte in ein nördlich von Livorno gelegenes Sumpfgebiet abgeleitet werden. Von Riglione bis dorthin war eine Entfernung von gut zwölf Kilometern zu überwinden. Leonardo kalkulierte mit einem Aufwand von 54 000 Tagwerken. Er entwarf riesige Bagger, mittels derer die Arbeiten beschleunigt werden sollten. Ende August begannen 2000 Mann mit der Ausschachtung der neuen Rinne. Eine Söldnertruppe sollte sie vor Angriffen der Pisaner schützen.[59]

Bald stellte sich indes heraus, daß sich die Arbeiten weit schwieriger gestalteten als erwartet. Ende Oktober schon wurde das Unternehmen aufgegeben. «Uns hat sehr geschmerzt, daß wir mit jenen Wassern einen solchen Fehlschlag hinnehmen mußten», so Francesco Soderini gegenüber Machiavelli. «Es scheint uns unmöglich, daß es ohne Schuld jener Meister geschah, die sich so gewaltig getäuscht haben; vielleicht auch gefiel es Gott, wegen irgendeines besseren Zwecks, der uns anderen unbekannt ist.»[60] Und Machiavellis Bürochef Biagio Buonaccorsi urteilte, 80 000 Manntage hätten nicht ausgereicht, den Kanal auch nur zur Hälfte fertigzustellen.[61] Das ganze Unternehmen habe 7000 Dukaten oder mehr gekostet. Ein Sturm, der die Dämme des Kanals zerstörte, hatte ihm den Rest gegeben. Schon in den Ratsverhandlungen hätten einige der Klügeren das Vorhaben als «ghiribizzo», als Grille, abgetan, weiß Francesco Guicciardinis «Geschichte von Florenz».[62] Vasari hatte wohl recht, als er Leonardo mit demselben Begriff charakterisierte: «Dieses Gehirn hört nie auf, Grillen zu spinnen».[63]

1509 sollte übrigens die zunächst gescheiterte Strategie doch noch greifen. Der Architekt Antonio da Sangallo ließ damals sowohl den Arno als auch den von Pisa zum Meer führenden Fiume morto durch Palisaden sperren. Die ausgehungerten Pisaner mußten schließlich aufgeben.

2. Das berühmteste Gemälde der Welt

Leonardo auf der Couch

Ein Leitmotiv späterer Deutungen der «Mona Lisa» (Tafel 24) schlug Jacob Burckhardt an. Im «Cicerone» schrieb er dem, wie er sich ausdrückt, «Bildnis aller Bildnisse» eine «völlig traumhafte Wirkung» zu.[1] Die Aura des Träumerischen blieb dem Gemälde. Am einflußreichsten wurden die atemlosen Assoziationen des englischen Essayisten Walter Pater (1839–1894). Dessen 1873 gedruckter Essay über Leonardo sieht die Schöne als Hybrid aus Wiedergängerin und dämonischer Femme fatale. «Alle Gedanken und Erfahrungen der Welt haben sie geprägt und geformt (...) das Animalische Griechenlands, die Wollust Roms, der Mystizismus des Mittelalters mit seinem spirituellen Ehrgeiz und seiner phantasievollen Liebe, die Rückkehr der heidnischen Welt, die Sünden der Borgia. Sie ist älter als die Felsen, zwischen denen sie sitzt; wie der Vampir war sie viele Male tot und lernte die Geheimnisse des Grabes; und sie war Taucherin in tiefen Meeren, und sie bewahrt um sich ihren untergegangenen Tag; und sie handelte um seltsame Gewebe mit den Kaufleuten des Ostens; und wie Leda war sie die Mutter Helenas von Troja; und, wie die heilige Anna, die Mutter Marias.»[2] Der Kunsthistoriker Richard Muther (1860–1909) lag offensichtlich nicht falsch, als er konstatierte, die «Mona Lisa» lasse alle den Kopf verlieren, die von ihr sprächen.[3] Doch entglitt ihm selbst die Feder, als er über das Bild schrieb. «Alles, auch die Landschaft, ist geheimnisvoll traumhaft, wie in gewitterschwüler Sinnlichkeit zitternd.»

Sigmund Freud (1856–1939), Leser Burckhardts wie Paters, zitiert ebendiese Passage in seiner Schrift «Eine Kindheitserinnerung des Leonardo da Vinci», die Meister und Werk einer psychoanalytischen Befragung unterzieht. Die «Mona Lisa» und die «Anna Selbdritt» samt deren Lächeln haben eine zentrale Bedeutung für seine Argumentation. Doch ist zunächst weiter auszuholen.

Freud stieß bei seiner Beschäftigung mit Leonardo auf eine um 1505 niedergeschriebene Notiz im Codex Atlanticus. Er übersetzte sie folgendermaßen: «Es scheint, daß es mir schon vorher bestimmt war, mich so gründlich mit dem Geier zu befassen, denn es kommt mir als eine ganz frühe Erinnerung in den Sinn. Als ich noch in der Wiege lag, ist ein Geier zu mir herabgekommen, hat mir den Mund mit seinem Schwanz geöffnet und viele Male mit diesem seinen Schwanz gegen meine Lippen gestoßen.»[4] Freud deutete die Episode als eine vom älteren Leonardo in die Kindheit projizierte Phantasie, deren Kern die Vorstellung einer Fellatio gewesen sei.[5] Diese wiederum erschien als «Umarbeitung» des behaglichen Saugens an der mütterlichen Brustwarze. Die Interpretation erforderte, plausibel zu machen, daß der Geier auch die Mutter symbolisieren konnte. Tatsächlich, so Freud, sei der Vogel schon im alten Ägypten als Muttergottheit verehrt worden. In einem dem mythischen Weisen Hermes Trismegistos zugeschriebenen Text fand Freud die Beobachtung, Geier seien ausschließlich weiblichen

Geschlechts. Und der «Horapoll» – ein Buch, das der Renaissance als Schlüssel zur Entzifferung der Hieroglyphen galt – erzählte, daß sie im Flug innehielten und ihre Scheide öffneten, um durch den Wind zu empfangen. Freud vermutete, daß Leonardo die Legende bekannt gewesen sei. In seiner Erinnerung ersetze der Geier dem unehelich Geborenen die verlorene Mutter.

Um zu erklären, wie das zur homosexuellen Imagination der Fellatio paßte, entwickelte Freud einen weiteren Argumentationsstrang. Die Ägypter hätten «Mut», eine geierköpfige androgyne Gottheit, gekannt. Sie werde oft mit erigiertem Phallus und Brüsten dargestellt und habe deshalb homoerotisches Begehren stimuliert. Die Erinnerung an den zweigeschlechtlichen Geier berge ein verschwommenes Wissen um jene Zeit, als das Kind noch nicht die schockierende Erfahrung gemacht habe, daß die Mutter unvollkommen – da ohne Penis – sei. Leonardos «ricordatione» reflektiere damit nicht nur dessen Homosexualität, sondern auch eine selige Erinnerung an die glücklichen Tage erster Liebe zur noch «unbeschädigten» Mutter. Sie, die Mutter, sei es ja, die in jeder gleichgeschlechtlichen Beziehung der eine Partner im anderen eigentlich begehre. Die «Geierphantasie» besage, es sei die erotische Beziehung zur Mutter gewesen, die Leonardo zum Homosexuellen gemacht habe.[6]

Diese Beziehung führt schließlich auch auf das mysteriöse Lächeln der gemalten Mona Lisa. In ihm, so Freud, schimmere nichts anderes durch als die Erinnerung an das wirkliche Lächeln der Mutter. Erweckt haben mußte es das reale Vorbild. «Wir beginnen die Möglichkeit zu ahnen, daß seine Mutter das geheimnisvolle Lächeln besessen, das er verloren hatte und das ihn so fesselte, als er es bei der Florentiner Dame wiederfand.»[7] Nur Leonardo habe dieses Bild malen können, wie nur er die Geierphantasie dichten konnte. «In dieses Bild ist die Synthese seiner Kindheitsgeschichte eingetragen; die Einzelheiten desselben sind aus den allerpersönlichsten Lebenseindrücken Leonardos erklärlich.»[8] Von Mona Lisa her habe das Mutterlächeln auf die Gesichter der «Anna Selbdritt», der Frauen des Burlington-House-Kartons und des «Johannes» gefunden (Tafeln 8, 22, 31).

So seien in Maria und Anna Bilder der Mütter Leonardos, Caterinas ebenso wie Albieras, verborgen. Freud glaubte nämlich, Leonardo habe seine ersten und entscheidenden drei bis fünf Lebensjahre in Caterinas Obhut, dann in der Albiera Amadoris verbracht. Die Mutter soll ihm mit heißer Liebe begegnet sein, ihn anstelle des verlorenen Mannes angenommen haben. Durch «allzu frühe Reifung seiner Erotik» sei ihm ein Stück seiner Männlichkeit genommen worden. Das erkläre die Heftigkeit der Liebkosungen, die aus der Geierphantasie spreche, ebenso die spätere Gegnerschaft des Vaters gegen den Sohn, der zum Nebenbuhler geworden sei.

Als zusätzlichen Beweis für seine Hypothesen nimmt Freud Leonardos Kreativität. Sie habe für versagte Liebe Ausgleich geschaffen, durch sie habe er seine Triebe gebändigt. Sein «Streben» habe ihn der niederen Sphäre «der gemeinen animalischen Not der Menschen» enthoben.[9] Leonardos Wissenschaft und Kunst wären demnach Kehrseiten einer abgetöteten Sexualität gewesen. Ein Homosexueller sei er indessen allein ideell, nicht mit konkretem Vollzug gewesen, so Freuds tröstliche Botschaft für prüde Leonardo-Verehrer. «Man hat geforscht, anstatt zu lieben. Und darum vielleicht ist Leonardos Leben so viel ärmer an Liebe gewesen als das anderer Großer und anderer Künstler.»[10] Alles, was Leonardo bildete und unternahm, deutet Freud als Sublimation. Selbst seine Flugversuche und Vogelstudien sollen eine erotische Wurzel haben: Ist nicht «vögeln», so der Analytiker, ein häufig gebrauchter Begriff für «Geschlechtstätigkeit»?[11]

Freuds Argumentation findet in den Quellen keinerlei Grundlagen.[12] Dafür, daß Caterina den kleinen Leonardo mit heißer Liebe umfangen hätte, gibt es ebensowenig Belege wie für Ser Pieros angebliche Eifersucht. Gleichwohl muß der «Vaterkomplex» zur Begründung von Leonardos Distanz zur Religion – die Freud zutreffend beschreibt – herhalten.[13] Auch für Vincis angebliche Asexualität spricht nichts. Wie das männliche Glied funktioniert, wußte er, wie berichtet, genau. Davon, was er mit Salai und anderen Gefährten im Bett anstellte und was nicht, haben wir allerdings keine Ahnung.

Freud formte Leonardos Psyche aus unbewiesenen Vorannahmen. «Sein» Leonardo illustrierte das psychoanalytische Modell, wie das Modell umgekehrt Licht auf Leonardo werfen sollte. Seit langem ist zudem bekannt, daß Freud ein für seine Argumentation tödlicher Übersetzungsfehler unterlief. Denn der «nibbio», von dem Leonardo spricht, ist tatsächlich kein Geier, sondern ein Milan, gemäß älteren Wörterbüchern ein «Stoßvogel».[14] «Geier» heißt auf Italienisch «avvoltoio». Freud mag dadurch zu seinem Irrtum verführt worden sein, daß Milane auch «Hühnergeier» genannt werden. Leonardo seinerseits nahm den «nibbio» als Sinnbild des Neides, habe er doch die Gewohnheit, seine Jungen, sobald sie im Nest zu fett geworden seien, in die Seiten zu pikken und sie ohne Nahrung zu lassen.[15]

Freuds Text war gleichwohl enorm einflußreich. Freudianer versuchten, die Thesen ihres Idols trotz des Wegbrechens von deren Eckstein, der «Geier-Erinnerung», zu retten. Daneben hagelte es Kritik.[16] Was aus psychoanalytischer Perspektive in Leonardos Bilder hineininterpretiert wurde, ist oft von unfreiwilliger Komik.[17] Der sich «phallisch» reckende Jesus verwandelte sich unter den Händen kühner Exegeten zum Zeichen der Androgynität Marias und damit zum Phallus der freudschen «Urmutter», das vorgereckte Bein Annas zum Potenzsymbol. Ein Briefpartner Freuds wollte in den Umrissen von Marias blauem Gewand tatsächlich das Vexierbild eines Geiers, des «Symbols der Mütterlichkeit», ausmachen, und Jacques Lacan meinte, im erhobenen Zeigefinger der heiligen Anna des Burlington-House-Kartons ein Zeichen der unerfüllten Sexualität Leonardos zu erkennen. Bradley Collins schließlich verstieg sich zu der These, Leonardo habe sich, als er das Lamm ins Bild rückte, unbewußt an der Vorstellung erfreut, geliebt und «anal von Christus penetriert zu werden».[18] Nicht einmal Freud hätte wohl solchen Nonsens behauptet.

Obwohl auch Freuds Essay die Psyche Leonardos eher verschleiert als öffnet und die Geschichte seines berühmtesten Bildes mehr verdunkelt als entschlüsselt, zeigt er doch den Autor als den großen Aufklärer, der zu Recht einen herausragenden Platz in der Wissenschaftsgeschichte hat. In seinem Essay zitiert er Leonardo mit einem berühmten Satz: «Wer im Streite der Meinungen sich auf die Autorität beruft, der arbeitet mit seinem Gedächtnis anstatt mit seinem Verstand».[19] In dieser Hinsicht muß Freud sich dem Mann aus Vinci nahe gefühlt haben. Er schrieb ja zu einer Zeit, als es ein Problem darstellte, sich wissenschaftlich-kühl mit Homosexualität auseinanderzusetzen, und einen Skandal bedeutete, Praktiken wie die Fellatio auch nur anzusprechen. In einem Brief, den Freud 1938 an die verzweifelte Mutter eines jungen Homosexuellen schrieb, hob er hervor – das war damals nötig! –, daß dessen Orientierung kein Laster, nichts Erniedrigendes, keine Krankheit sei. Hochachtbare Individuen alter und neuer Zeiten seien homosexuell gewesen, darunter einige der größten Männer wie, neben anderen, Leonardo.[20] Der Essay über ihn liest sich denn auch wie ein Manifest für die Psychoanalyse – stets bemüht, den Vorbehalten einer pikierten Leserschaft entgegenzuwirken. Und er berührt eines der faszinierenden Probleme der Psychologie: die Frage nach den Ursachen menschlicher Kreativität.

Vespuccis Notiz, Käse und Schneckenwasser: Die echte Mona Lisa

Die Frage nach der Identität der Frau, die als «Mona Lisa» oder «Gioconda» berühmt ist, hat unzählige Theorien hervorgebracht. Die Porträtierte wurde unter anderem als Isabella von Aragon und Isabella d'Este – die ihr tatsächlich nicht unähnlich gewesen zu sein scheint –, als Geliebte Giuliano de' Medicis und illegitime Tochter Galeazzo Maria Sforzas identifiziert. Sie erfuhr gar eine Geschlechtsumwandlung und wurde zu Salai (S. 337). Damit aber sind wir endgültig im reich bestückten Kuriositätenkabinett des «Leonardismus» angelangt. Die Vorstellung, Walter Paters vampirgleiche Wiedergängerin und Sigmund Freuds androgyne Mutter könne eine schlichte Florentiner Kaufmannsfrau gewesen sein, erschien den Mythographen denn doch als zu ernüchternd – ebenso der Umstand, daß ihr Bildnis in erster Linie dem Broterwerb eines Malers gedient haben dürfte, der nach einem Ausflug in die Welt der Höfe in die Niederungen des Zunfthandwerks zurückgekehrt war. Dennoch ist es aller Wahrscheinlichkeit nach so gewesen.

Eine neue heiße Spur in der unendlichen Kriminalgeschichte wurde erst vor einem Jahrzehnt an vollkommen unerwarteter Stelle aufgedeckt, nämlich in Heidelberg.[21] In der dortigen Universitätsbibliothek machte der Bibliothekar Armin Schlechter eine sensationelle Entdeckung. In einer Inkunabel von 1477, einer Ausgabe von Ciceros Briefen

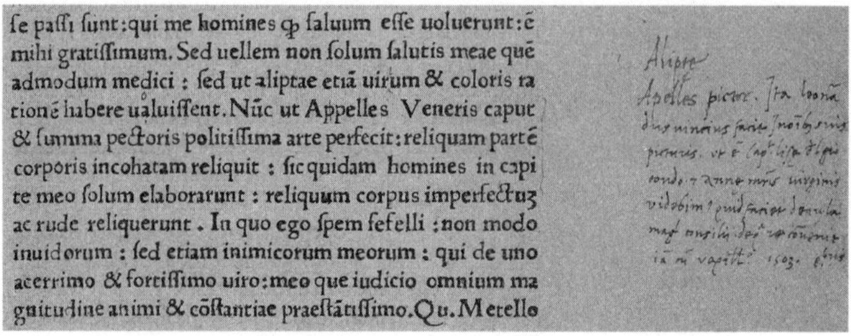

se paſſi ſunt:qui me homines ꝗ ſaluum eſſe uoluerunt:ē
mihi gratiſſimum. Sed uellem non ſolum ſalutis meae quē
admodum medici : ſed ut aliptae etiā uirum & coloris ra
tionē habere ualuiſſent. Nūc ut Appelles Veneris caput
& ſumma pectoris politiſſima arte perfecit:reliquam partē
corporis incohatam reliquit : ſic quidam homines in capi
te meo ſolum elaborarunt : reliquum corpus imperfectuʒ
ac rude reliquerunt . In quo ego ſpem fefelli :non modo
inuidorum : ſed etiam inimicorum meorum : qui de uno
acerrimo & fortiſſimo uiro:meo que iudicio omnium ma
gnitudine animi & cōſtantiae praeſtātiſſimo.Qu.Metello

Abb. 41 *Agostino Vespucci, Marginalie mit Erwähnung der «Mona Lisa», in:*
Marcus Tullius Cicero, Epistulae ad familiares, Bologna 1477,
Heidelberg, Universitätsbibliothek.

an seine Freunde, fand er eine Randnotiz, die sich auf dessen Erwähnung des antiken Malers Apelles bezieht (Abb. 41). Es geht um Ciceros
Klage über Senatoren, die ihn nur halbherzig unterstützten: «Wie jetzt
Apelles das Haupt der Venus und deren obere Brustpartie mit seiner
ausgefeiltesten Kunst vollendet und den restlichen Teil des Körpers unausgeführt gelassen hat, so haben gewisse Leute allein an meinem Kopf
gearbeitet und lassen den übrigen Körper unvollkommen und roh». Die
Glosse dazu lautet: «Der Maler Apelles. So macht es Leonardo da Vinci
in allen seinen Bildern, wie beim Kopf der Lisa del Giocondo und Anna,
der Mutter der Jungfrau. Wir werden sehen, was er in dem Saal des Großen Rats macht; über diese Angelegenheit kam er schon mit dem Gonfaloniere zu einer Übereinkunft. 1503. Oktober.» Die Marginalie liefert
den frühesten Beleg dafür, daß Leonardo am Bildnis einer «Lisa del Giocondo» arbeitete. Ihr Autor läßt sich als Agostino Vespucci, der Besitzer
der Cicero-Ausgabe, bestimmen. Der Neffe Amerigo Vespuccis war ein
Mitarbeiter Machiavellis, dem Geschehen an der Florentiner Staatsspitze mithin nahe. Er ist deshalb ein zuverlässiger Gewährsmann. Zudem gibt es Belege dafür, daß er in direktem Kontakt mit Leonardo
stand.[22] Wer aber war die von Vespucci erwähnte Lisa del Giocondo?

Lisa entstammte dem alten toskanischen Geschlecht der Gherardini. Sie wurde 1479 in Florenz geboren, in einem Haus an der Ecke
der Via Maggio und der heutigen Via Sguazza, das ihre Eltern zur

Miete hatten.[23] Ihr Vater Antonmaria scheint die Familie – seine Frau Lucrezia und neben Lisa sechs weitere Kinder – durch Einkünfte aus Grundbesitz im Chianti ernährt zu haben. Er scheint indes nicht wirklich wohlhabend gewesen zu sein. Um die Mitgift seiner Tochter aufzubringen, mußte er sein bestes Stück Land verkaufen. Doch gelang es ihm, ihr eine gute Partie zu verschaffen: 1495 heiratete sie den reichen Kaufmann Francesco del Giocondo (1465–1538). Es war dessen zweite Ehe. Zuvor war er mit Camilla aus der bedeutenden Familie Rucellai verheiratet gewesen, die 1494 gestorben war, erst neunzehn Jahre alt. Ihre Nachfolgerin Lisa wird glücklich gewesen sein, mit dem Angetrauten einen Palazzo am Nordende der Via della Stufa nahe dem Kloster Sant' Orsola bewohnen zu können. Ihre Familie war zuvor häufig umgezogen. Zuletzt hatten die Gherardini dort, wo die Via de' Pepi in die Via Ghibellina mündet, gewohnt, unweit von Leonardos Vater Ser Piero. Ob die Nachbarschaft Bekanntschaft oder Freundschaft begründet hatte und sich so der spätere Auftrag anbahnte?

Francesco del Giocondo war ein reicher Kaufmann. Die Kosten für ein Porträt seiner Frau zu bestreiten – mochte es auch ein Leonardo malen – war für ihn kein Problem. Er handelte mit Seide, Satin, Damast und anderen kostbaren Stoffen, importierte Zuckerrohr aus Madeira, Schafshäute aus der Provence und Leder aus Irland. Auch Wolle und Wachs aus Spanien, grobe französische Stoffe und genuesische Seife hatte er im Angebot. Daneben betrieb er Bankgeschäfte, was ihm den üblen Leumund eines Wucherers eintrug. Vielleicht war er zudem, was man noch weniger gern vernimmt, im Sklavenhandel engagiert. Gewinne investierte er in Immobilien. Zu seinem schönsten Besitz zählte eine Villa auf dem Montughi südlich von Florenz.

Seine junge Frau konnte hier das Leben einer Landlady pflegen und auch in der Stadt ein großes Haus führen, umsorgt von Dienern und Sklaven, umgeben von Tapisserien, Gemälden und Skulpturen.[24] Auf ihren Lebenslauf werfen die Quellen nur Streiflichter. Sie erfüllte die primäre Aufgabe der Frauen ihrer Zeit und gebar ihrem Mann sechs Kinder, von denen zwei früh starben. Ihre Töchter Camilla und Marietta wurden in Sant' Orsola als Nonnen «entsorgt». Dem Kloster blieb Frau Lisa – «Mona» heißt nichts anderes – zeitlebens nahe. Einmal spendete sie drei Lire «per limosina», als Almosen. Ein andermal gab sie die hohe Summe von achtzehn Fiorini d'oro, die als Beitrag für die in einem halben Jahr verzehrte Kost der Tochter Marietta deklariert wurde. Dann wieder verkaufte sie den Nonnen 95 Libre «Cacco», also Käse, gewiß das Produkt eines der Landgüter der Giocondo. Und sie erwarb in der Klosterapotheke Schneckenwasser. Äußerlich angewandt, half das Elixier gegen Warzen und Hühneraugen. Täglich in Mengen von drei oder vier Lot dem Getränk beigemischt, wirkte es gegen Schwindsucht, und zudem ließ es sich als Kosmetikum verwenden. «Es machet auch eine weisse und glatte Haut im Angesichte und an den Händen, fleissig damit gewaschen», so ein Lexikon des 18. Jahrhunderts.[25] Ob Lisa diese Prozedur vollzog, bevor Leonardo zum Modellsitzen bat? Daß das Mittel beim Abnehmen half, glaubt man angesichts der schauerlichen Beimengungen, die es enthielt, ohne weiteres. Außer den zerstampften Schnecken wurde dem Gebräu Eselsmilch beigegeben. Alles war tagelang zum Gären ins Freie zu stellen.

Den Verdacht, daß Lisa Männerherzen zu betören vermochte, deutet ein Brief an, den Filippo Strozzi 1515 an seinen Stiefbruder Lorenzo di Piero de' Medici (1492–1519) schrieb.[26] Francesco del Giocondo habe erfahren, so heißt es darin, er, Filippo, und Lorenzo hätten seine Frau «ohne deren Zustimmung in Versuchung geführt». Giocondo habe, obwohl treuer Anhänger der Medici, Rache geschworen – hätten sie doch Lisas Ehre befleckt. Er, Filippo, habe Francesco daraufhin versichert, daß er sich ebensowenig wie Lorenzo das Geringste habe zuschulden kommen lassen. Während eines Treffens mit dem Medici sei nichts geschehen, was Lisa sich vorzuwerfen habe. Das Tête-à-tête hatte allerdings in einer «kleinen Hütte» stattgefunden. So scheint Francescos Eifersucht alles andere als unbegründet gewesen zu sein. «Ehre» war eine ernste Sache in Renaissance-Florenz. Und Lorenzo mag Gründe gehabt haben, den Dolch des gehörnten Ehemannes zu fürchten. Die Affäre scheint jedoch friedlich beigelegt worden zu sein.

In seinem Testament würdigte Francesco del Giocondo seine Frau als «ingenua» – aufrichtig, offenherzig –, hinterließ ihr allerdings kaum mehr, als das Erbrecht gebot.[27] Vielleicht war da schon entschieden, daß sie nach dem Tod des Gatten anstelle des Witwenschleiers den

Nonnenhabit nehmen würde. Francesco starb 1538. Lisa trat kurz darauf den Franziskanerinnen von Sant' Orsola bei. Am 15. Juli 1542 segnete sie in ihrem Kloster das Zeitliche und wurde in dessen Kirche auch bestattet. Da war das Porträt, das ihren Namen unsterblich machen würde, schon lange nicht mehr in Florenz.

Traum und Schatten unseres Seins

Die Beschreibung, die Leonardo von der idealen Malerwohnung gibt, zeigt ein Luxusambiente. Sie sei voll von anmutigen Bildern und sauber. Es gebe Musik und Lesungen, denen man mit großem Gefallen zuhöre, ohne wie in der Bildhauerwerkstatt von Gehämmer gestört zu werden.[28] Der Maler wird als nobler Herr vorgeführt: «Gut gekleidet und mit großer Bequemlichkeit sitzt er vor seinem Werk und bewegt den federleichten Pinsel mit anmutigen Farben». Während er die «Mona Lisa» malte, soll Leonardo laut Vasari Musiker und Narren aufgeboten haben, um die «Gioconda» während der langen Sitzung zu erheitern.[29] Er habe dies getan, «um ihr jene Melancholie zu nehmen, die oft die Porträts, die man macht, aufweisen. Und in dem Leonardos zeigte sich ein so angenehmes Lächeln, daß es eher als göttlich denn menschlich anzusehen war.»

Die Landschaft im Hintergrund der «Mona Lisa» hat mit der Aussicht von der Villa auf dem Montughi nichts zu tun. Es dürfte ohnehin müßig sein zu versuchen, ihr Vorbild in der Wirklichkeit aufzuspüren. Leonardo wollte nicht Porträtist der Welt sein. Er wollte sie neu erschaffen. Die schroffen Felsen waren aus seiner Philosophie gebaut, aus seinem Wissen um Aufbrechen und Zusammensturz der Gebirge. Der Blick auf reale Berge lieferte allenfalls Anregungen.[30] Die Forschung hat weitreichende Spekulationen an die Beziehungen zwischen der Porträtierten und der Landschaft geknüpft, darin etwa die Entstehung von Menschen und Welt aus dem Schoß der Zeit erkennen wollen.[31] Beweisen lassen sich solche Thesen nicht.

Porträtsitzungen von Lisa del Giocondo, der Dame aus reichem Haus, mögen sich tatsächlich wie Aufenthalte in heutigen Kosmetikstudios höheren Niveaus ausgenommen haben. Was Leonardo über die Malerwerkstatt der Renaissance berichtet, gehört indes in den Kontext des «Paragone» – eines literarischen Spiels, das um die Frage kreiste, ob Malerei, Poesie, Skulptur oder Musik der Vorrang gebühre. Es versteht sich, daß Leonardo für das eigene Metier eintrat (S. 291 f.). Die Wirklichkeit des Malergeschäfts nahm sich sehr viel prosaischer aus, als er glauben macht. Schon die «Fingerwischer» auf vielen seiner Bilder widersprechen der sublimen Szenerie, die er gibt. Am Abend wird auch er stets seine liebe Mühe gehabt haben, die Hände von zähen Farben zu reinigen. Cennini weiß, wie sich die Ölfarben-Brühe entfernen läßt: mit einer Mixtur aus Eigelb und warmem Wasser, in die etwas Kleie gemischt ist.[32] Tatsächlich fand sich Kleie gelegentlich auf Leonardos Einkaufszetteln. Seine Pinsel reinigte er mit einer Lauge aus Zirneichenasche und Alaunstein.

Vergessen wir noch für ein paar Zeilen Mona Lisas Lächeln und blicken auf die reale Arbeit, die es zustande brachte – und das Werkstattwissen, das sich dahinter verbarg. Alles begann mit der Zubereitung der Holztafel. Leonardo empfiehlt, sie mit Mastix und destilliertem Terpentin zu überstreichen, dazu mit Bleiweiß und eventuell Kalk. Darauf sei sie zwei- oder dreimal mit Aquavit, in den Arsen gemischt sei, einzulassen und mit gekochtem Leinöl zu imprägnieren. Bevor das Holz abgekühlt sei, müsse es mit einem Tuch trockengerieben werden. «Darüber gib flüssigen Lack und weiße es mit einem Stecken. Wasche es mit Urin, wenn es trocken ist, und trockne es nochmals.»[33]

Leonardos Materialkenntnis war außerordentlich.[34] Er wußte zum Beispiel, daß sich Grün verschönern ließ, wenn man dem Grünspan «Kamels-Aloë» beimischte. Der Effekt sei noch besser, gebe man Safran bei, der indes «in Rauch aufgehe». Das Ganze wurde also, da nicht lichtbeständig, rasch schwarz. Um Inkarnat zu gestalten, riet Leonardo zur Verwendung von Bleiweiß, Lack und Bleizinngelb.[35] Auch könne man zermahlene Rubine und Granate hinzugeben. Den Vorschlag scheint er selbst – wohl weil es zu teuer war – nicht umgesetzt zu haben. Seine Notizen lassen erkennen, daß er sich vor allem mit Mixturen beschäftigte, die feine Schattierungen ermöglichten. Um Rottöne zu gewinnen, schlug er vor: «Nimm Gelb und mische es mit gebranntem

Ocker für die dunklen Schatten; und für die helleren, Rötel und Mennige; und für die Lichter, Mennige allein; dann bedecke es mit schönem Lack.»

Die Herstellung der hauchdünnen, mit Manganoxiden angereicherten Lasuren, mit denen Lisa del Giocondos Porträt am Ende überzogen wurde, war eine Wissenschaft für sich. Leonardo experimentierte mit in Leinöl aufgelöstem Harz, fügte Terpentin hinzu, mischte daneben Walnußöl mit Harzen oder Oleoresinen, die er aus eingekerbten Wacholder oder Zypresse gewann.[36] Als Papst Leo X. bei ihm ein Bild bestellte, so Vasari, habe Leonardo umgehend damit begonnen, Öl und Kräuter zu destillieren, um Lack herzustellen. «Ach, weh mir!» kommentierte der Papst. «Der wird nichts zustande bringen, weil er beginnt, über das Ende des Werks nachzudenken, bevor er noch damit beginnt!»[37] Der Heilige Vater wußte eben nicht, welch entscheidende Bedeutung Lasuren für Leonardos Malerei hatten.

Es gibt keinen Grund anzunehmen, daß der Künstler je mit einem Resultat zufrieden war. «Leonardo übertrifft vielleicht alle», schrieb der Humanist Ugolino Verino (1438–1516). «Doch kann er die Hand vom Bild nicht lassen, und so vollendet er wie Protogenes in vielen Jahren kaum eines.»[38] Bis zu dreißig jeweils weniger als zwei Mikrometer dicke Lagen Lasur fanden sich an den dunkelsten Stellen von Lisas Gesicht. Ein Klarlack machte den Schluß.[39] Die Schichten mußte der Maler einzeln trocknen lassen – ein Grund, warum die Arbeit an der «Gioconda» eine Ewigkeit gewährt haben dürfte. Leonardo empfiehlt: «Hast du das ‹sfumato› gemacht, laß es trocknen; ist es trocken, überarbeite es mit Lack und Gummilack», dem Sekret von Lackschildläusen. «Und wird es genügend Zeit mit gummiertem Wasser vermischt, ist es besser, denn es tut dann seinen Dienst, ohne zu glänzen.» Es war eben diese Kunst des «sfumato», die schon in der Sicht Vasaris Leonardos Stellung in der Kunstgeschichte begründete. «Es ist wunderbar, wie dieser Geist [«ingegno»] im Bestreben, den Dingen, die er machte, größte Körperlichkeit [«sommo rilievo»] zu geben, mit seinen dunklen Schatten so weit ging, um möglichst dunkle Gründe zu erzielen, ein Schwarz suchte, das tiefere Schatten machte und dunkler war als andere, damit das Helle durch sie noch heller werde

(…) Alles kam daher, weil er größeres Relief zu geben suchte, um Ziel und Vollkommenheit der Kunst zu finden.»[40]

Für Vasari beginnt mit Leonardo eine neue Epoche der Kunstgeschichte. Er führt eine Phalanx großer Namen auf – sie reicht von Piero della Francesca bis zu Mantegna und Botticelli –, dann auch zu Francesco Francia und Pietro Perugino, die ihren Farben bereits «Süße» gegeben hätten. Die Leute seien wie die Verrückten zusammengeströmt, um jene «neue, lebendigere Schönheit» zu sehen. «Doch deren Irrtum zeigten dann klar die Werke Leonardos da Vinci, der mit jenem dritten Stil den Anfang machte, den wir den ‹modernen› nennen wollen.» Über die Kraft und den Mut seiner Entwürfe hinaus habe Leonardo alle Einzelheiten der Natur aufs genaueste wiedergegeben. Seine Figuren hätten Bewegung und Leben – «mit guter Regel und besserer Ordnung, richtigem Maß, vollkommener Zeichnung und göttlicher Anmut, reichstem Überfluß und tiefsinnigster [«profondissimo»] Kunst.»[41]

Vasaris Beschreibung der «Mona Lisa» hebt denn auch das alte Qualitätskriterium der Naturnähe hervor. Er spricht vom Glanz und dem Wässrigen von Lisas Augen und rühmt ihre «nicht ohne äußerste Feinheit» gemalten Haare. Er teilt mit, wie ihr die Augenbrauen aus den Hautporen wüchsen, wo sie dichter, wo dünner sprössen und wie sie sich bögen. Er erwähnt die Nase mit ihren zarten, rosenfarbenen Öffnungen und lobt das feine Kolorit des Mundes. Wer die Halsgrube sehr genau betrachte, sehe dort den Puls schlagen. «Man kann wahrhaftig sagen, daß dieses Bild auf eine Weise gemalt ist, daß es jeden mutigen Künstler erbeben und sich fürchten ließ, wer immer es sein mochte.» Doch erschließt der Vergleich von Vasaris Lobrede mit dem Bild Ungereimtheiten. Von den Augenbrauen ist nichts zu bemerken, die Landschaft bleibt unerwähnt. Die Erklärung dafür liegt auf der Hand: Vasari hat Mona Lisas Porträt nie gesehen. Er kannte es aus Erzählungen, vielleicht durch Zeichnungen. Das Lächeln aber – die gerade berichtete Anekdote von den Musikern und Narren im Atelier illustriert es – muß schon seinen Gewährsleuten als herausragende Besonderheit des Bildes aufgefallen sein.

Vasaris Hinweis auf die übliche «Melancholie» Porträtierter, von der sich Mona Lisas Ausdruck so augenfällig unterschied, trifft zu. Männern stand die Römertugend der «gravitas» wohl an: Ernsthaftigkeit, Maß, Autorität. Unzählige Renaissancebildnisse statteten Herrscher, Heilige und Heerführer, Philosophen und Gelehrte mit entsprechendem Mienenspiel aus. Ausnahmen wie Antonello da Messinas lächelnder Unbekannter im Museum von Cefalù brachten es zu Berühmtheit. Abgesehen von Madonnen, die sich ihres göttlichen Kindes erfreuen, blicken auch die meisten Damen der Zeit ernst, andächtig und züchtig.[42] Lisas Mund bleibt immerhin geschlossen. So verlangte es die Courtoisie. Aufreizendes Lächeln mochte sich als erotische Verheißung deuten lassen oder Überlegenheit signalisieren. Beides widersprach den Konventionen einer ebenso frommen wie patriarchalischen Gesellschaft. Leonardo rät: «Man muß Frauen in schamhafter Haltung darstellen (...), die Arme ineinandergelegt, die Köpfe gesenkt und zur Seite geneigt.»[43]

Noch während er malte, hat er seine auf den Grund getupfte Vorzeichnung variiert. Anfangs sah er anscheinend einen von Nadeln zusammengehaltenen Kopfputz vor und erwog, Lisa geradeaus schauen zu lassen. Diesen Schluß gestatten zwei jeweils links der Pupillen unter der Farbe verborgene Kreuzlein. So aber blickt sie uns an, als einzige der von Leonardo porträtierten Frauen. Ihr Lächeln ist gewiß nicht, wie Pater bemerkt, «somewhat sinister», «irgendwie unheilvoll», im Gegenteil. Wie der Wortakrobat und Rebus-Bastler Leonardo das Hermelin der Gallerani «galä» flüstern läßt, dürfte er mit Lisas Namen, Lisa del Giocondo, sein Spiel getrieben haben. «Giocondo» heißt nämlich nichts anderes als «heiter» oder «fröhlich». Damit könnten die Rätsel um die «Mona Lisa» eigentlich als gelöst gelten.

Eine spätere Quelle wirft freilich doch Fragen auf. Der Kleriker Antonio de Beatis, der Leonardo 1517 in Amboise besuchte, hielt die «Mona Lisa» für einen Auftrag Giuliano de' Medicis (S. 326). Tatsächlich war das Porträt erst lange nach 1503 vollendet. Vasari berichtet, Leonardo habe für Francesco del Giocondo das Bildnis von Mona Lisa, dessen Frau, in Angriff genommen, sich vier Jahre daran gemüht und es unvollendet gelassen. Später sei es in den Besitz des Königs von Frankreich gelangt.[44] So könnte Leonardo noch während seiner römischen Jahre, zwischen 1513 und 1516, daran gearbeitet haben. Vielleicht hat ihn damals sein Patron Giuliano gebeten, das Bild fertigzustellen. Gleich Isabella d'Este mag Giuliano schlicht einen eigenhändigen «Leonardo» begehrt haben.

Ein technisches Detail spricht dafür, daß die «Mona Lisa» ursprünglich nicht für einen so hochgestellten Auftraggeber gedacht war: Leonardo fertigte das Blau, das zur Verwendung kam, nicht einfach aus teurem Lapislazuli, sondern breitete es über eine Schicht billigeren Azurits.[45] Im Fall der Arbeit für einen Kaufmann mochte das angehen – aber bei einem für einen Fürsten bestimmten Werk? War es so, daß Giuliano einfach ein Sammlerstück wollte, wäre Lisas Porträt schon damals zu dem geworden, was es noch immer ist: ein wunderschönes Bild von Leonardo, ein Kunstwerk eigenen Rechts. Wen das Porträt abbildete, war nebensächlich.

Michelangelo schrieb über die von ihm geschaffenen Marmorfiguren Giuliano und Lorenzo de' Medicis, er habe die beiden nicht darstellen wollen, wie sie von der Natur porträtiert worden seien, ihnen vielmehr Größe, Proportion und Glanz gegeben.[46] Es werde ihnen mehr Ruhm bescheren. In tausend Jahren könne niemand mehr davon Kenntnis geben, daß sie anders ausgesehen hätten. So ging es ihm nicht um die Wahrheit der Abbildung ihrer physischen Natur. Michelangelo wollte Ideen des Wirklichen andeuten, nicht dessen Kopien geben. Was die «Mona Lisa» betrifft, ist sie längst in mythischen Dunst entrückt. Ihrer Zeit enthoben, wurde sie zum «Traum und Schatten unseres Seins», wie der venezianische Humanist Sperone Speroni 1543 die Natur großer Porträts umschrieb.[47]

3. Das unbekannte Meisterwerk

Eine gewonnene Schlacht

Die Heidelberger Marginalie, die Leonardos Arbeit an der «Gioconda» belegt, erinnert daran, daß er 1503 mit weiteren Projekten beschäftigt war: einer «Anna, der Mutter der Jungfrau» – wahrscheinlich ist die

«Anna Selbdritt» gemeint – und einer Arbeit in der Sala dei Cinquecento des Palazzo Vecchio. Das Thema, ein Schlachtstück, war für Leonardo neu. Er sollte das Treffen von Anghiari malen, bei dem am 29. Juni 1440 ein Florentiner Heer mit päpstlicher Unterstützung die Truppe Visconti-Mailands besiegt hatte. Die Bataille spielt in der Kriegsgeschichte keine besondere Rolle. Benedetto Dei feiert sie, maßlos übertreibend, als gewaltigen Sieg des «ruhmreichsten» und «mächtigsten» Florentiner Volks. 12 000 Pferde seien erbeutet worden.[1] Machiavelli behauptete dagegen, lediglich ein Krieger sei gefallen, und das, weil er vom Pferd gefallen und zertrampelt worden sei.[2] Auch das entsprach nicht den Tatsachen – Machiavelli wollte nur das verabscheute Söldnerwesen diskreditieren. Dennoch wurde die Schlacht berühmt, und zwar allein durch ein Kunstwerk, das Phantom blieb: Leonardos Wandbild.

Das Soderini-Regime wollte mit der Erinnerung an eine glorreiche Vergangenheit von einer weniger strahlenden Gegenwart ablenken. Eben dazu hatte sie Leonardo engagiert. Kaum zufällig schrieb er sich eben jetzt wieder in die Malerbruderschaft ein. Die erste Zahlung an sie tätigte er am 18. Oktober 1503, dem Festtag ihres Patrons St. Lukas.[3] Eine Woche darauf erhielt er die Schlüssel für die «Sala del Papa» samt weiteren Räumen im Kloster Santa Maria Novella. Hier war genug Platz, Vorlagen für die «Anghiari-Schlacht» zu zeichnen. Das Appartement diente sonst Päpsten, wenn sie in Florenz weilten, als Unterkunft. Ein ganz einfacher Handwerker war Leonardo eben doch nicht. Die Signoria scheute keine Mühen, ihm ein ersprießliches Ambiente zu bereiten. Sie ließ das Dach des Gebäudes richten, die Fenster abdichten, Vorhänge beschaffen und ein Gerüst aufbauen. Zwischen Leonardos Wohnraum und die Sala wurde der Bequemlichkeit halber eine Türe gebrochen. Schon im Februar 1504 erhielt er eine Zahlung von 140 Lire.[4] Auch wurden Malutensilien bereitgestellt: Bleiweiß, Schwämme, Terpentin und gewaltige Mengen Papier.

Wieder wagte Leonardo sich an eine hochkomplexe «storia». Alberti spricht von der Gattung als dem «höchsten Werk des Malers».[5] Der Begriff ist nicht einfach als «Historienbild» im heutigen Sinne zu übersetzen. Gemeint ist ein «Vorgang», eine Bilderzählung, an der sich

Leonardo auch im Fall der «Anbetung der Magier» oder mit dem «Abendmahl» versucht hatte.

Am 4. Mai 1504 schlossen die Prioren und der Gonfaloniere Soderini, übrigens in Anwesenheit Machiavellis, mit «Leonardo de Vincio» einen Vertrag über das Projekt.[6] Für die Arbeiten an einem Karton waren ihm bereits 35 Goldfiorini ausbezahlt worden. Er müsse ihn – mit der gängigen Notarsformel «ohne Vorbehalt und Ausnahme» – bis zum nächsten Februar vollenden. Dafür werde er fünfzehn Fiorini monatlich bekommen. Im Fall, daß er den Termin nicht einhalte, konnten ihn die «prächtigen Herren» mit angemessenen Mitteln zur Rückgabe schon empfangener Gelder zwingen. Zudem sollte er ihnen die bereits fertiggestellten Partien des Kartons überlassen. Der Vertrag betraf nur den Entwurf und den Karton, bedachte aber die Möglichkeit, daß diese sich mit einem dritten Arbeitsgang, der Ausführung an der Wand, überlappen könnten. Denn sollte der Maler damit beginnen, während er daneben noch zeichnete, ließ sich die Frist verlängern. Die «Signori» verpflichteten sich außerdem, den Karton, sollte Leonardo das Wandgemälde nicht fertigstellen können, nur mit dessen Zustimmung von fremder Hand ausführen zu lassen. Die dafür vorgesehene Fläche, wohl die die Südhälfte der Ostwand des Saals, wurde auf etwa sieben mal siebzehn Meter, also fast 120 Quadratmeter, geschätzt.

Vorstellungen vom Verlauf der Schlacht des Jahres 1440 vermittelte eine Chronik des Dominikaners Leonardo Dati. Agostino Vespucci, Autor der Marginalie mit der Erwähnung der «Mona Lisa», fertigte von der entsprechenden Passage zu Leonardos Gebrauch Auszüge.[7] Sein Text beschreibt, was ein Gemälde erzählen könnte. Nach dem Vorbild antiker Historiographie solle zunächst dargestellt werden, wie Mailands Condottiere Niccolò Piccinino eine Rede an seine Soldaten und die an seiner Seite kämpfenden Florentiner Verbannten richtete. Eine weitere Szene zeigt «den Patriarchen» in der Morgenfrühe bei der Rekognoszierung des Schlachtfeldes; gemeint ist Ludovico Trevisan, Patriarch von Aquileia und Generalkapitän des päpstlichen Heeres, der tatsächlich eine schlachtentscheidende Rolle gespielt zu haben scheint. Auch ist von der Landschaft um Anghiari die Rede, die Leonardo von seiner

Reise nach Urbino bekannt war – von Hügeln, Feldern und dem vom Tiber durchströmten weiten Tal. Man sehe Piccinino samt dem Heer herbeieilen, «mit viel Staub». Durch die Staubwolke nämlich waren die Florentiner vor dem geplanten Überraschungsangriff des Gegners gewarnt worden.

Einen Höhepunkt des Berichts stellt die Beschreibung des Kampfes um eine Brücke dar. Auf einer Skizze Leonardos ist letztere auch angedeutet (Abb. 43, S. 237). Am Ende hätten Trevisans Kanonen die feindliche Infanterie in Grund und Boden geschossen. Wer konnte, habe sich in Sansepolcros Mauern geflüchtet. «Und man machte ein großes Gemetzel.» Bis Sonnenuntergang habe die Schlacht gewährt. «Der Patriarch kümmerte sich darum, die Soldaten zurückzurufen und die Toten zu begraben. Darauf wurde ein Siegeszeichen errichtet.» Vespuccis Text lieferte Anregungen für Szenen, das Drehbuch für eine Bilderzählung nach Art von Comics, wie sie manche Maler auf Kirchenwände zu pinseln pflegten, wenn sie etwa Heiligenlegenden darstellten – was Leonardo mißfiel, da sich dabei unterschiedliche Fluchtpunkte ergaben.[8] Er sah sich gefordert, aus den Episoden eine einzige Szene zu gestalten.

Ser Pieros Tod

Inmitten der Entwurfsarbeiten für die «Anghiari-Schlacht» verschied Ser Piero. Leonardo vermerkt es genau: «9. Juli 1504, Mittwoch, um 7 Uhr, starb Ser Piero da Vinci, Notar im Palazzo des Podestà, mein Vater (…) Er war 80 Jahre alt und hinterließ zehn Söhne und zwei Töchter.»[9] Der reiche Kindersegen war ihm durch zwei weitere Ehen – Francesca Lanfredini war 1474 gestorben – und einige Seitensprünge beschert worden. Als sein letzter Sohn Giovanni geboren wurde, stand der vitale Herr schon im 73. Lebensjahr.

Wohl kurz vor dem Tod Pieros hatte Leonardo ein paar Zeilen an ihn entworfen, die – soviel noch zu Freuds Behauptung einer Gegnerschaft zwischen den beiden – auf fortwährenden Kontakt und Zuneigung schließen lassen. «Liebster Vater, am letzten Tag des vergangenen Monats erhielt ich den Brief, den Ihr mir schriebt und der mir zugleich Freude und Leid gab: Freude, indem ich durch ihn erfuhr, daß Ihr gesund seid, wofür ich Gott danke; Trauer, weil ich von Euren Gebrechen vernahm.»[10] Piero hatte es, als es zum Sterben kam, auf 77 Lebensjahre gebracht (und nicht auf 80, wie Leonardo schreibt). Es war gleichwohl ein für das 16. Jahrhundert stattliches Alter, da konnten «disagi», Beschwerden, nicht ausbleiben. Man bestattete Piero im Familiengrab in der Badia Fiorentina, das er 1472 eingerichtet hatte. So ruhte er gegenüber dem Bargello und nahe seinem Studio, wo er über Jahrzehnte die Dinge des Lebens tausendfach in Rechtsform geschrieben hatte.

Nochmals fallen von diesem Tod her Schlaglichter auf Leonardos Jugend. Nach Pieros Ableben wurde nämlich ein Inventar angelegt, das einen Blick in sein Wohnambiente gewährt. Gewiß hat sich auch der erwachsene Leonardo gelegentlich darin bewegt.[11] In einer geräumigen Küche fanden sich Geschirr, Säcke voll Korn und Mehlkisten – gute Vorräte halfen über teure Zeiten –, daneben ein Backtrog, Waagen, Behälter für Geflügel und auch drei Flaschen Wein aus Vinci. Allerlei Kleinkram erinnerte an längst verwehte Alltage: Brillentäschchen, ein paar Sporen, ein Spiegel, eine Holzpuppe «für Mädchen» und 22 in Holzeinbände geschlagene Bücher unbekannten Inhalts. Selbst ein Kackstuhl, «una predella da chachare», ist aufgeführt.

Wir bewegen uns in einem christlichen Haushalt. Das Inventar nennt ein «Agnus Dei» mit neun Perlen und sechzig geweihte Kerzen. Fromme Bilder und Skulpturen, darunter mehrfach die Madonna und der heilige Franz, hielten zur Andacht an. Vermutlich war auch Kitsch dabei, etwa eine Jungfrau Maria und ein Sebastian aus Gips, und zwar «weiß», also nicht bemalt oder vergoldet. Ein «deutscher» Kupferstich, der den Gekreuzigten zeigte, dürfte Mitbringsel von einer Wallfahrt nach Rom gewesen sein, wo dergleichen massenhaft feilgeboten wurde.[12] Weltliche Kunst war allein durch Frauenporträts und das Bildnis eines gewissen Francesco, vielleicht Leonardos Onkel, vertreten. Ob der Neffe es gemalt hatte?

Ser Piero war so eingerichtet, wie man sich den Haushalt eines Florentiners der gehobenen Mittelschicht vorstellt. Der Hausrat war reich, angesammelt in einem langen Leben. Truhen, Bänke, Tische und «Lettucci» – Kanapees – mit gemalten oder geschnitzten Dekorationen und Einlegearbeiten waren darunter. Penibel aufgelistet ist eine Unmenge von Textilien. Dergleichen war damals wertvoller als heute: Bettzeug, Vorhänge, Handtücher, Kleider, Teppiche, «Satin mit Vögelchen, blau und weiß» und nicht weniger als 55 Schnupftüchlein. Unübersehbar demonstrierte der Hausherr Wohlstand. Er ließ Statussymbole funkeln, etwa vergoldete und kristallene Gläser und einen ebenfalls kristallenen Getränkekühler. Interesse für Kurioses, wie es sonst in fürstlichen Wunderkammern zu finden war, bezeugen zwei Straußeneier und ein Magnet in einer kleinen Schachtel. Daß Piero über die Mauern von Florenz hinausblickte, deuten eine Seekarte und eine Weltkarte an. Vielleicht hatte das eine oder andere Stück aus dem Vaterhaus schon Leonardos Jugend begleitet und erste Neugier für die Dinge der Natur und ihre verborgenen Kräfte geweckt.

Giganten: Leonardo und Michelangelo

Am 25. Januar 1504 fand in Florenz – vermutlich im Palazzo Vecchio – eine ungewöhnliche Versammlung statt.[13] Sie sollte die Signoria in einer kunstpolitischen Frage großer Bedeutung beraten: wo nämlich der gerade fertiggestellte «David» Michelangelos Aufstellung finden sollte. Neben den Konsuln der Wollweberzunft, Amtsträgern der Republik und Handwerkern hatte sich die kreative Elite der Stadt eingefunden. Auch Leonardo war gerufen worden, ebenso seine Werkstattgenossen von einst, Lorenzo di Credi und Pietro Perugino. Ein alter Bekannter aus Mailänder Tagen war dabei, der Architekt Sangallo, dazu der Uhrmacher, Goldschmied und Architekt Lorenzo della Volpaia (oder Golpaia, 1446–1512), Konstrukteur einer bewunderten Planetenuhr im Palazzo Vecchio, der mit Leonardo ebenfalls in langwährender Beziehung stand.[14]

Die meisten Anwesenden wollten die Statue im oder neben dem Regierungspalast wissen. Cosimo Rosselli und Sandro Botticelli gaben einem Standort nahe dem Dom den Vorzug. Sangallo brachte eine praktische Erwägung zur Sprache, als er riet, den «David» in der Loggia neben dem Palazzo Vecchio aufzustellen, da der empfindliche Marmor dort vor Wind und Wetter geschützt sei. Leonardo bekundete, er folge Sangallos Rat. Die Statue möge «mit geziemendem Schmuck» dorthin gestellt werden, wo man die Tapisserien anzubringen pflege – und zwar so, daß sie die «Zeremonien der Ämter» nicht beeinträchtige. Die Regierung entschied schließlich, die Figur auf der «ringhiera», dem mit Stufen erhöhten Bereich vor dem Palast, zu plazieren, dort also, von wo aus eine Kopie des «David» noch heute die Piazza ins Visier nimmt. Donatellos «Judith» mußte dafür unter den Schutz der Loggia weichen.[15]

Mitte Mai 1504 wurde der «Gigant» dorthin geschafft. Über vierzig Mann mühten sich vier Tage lang, ihn über eingefettete Balken vom Dom an seinen Aufstellungsort zu ziehen. Landucci erwähnt, daß die Statue nachts mit Steinen beworfen worden sei.[16] Es mögen fromme Verehrer Savonarolas gewesen sein, die da ihrem Abscheu gegenüber «antiker» Nacktheit Luft machten. Oder erkannten Medici-Anhänger in dem Marmorhelden das, was er gewiß sein sollte – ein Manifest republikanischer Freiheit und damit ein Propagandastück gegen die Diktatur der Familie mit den Kugeln im Wappen?

Michelangelo Buonarroti (1475–1564), der als «Betroffener» nicht an der Versammlung von 1504 teilgenommen hatte, war ein neuer Stern an Italiens Kunsthimmel. Mit Leonardo hatte er nicht nur die Neigung zum eigenen Geschlecht gemeinsam. In Caprese nahe Arezzo geboren, war er gleich Vinci in der talentfördernden «aria» der Toskana aufgewachsen. Sein Vater Lodovico, damals Podestà des Ortes und daher wohl nicht ohne juristische Bildung, hatte ihm eine Ausbildung in einer Lateinschule ermöglicht. In Florenz trat der junge Michelangelo in die Werkstatt Ghirlandaios ein. Wie Leonardo erfreute er sich der Förderung Lorenzos des Prächtigen und konnte in dessen Garten antike Statuen studieren.[17] Schon früh vollendete er überragende Werke. Gerade zwanzigjährig schuf er neben anderem einen marmornen «Bacchus» und wenige Jahre darauf seine berühmte «Pietà».

Nach Stationen in Bologna und Rom war Michelangelo 1501 nach Florenz zurückgekehrt, wo ihm der Auftrag für den «David» übertragen wurde. Als Lohn standen 400 Dukaten in Aussicht.[18] Vasaris Behauptung, die Regierung habe den schon von anderen bearbeiteten Marmorblock zunächst Leonardo anvertrauen wollen, fügt sich zu gut in die Konstruktion einer heftigen Rivalität zwischen den beiden Großkünstlern, um wahr zu sein.[19] Noch herrschte ein Rangunterschied zwischen ihnen. Residierte Leonardo in päpstlichen Gemächern, erhielt Michelangelo nur einen Raum im «Ospedale dei Tintori», dem Hospital der Färber am südöstlichen Stadtrand von Florenz, zugewiesen.

Im Sommer oder Herbst 1504[20] hatte die Signoria dann eine originelle Idee. Sie erteilte Michelangelo den Auftrag, neben Leonardos in Arbeit befindlicher «Anghiari-Schlacht» ein weiteres Schlachtenbild zu malen. Das Thema, die «Schlacht von Cascina», wies aktuelle Bezüge auf. Bei dem Treffen hatte Florenz am 28. Juli 1364 über Pisa triumphiert. Und eben jetzt, nach Scheitern des Brachialakts, den Arno umzuleiten, kämpften die beiden Republiken aufs neue gegeneinander. «Siegen lernen von den Vorfahren», so sollte die Botschaft des Bildes gewiß lauten.

Michelangelo stellte sich mit seiner «storia» einer ähnlichen Herausforderung, wie sie Leonardo mit dem «Abendmahl» bewältigt hatte, nämlich verschiedene Reaktionen einer Gruppe von Menschen auf ein unvorhergesehenes Ereignis vorzuführen. Sein Thema war eine von dem Chronisten Filippo Villani überlieferte Episode.[21] Florentiner Söldner hatten in der Sommerhitze Erfrischung im Arno gesucht, als die Pisaner plötzlich zur Attacke ansetzten. Einer jedoch rief, als er das Anrücken des Feindes bemerkte, «Wir sind verloren!» und schreckte damit die Badenden auf. Ebendiesen Moment wollte Michelangelo vorführen.

Sein Konzept ist allerdings nur durch Zeichnungen und Kopien, darunter ein Blatt Aristotile Sangallos (Abb. 42), überliefert. Sie zeigen, daß Michelangelo die Szene als Vorwand nahm, muskulöse nackte Körper in den verschiedensten Positionen darzustellen. Mag sein, daß ihn der schon erwähnte Stich Antonio del Pollaiuolos anregte (S. 48). Zeitgenössische Betrachter dürften die Konstruktion komplizierter Verkürzungen bewundert haben und auch, daß die Komposition dem Erfordernis der «varietas» genügte – keine Pose, kein Gesichtsausdruck begegnet zweimal.[22] Eine detailgetreue Rekonstruktion des Geschehens wollte Michelangelo ebensowenig liefern wie Leonardo in seiner «Anghiari-Schlacht». Drei der Krieger tragen zum Beispiel Panzer nach antiker Art und nicht Rüstungen des 15. Jahrhunderts.

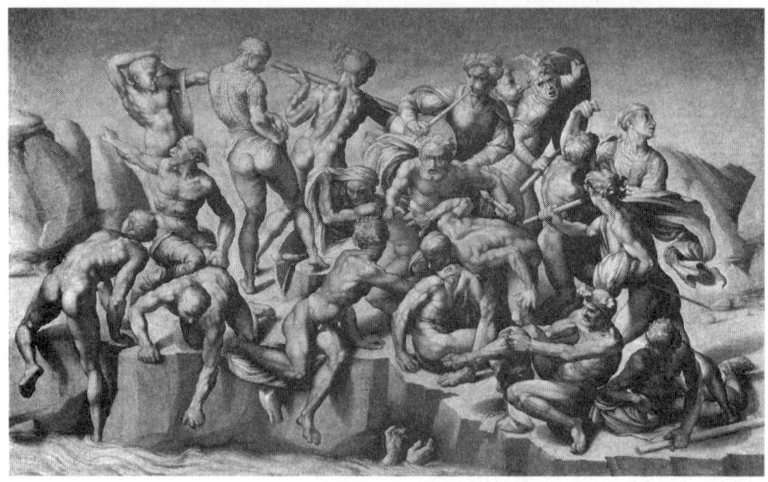

Abb. 42: Bastiano («Aristotile») da Sangallo nach Michelangelo, Die Schlacht von Cascina, um 1542, Öl auf Holz, Grisaille, 76,4 × 130,2 cm, Holkham Hall/Norfolk, Art Collections des Earl of Leicester.

So lieferten sich zwei der Größten der Weltkunst im selben Raum einen Wettstreit. Man hat Superlative bemüht, um zu beschreiben, was sich da abspielte: ein Kampf der Giganten, ein Ringen von Genies. Der eine, Leonardo, erschien als apollinische Natur, als der Meister unsterblichen Lächelns, nicht des kreativen Zorns. Der andere galt als ein Übermensch, der, cholerisch und genialisch, Extreme auslebte. Einen ganzen Berg bei Carrara würde er am liebsten zu einem Koloß gestalten, soll er gesagt haben. Und als es Widerstände bei der Beschaffung von Carrara-Marmor zu überwinden galt, verkündete er: «Ich habe es unternommen, Tote zu erwecken und diese Berge zu zähmen und Kunst in dieses Land zu bringen!»[23] Man übersieht bei dem Vergleich leicht Michelangelos empfindsame Sonette und ebenso, daß auch Vinci Gigantomanie alles andere als fremd war.

Dafür, daß sich die beiden «Superstars» (Rab Hatfield) über den kreativen Wettstreit im Saal des Palazzo Vecchio hinaus als Rivalen begegneten, gibt es kaum Beweise. Leonardo hat sich über den Jüngeren, soweit bekannt, nie geäußert. Daß ihm dessen Muskelmänner mißfielen, darf man allerdings annehmen. Der Maler müsse zum Beispiel wissen, so schrieb er, welche Sehnen und Muskeln bestimmte Bewegungen verursachen, und nur sie hervorheben. «Die große Zeichner zu sein scheinen, machen ihre Figuren hölzern und ohne Anmut, so daß sie eher wie ein Sack Nüsse aussehen als das Äußere eines Menschen.» Sie glichen stärker einem Bündel Rettiche als nackten Muskeln.[24] Das war mehr als nur verdeckte Kritik an Michelangelos Kraftgestalten.

Wer tatsächlich einen Titanenkampf vorführen möchte, sieht sich auf eine Bemerkung Vasaris verwiesen.[25] Vinci und Buonarroti hätten «größte Verachtung» gegeneinander gehegt, und zwar wegen der Konkurrenz um den Auftrag, eine Fassade für die Medici-Kirche San Lorenzo zu entwerfen. Michelangelo habe sich deshalb nach Rom verabschiedet. Den Tatsachen entsprach das nicht. Der Plan der Fassade wurde erst 1516 ernsthaft erwogen. Damals aber war Leonardo in Rom und im Begriff, nach Frankreich aufzubrechen.

Ein zweiter, oft zitierter Beleg für eine Feindschaft zwischen ihm und Michelangelo findet sich im «Anonimo Gaddiano».[26] Leonardo sei einmal mit einem gewissen Giovanni da Gavine an der Bank des Palazzo Spini – solche «pancaccie» sind an manchen Florentiner Palästen noch erhalten – vorbeispaziert; hier habe sich eine Gruppe von Leuten zusammengefunden, die eine Dante-Stelle diskutierten. «Und sie riefen besagten Lionardo herbei und sagten ihm, er möge ihnen die Passage erklären. Zufällig kam in diesem Moment Michele Agnolo vorbei, und von einem von ihnen gerufen, antwortete Lionardo: ‹Michele Agnolo wird sie euch erklären›. Da es Michele Agnolo schien, Leonardo habe das gesagt, um ihn zu verspotten, antwortete er ihm mit Zorn: ‹Erklär es doch du, der du ein Pferd entworfen hast, um es in Bronze zu gießen, und es nicht gießen konntest und es schamlos sein ließest›. Das gesagt, wandte er ihnen den Rücken zu und ging weg. Lionardo blieb stehen und war wegen dieser Worte rot» – ob aus Scham oder Wut, verrät der Chronist nicht. Bei anderer Gelegenheit habe derselbe Michelangelo in der Absicht, Leonardo zu «beißen», gespottet: «Und *dir* haben die Mailänder Dickköpfe geglaubt?» Sollten solche Worte tatsächlich gefallen sein, dürften sie Leonardo tief verletzt haben. Mit der Erinnerung an das gescheiterte Sforza-Projekt hätte Michelangelo in einer offenen Wunde gestochert.

Zwei verlorene Schlachten

Ein Blatt in Schloß Windsor vermittelt Eindrücke davon, wie Leonardo arbeitete.[27] Andeutungen zusammenhangloser Szenen mit Reitern und Soldaten wirken wie ein aufs Papier gehauchter Niederschlag «erster Ideen», die ihre Ausführung vielleicht in einer noch vage überlegten Komposition finden würden. Die Haltung eines Reiters erinnert an die des Feldherrn Niccolò da Tolentino auf einem der großformatigen Schlachtenbilder Paolo Uccellos (1397–1475), die sich damals im Palazzo Medici befanden. Man darf sich also Leonardo vor den perspektivischen Virtuosenstücken im Medici-Palast vorstellen, wie er mit rascher Hand skizziert, nachdenkt, Varianten erprobt. Auf unserem Blatt hat er das Pferd, das sich am rechten Rand von Uccellos Bild aufbäumt, ganz nahe an den Schimmel Niccolòs gerückt. Keimte da schon der Einfall, den «Kampf um die Standarte» – Zeichen der Identität jeder Armee, das bei den Soldaten fast religiöse Verehrung genoß[28] – als ein dramatisches Ringen von Menschen und Tieren zu inszenieren? Es scheint, daß Leonardo sogar kleine Wachsmodelle formte, um die Komposition zu erproben.[29]

Eben dieser Reiterkampf ist durch Kopien gut dokumentiert, so durch die «Tavola Doria», ein großformatiges Ölbild (Tafel 26), und ein Blatt des Rubens-Umkreises. Es zeigt links Mailands Condottiere Niccolò Piccinino und seinen Sohn, die ihr Feldzeichen gegen anstürmende Florentiner zu verteidigen suchen. Vasari rühmt an Leonardos Komposition – mehr als den «Kampf um die Standarte» hatte er offenbar nicht vor Augen – den abwechslungsreich gestalteten Zierrat der Rüstungen, die «mit feiner Schönheit» gemalten Pferde und ihre «bravourös» gebildeten Muskeln.[30] Er beschreibt das erbitterte Ringen um die Standarte, deren Besitz Sieg und deren Verlust Niederlage bedeuteten, und hebt die Wut der Pferde hervor. Selbst mit den Zähnen kämpften sie. Wie oft, beeindruckt ihn daneben die Kunst, Verkürzungen zu geben, so im Fall zweier am Boden liegender Männer.

Eine Vorstellung von Leonardos Gesamtkonzept vermittelt eine Rekonstruktion, die Albert Boesten-Stengel auf der Grundlage der

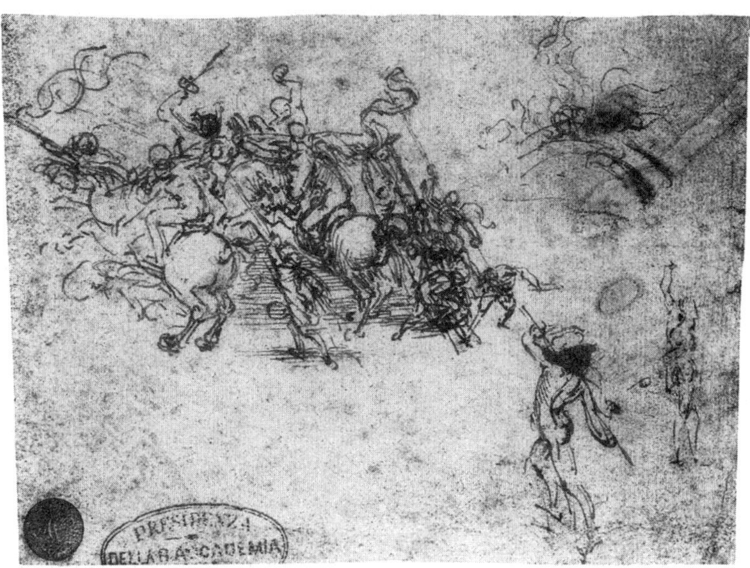

Abb. 43: *Leonardo da Vinci, Studie für die «Anghiari-Schlacht», 1503, Feder und Tinte, 10,1 × 14,2 cm, Venedig, Gallerie dell'Accademia.*

erhaltenen Zeichnungen Leonardos erarbeitet hat (Abb. 43, Tafel 25). Zentrum des Ganzen ist der «Kampf um die Standarte». Im Hintergrund ist die bei Dati erwähnte Brücke zu sehen. Auf ihr ist eine Kanone angedeutet, rechts daneben ein Reitertrupp mit wehenden Fahnen. Links scheint Leonardo die Darstellung einer Kavalkade herbeistürmender Kavallerie vorgesehen zu haben. Das alles hätte sich vor einem weiten Landschaftshintergrund – mit sehr hohem Horizont – vollzogen. Das Kolorit der Rekonstruktion folgt den Farben der «Tavola Doria».

Als Leonardo an die Ausführung des Wandgemäldes ging, versuchte er, eine aus der Antike überlieferte Technik anzuwenden: die Enkaustik, der Wachs als Bindemittel diente. Sie versprach ein Kolorit, schöner noch als das von Ölfarben. Die wichtigsten Quellen dazu sind kurze Passagen in Plinius' «Naturgeschichte».[31] «Wer als erster erfunden hat, mit Wachs zu malen und das Bild zu erwärmen, steht nicht fest», lautet eine davon. Mit einem «cestrum», einer Art Griffel oder

Spatel aus Elfenbein, werde die Masse verteilt. Im Zusammenhang mit der Bemalung von Schiffen schreibt Plinius von geschmolzenen Farben, die mit dem Pinsel aufgetragen würden. Es sei eine Malerei, die weder von Salz noch von der Sonne verdorben werde.

Während der ersten Monate des Jahres 1505 werkelten Schreiner und Schmiede an einem von Leonardo entworfenen Gerüst, das dank eiserner Räder beweglich war. Im Juni ging es endlich ans Malen. Eine Abrechnung dokumentiert umfangreiche Einkäufe: Leinwand und Leinöl, Farben und Töpfe, dazu Gips aus Volterra und Bleiweiß für die Grundierung. Auch «griechisches Pech», also Kolophon, das zur Lackherstellung diente, wurde geordert.[32] Aus Venedig importierte Schwämme dienten zum Wischen und Tupfen, Leim wurde mit beim Bäcker besorgtem feinen Mehl bereitet.[33] Auch den Lohn für Mitarbeiter und Gehilfen führt die Liste an. Sie nennt außer dem «Zoroastro» Tommaso Masini, der beim Pulverisieren der Pigmente half, zwei Maler: Biagio d'Antonio (1446–1516), der zuvor Rosselli und Perugino zur Hand gegangen war, und einen «Ferrando Spagnuolo», vermutlich Fernando Yáñez de la Almedina (um 1480 – um 1537).[34] Letzterer begegnet schon in Leonardos Mailänder Werkstatt (S. 139).

Es war keine besonders gute Idee, sich der Enkaustik erstmals ausgerechnet bei einem Großauftrag zu bedienen. Das Desaster war programmiert. Der «Anonimo Gaddiano» erzählt: «Aus Plinius entnahm er [Leonardo] jenen Kitt [stucco], mit dem er malte, aber er verstand es nicht gut. Zum ersten Mal machte er einen Versuch mit einem Bild in der Sala del Papa, weil er an diesem Ort arbeitete; und vor dem Bild, das er an die Wand gelehnt hatte, entzündete er ein großes Kohlenfeuer, das wegen der großen Hitze besagter Kohle den besagten Stoff trocknete und ausdörrte. Dann wollte er [das Gemälde] in der Sala [dei Cinquecento] ins Werk setzen, wobei das Feuer [den Stoff] unten erreichte und trocknete, aber oben droben reichte die Hitze nicht hin, und er floß herab.»[35] Selbst der Himmel gab einen sarkastischen Kommentar, wie Leonardo selbst berichtet. «Ich begann am 5. Juni, einem Freitag, genau zur 13. Stunde, im Palazzo zu malen. In dem Augenblick, da ich den Pinsel niederlegte, verschlechterte sich das Wetter, und die Glocke begann die Leute zum Gericht zu rufen. Der Karton wurde schlaff, das Wasser strömte und der Krug, der es enthielt, zerbrach, und (...) es regnete bis zum Abend sehr viel Wasser, und das Wetter war, als wäre es Nacht.»[36] Antonio Billi meint, der Fehlschlag sei der Zugabe von zu viel Leinöl zuzuschreiben gewesen. Leonardo scheint es in der Tat der klebrigen Masse, zu der seine Farben verklumpt waren, im Übermaß beigegeben zu haben.[37] Ärger mit den Behörden kam hinzu. Sein Lohn wurde nicht pünktlich angewiesen. In den letzten Monaten des Jahres 1505 war das Projekt am Ende. Eine letzte Zahlung – unter anderem für Nußöl – erfolgte am 31. Oktober.[38]

Michelangelo erfüllte seinen Vertrag ebensowenig wie Leonardo. Bis Ende 1505 hat er an Entwürfen gearbeitet und dann, nach kurzer Unterbrechung, nochmals bis in den August des folgenden Jahres hinein. Ausgeführt wurde nichts davon. Am Ende zog es Michelangelo erneut nach Rom. Noch in Florenz hatte er damit begonnen, die Figuren für das Grabmal des Rovere-Papstes Julius II. aus Carrara-Marmor zu meißeln. Damit begann die Geschichte eines weiteren Scheiterns, wieder am ganz Großen – eine Renaissancetragödie, von der zu erzählen nicht mehr hierhergehört.

Noch 1558 war im Kloster Santa Maria Novella das Gemälde zu sehen, an dem Leonardo die Technik der Enkaustik ausprobiert hatte. Die Kartons für das Schlachtbild wurden zunächst in der Sala del Papa oder der Kapelle neben ihr ausgestellt. Sie wanderten in die mediceischen Sammlungen und gingen irgendwann verloren.[39] Einigen der Größten der europäischen Kunst, unter ihnen Raffael, Rubens und Delacroix, dienten sie als Lehrstücke. Leonardos Konzeption trug dazu bei, einem neuen Stil, dem Barock, den Weg zu bereiten.

4. Eine neue Kunstwelt

Augengier und Bücherlust

Ende Oktober 1504 reiste Leonardo nach Piombino – er mag sich dort schon während der Borgia-Herrschaft kurz aufgehalten haben –, das inzwischen wieder von seinem legitimen Herrn, Iacopo IV. Appiani, regiert wurde.[1] Vinci legte Pläne für Militärbauten vor, darunter für eine furchterregend modern wirkende bunkerähnliche Anlage mit konzentrisch angeordneten Kasematten. Wie man sich vor Verrat oder Volksaufständen schützen kann, erwog er, der Zeitgenosse Machiavellis, ebenso wie Maßnahmen gegen fremde Feinde.[2] Daneben nutzte er die Gelegenheit, Piombinos Hafenanlage und Segelboote zu zeichnen, prüfte zudem, ob sich in der Umgebung Sumpfland trockenlegen ließ.[3]

Wieder blicken wir einem Mann über die Schulter, der förmlich Eindrücke trinkt – ob er nun vermerkt, daß der Schatten auf einer weißen Wand nicht einfach grau ist, sondern bei Sonnenuntergang das Grün des nahen Meeres spiegelt, oder ob er Strömungen und die Schaumkronen von Wellen betrachtet.[4] Auch sein großes Thema «Fliegen» läßt ihn in dieser Zeit nicht los. Während eines Märzspaziergangs hinaus nach Fiesole, das am Fuß jenes Monte Ceceri liegt, den wir auf den ersten Seiten dieses Buches bestiegen, sieht er einen Raubvogel. Er beobachtet genau, wie das Tier sich in die Lüfte schwingt: «Wenn der Vogel große Flügel und einen kleinen Schwanz hat und sich erheben will, dann hebt er kraftvoll die Flügel und, sich umdrehend, wird er den Wind unter den Flügeln empfangen. Und jener Wind wird ihn, einen Kegel bildend, schnell nach oben stoßen.»

Ebenfalls während der Jahre, die er mit der Arbeit an der «Anghiari-Schlacht» verbrachte, fand Leonardo die Zeit, seine Bücher zu katalogisieren.[5] Sie waren in zwei Kisten in Santa Maria Novella verstaut. Die Liste nennt insgesamt 116 Werke, darunter Kladden mit eigenen Aufzeichnungen, etwa ein «Buch von Pferden, für den Karton gezeichnet». Die Sammlung war ein kostbarer Besitz. Sie enthielt weit mehr Bücher, als selbst mancher Aristokrat sein eigen nannte. Manchmal sind Besonderheiten vermerkt wie die, daß ein Buch Holzdeckel hatte, in Pergament gebunden oder illuminiert war. Eines prunkte sogar mit einem Einband aus grünem Gemsenleder. Genannt werden Werke zu Ackerbau und Anatomie, Architektur und Astrologie, zu den verachteten Fächern Chiromantie und Physiognomik, zu Optik, Medizin, Mnemotechnik, Militärwesen und Moralphilosophie. Über das Universum orientierte Ptolemäus' Kosmographie. Ein nicht näher identifizierbares «großes Herbarium» half bei der Bestimmung und vielleicht beim Malen von Kräutern.[6] Historische Kenntnisse gewann Leonardo unter anderem aus den Dekaden des Livius, aus Lukans «Pharsalia» und der Chronik Isidors von Sevilla, während ihn Hartmann Schedels 1493 gedruckte «Weltchronik» über Geschichte, Geographie und Gestalt europäischer Städte orientierte. Religiöse Schriften spielten mit zehn Titeln eine vergleichsweise geringe Rolle. Mit welchen Gefühlen mag Leonardo die Predigten Bernardino von Sienas mit ihrer Hetze gegen Homosexuelle, die er ebenfalls besaß, gelesen haben?

Großes Gewicht hatten die antiken und mittelalterlichen Naturwissenschaften. Schriften des Aristoteles dominierten. Daneben fanden sich unter anderem Werke Alberts des Großen (um 1200–1280) und Alberts von Sachsen (um 1320–1390), von dessen Naturphilosophie Leonardo ein Schlüsselwort, «impetus» – heftige Bewegung, Drang –, übernommen haben dürfte.[7] Auch die Physik der Bewegung, die Biagio Pelacani (1350/54–1416) entwickelte, hinterließ in Leonardos Aufzeichnungen Spuren.

Zur Standardausstattung von Bibliotheken der Renaissance und so auch der Leonardos zählten Ovids «Metamorphosen». Aesops «Fabeln» besaß er gleich in drei Ausgaben, darunter einer französischen Übersetzung. Horaz – dessen «Dichtkunst»? – kannte er zumindest. Der Unterhaltung und Anregung dienten Ritterromane, Komödien und die Sonette des schon erwähnten Burchiello.[8] Der nannte seine Slang-Poesie «Piratendichtung, die, ohne Ordnung, ein wenig hier und ein wenig da nimmt», und karikierte damit den herrschenden Stil Petrarcas. Mit seinen Wortspielen und wilden Assoziationen dürfte die Kunst des dichtenden Barbiers dem Humor des Fazetienspinners Leonardo vollkommen entsprochen haben. Da redet der Mond, Zwiebeln tanzen, Hunde singen «Halleluja!» und Amseln fragen: «Was haben diese Raupen im Leib, daß sie immer Seide scheißen und Blätter fressen?»

Unter den humanistischen Gelehrten des Quattrocento waren neben Alberti der Florentiner Kanzler und Historiker Leonardo Bruni vertreten, außerdem Francesco Filelfo und Matteo Palmieri mit seiner Schrift «Über das bürgerliche Leben». Auch das «Narrenschiff» Sebastian Brants fand sich in Leonardos Büchersammlung, vermutlich in lateinischer Übersetzung. Eine italienische Ausgabe ist jedenfalls nicht bekanntgeworden.

Besonders auffällig ist die Praxisorientierung, die der Bücherschatz verrät. Leonardo bemühte sich im Selbststudium um die Fächer der Artistenfakultät, die zu besuchen ihm versagt geblieben war. Er besaß Schriften zu allen freien Künsten mit Ausnahme von Musik. «Höheres» – Euklids «Elementa» und Paciolis «Summa» – hatte er ebenso angeschafft wie Abakus-Lehrbücher in Serie. Und neben Lorenzo Vallas «Elegantiae», die einem geschliffenen lateinischen Stil das Wort redeten, türmten sich Grammatiken, Wörterbücher und ein Werk, das in der Kunst des Briefschreibens, der «ars dictaminis», unterwies. Dazu ist in der Liste Leonardos eigenes Vokabelheft genannt: «Libro dj mja vocabolj».[9] Ohne Latein, Schlüssel zum Wissen Europas, ging es eben nicht. Wir dürfen uns mithin den Giganten noch im reiferen Alter dabei vorstellen, wie er, eine Brille auf der Nase, Vokabeln paukt.

Neptun, Leda: Leonardo und die Antike

Die Philosophen, Naturgelehrten und Ingenieure der Antike schätzte Leonardo hoch. Entschieden wandte er sich gegen alle, die sich «zu Rittern gegen die toten Erfinder machten», weil sie es nicht verstanden hätten, selbst Erfinder zu werden – aus Faulheit, weil es ja bequemer war, es beim Lesen von Büchern zu belassen. «Und so verbringen sie andauernd ihre Zeit damit, mit falschen Argumenten ihre Meister zu tadeln.»[10] Der französische König Franz I. bemerkte, Leonardo sei von «einiger Kenntnis griechischer und lateinischer Literatur» gewesen, und Piattino Piatti legt ihm das Bekenntnis in den Mund, «Bewunderer der Alten und deren Schüler» zu sein.[11] Die Wasserspiele Herons von Alexandria regten Leonardo zu Entwürfen für elegante Brunnen an. Eingehend studierte er antike Waffentechnik (S. 143). Und bei Plinius fand er die Beschreibung eines Doppeltheaters, das C. Scribonius Curio hatte errichten lassen.[12] Zwei halbkreisförmige Theaterbühnen, die sich an den Rückseiten berührten, ließen sich durch Drehung zu einem Amphitheater vereinigen. Auch scheint Vinci der erste gewesen zu sein, der nach einer berühmten Vitruv-Stelle einen perspektivischen Bühnenraum entwarf. Einige seiner urbanistischen Projekte gehen auf die Auseinandersetzung mit antiker Architektur zurück.

«Ahme, so viel du kannst, die Griechen und Lateiner in ihrer Art nach, die Glieder zu verbergen, wenn der Wind über den Stoff streicht», empfahl er angehenden Malern.[13] Begegnungen mit antiker Kunst belegen zwei Skizzen, die das Projekt einer Herkules-Statue andeuten könnten, und ein Blatt, das den Halbgott mit dem nemeischen Löwen zeigt. Gelegentlich bediente Leonardo sich antiker Münzen, Gemmen und Statuen als Vorlagen.[14] Die Pose des Jesusknaben der «Felsgrotten-Madonna» zum Beispiel ist von der antiken Marmorfigur eines «Knaben mit Gans» angeregt, die sich im Besitz Lorenzos des Prächtigen befand.

Rom mit seinen Ruinen und Statuen kannte Leonardo vor seinem längeren Aufenthalt zwischen 1513 und 1516 allenfalls durch einen Kurztrip. Nur Satzfetzen, vermutlich Anfang 1501 niedergeschrieben, erinnern daran: «In Rom. In Tivoli vecchio, Haus des Hadrian (…) dafür bezahlt zuerst an Wechsel (…)»[15] Hatte er Geld in römische Währung getauscht und die Reste der Villa Adriana, des monumentalen Landsitzes Kaiser Hadrians, besucht?

Um 1504 fertigte Leonardo für seinen Freund Antonio Segni eine – verlorene – Zeichnung, die den Meeresgott Neptun zeigte. Vielleicht war sie bereits als eigenständiges Kunstwerk, als «Präsentationszeichnung», gedacht.[16] Eine Kohleskizze, die den Herrn des Ozeans beim Lenken einer von Meerespferden gezogenen Quadriga darstellt, vermittelt einen Eindruck davon. Leonardo strichelte verschiedene Varianten übereinander (Abb. 44). Es scheint, als würde er

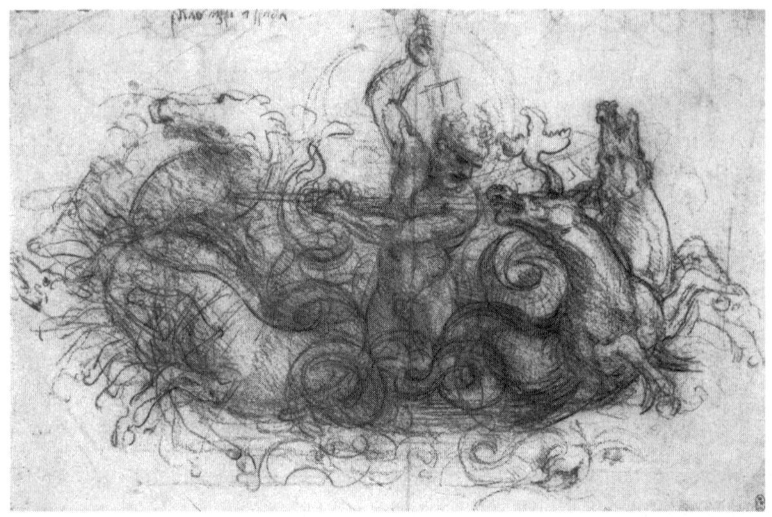

Abb. 44: Leonardo da Vinci, Neptun, um 1504/05, schwarze Kreide, 25,1 × 39,2 cm, Windsor Castle, Royal Library.

Bewegung andeuten, eine «kinematographische Sequenz».[17] Mit einer Notiz auf dem Blatt fordert er sich dazu auf, die Pferde weiter nach unten zu rücken: «Abassa icha valli!» Nahe am Bild Leonardos, das nach Vasari auch Windgötter gezeigt haben soll, ist die Szene in Vergils «Aeneis», in der ein wütender Neptun die Winde bezwingt und die Fluten glättet, als sie die Flotte des Aeneas zerstören.[18] Antonio Segnis Sohn und Erbe Fabio soll die ausgeführte Zeichnung mit einem lateinischen Epigramm versehen haben: «Es malte Vergil den Neptun, auch malt' ihn Homer/wie die Pferde er lenkt durch die wellenrauschenden Wasser des Meeres./Sahen die beiden Dichter im Geist ihn/sah mit den Augen ihn Vinci und besiegt' sie zu Recht.» Wieder wurde das unvermeidliche Wortspiel mit «Vinci» und «vincere», «besiegen», bemüht ...

Themen der antiken Mythologie fehlen in Leonardos Werk fast völlig. Ein Grund dafür waren vermutlich die Gegebenheiten des Kunstmarkts, auf dem die Nachfrage entgegen landläufiger Meinung zu dieser Zeit und noch lange danach vor allem auf religiöse Sujets und Porträts zielte.[19] Leonardos Werk spiegelt das ziemlich getreu wieder. Die Darstellung eines Medusenhauptes ist verloren, falls sie überhaupt gemalt wurde.[20] Vasari will das unvollendete Bild ebenso wie den Kopf eines Engels im Palast von Großherzog Cosimo de' Medici gesehen haben.

Von Rätseln umgeben sind mehrere Varianten einer «Leda».[21] Der Mythos weiß von ihr, daß sie die Gattin des spartanischen Königs Tyndareos war. Der alte Gaukler Zeus verbarg sich in der Gestalt eines harmlosen Schwans und wohnte der Schönen bei. Noch in derselben Nacht schlief aber auch Tyndareos mit ihr. Früchte von Seitensprung und ehelicher Pflicht waren Vierlinge: Helena, die künftige Schönste der Schönen, Auslöserin des Trojanischen Krieges, und mit ihr Polydeukes, Klytaimnestra und Kastor. Ein «Original» der «Leda» von Leonardos Hand ist nicht erhalten, und es ist fraglich, ob je eines existierte. Vielleicht lieferte Leonardo allein Entwürfe, die Mitarbeiter ganz oder weitgehend ausführten und die dann auf dem freien Markt verkauft wurden.[22] Leonardo mag nur den einen oder anderen Tupfer gesetzt haben, so, wie es Pietro da Novellara in dessen Florentiner Werkstatt beobachtete. Hätte das «Unternehmen da Vinci» häufiger auf diese Weise gearbeitet – zum Beispiel im Fall der «Madonna mit der Spindel» –, ließe sich erklären, warum der Chef nie über Geldmangel zu klagen hatte, obwohl er gewiß mehr Zeit mit Rechnen und Studien verbrachte als mit den Mühen der Malerei. Er selbst hätte eben nicht Bilder verkauft, sondern einzig Ideen, die seine Werkstatt umsetzte. Eine davon eignete sich Raffael an, indem er eine Zeichnung der «Leda» abkupferte.

Kopien oder großformatige Ausführungen von Vorlagen Leonardos zeigen zwei Varianten des Motivs: Auf einer dem kaum faßbaren «Leonardesco» Giampietrino zugeschriebenen Replik ist Leda im Begriff, sich zu erheben,[23] andere Exemplare geben sie stehend (Tafel 28). An ihrer Seite räkelt sich der ihren Mund und mehr begehrende Schwan. Daß die «Leda» etwa zur selben Zeit konzipiert worden sein dürfte, zu der Leonardo an der «Anna Selbdritt» arbeitete, läßt eine Infrarotaufnahme der Giampietrino-Version vermuten. Sie zeigt Spuren einer Vorzeichnung, die eine Anna-Gruppe zum Thema hatte.

Mit den Blicken auf die «Leda» ist das Kapitel des Mythenmalers Leonardo schon abgeschlossen. Daß er offenbar kaum Kunst der Antike, die er ohne Zweifel bewunderte, kopiert hat, findet eine Erklärung darin, daß er Geboten ihrer Ästhetik folgte. Die antike Kunst wollte, so sah er es, Naturnachahmung – und das hieß eben nicht, andere Kunstwerke zu wiederholen, weder solche von zeitgenössischen noch von antiken Künstlern. Andernfalls, so brachte Leonardo die Sache auf den Punkt, wäre der Maler nur Neffe, nicht Sohn der Natur.[24] «Der Maler diskutiert und wetteifert mit der Natur.» Erst recht gelte es zu vermeiden, was das toskanische Sprichwort «Jeder Maler malt sich selbst» andeutet, nämlich stets die eigene Gestalt zu replizieren.[25] Den Niedergang, den die Kunst der Römer seiner Meinung nach erlitten hatte, führte Leonardo darauf zurück, daß deren Meister einander ständig kopiert hätten. Es sei allerdings immer noch besser, Antikes als Modernes nachzubilden.[26] Seine «Leda» brach denn auch mit der Tradition, die Frau beim Liebesakt mit dem Schwan zu zeigen. Er präsentierte sie dafür mit den vier Früchten der nächtlichen Vereinigung samt Eiern oder Eierschalen, gab also eine völlig neue Illustration der Episode.

Leonardos Naturalismus war im übrigen wie der Albertis selektiv.[27] «Wenn du durch die Felder streifst, dann übe dein Urteil an den verschiedensten Gegenständen», schreibt er. «Betrachte hier und dort dies oder jenes und mach dir ein Bündel von Dingen, die du aus den weniger guten auswählst und heraussuchst.» Der Vorschlag erinnert an die von Plinius erzählte Anekdote, gemäß der Zeuxis, um Helena zu malen, die jeweils schönsten Züge fünf wohlgestalter Mädchen aus Kroton kombiniert habe. Ebenso verfuhr Leonardo mit den Formen, die ihm die Natur zeigte. Er fügte sie zu etwas Eigenem zusammen.

«Irgendetwas von Leonardo»

Gemälde, so Leonardo in seinem Plädoyer für den Vorrang der Malerei vor anderer Kunst (S. 291 f.), ließen sich nicht wie Schriften kopieren, bei denen die Abschrift so viel wert sei wie das Original. «Man formt sie [die Malerei] nicht ab wie die Skulptur, bei der, was die Wirkung des Werkes anbelangt, der Abguß dem Original gleichkommt.

Sie erzeugt nicht unzählige Nachkommenschaft, wie es die gedruckten Bücher tun; sie allein bleibt vornehm, und allein sie bringt ihrem Urheber Ehre ein und bleibt kostbar und einzigartig.»[28] Gemäß dieser Argumentation verband sich das Werk des Malers zu Leonardos Zeit immer enger mit dem Namen seines Urhebers. Den gewiß eindrucksvollsten Beleg dafür, wie wichtig Autorschaft inzwischen geworden war, bietet Isabella d'Estes zähes Bemühen um den Besitz eines «Leonardo». Noch immer, inzwischen schreiben wir das Jahr 1504, gab sie nicht auf.

Pietro de Novellara hatte dem Meister drei Jahre zuvor zwei «gute Antreiber», wie er sich ausdrückte, hinterlassen, vermutlich Goldfiorini. Es hatte nichts genutzt. Als die Markgräfin nun erfuhr, daß Leonardo den Großauftrag «Anghiari-Schlacht» erhalten hatte, reagierte sie sofort und beauftragte Angelo Tovaglia, bei Leonardo vorstellig zu werden. Weil sie «in höchstem Maß», «summamente», «irgendetwas von Leonardo Vincio» begehrte, sollte Tovaglia ihm ein Schreiben von ihr überbringen. Darin erbat sie das Bild «eines Christus als kleiner Junge von zwölf Jahren».[29] Die Arbeit daran werde Leonardo Erholung und Erhebung gewähren, wenn er der «Historie», des Schlachtengemäldes also, überdrüssig werde. Er könne sich dafür Zeit nehmen, wie es ihm gerade passe.

Isabellas Agenten hatten Erfahrung mit Künstlern, die Termine nicht einhielten. Gerade hatte ihr Mittelsmann Francesco Malatesta mit Perugino einen Vertrag ausgehandelt, der die Anfertigung einer großformatigen Allegorie, des «Kampfs der Keuschheit mit der Unzucht», vorsah.[30] Auch dieser Künstler erwies sich, wie Malatesta bemerkte, als «homo longo», als Mann von Langwierigkeit. Anstatt an Isabellas Bild zu malen, wurde Perugino krank, unternahm eine Badekur, ging auf Reisen und versprach gleichwohl Wunderdinge. Er habe Leonardo wie auch Perugino angestachelt, schrieb Tovaglia an seine Markgräfin. Beide machten zwar gute Versprechungen, doch zweifle er, wer in einem Wettbewerb um mehr Langsamkeit den Sieg davontrage. Er sei sich sicher, es werde Leonardo sein … Der Florentiner sollte recht behalten. Perugino lieferte nach endloser Verzögerung, Leonardo überhaupt nicht. Es nutzte nicht, daß die Markgräfin ihm freigestellt hatte, den Preis für sein Bild selbst zu bestimmen. Es verfing nicht, daß sie, inzwischen war das Jahr 1506 angebrochen, einen Verwandten des Malers einschaltete – Alessandro degli Amadori, wohl ein Bruder seiner Stiefmutter Albiera.[31] Außer erneuten Versprechungen erreichte auch Alessandro nichts.

Die Beziehung Isabella d'Estes zu Perugino war von anderer Art als ihr Verhältnis zu Leonardo. Trat sie gegenüber letzterem als Bittstellerin auf, mußte Perugino sich einen Vertrag gefallen lassen, der bis in kleinste Einzelheiten festlegte, wie das Endprodukt aussehen sollte. Die Anweisungen hatte Isabellas Hofpoet Paride da Ceresara erarbeitet.[32] «Um dem Bild mehr Ausdruck und Schmuck hinzuzufügen, laß neben Pallas den ihr gewidmeten Olivenbaum sein, wo ihr Schild mit dem Medusenhaupt angebracht werden soll, und eine Eule soll in dessen Zweige gemalt werden, da sie der Vogel, der Pallas gehört, ist; an Venus' Seite muß man die Myrte, als einen Baum, der ihr am meisten gefällt, machen» – und so weiter. Perugino tat, wie ihm geheißen: Alles, was der Vertrag befiehlt, findet sich auf seinem Gemälde. Leonardo dagegen konnte es sich erlauben, den roten Teppich, den ihm immerhin eine Markgräfin ausrollte, nicht einmal zu betreten.

Zwischen Perugino und Leonardo verläuft eine haarfeine Trennlinie. Leonardo steht der modernen «art world» – Patrone, Agenten, Kritiker, das Publikum und die Künstler selbst setzen darin Maßstäbe für Qualität und bestimmen Preise – schon einen Schritt näher als sein einstiger Werkstattgenosse. Selbst Heiligenbilder können in der neuen Kunstwelt des 16. Jahrhunderts zu schönen Kunstwerken mutieren und Objekte profaner Verehrung werden. Daß diese Entwicklung nicht ohne Irritationen verlief, illustriert eine Geschichte, die Leonardo selbst erzählt. Er habe einmal ein Bild gemalt, das etwas Heiliges zeigte. Vom Käufer sei es so sehr geliebt worden, daß der es seiner Göttlichkeit entkleidet wissen wollte, um es unverdächtig küssen zu können.[33] Am Ende habe das Gewissen Seufzer und Begierde besiegt, und er habe das Bild aus seinem Haus entfernt.

Wenigstens in Vasaris Spiegelungen begegnet nun auch der exzentrische Typus des Kreativen immer häufiger. Der Spleen gehörte und gehört zu seinen Accessoires. Gianfrancesco Rustici zum Beispiel galt als Schwarzkünstler. Seine Florentiner Behausung an der Via de' Martelli muß einer Menagerie geglichen haben. Er besaß einen Raben, der redete wie ein Mensch, einen Adler und ein bellendes Stachelschwein.[34] Sein Zeitgenosse Giovanni Antonio Bazzi (1477–1549) verdiente sich den Beinamen «Sodoma», weil er Hausgemeinschaft mit Zwergeseln, Dachsen, Eichhörnchen – Lieferanten für Pinselhaare? – und anderem Viehzeug pflegte. Die Mönche von Oliveto, denen er ihren Kreuzgang ausmalte, nannten ihn nur «mattaccio», einen großen Narren. Die Geschwister Genie und Wahnsinn begleiteten ihn und andere wie Schatten. Als ihr Planet galt Saturn, das Gestirn der schwarzen Galle, der Melancholiker und Genialen.

Schon für Alberti war ein schönes Bild nicht ganz von dieser Welt und daher auch nicht mit Geld aufzuwiegen. Er illustriert das mit einer Anekdote: Der Maler Zeuxis habe seine Bilder verschenkt, weil kein angemessener Preis für sie gefunden werden könne.[35] Eine ähnliche Geschichte berichtet Vasari von Leonardo. Als dieser das Geld, das ihm die Regierung während der Arbeiten an der «Anghiari-Schlacht» auszuzahlen pflegte, abholen wollte und der Kassier ihm Tüten voller Münzen überreichte, habe er sich geweigert, sie anzunehmen und ausgerufen: «Ich bin kein Pfennigmaler!», «Io non sono dipintore di quattrini!»[36] Vasari zählte allerdings zu den eifrigsten Propagandisten eines gehobenen Künstlerstatus. So mag er die stolzen Worte seinem Helden nur in den Mund gelegt haben.

Dafür, daß die Episode doch einen wahren Kern haben könnte, spricht, was Leonardo selbst über den Beruf des Malers schrieb.[37] Er mahnte, stets nach Perfektion zu streben, und spielte damit auf seine eigene Arbeitsweise an. Der Maler solle, entdecke er einen Fehler, diesen umgehend korrigieren und sich nicht sagen, er werde seinen Ruf schon mit dem nächsten Werk wiederherstellen. Den Einwand, daß Verbesserungen Zeit kosteten und am Geldverdienen hinderten, läßt Leonardo nicht gelten. «Wenn du dir Mühe gibst und deine Werke mit Hilfe der Lehre der beiden Perspektiven gut feilst» – gemeint sind Verkleinerung und Vergrößerung, um Illusionen von Ferne oder Nähe zu erzeugen –, «wirst du Werke hinterlassen, die dir mehr Ehre bringen als Geld.» Größeren Ruhm als der Reiche gewinne der «virtuoso», und auch Wissenschaft sei stets «Zeugin und Ruhmestrompete» ihres Autors, sei sie doch «die Tochter dessen, der sie erzeugt, und nicht die Stieftochter wie das Geld».

Schöpferische Arbeit erst machte in Leonardos Sicht den Menschen zum Menschen. Manche hätten lediglich eine menschliche Stimme und Gestalt. In Wahrheit stünden sie noch unter den Tieren, seien allein Nahrungssäcke und Durchgang für Kot. Sie vollbrächten nichts, und nur gefüllte Latrinen blieben von ihnen.[38] Das elende Leben sollte aber nicht vorübergehen, ohne daß irgendeine Erinnerung im Geist der Sterblichen davon bleibe. Zu seiner Zeit war Leonardo der entschiedenste Verkünder des Künstlerruhmes als einer Währung, die schwerer wiegen sollte als Golddukaten. Eine Entwicklung deutet sich an, indem er tatsächlich das Wort «fama» gebraucht, während Alberti nur «lode», «Lob», in Aussicht gestellt hatte. Wie der Vorgänger zeigte sich Leonardo bestrebt, die Malerei zur «freien Kunst» zu erhöhen und sie von der niederen «mechanischen Kunst», der «ars mechanica», des Handwerkers abzusetzen.

Begleitet wurde die zunehmende Wertschätzung der schöpferischen Phantasie von der Karriere der Zeichnung zum Kunstwerk eigenen Rechts. Bisher war sie Übungsstück gewesen oder Beilage zu Kontrakten, Entwurf oder Vorzeichnung – nach Gebrauch nur Abfall. Nun gewann sie immer häufiger Dignität als Sammlungsstück. Ein Beispiel bot wohl auch Leonardos verschollener «Neptun». «Modelli» fanden als Reliquien ihrer Schöpfer und als Spuren der «göttlichen» Idee Bewunderer und Sammler. Schon die Entwurfsarbeit für die «Anghiari-Schlacht» wurde fürstlich entlohnt. Allerdings darf nicht übersehen werden, daß die soziale Welt der weitaus meisten Maler die des Zunfthandwerks war und blieb. Leonardo, Michelangelo und bald auch Raffael waren die funkelnden Ausnahmen von einer grauen Regel.

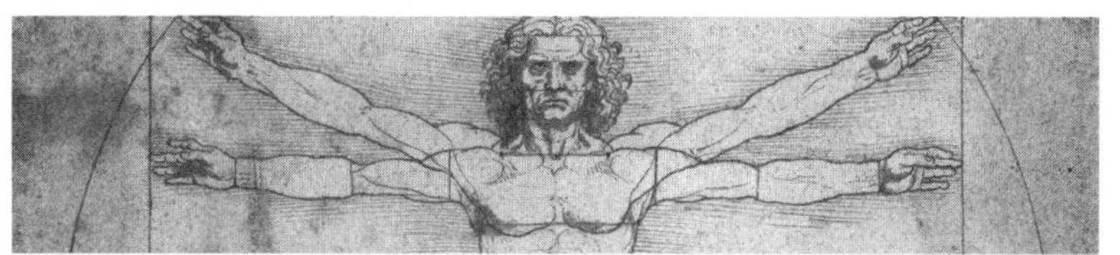

IV.
Der Ruf des Königs:
Mailand, 1506–1513

1. Nahe der Krone

Das Projekt «Anghiari-Schlacht» war an derselben Mischung aus Perfektionismus und Experimentierfreude gescheitert, die das «Abendmahl» zu frühem Siechtum verdammte. Was blieb, waren Reste des «Kampfes um die Standarte». Besucher sprachen nur von Leonardos «Pferden», die an der Wand des Salone zu sehen seien. Sie dürften unter Vasaris 1567 fertiggestelltem Fresko der «Schlacht von Scannagallo» verschwunden sein. Die Suche nach Spuren des berühmtesten ungemalten Schlachtenbildes der Welt blieb bisher trotz des Einsatzes modernster Technik erfolglos.

Im Frühjahr 1506 ergab sich für Leonardo die Chance, Abstand zu dem ungeliebten Florentiner Auftrag zu gewinnen. Denn aus Mailand war das Ansuchen des französischen Statthalters Charles d'Amboise an die Signoria gelangt, Leonardo für drei Monate dorthin zu entsenden. Vor seiner Abreise wurde er unter den Augen eines Notars bei Androhung einer Strafe von 150 Goldflorin dazu verpflichtet, nach einem Vierteljahr zurückzukehren.[1] Kurz vor Ablauf der Frist ließ Amboise die Bitte folgen, die Frist bis Ende September zu verlängern. Die vage Begründung war, Leonardo müsse noch «ein bestimmtes Werk für uns» fertigstellen. Zähneknirschend stimmte Soderini zu.

Als sich Leonardo auch Anfang Oktober nicht in Florenz blicken ließ, platzte dem Gonfaloniere der Kragen. Er zeigte den Mut eines Republikaners vor Fürstenthronen, als er sich bei Amboise beklagte, daß «Seine Herrlichkeit» schon wieder Absprachen mit Leonardo getroffen habe. «Dabei hat er sich nicht so verhalten, wie er es gegenüber dieser Republik müßte. Denn er hat eine gute Summe Geldes genommen und mit einem großen Werk, das er ausführen mußte, einen kleinen Anfang gemacht. Aus Liebe zu Eurer Herrlichkeit hat er sich schon zweimal Aufschub verschafft. Wir wünschen, in dieser Sache nicht weiter angegangen zu werden, weil das Werk» – gemeint ist die «Anghiari-Schlacht» – «der Gesamtheit zur Zufriedenheit gereichen soll, und wir können, ohne uns zu belasten, Eurer Herrlichkeit nicht mehr entgegenkommen.»[2]

Am 16. Dezember teilte Amboise den Florentinern mit, er stehe der Rückkehr Leonardos nicht im Weg. Dann aber rühmte er ihn mit Worten, wie sie wohl keinem anderen Künstler der Epoche von einem Patron vergleichbaren Ranges gewidmet wurden. «Die hervorragenden Werke, die Meister Leonardo da Vinci, Euer Mitbürger, in Italien und vor allem in dieser Stadt hinterlassen hat, haben ihm die Zuneigung aller, die sie gesehen haben, eingebracht und selbst derer, die sie nie sahen. Wir wollen bekennen, unter der Schar jener zu sein, die ihn liebten, als wir ihn noch niemals persönlich getroffen hatten. Aber als wir mit ihm zusammenkamen und er sein Können unter Beweis stellte, sahen wir tatsächlich, daß sein Name, gefeiert durch seine Bilder, dunkel ist in anderem, was in ihm an größten und ebenfalls rühmenswerten Fähigkeiten steckt. Wir wollen zugeben, daß uns die von ihm gelieferten Proben von dem, was wir von ihm begehrten, an Zeichnungen, Architektur und anderem, was uns dienlich war, in einer Weise zufriedengestellt haben, daß wir nicht nur von ihm befriedigt blieben, uns vielmehr Bewunderung ergriff.»[3] Das Schreiben schließt mit warmen Worten: «Es geziemt sich, einen Mann solcher

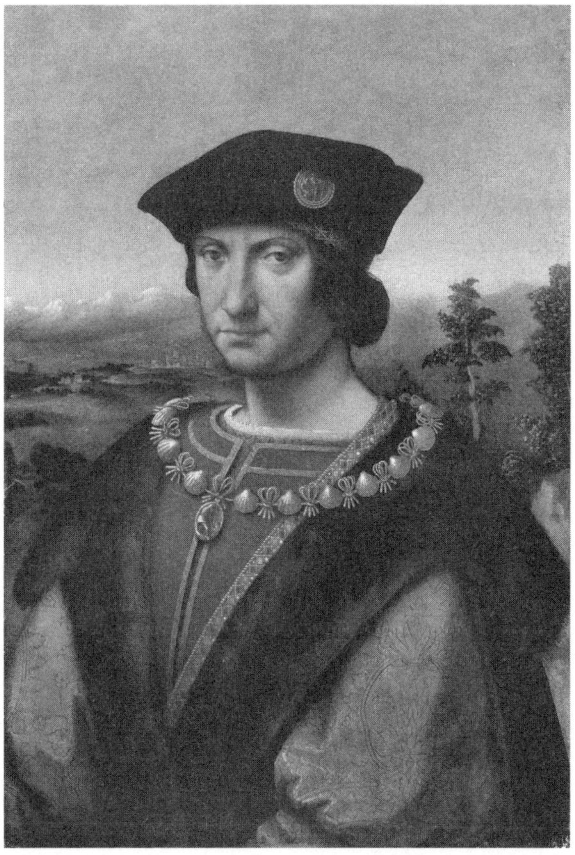

Abb. 45: Andrea Solario (?), Charles II. d'Amboise, um 1507, Öl auf Pappelholz,
75 × 52 cm, Paris, Musée du Louvre.

Qualitäten den Seinen zu empfehlen, und so empfehlen wir ihn, so
sehr wir nur können, und wir versichern Euch, daß wir, was auch immer Ihr für ihn tut, sei es, seine Güter und seinen Besitz zu vermehren, sei es, ihm Ehren widerfahren zu lassen, höchsten Gefallen daran
haben werden.» Die starken Worte hatte Charles gewiß deshalb gewählt, weil er Leonardo vor Unannehmlichkeiten bewahren wollte. Florenz sollte nicht im unklaren darüber gelassen werden, welch mächtige
Hand seinen Bürger beschützte.

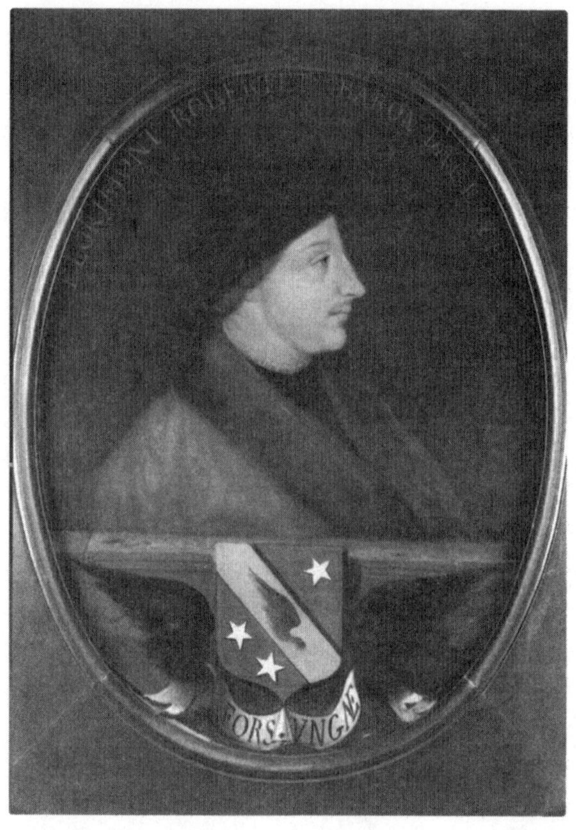

Abb. 46: Unbekannter Künstler, Florimond Robertet, nach 1518, Öl auf Holz, Blois, Hôtel d'Alluye

Charles II. d'Amboise (1472/73–1511) war Marschall von Frankreich und, als Nachfolger des arroganten und brutalen Trivulzio, Generalgouverneur Mailands. Der Aristokrat bewährte sich als kluger Verwalter. Sein Porträt verdanken wir Andrea Solario, einem von Leonardo beeinflußten Mailänder Maler. Es zeigt Charles mit der Kette des exklusiven Michaelsordens (Abb. 45). Unter seinen Fittichen war Leonardo einer der glänzendsten Kronen Europas ganz nahe. Wie hatte es dazu kommen können?

Wahrscheinlichster Kandidat, Vermittler der neuen Beziehung ge-

wesen zu sein, ist Florimond Robertet (Abb. 46), der Auftraggeber der
«Madonna mit der Spindel». Dessen Mentor war Charles' II. Onkel,
Kardinal Georges d'Amboise (1460–1510), ebenfalls eine eminente Figur in der Umgebung Ludwigs XII.[4] Es dürfte dieses Beziehungsnetz
gewesen sein, über das der König von Leonardos Kunst erfuhr. Jedenfalls schrieb der Florentiner Gesandte bei Ludwig, Francesco Pandolfini, seinen Herren, der französische Monarch – der einen Besuch in
Mailand plante – wünsche, daß «maestro Lionardo» bis zu seinem
Eintreffen dort bleibe und ihm «einige Sachen» male.[5] Man möge an-
ordnen, daß er ihm «sofort» zur Verfügung stehe. Das war keine Bitte
mehr, sondern ein Befehl. «All das ist aus einem kleinen Bild von seiner Hand entstanden», berichtete Pandolfini, «das letztens hierher
gebracht wurde. Es wurde für eine sehr vorzügliche Arbeit gehalten.»
Dafür, daß es sich um die «Madonna mit der Spindel» gehandelt
haben könnte und es mithin deren Besitzer Robertet war, der seinen
König von den Qualitäten Leonardos überzeugte, sprechen die weiteren Ausführungen Pandolfinis, der sich als «enger Freund», «amicis-
simo», Vincis bezeichnete. «Ich fragte Ihre Majestät während des Ge-
sprächs, welche Werke sie von ihm begehre? Und er antwortete mir:
Gewisse Bildchen von unserer Madonna und anderes, was mir in den
Sinn kommen wird. Und vielleicht lasse ich mich selbst von ihm porträtieren.» Unmittelbar nach der Unterredung wiederholte der König
in einem förmlichen Schreiben an die Florentiner Regierung seinen
Wunsch, Leonardo in Mailand zu haben. Es ist mit Datum vom 14. Januar 1507 von Robertet ausgefertigt.[6]

Die Signoria wies Leonardo an, Ludwig in jeder Hinsicht dienst-
bar zu sein. Vinci hatte inzwischen im Viertel San Babila Quartier bezogen. Salai und ein weiterer Geselle, Lorenzo, teilten die Wohnung
mit ihm. So war er wieder an seiner alten Wirkungsstätte angekommen. Seinen bei der Besetzung Mailands konfiszierten Weingarten erhielt er zurück.[7]

Eine Villa für Charles d'Amboise

Charles d'Amboise beauftragte Leonardo damit, für ihn eine Villa zu entwerfen, auf Land zwischen Naviglio und dem Nirone nördlich Mailands.[8] Nach den Zeichnungen zu urteilen, dachte Leonardo an ein Gebäude auf einer Fläche von 52½ × 10½ Braccia, also etwa 325 Quadratmetern. Die Mitte hätte ein großer Saal eingenommen. Offene Loggien sollten Gäste empfangen und breite Treppen sie in den «piano nobile», den «vornehmen» ersten Stock, geleiten. Gesäumt worden wäre die Sala von den Gemächern des Hausherrn. Außerdem schlug Leonardo die Regulierung der umliegenden Kanäle und die Einrichtung einer von einem eigenen Kanal gespeisten Mühle vor. Sie sollte an heißen Sommertagen für Erfrischung sorgen. Entlang einer Wasserrinne, in der sich Wein kühlen ließ, waren Tische aufzumauern, die für sommerliche Gelage zur Verfügung stehen würden. Weitere Kanäle dienten der Bewässerung von Orangen- und Zitronenbäumen. Letztere seien so anzuordnen, daß sie sich im Winter leicht bedecken ließen. Kleine Springbrunnen würden Vorübergehende zum Spaß an den Beinen mit Wasser benetzen.

Leonardo denkt an alles: So sollten nur Fische, die das Wasser nicht trüb machten, eingesetzt werden – also «weder Aale und Schleien noch Hechte, weil letztere die anderen Fische vernichten». Auch empfiehlt er, ein feingesponnenes Kupfernetz über die Bäume zu spannen, um die Vögel darunter zu halten. «So werdet Ihr ständig Musik haben, zusammen mit Blütenhauch von Zedern und Zitronen.» Mit Hilfe einer Mühle werde er ständig verschiedene Instrumente erklingen lassen.

Vielleicht wurden zudem Pläne für den Bau eines Venus-Tempels erwogen.[9] Leonardo schildert dessen Lage auf einem Felsen, der über Treppen von vier Seiten her erstiegen werden konnte. In den Stein sollte eine Höhlung geschnitten werden, Pilaster und eine große Portikus mit Wasserspielen hätten sie umgeben. Gegenüber, «nach Norden hin», sollte ein kleiner See glitzern, mit einer von einem schattigen Hain bestandenen Insel darin.

Auf die Rückseite des Blattes schrieb Leonardo Sätze, die wohl dazu gedacht waren, seinem Auftraggeber die Symbolik von Tempel und See zu erläutern und die Gedanken schweifen zu lassen – nach Zypern, zum mythischen Geburtsort der Venus und zu ihrem Reich, das Botticelli einst so berückend gemalt hatte. Vielen Seeleuten seien ihre Schiffe an den Klippen der Insel zerschellt, weil sie, gereizt von der Schönheit der Göttin, nicht achtgegeben hätten. Auf Zypern habe die Anmut des «süßen Hügels» – das verband die Erzählung mit der geplanten Anlage in Charles' Garten – die herumirrenden Seefahrer eingeladen, sich unter blühendem Grün zu erholen, dort, wo sanfte Winde die Insel und das Meer umher mit süßen Düften erfüllten. Dann wieder bricht der Maler im Erzähler durch. Das Folgende bietet ein wunderbares Beispiel für sein assoziatives Denken, das sich unvermittelt zu Bildern entzündet. «Ach, wie viele Schiffe sind da schon untergegangen! Ach, wie viele zerbrochene Schiffe sind da auf den Klippen! Dort könnte man unzählige Schiffe sehen; eines zerbrochen und zur Hälfte von Sand bedeckt, eines, das sein Heck zeigt, ein anderes den Bug, eines den Kiel und eines die Rippen. Es ähnelte dem Tag des Gerichts, zu dem die toten Schiffe auferstehen wollten. Und so groß ist ihre Zahl, daß sie vollkommen die nördliche Küste bedeckten, während die Nordwinde den Widerschall von Fanfaren und furchterregende Klänge geben.» Anregungen zur Schilderung des Venus-Reichs fand Leonardo in Polizians «Stanzen».[10] Von den zerschellten Schiffen und deren Totenacker ist dort jedoch nicht die Rede. Da dürfte sich der Mythos von Odysseus und dem schiffemordenden Gesang der Sirenen in die Venus-Poesie gemischt haben.

Vielleicht inszenierte Leonardo für seinen Patron auch Polizians «Fabel von Orpheus», eine Geschichte von Liebe, Liebesleid und Tod.[11] Ein Quellenfragment deutet an, daß sich auf der Bühne Plutos höllisches Paradies öffnete. Zwölf Teufel machten mittels Töpfen infernalische Musik, man sah die Personifikation des Todes, Furien, den Höllenhund Zerberus, viele weinende Knaben, farbige Feuer ...

Nebenbei zeichnete Leonardo einen Vogelschauplan Mailands. Auch versorgte er die Franzosen mit Informationen über von Ludovico Sforza angelegte Fortifikationen in der Umgebung. Vielleicht war er sogar Schlachtenbummler, als sich im Valsassina das Schicksal des Capitano Simone Arrigoni entschied. Der hatte versucht, sich einen kleinen

Staat zu errichten, nachdem er rechtzeitig von Sforza zu Ludwig XII. gewechselt war. Zwischen Mailand, Venedig und der Eidgenossenschaft mochte er sich politische Spielräume erhoffen. Eine von Frankreich besoldete Truppe beendete das Abenteuer. Arrigonis Burg Baiedo fiel im Februar 1507 durch Verrat. Auf dieses Drama bezog sich Leonardo im Zusammenhang mit einigen Bemerkungen zum Festungsbau.[12] Arrigoni wurde der Kopf vor die Füße gelegt, sein Körper geviertelt. Dem frühmodernen Staat war ein neues Opfer gebracht.

Möglicherweise steuerte Vinci zu einem weiteren Bauprojekt Charles' II., der Kirche Santa Maria alla Fontana vor Mailands Porta Comasina, Entwürfe bei.[13] Wahrscheinlich bediente man sich seiner Künste auch, als es galt, dem Einzug Ludwigs XII. Ende Mai 1507 durch einen Triumphbogen und anderen Schmuck einen festlichen Rahmen zu verleihen. Der König sprach von Leonardo inzwischen als «Unserem ordentlichen» – «ordinaire», also auf Dauer beschäftigten – «Maler und Ingenieur». Mit einer formelhaften Wendung, wie sie auch Cesare Borgia gebraucht hatte, nannte er ihn einen «lieben und hochgeschätzten Freund».[14] Wie sehr Ludwig von Leonardos Kunst begeistert war, mag die von Paolo Giovio berichtete und von Vasari wiederholte Geschichte andeuten, er habe das «Abendmahl» aus der Wand brechen lassen wollen, um es nach Frankreich mitzunehmen.[15]

Florentiner Intermezzo, Rückkehr nach Mailand

Als illegitimer Sohn hatte Leonardo vom Erbe Ser Pieros keinen Anteil erhalten. Eine seiner Fazetien – Leonardo schrieb sie als reifer Mann, um 1505, nieder – könnte andeuten, daß er den «Makel», ein Bastard zu sein, als Verletzung empfand. «Einer tadelte einen rechtschaffenen Mann, daß dieser nicht legitim sei. Der antwortete ihm, er sei nach den Regeln der menschlichen Gattung und dem Gesetz der Natur [sehr wohl] legitim. Jener aber sei gemäß letzterem ein Bastard, habe er doch eher die Sitten eines Viehs als die eines Menschen.»[16]

1507 starb Leonardos Onkel Francesco, mit dem er ein gutes Verhältnis gepflegt zu haben scheint. Er hatte Francesco Geld geliehen und als Sicherheit die Einkünfte aus einem Gut in oder bei Vinci, «Il

Botro», erhalten. In seinem Testament hatte der Onkel ihn zum Erben einiger Besitzungen um Vinci gemacht.[17] Darüber aber kam es zu Streit mit den Halbbrüdern – Fragmente eines Briefentwurfs deuten es an. «Ihr wolltet das größte Übel für Francesco», hält Leonardo ihnen vor, «und für mich wolltet Ihr das Schlechteste.» Die Erbschaftsangelegenheit zwang ihn, nach Florenz zu reisen. Wohnung nahm er im Palazzo Piero di Braccio Martellis, einen Steinwurf entfernt vom Palast der Medici. Das wissen wir, weil er auf dem ersten Blatt des Codex Arundel notiert, die Arbeit daran sei dort am 22. März 1508 begonnen worden.[18] Der Hausherr war ein gelehrter Humanist, Hebraist und Mathematiker. Ob er, wie oft zu lesen ist, zugleich den Bildhauer Giovanni Francesco Rustici unter seinem Dach aufgenommen hat, findet in den Quellen keinen Beleg,[19] ebensowenig Vasaris Behauptung, Leonardo habe Rustici bei der Arbeit an einer Bronzegruppe, der «Predigt Johannes des Täufers», geholfen.[20] Daß sich Rustici von Leonardos Stil beeinflußt zeigt, ist unstrittig. Vielleicht hatte er eine Zeitlang in dessen Werkstatt gearbeitet. Einige Tonfiguren von seiner Hand variieren den «Reiterkampf» der «Anghiari-Schlacht». Ob sein bronzener «Neptun» Leonardos Zeichnung repliziert?

Was den Prozeß um das Erbe Francescos betraf, hatte Vinci Fürsprecher höchsten Ranges mobilisiert: den Markgrafen von Mantua, Kardinal Ippolito d'Este – den Brief an ihn schrieb ihm Agostino Vespucci ins reine –, dazu Charles d'Amboise und sogar Ludwig XII. höchstpersönlich. Wieder begegnen wir dem hilfreichen Robertet. Er unterzeichnete das Schreiben, mit dem «Loys par la grace de Dieu Roy de France» die Signoria von Florenz drängte, das Verfahren rasch zu beenden, habe Leonardo doch für ihn ständig Arbeiten zu erledigen.[21] Kurz vor seiner Rückkehr nach Mailand sandte Leonardo Salai mit der Botschaft zu Amboise, der Rechtsstreit mit den Brüdern sei nahezu ausgestanden.[22] Er selbst werde zu Ostern kommen und zwei Madonnenbilder verschiedener Größe mitbringen. Sie seien für den König – oder für wen auch immer es Charles beliebe – gemacht. Im Frühjahr 1508 kehrte Leonardo nach Mailand zurück.

Ein Projekt, das er vermutlich damals in Angriff nahm, kam über einige Zeichnungen nicht hinaus. Sein Auftraggeber war der inzwischen zum Marschall von Frankreich erhobene Gian Giacomo Trivul-zio.[23] In einem Testament von 1504 hatte er 4000 Dukaten für die Errichtung eines Grabmonuments in der Kirche San Nazaro reser-viert; ein weiteres Testament vom September 1507 hielt an der Idee fest. Leonardo ging mit Feuereifer ans Werk, begann zu entwerfen und zu rechnen. Er schlug vor, ein Reiterstandbild zu gießen, das von einem nach Art eines Triumphbogens gestalteten Piedestal getragen worden wäre. Unter letzterem hätte eine marmorne Tumba mit der Liegefigur Trivulzios ihren Platz gefunden.

Ein von Leonardo zwischen 1508 und 1512 erstellter Kostenvoran-schlag kam auf eine Gesamtsumme von 3046 Dukaten. Die Berech-nung war ziemlich detailliert. Sie las sich etwa so: «Ein edles Pferd in natürlicher Größe, mit dem Mann darauf, bedarf es an Ausgaben für das Metall (…) 500 Dukaten. Und für die Kosten des Eisenzeugs, das ins Modell kommt, und Kohle und Holz und die Grube, um es zu gießen, und um die Form zu umschließen, und für den Ofen, wo man gießt (…) 200 Dukaten. Um das Modell aus Ton und dann aus Wachs zu machen (…) 432 Dukaten. Und für die Arbeiter, die es putzen wer-den, sobald es gegossen ist» – gemeint ist die Arbeit der Goldschmiede, die den Rohling zu polieren und zu ziselieren hatten –, «450 Dukaten (…) Das Stück Marmor, das unter das Pferd kommt, das 4 Braccia lang und 2 Braccia 2 Onze breit ist und 9 Onze dick (…) 58 Dukaten (…) Für 6 Harpyien mit den Leuchtern, eine zu 25 Dukaten (…) 150 Dukaten.»

Leonardo unterschied die Material- und Arbeitskosten für das Rei-terstandbild (1582 Dukaten), Kosten für den Marmor (389 Dukaten) und für dessen Bearbeitung (1075 Dukaten). Ein Honorar für seine Entwurfsarbeit führt er nicht auf. Vermutlich erwartete er dafür den Rest des im Testament genannten Legats, also knapp 1000 Dukaten. Zeichnungen, von denen eine der Kostenschätzung beilag, zeigen, daß seine Überlegungen an die dynamische Variante des Sforza-Pferdes an-knüpften (Abb. 47). Er dachte an ein sich aufbäumendes Roß, das den am Boden liegenden Feind überreitet. Auf ihm wäre, in eleganter Ge-genbewegung, Trivulzio mit Feldherrnstab plaziert worden. Offenbar erwog Leonardo, die Anlage von vier an Säulen gefesselten Gefangenen

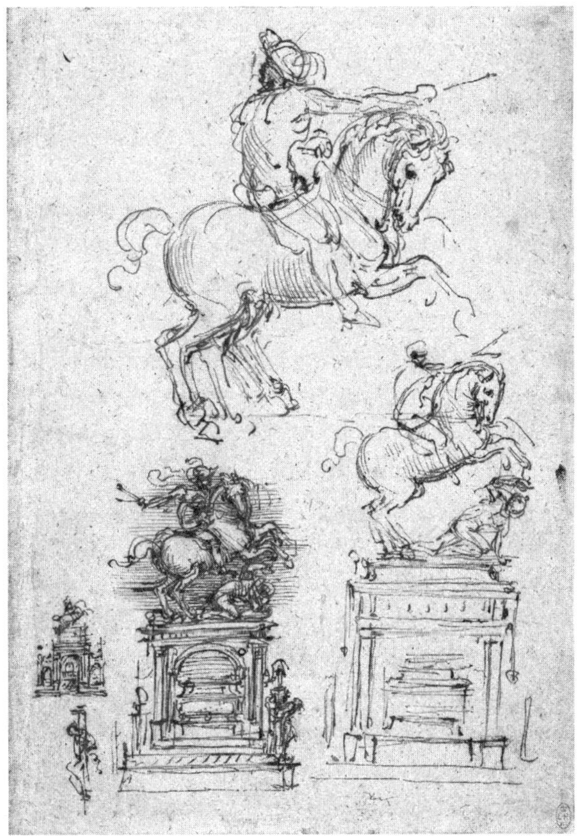

Abb. 47: Leonardo da Vinci, Studien zum Trivulzio-Monument, um 1508–1511, Feder und Tinte, 28 × 19,8 cm, Windsor Castle, Royal Library.

säumen zu lassen, ähnlich dem Arrangement, das Michelangelo für das Grabmal Julius' II. vorsah. Im Voranschlag werden sie allerdings nicht berücksichtigt. Woran die Ausführung schließlich scheiterte, ist unbekannt. In späteren Testamenten Trivulzios wird das Projekt nicht mehr erwähnt, und die Mitte des nüchternen, von Bramantino entworfenen Mausoleums blieb leer. Zweitrangige Bildhauer – Marco d'Agrate und Francesco Briosco – fertigten seine Liegefigur. Die Inschrift auf dem Sarkophag mahnt: «Hier ruht, der niemals ruhte. Schweige.».

Die «Madonna in der Felsengrotte»: Zweiter Akt und Finale

Zur selben Zeit scheint ein leidiges Geschäft seinen Abschluß gefunden zu haben. Mit Datum vom 18. August 1508 erwirkten Leonardo und sein alter Geschäftspartner Ambrogio de Predis die Erlaubnis, die «Madonna in der Felsengrotte» in ein Zimmer des Klosters San Francesco oder eine Kapelle der Kirche zu transportieren, um dort eine Kopie anzufertigen.[24] Zu Festtagen mußte das Bild jeweils an seinen angestammten Platz zurückgebracht werden. Welcher Preis auch immer sich für die Kopie erzielen lasse, er sollte unter den beiden Malern «gleich» aufgeteilt werden. An Zeitaufwand wurden «mindestens vier Monate» veranschlagt. Mit großer Wahrscheinlichkeit handelt es sich bei der Replik um die heute in London befindliche Version des berühmten Gemäldes.

Die Vorgeschichte der Aktion ist ziemlich verwickelt. Sie erinnert daran, wie unsicher Rekonstruktionen der Geschicke bedeutender Kunstwerke selbst dann sind, wenn redselige Schriftquellen vorliegen. Glauben wir Antonio Billi, hatte Leonardo noch für Ludovico Sforza eine Altartafel gemalt, «eine der schönsten, die in der Malerei zu sehen sind», und sie zum Kaiser nach Deutschland gesandt.[25] Ob sich die Bemerkung tatsächlich auf die «Madonna in der Felsengrotte» bezieht, ist ungewiß. Vasari übernimmt die Nachricht, macht aber aus der «Altartafel» eine «Geburt Christi». Eine weitere, noch fragwürdigere Spur führt nach Ungarn. Eine Quelle von 1485 berichtet nämlich, Ludovico habe dessen Herrscher Matthias Corvinus das Madonnenbild eines «hervorragenden Malers» zum Geschenk machen wollen – eine Gabe, die im Zusammenhang mit dem Plan gestanden haben dürfte, die Hand des Königs für seine Nichte zu gewinnen (S. 126).[26] In beiden Szenarien wäre als Ersatz eine Zweitfassung, also wohl das Londoner Exemplar, in Auftrag gegeben worden. Doch fällt es nicht leicht zu erklären, auf welchen Wegen die Erstfassung der «Felsgrotten-Madonna» dann nach Frankreich gelangte, und auch, warum in Mailand noch im ersten Jahrzehnt des 16. Jahrhunderts Kopien entstanden, die sie und nicht das Londoner Gemälde zum Vorbild haben.

Mehr Klarheit schafft eine Petition Leonardos und Ambrogio de

Predis', die Ende 1499 abgefaßt sein dürfte.[27] Das Schreiben könnte einen konkreten Anlaß gehabt haben: den geplanten Verkauf der Madonna und der Engel Ambrogio de Predis' an den König von Frankreich und damit die Notwendigkeit, der Bruderschaft der Unbefleckten Empfängnis Kopien zu liefern. Als Adressat kommt ein Vertreter des französischen Regimes in Frage, etwa Charles d'Amboise, Florimond Robertet oder Gian Giacomo Trivulzio. Thema ist der 1483 vereinbarte, offenbar noch immer nicht ausbezahlte Bonus. Die Bruderschaft, so die Gesuchsteller, wolle nur 25 Dukaten geben. Dabei betrage der Wert des Altars 300 Dukaten. Allein Leonardos Madonna – «besagte Unsere Frau, durch besagten Florentiner in Öl gemacht» – sei hundert Dukaten wert, und es gebe «Personen», die bereit seien, einen solchen Preis auch zu bezahlen. So baten die Maler darum, unverzüglich eine neue, fachkundige Kommission einzusetzen, die den Streit entscheiden sollte, ein in solchen Fällen übliches Verfahren.[28] Die «Scholares», die Mönche, seien schließlich in solchen Angelegenheiten keine Experten: «Der Blinde urteilt nicht über Farben». Die Bruderschaft solle entweder die Bittsteller zufriedenstellen oder aber ihnen «besagte Unsere Frau, in Öl gemacht», überlassen.

Gingen die Auftraggeber auf diesen Vorschlag womöglich ein? Und verbarg sich hinter den «Personen», die sich für den Erwerb des Bildes interessierten, kein anderer als Ludwig XII.? Sein Rundgang durch Mailand im Oktober 1499 mag ihn nicht nur vor das «Abendmahl», sondern auch vor Leonardos Madonna in San Francesco Grande geführt haben – und die ließ sich, anders als das Wandbild, abtransportieren. Sich den Wünschen des Königs von Frankreich zu widersetzen, war kaum möglich. Zum Ausgleich hätten sich Leonardo und Ambrogio de Predis verpflichtet, der Bruderschaft Ersatz in Gestalt einer Kopie zu verschaffen. Ambrogio wäre rasch ans Werk gegangen, während sich Leonardo zunächst nach Florenz verabschiedet hätte.

Diese Lesart der Quelle wird durch ein weiteres Dokument gestützt. Es ist datiert – auf den 23. Juni 1503 –, und auch der Adressat ist bekannt: Es ist der «Durchlauchteste König» selbst. De Predis will ihn dazu bewegen, in der Auseinandersetzung zu vermitteln. Ludwig überwies die Angelegenheit an seinen «Prätor», also wohl Trivulzio, der die

Rechtslage prüfen und eine Lösung herbeiführen sollte.[29] Aus der Supplikation geht weiterhin hervor, daß der Altar nun, 1503, tatsächlich fertiggestellt war, indes nur – die Einschränkung wurde gelegentlich übersehen – «seitens besagter de Predis'».[30] Ohne Leonardos Mitwirkung ließ sich das Geschäft nicht abschließen. Um zu klären, ob er tatsächlich nicht in Mailand weilte, rekognoszierte man sogar seine Räume in der Corte Vecchia und fand sie erwartungsgemäß unbewohnt vor.

Kurz vor seiner Rückkehr ging die Auseinandersetzung in eine neue Runde.[31] Im April 1506 begann die Schiedskommission – entgegen den Wünschen der Maler gehörten ihr nur Mitglieder der Bruderschaft an – mit ihrer Arbeit. Sie ging umsichtig vor. Mal studierten die Brüder den Altar gemeinsam, mal betrachtete ihn jeder für sich. Zudem suchten sie den Rat mehrerer «in ähnlicher Kunst Erfahrener». Ein Notarsakt vom 27. April hält die schließlich gefundene Übereinkunft fest.[32] Ambrogio de Predis vertrat dabei auch seinen 1491 verstorbenen Bruder Evangelista und dessen Sohn Leonardo (war Vinci der Taufpate?).

Zunächst wird daran erinnert, daß die Maler zusätzlich zu den ausbezahlten 730 Lire von der Bruderschaft hundert Lire für «besagten Altar» – also vermutlich die Replik – erhalten hatten. Leonardo, so das Dokument, habe Mailand verlassen, ohne die Arbeiten daran abzuschließen. De Predis sollte das Madonnenbildnis «gut und sorgfältig fertigstellen oder fertigstellen lassen», und dies «im Zeitraum der nächsten zwei Jahre, und zwar durch die Hand besagten Meisters Leonardo, wenn nur besagter Meister Leonardo in besagtem Zeitraum in die Stadt Mailand kommt und nicht anders.» Für die Gemälde «und auch die Tafel, auf die besagtes Bildnis der ruhmreichsten Jungfrau Maria mit dem Sohn und dem hl. Johannes dem Täufer gemalt ist», waren als Restsumme 200 Lire zu bezahlen. Sie konnte entweder in Immobilien oder in jährlichen Raten zu je hundert Lire entrichtet werden. Die Bruderschaft entschied sich für Barzahlung. Die Worte «und auch die Tafel» wurden später von anderer Hand eingefügt. Man wollte wohl sicher sein, daß Leonardos Werk im «Gesamtpaket» mitinbegriffen war.

Ende August 1507 erreichte de Predis, daß ihm für seine schon geleistete Arbeit hundert Lire ausbezahlt wurden. Vorangegangen war eine Auseinandersetzung zwischen ihm und Leonardo, die um die

Aufteilung des Lohns gegangen sein dürfte. Ein Dominikanerpater schlichtete.[33] Vinci hatte sich nach seiner Rückkehr offenbar an die Arbeit gemacht, wenngleich im gewohnten Schneckentempo. Von den Franzosen erhielt er Geld und Gunsterweise.[34] Zwischen Juli 1508 und April 1509 kamen 340 Scudi und dann nochmals 200 Francs, also etwa 250 Scudi, zusammen. Vielleicht hatten einige dieser Zahlungen mit der Arbeit an der Madonna zu tun. Zuvor schon war Leonardo eine Konzession für den Verkauf von Wasser aus dem Kanal von San Cristofano übertragen worden.

Die Ausführung der Zweitfassung übernahm weitgehend Ambrogio de Predis.[35] Sie wurde ab August 1508 fertiggestellt. Die Vorzeichnung stammt zweifelsfrei von Leonardo. Infrarotaufnahmen zeigen die für seine Arbeiten typischen «Fingerwischer» und lassen erkennen, daß er noch, wie gewohnt, auf dem Malgrund mit Alternativen experimentierte. So erwog er, Maria in Anbetung Jesu zu zeigen. Der Engel deutet nun nicht auf den Erlöser, sondern umfängt den kleinen Johannes mit beiden Händen. Die Vegetation, weniger reich als auf der Pariser Tafel, ist nicht so duftig, damit weniger «leonardesk» gehalten. Die Farben sind kräftiger, die Übergänge härter. Auffällig ist, daß die linke Hand des Engels unausgeführt blieb. Wollte Ambrogio demonstrieren, wieviel Arbeit er noch zu leisten gehabt hatte? Die Franzosen entschieden sich, so das wahrscheinlichste Szenario, dafür, Leonardos «eigenhändigere» Erstfassung zu erwerben, und nicht Ambrogios Kopie.

Letztere verblieb bis ins späte 18. Jahrhundert in Mailand. 1785 kaufte sie der englische Maler und Kunsthändler Gavin Hamilton und nahm sie nach England mit.[36] Die Erstfassung und die Engel Ambrogio de Predis' aber wurden vermutlich um 1509 nach Frankreich verbracht. Zur Zeit König Franz' I. hing Leonardos Madonna im «Appartement des Bains» von Schloß Fontainebleau, wo der Herrscher sozusagen unter Leonardos Augen badete und sich rasieren ließ. Wegen der dort herrschenden Feuchtigkeit verbrachte man die Tafel in das Gemäldekabinett des Pavillon des Poêles. In den Baderäumen wurde sie durch eine Kopie ersetzt.[37]

Und die Engel (Tafel 27)? Pierre Dan erwähnt in seiner Beschreibung der «Chapelle haute» des Schlosses, daß diese unter dem «jetzt regierenden Herrscher», das war Ludwig XIII., verschönert worden sei – unter anderem «mit Tafeln mehrerer Engel, die ein Konzert von Musik machten». Sie seien an der unter Heinrich II. (1547–1559) errichteten Sängertribüne plaziert worden. Nur zwei ionische Säulen erinnern noch an den «Balcon»; von den Engeln, die Dan erwähnt, hat sich jede Spur verloren. So läßt sich auch nicht mehr klären, ob es sich bei ihnen tatsächlich um de Predis' Werke handelte und es, wie der erste Vertrag von 1483 festgeschrieben hatte, mehr als zwei waren.

2. Die Gründe der Dinge erkennen

Zerschnittene Leichen

Während des kurzen Aufenthalts in Florenz hatte Leonardo seine anatomischen Studien wiederaufgenommen. Im Hospital des Klosters Santa Maria Nuova – das, wie erinnerlich, zugleich seine «Hausbank» war – fiel genug «Studienmaterial» an. Darunter war die Leiche eines Alten, der Leonardo kurz vor seinem Tod gesagt hatte, er habe die hundert Jahre überschritten und verspüre keinen Mangel an seiner Person als Schwäche.[1] Und so, auf einem Bett des Hospitals sitzend, «ohne andere Bewegung oder Anzeichen irgendeines Schlags, schied er aus diesem Leben». Leonardo sezierte den Körper, um den Grund für ein so sanftes Ende herauszufinden. Die Glieder erschienen ihm dünn und trocken. Sie hätten sich leicht beschreiben lassen, fehlten ihnen doch Fett und Säfte. Die Sektion eines zweijährigen Kindes habe genau gegenteilige Befunde ergeben. Ansonsten gesunde Alte, so die Folgerung, stürben, weil ihre Venen verdickten und dem Körper nicht mehr genug Nahrung zuführen könnten. Daher auch habe die Haut alter Menschen die Farbe von Holz oder trockener Kastanie. Da hatte der brillante Anatom Leonardo die Symptome der Arteriosklerose entdeckt.

Unter Notizen zu Hausrat und Kleidern – Stiefeln, Socken, Handschuhen, Kamm, Hemden – schrieb er um 1510 auf, was er für seine Sektionen und die Zeichnungen dazu benötigte: eine Brille, Kohle,

Kreide, ein Tintenfaß, Bretter, Zangen, eine Knochensäge mit feinen Zähnen, einen Meißel.[2] In Pavia kam es damals zur Zusammenarbeit mit dem dort lehrenden jungen Anatomen Marcantonio della Torre (1481–1511).[3] Die Hoffnung, noch im Winter 1510 ein Buch mit anatomischen Tafeln fertigstellen zu können, trog. Es blieb bei einem – freilich monumentalen – Publikationsplan.[4]

Seiner imaginären Leserschaft schildert Leonardo eindringlich, welche Mühen es koste, der Innereien der «fabrica humana» habhaft zu werden: «Und wenn du Neigung zu einer solchen Sache hast, wirst du vielleicht vom Ekel gehindert, und wenn das nicht der Fall ist, wirst du vielleicht von der Furcht abgehalten, zur Nachtzeit in Gemeinschaft solcher gevierteilter, gehäuteter, schrecklich anzusehender Toter zu sein. Und wenn dich das nicht hindert, wird dir vielleicht die rechte Fähigkeit zu zeichnen fehlen, die zur Anfertigung solcher Abbildungen erforderlich ist. Solltest du sie beherrschen, mag sie nicht mit der Beherrschung der Perspektivkunst verbunden sein.»[5] Zehn Körper will er seziert haben, im Wettlauf mit der fortschreitenden Verwesung. Am Ende hatte sich die Zahl auf dreißig summiert.[6] Verboten war dieses Tun nicht. So berichtet Landucci von der Sektion eines wegen Diebstahls Gehenkten. Sie wurde während mehrerer Tage im Januar 1506 im Kloster Santa Croce in aller Öffentlichkeit durchgeführt.[7] Das Bild des kühnen Gelehrten Leonardo, der in Furcht vor der Inquisition in aller Heimlichkeit seinem makabren Geschäft nachgeht, ist Legende. Allein in Rom scheint er wegen seiner Sektionen beim Papst angeschwärzt worden zu sein. Folgen zeitigte die Denunziation offenbar keine (S. 304).[8]

Das eigentlich Bemerkenswerte an Leonardos anatomischen Studien ist, daß er, was er seziert hatte, einfach abzeichnete und lapidar beschrieb – ebenso, wie es mit Pflanzen, Tieren, Felsenformationen oder Wasserwirbeln hielt. Er ließ metaphysische Aspekte beiseite, fragte nicht nach dem «Wesen» der Dinge. Seine Studien zeigen nüchternen Empirismus. Die Idee, ein Auge in Eiweiß zu legen und zu kochen, um es besser studieren zu können, scheint er nicht verwirklicht zu haben.[9] Dafür hat er dem Sehorgan wahre Hymnen gewidmet. «Siehst du nicht, daß das Auge die Schönheit der ganzen Welt umfaßt?» schreibt er. «Es ist Fürst der Mathematik, seine Wissenschaft ist von größter Gewißheit; es hat die Höhe und Größe der Sterne gemessen; es hat die Elemente und ihren Sitz gefunden und ließ die Zukunft mittels des Laufs der Sterne voraussagen, und es hat die Architektur und Perspektive hervorgebracht und die göttliche Malerei. O, du Hocherhabenes über alle Dinge, die Gott geschaffen hat! Es ist Fenster des menschlichen Körpers, durch das er seinen Weg betrachtet und die Schönheit der Welt genießt (...) Darin übertrifft es die Natur, daß die Kräuter von endlicher Zahl sind, die Werke aber, die das Auge den Händen befiehlt, sind unendlich, wie der Maler mit seinen Erfindungen unzähliger Formen von Tieren, Kräutern, Pflanzen und Orten beweist.»[10] Mitunter findet Leonardo zu Formulierungen, die daran erinnern, daß auch ein Poet in ihm steckte[11]: Ohne das Auge könne die Seele nicht das Aussehen eines heiteren Geländes aufnehmen, nicht die schattigen Täler sehen, durchfurcht vom Spiel der sich schlängelnden Flüsse, und nicht die verschiedenen Blumen, die mit ihren Farben dem Auge Harmonie bereiten.

Leonardo versuchte sich an Darstellungen der Anatomie des Koitus – sie verdankt ihre Anregung Platons «Timaios»[12] – und des Inneren der Frau. Mit Gebärmutter und Embryo sei in ihr ein «großes Geheimnis». Sein Interesse umgriff indes weit mehr als nur den Aufbau des Körpers. Er gedachte, die Entwicklung der menschlichen Proportionen zu erfassen; mit ihnen hat er sich tatsächlich in immer neuen Anläufen befaßt, buchstäblich vom Scheitel bis zur Fußsohle. Auch plante er, systematisch Physiognomien zu studieren – die Äußerungen der Freude mit allen möglichen Nuancen, Spielarten des Weinens, Mienen bei Streit. Hunderte seiner Zeichnungen zeigen Lachende und Lächelnde, Zornige und Melancholische, Krieger und Arbeitende, letztere beim «Ziehen, Stoßen, Tragen, Anhalten, Stützen und ähnlichen Dingen».

Vor allem zu Beginn seiner anatomischen Studien sezierte Leonardo auch tierische Organe, etwa das Herz eines Ochsen oder die Lunge eines Schweines. Es sei einfach, sich «universal» zu machen – dieser oft mißverständlich zitierte Ausspruch Leonardos ist allein das Fazit seiner vergleichenden Anatomie, seien doch allen irdischen Le-

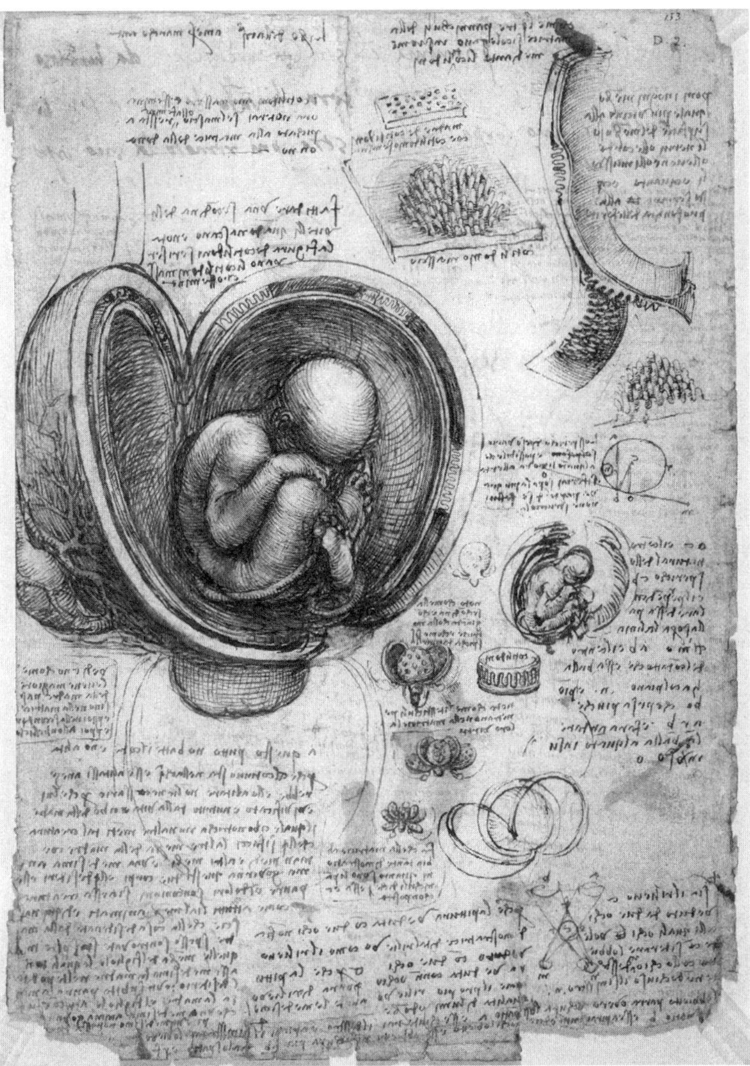

Abb. 48: Leonardo da Vinci, Fötus, um 1510/11, Feder und braune Tusche über roter und schwarzer Kreide, 30,4 × 22 cm, Windsor Castle, Royal Library.

bewesen Muskeln, Nerven und Knochen gemeinsam.[13] Die berühmte Zeichnung eines Embryos bettet diesen in die Cotyloplacenta einer Kuh (Abb. 48).[14]

Schriften von Aristoteles, Galen (um 130–205/215) und Avicenna – wie der Westen Ibn Sina (um 980–1037), den bedeutendsten Mediziner des Mittelalters, nannte – boten Vincis Studien die Grundlagen. Die «Anothomia» Mondinos de Luzzi (gest. 1326) scheint er in italienischer Version benutzt zu haben. So übernahm er auch einen der Übersetzung geschuldeten Fehler.[15]

Zu einer neuen Medizin drang er nicht durch. Galen, den er seit dem ersten Jahrzehnt des 16. Jahrhunderts intensiv studierte, blieb sein Meister. Doch folgte er auch ihm keineswegs, wenn seine Beobachtungen in andere Richtung wiesen. So bemerkte er im Widerspruch zu Galens Lehre, daß das Herz nichts anderes als ein Muskel ist.[16] Die Erkenntnis minderte sein Staunen nicht: «Wunderbares Instrument, vom höchsten Meister ersonnen», hat er neben eine um 1508 entstandene Zeichnung des linken Herzventrikels notiert.[17] Mit der Ansicht, es versorge den Körper gleich einem Ofen mit Wärme, also Lebensenergie – «wo Leben ist, ist Wärme»[18] –, lag er natürlich falsch.

Was Leonardo über alle Vorläufer hinausragen läßt, ist die Qualität seiner anatomischen Zeichnungen. In ihnen vereinte sich die Akribie des Gelehrten mit stupender graphischer Technik. Dem schottischen Anatomen William Hunter (1718–1783) verschlug es die Sprache, als ihm in der Bibliothek König Georgs III. einige Blätter Leonardos gezeigt wurden. «Ich bin davon vollkommen überzeugt», sagt er, «daß Leonardo zu seiner Zeit der beste Anatom der Welt war.»[19] Vinci argumentierte mit der gezeichneten Demonstration, dem buchstäblich augenfälligen Beweis. Entschieden betonte er die Vorzüge des Bildes gegenüber Worten. Je genauer man zu beschreiben versuche, desto verwirrter lasse man den Geist des Lesers zurück.[20] So sei beides nötig: abbilden und beschreiben. Leonardo denkt mit den Augen und versteht durch Sehen. Er versucht sogar, seinen physikalischen Begriff von «Kraft» mit dem Bild der Pyramide einschließlich gekurvter Varianten zu fassen.[21] Kräfte nähmen in «pyramidaler» Proportion zu oder ab. Auf dieselbe Weise verbreiteten sich Klänge und Licht.

Die Beschäftigung mit Muskeln und Mienen hatte Folgen für Leonardos Malerei. Vom «Hieronymus» bis zur «Anghiari-Schlacht» zeigt er sich als Meister wirklichkeitsnaher Anatomie und Physiognomik. In dieser Hinsicht übertraf er alle, auch Michelangelo mit dessen Sibyllen von furchtgebietender Körperlichkeit, den muskelstrotzenden Kriegern und Propheten. Sein Interesse für den Menschen reichte indes viel tiefer, als es der Malerberuf verlangte. Auch hier stellte er sich Fragen, die keiner vor ihm aufgeworfen hatte. Welcher Nerv bewirkt, daß die Bewegung eines Auges die des anderen nach sich zieht? Was ist Katarrh, was Niesen, was Gähnen? Was sind Fallsucht, was Verrücktheit? Was Hunger und Geilheit? Was sind Zorn und Furcht? Und was die Gründe, daß wir atmen, daß sich das Herz bewegt, daß wir uns erbrechen, urinieren, Kot ausscheiden?[22] Eine seiner Fragen führte Leonardo ganz nahe an eine große Entdeckung: Ist das Blut, das dem Herzen entströmt, dasselbe, das zuvor dessen Klappen öffnet? Nein, meint er.[23] Erst mit William Harveys Einsicht in den Blutkreislauf war die richtige Antwort gefunden. Es ist nicht ausgeschlossen, daß Harvey Leonardos Überlegungen bekannt waren.[24]

Lange vor Galilei führte Leonardo systematisch Experimente durch.[25] Darunter waren freilich so seltsame Aktionen wie die, einer Fliege die Flügel zu stutzen und sie mit Honig zu bestreichen, um herauszufinden, ob sie ihren Summton mit Maul oder Flügeln erzeugte.[26] Um die Funktion des Rückenmarks zu erkunden, köpfte Leonardo einen Frosch und entnahm ihm die inneren Organe. Doch bewegte sich der Rumpf und reagierte auf Reize, bis er den obersten Teil des Rückenmarks, die sogenannte «medulla oblongata», zerstört hatte. Nun erst trat der Tod ein. So sah Leonardo sich in der Meinung bestätigt, daß das Mark, nach Platon auch Quelle des Spermas, von entscheidender Bedeutung für Bewegungen und Leben sei.[27] Es war offenbar das einzige Mal, daß der Tierfreund Leonardo sich zu einer Vivisektion durchrang.

Neu war seine Idee, Gehirnventrikel mit Wachs auszugießen, um ihrer Form habhaft zu werden.[28] Im mittleren dieser Hohlräume vermutete er im Einklang mit der Tradition den Sitz des «Gemeinsinns», der nach aristotelischer Lehre über alles urteilte, was der Mensch mit

Hilfe seiner Sinne erfahre.[29] Leonardo meinte, dieser Sinn sei ein Ausführungsorgan der Seele, der Lenkerin aller Lebensvorgänge und Herrin der Gefühle. «Die Nerven mit ihren Muskeln dienen den Sehnen wie die Soldaten ihren Condottieri; und die Sehnen dienen dem ‹sensus communis› wie die Condottieri dem Capitano; und der Gemeinsinn dient der Seele wie der Capitano seinem Herrn.» Die Seele sollte ihren Sitz denn auch in der Höhlung des Gemeinsinns haben, im Zentrum des Schädels. Zuvor, um 1489, scheint Leonardo sie mit Platon im Herzen lokalisiert zu haben. Er schrieb damals, Tränen kämen von dort und nicht vom Gehirn.[30]

Erde, Sonne, Universum: Fragen und Skepsis

Antiker Herkunft war Leonardos Sicht des Menschen als Mikrokosmos, als Entsprechung des Universums und, analog dazu, der Erde.[31] Letztere bestehe gleich dem Kosmos und dem Menschen aus Erde, Wasser, Luft und Feuer und habe wie sie eine «vegetative Seele», die Entstehen und Wachstum bewirke. Residenzen ihrer Kraft seien die Feuer, die in Bädern, Schwefelgruben und Vulkanen ausgehaucht würden. Im Vergleich zum Menschen fehlten nur die Nerven. Den Knochen als «Stützen und Rüstung des Fleisches» entsprächen die Felsen, die Gerüste der Erde. «Wenn der Mensch in sich einen Blutsee hat, in dem die Lunge beim Atmen wächst und abnimmt, hat der Körper der Erde seinen Ozean, das Meer, der ebenfalls wächst und abnimmt, alle sechs Stunden, wegen des Atmens der Welt. Und wenn von besagtem Blutsee Venen ihren Ausgang nehmen, die sich im menschlichen Körper verzweigen, füllt der Ozean auf ähnliche Weise den Körper der Erde mit unzähligen Wasseradern.»

Zur Zeit der Abfassung des Codex Leicester, also im ersten Jahrzehnt des 16. Jahrhunderts, deutet sich jedoch an, daß Leonardo das Makrokosmos-Mikrokosmos-Modell überwand.[32] Zweifel daran nährten Versuche wie der, das Volumen der «Erdlunge» zu berechnen, indem er es mit dem Faßvermögen der Lunge des Menschen in Beziehung setzte. Die Zahlen zeigten, welch gewaltige Wassermassen das «Atmen» der Erde in Bewegung setzen müßte.[33] Zudem widersprachen fossile Meerestiere dem biblischen Bericht von der Sintflut.[34] Sie konnte die Versteinerungen nicht auf Bergeshöhen gespült haben, dazu waren sie zu schwer. Außerdem gab es Erhebungen, die höher waren als die Schichten, in denen die Fossilien gefunden wurden. Und wohin sollte das Wasser der Sintflut abgeflossen sein, wenn es, wie die Bibel behauptete, die ganze Erde bedeckt hatte? «Hier fehlen die natürlichen Ursachen», folgerte Leonardo. «Daher ist es nötig, zur Auflösung dieses Zweifels das Wunder zu Hilfe zu rufen oder zu sagen, daß dieses Wasser durch die Hitze der Sonne verdampfte.»[35] Seine Erklärung der Entstehung von Fossilien erfaßte dann den tatsächlichen Vorgang der Petrifikation ziemlich genau.

Gegen antike Lehren war Leonardo der Auffassung, daß die Erde nicht ewig sei, sondern einen Anfang und – nach zyklischem, unaufhörlichem Wandel – ein Ende haben werde.[36] Als entscheidende Kraft, die bewirkte, daß Gebirge und Täler sich über lange Zeiträume veränderten, sah er das Wasser. In einem von Ovid inspirierten Text führt er dessen belebende, zerstörende, verwandelnde Energie vor Augen. «Das Wasser verzehrt die hohen Gipfel der Berge, verstößt das Meer von seinen alten Küsten, da es mit der herbeigeschwemmten Erde den Grund erhöht, es zermalmt und zerstört hohe Ufer; keine Festigkeit sieht man je in ihm, deren Natur nicht sofort verginge (…) Man sieht, wann es scharf ist und wann stark, wann herb und wann bitter, wann süß und wann trüb oder klar, wann schädlich und pestbringend, wann heilend und giftig (…) wie der Spiegel sich ändert gemäß seinem Gegenstand, verwandelt es sich, woher es kommt (…) Mit der Zeit ändert sich alles.»[37] Auf einem zwischen 1510 und 1513 entstandenen Blatt ist neben Studien zu Bewegungen des Wassers ein bärtiger Mann in der Haltung des Melancholikers zu sehen. Die Linke aufgestützt, blickt er sinnend in die Ferne. Es ist, als wollte Leonardo – man hat erwogen, in dem Alten ein Selbstbildnis zu sehen – ein Bild der Trauer über die wie Wasser verfließende Zeit geben (Abb. 49).

Mit zunehmendem Eifer fahndete er nach Regeln, gemäß denen sich Bewegungen vollziehen und Formen bilden. So gesehen war er ein systemischer Denker.[38] Bärentatzen ähneln Menschenfüßen, Verzweigungen von Pflanzen dem Geäst von Adern. Wasserwirbel gleichen

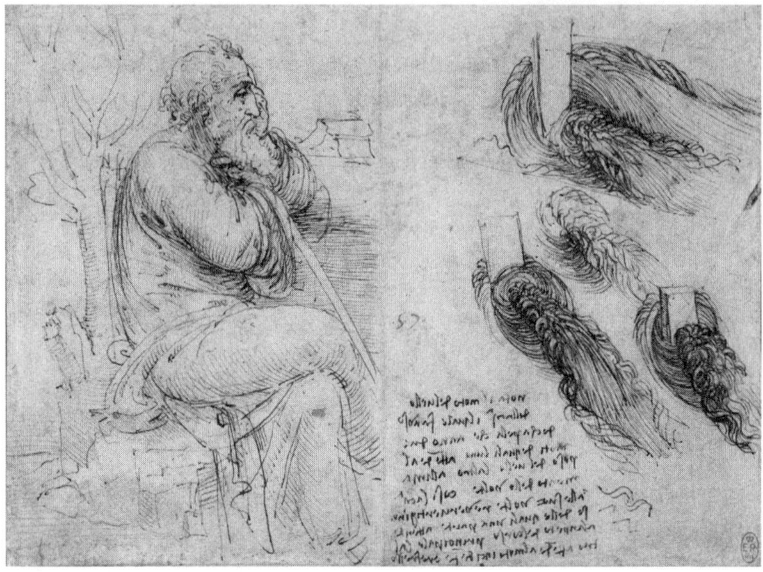

Abb. 49: Leonardo da Vinci, Alter Mann in melancholischer Haltung und Wasserstudien, um 1510–1513, Feder und Tinte auf Papier, 15,4 × 21,7 cm, Windsor Castle, Royal Library.

Locken, Schallwellen sind wie Wasserwellen. Das Echo gleicht Spiegelungen, die Spiralbewegung des Vogelflugs (Abb. 50) ähnelt Wirbeln im Fluß. Schwimmen führt vor, wie Vögel sich in der Luft bewegen. Der Vogelflug wiederum könnte die Menschen das Fliegen lehren.[39]

Wie so oft greifen Leonardos Fragen immer weiter aus. Warum können alle Tiere, die Pfoten mit Zehen haben, von Natur aus schwimmen, der Mensch aber nicht? Wie kann es sein, daß Delphine aus dem Wasser zu schnellen imstande sind – wunderbarerweise aus einem Medium also, das keinen Widerstand bietet, sondern «entflieht»? Wie kann man mittels eines Geräts einige Zeit unter Wasser bleiben und ohne Essen auskommen? Er weiß es, sagt Leonardo, will aber seine Methoden nicht mitteilen – wegen der schlechten Natur des Menschen.[40] Man könnte ja, was er verrät, anwenden, um von der Meerestiefe her Löcher in Schiffe zu bohren und diese mitsamt den Menschen darin zum Sinken zu bringen.

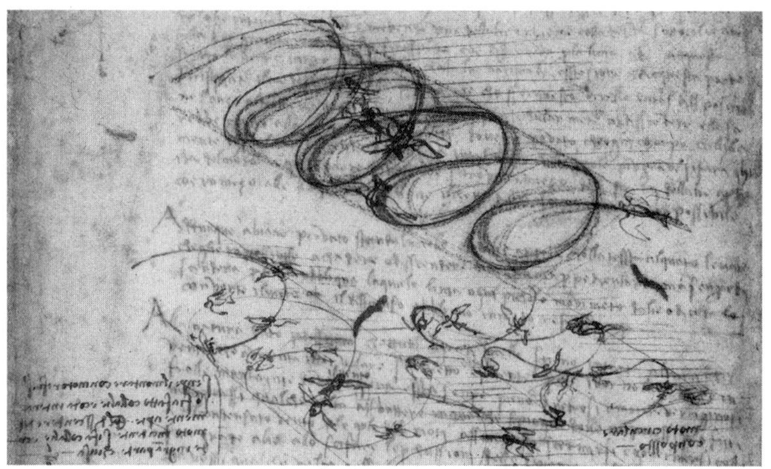

Abb. 50: Leonardo da Vinci, Spiralbewegung des Vogelflugs, um 1505 (?), Feder und Tinte (Ausschnitt, ca. 22,7 × 14,5 cm), Mailand, Biblioteca Ambrosiana.

Zunehmende Skepsis gegenüber den Lehren der antiken Autoritäten lassen Leonardos Aufzeichnungen auch auf astronomischem Gebiet erkennen. Er komme nicht umhin, viele der Alten und unter ihnen Epikur zu kritisieren, die behauptet hätten, die Sonne sei nicht größer, als sie scheine, schrieb Leonardo um 1508.[41] Auch wundere er sich darüber, daß Sokrates sie verachte und einem glühenden Stein vergleiche. Ihm fehlten die Worte, jene zu tadeln, die eher Menschen – Jupiter, Saturn, Mars und ihresgleichen – verehrten als die Sonne. Daß es im Universum keinen Körper gebe, der größer sei und mehr Kraft habe als die Sonne, sähen seine Gegner – damit sind die imaginären Kontrahenten, gegen die in scholastischen Debatten argumentiert zu werden pflegte, gemeint (S. 351) – nicht. Die Sonne erleuchte die Himmelskörper. Ihr auch entstammten die Seelen, von denen die alles Leben nährende Wärme komme.

Und die Erde? Sie sei ein winziger Stern wie der Mond – ein Punkt im Universum nur, aber doch dessen Herrlichkeit. Die «allgemeine Meinung», daß die Wassersphäre sich über der Erdsphäre wölbe, teilte Leonardo nicht und ebensowenig die Auffassung, der Mond bestehe aus unterschiedlich transparenter Materie. «Diese Meinung gefiel vielen Gelehrten und vor allem Aristoteles, und dennoch ist sie falsch.»[42] Vincis Annahme, daß die Mondoberfläche von Wasser bedeckt sei und wie ein konvexer Spiegel das Sonnenlicht reflektiere, war freilich ebenso falsch. Sie bedeutete aber nicht weniger als den Bruch mit einem seit der Antike geglaubten physikalischen Gesetz, nach dem leichte Elemente zum Himmel strebten und schwere zur Mitte der Welt. Wie sollte ein aus fester oder flüssiger Materie bestehender Mond über Feuer und Luft schweben? Müßte der Mond, so er aufgebaut ist wie die Erde, nicht herabfallen?[43] Leonardos Folgerung war, daß die Physik des Mondes dieselbe sei wie die des «Sternes» Erde. Letztere sei weder Zentrum des Kreises der Sonne noch des Universums überhaupt, vielmehr «in der Mitte ihrer sie begleitenden und mit ihr vereinten Elemente».[44]

Leonardos Reflexionen über Sonne, Mond und Sterne sind im Vergleich zu den Erörterungen, die er anderen Themen widmete, marginal. Und doch zeigen auch sie sich reich an klugen Fragen. Leuchten Venus und Mars von selbst oder beziehen sie ihr Licht von der Sonne? Aus welchem Grund sind die Sterne bei Tag nicht zu sehen? Leonardo meint, daß allein die große Entfernung sie so klein wirken lasse. In Wirklichkeit seien viele um ein Vielfaches größer als die Erde. «Nun denke, wie unser Stern aus so großer Distanz erscheint, und überlege, wie viele Sterne sich in allen Richtungen zu jenen gesellen, hingesät durch den dunklen Raum.»[45]

Leonardo war ein scharfer Beobachter. Zum Beispiel nahm er das Phänomen des «Erdscheins» wahr: Der Widerschein der Erde erhellt die von der Sonne unbeleuchteten Gegenden des Mondes (Abb. 51). «Die Erde und der Mond leihen sich die Lichter».[46] Auch bemerkte er die schon der Antike bekannte «Mondtäuschung». Demnach wirkt der Mond nahe dem Horizont größer, als wenn er hoch darüber steht. Leonardo nahm an, daß die Atmosphäre wie eine Linse wirke.[47] Tatsächlich hat das Phänomen Ursachen wahrnehmungspsychologischer Art. Dann, um 1510 einfach so hingeschrieben, findet sich in Leonardos Papieren eine erstaunliche Feststellung: «Il sole non si move», «die Sonne bewegt sich nicht.»[48] Der berühmte Satz bezeichnete indes

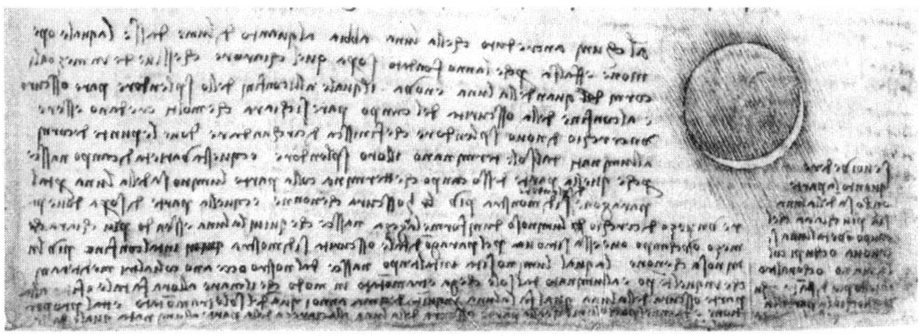

Abb. 51: Leonardo da Vinci, Mond mit Erdschein, um 1508, Feder und braune Tinte, Pinsel, braun laviert auf Papier, 29,8 × 44,8 cm (gesamtes Blatt), Codex Leicester, fol. 2B/fol. 2r, Seattle, Collection of Bill and Melinda Gates.

aller Wahrscheinlichkeit nach keine Vorwegnahme der kopernikanischen Wende. Vielleicht handelte es sich um die Anweisung für die Einrichtung einer Theaterkulisse oder das Motto eines Emblems. Andere Äußerungen Vincis deuten darauf hin, daß er nicht daran zweifelte, daß die Sonne um die Erde kreise.[49]

Schüler der Erfahrung

«Ich habe schon über Mailand in Richtung des Lago Maggiore eine Wolke in Form eines riesigen Gebirges gesehen», so Leonardo um 1510, «voll glühender Felsen, weil die Strahlen der Sonne, die schon den Horizont rötete, sie mit ihrer Farbe färbten. Und diese Wolke zog alle kleinen Wolken an sich, die um sie waren, während sich die große Wolke nicht von ihrer Stelle bewegte, sie behielt sogar auf ihrem Gipfel das Licht der Sonne bis zu anderthalb Stunden der Nacht. Und um die zweite Stunde der Nacht erzeugte sie einen so großen Wind, daß es etwas Erstaunliches und Unerhörtes war.»[50] Bei anderen hätte die Himmelserscheinung Angst entfacht: Warum leuchtete die Wolke noch zur Nacht? Was verhieß ihr Rot, was drohte es an? Nicht so Leonardo. Er überlegt, wie die Wolke den Sturm verursachen konnte, und erklärt, dies sei durch die von den kleineren Wolken bewirkte Verdichtung der großen Wolke geschehen. Die in letzterer enthaltene Luft sei deshalb an den schwächsten Stellen entwichen und unter anhaltendem Lärm durch die Luft geeilt – gleich Wasser, das aus einem unter Wasser zusammengepreßten Schwamm in das «andere Wasser» entfliehe. Die Wolke ist für Leonardo kein Omen. Sie veranlaßt ihn dazu, kühl, dabei nicht ohne literarischen Glanz ein physikalisches Problem zu erörtern.

Während Theologen und andere Gelehrte in den Erscheinungen der Natur und im besonderen in der Konstruktion des Menschen Gottes Wunder zu erkennen meinten, findet sich bei Leonardo nichts dergleichen. Der Mensch ist aus seiner Sicht nicht gehalten, sich die Erde untertan zu machen. Vielmehr sollte er staunend vor ihren Wundern stehen, die auch Wunder seien und ihre Würde hätten, ohne daß Menschen ihnen Namen gäben wie einst Adam. «Gibt es etwa die Kräfte der Kräuter und Steine und Pflanzen nicht, weil sie den Menschen nicht bekannt sind?» fragt Leonardo. «Gewiß nicht. Aber wir werden sagen, daß die Kräuter für sich vortrefflich sind, ohne Hilfe der menschlichen Sprachen oder Wissenschaften.»[51]

Als Meisterin und Beschützerin der Natur, ihren Zaum und ihre ewige Regel sah er die «wunderbare Notwendigkeit».[52] Sie zwinge Wirkungen, an ihren Ursachen teilzuhaben. Alle Naturvorgänge gehorchten ihr und der Kraft, nach einem höchsten, unwiderruflichen Gesetz. Der Gedanke trieb Leonardo um, selbst wenn er sich mit so trockenen Dingen auseinandersetzte wie der Beziehung zwischen dem Gegengewicht in einer Uhr und der Länge des Seils, an dem es hängt.[53] «Sieh, was für eine wunderbare Sache es ist zu betrachten, wie die Natur in allen ihren Dingen verfährt und mit welchen Gesetzen sie die Wirkungen aller Ursachen festgelegt hat, bei denen es unmöglich ist, sie auch nur im kleinsten Teil zu verändern.» Leonardo weiß freilich auch – optische Täuschungen boten Beispiele –, daß die Natur unzählige Gründe kennt, die der Erfahrung entgehen.

Ihm sei sehr wohl bewußt, daß er, «da ungelehrt», von einem Frechling als ein «Mann ohne Gelehrsamkeit», ein «omo sanza lettere», getadelt werden könnte. Er verband das aber mit Absagen an Schulgelehrsamkeit und Autoritätsglauben.[54] «Dummes Volk! (...) Sie werden sagen, daß ich, da ohne Bildung, das, worüber ich reden möchte, nicht gut ausdrücken könne. Aber sie wissen nicht, daß meine Angelegenheiten eher mit Erfahrung als mit Worten zu behandeln sind.» Daraus mögen auch die Ressentiments eines Mannes sprechen, dem seine Geburt den zeitigen Erwerb höherer Bildung versagt hatte. Doch machte er aus der Not eine Tugend. Jenseits der Mauern der Universitäten wollte er ein «Schüler der Erfahrung» sein (und war dabei doch der leidenschaftlichste Bücherjäger, der sich denken läßt, und nebenbei bemerkt, ein großer Dante-Kenner).[55] «Erfahrung irrt niemals», konstatiert er. «Allein eure Urteile täuschen sich, indem sie sich von ihr Wirkungen versprechen, die durch eure Versuche keine Begründung finden.»[56]

Der nächste Schritt nach der Erfahrung war zu ermitteln, welche Regeln das Naturgeschehen bestimmten. Dazu war Mathematik unverzichtbar. Seinem geplanten Anatomiewerk stellte Leonardo den Hinweis voran, ihrer Unkundige dürften es nicht lesen.[57] Das variierte den Satz, den Platon der Legende nach über die Pforte seiner Akademie geschrieben haben soll: «Keiner, der nicht der Geometrie kundig ist, möge eintreten». Die Mechanik nannte Leonardo ein «Paradies der mathematischen Wissenschaften».[58]

Seine mathematischen Kenntnisse waren anfangs begrenzt. In jungen Jahren hatte er eine Abakus-Schule besucht. Schon damals soll er freilich seinen Lehrmeister durch Zweifeln und Diskutieren schwieriger Probleme in Verwirrung gestürzt haben.[59] Mit wachsendem, geradezu manischem Eifer beschäftigte er sich mit Geometrie (vgl. S. 197). Ab etwa 1496 trat das Studium von Euklids «Elementen» in den Vordergrund. Luca Pacioli half zu verstehen. Hunderte Blätter füllten sich mit Zeichnungen und Zahlen. Leonardo versuchte sich an der Verdoppelung des Würfels oder auch – wir beobachteten ihn dabei selbst in tiefer Nacht – am aussichtslosen Unterfangen der Quadratur des Kreises. Unermüdlich ordnete er Kreissegmente, «lunulae», zu immer neuen Mustern, wobei die Flächeninhalte gleichblieben (Abb. Vorsatz). Es war mehr als nur ein geometrisches Spiel, zeigte sich doch in der Mannigfaltigkeit der Muster eine Analogie zur Natur, die ihren sprühenden Reichtum allein durch Abwandlungen elementarer Formen hervorzubringen schien.

Beobachtung und Mathematik in eins zu bringen, war schwierig. So hatte Leonardo durch Experimente erkannt, daß der Luftwiderstand –

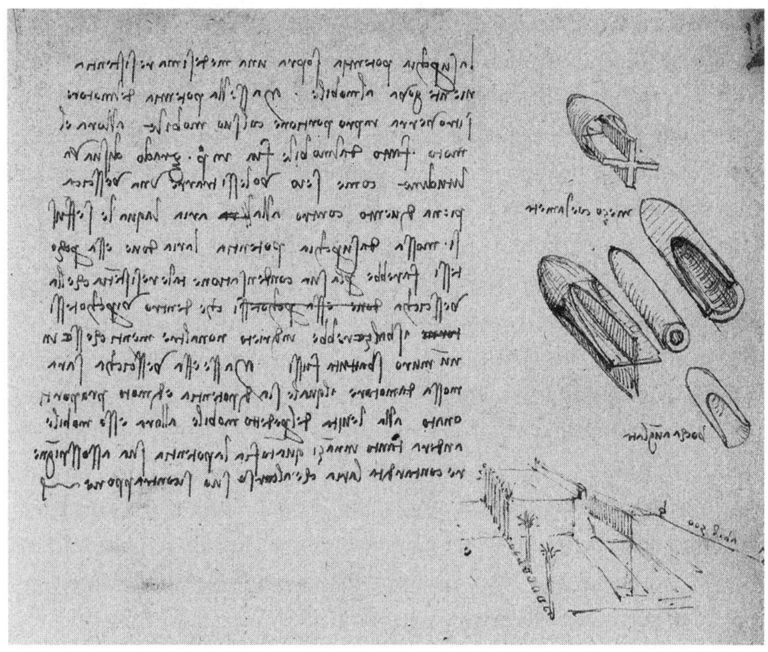

Abb. 52: *Leonardo da Vinci, Stromlinienförmige Geschosse, um 1500–1505,
Feder und braune Tinte, 20,5 × 29 cm (gesamtes Blatt), Codex Arundel, fol. 54r,
London, British Museum.*

von der Macht der Schwerkraft wußte er noch nicht – die Flugbahn
einer Kanonenkugel in parabolische Form zwingt. Die Effekte mathematisch zu fassen, gelang ihm nicht; dies sollte Newton vorbehalten
bleiben. Dafür zog er praktische Folgerungen aus dieser Einsicht, als er
stromlinienförmige Geschosse entwarf (Abb. 52). Theorie und Praxis
pflegte er auch auf anderen Gebieten zu verbinden. Pläne zum Bau von
Kanälen gingen mit Studien zur Hydromechanik einher, die Erfindung
von Musikinstrumenten mit der Suche nach den Gesetzen der Akustik.
Erst recht zeigen sich solche Zusammenhänge, wenn man Leonardos
Bilder betrachtet. Schatten und Luftperspektive gründen auf optischen
Studien, Körper verraten anatomische Kenntnisse, Proportionen geometrische. Felsen und Berge weisen den Geologen aus.

An der Philosophie Platons dürfte Leonardo fasziniert haben, daß sie zwischen Geometrie und Kosmos Beziehungen herstellte. Zur platonischen Ideenlehre aber bezog er Distanz, wie eine seiner Geschichten andeutet. Sie spielt an den Abhängen des Ätna, der das Feuer der Erdseele in Siziliens blauen Himmel spuckt.[60] «Angezogen von heftigem Verlangen und sehr begierig, die große Menge der verschiedenen und seltsamen Formen, die von der kunstreichen Natur geschaffen wurden, zu sehen, gelangte ich, nachdem ich ein wenig herumgewandert war, zum Eingang einer großen Höhle. Vor ihm verharrte ich ein wenig, staunend, unwissend.» Wieder wird der Erzähler zum Maler. «Ich lehnte mich mit dem Rücken an einen Bogen, ließ die müde Hand auf dem Knie ruhen, beschattete mit der Rechten die heruntergezogenen, zusammengekniffenen Augenbrauen. Oft beugte ich mich dahin und dorthin, um zu sehen, ob ich in ihr etwas unterscheiden konnte, was mir wegen der großen Dunkelheit, die drinnen war, versagt blieb. Nachdem ich so ein wenig gestanden hatte, erwachte in mir zweierlei: Furcht und Begierde. Furcht vor der bedrohlichen dunklen Höhle; Verlangen zu sehen, ob nicht da drinnen irgendetwas Wunderbares wäre.»

Die Höhlenepisode spricht von der Suche nach letzten Gründen. Sie erscheint wie eine Umkehrung von Platons Gleichnis, das die Menschen in einer Höhle gefesselt zeigt – festgebunden und mit dem Rücken zum Eingang, durch den von einem fernen Feuer gespendetes Licht fällt. Was den Gebundenen wirklich scheint, ist nur Schattenspiel an der Höhlenwand, Schemen der ewigen Ideen draußen. Die Erkenntnisse, die Leonardo gewinnen wollte, lagen nicht in jener Helle, vielmehr im tiefen Dunkel der Höhle. Sie waren irdischer Art, der Wahrnehmung zugänglich. «Alle unsere Erkenntnis hat ihre Anfänge in den Sinnen», stellte er fest. Ihr wichtigstes Organ ist das Auge. Leibhaftig steht der Erzähler da vor uns, wie er mit angestrengtem Blick die Schatten der Tiefe zu durchdringen versucht. Ebenso, wie Leonardo sich hier selbst beschreibt, mag man ihn sich beim Zeichnen vorstellen, scharf sein Modell musternd, die Dinge beobachtend. Ob er tatsächlich das Wagnis unternommen hat, in die Höhle des Ätna vorzudringen, um ihre Wunder zu entdecken, verrät er nicht. Der Text bricht ab.

Gegen Astrologie, Schwarzkunst und Geisterglauben

Mit seinem rationalen Weltzugriff überragte Leonardo fast alle Zeitgenossen. Wie Pico della Mirandola zählte er zu den Kritikern der «urteilenden» Astrologie, die behauptet, die Zukunft erschließen zu können. Er kanzelte sie als «betrügerisch» ab und unterschied sie von der seriösen «mathematischen» Astrologie, der *Astronomie* im heutigen Sinn.[61] Sein Wissen darüber bezog er unter anderem aus einem Buch des Arabers Abu Maschar (787- 885/886), das sich in seiner Bibliothek befand. Vermutlich handelte es sich um dessen «Große Einleitung», ein astrologisches Standardwerk. Ganz kohärent sind Leonardos Einschätzungen astrologischer Prognostik übrigens nicht.[62]

Die Alchemie sah er differenziert. Er wandte sich nicht gegen die alchemistischen Verfahren an sich, sondern nur gegen ihre Irrwege. Allein die Natur könne Ultramarin, «dessen Farbe jenseits der Macht des Feuers ist», herstellen und Gold, «das wahre Kind der Sonne». In unterirdischen Adern lasse sie es wachsen und sich verzweigen. Im Ofen könne man es nicht anfertigen, bedürfe es dazu doch der vegetativen Seele, die herzustellen nicht in der Macht des Menschen liege. «Wenn dich trotzdem dummer Geiz zu diesem Irrtum verführt, warum gehst du nicht in die Bergwerke, wo die Natur dieses Gold erzeugt, und machst dich zu ihrem Schüler?» Der seriöse Alchemist kombiniert allein die elementaren Schöpfungen der Natur, die nur Einfaches schafft. Bäume erzeugen Bäume, Blumen Blumen. Und auch der Mensch reproduziert in Gestalt seiner Kinder einzig sich selbst.[63] Er kann aber, was die Natur hervorbringt, umgestalten, etwa wenn er Glas oder ähnliches herstellt.[64] Die «alten Alchemisten» – gemeint sind wohl mythische Figuren wie Hermes Trismegistos[65] – verdienten unendliches Lob für all das, was sie zum Nutzen der Menschen gefunden hätten. Noch mehr Lob stünde ihnen zu, wären sie nicht auch Erfinder von Schädlichem wie etwa Giften gewesen.

Ein italienischer Bruder des Dr. Faust war Leonardo nicht.[66] Mit der Nekromantie, der Geisterbeschwörung oder Schwarzkunst, geht er um 1503 kritisch ins Gericht. Diese «Schwester der Alchemie» verdiene viel mehr Tadel als die Alchemie selbst, sei sie doch der allerdümmste unter den Diskursen der Menschen, eine Sache von Idioten. «Sie ist wie eine Standarte oder ein Banner, vom leitenden Wind der dummen Menge bewegt, die durch ihr Gebell die unendlichen Wirkungen dieser Kunst bezeugt». Der Vorstellung, es könne körperlose Wesen geben, widersprach Leonardo mit Argumenten, die der traditionellen Naturphilosophie entstammten.[67] Ein Geist müßte vollkommen machtlos sein. Leichter als Luft, könne er sich nicht von selbst bewegen, es sei denn nach oben. Nicht einmal zu sprechen vermöge er, da «Stimme» Reibung von Luft an einem dichten Körper sei. Auch sei es unmöglich, daß Geister schwerste Gewichte trügen, Regen und Unwetter machten. Die Magiegläubigen meinten, daß sich Menschen in Katzen, Wölfe und andere Tiere verwandelten – dabei seien ganz im Gegenteil jene Tiere, die so etwas behaupteten.[68]

Hätte die Nekromantie wirklich Macht, wären die Folgen dramatisch. Denn dann könnte man mit ihrer Hilfe «die ruhige Heiterkeit der Luft zum Bild der Nacht wandeln, Wetterleuchten und Unwetter mit Donner und Blitzen machen, die durch die Finsternis eilten und mit ungestümen Winden hohe Bauwerke zerstörten, Wälder entwurzelten und mit ihnen Heere wanken lassen». Keine Flotte könne einem widerstehen, der Herr der Winde sei und Stürme mache, die jede Armada untergehen ließen. «Wer immer solche ungestümen Kräfte beherrschte, wäre Herr der Völker.» Die verborgenen Schätze der Erde, die Edelsteine, würden dem Nekromanten offenbar werden, keine Festung wäre in der Lage, sich vor ihm zu schützen. Von Orient zu Okzident könne er sich durch die Luft tragen lassen und zu allen einander entgegengesetzten Orten des Universums. Alles könnte er erreichen, außer der Auferweckung der Toten. Das Wissen um solche Praktiken, so Leonardos Resümee, sei allein deshalb nicht verbreitet, weil es eben keine Geister gebe. Wäre es anders, hätte man sich ihrer bedient. Gebe es doch unendlich viele, die zur Befriedigung ihrer Begierden Gott und das ganze Universum zerstören würden.[69] Da zeigt er sich als einer, der tiefe Einsichten in das Humanum gewonnen hatte. Nach dem katastrophalen 20. Jahrhundert klingen seine Worte prophetisch.

Sehnsucht nach dem Ende

Unter den antiken Schriften, die Leonardo erwähnt, ist auch Lukrez' Lehrgedicht «Über die Natur der Dinge».[70] Der für alle Frommen skandalöse Text transportierte den Materialismus Epikurs (um 341 – um 270 v. Chr.) in die Renaissance. Lukrez zeigt eine Welt ohne Götter, in der sich alles Bestehende aus dem ewigen Spiel flottierender Atome bildet. Inwieweit sich Leonardo solche Vorstellungen tatsächlich zu eigen machte, wissen wir nicht. Antike Atomtheorien spielen für seine Naturwissenschaft kaum eine Rolle.[71] Doch ließe sich eine Botschaft, die Lukrez in die Renaissance trug, als Motto über Vincis Studien schreiben, in Form eines Verses aus den «Georgica» Vergils: «Glücklich, wer die Ursachen der Dinge erkannte und wer unter seinen Füßen alle Furcht, das unerbittliche Schicksal, zertrat und den Lärm der unersättlichen Hölle.»[72]

Wie sah Leonardo die Ursache aller Ursachen – das, was religiöse Menschen «Gott» nennen? «Ich gehorche dir, Herr», bekennt er kühl, «erstens wegen der Liebe, die ich dir vernünftigerweise schulde, und zweitens, weil du es verstehst, die Leben der Menschen zu verkürzen oder zu verlängern.»[73] An anderer Stelle schreibt er ein abgewandeltes Petrarca-Zitat nieder: «Du, o Gott, verkaufst uns alle Güter um den Preis der Arbeit.»[74] Glühender Glauben äußert sich anders.

Aristoteles' Auffassung, die Welt sei ewig, scheint Leonardo geteilt zu haben, obwohl sie der Genesis widerspricht.[75] Doch kannte die aristotelische Naturphilosophie einen ebenfalls ewigen, selbst unbewegten «ersten Beweger», den das Mittelalter gelegentlich mit Gott gleichsetzte. Auch in Leonardos Denken spielt dieser «primo motore» eine Rolle. «O deine wunderbare Gerechtigkeit, erster Beweger!» schreibt er. «Du wolltest nicht, daß einer Kraft die Ordnung und Qualität ihrer notwendigen Wirkungen fehlt.»[76] Er nennt ihn «autore», nicht «großer Autor», wie Richter übersetzt.[77] Als eigentliche Schöpferin sieht Leonardo die Natur. Obwohl der menschliche Geist Verschiedenstes ersinne, werde er niemals eine schönere, einfachere, zweckmäßigere Erfindung machen als sie.[78] Denn ihren Schöpfungen fehle es an nichts, und nichts an ihnen sei überflüssig.

Auch füge die Natur dem Körper die Seele ein, die dann dessen Gestalt forme.

An einer Stelle der Entwürfe für sein Anatomiewerk schreibt Leonardo allerdings unvermittelt einen Gedanken nieder, der ihn als Humanisten im Wortsinn zeigt. «Und du, o Mensch, der du in dieser meiner Arbeit die wunderbaren Werke der Natur betrachtest – wenn du es für schändlich hältst, sie zu zerstören, denkst du nicht, daß es äußerst abscheulich ist, einem Menschen das Leben zu nehmen? Und wenn sein Körperbau dir als wunderbares Kunstwerk erscheint, bedenke, daß es nichts ist im Vergleich zur Seele, die in diesem Gebäude wohnt. Denn was auch immer sie in Wahrheit sein mag, sie ist etwas Göttliches. Laß sie in ihrem Werk wohnen nach ihrem Wohlgefallen und gestatte nicht, daß dein Zorn oder deine Bosheit ein solches Leben vernichtet. Denn, in der Tat, wer sie nicht achtet, verdient sie nicht. Und da sie so ungern vom Körper scheidet, glaube ich wirklich, daß ihr Weinen und ihr Schmerz nicht ohne Grund sind.»[79] Die Bestimmung «des Rests» überläßt Leonardo «dem Verstand der Mönche, der Väter der Völker, die um alle Geheimnisse durch Inspiration wissen». Ironie ist hier schwerlich zu überhören, denn über Mönche dachte Leonardo gleich vielen anderen Zeitgenossen nicht gut. «Pharisäer, soll heißen: heilige Brüder», nennt er sie. Immer wieder sind sie Zielscheiben seines Spotts.

Auch von Theologen hielt er wenig. Sie meint er, wenn er schreibt, sie wollten den Geist Gottes umgreifen, in dem das Universum beschlossen ist, indem sie dieses in unendlich viele Teile zerstückelten und sie auf die Goldwaage legten, als hätten sie es zu sezieren. «O menschliche Dummheit!» kommentiert er. «Bemerkst du nicht, daß du dein ganzes Leben mit dir selbst verbracht hast und noch immer nicht von dem weißt, was du vor allem besitzt, nämlich deiner Narrheit?»[80] Halte man es mit solchen Sophisten, täusche man sich selbst und andere, indem man die mathematischen Wissenschaften verschmähe, die wahres Wissen enthielten. «Und du willst dich in Wunder verirren und von solchen Dingen schreiben und Kenntnis geben, die der menschliche Geist nicht in sich fassen kann und die sich durch kein natürliches Beispiel beweisen lassen!»

Über das Wesen Gottes und ähnliches, «Dinge, die sich gegen die Sinne auflehnen», gebe es immer Disput und Zank.[81] Wo Vernunft mangle, so schrieb Leonardo um 1508, werde sie durch Geschrei ersetzt. Und wo Geschrei herrsche, sei keine wahre Wissenschaft. Die Offenbarung wird von ihm mit einem einzigen Satz abgefertigt: «Die gekrönten Bücher» – er meint die Bibel und andere heilige Schriften – «lasse ich beiseite, weil sie höchste Wahrheit sind.» Früher, um 1490, hatte er noch erwogen, «Einflüsse Gottes und der Planeten» zu diskutieren.[82]

Einen Begriff von «Seele» hatte Leonardo durchaus. Er sah sie als Teil der «Weltseele», einer Erfindung der antiken Philosophie. In Platons «Timaios» wirkt die Weltseele im «Leib» des Lebewesens Universum. Sie galt als vernunftbegabte Kraft, die alles Sein, Werden und Vergehen lenke.[83] Die Substanz, aus der sie bestand, sollte der Stoff alles Himmlischen sein: die Quintessenz. Sich mit der Weltseele und damit dem eigenen Ursprung zu vereinen, mußte die Sehnsucht ihres im Gefängnis des menschlichen Leibes eingeschlossenen Teils sein. Wie der Schmetterling dem Licht nachfliege, so Leonardo, erwarte der Mensch immer wieder den neuen Frühling, den neuen Sommer, die neuen Monate und neuen Jahre. Dabei bemerke er nicht, daß seine Sehnsucht eigentlich der eigenen Auflösung gelte.[84] Leonardos Seele sucht den Himmel, indes aus physikalischen Gründen und nicht aus religiöser Sehnsucht.

Leonardos Kronzeuge ist der vorsokratische Philosoph Anaxagoras, von dem er durch Lukrez' Lehrgedicht wußte. «Anassagora. Alles kommt von allem – und alles wird zu allem, und alles kehrt in alles zurück, weil alles, was in den Elementen besteht, aus diesen Elementen gemacht ist.»[85] Die Seele, wie Leonardo sie versteht, ist unsterblich, da der Stoff, aus dem sie besteht – die Quintessenz –, unsterblich ist. Das ultraleichte Element drängt notwendig nach oben, kaum daß der Leib vergangen ist. Ohne ihren Körper kann die Seele weder wahrnehmen und empfinden, noch handeln und sich erinnern. Sie hat also keine Individualität.[86]

Mit christlichen Vorstellungen lassen sich diese Gedanken kaum vereinbaren. Hinter dem «Einen», das Leonardo nennt, scheint Platons Gottesvorstellung durch. Berührungen ergeben sich vielleicht mit Avicennas unfaßbarem und umfassendem «Einen», dem Notwendigen an sich.[87] Mit dem alttestamentarischen Gottvater und erst recht mit Christus und den erbaulichen Geschichten um ihn hatte das ungeheure Abstraktum nicht viel gemein. Was blieb, war eine offene Frage. Sie galt dem Urheber der sich stets erneuernden und doch den Tod ersehnenden Kraft, die Leben heißt. «Schau das Licht an und betrachte seine Schönheit. Schließ die Augen kurz und betrachte es wieder. Was du von ihm siehst, war zuvor nicht, und das, was von ihm war, ist nicht mehr. Wer ist es, der es neu macht, wenn sein Schöpfer fortwährend stirbt?»[88]

3. Mailänder Herbst

Umbrüche

Am 14. Mai 1509 vernichtete bei Agnadello an der Adda ein Heer der «Liga von Cambrai» die Streitmacht Venedigs. Bald darauf standen die Feinde der Serenissima an den Ufern der Lagune. Nur Venedigs «Mauern aus Wasser» verhinderten, daß sie die Stadt selbst nahmen. Die Niederlage war Resultat einer groben Fehleinschätzung der Verhältnisse seit dem Italienzug Karls VIII. Venedig stand nicht mehr dem etwa gleich starken Sforza-Mailand gegenüber, sondern Frankreich und der spanischen Großmacht. Die Serenissima hatte es zunächst mit Ludwig XII. gehalten und einen Angriff König Maximilians auf ihren Festlandbesitz, die «Terraferma», abgewehrt, einige Eroberungen verbucht und Waffenstillstand geschlossen. Nun war es an Frankreich gewesen, dem Markus-Löwen die Flügel zu stutzen. Es war Ludwigs Diplomaten gelungen, die düpierten vormaligen Verbündeten und weitere Gegner Venedigs zu einem neuen Bündnis zu bewegen – eben jener Liga von Cambrai, deren Armee den Tag von Agnadello entschied. Dazu gehörten der inzwischen zum Kaiser erhobene Maximilian, der Papst, Ferdinand von Aragon, die Kronen Ungarns und Englands.

Manche vermuten, Leonardo sei bei den Feldzügen dabeigewesen, war doch sein Patron Charles d'Amboise einer der Kommandeure des Ligaheeres.[1] Sehr wahrscheinlich ist es nicht. Dafür finden wir ihn auf Wanderungen durch die Lombardei und die 1509 eroberten Gebiete. Einige Blätter zeigen reale, mit Sicherheit identifizierbare Landschaften, etwa Gebirgszüge der Valsàssina, der Valvarrone oder der Voralpen bei Lecce und Bergamo.[2]

Das Erlebnis der Landschaft war für ihn nicht mehr wie einst für Petrarca Anlaß zu Meditationen über den Schöpfer und das Ich. Er schrieb: «Was bewegt dich, o Mensch, deine Wohnungen in der Stadt, deine Verwandten und Freunde zu verlassen und über Berge und durch Täler aufs Land zu gehen, wenn nicht die natürliche Schönheit der Welt?»[3] Daneben interessierten ihn die Geheimnisse der Geologie. Erneut beschäftigte er sich mit Flußregulierung und Kanalbau, so dem Naviglio della Martesana, der sich von der Adda nach Mailand zieht.[4] Unablässig zeichnete er Strudel und Wirbel. Er versuchte, Momentaufnahmen zu geben, das Wasser gleichsam einzufrieren und zu zeigen, wie es Felsen zersprengt, sich an Hindernissen bricht oder sie sprudelnd umfließt. Eine Liste von nicht weniger als 64 Begriffen sollte die Dynamik des Wassers erfassen – von «Blasenbildung» und «Emporquellendem» bis zu «Überschwemmung» oder «intersegazione», «Voneinanderschneidung». Worte reichten nicht hin, des Chaos' Herr zu werden.[5] Besser war es zu zeichnen.

Noch blieb viel zu tun. Im Zusammenhang mit der Vorbereitung von Festen – wann und wo auch immer sie gefeiert worden sein mögen – standen einige Zeichnungen, die während Leonardos zweiter Mailänder Zeit entstanden sein könnten. Unter ihnen finden sich ein Blatt, das einen Reiter in phantastischer Kostümierung zeigt, und die Darstellung eines jungen, prächtig ausstaffierten Mannes, der eine Lanze in der Rechten hält. Auch die Skizze eines als Dudelsack oder Elefant verkleideten Reiters dürfte Niederschlag einer Idee für ein Fest oder einen Einzug sein.[6] Zudem begegnet Leonardo als Berater für das «Design» eines Chorgestühls im Mailänder Dom.[7] Vermutlich fungierte er als Impresario der Festlichkeiten, die im Sommer nach Agnadello den strahlenden Sieger Ludwig feierten. Vor dem Kastell wurde eine Reiterfigur des Königs aufgestellt. Eine Zeichnung Leo-

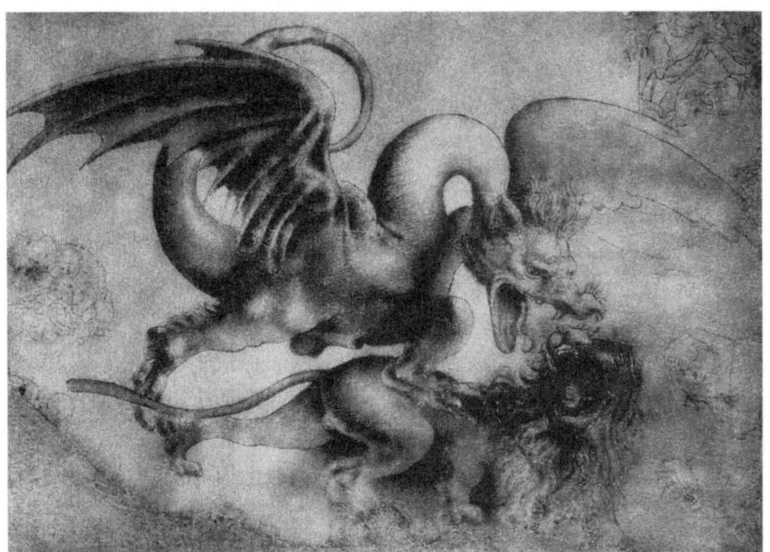

Abb. 53: Kopie nach Leonardo da Vinci (?), Kampf zwischen einem Drachen und einem Löwen, Vorlage um 1490 (?), Feder und braune Tinte, 27 × 19 cm, Florenz, Uffizien.

nardos, vielleicht Entwurf für ein Emblem – sie ist nur in einer späteren Kopie überliefert –, dürfte Ludwigs Triumph gefeiert haben. Sie zeigt den Kampf eines Drachen mit einem schon fast bezwungenen Löwen, Symbol der Markus-Republik (Abb. 53).

Das Blatt hatte höhere Wahrheit für sich, lag doch Venedig zwar im Staub, geschlagen, aber nicht vernichtet. Rasch zeigte sich, daß die großen Städte der Terraferma, Padua, Brescia und Verona zuerst, die Knute der Serenissima dem französischen Joch vorzogen. Die Sieger zerstritten sich zudem über der Verteilung der Beute. 1511 formte sich auf Betreiben Julius' II. eine neue Heilige Liga. Diesmal richtete sie sich gegen Frankreich.

In Mailand gestalteten sich die Verhältnisse unsicher. Leonardo beobachtete am 18. Dezember 1511, daß Schweizer Landsknechte das Dorf Desio in Brand gesteckt hatten – ein Racheakt nach dem vergeblichen Versuch, Mailand von den Franzosen zurückzuerobern? –, und zeichnete die Flammen und Rauchsäulen, die von dort aufstiegen.[8] Er zog es vor, in Vaprio d'Adda, wo die Familie seines Schülers Francesco Melzi ihren Sitz hatte, Zuflucht zu suchen. Einige Studien zur Physik des Wassers dürfte er hier gefertigt haben. Kurz vor seiner Abreise nach Rom machte er Vorschläge für Ausbau und Verschönerung der Villa seiner Gastgeber.[9]

Währenddessen zerbröckelte die Macht der Franzosen. 1512 konnte die Heilige Liga Ludovico Sforzas Sohn Massimiliano (1493–1530) ins angestammte Herzogtum zurückführen, wo er bloßer Popanz der Sieger blieb. Sein Vater war am 27. Mai 1508 in Loches gestorben, in Mailand fast vergessen und gewiß nur in Maßen betrauert. Vielleicht hat sich Leonardo damals einen Kommentar zum Schicksal des Mohren erlaubt. Eines seiner Embleme zeigt einen Kompaß, der sich durch ein Wasserrad in ständiger Drehung befindet. Die Nadel aber weist unbeirrt auf einen Stern, in den drei winzige Lilien, die Symbole Frankreichs, eingezeichnet sind. Die Beschriftung lautet: «Wer mit einem solchen Fixstern verbunden ist, wurde nicht gestürzt.»[10] Hätte Ludovico sich an den Lilien orientiert, so mag man das dechiffrieren, wäre er noch Herzog.

Übergänge

Die Villa Melzi entstammt in ihrer heutigen Gestalt im wesentlichen dem späten 16. Jahrhundert. Mit dem Gebäude, das einst Leonardos Refugium war, hat sie nicht mehr viel gemein. Ein Madonnenbild, das von der Wand gelöste Bruchstück eines Freskos, dürfte von der Hand eines Leonardo-Schülers, vielleicht Francesco Melzis, sein. Vasari hat letzteren in der Villa besucht. Er beschreibt Melzi als einen noch immer gutaussehenden, freundlichen alten Herrn. Zur Zeit Leonardos sei er ein wunderschöner Junge gewesen und von seinem Meister sehr geliebt worden. Vasari sah anatomische Zeichnungen Leonardos, die der Hausherr «wie Reliquien» in Ehren hielt, dazu ein Porträt des Meisters.[11]

Melzi war ein Aristokrat aus alter Mailänder Familie, die im Umland der Metropole über ausgedehnten Güterbesitz verfügte. Leonardo dürfte ihn zu Beginn seines zweiten Mailänder Aufenthalts kennengelernt und als Schüler angenommen haben. Als Sohn aus reichem Haus hatte Francesco das Handwerk zum Broterwerb nicht nötig. Das Malen dürfte er zur Zerstreuung gepflegt haben, nun zweifach von Adel gemäß dem Leonardo-Biographen Arsène Houssaye: durch Geburt und durch seine Kunst.[12] Ob sich, wie oft behauptet wird, tatsächlich Rivalitäten zwischen ihm und dem inzwischen über dreißigjährigen Salai entwickelten, wissen wir nicht.

«Guten Tag, Messer Francesco!» redet Leonardo Melzi in einem Brief an.[13] Darin bat er ihn, sich bei Mailands Vizekanzler Geoffroy Carles für ihn zu verwenden. Der Wasserstand des Kanals, der ihm zur Nutzung überlassen worden war, sei nämlich zu niedrig. Da ihm deshalb Einnahmen entgingen, möge Abhilfe geschaffen werden. Das Schreiben ist das einzige unmittelbare Zeugnis der Beziehung zwischen Leonardo und Melzi. Doch gestaltete sie sich ohne Zweifel eng. 1525 berichtete ein Gesandter der Este nach Ferrara, Melzi wisse um zahlreiche Geheimnisse und Lehren Leonardos.[14] Auch ist es Melzi zu verdanken, daß viele von dessen Erwägungen zur Theorie der Malerei der Nachwelt erhalten blieben. Nach dem Tod seines Lehrers machte er sich nämlich daran, aus dessen Notizheften, darunter heute verlorenen Blättern, ein Korpus zusammenzustellen. Es ist als «Libro di pittura», «Buch über die Malerei», bekannt; wir haben schon wiederholt daraus zitiert. Die wichtigste der erhaltenen Abschriften dieses «Libro», den «Codex Urbinas», bewahrt der Vatikan.

Die Aufzeichnungen setzen 1487 ein und reichen bis in Leonardos letzte Lebenszeit. Er äußert sich darin über die Bewegungen und Proportionen des Menschen – ein ganzes Buch darüber, angeblich 1498 abgeschlossen, ist nicht erhalten[15] –, schreibt über die Gestaltung von Gewändern, über Licht, Schatten, Perspektive und Pflanzen, Wolken und Fragen der geometrischen Erfassung des Horizonts.

Der «Libro» enthält auch Leonardos wesentliche Beiträge zum «Paragone», zum Wettstreit der Künste. Es war ein etwas abgehobener Disput, mit dem sich Höflinge und Humanisten die Zeit vertrieben. Wie nicht anders zu erwarten, ließ Leonardo die Malerei über alle anderen Sparten triumphieren. Der Geist des Malers sei, wie er schreibt, Gedanken Albertis aufgreifend, dem göttlichen ähnlich. Er habe freie

Macht, verschiedene Tiere, Pflanzen, Früchte, Landschaften zu erzeugen, zerklüftete Berge und furchterregende Orte ebenso wie angenehme Gegenden mit blühenden Wiesen in bunten Farben – «durch den linden Hauch der Winde zu sanften Wogen bewegt, und man blickt dem Wind nach, wie er ihnen entflieht».[16]

Die Malerei, die Leonardo mit Simonides von Keos «stumme Dichtung» nennt, spreche mit dem Auge das vornehmste Sinnesorgan an. Anders als die Musik sterbe sie nicht gleich nach ihrer Schöpfung. Vielmehr bewahre sie Schönheit, die sonst die Natur und die Zeit flüchtig werden ließen. Sie sei eine Gabe der Natur – man könne sie nicht lernen wie die mathematischen Fächer, von denen sich der Schüler so viel aneigne, wie der Lehrer ihm vermittle. Anders als der Maler habe der Bildhauer hart zu ackern. Bedeckt von einer Melange aus Schweiß und Marmorstaub, sehe er aus wie ein Bäcker.[17] Sei der Maler zugleich Gelehrter, betreibe der Bildhauer eine niedere mechanische Kunst. Seine Werke ließen Farben vermissen und vieles andere. In diesem Stil geht es weiter.

Daß das Malereibuch nicht geschlossen wirkt, überrascht angesichts seiner Entstehungsgeschichte nicht. Das Kapitel über Pflanzen könnte einem Botanikwerk entnommen sein[18], anderes würde in Traktate über Anatomie passen. Stets bleibt das gelehrte Fundament sichtbar. Leonardos Optik schöpfte aus Schriften mittelalterlicher Autoren, unter ihnen des Arabers Alhazen (um 965 – nach 1040), und Albertis. Ihnen entnahm er, daß die Luft von unendlich vielen, einander durchdringenden «Sehpyramiden» erfüllt sei.[19] Anfangs glaubte er, daß auch das Auge selbst visuelle Energie aussende. Der Basilisk könne schließlich mit seinem Blick töten, Mädchenaugen betörten dank der Macht des Blicks die Männer. Und eine Schlange, die von den Bauern «Lamia» genannt werde, ziehe die Nachtigall an wie der Magnet das Eisen. Unter kläglichem Gesang eile der Vogel seinem Tod entgegen.[20] Leonardo verwarf aber um 1492 diese Vorstellungen und rückte anscheinend auch von der These ab, die Sehstrahlen hätten Pyramidenform. Daß die vom Maler geometrisch konstruierte und die «natürliche» Perspektive – die zeigt, wie die Dinge dem Auge auszusehen scheinen, nicht, wie sie mathematisch genau aussehen müßten – zweierlei sind, hat er seit etwa 1500 intensiver reflektiert.[21]

Leonardo verharrte keineswegs dabei, Überkommenes zu referieren. So stellte er nicht einfach fest, daß Berge, Bäume und Menschen in der Ferne im Blau zu verschwimmen pflegen (und daher unscharf, «non finite», zu malen waren). Vielmehr wollte er wieder die Gründe dafür ermitteln. Seine Erklärung war, daß die Menge der Luft zwischen Auge und Objekt mit zunehmender Entfernung wachse. Selbst farblos, absorbiere die Luft «Ähnlichkeiten» der Dinge, die sich «hinter ihr» befänden.[22] So mußte das Abendblau dunkler sein, weil «hinter ihm» die Nacht anbrach. Als Leonardo an einem Julitag zwischen 1506 und 1509 einen Berg des Monte-Rosa-Massivs oder – was wahrscheinlicher ist – den Mon Bò di Valsesia erklomm, fand er den Effekt bestätigt.[23] Der Himmel erschien dunkler. Zwischen Gipfel und Sonne, so seine Folgerung, sei eben eine geringere Luftmenge als zwischen der Sonne und der Ebene unten.

Zu keinem anderen Thema hat Leonardo sich ausführlicher geäußert als zu Licht und Schatten, «chiaroscuro». Die Kunst, Reliefs – durch Licht und Schatten bewirkte Körperlichkeit – zu bilden, nannte er die «Seele der Malerei».[24] Porträts fertige man am besten bei schlechtem Wetter und plaziere die Modelle unter der Haustür oder in einen Innenhof mit schwarz getünchten Mauern. So wurden die Kontraste nicht zu grell. Wieviel Anmut und Lieblichkeit seien dann an ihnen zu sehen![25] Das Fenster von Vincis Atelier in der Corte Vecchia war mit einem Rouleau ausgestattet, in das ein großes Loch geschnitten war (Abb. 54). Mit der Vorrichtung ließ sich die Helligkeit präzise regulieren.[26]

Leonardo wollte, daß die Übergänge auf Bildern weich gestaltet würden, so daß, wie Vasari schrieb, eine «anmutige Leichtigkeit zwischen dem Sehen und dem Nicht-Sehen» entstehe.[27] Die Sache hatte eine philosophische Dimension, war damit doch die Frage des Zusammenfallens des Entgegengesetzten berührt. Ein paar Jahrzehnte zuvor hatte Nikolaus von Kues (1401–1464) das Problem ins Zentrum seines Denkens gerückt. Zwischen Licht und Schatten wie überhaupt zwischen den Gliedern des Seins mußte irgendwo das «Nichts» sein.

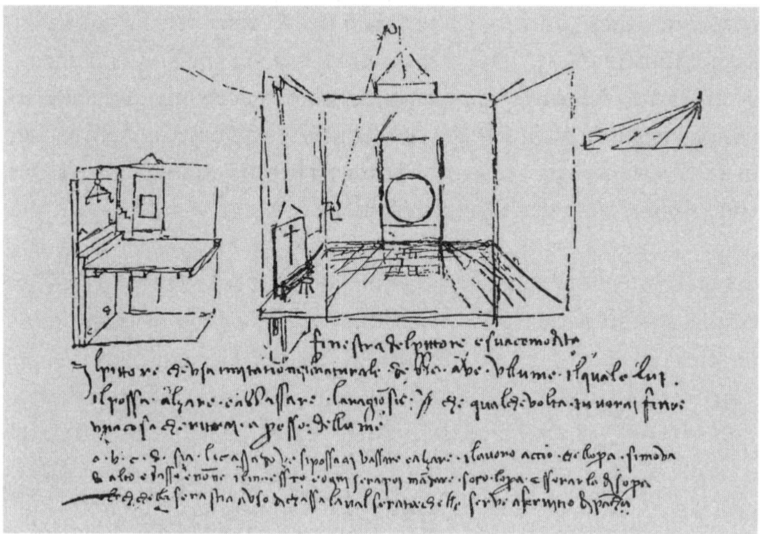

Abb. 54: *Leonardo da Vinci, Malerwerkstatt, um 1490/92, Feder und Tinte auf Papier, 23 × 16 cm (gesamtes Blatt), Paris, Bibliothèque de l'Institut de France.*

«In der Unermeßlichkeit der Dinge, die um uns sind, hält das Sein des Nichts den Fürstenrang», schreibt Leonardo. «Zeitlich hat es seinen Ort genau zwischen Vergangenheit und Zukunft, und es besitzt nichts in der Gegenwart.»[28] Es ist zwischen dem «Nicht mehr» und «Noch nicht». Ähnlich prekär sieht er die Wirklichkeit geometrischer Elemente.[29] Der mathematische Punkt hat keine Ausdehnung. Er ist die Realität des Nichts und, wie das Zentrum des Atomkerns, Mitte der Kraft. Tausend Punkte sind ebenso «nichts» wie einer. Die Fläche hat weder die Natur des sie umgebenden «Luftkörpers» noch die Natur dessen, was sie umschließt, und ist doch mit beidem in Berührung. Notwendigerweise ist zwischen ihnen *nichts*. So hat sie einen Namen, nicht aber das Sein, weil, was ist, einen Ort haben muß.

Leonardo setzte die Paradoxie der Wirklichkeit des Nichts mittels seines «sfumato» in Bilder um. Er wollte Gemälde malen, die keinen Pinselstrich erkennen lassen. «Maler, umgib deinen Körper nicht mit Linien!» empfiehlt er. «Achte darauf, daß deine Schatten und Lichter sich ohne Striche oder Linien vereinen, wie Rauch», «a uso di fumo».[30] Keine mathematische Linie ziehe sich zwischen der einen und der anderen Farbe, vielmehr sei das Ende der einen der Anfang der anderen.

Das Kunststück, sich dem Nichts zu nähern, gelang Leonardo – neben der «Mona Lisa» – am eindrucksvollsten mit seinem geheimnisvollen «Johannes dem Täufer» (Tafel 31).

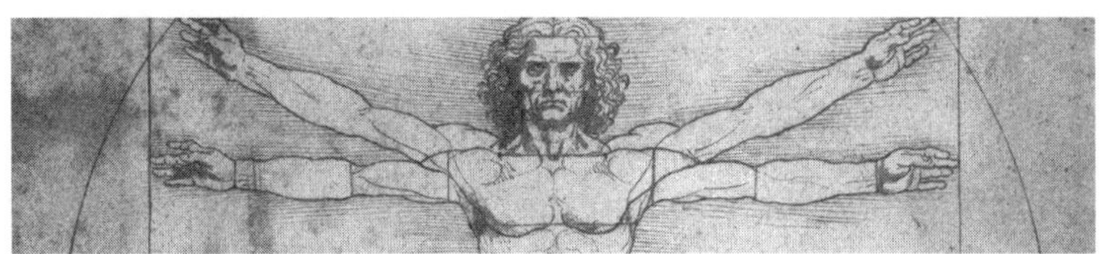

V.
Die letzten Jahre: 1513–1519

1. Rom

Die Pfeiler des Petersdoms

1513 schienen die lombardischen Verhältnisse so weit beruhigt, daß Leonardo aus dem ländlichen Asyl im Hause Melzi in die Hauptstadt zurückkehren konnte. Er nahm Logis bei dem «magnificus dominus» Prevostino Viola, einem für Militärstrafsachen zuständigen Offizier, vielleicht zudem Mitglied der Mailänder Dombauhütte.[1] Sein Gönner Charles d'Amboise war 1511 ins Grab gesunken; dessen Nachfolger im Amt des Militärkommandeurs, Gaston de Foix, fiel im Jahr darauf bei Ravenna.

Weiter im Süden hatten sich die Dinge inzwischen zugunsten der Medici entwickelt. Die Soderini-Regierung war an ihrer unentschlossenen Außenpolitik gescheitert. Der Heiligen Liga hatte Florenz eine Absage erteilt und es weiterhin mit den Franzosen gehalten, in Fehleinschätzung der militärischen Schlagkraft Spaniens. Unter dem neapolitanischen Vizekönig Raimondo di Cardona zog im Sommer 1512 ein starkes Heer vor Florenz. Soderini floh, die republikanischen Gremien wurden aufgelöst. Eine kleine Gruppe den Medici verbundener Aristokraten löste sie ab.

Mit dem Einzug von Spaniens Söldnern kehrten die Medici in ihre Stadt zurück. Dazu kam auch Rom unter das Kugel-Wappen, als Kardinal Giovanni de' Medici, der älteste noch lebende Sohn Lorenzos des Prächtigen, zum Nachfolger des 1513 gestorbenen Julius II. gewählt wurde. Leo X. (1513–1521), wie er sich nannte, war die Inkarnation eines Renaissancepapstes. Heiter und gebildet, setzte er die Kunstpolitik seines Vorgängers im großen Stil fort. Den Weg zur Krönung im Lateran säumten Statuen der Venus, Apolls, Bacchus' und Merkurs.[2] Seine religiösen Pflichten erfülle der Medici zwar gewissenhaft, bemerkte ein Zeitgenosse, «aber er will leben und das Leben genießen; besonders erfreut er sich an der Jagd.» Wie allen Päpsten der Zeit lagen ihm Wohl und Macht seiner Familie am Herzen. Einem Enkel des Magnifico, Lorenzo – wir lernten ihn als mutmaßlichen Verführer Mona Lisas kennen –, verschaffte er das Herzogtum Urbino.

Der nach dem Papst wichtigste Medici war dessen jüngerer Bruder Giuliano (1479–1516). Seine Patronage zu gewinnen mußte Leonardo verlockend erscheinen, konnte sie doch Wege zu den Kassen des Vatikans öffnen. Daneben war Rom für ihn, wie er gesagt haben soll, «der einzige Meister der Kunst, die mit Zeichnen zu tun hat».[3] In Begleitung Melzis, Salais, seines Gesellen Lorenzo und eines Gehilfen machte er sich im September 1513 dorthin auf den Weg.

Die Mauern der Millionenmetropole der Antike waren noch immer viel zu weit. Sie umschlossen von Gestrüpp überwucherte Ruinenfelder, Äcker und Weideland. Vielleicht 50 000 Menschen verloren sich darin. Sie nährten sich von Handwerk und Kleinhandel und versuchten, Pilgern und Touristen ein paar Soldi aus den Taschen zu ziehen. Geschäfte im großen Stil ließen sich mit dem Hof des Papstes machen. Obwohl gewaltige Summen in die Eisentruhen der päpstlichen Kammer strömten, war deren Kreditbedarf groß – galt es doch, Kriege und Kunst, Korn und Kurtisanen zu finanzieren.

In der zweiten Hälfte des 15. Jahrhunderts hatten die Päpste damit begonnen, die wilde Stadtlandschaft Roms zu zähmen. Straßendurchbrüche zogen Schneisen durch das Dickicht der Häuser und hielten die Erinnerung an ihre Urheber wach – die Via Sistina an Sixtus IV., die Via Alessandrina an Alexander VI. und die Via Giulia an Julius II. Monumentale Paläste im antiken Stil wuchsen im Zentrum empor. Um ihnen Lichtungen zu schaffen, wurden ganze Stadtviertel gerodet. Erste Akzente setzten der Palazzo Venezia und, ab 1489, der Palast des Kardinals Raffaele Riario, eines Nepoten Sixtus' IV.

Freigebig spendete Roms Boden antike Schätze, die nun in die Paläste und Sammlungen der Stadt und Europas gelangten. 1506 wurde in einem Weingarten auf dem Esquilin die bald berühmte Laokoon-Gruppe entdeckt. «Nicht einmal das so kunstgeübte Altertum betrachtet' ein edleres Werk», dichtete der Humanist Iacopo Sadoleto. «Nun erblickt es erneut, aus dem Dunkel befreit, die ragenden Mauern des wiedererstandenen Rom.»[4]

Noch war Rom unbestritten die Hauptstadt der westlichen Christenheit. Kein Schatten von Reformation lag über der vom Licht der Renaissance beleuchteten Stadt. Zwischen 1508 und 1511 baute Baldassare Peruzzi – mit dem Leonardo Bekanntschaft gemacht zu haben scheint[5] – dem Bankier Agostino Chigi in Trastevere eine Villa, die nach einem späteren Besitzer «Farnesina» genannt wurde. Im Vatikan arbeitete Raffael an der Ausmalung der Stanzen, ein paar Schritte weiter krümmte Michelangelo den Rücken unter der Decke der Sixtina. Stets ging es um viel Geld. Für die Fresken erhielt Michelangelo 3200 Dukaten, die Skulpturen für Papst Julius' Grab sollten mit 10000 Dukaten entlohnt werden.[6] Eine weitere Hauptfigur der römischen Kunstszene war ein alter Weggefährte Leonardos: Donato Bramante. Um die Jahrhundertwende hatte er im Hof des Klosters San Pietro in Montorio seinen «Tempietto» errichtet. Leonardo scheint diese perfekte Interpretation eines antiken Rundtempels schon während seines früheren Rombesuchs bewundert zu haben.[7] Vor allem aber war es Bramante gelungen, den Auftrag aller Aufträge zu gewinnen: den Neubau von St. Peter.

Als Leonardo mit seiner Mannschaft am Tiber eintraf, im Dezember 1513, war die künftige Herrlichkeit des Domes nur zu ahnen. Bramante hatte sich den Spitznamen «mastro ruinante», «Meisterzerstörer», redlich verdient. Denn er hatte zwar angefangen, die alte Basilika abbrechen zu lassen. Von der neuen fertiggestellt war aber erst der Chor. Vielversprechend ragten die Kuppelpfeiler in Roms Himmel. Sie standen für den dialektischen Prozeß der Geschichte, denn das Bauwerk, das sie tragen sollten, wurde nicht zuletzt mit Geldern aus ebendem Ablaßhandel finanziert, der Luther den letzten Anlaß zu seinem Angriff auf die alt gewordene Kirche und das Papsttum lieferte. Fast genau ein Jahr bevor Leonardo in Rom anlangte, hatte der künftige Reformator seine Reise dorthin absolviert und Eindrücke von der Stadt gewonnen, die er später als «Hure Babylon» und «Hölle» beschimpfen sollte. Leonardo spottete seinerseits über jene, die zu höchsten Preisen das Paradies verkauften, ohne von dessen Herrn die Lizenz dazu zu haben.[8]

Bramante starb am 11. April 1514. Sollte Leonardo sich Hoffnung darauf gemacht haben, ihn als Bauleiter des Petersdomes beerben zu können, sah er sich enttäuscht. Denn Papst Leo übertrug das wichtige Amt dem jungen Raffael. Erst das 17. Jahrhundert sollte den Abschluß des Projekts erleben, des «größten Gebäudes, das die Erde getragen hat», wie einer seiner Architekten, Carlo Fontana, 1694 schrieb.[9]

Im Belvedere: Hammeldarm, Olgirams und Erenev

Leonardo zählte nun zu Giuliano de' Medicis «famiglia», einem Haushalt, dem damals vielleicht auch Raffael angehörte. Der junge Urbinate malte jedenfalls Giulianos Porträt. Viel wissen wir nicht über die Persönlichkeit des Medici. Er scheint sich für wissenschaftliche Fragen, vor allem für Alchemie, interessiert zu haben.[10] Als Teilnehmer der Gespräche in Castigliones «Cortegiano» war ihm Nachruhm beschieden. Eher als einen Bruder denn als Gesellen soll er Leonardo aufgenommen haben. Er sorgte dafür, daß sein Schützling im Belvedere-Palast des Vatikans ein Appartement eingerichtet erhielt.[11] Giuliano Leno, der für die Gestaltung des Belvedere zuständige Bauleiter, kümmerte sich darum, Leonardo einen angemessenen Wohnsitz zu bereiten. Man fügte Zwischenwände ein, pflasterte den Boden, vergrößerte ein Fenster. Eine Abrechnung wirft Schlaglichter auf das Mobiliar. Sie nennt Schrank und Truhe, eine Bank, um Farben zu zerreiben, und neben vier Eßtischen acht Schemel und drei Sitzbänke. Gewiß darf man sich da heitere Runden bei Wein aus den Albaner Bergen vorstellen. Zu ihnen dürfte auch Atalante Migliorotti gestoßen sein, der Musiker, den Leonardo nun seit einem halben Leben kannte und der inzwischen als Vorsteher der päpstlichen Bauverwaltung tätig war.[12] Ob Raffael gelegentlich vorbeischaute – oder gar Michelangelo?

Die römischen Tage Leonardos haben in den Quellen kaum Spuren hinterlassen.[13] Wir wissen nicht, welche Gemälde er mit sich führte und woran er arbeitete. Wie bisher beschäftigte er sich mit mathematischen Problemen. Er stellte akustische Experimente an und studierte fossile Muscheln, die auf dem Monte Mario zum Vorschein gekommen waren. Vasari erzählt, daß er sich der Erfindung «verrückter» Späße gewidmet habe. Aus einem «Wachsteig» habe er ganz leichte, innen hohle Tierfiguren gebildet, die er anblies und fliegen ließ. Auch habe er das Gedärm eines Hammels zu solcher Größe aufgeblasen, daß es ein ganzes Zimmer füllte. Gemäß Vasari schien ihm der Ballon ein Gleichnis der Tugend zu sein, die ebenfalls zunächst wenig, dann viel Raum einnehme. Nicht sehr glaubwürdig klingt eine weitere Geschichte: Vom Gärtner des Belvedere sei Leonardo eine wunderlich aussehende Eidechse gebracht worden, die er gezähmt und mittels der Häute von Artgenossen zu einem Untier mit Bart und Gehörn geformt habe. Wenn es sich bewegte, hätten seine mit einer Quecksilbermixtur gefüllten Flügel gezittert und Freunde, denen Leonardo die Kreatur zeigte, zur Flucht veranlaßt.

Im September 1514 reiste er im Gefolge Giuliano de' Medicis in die Lombardei. Daneben bekam er wieder mit Wasserbau zu tun. Sein Patron hatte nämlich von seinem päpstlichen Bruder ein sperriges Geschenk erhalten: die Pontinischen Sümpfe südlich Sermonetas – unwirtliches, von der Malaria gequältes und von Banditen beherrschtes Land. Zusammen mit einem Ingenieur und einem technisch versierten Frate erarbeitete Leonardo Pläne, das Gebiet trockenzulegen. Schon Caesar hatte sich an der schwierigen Aufgabe vergeblich versucht, und auch jetzt sollte es nicht gelingen. Überrest des Vorhabens ist eine von Leonardo gezeichnete Karte, die das betreffende Gebiet erfaßt.[14]

Auffällig ist, daß er sich kaum für die antiken Monumente, die er hier und in Rom selbst in Fülle zu sehen bekam, interessiert zu haben

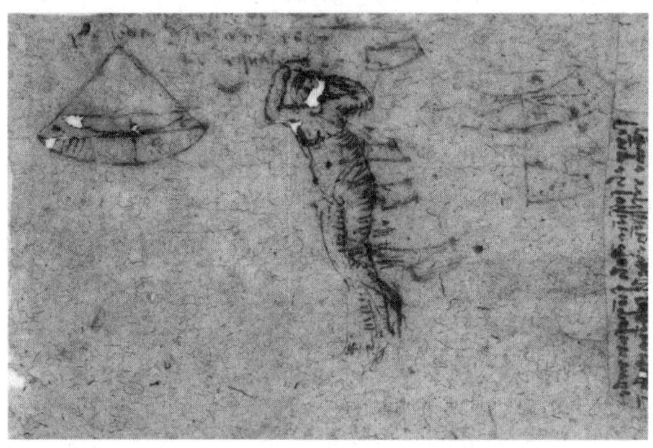

Abb. 55: Leonardo da Vinci, Schlafende Ariadne, um 1514, Feder, 41,9 × 30,3 cm (gesamtes Blatt), Mailand, Biblioteca Ambrosiana.

scheint. Die majestätischen Substruktionen des Jupiter-Anxur-Tempels oberhalb Terracinas werden auf der gerade erwähnten Karte durch die Bezeichnung «Ansur» angedeutet, ein Hinweis vielleicht auf einen Abstecher, den Leonardo dorthin unternommen hatte. Im Hof des Belvedere zeichnete er die «Schlafende Ariadne», eine nach hellenistischem Vorbild entstandene Skulptur hadrianischer Zeit, die 1512 von Julius II. erworben worden war (Abb. 55).[15] Vielleicht gaben Putti, die eine im Jahr darauf auf dem Marsfeld gefundene Allegorie des Nil umgaben, Vorbilder für zwei Kinder seiner «Leda». Es wäre ein Indiz dafür, daß das Gemälde erst in seiner römischen Zeit entstand.

Eine Inspektionsreise führte Leonardo nach Civitavecchia. Die Besichtigung der antiken Hafenanlage dort hatte wohl nur den praktischen Zweck, Voraussetzungen für Neubauten zu erkunden. Weder der «Laokoon» noch antike Monumentalbauten hinterließen Spuren in Leonardos Aufzeichnungen. Erwähnung finden immerhin die Dioskuren auf dem Esquilin und der vatikanische Obelisk.[16] Auf einem Blatt des Codex Atlanticus ist die Rekonstruktion eines antiken Tempels zu sehen. Am Ende seines Aufenthalts am Tiber vermaß Vinci, warum auch immer, die spätantike Basilika San Paolo fuori le mura.

Was die Quellen sonst bieten, sind Fragmente nach wie vor erfüllter Alltage. Einmal eilt Leonardo von Behörde zu Behörde, um Akten
aufzutreiben. Sein Halbbruder Giovanni, der sich gerade in Rom aufhielt, hatte ihn um Unterstützung einer Petition gebeten – Anzeichen
dafür, daß nach dem Erbschaftsstreit wieder Frieden im Hause Vinci
herrschte. Die Intervention bei der apostolischen Datarie, die unter
anderem für Bittgesuche zuständig war, blieb vergeblich; worum es
dabei ging, ist nicht überliefert. Die Sache sei zu unbedeutend, hatte
der Herr Datario den Bittsteller beschieden.[17] Nebenbei fällt dadurch
ein Schlaglicht auf die krakenhafte päpstliche Bürokratie, in der es
außer «Handsalben» Beziehungen zu Fürsprechern brauchte, wollte
man etwas erreichen. Tatsächlich konnte Leonardo sein Anliegen dem
Chef der Behörde, Bischof Baldassare Turini von Pescia (1486–1543),
persönlich vortragen. Er soll ihm ein «mit unendlicher Sorgfalt und
Kunst» gemaltes Bildchen der Madonna samt Jesusknaben, daneben
das Porträt eines kleinen Kindes geliefert haben.[18] Beide Werke scheinen verloren. Ersteres hat Vasari offenbar in Pescia noch zu sehen
bekommen. Es habe sich in ruinösem Zustand befunden – sei es
durch die Schuld dessen, der die Grundierung gemacht habe, oder
wegen Leonardos üblicher eigenwilliger Farbmischungen.

Aus Entwürfen Vincis für einen zornigen Brief an seinen Patron
Giuliano de' Medici geht hervor, daß es im Belvedere Ärger mit zwei
Deutschen gab.[19] Die Quelle zeigt römischen Werkstattalltag. Sie legt
auch, was wichtiger ist, den Schluß nahe, daß Leonardos detaillierte
Konstruktionszeichnungen, wie sie sich zum Beispiel in den Madrider
Codices finden, durchaus zur Umsetzung in Gerät bestimmt waren.
Der eine Deutsche, ein Werkzeugmacher namens Giorgio, arbeitete in
Leonardos Appartement. Er fertigte Feilen und Schrauben, tüftelte an
einem Schraubstock und weiteren «Instrumenten mit Schrauben», zudem an Mangeln, die Seide auswringen und Gold pressen konnten. All
das halte Giorgio geheim, schrieb Leonardo. «Mit tausend greulichen
Flüchen und schmählichem Geschimpfe» hindere er andere am Betreten der Werkstatt. «Anfangs lud ich ihn ein, mit mir zu wohnen und zu
leben, so daß ich ständig die Arbeit, die er machte, gesehen und mit
Leichtigkeit seine Fehler verbessert hätte. Darüber hinaus hätte er die

italienische Sprache gelernt.» Doch habe er vorgezogen, stundenlang mit den «Deutschen» der Garde des Papstes zu speisen und zwischen den antiken Ruinen Vögel zu schießen. Die Arbeiten für Giuliano de' Medici seien darüber liegengeblieben. In seiner Schlafkammer habe Giorgio eine Werkstatt eingerichtet, in der er auf eigene Rechnung für andere arbeite. Danach gehe es wieder hinaus zu den Schweizergardisten, wo Müßiggänger herumlungerten; an Faulheit übertreffe Giorgio sie alle. Gleichwohl soll er am Anfang jedes Monats heftig auf Auszahlung seines Lohnes gedrängt haben. Daß er Holzmodelle für Werkstücke aus Eisen in seine Heimat mitnehme, habe er, Leonardo, ihm abgeschlagen und sich dafür erboten, Zeichnungen mitzugeben.

Ein zweiter Deutscher namens Giovanni degli specchi, «Spiegel-Johannes», war mit dem «Betrüger» Giorgio anscheinend eng verbunden. Darüber, was er in der Werkstatt sehe, habe er öffentlich geredet und an dem, was er nicht verstand, herumgekrittelt. Stets tausche er sich mit Giorgio aus, so daß es ihm, dem Briefschreiber, unmöglich sei, seinerseits Geheimes, «segreta», anzufertigen. Zu allem Überfluß scheint Giovanni ihn bei Sektionen behindert zu haben, indem er ihn beim Papst und im Spital anschwärzte. Der Deutsche sei von Konkurrenzneid getrieben. «Er hat gesagt, mein Eintreffen hätte ihm den Umgang mit Eurer Herrlichkeit und Eure Gunst entzogen.» Und er dränge sich in die Werkstatt des Eisenschmieds Giorgio. Mit vielen Gehilfen nutze er sie für die Herstellung einer Menge von Spiegeln, die er dann auf die Märkte bringe.

Ob Leonardo seinen Brandbrief tatsächlich absandte und Giuliano de' Medici ein Machtwort sprach, ist nicht bekannt. Daß Vinci die Zusammenarbeit mit «Spiegel-Johannes» gesucht hatte, erinnert daran, daß der Norden auf dem Gebiet der Spiegelherstellung gegenüber Italien einen Vorsprung besaß. In Nürnberg zum Beispiel gab es schon 1373 eine Spieglerzunft. Zähneknirschend wird sich Leonardo mit dem Fachmann arrangiert haben. Spiegel schätzte er als «Lehrer der Maler».[20] Schon um 1490 hatte er von einem aus acht mannshohen Spiegeln montierten Kabinett geträumt, in dem man sich von allen Seiten «unzählige Male» sehen könnte. Die Herstellung so großer Spiegel war damals aber noch nicht möglich.

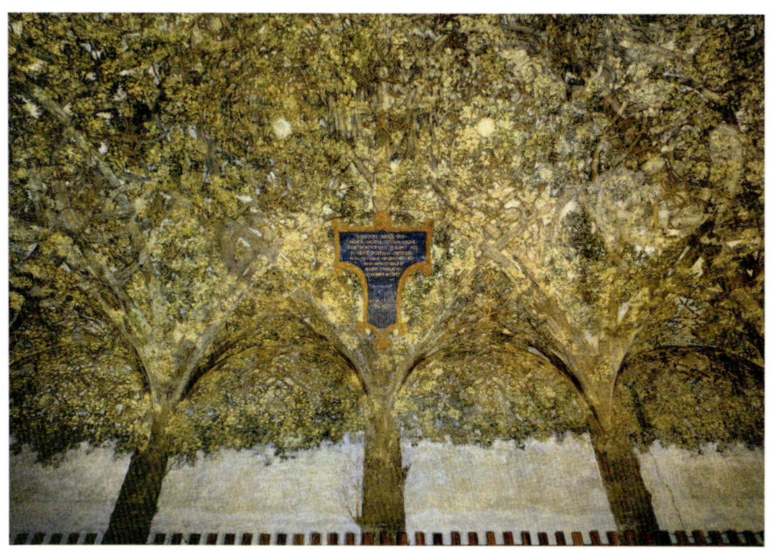

Leonardo da Vinci u. a., Maulbeerbäume, um 1496/98,
Tempera auf Putz, Mailand, Castello Sforzesco, Sala delle asse.

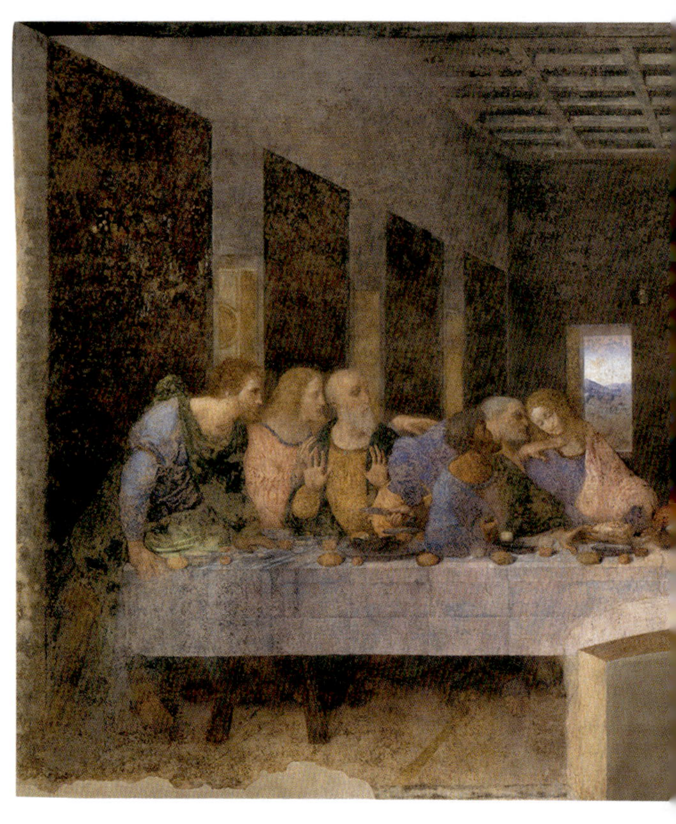

Leonardo da Vinci, Das letzte Abendmahl, um 1495–1497, Te

Tafel 18

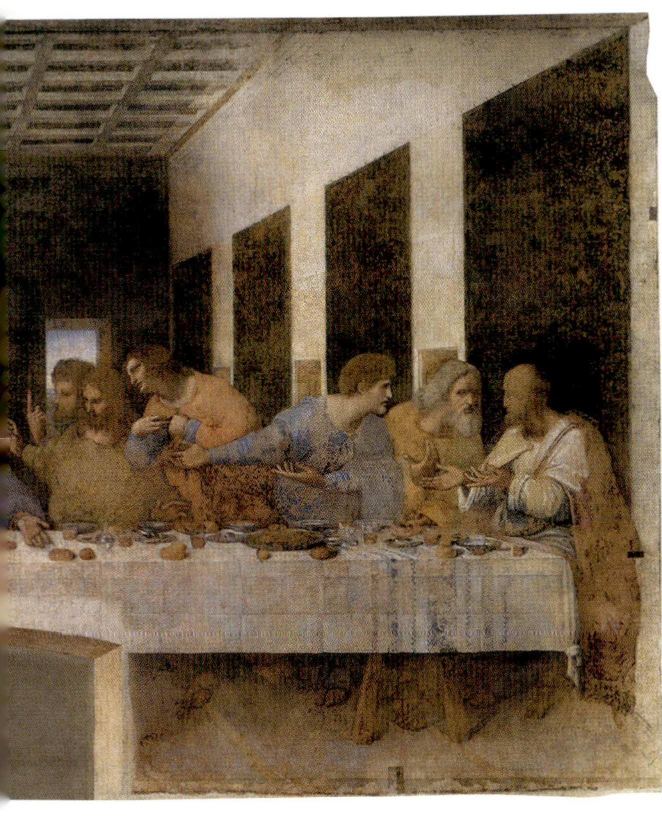

auf Putz, 460 × 880 cm, Mailand, Santa Maria delle Grazie.

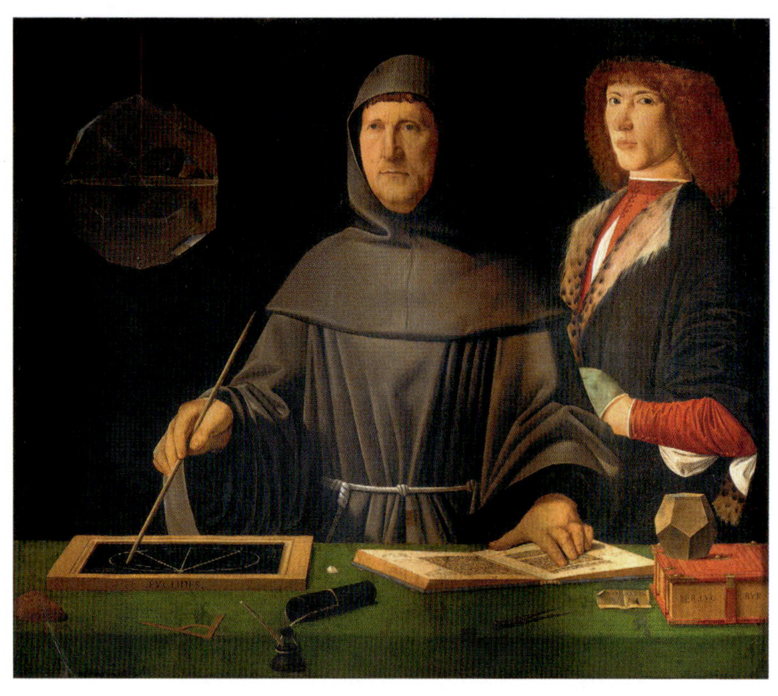

Jacopo de' Barbari (?), Luca Pacioli, 1495, Öl und Tempera (?) auf Holz, 98 × 108 cm, Neapel, Museo di Capodimonte.

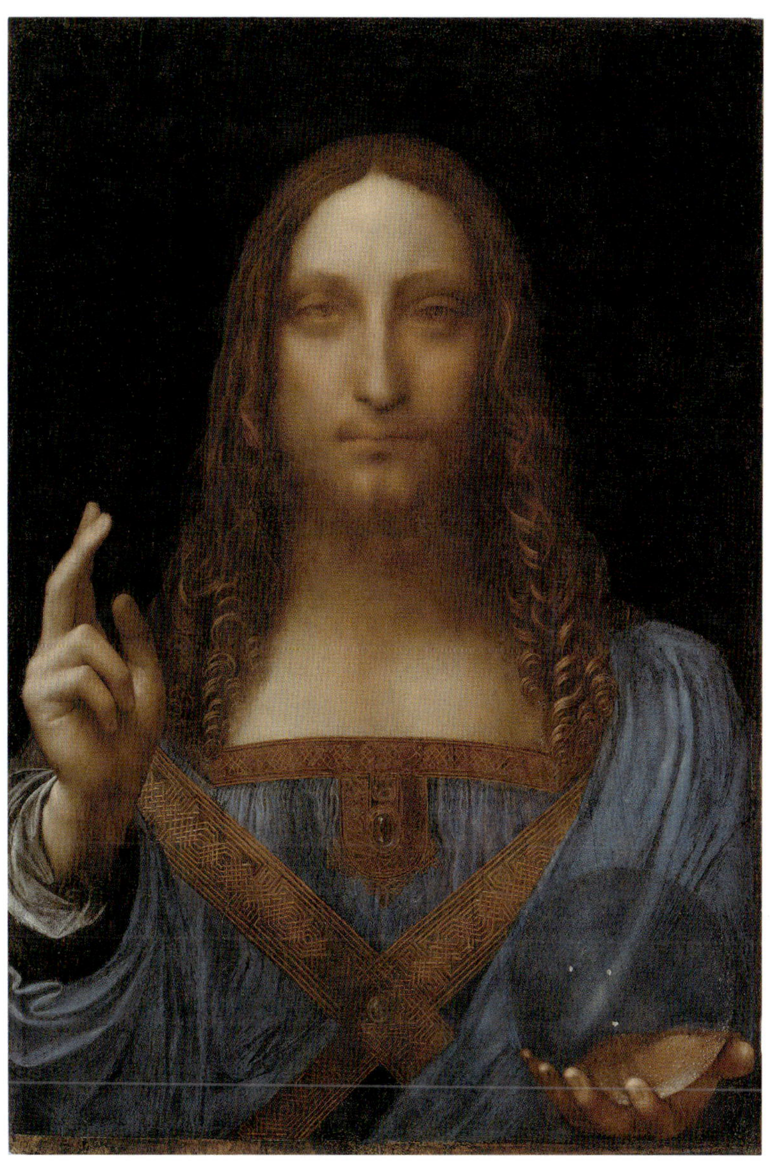

Leonardo da Vinci und Werkstatt (?), Christus als Salvator mundi, 1499/1505 (?),
Öl auf Walnußholz, 65,5 × 45,1 cm, Louvre Abu Dhabi (?).

Tafel 20

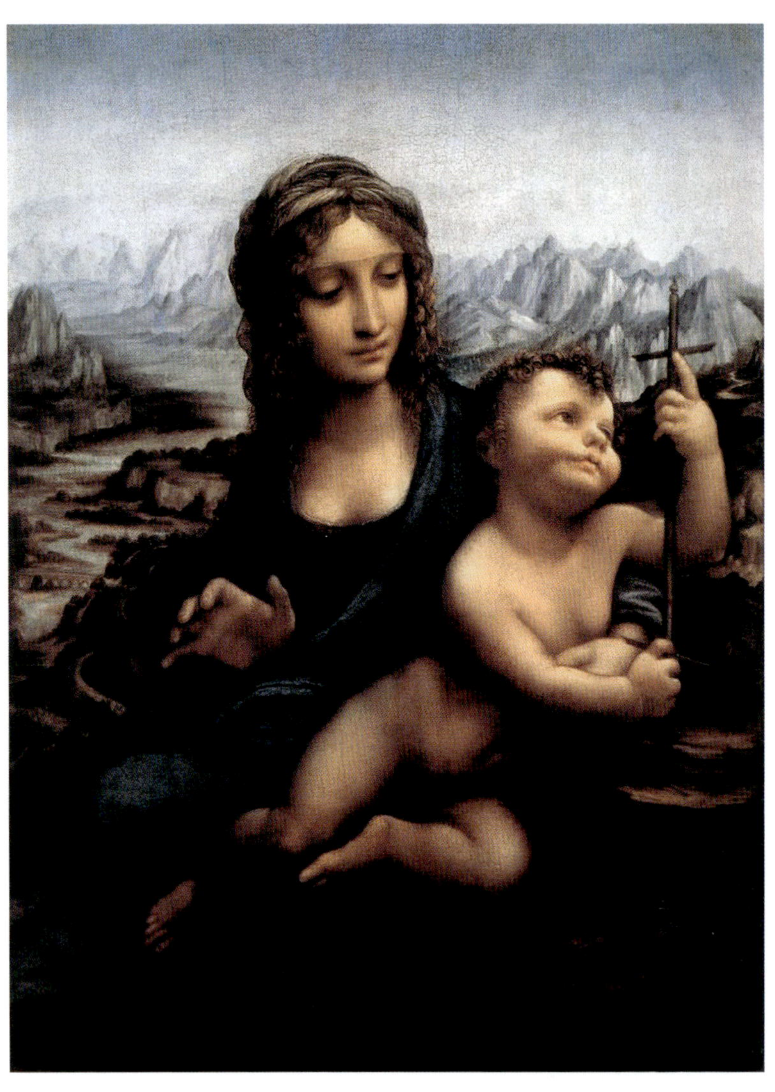

Leonardo da Vinci und Werkstatt, Madonna mit der Spindel («Lansdowne Madonna»), um 1501/07, Öl auf Holz, 50,2 × 36,4 cm, New York, Privatsammlung.

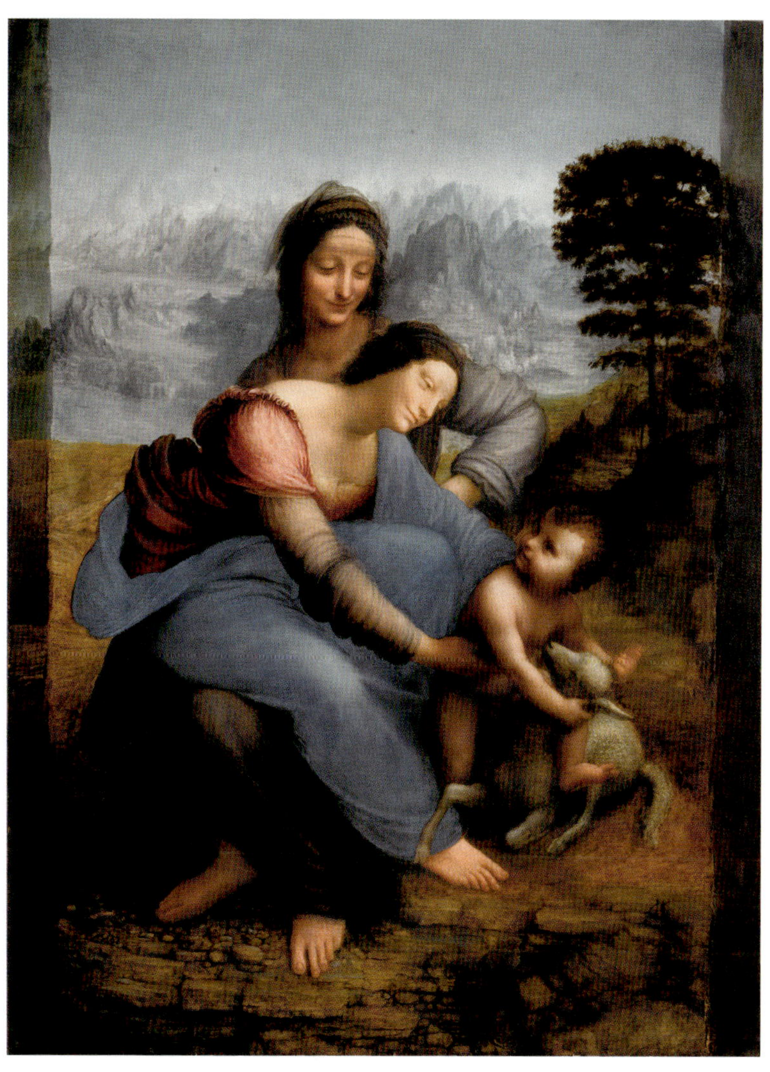

Leonardo da Vinci, Anna Selbdritt, um 1503–1513/15, Öl auf Pappelholz, 168,5 × 130 cm, Paris, Musée du Louvre.

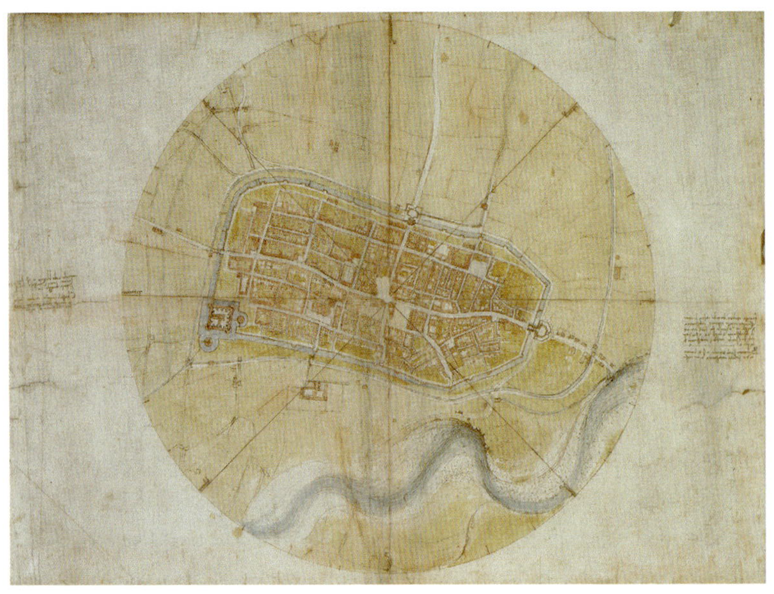

Leonardo da Vinci, Stadtplan von Imola, um 1502, Feder, Tinte, Wasserfarben und schwarze Kreide auf Papier, 44 × 60,2 cm, Windsor Castle, Royal Library.

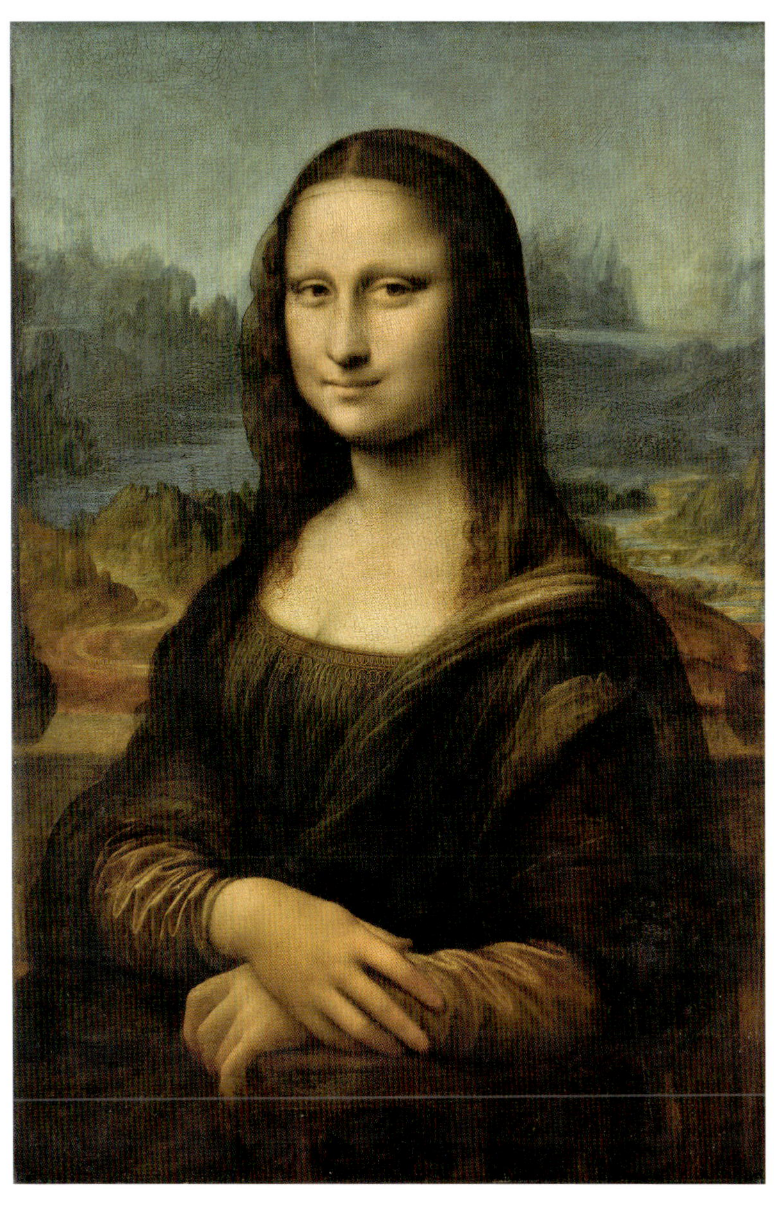

Leonardo da Vinci, Mona Lisa, 1503–1515 (?), Öl auf Pappelholz, 79,1 × 53,3 cm,
Paris, Musée du Louvre.

Tafel 24

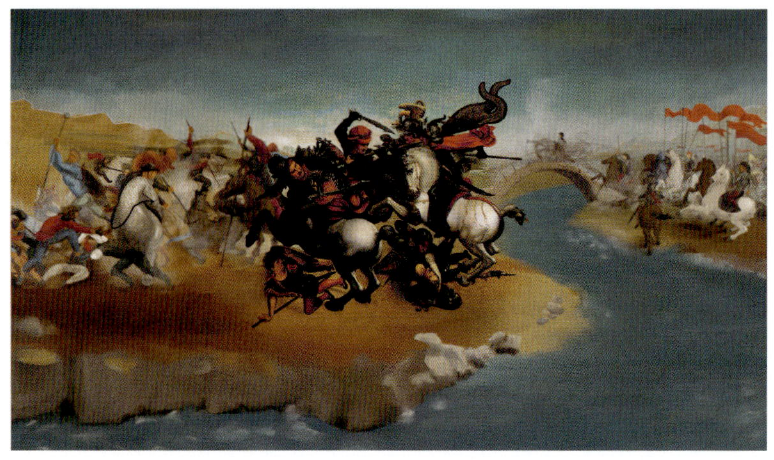

Leonardo da Vinci, Anghiari-Schlacht. Rekonstruktion des Gesamtkonzepts um 1503 (Albert Boesten-Stengel/xkopp creative, Berlin, 2016).

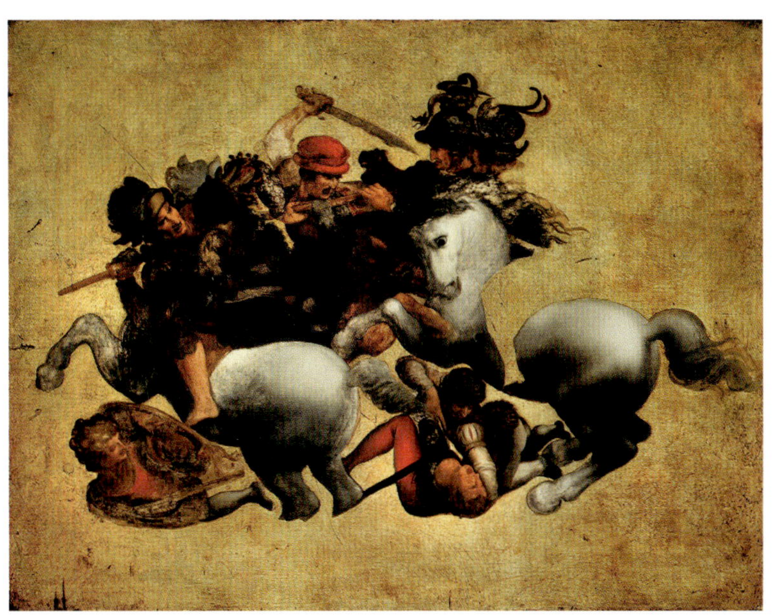

*Unbekannter Künstler nach Leonardo da Vinci, Der Kampf um die Standarte
(«Tavola Doria»), nach 1504, Öl auf Holz, 86 × 115 cm, bisher Tokyo Fuji Art Museum,
künftig (voraussichtlich) Florenz, Uffizien.*

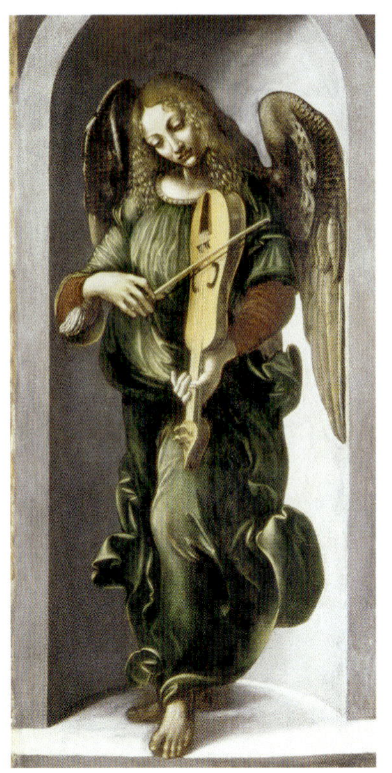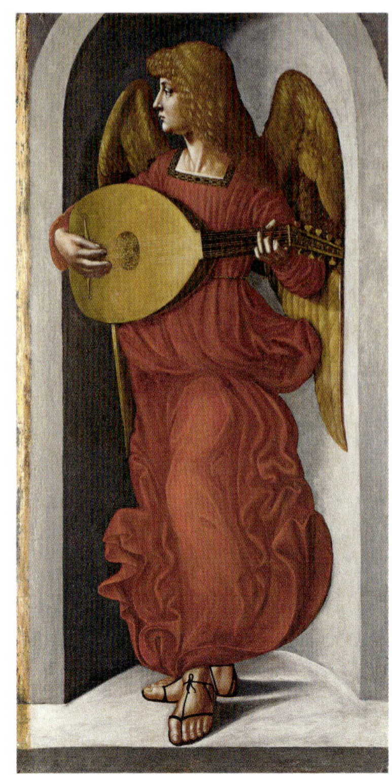

Ambrogio de Predis, Musizierende Engel (der Engel links: Francesco Napoletano?), 1495–1503 (?), 1508 (?), Öl auf Pappelholz, jeweils 116,8 × 61 cm, London, National Gallery.

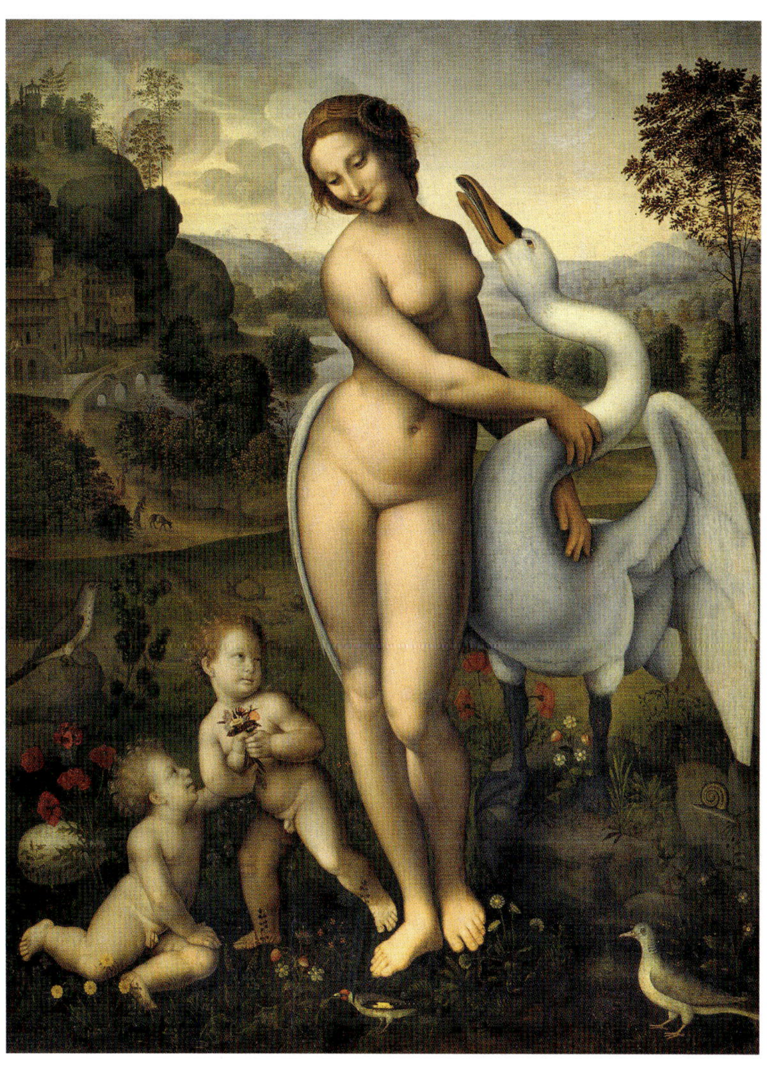

Kopie nach Leonardo da Vinci (Cesare da Sesto?), Leda mit dem Schwan,
um 1505–1515 (?), Tempera grassa auf Holz, 112 × 86 cm, Rom, Galleria Borghese.

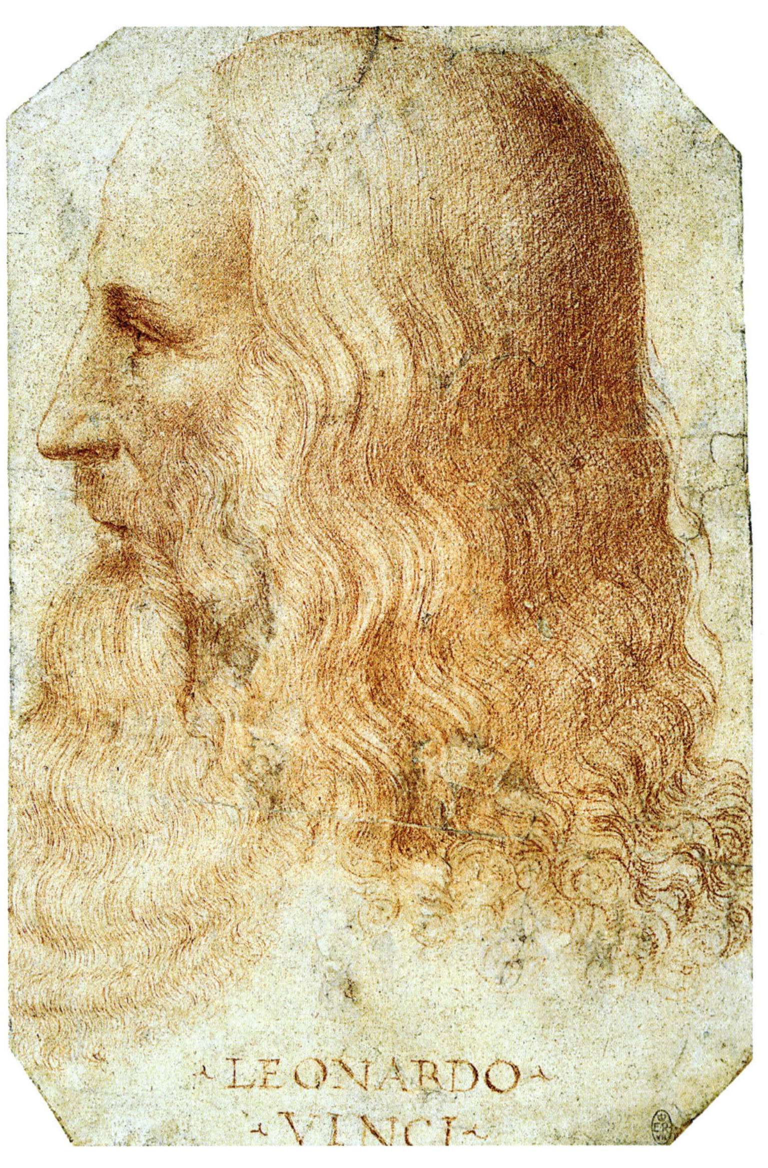

Francesco Melzi (?), Leonardo da Vinci, um 1515–1518, Rötel, 27,5 × 19 cm,
Windsor Castle, Royal Library.

Tafel 29

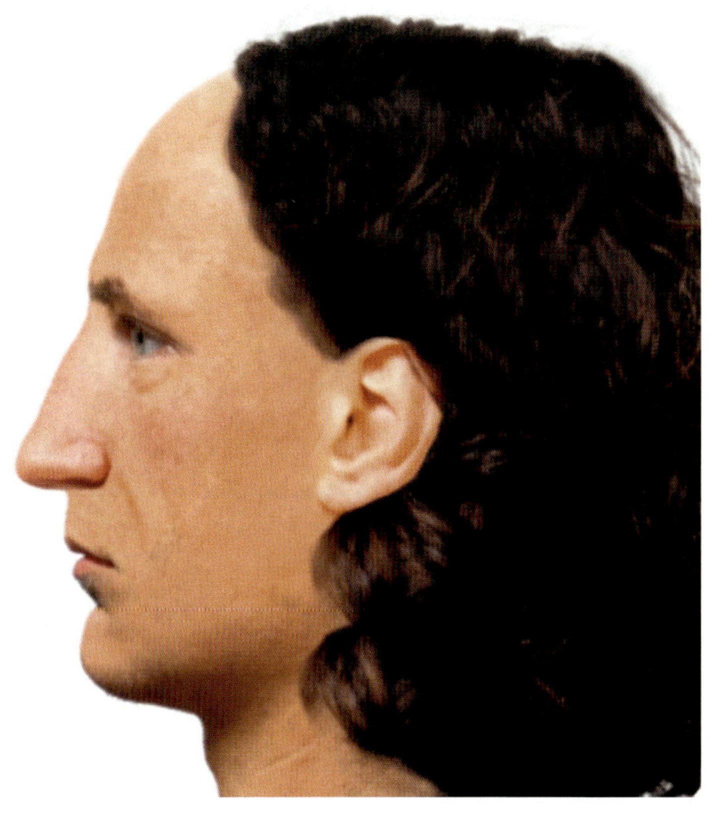

Leonardo da Vinci um 1490, Phantombild (Fotomontage: Grit Schüler, Zürich).

Tafel 30

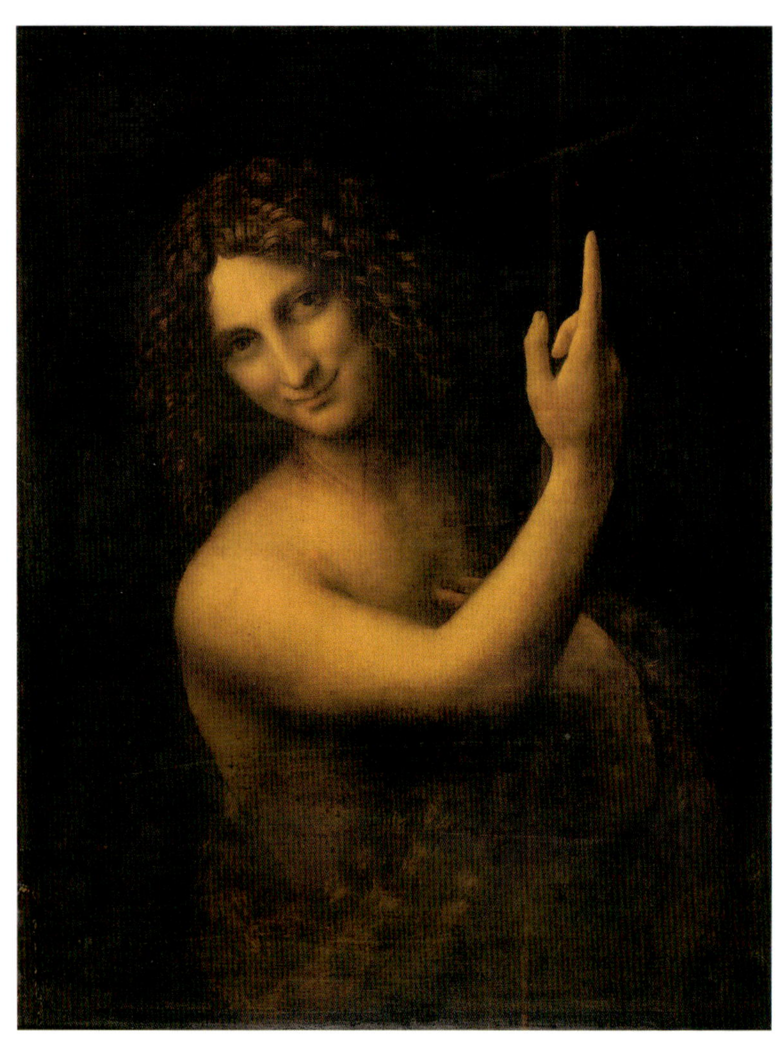

*Leonardo da Vinci, Johannes der Täufer, um 1513/16, Öl auf Holz, 69 × 57 cm,
Paris, Musée du Louvre.*

Mit seinen «segreta» meinte Leonardo Erfindungen, darunter einen Brennspiegel.[21] Um ihn zu bauen, war erforderlich, was er «sagoma» nannte, eine «Form» oder «Schablone». Die Beschreibung klingt rätselhaft.[22] «Die ‹sagoma› soll von Venus oder von Jupiter oder Saturn sein und oft im Schoß ihrer Mutter umgegossen werden. Und sie soll mit feinem ‹olgirams› und ‹erenev› verarbeitet werden, und der ‹sagomato› sei Venus und Jupiter, gemischt über Venus. Aber zuerst versuche es mit Venus und Merkur, gemischt mit Jupiter, und halte es so, daß Merkur sich verteilt. Dann falte sie gut, und zwar so, daß Venus und Jupiter so hauchfein wie möglich zusammenhängen.» Hinter diesen Sätzen verbirgt sich die Anleitung zur Herstellung einer Spiegelfläche – chiffriert, vermutlich um sie vor den Augen Giorgios und Giovannis zu verbergen. Jupiter steht für das dem Planeten zugeordnete Metall, nämlich Zinn, Venus meint Kupfer und Saturn Blei. Merkur schließlich gehört das Quecksilber. «Olgirams» und «Erenev» sind, von hinten gelesen, «smariglo», also Schmirgel, und «Venere», Venus. Aus zahlreichen kleinen Plättchen hätte sich ein großer Parabolspiegel zusammenfügen lassen. Offenbar hoffte Leonardo, damit Wasser kochen oder löten zu können, Verfahren, von denen einige Jahrzehnte später Biringuccios «Pirotechnica» weiß.[23] Vielleicht hatte er auch erkannt, daß konkave Spiegel Himmelskörper vergrößern können. Er dürfte der erste gewesen sein, der erwog, ein Fernrohr zu konstruieren: «Mache Augengläser, um den Mond groß zu sehen.»[24] Doch griff er nicht nach den Sternen. Der Bau eines Spiegelteleskops gelang erst Isaac Newton.

Von großen Kunstaufträgen wissen die Quellen der römischen Zeit nichts. Ein Argument dafür, daß der «Johannes» des Louvre (Tafel 31) damals begonnen wurde, vielleicht als Auftrag Leos X., bietet der Umstand, daß der Heilige Namenspatron des Medici war. Auch zeigen unmittelbar nach Leonardos Aufenthalt in Rom gemalte Bilder Raffaels und seiner Werkstatt Einflüsse dieses Meisterwerks. Ein weiteres Indiz für die Auftraggeberschaft des Papsts ist die schon erzählte Anekdote, Leonardo habe Versuche mit Lackmixturen angestellt, noch bevor ein Pinselstrich für ein von Leo angefordertes Werk getan war (S. 223). Das vermutliche Resultat, Johannes als Zeuge des göttlichen Lichts, ist ein maltechnisches Wunder. Zahllose Lasuren bewirken feinste Schattierungen. Carlo Pedretti nennt das Bild ein Manifest von Leonardos Kunst.[25]

Wunderdinge: Wasserspiele, Uhren, Roboter

Auch in Rom kam Leonardo, obwohl er kaum Bilder produzierte, immer wieder an Geld. Für 1515 ist eine Zahlung von 33 Dukaten an ihn belegt, von denen sieben für den unbotmäßigen Giorgio «den Deutschen» bestimmt waren.[26] Zur Erklärung muß nicht die Hypothese einer Werkstatt, die fleißig Ideen des Meisters umsetzte, bemüht werden. Denn Leonardo hatte ja viel mehr im Sortiment als nur Gemälde. Ingenieurleistungen standen zur Zeit der Renaissance in höchstem Ansehen. Und die Konstruktion eines Bühnenapparats, Entwürfe für Gebäude oder technisches Gerät wurden kaum schlechter bezahlt als ein Gemälde. So stand der «Ingeniarius» oder der Architekt auch sozial hoch über dem Maler. Charles' d'Amboise einzigartige Eloge galt einem Mann mit vielen Fähigkeiten, nicht zuletzt dem Architekten und gewiß auch dem Erfinder. Man bezahlte Leonardo sicherlich nicht zuletzt, um sich der «Geheimnisse», über die er verfügte oder zu verfügen behauptete, zu versichern. Was, wenn er sich Konkurrenten andiente und ihnen Waffen von furchterregender Wirkung lieferte? Giorgios Spiegel zum Beispiel mochten zur Konstruktion einer solchen dienen. Eine von Lukian genährte Legende wußte, daß Archimedes mit von Brennspiegeln erzeugten Todesstrahlen Schiffe verbrannt hatte.[27]

Welche Mirakel Leonardo zu wirken vermochte, zeigten harmlosere Spielereien. So bastelte er eine Taube, in der eine komplizierte Mechanik versteckt war. Sie ließ die Flügel des Vogels flattern, wenn er, mit Rollen versehen, an einem Seil zu Boden glitt. Auch fertigte er, wohl im Zusammenhang mit der Planung für den Garten Charles' d'Amboise, Entwürfe für einen Stundenschläger.[28] Anweisungen, wann der Bronzemann den Hammer zu schwingen hatte, erhielt er über ein Röhrensystem mit Ventilen und Schwimmern. Ein Vorbild hatte Leonardo während seines Venedigaufenthalts studieren können.

Auf der 1499 fertiggestellten Torre dell'orologio schlugen zwei «Mohren» die Stunden. Zu Christi Himmelfahrt und am Dreikönigstag zogen, durch ein Uhrwerk bewegt, die Magier an einer thronenden Marmor-Madonna vorbei.

Uhren faszinierten Leonardo von jeher. Sie erschienen als Metapher für den Menschen, den Staat, das Universum. Und sie waren Symbole der Macht. Mailands Stadtherr Azzo Visconti (1302–1339) hatte am Oktogon des Turmes von San Gottardo eine mechanische Uhr anbringen lassen, die jeweils die volle Stunde schlug und stets auch in Leonardos Studio in der Corte Vecchia schallte.[29] Die Räderuhr mit Spindelhemmung, eine der wahrhaft genialen Erfindungen des Spätmittelalters, hatte Prinzipien ins Spiel gebracht, die weit über die Ideen eines Heron von Alexandria hinausführten. Zahlreiche Konstruktionszeichnungen von Zahnrädern, Ritzeln und anderen Werkstücken, wie sie vor allem der Codex Madrid enthält, zeigen Leonardo als Anatomen des Inneren solcher Uhren. Unter anderem beschäftigte er sich mit der Herstellung von Federstahl und dem Problem nachlassender Federkraft bei hoher Luftfeuchtigkeit. Dazu finden sich Aufzeichnungen zur Funktionsweise astronomischer Uhren und zur Zwölf-Stunden-Steuerung von Schlagwerken. Leonardo weiß, daß ein winziger Widerstand in der Hemmung die Stunden ungebührlich verlängert und daß ein Tropfen Öl den Fehler korrigiert.[30] Für ein besonders geeignetes Schmiermittel hielt er Hammelschmalz – «è bono», «es ist gut», notiert er.

Einer seiner funkelndsten Geistesblitze war die Konstruktion des Kugellagers, das vor der Wiederentdeckung des Codex Madrid als Erfindung des 18. Jahrhunderts galt. Systematisch untersuchte er das Problem der Reibung. Mit seiner Einsicht, daß ihre Kraft von der Rauheit der Oberflächen, dem Gewicht des Objekts und dem Neigungswinkel der Fläche, auf dem dieses sich befindet, abhängt, kam er modernen Beschreibungen sehr nahe.[31] Er erkannte dabei, daß die Einrichtung eines Perpetuum mobile unmöglich ist. «O ihr Grübler über die dauernde Bewegung», schreibt er. «Wie viele unsinnige Projekte habt ihr auf der Suche danach geschaffen! Leistet den Goldsuchern Gesellschaft!»[32]

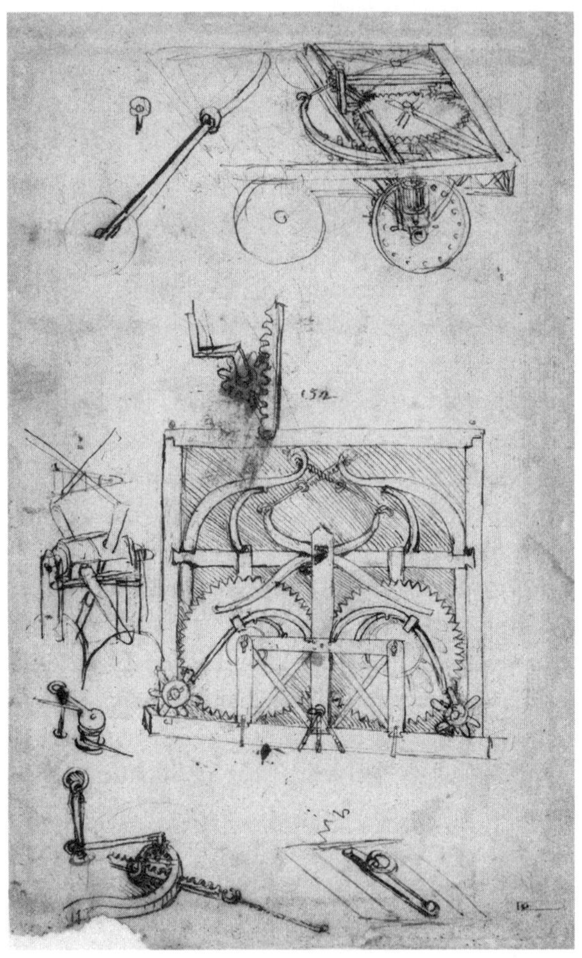

Abb. 56: *Leonardo da Vinci, Automaton, um 1478/80, Feder und Tinte über Metallstift, 26,5 × 16,7 cm, Mailand, Biblioteca Ambrosiana.*

Die Prinzipien, nach denen Uhren ihr Eigenleben entfalteten, konnten zum Bau von Automaten anleiten. Schon in den frühen Florentiner Jahren hatte Leonardo die Mechanik eines kleinen Gefährts entworfen (Abb. 56). Die Richtungen, in die es sich bewegen sollte, waren mittels verschieden geformter, austauschbarer Nocken programmierbar. Es war der erste Computer der Weltgeschichte.[33] Seine Energie gewann das «Auto» aus Sprungfedern, die Zahnradgetriebe mit mechanischer Hemmung in Bewegung versetzten.

Wirklich als Schöpfer des Menschen konnte sich Vinci bei der Konstruktion eines Roboter-Ritters fühlen.[34] Einige schwer deutbare Skizzen zeugen davon. Der Gewappnete sollte von einer Art Uhrwerk angetrieben werden. Helmvisier, Gliedmaßen und Kiefer bewegte er mit Hilfe eines komplizierten Systems von Rollen und Schnüren. An Apparate dieser Art hatte Leonardo wohl gedacht, als er Charles d'Amboise in Aussicht stellte, er werde «Dinge und Instrumente» fertigen, die Ludwig XII. sehr erfreuen würden.[35] Als er anläßlich eines Aufenthalts des französischen Königs in Mailand gebeten wurde, «irgend etwas Wunderliches» zu machen, konstruierte er einen mechanisch bewegten Löwen. Das Ding lief einige Schritte und öffnete schließlich seine Brust. Sie war voller Lilien, Symbolen Frankreichs ebenso wie Florenz' – Allegorie eines Bündnisses, das so zur Herzensallianz stilisiert wurde.[36]

Das Austüfteln der Automaten muß unendlich viel Zeit gekostet haben. Zahnräder, Hemmungen, Nocken, Gegengewichte, Ventile und andere Werkstücke waren zu entwerfen. Sicher bedurfte es zahlloser Versuche, bis die Maschinerien wie gewünscht ihre Arbeit taten. Dabei wird ihr Schöpfer unter gehörigem Zeitdruck gestanden haben, mußten sie doch rechtzeitig für eine Theateraufführung, eine Hochzeit oder zur Vorführung vor hohem Besuch fertig sein. Daß damit oft die Zeit für umständliche Malerarbeit fehlte, läßt sich denken.

An den Grenzen der Kunst

Leonardo zählte, als er in Rom eintraf, über sechzig Jahre. Das war damals ein hohes Alter. Es schien geraten, an die letzten Dinge zu denken. So trat er der Bruderschaft von San Giovanni dei Fiorentini bei, die in Rom ansässige Florentiner versammelte, versäumte es allerdings, den erforderlichen Beitrag zu leisten.[37] Die Brüder reagierten sofort – womöglich starb der Novize bald und die Bruderschaft bekam die Kosten für das Begräbnis aufgebürdet! So wurde Leonardo postwendend wieder ausgeschlossen. Sehr dringend scheinen seine religiösen Bedürfnisse nicht gewesen zu sein.

Tatsächlich gab der Körper Warnzeichen. Leonardo konsultierte Ärzte, darunter einen, der auch die Befindlichkeit des Papstes überwachte. Dabei hielt er von ärztlichen Künsten eigentlich nicht viel. Medizin sei eine Art Alchemie; um die Gesundheit zu erhalten, müsse man sich von ihr fernhalten.[38] «Die Medici erschufen mich, und die ‹medici›» – italienisch für «Ärzte» – «vernichteten mich», schrieb er einmal sarkastisch. Er hielt es eher mit den Tips eines Sonetts mit dem Titel «Wenn du gesund bleiben willst». Sie gefielen ihm so gut, daß er sie um 1515 kopierte.[39] Man solle gut und einfach kochen, nicht ohne Appetit essen und leichte Mahlzeiten verzehren, dabei ordentlich kauen. Wer Medizin einnehme, sei schlecht beraten. Man hüte sich vor Zorn und schlechter Luft, verharre nach dem Essen ein wenig im Stehen und vermeide Mittagsschlaf. Der Wein sei mit Wasser zu vermischen. Man trinke wenig, aber oft, zudem nicht ohne Speise oder auf leeren Magen. «Zögere nicht, aufs heimliche Gemach zu gehen, und verweil dort nicht. Wenn du Sport treibst, laß es bei wenig Bewegung, liege nicht mit dem Bauch nach oben und dem Kopf nach unten, und decke dich nachts gut zu. Laß den Kopf ruhen und bleibe heiter von Gemüt, fliehe Unzucht und halte dich an die Diät.» Der Text zeigt eine im 15. Jahrhundert verbreitete ganzheitliche Sicht. Die Renaissancemedizin weiß, daß Körper und Geist einander beschweren oder beleben, jedenfalls in enger Wechselbeziehung stehen.[40] Schon Petrarca, Ärztefeind auch er, empfahl ein «einfaches Leben» in stoischer und asketischer Tradition, ebenso der gelernte Arzt Ficino. Er warnte vor jedem Übermaß an Speis und Trank, daneben vor zu viel Sex und vor Nachtarbeit. Zumindest letztere konnte Leonardo kaum vermeiden.

Ob er von Ficinos Analyse der Melancholie wußte? Diese Krankheit der Verrückten und Genialen entstand nach Galen durch einen Überschuß an schwarzer Galle im Gehirn und zudem durch mangelnde Bewegung. Deshalb empfahl Ficino Spiele und Gymnastik, Spaziergänge und Reisen, den Anblick von Schönem, von Gärten und Wasser, auch Musikgenuß und den Umgang mit angenehmen Menschen. All das praktizierte Leonardo tatsächlich. Schwarze Galle kochte in ihm im

Übermaß, auch wenn er seine Geschöpfe lächeln ließ. Einige der geheimnisvoll irisierenden Verse des Burchiello, von Trauer und Witz zugleich und mit offenem, ja absurdem Schluß, dürften ihm als Spiegel der eigenen Gemütslage erschienen sein. «Blaue Seufzer von weißen Hoffnungen kommen mir in den Sinn, wenden sich nach draußen und lassen sich, mit Schmerzen, nieder auf der Schwelle der Tür, weil drinnen nicht Stühle noch Bänke sind (…).»

Den Menschen sieht Leonardo als Zerstörer seiner Welt. «Wir leben unser Leben durch den Tod anderer.»[41] Eine seiner düstersten Prophezeiungen, «Von der Grausamkeit des Menschen», greift das Thema auf, führt bald darüber hinaus und steigert sich dann zu einer atemlosen Abrechnung mit dem Humanum überhaupt. «Lebewesen werden auf der Erde gesehen werden, die fortwährend einander bekämpfen, mit größten Verlusten und häufigem Tod auf jeder Seite. Kein Ende ihrer Bosheit wird sein. Durch die wilde Kraft ihrer Glieder wird ein großer Teil der Bäume der großen Wälder des Universums niedergelegt werden. Und wenn sie geweidet haben, wird Erfüllung ihrer Sehnsüchte sein, allem Belebten Tod und Trauer und Mühen und Angst und Flucht zu geben. Und mit ihrem maßlosen Hochmut wollen sie sich zum Himmel erheben. Aber die übergroße Schwere ihrer Glieder wird sie nach unten ziehen. Nichts auf oder unter der Erde oder auf dem Wasser wird bleiben, was nicht verfolgt, weggeschafft oder verwüstet, von einem Land ins andere geschafft wird. Und ihr Körper wird Grab und Durchgang aller schon von ihnen getöteten beseelten Leiber sein. O Welt, wie kann es sein, daß du dich nicht auftust und so große Schurken in deine tiefen Klüfte und Höhlen stürzt und dem Himmel ein so grausames, unbarmherziges Monster nicht mehr zeigst?»[42] Diesmal findet sich keine Auflösung der Prophezeiung zu witzigem Spiel.

Die Zeilen, zwischen 1497 und 1500 niedergeschrieben, lesen sich wie ein Abgesang auf den «Renaissancemenschen», als dessen vollkommenstes Exemplar manche Interpreten keinen anderen als den Autor des bestürzenden Textes feiern. Ob «Über die Grausamkeit des Menschen» eine direkte Antwort auf Pico della Mirandolas (1463–1494) «Über die Würde des Menschen» war? Gerade 1496 hatte dessen Bruder Pierfrancesco die Schrift in Druck gegeben. Ihre zentrale Passage, eine Rede Gottes an Adam, lautet: «Weder haben wir dich als einen Himmlischen noch als einen Irdischen, weder als Sterblichen noch als Unsterblichen geschaffen, damit du, als dein eigener freier und ehrsamer Gestalter und Bildhauer, dich selbst zu der Gestalt formst, die du bevorzugst. Du kannst zum Niedrigeren, Tierischen entarten; du kannst aber auch, nach Entschluß deiner Seele, zum Höheren, Göttlichen wiedergeboren werden.»[43] Die zweite Option erscheint bei Leonardo allein als grenzenlose Hybris. Eine Rede, die Gott an seine Kreatur hielte, wird man in seinen Schriften vergeblich suchen. Ist Picos Mensch frei als zweiter Schöpfer seiner selbst, ist der Leonardos nichts als das Grab, ja die Kloake des Sterblichen. Am liebsten wüßte Leonardo die Welt gereinigt von den Ungeheuern, die sich Menschen nennen.

Seine «Beschreibung der Sintflut», wahrscheinlich um 1515 entstanden, malt das Strafgericht zu einem Monumentalgemälde aus, das mögliche Anregungen klassischer Autoren wie Vergil und Ovid weit hinter sich läßt.[44] «Und die Ruinen der hohen Gebäude der Stadt wirbeln großen Staub auf, das Wasser hebt sich empor wie Rauch, und die sich ballenden Wolken bewegen sich gegen den herabfallenden Regen. Aber das erneut anschwellende Wasser fließt, sich im Kreis drehend, zum Meer, das es in sich aufnimmt». Leonardo läßt Wellen gegen Hindernisse branden, schlammigen, klebrigen Schaum in die Luft spritzen und wieder niederfallen, sieht entwurzelte, zerspaltene Bäume in den Fluten treiben, Massen von Menschen und Vieh zu Berggipfeln fliehen. Auf den Wogen schwimmen Tische, Bettladen, Barken – aus Not und Todesangst gemachtes Gerät, an das sich Männer, Frauen und Kinder klammern, jammernd, weinend, voll Furcht vor dem tobenden Sturm. «Und es gab nichts, was leichter war als Wasser, worauf sich nicht verschiedene Tiere drängten, die Waffenstillstand geschlossen hatten und nun in furchtsamem Bündnis zusammenstanden, unter ihnen Wölfe, Schlangen, Flüchtende vor dem Tod von aller Art (...) du hättest Gruppen eingeschlossener Männer sehen können, die mit bewaffneter Hand die kleinen Plätze, die ihnen geblieben waren, verteidigten, vor Löwen und Wölfen und anderen

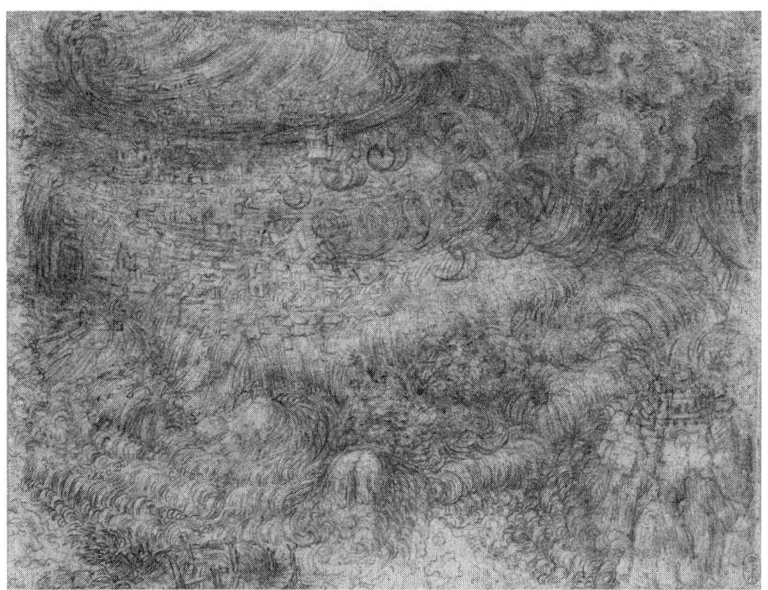

Abb. 57: Leonardo da Vinci, Sintflut, 1515–1518 (?), schwarze Kreide, 15,8 × 21 cm,
Windsor Castle, Royal Library.

Raubtieren, die dort ihr Heil suchten. O welch entsetzlichen Lärm
hörte man durch die dunkle Luft, durchbrochen von der Raserei des
Donners und der von ihm ausgestoßenen Blitze!» Die Menschen bedecken mit ihren Händen die Augen und halten sich die Ohren zu,
um die von Gottes Zorn verhängten Qualen nicht wahrnehmen zu
müssen.

Es ist, als rissen den Erzähler seine schwindelerregenden Imagina-
tionen mit sich fort, trieben ihn zu immer weiteren Szenerien eines
apokalyptischen Panoramas. Er sieht mit Menschen behängtes Geäst
mächtiger, vom Orkan durch die Luft gewirbelter Eichen, beschreibt
Schmerzgekrümmte und Verzweifelte, die Selbstmord begehen; Mütter, die ihre ertrunkenen Kinder beweinen und, ihre Arme zum Himmel erhebend, mit Geheul den Zorn der Götter tadeln. Schon habe
der Hunger, der «Diener des Todes», einem großen Teil der Tiere das
Leben genommen, ihre Kadaver trieben auf den Wellen, einander sto-

ßend wie luftgefüllte Bälle. «Und über diesem Unglück sah man die Luft von dunklen Wolken bedeckt, zerrissen von den schlängelnden Bewegungen der wütenden Blitze des Himmels, die mal da, mal dort das Dunkel der Finsternis erleuchteten.» Mit geradezu wissenschaftlicher Akribie wird das Verhalten der Wassermassen mitgeteilt. Was Leonardo an Arno und Adda, am Meer und in den Bergen gesehen hatte, wuchs zu phantasmagorischen Visionen. Man versteht, wie schwer es ihm fallen mußte, «Historien» wie die «Anghiari-Schlacht» auszuführen. Zu reich war die Fülle an Kopfbildern, die sich ihm zudrängten, als daß sie in Öl hätten gezwungen werden können. Einige späte Zeichnungen geben Ideen davon: Sie zeigen ungeheure Wasserfluten und peitschenden Regen, überbrandete Städte und brechende Wälder, berstende Felsen, einstürzende Berge, vom Sturm zu gigantischen Wirbeln gedrehte Wolken (Abb. 57). Auf einem Blatt treiben Windgötter, bis zur Unkenntlichkeit mit den Elementen vermischt, das Verhängnis voran.[45] Hier ging einer an die Grenzen seiner Kunst. Die visionären Blätter sind ohne jede Parallele, einer katastrophalen Moderne scheinbar ebenso nahe wie die düsteren Texte. Man könnte sie als ein letztes Wort des großen Künstlers nehmen.

2. Stille Tage in Cloux

Abschied von Florenz

«Am 9. Januar reiste der prächtige Giuliano de' Medici in der Morgenröte von Rom ab, um seine Frau in Savoyen zu heiraten», vermerkt Leonardo in einem seiner Notizbücher und fügt hinzu: «Am selben Tag erfolgte der Tod des Königs von Frankreich.»[1] Das traf nicht exakt zu, war doch Ludwig XII. schon am 1. Januar 1515 verschieden. Legte die angebliche Gleichzeitigkeit der beiden wichtigen Ereignisse es nahe, höhere Notwendigkeit dahinter wirken zu sehen? Zeigte sich da Leonardos wundersame Notwendigkeit für einen Moment doch als «fatum», Schicksal?

Seinem Patron brachte die Ehe mit Philiberte von Savoyen, die im Februar zu Turin gefeiert wurde, den Titel eines Herzogs von Nemours ein. Darüber hinaus machte Leo X. ihn zum Oberbefehlshaber der päpstlichen Truppen und unterstellte ihm Parma, Piacenza und andere Städte. Philiberte war eine Tante von Ludwigs XII. Nachfolger Franz I. (1515–1547), der noch im Januar gekrönt worden war, traditionsgemäß in der Kathedrale von Reims. Die Verbindung zwischen den Häusern Valois und Medici war Brief und Siegel auf die Umgruppierung der italienischen Allianzen, die sich seit 1513 angedeutet hatte. Mit der Hand Giuliano de' Medicis hatte Franz auch Leo X. und Florenz als Verbündete gewonnen und sich damit Rückhalt im bevorstehenden Entscheidungskampf um Oberitalien verschafft.

Der Krieg nahm einen guten Anfang für ihn. Mitte September 1515 schlug sein Heer im Bund mit venezianischen Truppen bei Marignano ein eidgenössisches Aufgebot. Damit war die Lombardei wieder in französischer Hand. Massimiliano Sforza kam unter Kuratel der Krone Frankreichs. Die Macht in Mailand repräsentierte nun der Connétable von Bourbon, Herzog Charles III. von Bourbon-Montpensier.

Unter Franz, dem neuen Freund der Medici, begann der Triumphzug der Renaissance durch Frankreich. Die erste Berühmtheit, die der König für seinen Hof einkaufen konnte, war Leonardo. Einen Eindruck von dessen Fähigkeiten hatte er im Juli 1515 gewonnen. Während eines Banketts in Lyon präsentierte ihm die Florentiner Gemeinde der Rhone-Stadt einen von Leonardos Automaten – einen Löwen der Art, wie er schon in Mailand zum Einsatz gekommen war.[2] Ob sein Konstrukteur ihn selbst vorführte, wissen wir nicht. Vielleicht hatte man das Mailänder Exemplar nach Lyon verfrachtet.

Ende November bereitete Florenz «seinem» Papst Leo einen Empfang, der alles in den Schatten stellte, was die festliche Ereignisse wahrlich gewohnte Bürgerschaft bisher erlebt hatte. Luca Landucci verbreitet sich seitenweise über den Einzug, der mit «so viel größter und triumphaler Ehre und unglaublichen Kosten» ins Werk gesetzt worden sei, «daß man es nicht sagen kann».[3] Der Papst, unter einem prächtigen Baldachin, war von einer Heerschar Soldaten zu Fuß und zu Pferd umgeben. Pfeifenspiel und Trommelklang begleiteten seinen

Weg. Die Glocken der Stadt läuteten, und von den Mauern donnerten Kanonensalven. Der Pontifex verteilte Segen und warf Münzen unter die Leute. «Niemals kam so viel Volk in Florenz zusammen», schreibt Landucci. Er berichtet von Triumphbögen, Tribünen, Säulen – acht da, 24 dort –, von Figuren, Tapisserien, einem großen Pferd und Bildern: «schönen Phantasien», «schönen Historien».

Interessant an seinem Bericht ist, daß er den Blick des «gemeinen Mannes» wiedergibt. Die Botschaften der Bilder scheint Landucci nicht zu verstehen. Dafür registriert er den maßlosen Aufwand, der getrieben wurde. Tausende hätten dafür über einen Monat Tag und Nacht, werk- wie feiertags gearbeitet. Er beklagt die hohen Kosten für all diese Dinge, die nicht von Dauer seien und vergingen wie ein Schatten. Und doch zeigt er sich stolz auf sein Florenz. Er glaube nicht, daß eine andere Stadt der Welt solche Zurüstungen zu machen verstehe. Welche Künstler an der Konzeption des Ganzen beteiligt waren, weiß er nicht – oder es ist ihm gleichgültig. Die Quellen nennen neben anderen Antonio da Sangallo den Älteren, Andrea del Sarto, Pontormo und Baccio Bandinelli. Der hatte unter der Loggia dei Lanzi einen «Giganten» aufgestellt, eine Figur des Herkules, die mit Farbe zur Bronzefigur stilisiert worden war. «Wurde nicht sehr geschätzt», bemerkt Landucci trocken.

Unter der Entourage des Papstes befand sich auch Leonardo. Er dürfte die Inszenierungen seiner Kollegen ebenso kritisch beobachtet haben. Vielleicht steht eine Zeichnung, die ein dem Janus-Bogen in Rom ähnliches Gebäude zeigt, mit dem Einzug im Zusammenhang.[4] Landucci erwähnt nämlich eine Festarchitektur in Form eines Quadrats mit vier Triumphbögen, durch die man «kreuzweis nach hüben und drüben» gehen konnte.

Während seines kurzen Aufenthalts in Florenz wurde Leonardo anscheinend zu Planungen für die Umgestaltung des Viertels um San Lorenzo herangezogen. Auch zeichnete er damals den Grundriß eines neuen Medici-Palastes. In majestätischen Dimensionen hätte der Bau die wiedergewonnene Macht der Familie gefeiert.[5] Ställe bei San Marco sollten 128 Pferden Platz bieten. Sie wurden zwischen 1516 und 1519 tatsächlich gebaut, größer noch als zunächst geplant.

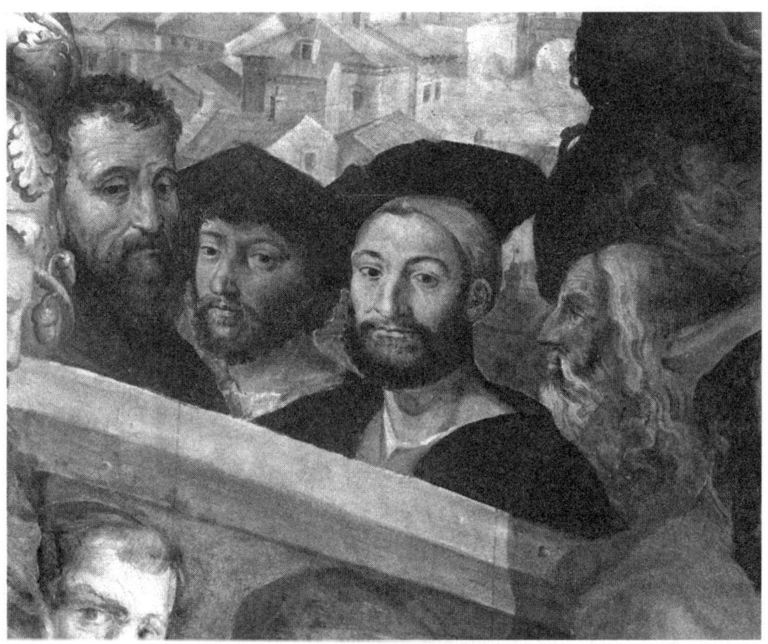

Abb. 58: Giorgio Vasari und Werkstatt, Michelangelo, Lorenzo di Piero de' Medici, Giuliano de' Medici, Leonardo da Vinci, 1555/62, Fresko (Ausschnitt), Florenz, Palazzo Vecchio, Sala Leone X.

Im Dezember reiste der Papst nach Bologna, wo er Franz I. traf. Man vereinbarte den Abschluß eines Konkordats, das dem König die Verfügung über die französischen Prälaturen beließ und dem Papst dafür das Recht einräumte, die niederen Pfründen zu besetzen und Steuern einzuziehen. Der Aufenthalt in Bologna währte nur ein paar Tage. Nochmals ging es nach Florenz. Erst im Februar schleppte sich der Zug zurück nach Rom. Hier erreichte Leonardo die Nachricht, daß sein Patron Giuliano de' Medici am 17. März 1516 in Fiesole gestorben war. Schon bald nach seiner Hochzeit mit der savoyischen Prinzessin war er schwer erkrankt. Die Besserung, über die Leonardo in dem Briefentwurf, der die Klagen über die beiden unverschämten Deutschen enthielt, seine Freude ausgedrückt hatte, war nicht von Dauer gewesen.

An den Papstbesuch in Florenz erinnern Vasaris Fresken in der «Sala Leone X» des Palazzo Vecchio. Eines davon zeigt Giuliano und Lorenzo di Piero de' Medici, flankiert von Leonardo und Michelangelo (Abb. 58). Beide Medici wären längst vergessen, hätten sie nicht die bedeutendsten Künstler ihrer Zeit um sich gehabt.

Die letzte Reise

Im November 1515 schon dürfte Leonardo eine Einladung nach Frankreich erreicht haben.[6] Der König und seine Mutter hießen ihn willkommen, schrieb der Admiral von Frankreich, Gouffier de Bonnivet, im März des folgenden Jahres an den französischen Botschafter bei Leo X., Marchese Antonio Maria Pallavicini. Die Verschiebungen auf dem Feld der hohen Politik hatten für Leonardo zur Folge, daß er, als er nun die Nähe zur Krone Frankreichs suchte, nicht die Seiten wechseln mußte wie bei seiner Abreise aus Mailand im Jahr 1500. Auf der Ebene der Hofkünstler war ein solcher Schritt damals ohnehin nicht besonders heikel. Selbst heute berühmte Meister wie Leonardo waren nur kleine Rädchen im Getriebe der Höfe und der internationalen Politik.

1517 brach «Maître Léonard» zusammen mit Melzi in Richtung Frankreich auf. Salai blieb in Mailand. An dessen Stelle begleitete Leonardo ein gewisser Battista de' Villani als Diener. Eine Notiz teilt mit: «Dí dell'Asensione in Anbosa 1517 di maggio nel Clu».[7] Am Tag der Himmelfahrt also war Vinci eingetroffen. Als Wohnung wurde ihm ein Herrenhaus, genannt Clos Lucé oder Cloux, bereitet, ein «sehr schöner und großer Palazzo», wie der Gesandte des Herzogs von Mailand urteilte.[8] Das Gebäude war ein paar Schritte neben der Königsresidenz Amboise gelegen und mit ihr durch einen unterirdischen Gang verbunden. Hier, in einem dem alten gotischen Stil verpflichteten Palais, sollte Leonardo die ihm noch verbleibende Zeit verbringen.

Franz I. war keineswegs sein ständiger Nachbar. Wie seine mittelalterlichen Vorgänger verrichtete er sein Monarchen-Handwerk vom Sattel aus. An der Spitze einer Armada von Höflingen und Humanisten, Künstlern, Bedienten und Bewaffneten – zwischen 600 und 1000

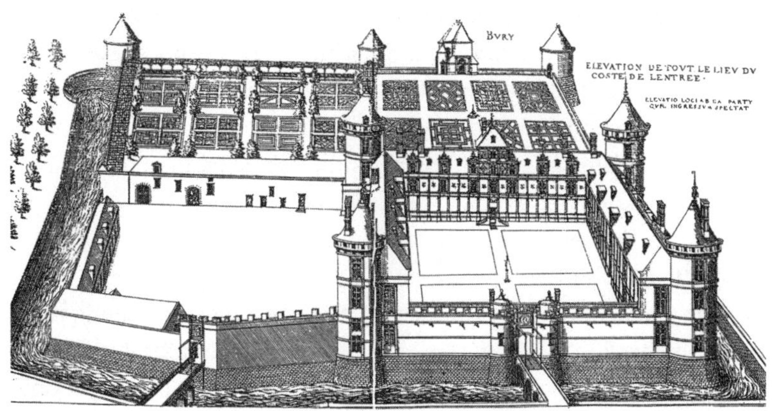

Abb. 59: Jacques Androuet du Cerceau, Schloß Bury, Kupferstich aus: Le second volume des plus excellents Bastiments de France, Paris (Gilles Beys) 1579.

Leuten – pflegte er durchs Land zu ziehen, im Troß Wägen mit Möbeln, Bildern, Tapisserien, Zelten und edlem Geschirr. Die Schwierigkeiten, diese Scharen zu ernähren und ihnen Schlafplätze zu verschaffen, waren gewaltig. Die Umstände dabei zählten gewiß zu den Faktoren, die dazu trieben, feste Residenzen zu errichten. Mit den Schlössern von Amboise, dann auch von Blois, Chambord, Fontainebleau und schließlich dem Pariser Louvre gewann eine Renaissance, die von italienischen Anregungen beeinflußt, dabei aber doch eigenständig war, ihre ersten französischen Bastionen und der Staat neue Zentren.

Ein weiterer Nachbar Leonardos war sein alter Patron Florimond Robertet. Dessen Karriere hatte ihn in höchste Höhen geführt. Inzwischen Mitglied des Kronrats, galt er als Schlüsselfigur am Hof.[9] In Blois, wenige Stunden zu Pferd von Amboise entfernt, ließ er das Hôtel de l'Alluye – so genannt nach einer ihm übertragenen Baronie – errichten. Majestätisch muß sich sein 1515 fertiggestelltes Schloß Bury westlich von Blois ausgenommen haben (Abb. 59). Im Innenhof erhob sich ein bronzener «David» Michelangelos, den Robertet dem Künstler mit viel diplomatischem Aufwand abgedrückt hatte.[10] Das

Florentiner Pendant stand im übrigen einer Skizze Leonardos Modell, die den biblischen Helden in einen gerade dem Ozean entstiegenen Neptun verwandelt. Vielleicht läßt sich das Blatt mit einem Auftrag, etwa einem Brunnen für Bury, in Verbindung bringen. Die mit sieben Türmen, zinnenbekrönten Mauern und Zugbrücke bewehrte Anlage präsentierte sich als Landsitz und Festung in einem. Die Doppeldeutigkeit erinnert daran, daß der frühmoderne Staat noch nicht der allmächtige sterbliche Gott Leviathan war, der mit Pulver und Eisen inneren Frieden zu erzwingen vermochte. Ob Leonardo bei der Planung für den Bau des Château Ratschläge gegeben hat?[11] Bury wurde um die Mitte des 17. Jahrhunderts aufgegeben. Seine Mauern dienten als Steinbruch. Heute ist es nur noch Ruine.

Wie Leonardo scheint sich Robertet für die Dinge der Natur interessiert zu haben. Ohne Rücksicht auf die Kosten hatte er seltene Essenzen aus aller Herren Länder beschafft. Besucher, unter ihnen der Dichter und Arzt François Rabelais, bestaunten in Bury ein Skelett. Ein nach Robertets Tod angelegtes Inventar weiß, daß an den Knochen befestigte Pergamentzettel «in verschlüsselter Schrift die Namen von allen Teilen, aus denen der menschliche Körper zusammengesetzt ist», bezeichneten.[12] Das läßt an Leonardo, seine anatomischen Kenntnisse und seine Spiegelschrift denken. Man ahnt, daß zwischen ihm und Robertet mehr als nur eine Geschäftsbeziehung bestand.

Was aber wurde aus der «Madonna mit der Spindel», Robertets Florentiner Auftrag (S. 195 f.)? Das Inventar erwähnt das Gemälde nicht.[13] Vielleicht befand es sich in Amboise oder in Villemomble bei Paris, wo Robertet ebenfalls ein Schloß besaß. Die Buccleuch-Version gelangte über Erbgänge und Heiraten in den Besitz eines Herzogs von Hostun und Tallard. Nach dessen Tod wurde sie 1756 in Paris versteigert. Ein Jahrzehnt später fand sie an ihren heutigen Ruheort.

In Cloux hatte Leonardo ein komfortables Dasein. Nachweisbar sind Zahlungen von 2000 Écu soleil an «Lyennard du Vince», ebenso von 800 Écu an Melzi und 100 an Salai, der aus Mailand nachgekommen zu sein scheint.[14] Doch bezahlte Franz I. seinen «premier peintre et ingénieur et architect» nicht einfach nur dafür, daß er Leonardo

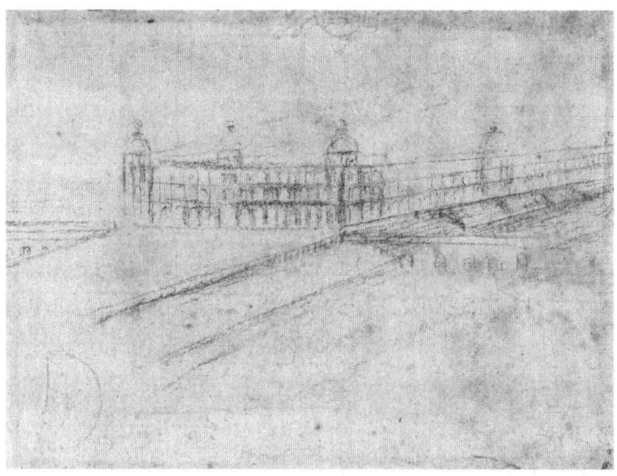

Abb. 60: Leonardo da Vinci, Entwurf für Schloß Romorantin, um 1518, schwarze Kreide, 18 × 24,5 cm, Windsor Castle, Royal Library.

war. Das aufwendigste Projekt, mit dem der italienische Gast beschäftigt wurde, waren Planungen für einen weiteren königlichen Palast, der in Romorantin, gut fünfzig Kilometer südlich von Blois, entstehen sollte.[15] Eine Kreidezeichnung Leonardos deutet eine mächtige Anlage am Ufer der Sauldre an (Abb. 60). Mit ihren vier Ecktürmen und jeweils zwei Türmen, die den Hauptzugang und das zum Park führende Portal flankieren sollten, hätte der Bau an Schloß Bury erinnert. Ein weiteres Karree mit Ställen und Räumen für die Dienerschaft sollte sich anschließen. Die Proportionen des Palasts scheinen von entsprechenden Angaben in Filaretes Idealstadt-Projekt «Sforzinda» angeregt worden zu sein.[16] Sie hätten musikalischen Harmonien entsprochen. Von den Fenstern des Schlosses aus hätten die Höflinge inszenierten Seeschlachten zuschauen können; als Bühne eines «Wassertheaters» wäre die Sauldre dort zu einem großen Becken erweitert worden.

Leonardo gab dazu grundsätzliche Empfehlungen, wie der Palast eines Fürsten zu gestalten war. Vor ihm sollte sich ein Platz öffnen. Innen seien große Festsäle vorzusehen, die der Hausherr durch eine eigene Türe betreten könne, ohne vorher von seinen Gästen gesehen zu werden. Räume, in denen getanzt und gesprungen werde und in denen sich Menschenmassen bewegten, müßten ins Erdgeschoß verlegt werden, «weil ich sie schon einstürzen sah mit dem Tod vieler».[17] Auch sollten die Treppen breit sein, damit Maskierte einander nicht bedrängten und die Kostüme keinen Schaden nähmen.

Gebaut wurde der «Escorial von Romorantin» nicht. Auch Pläne, Kanäle zu graben, die über Loire und Saône Blois mit Lyon und Villefranche mit der neuen Residenz verbunden hätten, blieben Papier, ebenso Ideen zur Umgestaltung Romorantins zu einer Idealstadt und damit zum Denkmal Franz' I.[18] Leonardo schlug die Regulierung des Gassengewirrs vor, dazu den Bau neuer Wohnhäuser mittels vorgefertigter Elemente. Auch sollten Plätze angelegt und mit Brunnen geschmückt werden. Das über den neuen Kanal herbeigeleitete Wasser hätte Mühlen angetrieben und, sobald man Schleusen öffnete, die Straßen überflutet und von Schlamm und Kot gereinigt. In diese geometrische, buchstäblich reine Urbanistik wäre der neue Palast integriert worden. Das Konzept war eines Leonardo würdig. Seine Umsetzung hätte freilich enorme Kosten verursacht.

Die Kanalprojekte erinnern ein letztes Mal an ein Leitmotiv in Leonardos Schaffen. Sie sollten helfen, des ungeheuren Elements Wasser Herr zu werden, es in Rinnen zu drängen, durch Dämme zu zähmen, in Schleusen zu sperren. Reicher Gewinn stand in Aussicht: bequeme Verkehrswege, Zolleinnahmen und die Chance, Sumpfland trockenzulegen oder Ödnis fruchtbar zu machen. Franz I. wandte sich in den folgenden Jahren indes anderen Vorhaben zu. Daß man seinem Chefarchitekten auch die Konzeption des Zauberschlosses Chambord, mit dessen Bau 1519 begonnen wurde, zuschrieb, verwundert nicht.[19] Beweisen läßt es sich nicht. Eine Kohlezeichnung aus Leonardos spätester Zeit könnte auf ein für Romorantin geplantes Reitermonument verweisen.[20]

Auch in Frankreich war es Leonardos Geschäft, dem Hof die Zeit zu vertreiben. Sein mechanischer Löwe hatte letzte Auftritte. Im Mai 1518 feierte man in Amboise das Tauffest für den Erstgeborenen des Königspaars, Franz, den künftigen Herzog von Bretagne, und die Hochzeit Lorenzo di Piero de' Medicis mit einer Nichte des Königs,

Madeleine de la Tour d'Auvergne. Der Schloßhof bot einem farben-
sprühenden Turnier die Bühne. Wieder kam ein reicher allegorischer
Apparat zum Einsatz. Als Imprese des Königs war ein flammenumlohter
Salamander zu sehen, dazu das Motto «Ich nähre und vernichte».
Gemäß dem «Physiologus» und Aristoteles widerstand das Reptil dem
Feuer und löschte es aus, wie es auch die Gerechten täten.[21] Unzählige
steinerne Salamander sollten von nun an die Bauwerke Franz' I. er-
klimmen und darauf aufmerksam machen, daß der Hausherr ein ge-
rechter Herrscher war. Erfinder der Imprese mag der mit den Märchen
des «Physiologus» vertraute Leonardo gewesen sein. Vielleicht hat er
auch der Braut ein Emblem entworfen. Es zeigte ein Hermelin und die
Beischrift «Lieber sterben als sich beschmutzen», entbot also Madeleine dieselbe Hommage, die Jahrzehnte zuvor der mutmaßlichen
Cecilia Gallerani zuteil geworden war.

Gewiß hatte Leonardo die Hand im Spiel, als bei der Inszenierung
des Kampfes um eine Burg mit großem Krachen luftgefüllte Ballone
abgeschossen wurden, um dann auf den Schloßhof niederzusinken.
Da zeitigten offensichtlich die Späße, die er sich im Belvedere mit auf-
geblasenen Gedärmen erlaubt hatte, praktischen Nutzen.[22] Das Publikum war von der «neuen, gut und einfallsreich durchgeführten Aktion» begeistert, wie Mantuas Gesandter Stazio Gadio nach Hause
berichtete. Vielleicht erinnern einige Darstellungen Kostümierter von
Leonardos Hand an das Fest. Das Papier, auf das er einen Sträfling
gezeichnet hat, ist jedenfalls mit einem französischen Wasserzeichen
imprägniert.[23]

Erinnerungen an längst vergangene Mailänder Tage und zugleich
an die Welt um Lorenzo den Prächtigen klangen an, als in einer Juni-
nacht des Jahres 1518 Polizians «Paradiso» aufgeführt wurde.[24] Dabei
kam ein von Leonardo entworfener Bühnenapparat zum Einsatz. Ein
künstlicher Himmel mit Sternen aus Gold beschirmte das Spiel.
400 Fackeln spendeten Mond und Sonne, Planeten und Tierkreiszeichen Licht. Die Nacht schien vertrieben. So hatte Leonardo selbst
sie besiegt. Irgendwann erloschen die Flammen, nun gehörte das
Dunkel den Sternen und den Glühwürmchen im Park.

Ein Besuch in Amboise

Der Apulier Antonio de Beatis war Kleriker in Diensten des Kardinals Luis von Aragon (1475–1519). Als sein Herr zwischen Mai 1517 und März 1518 eine Reise durch Oberitalien, Deutschland, Flandern und Frankreich unternahm, um den künftigen Kaiser, Karl von Habsburg (1500–1558), zu treffen, befand er sich in dessen Entourage. Sein Reisebericht ist nicht nur von Interesse, weil er Aufzeichnungen über eine Begegnung mit Leonardo enthält. Seine Notizen über Wohnkultur, Eßsitten, Kleidung und Gebräuche zeigen ihn als eine der eindrucksvollsten Quellen zur Kultur der Renaissance, die erhalten blieben. Wir lesen von Wein, der mit Salbei, Flieder und Rosmarin gewürzt ist, von riesigen Kohlköpfen, grünem Kräuterkäse und den schlechten Zähnen der Weiber, gemäß de Beatis Folge übermäßigen Butter- und Bierkonsums. Daneben registriert der Reisende die glühende Religiosität des vorreformatorischen Nordens, die sich, wie er meint, von der laxen Frömmigkeit in seiner italienischen Heimat dramatisch abhebe. Damit benennt er eine Voraussetzung der Entfaltung der weltzugewandten Renaissancekultur und damit auch Bedingungen, die ihren unorthodoxen Vertreter Leonardo möglich machten.

Besonders interessant ist, daß De Beatis' Text Spuren des «Epochenauges» erkennen läßt.[25] So nennt der Kunsthistoriker Michael Baxandall eine zeitgebundene Art, Dinge wahrzunehmen – sie als des Beschreibens würdig, als schön oder häßlich, auffällig oder banal einzuschätzen. Wie der Mann aus Vinci interessiert sich der Berichterstatter für alles Technische. Er schreibt über die Herstellung von Waffen, über Brunnen, Pumpwerke und Windmühlen, notiert Bauweisen, zum Beispiel Eigenheiten der Mauertechnik des Straßburger Münsters. Gleich Leonardo interessiert er sich für Brücken und Kanäle, Geschütze und Befestigungen; wie den Mann aus Vinci faszinieren ihn die Künste des mechanischen Zeitalters, Uhren und Orgeln, und auch sein Begriff von gelungener Urbanistik erinnert an Leonardos Vorstellungen: breite, gepflasterte Straßen, schöne Plätze, Sauberkeit.

Namen von Malern begegnen bei ihm ebenso selten wie in Leonardos Aufzeichnungen. Auch für De Beatis waren sie nicht mehr als

Handwerker. Vom Genter Altar weiß er, daß ihn ein Meister namens «Robert» – gemeint ist Hubert van Eyck – geschaffen und dessen Bruder ihn vollendet habe. In Brüssel bestaunt er den «Garten der Lüste»; dessen Schöpfer Hieronymus Bosch aber bleibt unerwähnt.[26] Auch Raffaels Name fällt nicht, als Antonio in einer Brüsseler Teppichwirkerei bei der Arbeit an Tapisserien mit Szenen aus der Apostelgeschichte zusieht – es ist die berühmte, von Leo X. für den Schmuck der Sixtinischen Kapelle in Auftrag gegebene Serie. In Mühlau, heute einem Stadtteil von Innsbruck, besucht die Gruppe die Gießerei, in der gerade die Bronzefiguren für das Kenotaph Kaiser Maximilians hergestellt werden. Auch Leonardo hätte sich gewiß brennend für eine solche Werkstatt interessiert. Wie auch andere Reisende und Künstlerverträge Preisen, kostbaren Farben und Baustoffen Aufmerksamkeit schenken, fällt De Beatis dergleichen ins Auge.[27] Er weiß, daß die Brüsseler «arazzi» 2000 Golddukaten pro Stück kosteten. Und in Augsburg hält er fest, daß die gerade fertiggestellte Grabkapelle der Fugger Aufwendungen von 23 000 Gulden erfordert hatte. Am Palast Jakob Fuggers «des Reichen» bestaunt er das Kupferdach und erwähnt das teure Material der Fassadenfresken, nämlich Gold und blaue Farbe. Die Nennung von Künstlernamen erhofft man erneut vergebens.

In Rouen begegnete de Beatis Karls Lebensgegner Franz I., Leonardos Patron. Er schildert den Franzosen als heiter, sehr freundlich und gutaussehend, wenngleich mit einer etwas großgeratenen Nase ausgestattet. Ebenfalls in der nordfranzösischen Stadt stieß Massimiliano Sforza zu Aragons Entourage. Mit ihr reiste er nach Paris, dem Ort seines Exils. Am 10. Oktober 1517 schließlich langte die Reisegruppe in Amboise an. De Beatis beschreibt den Ort als klein, aber heiter und wohlverwahrt.[28] Sein Schloß sei keine Festung, verfüge vielmehr über bequeme Zimmer. Die Aussicht von dort sei wunderschön.

Und nun kam es zur denkwürdigen Begegnung mit Leonardo. «In eines der Burggebäude ging der Herr mit uns anderen, um Messer Lunardo Vinci, einen Florentiner, zu sehen.» De Beatis beschreibt ihn, «einen in unserem Zeitalter sehr hervorragenden Maler», als Alten «von über 70 Jahren». Leonardo habe dem Kardinal drei Bilder gezeigt: «Eines von einer gewissen Florentiner Frau, der Natur nach gemacht, auf Begehren des verstorbenen herrlichen Giuliano de Medici», dann einen «jungen Johannes den Täufer» und als drittes die «Madonna mit dem Sohn, die im Schoß der heiligen Anna plaziert sind». Alle drei seien «perfectissimi» (was im Fall der noch unvollendeten «Anna Selbdritt» nicht ganz zutraf). Doch lasse sich von Leonardo kein gutes Werk mehr erwarten, da dessen rechte Hand von Lähmung befallen sei. Er habe sich einen Mailänder als Lehrling gezogen, der sehr gut arbeite. Damit ist Francesco Melzi gemeint. «Und obwohl besagter Messer Lunardo nicht mehr mit jener Anmut malen kann, wie er es zu tun pflegte», fährt Antonios Bericht fort, «ist er doch dazu imstande, Zeichnungen zu machen und andere zu unterrichten. Dieser Edelmann hat die Anatomie so eingehend und mit Beweis [«demostratione»] durch Abbildungen zusammengestellt – von Gliedern wie Muskeln, Nerven, Venen und Verbindungen der Eingeweide –, daß man die Körper von Männern wie Frauen verstehen kann.» Noch nie sei dergleichen von jemand anderem gemacht worden. «Wir haben das mit eigenen Augen gesehen. Und er sagte, schon über dreißig Körper von Männern und Frauen jeden Alters seziert zu haben. Auch hat er über die Natur des Wassers, über verschiedene Maschinen und anderes, so berichtete er, eine unendliche Zahl von Bänden geschrieben, alle auf Italienisch. Wenn sie ans Licht kämen, würden sie nützlich und sehr unterhaltsam sein.» Über Unkosten und Logis hinaus habe Leonardo vom König von Frankreich 1000 Scudi im Jahr als Pension und sein Schüler 300. Soweit Antonio de Beatis. Bereits am Nachmittag des 11. Oktober brachen der Kardinal und die Seinen auf und ritten weiter nach Blois.

Der Apulier liefert eine einzigartige Momentaufnahme. Leonardo scheint tatsächlich wie ein Greis gewirkt zu haben, sein atemloses Leben hatte Spuren hinterlassen. De Beatis pflegt sonst mit seinen Altersschätzungen eher richtig zu liegen.[29] Ob Vincis rechter Arm wirklich gelähmt war oder aber der Besucher seine Linkshändigkeit falsch deutete, wissen wir nicht. Über die Kraft zu zeichnen verfügte er jedenfalls noch. Doch hatte die Sehkraft inzwischen nachgelassen. Darauf deutet sein Spätstil ebenso hin wie der Besitz einer Brille.

Letzte Arbeiten finden sich auf französischem Papier mit Wasserzeichen, die südlich der Alpen nicht begegnen. Zu ihnen zählen mit dicken Federstrichen hingeworfene Darstellungen von Apokalypse und Auferstehung.[30]

«Die Suppe wird kalt!»

Das Weltende, wie Leonardo es sich Jahrzehnte zuvor ausgemalt hatte, ist kalt. Kein Regenbogen, auf dem ein richtender Gott thronte, spannt sich über den Himmel. «Die Flüsse werden ohne ihre Wasser sein, die fruchtbare Erde wird nicht mehr keimende Äste hervorbringen und keine mit wogendem Korn geschmückten Felder. Alle Tiere werden sterben, da sie kein frisches Gras zum Weiden finden, und so wird es [auch] den räuberischen Löwen und Wölfen und anderem Getier, das von Raub lebt, an Nahrung mangeln. Und die Menschen werden nach vielem Widerstand gezwungen sein, ihr Leben zu lassen, und das Menschengeschlecht wird aussterben. Und so wird die fruchtbare, früchtetragende Erde verlassen bleiben und wüst, trocken und unfruchtbar, da der Saft des Wassers in ihrem Magen verschlossen ist (…) und die kalte, zarte Luft wird im Element des Feuers vergehen müssen. Und dann wird ihre Oberfläche zu Asche verbrannt bleiben, und das wird das Ende der irdischen Natur sein.»[31] Die Religion bot keinen Trost. Leonardo notiert ein mittelalterliches Distichon, das sich auch auf dem Grab eines Bischofs in der Kathedrale von Otranto findet: «Wir werden von Versprechungen getäuscht, von der Zeit betrogen, und der Tod spottet unserer Sorgen. Das angstvolle Leben ist nichts.»[32]

Die letzten datierbaren Zeilen von Leonardos Hand wurden im Juni 1518 niedergeschrieben. Ein damals verfaßter Text, der sich mit geometrischen Fragen beschäftigt, endet abrupt mit einem «eccetera» und den Worten: «weil die Suppe kalt wird», «perché la minestra si fredda». Leonardos Biographen haben die kleine Szene, die sich da abgespielt haben dürfte, liebevoll ausgemalt.[33] Wir sehen den Alten vor uns: am Schreibpult kauernd, mit abstrakten mathematischen Fragen ringend; schon ist es hohe Mittagszeit. Da bricht der Alltag in die Welt von Zahlen und Figuren, die ihn umfängt – in Gestalt eines Mahnrufs der Magd Maturina. «Die Suppe wird kalt!» Leonardo mag die Störung zunächst ignoriert und angestrengt weitergemacht haben. «Meister, die Suppe wird kalt!» ruft Maturina erneut, nun lauter, drängend und, bei allem Respekt, mit vorwurfsvollem Unterton. Die Konzentration ist dahin, Leonardo erhebt sich achselzuckend und begibt sich zu Tisch. Merkwürdig nur, daß er den banalen Grund dafür, warum seine Rechnerei abbricht, aufschreibt. Es ist, als ob er sich dafür entschuldigen wollte, wieder eine Sache nicht zu Ende gebracht zu haben.

Die Worte über die erkaltende «minestra» erinnern daran, daß die Vorstellung, unsere Tage rundeten sich zum Schluß, von einem höheren Geschick gestaltet wie das Finale einer Sinfonie vom Komponisten, mit der Realität nichts zu tun hat. Das krude Durcheinander von Gedanken und Taten, Freuden und Leiden, das man «Leben» nennt, pflegt gewöhnlich irgendwo unterwegs abzubrechen, nicht erst nach Erreichen eines oder gar «des» Ziels. Es hört auf, ohne daß alles vollendet worden wäre, was hätte vollendet werden müssen, man alles gesagt hätte, was zu sagen war. Mit den Worten «Und nun» – schließt die Autobiographie Johann Gottfried Seumes, des «Spaziergängers nach Syrakus». Wohl keine Lebensgeschichte hat einen anderen Ausgang.

So steht also der schlichte Satz «Die Suppe wird kalt!» nahezu am Ende der Erdentage eines Mannes, der weiter gedacht hatte als Jahrhunderte vor und nach ihm; der Maler eines Königs war und selbst ein König seiner Kunst. Gerne beschlössen wir mit der lauwarmen Suppe und jenem wunderbaren Stück Lebens, das sie symbolisiert, unseren Bericht. Aber noch blieben Leonardo ein paar, freilich von Krankheit überschattete Monate. Ob er sich, als es ans Sterben ging, an eine Weisheit erinnerte, die er auf der Höhe des Lebens, zwischen 1487 und 1490, formuliert hatte? «Wie ein gut verbrachter Tag einen angenehmen Schlaf gibt, so gibt ein gut genutztes Leben einen heiteren Tod».[34]

Leonardos Testament ist auf den 23. April 1519 datiert.[35] Keine zwei Wochen später, am 2. Mai, kam das Ende. Vasari gibt widersprüchliche Informationen über Vincis letzte Stunden. Er habe, so heißt es in der ersten Auflage der «Lebensbeschreibungen», nach Diskussionen über die katholischen Dinge unter vielen Tränen zum christlichen Glauben zurückgefunden.[36] In der zweiten Ausgabe ist aus dem Disputieren und der Konversion der bloße Wunsch geworden, sich genau über «die katholischen Lehren und die unserer guten und heiligen christlichen Religion» unterrichten zu lassen. So habe Leonardo weinend und zerknirscht das Glaubensbekenntnis abgelegt. «Obwohl er sich nicht auf den Beinen halten konnte, stützte er sich auf die Arme seiner Freunde und Diener, um, außerhalb des Bettes, andächtig das heiligste Sakrament einzunehmen. Der König, der ihn oft und mit Freundlichkeit zu besuchen pflegte, kam hinzu; deshalb stand er ehrerbietig auf, um auf dem Bett zu sitzen, erzählte von seiner Krankheit und den Mißgeschikken, die sie verursachte, und legte überhaupt dar, wie sehr er Gott und die Menschen der Welt beleidigt hatte, indem er in seiner Kunst nicht so verfuhr, wie es sich gehörte.» Als sich der Tod durch einen heftigen Anfall ankündigte, habe sich Franz erhoben und Leonardos Kopf ergriffen, um ihm Gunst zu erweisen und das Leiden zu lindern. «Sein Geist aber, der göttlich war über alle Maßen, verhauchte im Arm des Königs, wußte er doch, daß ihm eine größere Ehre nicht widerfahren könne. Er war im 65. Jahr seines Alters.»

So hätte es Vasari, der unermüdliche Ruhmredner seiner Zunft, gerne gehabt – der Maler stirbt in den Armen eines Königs! Tatsächlich aber befand sich Franz I. Anfang Mai 1519 nicht in Amboise, sondern in Saint-Germain-en-Laye nördlich von Paris.[37] Die Nachwelt glaubte die schöne Erzählung dennoch nur zu gerne. Jean-Auguste-Dominique Ingres (1780–1867) malte die Szene, getreu nach Vasaris Schilderung. Sein Bild fügte sich wie andere Fassungen der Episode in die Legende Leonardos, die so mit dem Tod des «divinissimo», des «Göttlichsten», geboren wurde.[38]

Leonardos Testament ist gut christlich. Der königliche Notar Guilleaume Boreau hat es in Cloux aufgezeichnet. Kleriker aus Amboise fungierten als Zeugen, alleiniger Testamentsvollstrecker sollte Francesco Melzi sein. Leonardo empfahl seine Seele «Gott, der ruhmreichen Jungfrau Maria, unserem Herrn, dem heiligen Michael und allen seligen Engeln und Seligen des Paradieses». Er wollte sein Grab in der Kapelle des heiligen Florentin von Amboise. Sein Leib sollte von ihren Kaplänen dorthin getragen werden, begleitet von hohen Klerikern und Franziskanermönchen. Drei «große Messen» waren in der Kapelle zu lesen und dreißig «stille Messen» in San Gregorio. Ähnliche Feiern ordnete das Testament in Saint-Denis und bei den Franziskanern an.[39] Den vier Kirchen stiftete Leonardo je zehn Pfund Wachs in Form großer Kerzen. Während der Exequien waren sechzig Fackeln, von sechzig Armen gehalten, zu entzünden. Testamentsvollstrecker Melzi sollte den Fackelträgern nach seinem Ermessen Geld schenken. Zudem vermachte Leonardo den Bedürftigen des Hôtel-Dieu von Amboise und den Leprösen von Saint-Lazare siebzig Turiner Scudi. Sein Vertrauen auf das Wirken guter Werke war ersichtlich ungebrochen. Von Luthers Reformation, die eben dieses in Frage stellte und gerade in Deutschland einen Sturm entfachte, ahnte der Testator nichts.

Weitere Passagen des Testaments sehen Legate für die Dienerschaft vor. Battista de' Villani erhielt Mobiliar und Hausrat, dazu die Einkünfte aus dem Kanal von San Cristofano und die Hälfte des Weingartens in Mailand. Die andere Hälfte übertrug Leonardo «seinem Diener» Salai, dem auch ein dort erbautes Haus für immer gehören sollte. Er wolle den beiden damit für die «guten und angenehmen Dienste», die sie ihm erwiesen hätten, danken. Maturina bekam ein pelzgefüttertes Gewand von gutem schwarzen Tuch, einen Umhang und zwei Dukaten. 400 Scudi di sole erbten die leiblichen Brüder in Florenz. Melzi sollte gehören, was Leonardo zum Zeitpunkt seines Todes an Geld besaß und noch zustand, desgleichen seine Kleidung. Zudem erhielt er «alle und jede Bücher, die besagter Erblasser gegenwärtig hat, und andere Gerätschaften und Zeichnungen betreffend seine Kunst und die Tätigkeit der Maler».[40] Vermutlich wurden ihm auch die von Onkel Francesco ererbten Immobilien vermacht; eigens aufgeführt sind sie nicht. Melzi erwähnt in einem Brief an Ser Giuliano und die anderen Stiefbrüder Leonardos ein Landgut bei Fiesole, das wohl zu Francescos Erbe gehört hatte.[41]

Bei aller Stilisierung spricht aus dem Schreiben die Erinnerung an eine echte Freundschaft. «Ich nehme an, Ihr wißt vom Tod Meister

Leonardos, Eures Bruders, der mir bester Vater war. Es ist unmöglich, den Schmerz auszudrücken, den ich über seinen Tod empfinde. So lange meine Glieder zusammenhalten, werde ich immerfort unglücklich sein, mit gutem Grund; denn täglich brachte er mir herzliche und heißeste Liebe entgegen. Jeden schmerzt der Verlust eines solchen Mannes, der nun nicht mehr in der Gewalt der Natur ist. Der allmächtige Gott gewähre ihm ewige Ruhe.»

Mona Lisas Schwestern

Auf seiner Weiterreise von Amboise hatte Antonio de Beatis in Blois, dem Schloß Franz' I., noch ein weiteres Gemälde gesehen, das sich mit Leonardo da Vinci in Verbindung bringen läßt: «ein Bild, auf dem in Öl eine gewisse Dame aus der Lombardei, nach der Natur» gemalt war. Unser zum Verzweifeln wortkarger Augenzeuge verrät nicht, wer die Porträtierte sein sollte, und verschweigt auch ihren Maler. Vermutlich war er vor der «Belle Ferronière» (Tafel 15) gestanden. Das stärkste Argument, daß es sich so verhielt, ist, daß sich das Bild nach einer Zwischenstation in Fontainebleau heute im Louvre befindet. Vielleicht war es schon um 1500 als Kriegsbeute nach Blois gelangt. Ein damals angelegtes Inventar des Schlosses erwähnt ein «auf Holz gemaltes Porträt einer Frau in italienischer Kleidung». Ob sie als die «Ferronière» identifizierbar ist, steht dahin.[42]

So weit, so gut. Nun aber fügt Antonio de Beatis eine Bemerkung hinzu, die viel Gelehrtentinte zum Fließen gebracht hat. Das Bild sei «sehr schön», doch sei es «nach meinem Urteil nicht so [schön] wie das der Signora Gualanda». Neben der Textstelle findet sich eine Marginalie, die erläutert: «Signora Isabella Gualanda».

Die Genannte ist nahezu ein Phantom. Man vermutet, daß sie 1491 als Tochter Ranieri Gualandis, eines Höflings des Herzogs von Kalabrien, und Bianca Galleranis geboren wurde. Die Mutter soll eine Cousine Cecilia Galleranis, der mutmaßlichen «Dame mit dem Hermelin», gewesen sein. Schon 1514 sei Isabella, inzwischen Mutter eines Kindes, verwitwet gewesen.[43] Der Literaturhistoriker Carlo Vecce will sie als jene «Isabella» identifizieren, deren vom «berühmten und edlen

Vincio» gemaltes Porträt in einem Canzoniere des Poeten Enea Irpino (vor 1495–1520) gerühmt wird. Vecce vertritt die These, daß Leonardo in Rom für seinen Patron Giuliano de' Medici ein Porträt von jener Isabella gemalt habe – womit zugleich Antonio de Beatis' Bemerkung, das Bildnis der «gewissen Florentiner Frau» sei im Auftrag des Medici entstanden, erklärt wäre. Gemäß Vecce, einem der besten Kenner der Quellen zu Leonardo, hätte es demnach eine zweite, verlorene «Mona Lisa» gegeben: die von Irpino besungene «Isabella».

Die Verse Irpinos bieten konventionelles Maler- und Frauenlob. Sie feiern Isabella als «lebende Madonna»: ihre helle Stirn, den schönen Mund, «mit dem die Liebe so schöne, anmutige Worte formt», die «von hohem Eifer erfüllten Augen», den schönen Hals. «Jener hervorragende Maler, der so viel Schönheit unter dem züchtigen Schleier malte, überwand die Kunst und besiegte sich selbst.» Freilich sei alle Kunst außerstande, Seelen mit ihren ewigen Schönheiten zu porträtieren. «Um sie unter dem schönen schwarzen Schleier zu malen, bedürften wir dessen, der sie zuerst im Himmel schuf.»

Allerdings ist unsicher, ob sich Irpinos Gedicht tatsächlich auf ein Porträt der mysteriösen Gualandi bezieht. Klar ist nur, daß es sich an eine «Isabella» richtet.[44] Es gibt kein starkes Argument gegen die Annahme, der Dichter habe die heute im Louvre ausgestellte «Mona Lisa» vor Augen gehabt, als er an seinen Versen feilte. Zwischen 1513 und 1516 befand sich das Bildnis aller Wahrscheinlichkeit nach in Leonardos Werkstatt im Belvedere, wo Irpino es gesehen haben könnte. Der in seinem Gedicht erwähnte Schleier beweist nichts. Denn auch Lisas Haupthaar wird ja von feinem Gewebe umspielt. Das Accessoire war zudem keineswegs Witwen vorbehalten, sondern konnte vielmehr, wie eine Art Benimmbuch für Frauen von 1461 weiß, Verheiratete als «erstes eheliches Kleidungsstück» zieren.[45]

Aber warum identifizierte Irpino dann die Gioconda als «Isabella»? Man hat angeführt, daß «Isabella» eine Variante von «Elisabetta» ist. Das Wörterbuch der «Accademia della Crusca» subsumiert unter «Elisabetta» unter anderem die Abkürzung «Lisa», aber auch «Isabella».[46] So könnte sich das Poem an Lisa del Giocondo gerichtet haben oder aber an eine andere Isabella, die sein Dichter irrtümlich auf dem Bildnis zu sehen glaubte, etwa Isabella von Aragon, Isabella d'Este oder eben Isabella Gualandi. Daß Leonardo das Porträt der Gioconda begonnen hatte, als letztere noch ein zwölfjähriges Kind war, mußte Irpino ja nicht unbedingt bekannt sein.

Können vielleicht Bemerkungen Giovanni Paolo Lomazzos die Annahme Vecces retten, die «Mona Lisa» habe eine süditalienische Schwester gehabt? In seinem Malereitraktat erwähnt Lomazzo von Leonardo gemalte Frauen, die «nach Art des Frühlings» geschmückt seien – «wie das Porträt der Gioconda *und* der Mona Lisa, bei denen er (…) auf wunderbare Weise den lachenden Mund ausdrückt»; in seiner «Idee des Tempels der Malerei» ist vom Porträt einer «neapolitanischen Mona Lisa» die Rede.[47] Beide Werke befänden sich in «fontana di Beleo», also in Fontainebleau. Von den Bildern dort wußte Lomazzo freilich allein durch Vasari und vielleicht Erzählungen seines Mailänder Landsmannes Melzi. Zudem war er schon als Dreißigjähriger erblindet. Keines der erhaltenen Porträts Leonardos zeigt Frauen nach «Art des Frühlings». Nehmen wir die Botschaft der Quelle wörtlich, gälte es, noch mindestens einen weiteren verschollenen «Leonardo» zu erfinden – es sei denn, wir identifizieren das gesuchte Porträt als «nackte Mona Lisa», eine Variante des berühmten Bildes, die in mehreren Fassungen überliefert ist (S. 337).

Eleganter wäre es, die beiden von Lomazzo erwähnten «Mona Lisas» als die «Gioconda» und die «Belle Ferronière» auszumachen. Vielleicht ging von letzterem Porträt damals die Rede, es zeige Isabella von Aragon, die ja tatsächlich Neapolitanerin war. Zur Zeit Franz' I. schmückte die «Ferronière» das «Cabinet des bains» in Schloß Fontainebleau. Spätestens 1642 hing sie ebenso wie die «Mona Lissa, gemeinhin Ioconde genannt», im «Cabinet des peintures» von Fontainebleau.[48] Von hier führte der Weg für sie und die anderen Gemälde des «Leonard da Vin», die Antonio de Beatis in Cloux gesehen hatte, in den Louvre. Aus Schloß Fontainebleau stammt auch der später in einen Bacchus verwandelte «Johannes der Täufer» (Abb. 61). Er galt lange als echter «Leonardo», ist aber eher ein Werkstattprodukt.[49]

Die Frage bleibt, was Antonio de Beatis' Marginalie «Isabella Gualanda» zu bedeuten hat. Eine mögliche (wenngleich nicht sehr befrie-

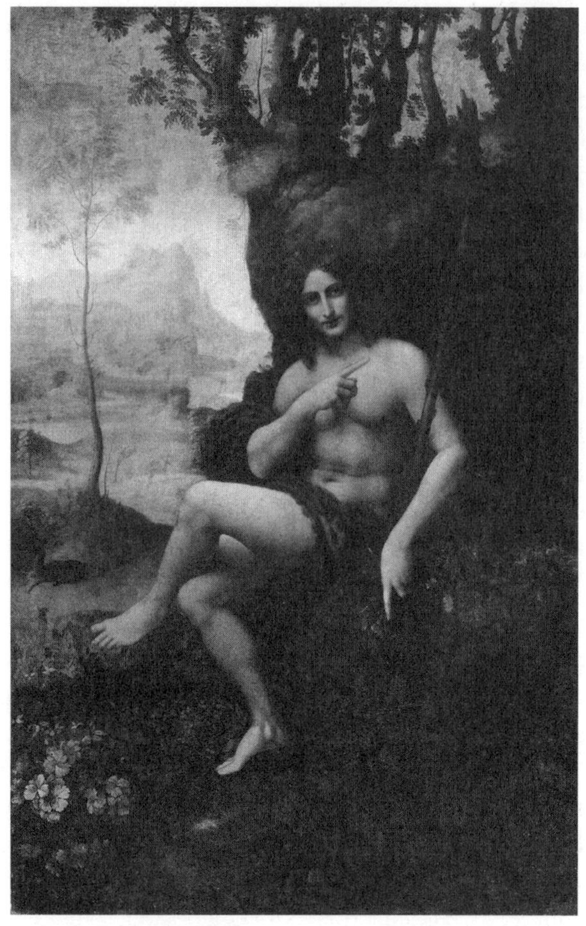

Abb. 61: Leonardo da Vinci (Werkstatt), Johannes der Täufer, um 1513–1518 (?),
Öl auf Holz, auf Leinwand übertragen, 177 × 115 cm, Paris, Musée du Louvre.

digende) Lösung des Rätsels ist, daß sich der Hinweis einem Hörfehler
verdankte. Hat der Besucher ein vom alten Leonardo hingemurmeltes
«Gioconda» falsch verstanden, «Gualanda» vermerkt – und den Namen, als er 1521 Reinschriften seines Berichts anfertigte, auf die weithin
bekannte, von Dichtern besungene Schönheit Isabella Gualandi bezogen?[50] Da wir über de Beatis' Leben kaum mehr wissen als über das der

Gualandi, gleicht der Versuch, den einen mit der anderen zusammenzubringen, einem Spiel mit Gespenstern. Lassen wir Antonio also weiterreisen – über Mailand, wo er das «Abendmahl» von «Messer Lunardo Vinci, den wir in Amboys besuchten», sah, nach Ferrara und schließlich nach Rom. Hier langte er mit seinem Kardinal am 16. März 1518 an. Seine weiteren Schicksale sind unbekannt. Nicht einmal sein Todesjahr ist überliefert.

Wie die Wege von Leonardos Bildern von Cloux nach Fontainebleau verliefen, ist jedoch mit ziemlicher Sicherheit zu rekonstruieren. Nebenbei läßt sich dabei auch das Rätsel auflösen, warum Salai in Leonardos Testament allein mit einem Stückchen Land abgefunden wurde und darin zudem keine Gemälde erwähnt werden. Die Erklärung bietet eine Ausgabenrechnung des für Mailand zuständigen Schatzmeisters Franz' I. von 1518. Sie belegt, daß «messire Salay de Pietredorain, paintre» – «Herrn Salai, Sohn des Pietro Opreno, Maler» – «für Bilder, die er dem König geliefert hat», über 2600 Livres tournois anzuweisen waren.[51] Die Summe entsprach etwa 1400 Scudi. Offenbar hatte Leonardo, der spüren mochte, daß ihm nicht mehr viel Zeit blieb, Salai die Bilder geschenkt. Der wiederum scheint sie umgehend versilbert zu haben. Doch konnte er sich nicht lange an dem Geld und dem ererbten Weingarten freuen. 1524 starb er in Mailand eines gewaltsamen Todes, angeblich durch einen Arkebusenschuß. Zahlungen, die ihm Massimiliano Sforza von seinem Pariser Exil aus zukommen ließ, nähren den Verdacht, daß er damals im von den Franzosen belagerten Mailand als Sforza-Agent wirkte, enttarnt und liquidiert wurde.[52] Im Jahr zuvor hatte er noch geheiratet, eine gewisse Bianca Caldiroli. Sollte der schöne Salai wirklich Leonardos Geliebter gewesen sein, wußte er offenbar zugleich mit Frauen etwas anzufangen. Die Ehe bescherte ihm 1700 Scudi Mitgift.

Verwirrung stiftete eine im Jahr nach Salais Tod angelegte Liste seiner Besitztümer. Neben Schulden, die Mailänder Bürger bei ihm hatten – Geld besaß er wohl dank des Erlöses der verkauften «Leonardos» genug und konnte es daher verleihen –, registriert die Liste Hausrat und Wertsachen. Ein Rubinring könnte ein Geschenk Leonardos gewesen sein. Vor allem aber nennt sie ein Dutzend Gemälde:

eine «Leda», eine «heilige Anna», einen «heiligen Johannes» und andere mehr. Sie sollten zusammen 727 Scudi wert sein. Aufmerksamkeit verdient die Erwähnung von zwei Frauenporträts. Eines davon wurde auf hundert Scudi geschätzt, das andere auf 80 Scudi. Letzteres ist mit dem Zusatz «genannt la honda» versehen; die Worte wurden mit etwas hellerer Tinte nachträglich, aber wohl von gleicher Hand, durchgestrichen.[53] Der Schreiber fügte die korrekte Bezeichnung ein: «la Joconda». Zum ersten Mal begegnet der magische Name.

Daß damit das Original der «Mona Lisa» gemeint war, ist unwahrscheinlich.[54] Wir müßten sonst erklären, für welche Bilder Salai 1518 über 2600 Livres erhielt, fast das Doppelte dessen, was sämtliche Gemälde auf der Liste wert sein sollten. Zudem bliebe offen, wie die «Mona Lisa» schließlich von Mailand aus doch noch nach Fontainebleau gelangte. Unter den Hypothesen, auf welche Werke sich das Verzeichnis bezieht, ist die wahrscheinlichste, daß es sich um Kopien nach Gemälden Leonardos oder nach seinen Entwürfen ausgeführte Bilder handelt.

An Werken, die auf diese Weise mit der Liste in Verbindung gebracht werden können, mangelt es nicht, angefangen mit einer frühen Kopie der «Mona Lisa», die 2012 im Depot des Madrider Prado entdeckt wurde. Als mögliche Maler wurden wie in anderen Fällen Melzi und Salai genannt. Den Spekulationen sind keine Grenzen gesetzt, gibt es doch weder vom einen noch vom anderen ein gesichertes Œuvre. Eine einzige Zeichnung – sie stellt einen kahlköpfigen Alten dar – trägt Melzis Signatur; sie entstand 1510. Am ehesten gehören Melzi außerdem eine in Berlin aufbewahrte Darstellung von «Vertumnus und Pomona» und die «Flora» der Ermitage. Leise lächelnd betrachtet sie eine Akelei, Symbol der Fruchtbarkeit. Beide Bilder zeigen Melzi als begabten Künstler.[55] Ein Leonardo aber war er nicht.

Salai und Melzi werden auch als mögliche Schöpfer einer besonders wunderlichen Variante der «Gioconda» genannt: der «Monna Vanna» oder «nackten Gioconda», von der mehrere Fassungen überkommen sind. Eine ruht im Depot des Louvre, eine andere lächelt von den Wänden der Ermitage, eine dritte auf einer großformatigen Zeichnung in Chantilly (Abb. 62).[56] Die Spekulationen um die «nackte

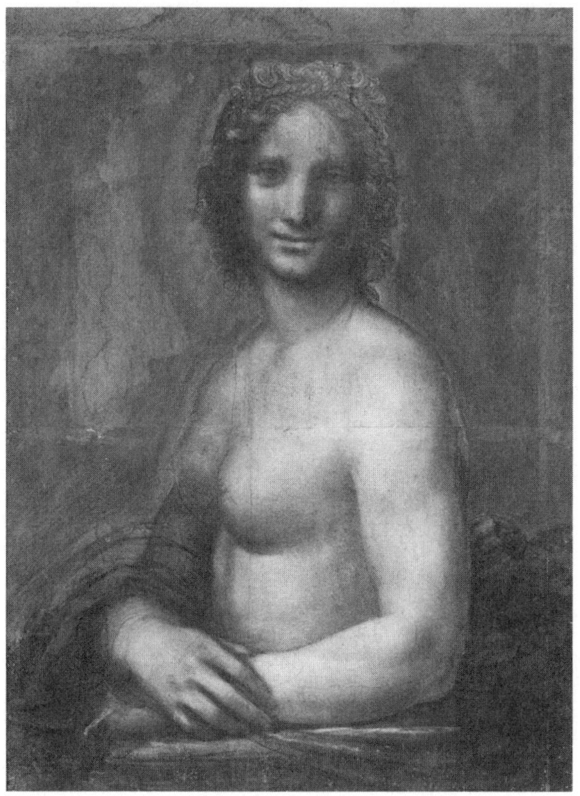

Abb. 62: Francesco Melzi (?) oder Giacomo Caprotti (?), Die nackte Gioconda («Monna Vanna»), um 1515 (?), schwarze Kreide auf braunem Papier, 72,4 × 54 cm, Chantilly, Musée Condé.

Mona Lisa» trieben besonders seltsame Blüten. Hatte womöglich Salai der androgynen Nackten das Modell abgegeben? Und läßt sich «Mona Lisa» als Anagramm mit der Auflösung «Mon Salai», «Mein Salai», dechiffrieren? War also die «Gioconda» in Wahrheit ein Mann? Breiten wir lieber Schweigen über Thesen dieser Art …

Alles in allem und weitere Theorien ausgeklammert, läßt sich als Befund, der mit den Quellen am ehesten übereinstimmt, festhalten: Die «Mona Lisa» wurde zwischen 1503 und 1516 gemalt. Giuliano de' Medici hoffte noch kurz vor seinem Tod, sie erwerben zu können, und wurde als damaliger Patron Leonardos irrtümlich für ihren Auftraggeber gehalten. 1518 wurde sie von Salai an Franz I. von Frankreich verkauft. Und: Die Porträtierte ist höchstwahrscheinlich niemand anderes als Mona Lisa – Lisa Gherardini, die Gattin des Kaufmanns Francesco del Giocondo aus Florenz.

Leonardos Schädel

Dürfen wir den Akten des königlichen Kapitels von Saint-Florentin glauben, wurde Leonardos Körper erst Monate nach seinem Tod, nämlich am 12. August, einem Dienstag, zu Grabe getragen. Zu diesem Datum vermeldet ein Eintrag die Bestattung von «Meister Lionard de Vincy, Edelmann aus Mailand, erster Maler und Ingenieur und Architekt des Königs, Mechaniker des Staates, vormals Direktor der Malerei des Herzogs von Mailand».[57] Vermutlich hatte man die Leiche einbalsamiert, vielleicht weil noch die Grabstätte zu bereiten war. So nahm denn der Leichenzug, von sechzig Fackeln umflackert, den kurzen Weg von Cloux zur Kirche Saint-Florentin am westlichen Ende des Schloßhofes, wo die Exequien zelebriert wurden. Franz I. hielt sich zu diesem Zeitpunkt in Corbeil bei Paris auf. Wir dürfen ihn also nicht im Trauerzug mitschreiten lassen.

Leonardos letzte Ruhestätte mag die Verwüstungen, die Amboise während der Religionskriege erlitt, überstanden haben. Revolutionszeit und Empire brachten das Ende. 1806 begann der Besitzer des Schlosses, Roger Ducos – eine prominente Figur der Revolution und auch unter Bonaparte in Ehren –, mit dem Abbruch der Kirche. Nichts blieb von ihr übrig. Die Steine wurden verkauft, ebenso das Blei der Särge, die man fand. Ein halbes Jahrhundert später rief der Schriftsteller Arsène Houssaye (1815–1896), damals Generalinspekteur der Museen der Provinz, dazu auf, nach den Überresten des weltberühmten Toten zu suchen, die im Boden von Amboise verborgen sein mußten.[58] Selbst Kaiser Napoleon III. schien daran interessiert, der Nation dieses Stück ihres kulturellen Erbes zurückzugewinnen. Man suchte in der Gegend des Chores der abgerissenen Kirche. Hier sollte sich gemäß unsicherer Überlieferung Leonardos Grab befunden haben.

Wo anders auch als «in der heiligen Erde dieser Kirche, an der Seite der großen Persönlichkeiten, die dort ruhen», so Houssaye, konnte Leonardo liegen? Einen Vermerk in den Akten des Kapitels von Saint-Florentin, gemäß dem er «dans le cloistre», also im Kreuzgang, bestattet worden war, kannte Houssaye damals noch nicht.

Der Schriftsteller erzählt von der anfangs aussichtslos scheinenden Suche. Kinder hätten mit Schädeln, die auf dem Gelände Saint-Florentins zum Vorschein kamen, gekegelt und Boule gespielt, bis der Gärtner sich der Knochen erbarmte und sie bestattete. Wider alles Erwarten wurden die Ausgräber Ende August 1863 fündig. «Nachdem wir eine Handvoll Erde und einige Wurzeln beseitigt hatten, sahen wir ein großes Antlitz mit der Majestät des Todes», schreibt Houssaye. «Der Kopf war auf die Hand gestützt wie im Schlaf. Es ist das einzige Skelett, das jemals in dieser Position gefunden wurde, die man Toten niemals gibt und die vertraut ist bei einem Denker, der müde von seinen Studien erscheint. Die schöne Stirn schien noch in Meditation begriffen.» Das mußte der Schädel des Mannes sein, «der Welten in seinem Gehirn» gehabt hatte! Von einem «cerveau monstrueux» sprach Paul Valéry. Selbst Haare, vermodertes Gewand und Sandalen fanden sich. Neben dem Haupt des Toten stand ein Schälchen mit Resten von Weihrauch und Myrrhe. Wie die Leiber Heiliger nicht verwesen, vielmehr lieblichen Duft verströmen sollten – von Michelangelos Leichnam wurde das schon im 16. Jahrhundert behauptet –, war der Tote offensichtlich von Wohlgerüchen umflort gewesen. «Alle, die zusahen, hatten den Glauben», so Houssaye, «und dennoch wagte keiner zu sagen: ‹Hier war Léonard de Vinci›». Ein Gärtner fand noch Bruchstücke eines Epitaphs. Darauf ließen sich die Buchstaben «LEO» und «INC», dazu nochmals «EO … DUS … VINC» entziffern: Was sonst als «LEONARDUS VINCIUS» konnte das heißen? Houssaye brachte den Schädel nach Paris, wo ihn Kaiser Napoleon III. höchstselbst betrachtete. 1874 wurde der Kopf samt dem restlichen Skelett in der Hubertus-Kapelle von Schloß Amboise bestattet.

Houssaye hatte inzwischen eine schwärmerische Leonardo-Biographie verfaßt. Sie enthält auch den Bericht über die Suche nach dem Grab des Helden. Seine Erzählung zeigt alle Elemente mittelalterlicher

Legenden, die sich um wundersame Auffindungen magischer Reliquien ranken. Tatsächlich zählte der Mann aus Vinci spätestens seit dem 19. Jahrhundert zu den Idolen einer säkularen Religion, deren Verehrung der Kunst und ihren Schöpfern galt – kaum zufällig zu einer Zeit, als der alte Christengott an Einfluß verlor. Jede Zeit braucht eben ihre Heiligen. Einer von ihnen ist Leonardo für manche noch heute. Bisweilen welken ein paar Blumen oder eine Rose auf der schlichten Grabplatte mit seinem Namen, unter der die Gebeine des Unbekannten ruhen, die Houssaye und seine Helfer 1863 bargen.

Verschämt in einer Anmerkung von Houssayes Leonardo-Buch versteckt findet sich auch die gerade zitierte Quellenstelle, die Leonardos Grab im Kreuzgang und nicht im Chor der Kirche lokalisiert. Sie war dem Autor offenbar erst nach Abschluß der Grabungskampagne bekanntgeworden. Er hätte nun eigentlich wissen müssen, daß man am falschen Ort gesucht hatte. Deshalb empfahl er sich und seinen Lesern, den Satz «Ici fut Léonard de Vinci», «Hier war Leonardo da Vinci», einfach zu glauben. Als Hauptbeweis, daß die im Schloßhof von Amboise gefundenen Gebeine die Überreste des Meisters waren, blieben Eigenheiten des Körperbaus und des Kopfes. Der geborgene Tote war großgewachsen. Und sein imposanter Schädel entsprach den Erwartungen der Enthusiasten. Mußte nicht so ein Kopf aussehen, dessen Höhlung einst das Universum umschlossen hatte?

Hinter diesem Argument zeigt sich eine Logik, die von alten Ideen der Physiognomik inspiriert war. Arsène Houssaye war einer ihrer Anhänger.[59] Die Hauptthese dieser «Wissenschaft» antiken Ursprungs war schlicht. Sie besagte, daß das Äußere eines Menschen Rückschlüsse auf dessen Charakter gestatten müsse. Schon Vasari brachte, was er über Leonardos äußere Gestalt wußte, in enge Beziehung zu dessen Werk. «Größte Gaben sieht man dank himmlischer Einflüsse auf die Körper der Menschen regnen» – so beginnt er Vincis Vita –, «vielfach auf natürliche und bisweilen auf übernatürliche Weise, in einer einzigen Person überströmend: Schönheit, einnehmendes Wesen und Kunst – und zwar so, daß jede ihrer Handlungen so göttlich ist, daß sie alle anderen Menschen hinter sich läßt. Offenbar wird dabei, daß ihre Fähigkeit von Gott geschenkt, nicht durch menschliche Kunst erworben ist. Dies erkannten die Menschen bei Leonardo da Vinci, der, außer der nie genügend gelobten Schönheit seiner Gestalt, bei jeder seiner Handlungen von mehr als unendlicher Anmut war. Und so groß waren seine Fähigkeiten, daß er, auf welche Schwierigkeit auch immer er seinen Geist wandte, sie mit Leichtigkeit löste.»[60] Er habe sich auf angenehmste Konversation verstanden, so daß er die Herzen der Menschen gewann. Selbst beim Umgang mit Tieren sei er von größter Liebe und Geduld gewesen. Auf dem Markt habe er Vögel gekauft, nur, um sie dann fliegen zu lassen und ihnen die verlorene Freiheit zu schenken. Von astralen Kräften kommende Schönheit und Gottesgaben also machten in Vasaris Sicht Leonardo zu jenem überirdischen Genie, als das ihn spätere Generationen bestaunten. «In ihm war viel Kraft, verbunden mit Geschicklichkeit; sein Geist und sein Mut waren königlich und von Großmut geprägt; und der Ruhm seines Namens verbreitete sich weit, so daß er nicht nur zu seiner Zeit, sondern mehr noch nach seinem Tod von den Nachgeborenen gepriesen wurde.»

Nach den Gesetzen der Physiognomik mußte der begnadete Meister des Lächelns und der Zauberer des «sfumato» eben auch selbst unendlich anmutig sein. Natürlich wüßten wir gerne, wie er tatsächlich aussah, obwohl es, nüchtern betrachtet, nicht so wichtig ist. Ihn vor Augen zu haben, erleichtert es uns zu gewinnen, was die Medientheorie «presence» nennt. Der Alltag versinkt. Wir sind anderswo – gerührt, fasziniert, voll Furcht oder wenigstens interessiert, und das allein wegen ein paar Buchstaben oder Bildern. Versuchen wir also, uns Bilder von Leonardo zu machen.

3. Wie war er?

Phantombilder

Sein einziges authentisches Selbstporträt entstand um 1492 in Mailands Corte Vecchia. Hier zeichnete er vor dem Umriß eines Rundbogenfensters seinen Schatten, und das gleich zweimal (Abb. 63). Er

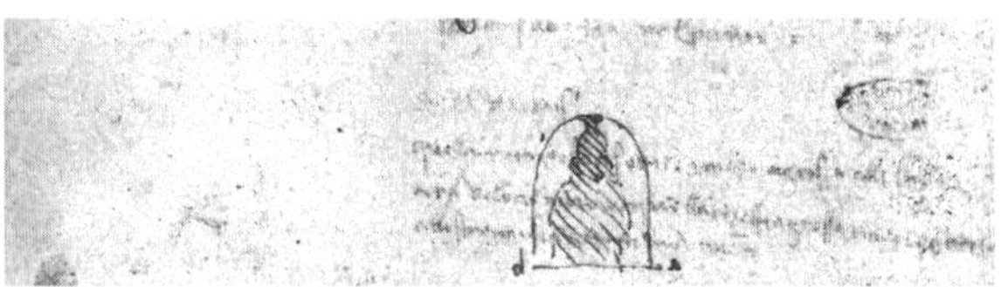

Abb. 63: Leonardo da Vinci, Leonardos Schatten, um 1490/92, Feder und Tinte, 15 × 22 cm (gesamtes Blatt), Paris, Bibliothèque de l'Institut de France.

zog die Kontur nach und tat es, nachdem er ein paar Schritte gegangen war, nochmals. Damit schien er zurückgekehrt an den Anfang aller Kunst. Denn gemäß Plinius stand am Beginn der Malerei das Nachzeichnen von Schatten.[1] Zur Feder greifen ließ Leonardo damals allerdings nur die Frage nach Form und Größe der Schatten und der Lichtflecken, die sich auf dem Fußboden abzeichneten.[2]

Den Gefallen, ein naturnahes Bildnis von sich zu hinterlassen, hat er uns nicht getan. Spekulationen um sein Äußeres können sich daher frei entfalten. Als junger Mann soll Leonardo für Verrocchios «David» Modell gestanden haben.[3] Der um 1475 gegossene Bronzejüngling weist entfernte Ähnlichkeit mit einer Gestalt am rechten Bildrand von Leonardos «Anbetung der Magier» auf, so daß man sie zum Selbstporträt des Malers erklärte. Mit derselben etwas sinisteren Methode ließe sich übrigens ohne Umstände noch ein weiterer «David» zu Leonardo machen, nämlich der Antonio del Pollaiuolos (Abb. 64). Er repräsentiert denselben Typus wie Verrocchios Statue und die Randfigur der «Anbetung». Das Gemälde entstand um 1472, eben zu der Zeit, als wir Antonio zusammen mit Leonardo auf eine Wanderung durchs toskanische Land schickten. Die Pollaiuolo-Kennerin Alison Wright meint, daß man den alttestamentarischen Helden hier leicht für einen jungen Florentiner halten könne.[4] Warum soll also nicht Leonardo dessen Vorbild gewesen sein? Als der «David» gemalt wurde, versuchte er, von der Kunst des älteren Meisters zu lernen, und hat wahrscheinlich mit ihm Umgang gepflegt.

Der gereifte Vinci soll sich in seinem um 1490 entstandenen weltberühmten «Vitruv-Mann» verbergen (Abb. 17, S. 113). In der Tat würde

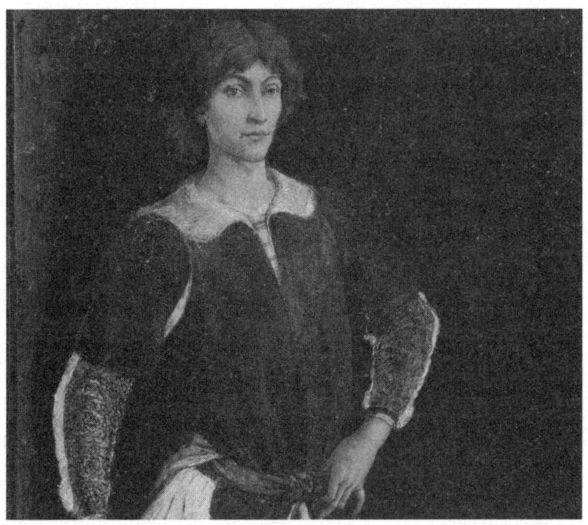

Abb. 64: Antonio del Pollaiuolo, David als Sieger (Ausschnitt), um 1472,
Öl (?) auf Pappelholz, 46 × 34 cm, Staatliche Museen zu Berlin, Gemäldegalerie.

man dem Athleten mit seinem entschlossenen, fast finsteren Gesichtsausdruck eines Leonardo würdige Taten zutrauen – und Leonardo
eine durchtrainierte Figur wie dem Vitruv-Mann, soll er doch bären-
stark gewesen sein, imstande, ein Hufeisen zu biegen, als wäre es aus
Blei.[5] Das Argument für die Identifikation liefert ein etwa zur selben
Zeit entstandenes Fresko Bramantes (Abb. 65). Es zeigt Demokrit,
nach antiker Tradition der lachende Philosoph, und dessen weinendes
Pendant Heraklit. Mit dem heiteren Glatzkopf, so Carlo Pedretti, prä-
sentiere sich Bramante, während er dem Melancholiker die Züge seines Freundes Leonardo verliehen habe.[6] Das Wandbild befand sich
ursprünglich in der Villa Lanzone in Mailand, einem Besitz Gasparo
Viscontis, mit dem Leonardo in Beziehung stand. Lomazzo, der die
Bildnisse in seinem Malereitraktat erwähnt, weiß von solchen doppelten Identitäten der beiden Philosophen allerdings nichts.

Das bei weitem erfolgreichste Image Leonardos liefert eine seit
Anfang des 19.Jahrhunderts bekannte Rötelzeichnung der Biblioteca
Reale in Turin, das Bildnis eines Alten mit Bart und langem Haupt-

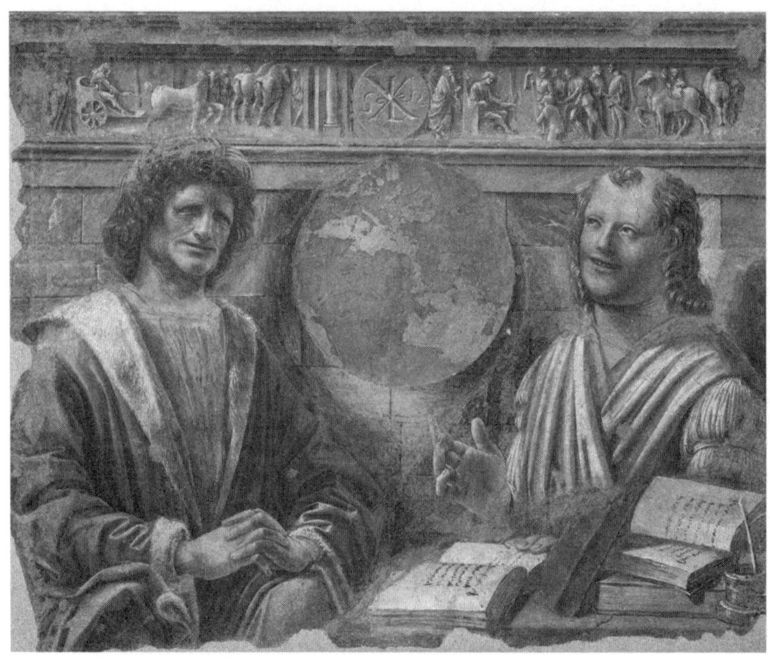

*Abb. 65: Donato Bramante, Heraklit und Demokrit, 1490/92, Fresko auf Leinwand,
102 × 127 cm, Mailand, Brera.*

haar (Abb. 66). Aus den von kräftigen Brauen beschatteten Augen und dem Mund mit leicht herabgezogenen Winkeln sprechen Ernsthaftigkeit und Strenge, Wissen und Weisheit. Bis heute bestimmte der würdige Greis die Vorstellung von Leonardos Aussehen. Indes gibt es weder einen Beweis dafür, daß das Porträt von Leonardo selbst gezeichnet wurde, noch dafür, daß es ihn darstellt. Datierungen reichen von 1490 bis 1515. Der Kunsthistoriker Hans Ost vertrat gar die freche These, es sei erst Anfang des 19. Jahrhunderts geschaffen worden, und zwar von dem lombardischen Maler und Radierer Giuseppe Bossi (1777–1815), einem Leonardo-Verehrer und Erforscher von dessen Werk.[7]

Der Turiner Methusalem hat allerdings einen Bruder: Raffaels Platon, Hauptfigur der zwischen 1510 und 1511 gemalten «Schule von

Athen» in der «Stanza della Segnatura» des Vatikanspalasts (Abb. 67).
Über der Beziehung zwischen dem jungen Urbinaten und Leonardo
liegt Dunkel. Die beiden könnten sich zwischen Herbst 1504 und
Frühjahr 1506 in Florenz begegnet sein.[8] Damals zählte Leonardo
zwischen 52 und 54 Jahre. Der Platon der «Schule von Athen» ist aber
ersichtlich älter. Es bedürfte waghalsiger Hilfshypothesen, wollte man
ihm eine zweite Identität als Leonardo da Vinci verpassen. Wir müßten Raffael bis spätestens 1510 in den Besitz einer Vorlage bringen, die
dem Turiner Bildnis entsprach, oder auch weitere Treffen mit Leonardo arrangieren. Die Quellen wissen von all dem nichts. Viel plausibler ist die Annahme, daß beide Werke – Fresko wie Zeichnung –
Idealbilder von Philosophen oder Gelehrten darstellen, ob sie nun von
einer verlorenen Vorlage ausgehen oder in direkter Beziehung zuein-
ander stehen.[9] Mit Leonardo hätten in diesem Fall weder der Turiner
Alte noch der römische Platon etwas zu tun. Der sonst so redselige
Vasari weiß denn auch in seiner Beschreibung der «Schule von Athen»
nicht zu vermelden, daß Platon mit Leonardos Physiognomie ausgestattet worden wäre. Glühender Florentiner Patriot, der er war, hätte er
gewiß mitgeteilt, daß Raffael seinem Landsmann eine solche Ehre erwiesen habe.[10] Er erzählt schließlich auch, daß Euklid auf Raffaels
Fresko die Züge Bramantes erhielt und ein Jüngling die Physiognomie
Federigos II. von Mantua, «der sich zu jener Zeit in Rom aufhielt».
Und er erkennt Raffaels Selbstporträt am rechten Bildrand. Noch das
18. Jahrhundert wußte von der angeblichen Präsenz Leonardos in der
«Schule von Athen» nichts.[11] Brüchige Grundlage der späteren Identifikation war wohl das Turiner Porträt. Es aufgrund von Raffaels Bildnis zum Selbstporträt Vincis zu machen, kommt einem Zirkelschluß
gleich.

Doch gibt es noch ein weiteres mutmaßliches Leonardo-Konterfei:
eine «LEONARDO VINCI» beschriftete Rötelzeichnung in Schloß Windsor,
die Francesco Melzi zugeschrieben wird (Tafel 29).[12] Sollte die Datierung auf die Zeit zwischen 1515 und 1518 zutreffen, müßte das Blatt
die Kopie nach einer früheren Vorlage sein. Denn der Dargestellte ist
gewiß nicht der scheinbar «über siebzigjährige Alte», dem Antonio de
Beatis 1517 begegnete. Eher repliziert die Zeichnung ein «Porträt

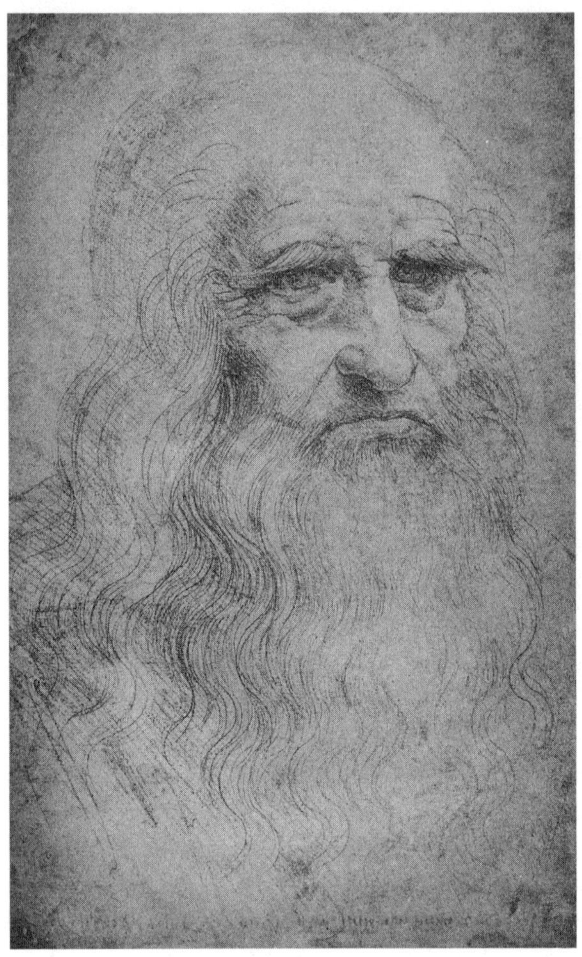

*Abb. 66: Unbekannter Künstler, Porträt eines bärtigen Mannes, um 1490–1515 (?)
oder um 1800, Rötel auf Papier, 33,3 × 21,3 cm, Turin, Biblioteca Reale.*

Leonardos glücklichen Angedenkens», das Vasari sah, als er Melzi in dessen Villa in Vaprio besuchte.[13] Vasari könnte ein ähnliches Bildnis als Vorlage für zwei weitere Leonardo-Porträts benutzt haben: das Fresko in der «Sala Leone X» des Palazzo Vecchio (Abb. 58, S. 317) und den Holzschnitt, den er in der zweiten Ausgabe der «Viten» Leonardos Biographie voranstellte (Abb. 69). Vinci wird jeweils wesentlich älter ge-

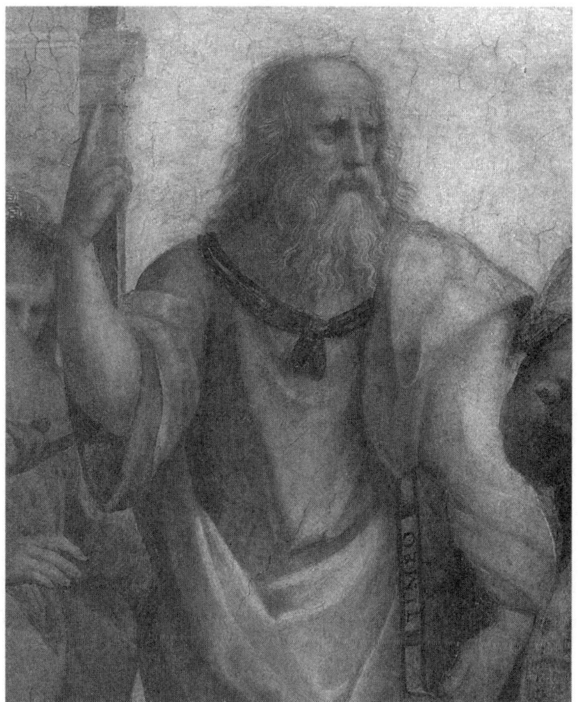

Abb. 67: Raffael, Die Schule von Athen, Ausschnitt: Platon, 1510/11, Fresko, Rom, Vatikan, Stanza della Segnatura.

geben als auf der «Melzi-Zeichnung». Vielleicht sehen wir sowohl im Palazzo Vecchio als auch im Buch erneut nicht das Individuum Leonardo, sondern den Typus «weiser, alter Gelehrter» – ähnlich einer zwischen 1495 und 1505 entstandenen Zeichnung Michelangelos (Abb. 68).[14] Auf dem Holzschnitt trägt Leonardo denn auch ein Barett, neben dem Bart ein klassisches Gelehrten-Accessoire.

Der Katalog der Royal Collection in Schloß Windsor hält in der Erläuterung zum «Melzi-Bildnis» mit britischer Trockenheit fest: «Dies ist das einzig zuverlässige Porträt Leonardo da Vincis (1452–1519), das erhalten ist.»[15] Daß die Sache nicht ganz so eindeutig ist, dürfte klar geworden sein. Dennoch: Es ist, vorsichtig gesagt, am wenigsten unwahrscheinlich, daß das Blatt mit der Inventarnummer RCIN 12726

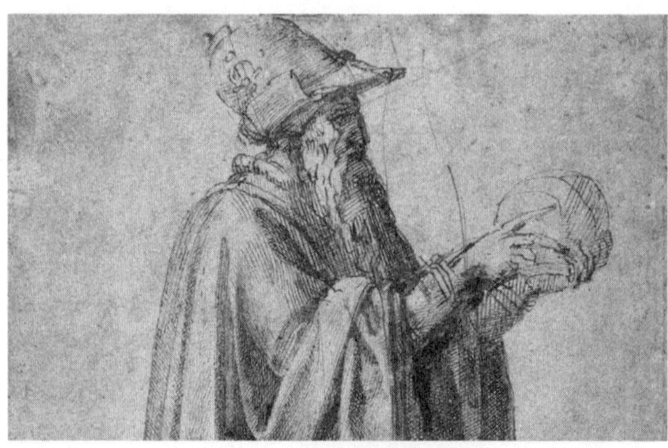

Abb. 68: Michelangelo Buonarroti, Philosoph oder Gelehrter (Ausschnitt), 1495/1500, Feder, braune und graue Tinte, 33,1 × 21,4 cm (gesamtes Blatt), London, British Museum.

Leonardos tatsächliche Physiognomie überliefert. So haben wir es als Grundlage für die Erstellung eines Phantombildes genommen. Das Forensische Institut Zürich half mit modernsten Methoden (vgl. Anhang, S. 369–373). Um uns dem Befund der Schriftquellen zu nähern, rasierten wir Melzis Leonardo (Abb. 71, S. 370) und verjüngten ihn ein wenig. Vinci sei von schöner, wohlproportionierter Gestalt gewesen, schreibt der «Anonimo Gaddiano». «Bis zur Mitte der Brust hatte er schönes, volles Haar, gelockt und schön gekämmt.»[16] Indizien sprechen dafür, daß er sich seinen Bart erst spät wachsen ließ.[17] Um 1490 hätte solche Manneszier auch nicht der Mode entsprochen. Als Haarfarbe verpaßten wir Leonardo kastanienbraun, hat er sich doch zur selben Zeit fürs Färben in diesem Ton ein Rezept notiert: Man nehme Nüsse, koche sie, tauche einen Kamm in die Brühe, frisiere sich damit und lasse das Haar dann in der Sonne trocknen.[18]

Das Ergebnis aller Erwägungen zeigt unsere Abbildung (Tafel 30). So könnte Leonardo da Vinci ausgesehen haben. Die Rekonstruktion mag daran erinnern, daß der Mann, dessen Leben sich längst zum Mythos verflüchtigt hat, einst ein realer Mensch aus Fleisch und Blut gewesen ist – und nicht nur ein Schatten.

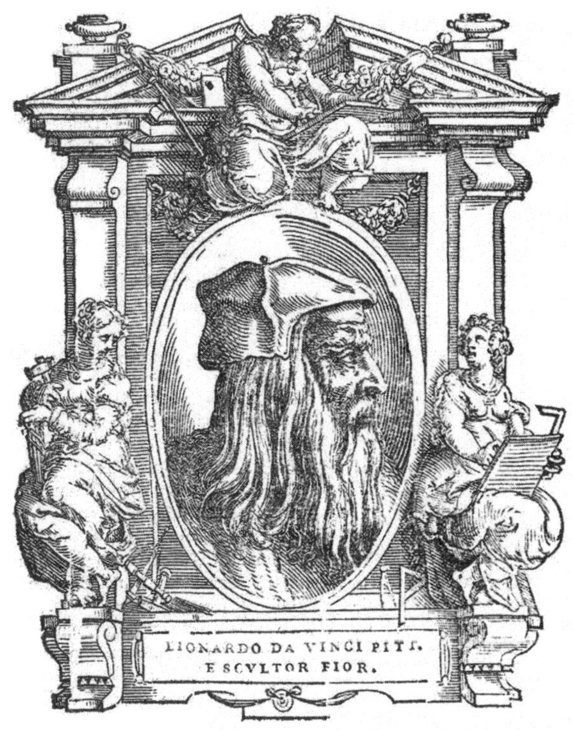

Abb. 69: *Cristoforo Coriolano (?) nach Giorgio Vasari, Porträt Leonardo da Vinci,*
Holzschnitt, 23,2 × 15,8 cm, aus: Le Vite de' più eccellenti pittori, scultori, e architettori,
Florenz 1568, II, fol. 1.

Der Hamlet der Kunstgeschichte

«Sein Bild wandelt sich wie eine Wolke», hat Kenneth Clark über Leonardo gesagt. «Er ist der Hamlet der Kunstgeschichte, den jeder von uns selbst neu erschaffen muß.»[19] So ist es. *Unser* Leonardo erscheint nur als einer von Unzähligen. Neben dem Rationalisten findet sich der Magier, neben dem Höfling und dem «Décadent» des Fin de Siècle – dazu stilisierte ihn Walter Pater – steht der Rebell wider seine Zeit. Paul Valéry, der sich allmorgendlich daran machte, seine «Cahiers» mit Reflexionen zu füllen, fand in dem Notizen kritzelnden Leonardo sich selbst. Der religionskritische Philosoph Auguste Comte reservierte ihm zusammen mit Tizian einen Tag in seinem Kalender, in dem große Figuren der Geschichte die Heiligen ersetzten, während Nietzsches Bewunderung Vincis «undogmatischem Geist und überchristlichem Blick» galt. In dem Alten der Turiner Zeichnung meinte er eine seiner eigenen Kopfgeburten zu erkennen: «Aah! Das ist ja Zarathustra! so ungefähr hab' ich ihn gedacht!»[20]

Tatsächlich lernten wir einen Mann kennen, dessen Weltbild und Religiosität quer zu katholischen Lehren standen. Keine Hölle klaffte neben ihm, und den Himmel wollte er nicht durch Gebete gewinnen, sondern mit Hilfe eines Flugapparats. Vasari schreibt: «Er hatte einen so ketzerischen Geist, daß er keiner Religion – welcher auch immer – anhing und es für viel besser hielt, ein Philosoph zu sein als ein Christ.» Der Satz findet sich aber nur in der ersten Fassung der «Lebensbeschreibungen», der 1550 publizierten «Torrentina». In der zweiten, der «Giuntina», hat der Autor ihn getilgt und damit einen Schatten auf dem Bild des bewunderten Landsmannes fortgewischt.[21] Religiöses Abweichlertum unterlag inzwischen strengerem Verdikt als noch um 1500. In Deutschland war der Glaubensstreit gerade zu einem ersten Waffengang eskaliert, in Frankeich loderten die Religionskriege, und auf ihrem Konzil in Trient rüstete sich die alte Kirche für kommende Kämpfe. Die Geschichte von der Konversion Leonardos auf dem Totenbett paßte da einfach zu gut in die Zeitläufte.

Über die tatsächlichen Umstände, unter denen sein Testament abgefaßt wurde, wissen wir nichts. Hat man dem Notar all die frommen Formeln und gottgefälligen Verfügungen, die sich darin finden, einfach in die Feder diktiert, ohne daß der Sterbenskranke noch viel Anteil daran genommen hätte? Oder packte ihn nun, wo der Tod nahe war, doch noch die alte Menschenangst vor Gericht und Höllenfeuer? Jahre zuvor hatte der Mann, dem sechzig Fackeln den letzten Weg erleuchten sollten, Riten dieser Art mit einem seiner Rätselsprüche kommentiert: «Von den Toten, die zur Beerdigung gebracht werden. Das einfache Volk trägt eine große Zahl von Lichtern bei den Reisen all jener, die vollkommen die Sehkraft verloren haben. O menschliche Narrheit, o heftige Tollheit!»[22]

Leonardo zeigte sich uns als facettenreicher Charakter, als Hamlet eben. Derselbe, der die Maxime «Wer an einem Tag reich werden will, wird in einem Jahr gehenkt werden» aufschrieb, wollte eine Maschine erfunden haben, die stündlich 40 000 Nadeln produzierte und einen Jahresgewinn von 60 000 Dukaten abwarf.[23] Der milde Vegetarier, der keinem Floh etwas zuleide tat, diente mörderischen Herren wie Ludovico Sforza oder Cesare Borgia. Derselbe Humanist, der alle verdammte, die das Wunderwerk Mensch zu töten wagten, und der den Krieg einen «völlig bestialischen Wahnsinn» nannte, erfand Waffen, die von teuflischer Phantasie zeugen. Leonardo wirft den Alchemisten vor, Gifte erfunden zu haben, beschreibt indes selbst eine Methode, wie man mit Arsen versetzte Früchte herstellt – Requisiten eines Politikstils à la Borgia.[24] Sogar als Pionier biologischer Kriegführung kann er gelten. Man nehme Urin, Exkremente, Kohl und Rüben, so rät er, und gebe alles in ein Glasgefäß. Nach einem Monat Gärung ist die Stinkbombe einsatzbereit – nicht nur zur Belästigung des Feindes, sondern zu dessen Vernichtung, galt doch übler Geruch als todbringender Hauch.

Nur zur Hälfte trifft die Charakterisierung Leonardos als eines Mannes zu, «dessen Land die Zukunft ist».[25] Eng blieb sein Denken der Tradition verhaftet – der Medizin Galens, der ptolemäischen Kosmologie, der aristotelischen Physik, der mittelalterlichen Mechanik. Wie viele Vorläufer war er zum Beispiel davon überzeugt, die Tierkreiszeichen übten Kräfte aus und erregten die Winde rund um den Erdball.[26] Manchmal entfaltete er seine Thesen, indem er, wie in scholastischen Erörterungen üblich, mit einem fiktiven «Gegner» diskutierte. Dann wieder berührte er Grenzen und überschritt sie gelegentlich auch. Freilich verstand er nicht immer ganz, was die Älteren erarbeitet hatten.[27]

In vieler Hinsicht war Leonardo anders als seine Zeitgenossen. Als Künstler kamen ihm nur wenige gleich, als Erfinder kaum jemand und als universalem Geist keiner. Er war sich dessen vollkommen bewußt. «Lies mich, Leser, wenn du dich an mir erfreust, weil ich der Welt nur äußerst selten wiedergeboren werde», schreibt er auf einer Seite des Codex Madrid. «Denn die Geduld für diesen Beruf findet man nur bei wenigen, die ähnliches erneut verfertigen wollen. Und kommt, ihr Menschen, die Wunder zu sehen, die man bei solchen Studien in der Natur entdeckt.»[28]

Leonardo war auch «anders», indem er homosexuell war und unehelich geboren. Aus beidem scheinen ihm keine Nachteile erwachsen zu sein. Von seiner Neigung zu Männern redete schon das 16. Jahrhundert. Kronzeuge ist Lomazzo, der in seinem «Buch der Träume» eine seltsame Geschichte erzählt. Darin wird Leonardo von einer schönen Mailänderin, die er liebt, abgewiesen. Er irrt durch einen Zauberwald im Orient, wobei er mehrmals das Geschlecht wechselt. Zur Frau geworden, begehrt er die nun ihrerseits zum Mann mutierte Dame. An anderer Stelle läßt Lomazzo Leonardo mit dem Bildhauer Phidias einen fiktiven Dialog führen.[29] Als Vinci Salai erwähnt, den er «im Leben mehr geliebt habe als alle anderen», fragt ihn Phidias: «Hast du mit ihm jenes Spiel ‹von hinten›, das die Florentiner so sehr lieben, gespielt?» «Und wie oft!» ist Leonardos Antwort. «Bedenke, daß er ein wunderschöner junger Mann war, besonders im Alter um die fünfzehn.» Ob er sich nicht schäme, so etwas zu sagen? Leonardo verteidigt sich mit einem Argument, das einen antiken Code von Männlichkeit mobilisiert: «Wieso Schande? Gibt es etwas Lobenswerteres unter großen Künstlern als das? (...) Du mußt wissen, daß die Liebe unter Männern ein Werk allein der Tugend ist. Sie vereint sie durch verschiedene Freundschaftsbezeigungen von zartem Alter an, damit sie als Männer um so festere Freunde werden.» Als Lomazzo diese Sätze niederschrieb, weilte Leonardo schon lange nicht mehr unter den Lebenden. Längst verweht waren die Tage leichteren Florentiner Seins. Männerliebe war nun, in der dunklen Zeit der Glaubenskämpfe, von schärferen Strafen bedroht als zur Zeit Lorenzos des Prächtigen.

Die freiesten, abgründigsten Gedanken, die sich in seinen Papieren finden, dürfte Leonardo allenfalls seiner engsten Umgebung offenbart haben. Wie hätten gottesfürchtige Auftraggeber wohl reagiert, wäre ihnen bekannt gewesen, daß ihr Maler die Seele sich nach dem Tod des Leibes mit der Weltseele vereinen ließ – und Gott durch die Natur oder einen «ersten Beweger» zu ersetzen pflegte? Letzteren läßt er in einer doppelbödigen Prophezeiung auftreten. «Man wird elende Schreie hören, lautes, durchdringendes Geschrei, heisere und feurige

Laute jener, die unter Folter ausgezogen und am Ende nackt und ohne Regung liegengelassen werden; und das wegen des Bewegers, der alles dreht.»[30] Als Leonardo die Auflösung des Rätsels gab – mit dem «Beweger» war lediglich ein Seidenspinnrad gemeint –, dürfte seinen Zuhörern das Lachen im Hals steckengeblieben sein.

Paradoxerweise verdiente der «Ketzer» einen guten Teil seines Lebensunterhalts mit Heiligenbildern. Und der Maler der berühmtesten Darstellung des «Letzten Abendmahls» machte einmal das heilsgeschichtliche Ereignis, das es bedeutet, zum Gegenstand eines witzigen Rätsels. «In allen Teilen Europas werden Klagen großer Völker über den Tod eines Mannes sein, der im Osten starb.» Was ist das? «Venerdì santo», Karfreitag![31] Zumindest auf den späteren Werken Leonardos bleiben Maria, Anna, Christus und den Jüngern Heiligenscheine verwehrt. Die Nimbusse der Londoner Fassung der «Felsgrotten-Madonna» sind eine Zutat des 17. Jahrhunderts.[32] Derselbe Leonardo schließlich, der im Palast des Papstes Wohnung nahm, spottete in einem Rätsel, das Mönche meint: «Viele werden es sein, die Gewerbe und Arbeit aufgeben für Armut im Leben und an Gütern, und sie werden gehen, um in Reichtum und triumphalen Gebäuden zu wohnen, und erklären, daß dies das Mittel ist, sich zum Freund Gottes zu machen.»[33]

Eine seiner «Profetie» deutet an, welch gebrochenes Verhältnis Leonardo zu den Figuren seiner frommen Bilder hatte. «Männer werden zu Männern sprechen, die nicht hören, die ihre Augen offen haben und nicht sehen; sie werden zu ihnen sprechen, und es wird ihnen keine Antwort zuteil werden. Sie werden Gnaden von ihnen erbitten, die sie Ohren haben und nicht hören, und ihnen, die sie blind sind, Lichter anzünden.»[34] Die Auflösung dieses Rätsels lautet: «Über die Bilder von Heiligen, die angebetet werden.» Ein anderer Text Leonardos rechtfertigt Heiligenbilder mit dem schlichten Argument, sie machten mühevolle und gefährliche Pilgerfahrten überflüssig.[35] Die dargestellte Gottheit liebe solche Bilder und damit jene, die sie verehrten, und schenke Gnade und Heilsgeschenke «gemäß dem Glauben derer, die sich vor ihr versammeln». Sich selbst zählte Leonardo offensichtlich nicht unbedingt zu ihnen.

Einige der Geschichten um ihn und die Rätsel, die er ersann, deuten ebenso wie seine Karikaturen darauf hin, daß er Sinn fürs Burleske hatte. Bisweilen zeigt er sich aber auch sarkastisch und düster – als einer, der um die Abgründe des Menschlichen weiß. Viele seiner Geschichten trösten damit, daß der Stärkere seinem Schicksal nicht entgeht, der Fallensteller in die Falle geht oder der Mörder ermordet wird.[36] Doch muß das Ende nicht gut sein. Das die Maus belauernde Wiesel wird von der Katze gefressen. Als die Maus die wiedergewonnene Freiheit mit einem Dankopfer für Jupiter feiert, stürzt sich die Katze auf sie und raubt ihr mit «wilden Krallen und Zähnen» beides, Freiheit und Leben.

Auch den Melancholiker Leonardo gibt es. Die Zeit verzehre alles, schrieb er um 1480, zur Mitte des Lebens, als seine Schicksale in der Schwebe waren. «O neidvolles Alter! Du zerstörst alles mit den harten Zähnen des Alters, Stück für Stück mit langsamem Tod! Helena weinte, als sie in den Spiegel blickte und die ihr vom Alter ins Gesicht gegrabenen Runzeln sah, und dachte bei sich: ‹Warum wurde ich zweimal geraubt?›»[37] Oft zitierte Worte, deren Kontext unbekannt ist, zeigen Leonardo für einen Moment allein und resigniert: «Wie ich euch in den vergangenen Tagen sagte, wißt ihr, daß ich ohne irgendeinen (...) meiner Freunde bin.»[38] Andererseits lautet eine der Maximen, die er sich aufschrieb: «Es ist dasselbe, über einen Traurigen gut zu reden, wie über einen Guten schlecht zu sprechen.»[39]

Immer wieder zeigt sich ein doppelter Leonardo, der Moralist ebenso wie der Genießer und Dandy. Platinas «Über ehrbare Lust», das zu seiner Büchersammlung zählte, bot Kochrezepte und belehrte darüber, daß an weltlicher Lust nichts Schändliches sei.[40] Leonardo liebte, wie berichtet, guten Wein, schätzte Musik, pflegte einen eleganten Lebensstil. Seine Stilisierung zum Außenseiter oder Rebellen aber findet in der Überlieferung keine Grundlage. Höhergestellten begegnete er mit gebührender Achtung. Der Konvention entsprechend gab er sich als ihr «niedrigster Diener» und titulierte sie als «Eure Exzellenz» oder auch «Mein herrlichster Herr!».[41] Ein Augenzeuge zeigt ihn in einer für den «Cortegiano», den Hofmann, typischen Szene.[42] Als sich ein Kardinal samt Entourage in Santa Maria delle Grazie einfindet, um Leonardo bei der Arbeit am «Abendmahl» zuzusehen, huscht der Maler vom Gerüst herab, um dem hohen Besucher Ehrerbietung zu erweisen. «Man redete daselbst über viele Dinge und im besonderen über die Vortrefflichkeit der Malerei», sprach also über den leidigen «Paragone». Und man erörterte, ob die Maler der Gegenwart denen der Antike gleichkämen. So vertrieb man sich die Zeit auf hohem Niveau.

Leonardo muß ein überzeugender Verhandlungspartner gewesen sein. Mit seinem Charisma habe er jede noch so verhärtete Meinung in ein «Ja» oder «Nein» gewandt, sagt Vasari.[43] So wurden ihm, wie wir sahen, die waghalsigsten Projekte anvertraut. Man bereitete ihm fürstliche Wohnungen, und man bezahlte ihn fürstlich. In der Statistik der Top-Verdiener unter den Künstlern des 16. Jahrhunderts nimmt er hinter Michelangelo und vor Rosso Fiorentino den zweiten Rang ein.[44] Das teuerste Bild nicht erst des 21. Jahrhunderts, sondern schon des 17. war ein Werk, das ihm zumindest zugeschrieben wurde – «eine nackte, sitzende Venus mit einer Landschaft im Hintergrund», vielleicht eine Werkstatt-Variante der «Leda».

Den Maler und damit sich selbst stilisierte Leonardo zum Meister aller Dinge. «Will er Schönes sehen, das ihn verliebt macht, ist er Herr, es zu erzeugen, und wenn er Monströses sehen möchte, das ihn in Schrecken versetzt, oder Närrisches oder Lächerliches oder wirklich Erbarmungswürdiges – er ist dessen Herr und Gott (...) Wenn er Täler will, wenn er von hohen Berggipfeln aus weites Land sichtbar machen und danach den Horizont des Meeres sehen möchte, ist er dessen Herr (...) Alles, was im Universum ist, als Wesen, Gegenwart oder Vorstellung, hat er zuerst in seinem Geist und dann in den Händen.»[45] Indem er malte, schuf sich der Künstler seine eigene Wirklichkeit. So wurde er, wie es in Leonardos «Libro di pittura» heißt, selbst zur «zweiten Natur».[46] Von so großer Vortrefflichkeit seien die Hände des Malers, daß sie zur gleichen Zeit und mit einem einzigen Blick eine «proportionierte Harmonie» hervorbringen könnten.

Vielleicht sind wir hier tieferen Gründen für Leonardos überbordende Kreativität und seinen manischen Perfektionismus ganz nahe. In einer unvollkommenen Welt wollte er Unmögliches, nämlich Utopia realisieren. Er, der wenigstens im Sinn der katholischen Lehren Gottlose, arbeitete sich ab an der Errichtung eines inneren Paradieses. Die eigene Wirklichkeit der Kunst und der Wissenschaften unterlag ja ganz und gar der Disposition ihres Schöpfers. Sie war schön, und sie funktionierte nach Gesetzen, die er ihr einschrieb. Die Realität diesseits davon mit ihren Ängsten und Begierden scheint Leonardo nüchtern, vielleicht fatalistisch betrachtet zu haben. Wie er die Welt außerhalb von Kopf und Werkstatt sah, könnten Worte andeuten, die er an den Rand eines Blattes des Codex Atlanticus gekritzelt hat. Sie lauten, lapidar und rätselhaft: «Groll, Haß, Zorn, erhaben, Erfolg, Gemetzel, ermordet».[47]

Psychologie eines Kreativen

Die antike Mythologie hält zahlreiche Chiffren bereit, die Leonardo charakterisieren könnten. Die Figur des Sisyphos ist nur eine davon. Leonardo ist Dädalus, der geniale Konstrukteur, und zugleich dessen Sohn Ikarus, der sich wie der «große Vogel» vom Monte Ceceri aus der Sonne entgegenschwingt, um am Ende zu scheitern. Zu einem neuen Phidias und einem zweiten Apelles haben Leonardo schon Zeitgenossen gemacht, während Freud ihm die Maske des Ödipus überzustreifen suchte. Mit mehr Recht könnten wir ihn in die Nähe des Odysseus, des klugen, ewigen Suchers, rücken. Der fand freilich am Ende heim nach Ithaka, was Leonardo nicht beschieden war.

Mit seinem rastlosen Forschen über buchstäblich alles mag er seine inneren Dämonen bekämpft haben. Küchenpsychologie wird ihm ADHS, eine «Aufmerksamkeitsdefizitstörung», bescheinigen. Das Leiden ist jedoch selbst bei Lebenden nicht einfach diagnostizierbar. Leonardos Aufzeichnungen lassen zumindest darauf schließen, daß er zu «Hyperfokussierung» neigte. Problemen, die ihn besonders interessierten, widmete er sich intensiv und anhaltend.[48] Doch war er, der «wilde Denker», oft unfähig, die Fülle seiner Einsichten zu strukturieren. Er selbst verzweifelte an dem Durcheinander, das er angerichtet hatte. «Das wird eine Sammlung ohne Ordnung sein», schrieb er auf die erste Seite des Codex Arundel, «zusammengestellt aus vielen Blättern, die ich hier kopiert habe, in der Hoffnung, sie dann geordnet an ihre Stellen zu bringen, entsprechend den Themen, die sie behandeln werden.

Und ich glaube, daß ich, wenn ich weiter zum Ende gekommen bin, dieselbe Sache mehrmals werde wiederholen müssen. Daher, o Leser, tadle mich nicht, weil die Gegenstände viele sind und das Gedächtnis sie nicht behalten und sagen kann: ‹Das will ich nicht schreiben, weil ich es vorher gesagt habe.›»[49]

Den Künstler Leonardo bedrängten ähnliche Probleme wie den Gelehrten. «Er machte sehr schöne Entwürfe, aber malte nicht viel, weil er nie mit sich selbst zufrieden war», weiß der «Anonimo Gaddiano». Sehr beredt sei er gewesen, ein Lyra-Spieler von seltenem Können, ein fähiger Konstrukteur von Seilzügen. «Doch niemals beruhigte sich sein Geist, immer erfand sein Verstand neue Dinge.»[50] Vasari meinte den Grund dafür zu wissen. «Um die Wahrheit zu sagen, kann man annehmen, daß sein ganz großer und hervorragender Geist davon gehindert wurde, daß er zu viel wollte. Immer Vortrefflichkeit über Vortrefflichkeit, Vollkommenheit über Vollkommenheit zu wollen war der Grund.»[51] Leonardo selbst hatte erkannt: «Ein Maler, der nicht zweifelt, erwirbt nicht viel.»[52]

Den Maßstäben, die er formuliert hatte, auch nur annähernd zu genügen war vollkommen unmöglich. Nicht daß Leonardo so wenig gemalt hat, ist erstaunlich, vielmehr, daß er überhaupt etwas fertigstellte.[53] Seine Meisterwerke haben einen wahrhaft riesenhaften theoretischen «Überbau». Er wäre ein neuer Apelles geworden, urteilt Sabba Castiglione (1480–1554), «doch wenn er sich der Malerei widmen sollte, gab er sich völlig der Geometrie, der Architektur und der Anatomie hin.»[54]

Unter Leonardos Ratschlägen für Maler findet sich die Empfehlung, die Einsamkeit zu suchen, sich dem Geplapper der Gefährten zu entziehen – und zwar vor allem dann, wenn er mit «tiefem Nachsinnen und Betrachtungen» beschäftigt sei, die ihm «ständig vor Augen erscheinen» und dem Gedächtnis Stoff gäben. «Wenn du allein sein wirst, wirst du ganz dein sein.»[55] Schon das Genie Giottos schien Leonardo auf diese Weise gereift. Der sei es nicht zufrieden gewesen, die Werke seines Meisters Cimabue nachzuahmen. In der Bergeinsamkeit, in der er aufwuchs, habe er die Bewegungen der Ziegen und anderes Getier, das sich dort tummelte, auf Stein gezeichnet.[56] Mag sein, daß sich bei Leonardo, konnte er sich endlich auf ein Faszinosum konzentrieren, einstellte, was die Psychologie «flow», «Fluß», nennt: ein mentaler Zustand, in dem man völlig in das, was man tut, eintaucht, Ort und Zeit vergißt und dabei Freude empfindet.[57] Vielleicht hat Leonardo mit seiner Arbeit solche Momente gesucht und gefunden. Dennoch, das Spiel mußte von neuem beginnen. «Größte Glückseligkeit wird zum Grund für Unglücklichsein», weiß er. «Die Vollkommenheit der Weisheit wird Ursache von Dummheit sein.»[58]

Er studierte nicht Disziplinen, sondern Probleme, so könnte man in Abwandlung eines Wortes des Philosophen Karl Popper über Leonardo sagen.[59] Nie gehen ihm die Fragen aus. Er interessierte sich für die Quelle der Muskelkraft: Luft, wie viele meinten, konnte es nicht sein. Was war es dann? Er diskutierte, warum Hunde einander ihre Hinterteile beschnüffeln, und wollte wissen, ob eine in die Luft abgefeuerte Arkebuse mehr Lärm verursacht als eine, die man in ein Faß abschießt. «Gute Männer wollen von Natur aus wissen», konstatiert er mit Aristoteles.[60] Und so ging es weiter. «Beschreibe, wie sich die Wolken zusammensetzen und wie sie sich auflösen, und welche Ursache die Dünste aufsteigen läßt … Beschreibe die Zunge des Spechts und den Kiefer des Krokodils … Frag' die Frau von Biagino Crivelli, wie der Kapaun die Eier der Henne aufzieht und ausbrütet, wenn er betrunken ist».[61] Solche Aufforderungen an sich selbst begegnen immer wieder. Unter den Texten zur Kosmologie findet sich zum Beispiel als Erinnerung, «daß ich als erstes die Entfernung der Sonne von der Erde darzutun habe».[62] Manchmal, nicht immer, wurde aus Leonardos grenzenloser Neugier Wissenschaft.

Sein Begriff von «scientia» war dementsprechend weit. Sie sei die Kunde von allem, was möglich sei, ob gegenwärtig oder vergangen, und auch dessen, was kommen könnte.[63] Auf Plinius gestützt erklärte er, warum Meerwasser salzig ist.[64] Er schrieb Beobachtungen zur Physik des Wassertropfens nieder, stellte die Anordnung von Ästen und Blattstellungen dar und beobachtete Tieraugen bei Nacht, um herauszufinden, welche Beziehung zwischen Sehkraft und Pupillengröße besteht. Selbst manche seiner Fehlschlüsse waren brillant. So versuchte er zu begreifen, warum das Auge die Welt nicht, wie hinter Linsen üblich, kopfüber sehe. Da er nicht wußte, daß erst das Gehirn das Bild der Netzhaut zurechtrückt, nahm er an, daß die Pupille wie eine Lochkamera funktioniere und die Umkehrung schon im Auge vornehme.[65]

Die gelegentlich vertretene These, Leonardo habe absichtlich ein Geheimnis um sich aufgebaut und sei ein bewußter Konstrukteur des eigenen Mythos gewesen – eine Art Spindoktor seiner selbst –, ist nicht beweisbar und auch unwahrscheinlich. Er suchte Öffentlichkeit und erhoffte Weltruhm. Zahlreiche Notizen lassen auf Entwürfe und Ideenskizzen für Publikationsprojekte schließen. Viele Zeichnungen sind so penibel ausgeführt, daß sie Holzschneidern als Vorlagen hätten dienen können und wohl auch dienen sollten; längst war der Buchdruck in Mailand angekommen.[66] Holzschnitte hielt Leonardo allerdings nicht für geeignet, seine subtilen anatomischen Zeichnungen wiederzugeben. So entwickelte er ein revolutionär neues Ätzverfahren zur Reproduktion von Bildern und Texten. Es nahm eine Erfindung William Blakes um Jahrhunderte vorweg.[67] Daß Leonardo seine Erkenntnisse am Ende nicht veröffentlichte, hatte gewiß dieselben Gründe, aus denen viele seiner Werke unfertig blieben. Was er erarbeitet hatte, genügte seinen eigenen hohen Maßstäben nicht. So blieben monströse Publikationspläne unausgeführt. Der Codex Leicester enthält die Gliederung für ein fünfzehnbändiges Opus über die Physik des Wassers, das Anatomiewerk hätte gar 120 Bände umfassen sollen. Eine Schrift über die Elemente der Mechanik scheint verloren; Luca Pacioli erwähnt eine andere über die Malerei und die Bewegungen, die von Leonardo fertiggestellt worden sei.[68]

Viele von Leonardos mäandrierenden Texte erinnern an seine unfertigen Bilder. Ob es ihm bei der Betrachtung der Entwürfe nicht schon ähnlich ging? Konnte man nicht da den Kopf etwas mehr wenden, dort die Geste ein wenig anders gestalten, das Gewand ... die Farben ...? Als endgültig feststand, daß sein Projekt des Reiterdenkmals für Francesco Sforza gescheitert war, vermerkte er resigniert: «Grabinschrift. Wenn ich nicht habe machen können ... Wenn ich ...»[69] Manchmal schreibt er nur: «Dimmi come», «Sag mir, wie», oder nur: «Dimmi dimmi dimmi», «Sag mir, sag mir, sag mir ...»[70]

Mitunter läßt sich verfolgen, wie Leonardo um Antworten ringt. Auf mehreren Blättern setzt er nicht weniger als 43 Mal dazu an, das Wesen der Schwere zu erfassen. «Die Schwere ist eine natürliche Kraft, die aus der gewaltsamen Bewegung entsteht (...) Die Schwere ist eigentlich ein gewisses Verlangen (...) Die Schwere ist ein gewisses Stoßen oder Sehnen zu fliehen, das bewirkt, daß ein Element in ein anderes befördert und dort eingeschlossen wird (...) Die Schwere ist eine gewisse Kraft (...)»[71] Oft wechseln seine Erörterungen die Richtung, brechen unvermittelt ab oder verästeln sich – mit «grübelnder Gründlichkeit», so Hegel in seinen «Vorlesungen über die Ästhetik» – zu ungehemmtem Detailreichtum. Schließlich münden Satzbrocken dann doch in bestechend klare Passagen, wie etwa seine Definition von Kraft. «Kraft ist eine geistige Energie, eine unsichtbare Macht, die, durch unversehens auftretende Gewalt erzeugt, von belebten Körpern unbelebten Körpern eingegeben wird und ihnen eine Art Leben gibt (...) Verzögerung macht sie groß, Geschwindigkeit schwächt sie. Sie lebt durch Gewalt und stirbt durch Freiheit.»[72]

Leonardo gestattet uns immer wieder, ihn bei der Denkarbeit zu beobachten. Er möchte, daß der Geist des Malers der Oberfläche eines Spiegels gleiche, die ihre Farben nach den Farben der Objekte ändere.[73] «Und wenn ihm, während er sich mit einem Gegenstand beschäftigt und ihn beschreibt, ein zweiter dazwischenkommt, wie es ja geschieht, wenn einen etwas beschäftigt, dann muß er entscheiden, was die mühevollere Erklärung ist, und es bis zu letzter Klarheit ausführen und dann die andere verfolgen.» Die Einfälle drängen sich zu, wollen gespeichert, aufgeschrieben, gezeichnet sein. Leonardo verrät, daß er sich im Bett vor dem Einschlafen die zuvor studierten Formen in Erinnerung rief und dem Gedächtnis einprägte.[74] Bezeichnenderweise spricht er nicht etwa von Gedanken, die im Geist aufstiegen, sondern von «den Linien der Oberflächen der Formen», also konkreten Bildern. Überlegungen Albertis aufgreifend, schreibt er, daß selbst Wolken, Flecken an der Wand oder unterschiedlich gefärbter Marmor zu schönen Erfindungen anregen könnten.[75] Dürer bekannte einmal, er sei «inwendig voller Figur» – wie er muß sich auch Leonardo voller Bilder gefühlt haben. Sein gewaltiges Panorama der Sintflut etwa war denkbar, aber nicht malbar. Castiglione dürfte Leonardo gemeint haben, als er einen Maler, «einen der ersten der Welt», erwähnte, der sich in «Philosophie» (was auch Gelehrsamkeit meinte) bilde. In ihr habe er so «viel Einfälle und neue Phantastereien» gefunden, daß er sie mit seiner ganzen Kunst nicht zu malen wisse.»[76]

Die aufbrandenden Ideenfluten legten nahe, beim Arbeiten Alternativen offenzuhalten, solange es ging. Die Zeichnung ist frei, «und wo Freiheit ist», so Leonardo, «ist keine Regel».[77] Das Verfahren läßt sich an der «Anbetung der Magier» ebenso ablesen wie an der «Madonna mit der Spindel», erst recht an unzähligen Zeichnungen, die gleichzeitig Ungleichzeitiges zeigen. Beispiele bieten der «Neptun» (Abb. 44, S. 244) oder ein sich aufbäumendes Pferd, das acht oder zehn Beine zu haben scheint (Tafel 16). Im «Malerbuch» empfahl Leonardo die an solchen Blättern ablesbare Vorgehensweise nachdrücklich. «O du, Erfinder einer Historie, zeichne die Gliedmaßen deiner Figuren nicht mit abgegrenzten Linien, wie es vielen verschiedenen Malern zu unterlaufen pflegt, die wollen, daß jeder kleinste Kohlestrich gültig sei.»[78] Auch Dichter würden schließlich bedenkenlos Verse tilgen, um sie durch bessere zu ersetzen. «Daher, Maler, entwerfe die Glieder deiner Figuren nur grob, und achte eher zuerst auf die Bewegungen, die den Gefühlen der Gestalten in deiner Erzählung angemessen sind, als auf die Schönheit und Qualität ihrer Glieder. Denn du mußt verstehen, daß eine solche ‹ungepflegte› Komposition, wenn sie der Absicht [der Figuren] gemäß ist, dich um so mehr befriedigen wird, weil sie dann von der allen ihren Teilen angemessenen Vollkommenheit geschmückt sein wird.» Aus dem Chaos sollte die vollkommene Form hervorgehen. Kein anderer Maler vor Leonardo praktizierte dieses Verfahren ähnlich konsequent.

Zwischen Physik und Kunst deutet sich ein Brückenschlag an, wenn Leonardo den Tanz von Körnern in kochendem Wasser oder das Licht einer Kerze einfach als «schön» bezeichnet.[79] Faszinierend dürfte auf ihn Pythagoras' Einsicht gewirkt haben, daß sich musikalische Intervalle durch Zahlenverhältnisse fassen und damit darstellen lassen. Den Augen erschien offensichtlich ähnliches als angenehm wie den Ohren.[80] Selbst Gerüche könnten sich, so Leonardo, zu

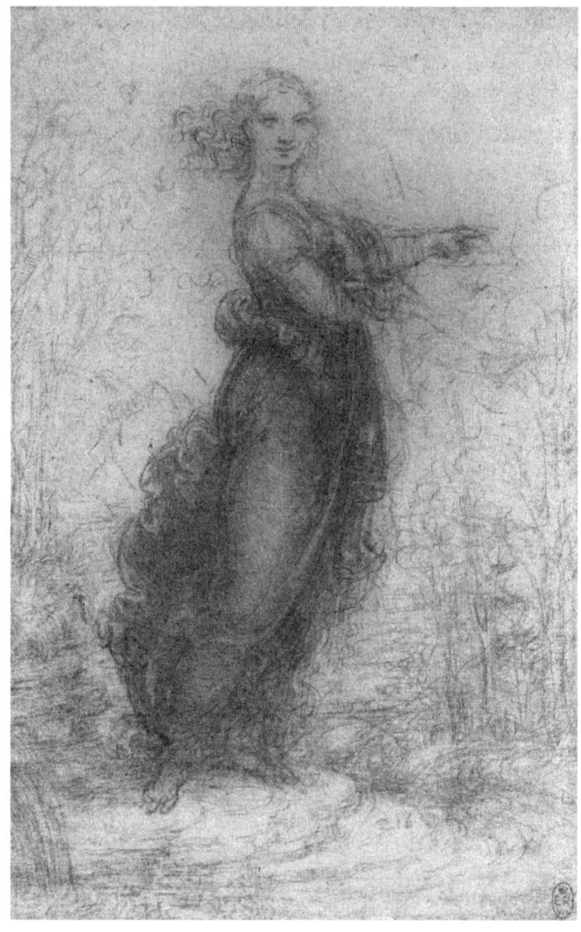

Abb. 70: Leonardo da Vinci, Junge Frau, in eine Landschaft zeigend («Matelda»), 1518 (?), schwarze Kreide, 21 × 13,5 cm, Windsor Castle, Royal Library.

Wohlgeruch verbinden, doch entziehe sich dessen Harmonie wissenschaftlicher Erfassung. Der späte Leonardo glaubte, daß gar die Intervalle zwischen zwei Herzschlägen den Gesetzen musikalischer Harmonie folgten. Lag über allem, was auf Erden als «schön» empfunden wurde, ein Abglanz der absoluten Schönheit des nach Maß und Zahl geordneten Universums?

Eine vielleicht erst 1518 entstandene, wie aufs Papier gestäubte Kohleskizze Leonardos zeigt eine «Frau in einer Landschaft» (Abb. 70). Ob sie Matelda darstellt, eine Gestalt aus Dantes «Göttlicher Komödie»?[81] In den abschließenden Gesängen des «Purgatorio» geleitet sie, lächelnd schon bei der ersten Begegnung, Dante durch den immerwährenden Frühling des irdischen Paradieses. Von hier wird es hinaufgehen zu den Sternen. Manche halten das Blatt für Leonardos letzte Zeichnung. So hätte sich der Meister mit einer Traumgestalt verabschiedet, die Wege zum Himmel weist. Zuerst aber wird er, nach Dante, aus Lethe, dem Strom des Vergessens, trinken, und dann aus den Wassern des Eunoë. Der Schluck wird ihm alles Gute, das er tat, ins Gedächtnis zurückrufen. Diese nicht unumstrittene Deutung rundete Leonardos Leben zu gut ab, um wahr zu sein.

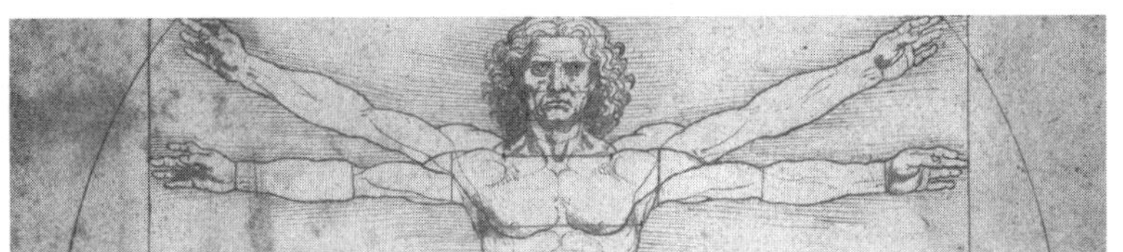

Die Schönheit des Rätsels

«But Mona Lisa musta had the highway blues
You can tell by the way she smiles»

(Bob Dylan, «Visions of Johanna»)

Als die «Mona Lisa» im Februar 1963 dem Metropolitan Museum in New York einen Besuch abstattete – eingeladen hatte sie die Präsidentengattin Jacqueline Kennedy –, standen Zehntausende Schlange, um sie sehen zu können. Gereist war die «Gioconda» in einer Luxuskabine des Transatlantikliners «SS France», begleitet von dem Schriftsteller und damaligen französischen Kulturminister André Malraux. Eine Polizeieskorte sorgte für ihren Schutz. Lisas Auftritt glich dem einer Königin. Lächelnd gewährte sie binnen weniger Tage halb New York Audienz. Heute tragen Restaurants, Cafés und Gebäude ihren Namen. Sie wurde zum Objekt von Karikaturen und Parodien, angefangen mit Marcel Duchamps Readymade, das sie mit Schnurr- und Spitzbärtchen zeigt. Auch der Kult um ihren Erzeuger sprengt jeden Rahmen. Das Konterfei Leonardos ziert Banknoten und Briefmarken, sein «Vitruv-Mann» spreizt sich auf der italienischen 1-Euro-Münze, und Roms Flughafen trägt seinen Namen. Mailand, Florenz und andere Städte errichteten ihm Denkmäler. Im Herzen tragen wir alle ihn ohnedies. Denn das «Moderatorband», eine Struktur der rechten Herzkammer, hat man zu seinen Ehren «Leonardo-Bündel» genannt.

Leonardos Weltruhm scheint im Widerspruch zu dem zu stehen, was von ihm überliefert ist: Tausende Zeichnungen zwar, darunter Blätter, die zu den schönsten der Kunst zählen, aber kaum mehr als ein Dutzend als eigenhändig anerkannter Bilder. Und selbst unter ihnen sind einige unvollendet, andere bloße Ruinen. Keine seiner Schriften wurde zu Lebzeiten publiziert, keine seiner Erkenntnisse und seiner Erfindungen zeitigte unmittelbare Folgen. Die Architekturentwürfe blieben ungebaut, das Bronzepferd ungegossen, und der «große, berühmte Vogel» hob niemals ab vom Monte Ceceri. Dennoch erfüllt Leonardo «das Universum mit Staunen und mit seinem Ruhm alle Schriften» – und das seit über einem halben Jahrtausend. Er ist, gemessen an der Repräsentanz im Internet, berühmter als selbst Michelangelo.

Wie ist das zu erklären? Vielleicht liegt der Schlüssel zur Antwort auf diese Frage gerade in der Spannung zwischen dem, was Leonardo vollendete, und dem, was nur als Andeutung faßbar ist. Manche Texte und Zeichnungen lassen Projekte von ehrfurchtgebietenden Dimensionen ahnen. Leonardo zeigt sich als Gedankenspieler und Visionär, auch – was oft übersehen wird – als brillanter Handwerker und oft dann wieder als Gescheiterter. Viele seiner technischen Zeichnungen sind präzise, unmittelbar umsetzbar, andere versagen sich der Deutung. Er erfaßte nahezu alle Grundelemente des Maschinenbaus, angefangen mit einem revolutionären Werkstück, das anderen Kulturen nahezu unbekannt war: der Schraube.[1] Den Praxistest aber hatten die meisten seiner Erfindungen nicht zu bestehen. Oft hätte es noch weiterer Nachbesserungen bedurft, um das Entworfene funktionsfähig zu machen. Manches, was Leonardo erdachte, war belanglos, anderes hochbedeutend. Nicht wenig Anteil an der Entstehung des Mythos haben schließlich Pompeo Leoni und andere Besitzer seiner schriftlicher Hinterlassenschaft, indem sie heilloses Durcheinander darin anrichteten und damit die Fülle der Rätsel dramatisch steigerten.

Wer versucht, sich Leonardo zu nähern, ist in derselben Situation, die sein Höhlengleichnis schildert. Das Dunkel der Höhle mag «irgendetwas Wunderbares» bergen. Draußen im Licht ahnt man nur davon, und im vagen Vermuten erscheint es größer als das Leben – ähnlich wie das verlorene zweite Buch der «Poetik» des Aristoteles, Beethovens zehnte Symphonie oder die Vorstellung einer fertiggestellten «Anghiari-Schlacht».[2] Man hat aus den Dokumenten gewrungen, was in ihnen war, und oft mehr als das. Die Zahl der Rätsel nahm darüber eher zu, als daß sie sich verminderte. Und Rätsel sind oft interessanter als ihre Lösung. Leonardos gesamtes Werk, das des Gelehrten und Ingenieurs ebenso wie das des Künstlers, zeigt mithin die Schönheit des Torsos. Dort, wo das Bild unausgeführt ist oder der Text verloren, öffnen sich dem Denken Räume, und zwar um so weiter, je eindrucksvoller das Ausgeführte ist.

Fragmente großer Werke sind immer uneingelöste Versprechungen, Andeutungen unerreichter, unerreichbarer Vollkommenheit. Deshalb auch war Leonardos Hinterlassenschaft Gegenstand unablässigen Forschens, Fragens und Schreibens. Eine oberste, unsichtbare Firnisschicht seiner Werke besteht aus dem Reden und Raunen der Esoteriker und Romanciers, dem Geschwätz von Connaisseurs und Kunstgelehrten, den Meldungen der Journale. Darunter gemengt sind Anekdoten und das Wissen um die späteren Geschicke der Bilder, etwa um den Raub der «Mona Lisa» in der Nacht vom 22. auf den 23. August 1911 oder, 1987, den Gewehrschuß auf den Burlington-House-Karton.

Als vorläufig letztes Element des Überzugs kam 2017 die Saga der Versteigerung des «Salvator mundi» in den Orient hinzu – für eine Märchensumme, nämlich 450 Millionen Dollar. Ohne daß die Betroffenen es merkten, waren die Reaktionen des Publikums angesichts des Gemäldes gefilmt worden, als es vor der Auktion ausgestellt war. Zu sehen sind ehrfürchtige Blicke und offene Münder, feuchte Augen, gar gefaltete Hände.[3] Gewiß, die Leute wußten, vor etwas ungeheuer Teurem zu stehen. Aber das allein erklärt ihre geradezu religiöse Ergriffenheit kaum. Um Leonardos Werke schimmert wie um alle große Kunst eine Aura, mit Walter Benjamin die «einmalige Erscheinung einer Ferne, so nah sie sein mag».[4] Sie bezieht ihren Glanz aus der historischen Zeugenschaft des Originals. In jedem Stück Papier, das Leonardo bekritzelte, in jedem seiner Bilder steckt schließlich ein Stück von ihm und damit die Erinnerung an einen, den seine Werke und das Reden der Nachgeborenen zu einem Gott für diese Welt machten. So gleichen seine Hinterlassenschaften Reliquien. Und wie Reliquien durch Kontexte – Wundergeschichten, Heiligenlegenden, Inszenierungen auf Altären – ihre magische Energie gewinnen, verhält es sich mit Leonardos Werken. Es sind Worte, die Papier, Holz, Leinwand und Farbe in magische Fetische verwandeln. Kein Restaurator kann den irisierenden Firnis ablösen. Der Autor Leonardo läßt sich aus seinem Werk nicht verbannen, die oberste Lasur versiegelt ihn darin.

«Was von einem Menschen bleibt, ist, was sein Name zu träumen gibt», beginnt Valérys berühmter Essay über ihn.[5] Was Leonardo betrifft, ist der Traum bis heute nicht ausgeträumt. Unsere Phantasie wird von den Leerstellen der Werke, von den Lücken der Texte aus ihre Flüge aufnehmen – wohin auch immer, nach Mailand oder Florenz, in den Kaukasus, hinauf zu den gleißenden platonischen Ideen … enden wir, nach Leonardos Gewohnheit, einfach so. Mitten im Satz.

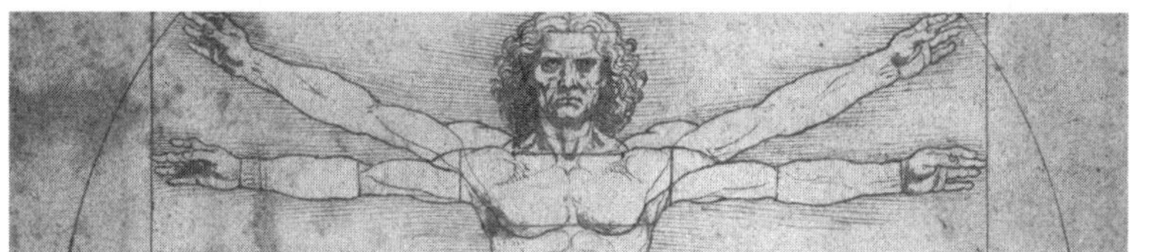

Anhang

Zur forensischen Rekonstruktion
von Leonardo da Vincis Gesicht

von Dr. Grit Schüler (Forensisches Institut Zürich)

Das Gesicht ist im täglichen Miteinander der wohl faszinierendste Körperteil. Über das Gesicht vor allem erhält man Informationen zur Identität von dessen Besitzerin oder Besitzer, auch darüber, ob ein Dritter ihn oder sie als noch unbekannt betrachtet oder bereits als bekannt im Gedächtnis abgespeichert hat und vielleicht mit einem Namen oder einer vertrauten Gegebenheit in Verbindung bringen kann. Die Fähigkeit, Gesichter wiederzuerkennen, ist ein evolutionäres Erbe des Menschen. Ausgehend von ihrer neurologischen Verortung im Gehirn wird vermutet, daß sie bereits bei der Geburt angelegt ist. Obwohl sich das Wiedererkennen von Gesichtern erst im Lauf der Individualentwicklung spezialisiert, gehört es zu den menschlichen Fähigkeiten, die im allgemeinen nicht mühevoll erlernt werden müssen.

So ist es wenig verwunderlich, daß das Gesicht eines Menschen insbesondere im Bereich der Authentifizierung von Personen einen sehr hohen Stellenwert hat. Durch geregelte Sicherheitsstandards ist mittlerweile jedes Ausweisdokument mit einem Enface-Abbild von

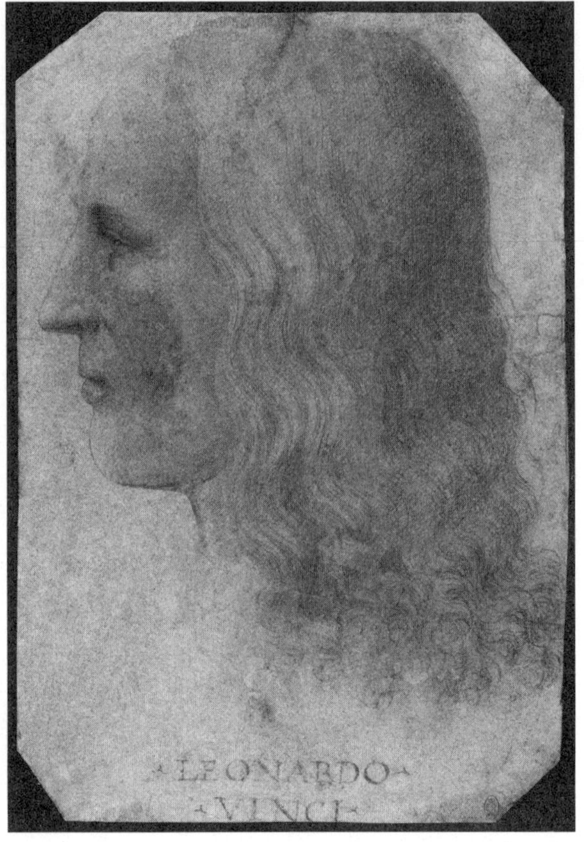

*Abb. 71: Francesco Melzi (?), Leonardo da Vinci (Tafel 29). Bearbeitete Fassung
(Sarah Steinbacher, Zürich).*

Inhaberin oder Inhaber ausgestattet. Auch im forensischen Kontext
spielt das Gesicht eine wesentliche Rolle. Mit der stetigen Zunahme
von fotografischen Aufnahmen sind diese inzwischen nicht mehr nur
ein Mittel, um überführte Straftäter zu dokumentieren, sondern auch
unerläßlicher Bestandteil von Beweisführung und Beweiswürdigung
in Strafprozessen.

Angesichts dieser Zusammenhänge entspricht der Wunsch, sich
einen Eindruck vom äußeren Erscheinungsbild einer historischen

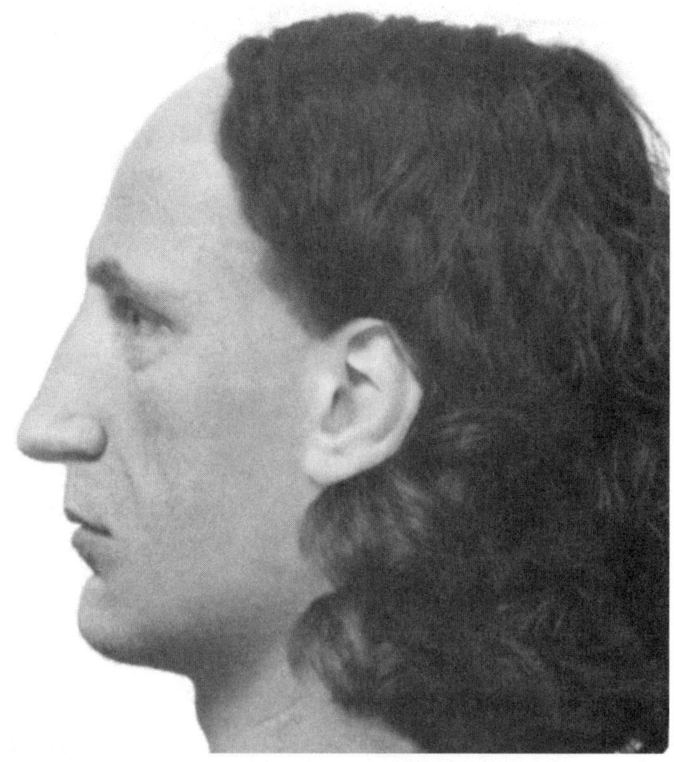

Abb. 72: Leonardo da Vinci um 1490, Phantombild
(Fotomontage: Grit Schüler, Zürich).

Persönlichkeit zu verschaffen, wohl einem intuitiven menschlichen Bedürfnis. Im forensischen Bereich ist ein bewährtes Werkzeug, um sich einen visuellen Eindruck von nicht nachweislich dokumentierten Personen zu verschaffen, das Phantombild. Phantombilder sind zeichnerisch umgesetzte Erinnerungsbilder des menschlichen Gedächtnisses. Sie besitzen eine lange kriminalistische Tradition mit vielen Erfolgsgeschichten. Dabei ist generell zu berücksichtigen, daß die gelungene gestalterische Umsetzung des effektiven Erscheinungsbildes eines Menschen – ob also das tatsächliche Aussehen der rekonstruierten Person gut getroffen wurde – von zwei Faktoren entscheidend abhängt: zum einen vom Erinnerungs- und Beschreibungsvermögen des

Zeugen, sprich der Person, die das Gesichtsbild im Gedächtnis trägt, und zum anderen von den darstellerischen Fähigkeiten des Phantombildzeichners. Allgemein ist jedes gezeichnete Personenporträt eine Art Phantombild, vor allem dann, wenn es, wie das vermutlich von Francesco Melzi gefertigte Porträt Leonardos da Vinci (Tafel 29), bereits durch den Künstler aus dessen Erinnerung heraus zeichnerisch rekonstruiert wurde. Das «Melzi-Porträt» diente unserer Rekonstruktion von Leonardos Gesicht als Grundlage.

Heutige Phantombilder werden – nicht ausschließlich, aber doch mehrheitlich – durch Bildbearbeitungsprogramme digital erstellt. Mit Hilfe von fotografisch aufgenommenen Gesichtsteilen realer Individuen wird nach dem Prinzip einer Collage ein völlig neues Erscheinungsbild, entsprechend den Vorgaben des Zeugen, zusammengestellt. So wurde von uns auch Melzis Erinnerungsbild in eine menschliche Morphologie und eine entsprechende Abbildung der «Zielperson» überführt.

Für diese Darstellung Leonardos (Tafel 30) wurde im übrigen methodisch genau jener Rekonstruktionsansatz verwendet, der in der heute gängigen Praxis der Phantombilderstellung zur Anwendung kommt. Als gesichtsmorphologische Informationsbasis diente die Francesco Melzi zugeschriebene Profilbildzeichnung, die durch historisch belegbare Erkenntnisse sowie naheliegende Annahmen zum äußeren Erscheinungsbild Leonardos ergänzt wurde. So ist aus Quellen des 16. Jahrhunderts bekannt, daß Leonardo ein schönes Antlitz gehabt haben soll (S. 348). Gemäß der Mode der Zeit darf man zudem davon ausgehen, daß er rasiert war (Abb. 71). Unsicher ist die Haarfarbe, doch ein Indiz spricht dafür, daß Leonardo sein Haar kastanienbraun färbte (S. 349). Lediglich die Morphologie der Ohrregion mußte ohne belegbare Informationen rekonstruiert werden, wobei von einer durchschnittlichen Form ausgegangen wurde. Entsprechend all diesen Vorgaben und Erwägungen zur Gesichtsmorphologie und -typologie wurde eine fotorealistische Darstellung des Leonardo da Vinci erarbeitet.

Ein Phantombild, das im kriminalistischen Kontext Verwendung findet und eine Strafverfolgung einleiten soll, wird meist in Graustufen dargestellt, möglichst unscharf wiedergegeben und mit überwiegend undeutlichen Gesichtskonturen konstruiert (Abb. 72). Das Ziel eines solchen Bildes ist es, den Wiedererkennungsfähigkeiten von Zeuginnen oder Zeugen Spielräume zu lassen, um einen großen Personenkreis anzusprechen, der gegebenenfalls Hinweise zum Tatgeschehen geben könnte. Denn je größer der Kreis der Angesprochenen ist, desto größer wird die Wahrscheinlichkeit, den tatsächlich tataufklärenden Hinweis zu erhalten. Dabei liegt die Kunst eines Phantombildzeichners vor allem darin, anhand der Zeugenaussagen die optimale Mitte zwischen einer möglichst realistischen Darstellung der Person und einer Unbestimmtheit zu erreichen, die den nötigen Wiedererkennungsspielraum läßt. Auch wenn wenig Hoffnung besteht, heute noch einen Zeugenhinweis auf den realen Leonardo zu erhalten, geben wir auch sein Phantombild hier in Graustufen und mit Weichzeichnung wieder, um die Phantasie der Betrachterinnen und Betrachter nicht allzusehr festzulegen.

Abkürzungen

AK	Ausstellungskatalog
ALV	Achademia Leonardi Vinci
Ar.	I manoscritti e i disegni di Leonardo da Vinci, il Codice Arundel 263, 4 Bde., Rom 1923–1930.
B	Luca Beltrami, Documenti e memorie riguardanti la vita e le opere di Leonardo da Vinci, Mailand 1919.
CA	Leonardo da Vinci, Il Codice Atlantico della Biblioteca Ambrosiana di Milano, hg. v. Augusto Marinoni, 3 Bde., Florenz 2000.
CL	Jane Roberts/Carlo Pedretti, The Codex Hammer of Leonardo da Vinci. The Waters. The Earth. The Universe, Florenz 1982.
CM	Leonardo da Vinci, Codices Madrid, hg. v. Ladislao Reti, 5 Bde., Frankfurt a. M. 1974 (künftig: codexmadrid@rwth-aachen.de).
DBI	Dizionario Biografico degli Italiani
Forster	Leonardo da Vinci, Il Codice Forster del Victoria and Albert Museum di Londra, hg. v. Augusto Marinoni, 3 Bde., Florenz 1992.
K/P	Leonardo da Vinci, Atlas der anatomischen Studien in der Sammlung Ihrer Majestät Queen Elizabeth II in Windsor Castle, hg. v. Kenneth D. Keele/Carlo Pedretti, 3 Bde., Gütersloh 1980.
LDP	Leonardo da Vinci, Libro di Pittura. Il Codice Urbinate lat. 1270 nella Biblioteca Apostolica Vaticana, hg. v. Carlo Pedretti/Carlo Vecce, 2 Bde., Florenz 1995.
Mag	Carl Frey (Hg.), Il Codice Magliabechiano, cl. XVII.17 (…), Berlin 1892.
Ms. A-K	Leonardo da Vinci, I manoscritti dell'Institut de France, hg. v. Augusto Marinoni, 12 Bde., Florenz 1986–1990 (= Marinoni A-K).
R	Jean Paul Richter, The Literary Works of Leonardo da Vinci (1883), 2 Bde., ^{3}New York 1970.
RL	Kenneth Clark/Carlo Pedretti (Hg.), The Drawings of Leonardo da Vinci in the Collection of Her Majesty the Queen at Windsor Castle, 3 Bde., London 1969.
R/P	Jean Paul Richter/Carlo Pedretti, The Literary Works of Leonardo da Vinci (…), 2 Bde., Oxford 1977.
RV	Raccolta Vinciana
V	Edoardo Villata, Leonardo da Vinci: I documenti e le testimonianze contemporanee, Mailand 1999.
Vasari	Giorgio Vasari, Le vite de' più eccellenti pittori, scultori e architettori nelle redazioni di 1550 e 1568, hg. v. Rosanna Bettarini/Paola Barocchi, 10 Bde., Florenz 1966–1997.
Venerella	The Manuscripts of Leonardo da Vinci in the Institut de France, hg. v. John Venerella, Mailand 1999–2007 (= Venerella A-K).
V/M	Le opere di Giorgio Vasari, hg. v. Gaetano Milanesi (1906), 9 Bde., Florenz 1981.

Anmerkungen

Vorwort

1 R I, 115, Nr. 9.
2 R II, 250 f., Nr. 1210.

Auf dem Rücken des großen Schwans

1 R/P II, 305, Nr. 1464; Suida 188.
2 R II, 356 f., Nr. 1428, 1428A; Schneider 2000, 95.
3 Chastel 11.
4 Bambach 2003, 489–493.
5 Machiavelli/Vivanti II, 86.
6 Vasari IV, 37 (V/M IV, 50 f.); «divinissimo»: IV, 31 (IV, 41).

I.
Anfänge: Vinci und Florenz, 1452–1481

1. Eine toskanische Jugend

1 Kemp/Pallanti 78–87, 91.
2 Brown 1998, 5–21, 175. Quellen: Bambach 2003, 227 f.; B 2 f.; Valentiner 43–61.
3 Beck 1985, 29.
4 Mag. 110.
5 Aabato.
6 Cianchi 1975, 11–29.
7 Cecchi 121–140, 122 f., 133, Anm. 5.
8 V 4–6, Nr. 2, 2b.
9 Karnim 17 f.
10 Errechnet nach Goldthwaite 430, 436. Dabei sind viele Feiertage zu berücksichtigen und auch, daß Arbeit nicht immer verfügbar war. Wir gehen von ca. 250 Arbeitstagen im Jahr aus.
11 Beck 1988.
12 Uzielli 54.
13 V 194, Nr. 227; CA I, 351, fol. 225r.
14 Bandinelli Capretti.
15 V 6 f., Nr. 3; Kemp/Pallanti 62 f.; Vecce 1998, 35 f.

16 Kubersky-Piredda 438: 501 Soldi di piccioli; nach Goldthwaite wäre der Florin damals 108 Soldi wert gewesen, so daß die Miete nur 4,6 Soldi ausgemacht hätte.
17 V 7, Nr. 3.
18 Spufford/Denzel 56.
19 Fischer 2012, 25.
20 Vasari IV, 28 (V/M IV, 35).
21 Vasari IV, 16 (V/M IV, 18).
22 Zum Folgenden: Witt.
23 Bisticci/Roeck 1995, 11–15.
24 Cecchi 127.
25 Nicholl 38; Valentiner 46.
26 Cole 15; Bambach 1999, 30.
27 Vasari IV, 16 (V/M IV, 19); Cecchi 124 f.
28 V 9, Nr. 8: «manet cun Andrea de Verrochio».
29 Cennini 27.
30 Roeck 2013, 150 f.
31 Rucellai/Battista 139; Dei/Barducci 37.
32 Edson 133; das Folgende: Cochrane 10–13.
33 Dei/Barducci 146.
34 Dei/Barducci 77–93; Trexler 240–270.
35 Starr 2013, 484.
36 Rucellai/Battista 551, 139.
37 Bisticci/Roeck 1995, 325.

2. Ausbildung: Eichhörnchenschwänze und Hühnerknochen

1 Cennini 6 f.; Roeck 2013, 60–63.
2 Cennini 86.
3 Gesner 957; Gebrauch durch Leonardo: R/P II, 353 («code dj uajo»).
4 Cennini 33.
5 Cennini 9.
6 Cennini 87.
7 Cennini 28, folgendes Zitat: 31.
8 Kemp 1977a.
9 Cennini 4; Roeck 2013, 61, das Folgende: 71–75.
10 Marani 2010c.
11 van Mander/Miedema I, 62 f.
12 R I, 372, Nr. 660.
13 Kubersky-Piredda 71–73 (auch zum Folgenden); Goldthwaite 436–439; Bambach 1999, 48 f.
14 Kubersky-Piredda 77.
15 Cecchi 125.
16 Syre 49–51; Syre u. a. 262 f. Vgl. die «Madonna Gambier Parry» des Courtauld Institute, Lorenzo di Credis «Madonna di Piazza», die «Madonna Dreyfus» und die «Madonna mit der Brosche» (Verrocchio?, Lorenzo di Credi?) und Domenico Ghirlandaio, Thronende Madonna mit Kind und Heiligen, Florenz, Uffizien (Kecks Abb. 92).
17 V 42, Nr. 35.
18 Vasari V, 475 f. (V/M VI, 600 f.); Brown 1998, 7, 36, 75.

19 Travers Newton 121.
20 CA III, 1479 f., fol. 765r.
21 Cennini 15.
22 Vecce 1998, 353 f.
23 Vasari III, 538 (V/M III, 363 f.).; Brown 1998, 126 f.
24 Windt 166–172; Bambach 2003, 316–320.
25 Zöllner 2007, 350–361; Brown 1998, 76–82, 95–97; Wright 245.
26 Vasari IV, 17 (V/M IV, 20); ebd. 299 f. (564): Lorenzo di Credi; III, 264 (II, 498 f.): Piero della Francesca; Fusco.
27 LDP 190, Nr. 98. «Lampenruß»: RL 12521r.; Zöllner 2007, 358, Nr. 182.
28 Chapman/Faietti 2010, 28; Mag. 110; «Schule»: Vasari V, 475 (V/M VI, 599).
29 Kecks 35; Condivi/Davis 3v.
30 Vasari IV, 19 f. (V/M IV, 23); Mag. 111; Vecce 1998, 54.
31 Cole 1983, 15; Eintrittsalter: Wackernagel 337.
32 Wackernagel 341.
33 Jacobsen 124; Kubersky-Piredda 57.
34 Ost 2018.
35 Vasari IV, 17 (V/M IV, 19 f.).
36 LDP 161, Nr. 38; Lomazzo 1584, 159; RL 12957; Marani 2010d, 180.
37 Vasari IV, 18 (V/M IV, 21).
38 Brown 1998, 58–71.
39 R I, 342, Nr. 585; Anekdote: Vasari IV, 20–22 (V/M IV, 23 f.); Mag. 111.
40 Plinius, Nat. Hist. XXXV, 65.
41 LDP 139, Nr. 14.
42 Vasari IV, 19 (V/M IV, 22).
43 Zuletzt Brown 1998.
44 LDP 174, Nr. 60; Gombrich 1969/1999, 341.
45 Wright 412; Brown 1998, 97 f.
46 Zum Folgenden: Wright.
47 Brown 1998, 14–19 (auch zum Folgenden).
48 Vasari III, 503 (V/M III, 292).
49 Bulst 100–106.
50 Katja Burzer in: Vasari/Nova 35.
51 Wright 102 f.; Scarton 12, 187.
52 Wright 12.
53 Das Folgende nach Wright 16 f.
54 Vezzosi 8–10; Nova in Frosini/Nova 2013, 297.
55 Brown 1998, 98; Wright 410; Nova in Frosini/Nova 2013, 297. Ob die Notiz auf der Rückseite des Blattes von Leonardo selbst stammt, ist nicht ganz sicher: Nova in Frosini/Nova 2013, 288 f.; Calvi/Marinoni 44, Anm. 2.

3. Erste Werke und eine Sexaffäre

1 V 7 f., Nr. 5.
2 Wackernagel 396; Kubersky-Piredda 50, 53.
3 Neri di Bicci.
4 Wackernagel 308; Kubersky-Piredda 39–80.
5 Kubersky-Piredda 56 f.; Wright 193, 463, Anm. 2.

6   Z.B.Roeck 2010, 89; Kubersky-Piredda 291–293.

7   Hugo Chapman in: ders./Faietti 204 f.; Brown 1998, 68–73.

8   Vasari III, 535 (V/M III, 361); Katja Burzer in Vasari/Nova 15; Feinberg 47 f.; Bambach 2003, 418 f.; Covi 2005, 152.

9   Erben 1996, 155; Bardonali 51 f.

10   Kubersky-Piredda 291.

11   R/P II, 20; Pedretti 1978, 12–14.

12   Poliziano/Staiger 29.

13   Kubersky-Piredda 273 f.; Piero della Francesca: Roeck 2010, 175.

14   Brown 1998, 124.

15   Ventrone 1993, 19–22.

16   Poliziano/Orlando 3; Poliziano/Staiger 31–33.

17   Poliziano/Staiger 59.

18   Vasari III, 475 f. (V/M III, 254); aber Kecks 50; das Folgende: Ventrone 2007.

19   Zöllner 1995.

20   Cecchi 127.

21   Baxandall 49–56.

22   Brachert.

23   Zöllner 2007, 214 (Lit.).

24   Mancini 129.

25   Brown 1998, 126 f.

26   Lydecker 177.

27   Neri di Bicci/Santi 111 f., auch 165; Kubersky-Piredda 230.

28   Brown 1998, 148–150.

29   Kemp/Wells 32.

30   Baldovinetti/Poggi 8; Kubersky-Piredda 238.

31   Zambrano.

32   Vasari IV, 300 (V/M IV, 566).

33   Kubersky-Piredda 247; Schumacher 2009, 40–42; folgendes Zitat: Forster III, 66v.

34   Zöllner 2007, 217 (Lit.).

35   Brown 1998, 150.

36   Goldthwaite 430. 1 Goldfiorino: 112 Soldi (1475); 1 Braccio: 58,4 cm (Florenz), 59,5 cm (Mailand), nach Venerella A, XXXVIII.

37   Kubersky-Piredda 273, auch zu Luca Signorelli. Piero: Roeck 2010, 175.

38   V 8 f., Nr. 7 f.

39   Rocke 61, auch 19 f.

40   Vecce 1998, 57.

41   Vecce 1998, 44; Bernardino: Mormando.

42   Rocke 21.

43   Rocke 62 f.

44   Ruggiero 128–133.

45   Ruggiero 3.

46   Ruggiero 237.

47   R II, 342, Nr. 1364; R/P II, 311 f.

48   Rocke 139, 298, Anm. 120, Straffreiheit für Minderjährige: 63.

49   Rocke 69.

50   Brown 1998, 8.

51   Brown 1998, 96 f.

52   Brown 1998, 101–111.

53 Machiavelli, Istorie fiorentine, VIII, 22.
54 Dec. V, 10; Wesselski 63.
55 R II, 355, Nr. 1421.
56 Pedretti 1996; ders. 2009, 225 f.
57 Clark 1988, 107; Angelo incarnato: Pedretti 2009, 67–73, 223.
58 Clemenz 76 f.
59 Pedretti 2009, 203–207 (Carlo Pedretti).
60 K/P I, 226 f., 72r; Pedretti 1996, 131.
61 Nach Beck 2001, 164.
62 R II, 343, Nr. 1367; Forster III, 83r; einschränkend: R/P II, 313.
63 Valentiner 109, Nr. 75; Bambach 2003, 313; Bilderrätsel: Augusto Marinoni in: Reti 1974, 85.

4. Bilder für Magnaten und Mönche

 1 Wright 15, 250; Milanesi 1872, 227 f., Anm. 1; V 10, Nr. 9 f.
 2 Wackernagel 346 f.; Blume 152. Nach Kubersky-Piredda (479, unter Bezug auf Herbert Horne, Botticelli, London/Florenz 1908, 481) erhielt Sandro allerdings 102 Fiorini.
 3 Wright 15 («inside support»).
 4 Mecatti I, 342.
 5 Nesi 7 f.; Vasari V, 442 (V/M VI, 542).
 6 Donato/Parenti 84.
 7 «et modo et forma et prout et sicut apparet in modello et seu in pictura existente».
 8 Es gibt einen Hinweis darauf, daß Leonardo eine dann von Filippino Lippi vollendete «Tafel» für den Palazzo Vecchio begann (Mag. 112); demgemäß soll Lippi sie nach seiner Zeichnung fertiggestellt haben. Vermutlich liegt eine Verwechslung mit der für die Sala del Consiglio des Palastes bestimmten «Pala del Palazzo Vecchio» vor, einem Auftrag, mit dem Leonardo nichts zu tun hatte.
 9 Chiapelli.
10 Brown 1998, 151–157.
11 Nicholl 125 f. (Lit.).
12 V 11, Nr. 11; Beziehungen der Familie zu Pistoia: Calvi/Marinoni 48 u. Anm. 13.
13 Frimmel/Morelliano 20–25; vgl. Syson/Keith 2012, 176–179; dagegen Syre u. a. 266.
14 Frimmel/Morelliano 110 f. Die Größenangabe «un piede, poco più» (34,7 cm) stimmt mit den Maßen der «Madonna Litta» (42 × 33 cm) ungefähr überein. Zur «Madonna Litta»: Tatiana Kustodieva in: Alpatov 18–21; Fiorio 2000, 27–33, 81–83; Syson/Keith 2012, 222–225. Vielleicht lag dem Gemälde ein Entwurf Leonardos zugrunde.
15 Landucci 17; Kohl/Witt 305–322.
16 Landucci 21 f.
17 Machiavelli, Istorie fiorentine, VII, 6.
18 V 44, Nr. 44.
19 Valentiner 53 f.; Dittmeyer 80.
20 Ortalli.
21 Mag. 105, auch das folgende Zitat.
22 P/R I, 380, Nr. 664.
23 Gaeta; zum Folgenden Vasari III, 544 f. (V/M III, 373–375).

24 Schlosser 58 f.
25 B 7, Nr. 15.
26 Vecce 1998, 61 f.
27 Keith 2012, 59 (Lit.); Syson/Keith 2012, 135–141, 156; Bambach 2003, 372–379. Ob das Bild noch in Florenz oder schon in Mailand entstand, ist unbekannt.
28 Vecce 1998, 45.
29 Syson/Keith 2012, 140 f.
30 K/P I, 28 f., fol. 18r; Syson/Keith 2012, 143.
31 V 12 f., Nr. 14.
32 Fiorini di sugello: in ein versiegeltes Säckchen verschnürte Goldmünzen, deren ordentliche Prägung ein «Probierer» beglaubigte.
33 Molho 55, Anm. 82.
34 Battisti II, 22, Doc. XXXIX; Kubersky-Piredda 304–306.
35 Alberti 128 f.
36 Kemp/Pallanti 14; Cecchi 129.
37 Milanesi 1872, 229.
38 Uccelli 107–125; Ultramarin: 120–123; Stege 186 f.
39 Vasari III, 602 (V/M III, 574).
40 Vasari IV, 30 (V/M IV, 39).
41 Blume 2003, 156.
42 Brachert 42 f. u. Abb. 13; Bambach 2003, 374.
43 Brown 1998, 106–109; Garrard 41.
44 Renouard/Ragni.
45 V 289, Nr. 334; Mag. 111.
46 Ficino/Blum 124 f., 128 f.
47 Hankins 300.
48 Fletcher; Brown 1998, 101–121; Williams 205–220; Hessler 480 f.
49 Ventura/Pecoraro; Hessler 492.
50 Unklar ist die Beziehung zu einem Lorenzo di Credi oder einem von dessen Schülern zugeschriebenen Porträt (New York, Metropolitan Museum of Art), das ebenfalls Ginevra zeigen soll. Ein Ginsterbusch im Hintergrund und eine Beschriftung auf der Rückseite liefern Argumente dafür. Aber die Dargestellte sieht Leonardos «Ginevra» nicht besonders ähnlich (Garrard 2006, 41 f.; Brown 1998, 106).
51 Hessler 492 f.
52 Hessler 493.
53 Paravicini 96 f.; zum Folgenden: Hand; Cian 85 f.
54 Abzüglich 99 Fiorini Steuern: Molho 57.
55 Carnesecchi; Hessler 594.
56 Gegenmeinung: Brown 1998, 105 f.
57 Cecchi 129–131 (auch zum Folgenden).
58 Tyler 6.
59 R II, 354, Nr. 1416; 359, Nr. 1444; 362, Nr. 1454.
60 Die Identifikation ist nicht unumstritten: Hessler 481 f., Anm. 716.
61 Lorenzo il Magnifico/Simioni I, 117.
62 Walker 24 f.

II.
Höhenflüge: Mailand, 1481–1500

1. Florenz, Mailand: Kulturtransfers

1 Burckhardt 1930, 26.
2 Brown 1998, 26.
3 Calvi/Marinoni 45, Anm. 5 und Fig. 2; Zöllner 2007, 618, Abb. 562. Linsen: 23–26; Kemp 2005, 137–141.
4 Z. B. CA III, 1924, fol. 1069r; CA I, 25, fol. 26v.
5 Pedretti 1957, 211–216.
6 RL 12, 650r.
7 CA III, 1969, fol. 1112v; Hildburgh 50.
8 Moon 131–133; Fane 135 f.
9 München, Bayerische Staatsbibliothek, Cod. Lat. Monacensis 197 II, fol. 57r; Leonardo: CA III, 1924, fol. 1069r/386r–b; Schwimmkörper: CA I, 23, fol. 26r.
10 R II, 358, Nr. 1439.
11 Pedretti 1957, 119.
12 Ventrone 1993, 137–143 («miles curialis, sindicus et referendarius»).
13 Bigi.
14 R/P I, 120.
15 CA I, 5, fol. 5r; Thro. Auch Ms. D, 10v; R/P I, 133.
16 R I, 119, Nr. 19.
17 Lee 40.
18 Rehm 101.
19 de Roover 366 f.
20 V 13 f., 16; 1 Moggia = 5,847 Hektoliter (Zupko 168); 1 Soma = «Last», 130–160 kg (Gazzini 132, Anm. 19).
21 V 14, Nr. 18; Barile: Antonetti 186.
22 Vasari IV, 24 (V/M IV, 27).
23 Bambach, Introduction, in: dies. 2003, 3–30, 12.
24 Vasari IV, 24 (V/M IV, 27).
25 Mag. 110.
26 V 15 f., Nr. 19; Larry Keith in: Syson/Keith 2012, 23 f.; ebd., 90 f.
27 Zit. nach Lopez 1982, 134.
28 Soldi Rondinini 553–573; Ianziti 1992.
29 Lubkin 239–241.
30 Azzolini.
31 Ianziti 1988, 226; Resta 201–214, 206–208, 210–212.
32 Mengozzi 219.
33 Warnke 70 f.
34 Meyer 99–110; Martinis 38.
35 Frimmel/Morelliano 48 f.; Averlino II, 698–704.
36 Warnke 71 f.
37 Lubkin 122–126.
38 V 16 f., Nr. 3; P/R II, 295, Nr. 1340.
39 Keith u. a. 2011, 32–56; Cannel; Gould; Zöllner 2007, 223 f., 229.
40 V 29–34, Nr. 22c; zum Folgenden: Syson/Keith 2012, 161–175.

41 Bandera 16, 194–196.

42 Fiorio 1985, 57–59.

43 Gilli Pirina; Shell 1998a.

44 Für Florenz: Kubersky-Piredda 442; Mailänder Maße und Währungen: Parziale 11.

45 V 32, Nr. 22c; B 16.

46 V 30, 22c: «(…) siano angelli quatro per parte deferentianti de luno e laltro»; bei V 72, Nr. 64 ist dann tatsächlich nur von zwei Engeln die Rede.

47 Jäger 1764, 448.

48 Zöllner 2007, 67–76; Zöllner 2006, 231–256.

49 Clark 1988, 94.

50 Bandera 176, 180.

51 V 191 f., Nr. 226; V 150, Nr. 175; Shell/Sironi.

52 Torre 203; Glasser 262–264.

53 Fiorio 1985, 194 f.

2. Neureiche der Macht

1 Welser 240.

2 Albini 134; Lopez 1982, 34–37.

3 R II, 122, Nr. 891.

4 K/P I, 94 f., fol. 40r; Kemp 1971/1999; Bambach 2003, 412–415.

5 Putscher 146.

6 Kruft 64–66; Pedretti 1978, 22–24.

7 Oberli.

8 V 40, Nr. 32; auch R II, 45 f.; zum Folgenden: V 35–39, Nr. 25; die Interpretation der Zahlungen ist nicht ganz eindeutig.

9 Ghisetti Giavarina, auch das folgende Zitat.

10 V 40 f., Nr. 34; Marani 2010c, 314 f.; MacCurdy 1144.

11 Kruft 51.

12 Oberli 14 (Lit.); 1 Mailänder Braccio: 0,5949 m.

13 V 65, Nr. 55; das Folgende: V 65, Nr. 55; 66, Nr. 57; 92, Nr. 86.

14 Pedretti 1978, 24, 26, 52; V 70, Nr. 61; R II, 41.

15 Welch 1995, 260.

16 R/P II, 86; Pedretti 1978, 72–77.

17 Kruft 66.

18 Bambach 2003, 578 f.

19 Vasić Vatovec 16, 18.

20 CA I, 235, fol. 184v; R II, 249, Nr. 1203. Vgl. Versiero 82 f.

21 Pedretti 1978, 60.

22 R II, 53, Nr. 761; auch R/P II, 37 f.; Pedretti 1978, 259 f.

23 Reti 1974, III, 91 f.; R/P I, 123; II, 367, Nr. 113.

24 R I, 255, Nr. 343.

25 Clayton 2002, 28.

26 R II, 359, 1445; Vitr. I,3, 2.

27 R II, 23, 746.

28 Vaglienti.

29 Rozzo, La festa; Rozzo, Taccone; Tissoni-Benvenuti 339 f.

30 Rozzo La festa, 19.

31 Zapperi/Ricci-Albani.
32 Calvi/Marinoni 141.
33 Lopez 1982, 56.
34 Das Folgende nach Vaglienti; Steinitz 10 f.
35 Calvi/Marinoni 81.
36 Tissoni-Benvenuti 340–342; Lopez 1982, 58–71.
37 Welch 1995, 223 f.
38 Gazzini 266, 298–302; Black.
39 V 76, Nr. 72b.
40 Calvi/Marinoni 81–83; Pedretti 1978, 290 f.
41 Calvi/Marinoni 82.
42 Calvi/Marinoni 82, Anm. 2.; über Calco: Rozzo 1989 (Taccone).
43 V 49–56, Nr. 48.
44 B 28, Nr. 41.
45 V 55, Nr. 49.
46 Lopez 1976; Lopez 1982, 79–86.
47 R II, 363, Nr. 1458; Mazzocchi Doglio 47.
48 Welch 1995, 198.
49 Castiglione/Preti 43.
50 Kammerdiener (um 1470): Lubkin 128, Handwerker (Maler): Kubersky-Piredda 71.
51 Bucci (Nachweise zum Folgenden).
52 Welch 2005, 9 f.; Tissoni-Benvenuti 344.
53 R I, 362, Nr. 628; Syson/Keith 2012, 111–113.
54 LDP 187, Nr. 88.
55 Syson/Keith 2012, 123–127.
56 V 76 f., Nr. 72c; vgl. R I, 33; Alberti 100 f.
57 R II, 387, Nr. 1560; RP II, 387; Zöllner 2013, 73 f.
58 R II, 276, Nr. 1263; Lapucci 374; Syson/Keith 2012, 122.
59 Pedretti 1990, 161–181, 176 (Quellen).
60 Nachweise bei Syson/Keith 2012, 105, 123–127.
61 Moczulska; Shell/Sironi 53; schon Suida 92.
62 Kemp, Bella principessa.
63 B 51, Nr. 89; R II, 340, Nr. 1356a, Anm.; RP II, 309 (auch zum Folgenden). Musenhof:
    Lopez 1982, 187.
64 Shell/Sironi 1992, 47.
65 Leverotti 592; zum Folgenden: Wiesflecker II, 22 f.; I, 363–372.
66 Wiesflecker II, 70.
67 Spätestens seit 1490: V 63, Nr. 53, auch 71, Nr. 64.
68 Bush 79–86, 81.
69 Apelles: V 76, Nr. 72b; das Folgende: V 78, Nr. 73.
70 Wright 137–140; Zöllner 2007, 85–93.
71 V 44, Nr. 44; Vecce 1998, 110 f.
72 Welch 1995, 200 f.
73 Erben 152; Wright 142. Das Folgende: Kirwin/Rush; Maria Vittoria Brugnoli in: Reti
    1974, 86–109.
74 Biringuccio VI, 169.
75 Werte des späten 16. Jahrhunderts: Kommer 203, 222, 263, 283; Messing, Blei: Birin-
    guccio VII, 232.
76 Kirwin/Rush 106.

77 Vasari IV, 138 f. (V/M IV, 276).
78 R II, 1445; CA II, 725, fol. 399r; RL 12345.
79 V 96, Nr. 111; Maria Vittoria Brugnoli in: Reti 1974, 94 f.

3. Höfling

1 CA II, 1003, fol. 521v.
2 R II, 221, Nr. 1122.
3 R II, 220 f.
4 Bacon 37.
5 Acerbi 280.
6 Chianchi; Gibbs-Smith 8; Keele 185–194.
7 Leishman 9; Pedretti 1978, 9.
8 Nicholl 203 f.; Stoßdämpfer: CM I, 62v, 63r; Keele 193 f.
9 White 175–180.
10 Rosheim 14–19; Gombrich 1969/1999, 333 f.
11 V 183, Nr. 216; Schneider 2000.
12 Schneider 2000, 78; R II, 226, Nr. 1123; CA I, 85, fol. 70, b-r. Material, Flügeldaumen: Schneider 2000, 8 f., 44–47, 99 70–73 (fol. 6v, 7r, 13r/v); Keele 191.
13 R II, 228 f., Nr. 1126D.
14 Pedretti 1978, 63–71; das Folgende: R II, 377, Nr. 1513–1515; 188 f., Nr. 1025–1028; Reti 1974, III, 47 f.; Lopez 1982, 95 f.
15 CM I, 11v; R/P II, 34.
16 R II, 189, Nr. 1030; 190, Nr. 1031.
17 R II, 350, Nr. 1386.
18 R II, 363, Nr. 1458; Sgarbi.
19 V 69, Nr. 60; Morell: V 350, Nr. 1384.
20 R II, 351, Nr. 1391.
21 R II, 287, Nr. 1282; 378, Nr. 1520.
22 R II, 378, Nr. 1519, 1521; 383, Nr. 1544; 383 f., Nr. 1545; 385, Nr. 1548 f.; Weinessig: R/P II, 382.
23 B 145, Nr. 229.
24 Forster II, 294, Nr. 1295.
25 Z. B. CA III, 1412–1418, fol. 728r; R II, 345, Nr. 1376B (R/P II, 322); Lampen, Kerzen: R/P II, 382; Keele 9, 11.
26 Nahrstedt.
27 R/P II, 371; Augusto Marinoni in: Reti 1974, 73.
28 R II, 373, Nr. 1501.
29 V 69 f., Nr. 60.
30 R/P II, 117, Nr. 852; R I, 365, Nr. 644.
31 CA I, 19, fol. 21r; Druckerpresse: CA III, 1801, fol. 995r; Reti 1971/1999; Rettungsgürtel: R II, Nr. 1117.
32 R II, 225, Nr. 1121; das Folgende: R II, 224, 1120; zu fol. 8r/v, 10r/v: Roberts/Pedretti 36–39.
33 MacCurdy 806–851; Brioist 78 f.; CA I, 158, fol. 113v; Schrapnellmörser: CA I, 31, fol. 33r; Venerella B, 98.
34 Marinoni B, 87, fol. 59r.
35 B 24, 33r; Simms 195; Brioist 115 f.; Venerella B, 53–55; Altdorfer benutzte bei der

Darstellung des Streitwagens des Darius auf seiner «Alexanderschlacht» dieselbe oder eine ähnliche Vorlage: Ronen.

36 R II, 230, Nr. 1128.

37 Vasari IV, 37 (V/M IV, 50); Fossilien: R II, 173, Nr. 189.

38 Fiorio 2000, 19; Marani 1998a; Shell 1998a; Shell 1998b; Zitat: Casio 1525, 46r.

39 Shell/Sironi 1992 (Lit.).

40 Pulci 87; Leonardo besaß den «Morgante»: R I, 42; Salai: Shell 1998c.

41 R II, 363, Nr. 1258 (auch das Folgende).

42 CM I, 12v.

43 R II, 350, Nr. 1384; Kemp/Pallanti 98 f.

44 R II, 379, Nr. 1522.

45 R II, 364, Nr. 1460; vgl. auch R II, 365, Nr. 1462.

46 Vecce 1998, 138.

47 Brescia/Tomìo; Mag. 111.

48 R II, 380, Nr. 1526.

49 CA I, 187–190, fol. 132v, 133v; Pedretti 2009, 78.

50 Vasari IV, 29 (V/M IV, 37 f.).

51 R II, 379, Nr. 1525.

52 R II, 379, Nr. 1523.

53 Nicholl 275.

54 LDP 221, Nr. 187; 204, Nr. 139; Johannes Nathan in: Zöllner 2007, 362; Clayton 2002, 52; Kwakkelstein 93–121.

55 Vasari IV, 37 (V/M IV, 50).

56 Keele 229.

57 Mag. 115; Leder: R II, 359, Nr. 1444; Verzeichnis: CM II, 4v; R/P II, 332.

58 CA III, 1883, fol. 1038r (zuvor 372r.b).

59 R II, 383, Nr. 1544 f.; CA I, 95, fol. 77r; RL 12698v.

60 V 292, Nr. 337; R I, 69; Lyra: Winternitz 7, 25–38.

61 R I, 75 f.; Syson/Keith 2012, 94–97.

62 Vasari IV, 24 (V/M IV, 28).

63 R I, 70 f. Zum Folgenden: Winternitz 137–167; auch Reti 1974, 120–122; «akustisches Sfumato»: Arasse 222, «Ohrenzeugenbericht»: Arasse 226 f.

64 RL 12697; Winternitz 93.

65 Nicht «erinnern», wie die Stelle oft übersetzt wird. «Sollecitare» kann u. a. heißen: «Eifrig, emsig betreiben, antreiben, mahnen, begehren, anreizen, eifrig anhalten, versuchen» (Jäger 1764, 1038).

66 Ficino/Blum 62 f. (II,7).

67 R II, 386, Nr. 1553; R/P II, 384.

68 Mag. 110; Vasari IV, 24 (V/M IV, 28).

69 Calabrese 180 f.

70 R II, 317–322, Nr. 1336; R/P II, 277–279; Seybold; vgl. auch CA II, 704, fol. 393r/v, 706–709.

71 R II, 371, Nr. 1484; CA II, 1097, fol. 559r; Pucci 59, XXXII f.

72 Seybold 106; R II, 339 f., Nr. 1354; RP II, 307–309; Barducci 1988, 252–257.

73 Seybold 271–275; R II, 287, Nr. 1280.

74 Vecce 1998, 102 f.; Zaccarello; R II, 368, Nr. 1469. Alberti: Marani 2010c, 319.

75 Macr. Sat. II, 2; vgl. R II, 289, Nr. 1285 (Anm.); Muratori 1185 f.

76 R II, 287, Nr. 1280.

77 Lomazzo/Ciardi II, 96 f.

78 Pedretti 2009, 204, Anm. 5; Marinoni C, 39 f., fol. 19v.
79 R/P II, 272, 274, Nr. 1280; RL 12351r.
80 Kwakkelstein; Clayton 2002, 73–99; Scaramuccia: Vasari IV, 24 (V/M IV, 27).
81 RL 12692.
82 R I, 387, Nr. 679.
83 Budde.
84 Bambach 2003, 307 f., 315; R II, 265, Nr. 1232.
85 Bongrani 220; vgl. auch R I, 42; R/P II, 362; Vecce 1992, 164.
86 RL 12282v; R I, 388, Nr. 683, das Folgende: Nr. 684.
87 R II, 267, Nr. 1238; Cecco d'Ascoli 222.
88 R I, 383, Nr. 671; Klugheit: R I, 384, Nr. 674; Undankbarkeit: Ar. 176v; Bascapè: R I, 383, Nr. 672.
89 LDP 145, Nr. 21; das Folgende: Freund.
90 Alberti 152 f.
91 Vasari III, 20 (V/M III, 324).
92 Bolzoni 214.
93 Bambach 2003, 443–446.
94 R I, 385, Nr. 676; Gombrich 1986, II, 166 f.

4. Zeitbruch

1 Wiesflecker II, 22.
2 RL 12496; Clayton 2002a; anders Pedretti in RL I, 85.
3 V 86, Nr. 93. Mailand: Wiesflecker II, 55.
4 Leverotti 595.
5 V 85, Nr. 90.
6 V 93 f., Nr. 108a, 108b.
7 Vasari IV, 31 (V/M IV, 41); Pedretti 1953, 158 f.
8 V 105 f., Nr. 121; R/P II, 297 («um 1495»).
9 Bambach 2003, 447–450; R II, 276, Nr. 1264A.
10 Steinitz 12–15; auch Ar. 224r, 231v; Pedretti 1978, 291–293; Mazzocchi Doglio 49–55.
11 Guthmüller 73–76; Tissoni-Benvenuti 346–348.
12 Wiesflecker II, 77–91.
13 Wiesflecker II, 83.
14 Syson/Keith 2012, 248–279; Arasse 362–383.
15 Cartwright 317–319; Pedretti 1978, 94–115.
16 V 102, Nr. 116.
17 Cennini 194 f., Nr. 157; CLXXVII; 86, LXXI.
18 Acidini 86.
19 Travers Newton 118–121.
20 V 301, Nr. 346.
21 Vasari IV, 25 f. (V/M IV, 30 f.).
22 Mt 26,21–22.
23 R I, 380, Nr. 665 f.; Bartolomeo: Syson/Keith 2012, 275.
24 LDP 219, Nr. 180.
25 LDP 193, Nr. 108.
26 Giraldi 195 f.

27 LDP 217, Nr. 173; 219, Nr. 179.

28 R II, 351, Nr. 1387.

29 Pastor 1905, 176; Brescia: Vecce 1998, 167.

30 LDP 221, Nr. 188; Baxandall 46.

31 Aristot. Poet. VI,2; Aristoteles/Fuhrmann 161–163; Kwakkelstein 26–30.

32 Gombrich 1996, 298.

33 Alberti 146 f.; LDP 222, Nr. 190.

34 Goethe 419.

35 V 264, Nr. 314.

36 Vasari V, 424 (V/M VI, 491); IV, 25 f. (V/M IV 29, 31).

37 Vecce 1998, 167.

38 V 109, Nr. 124b.

39 Aber V 110, Nr. 125: Nach Bascapè gingen die Arbeiten im Refektorium zügig voran, «die Meister» würden rechtzeitig fertig.

40 Zusammenfassend Costa 2006, 116 f.; Schwarz diente gewöhnlich als Hintergrund für Tapisserien: Welch 1995, 234.

41 V 111, Nr. 126.

42 V 111 f., Nr. 127 f.; Costa 2006, 103 f.; Welch 1995, 230–238.

43 V 107, Nr. 123; Vecce 1998, 167; Salai und ein «Bartolomeo» gaben drei Dukaten, Galeazzo, der im März 1494 eintraf, gab fünf Lire im Monat; Leonardo notiert, daß er von dessen Vater zwei Rheinische Gulden erhielt und von Galeazzo zwei weitere (R II, 364, Nr. 1461). 1 Mailänder Dukat = 3 Lire 5 Soldi (Mulazzani 307).

44 Costa 106 f.

45 Vasari IV, 18 (V/M IV, 21).

46 R/P II, 388, 395; Bambach 1999, 169 f.; Syson/Keith 2012, 216–218.

47 Jäger (11) übersetzt «Acadèmia» als «Versammlung solcher Personen, die in Gesellschaft mit einander leibliche und geistliche Übungen treiben»; Marani 1998a, 15; vgl. aber Pedretti 2011, 16.

48 Pacioli (ohne Paginierung); Hessler 196–202; Vecce 1998, 173.

49 V 238, Nr. 276b; 232 f., Nr. 269; Entwürfe: CA II, 1388 f., fol. 707v., 708r.

50 R/P II, 365 (CM II).

51 Vasari III, 258 (V/M II, 488).

52 R II, 362, Nr. 1454.

53 Sanvito 152 f.

54 V 238, Nr. 276.

55 Syson/Keith 2012, 300–303; Ames-Lewis, Kap. VI; Clayton 1996, 81–83.

56 Blumenberg 43; Roeck 2018, 291 f.

57 Syson/Keith 2012, 302; R I, 166, 118.

58 Pérez-Gómez 245; Keele 83 f.

59 Pacioli I, fol. 4r, 7v; Pérez-Gómez 265 f.

60 R II, 242, Nr. 1162.

61 Belting 233–237.

62 Ein Aufenthalt Leonardos in Genua 1498 ist nicht sicher belegbar: R/P II, 316 f.

63 Gundermann 241; Baxandall 57; Koerner 103 f.

64 Leverotti 599.

65 Dei/Barducci 1984, 146.

66 Welch 1995, 255 u. Anm. 325, 69; Übersetzung nach Beltrami 1884, 44 f.

67 R I, 115, Nr. 10; 309, Nr. 502.

68 R II, 298, Nr. 1295; CA III, 1864, fol. 1033r.

69 RL 12698; Fehrenbach 2008, 78 f.

70 V 301, Nr. 346; Bugatti: B 182, Nr. 262; Welch 1995, 254; Attavante: R II, 379, Nr. 1525.

71 V 115–118, Nr. 132; Beltrami 1920; Shell/Sironi 1992, 131, Dok. 27.

72 Ghilardotti 37–43.

73 R I, 366, Nr. 646; R/P II, 304; es ist nicht sicher, ob der Brief echt ist: Vecce 1998, 423, Anm. 36; aber V 257, Anm. 1.

74 Contamine.

75 R II, 354, Nr. 1414.

76 Cortesi 162.

77 Wright 143.

78 B 68 f., Nr. 111 f.

79 R II, 1371; R/P I, 282; R/P II, 260; R II, 186, Nr. 1018; Vecce 1998, 167; Keele 25.

80 R II, 349, Nr. 1379; R/P II, 326; CA II, 1312, fol. 669r; «Hornmehl»: «carage», auch «Knochenmehl».

81 Vissière 12.

82 F II, 354, Nr. 1414.

III.
Neue Patrone: Florenz, 1500–1506

1. Umorientierung

1 R II, 349, Nr. 1379; R/P II, 326.

2 V 129 f., Nr. 143.

3 R/P II, 353, Nr. 1468; B 57, Nr. 94 (1. April 1499).

4 B 60, Nr. 97; Salai: Forster II, 379, Nr. 1525.

5 Jardine 408–416.

6 V 112–114, Nr. 129–131.

7 Ames-Lewis 2012, 116–119; Bambach 1999, 111–114.

8 V 130 f., Nr. 144.

9 Vasari IV, 42 (V/M IV, 92 f.).

10 V 131 f., Nr. 145; R II, 201, Nr. 1076; Vecce 1998, 191; Bardonali 123 f.

11 R II, 156, Nr. 959; 172, Nr. 988; 207, Nr. 1086.

12 R II, 103, Nr. 844; Wells 128; Seybold 236–241. Ob Leonardo eine Karikatur Vespuccis gezeichnet hat (Vasari IV, 24/V/M IV, 26), ist unsicher. Zu Leonardos möglicher Kenntnis Amerikas zuletzt Laurenza 2013, 261.

13 Hatfield 1995, 98–100; vgl. auch Landucci 190.

14 R II, 292–313, Nr. 1293–1335.

15 R II, 292, Nr. 1293 f.; CA II, 704–706, fol. 393r.

16 R II, 306, Nr. 1303.

17 Seybold 176 f.

18 V 142, Nr. 158; 143 f., Nr. 159; Ames-Lewis 163–165, 177–182.

19 Pedretti 1978, 137–141; Brown 1983, 1053–1058. Der Markgraf nahm am 1. September 1503 erneut bei Tovaglia Quartier: Landucci 259. Die Villa gelangte später in den Besitz der Familie Guicciardini.

20 Benzoni 776.

21 V 134, Nr. 149; die Antworten Novellaras: V 134 f., Nr. 150; 136, Nr. 151.

22 Syson/Keith 2012, 302; Fiorio 2000, 162–164.

23 R II, 388, Nr. 1563 u. Anm.

24 Früher (und heute) San Salvatore; V 128 f., 142; B 61, Nr. 99.

25 V 136, Nr. 151.

26 Fauvelet du Toc 21 f.

27 Kemp/Wells.

28 V 134–137, Nr. 150 f.

29 Zöllner 2007, 145, 237; Meyer zur Capellen I, 191–194; III, 213–215.

30 Vasari IV, 29 f. (V/M IV, 38 f.).

31 V 289, Nr. 334.

32 Bambach 2003, 515–530, 557–570. Zum Folgenden: Delieuvin. Der Karton befand sich bis 1726 in Mailand (Harding u. a. 6); zur Geschichte der Priorenkapelle: Below 13 f. – Zu den hier angesprochenen Fragen werde ich in Kürze eine eigene Studie vorlegen.

33 Zöllner 2007, 244.

34 Schlechter 264, 269.

35 Lomazzo/Ciardi II, 150.

36 Daß Leonardos Entwürfe für den Annen-Altar der Kirche Santissima Annunziata bestimmt gewesen seien, ist unwahrscheinlich: Lit. bei Zöllner 2007, 237.

37 Landucci 245: «E cosi pareva ch'e Fiorentini avessi le budella in un catino.»

38 Reinhardt 2012, 100.

39 R II, 355, Nr. 1420; R/P II, 334; Ar. 202v. Leonardo dürfte sich dem Borgia kaum gegen den Willen der Signoria verdingt haben. Vielleicht hatte ihr Cesares französischer Verbündete das Engagement des «ingeniarius» nahegelegt.

40 R II, 354, Nr. 1417; 369, Nr. 1474; R/P II, 333.

41 Ricc. 106; Banker. Oder ist Pieros «De prospectiva pingendi» gemeint? Vgl. Vecce 1992, 264.

42 V 144 f., Nr. 160; Pedretti 1953, 165–176; Brioist 173 f.

43 V 238, Nr. 276b.

44 R II, 192, Nr. 1041; 193, Nr. 1049; V 146, Nr. 163; das Folgende: R II, 145–147, 162–168.

45 Rombai 909–911; Kish 94–97.

46 R II, 193, Nr. 1048; R/P II, 191; anders Winternitz 90. Cesena: R II, 193, Nr. 1947; Romagna: 192, Nr. 1946.

47 RL 12284; Moffatt 2016, 343–349; Rombai 934 f.; R/P I, 366 (vgl. Nr. 101).

48 Keele 134; CA I, 1, fol. 1b/ r.

49 Landucci 258 f.

50 Seybold 122–141; Babinger/Heydenreich 4. Die Datierung ist umstritten: Seybold 136.

51 R/P II, 213 f.

52 R II, 356, Nr. 1427; R/P II, 336.

53 R II, 215, Nr. 1109.

54 Heydenreich 1952, 20.

55 Reindl 47.

56 V 159, Nr. 178; Pedretti 1978, 174–194; Brioist 218–237.

57 V 160 f., Nr. 180 f.

58 R II, 181, Nr. 1001; R/P II, 174; RL I, 12279, 5 f.; Starnazzi 20–27, 31–39.

59 Niccolini 146.

60   Machiavelli/Vivanti II, 105.
61   R/P II, 178.
62   Storie Fiorentine XXV.
63   Vasari IV, 18 (V/M IV, 20).

2. Das berühmteste Gemälde der Welt

1   Burckhardt 1855/1978, 815.
2   Pater 79 f.; Turner 123–125.
3   Muther I, 314.
4   Freud 1910, 19; vgl. R II, 342, Nr. 1363; R/P II, 311.
5   Freud 1910, 26 f.
6   Freud 1910, 42.
7   Freud 1910, 47.
8   Freud 1910, 49–51, dort auch die folgenden Zitate.
9   Freud 1910, 37; Clemenz 2003, 17–30, 62–64, 91.
10   Freud 1910, 12.
11   Freud 1910, 59.
12   Das gibt selbst Collins zu: 79.
13   Freud 1910, 56 f.
14   Jäger 1764, 733. Im Originaltext stößt der Milan «dentro le labbra», bei Freud «gegen die Lippen».
15   R II, 261, Nr. 1221.
16   Herding 22–26; Clemenz; Schapiro.
17   Belege bei Herding 40–42; Briefpartner: Freud 1919, 54 f.
18   Collins 64.
19   Freud 1910, 55; R II, 241, Nr. 1159.
20   Freud 1968, 438; Fichtner.
21   Schlechter 263 f.
22   Schlechter 249 f.; V 180, Nr. 213.
23   Das Folgende nach Kemp/Pallanti 9–48.
24   Kemp/Pallanti 41, das Folgende 38.
25   Zedler 35, 513.
26   Hatfield 2007, 129–131; Kemp/Pallanti 44 f., 238, Anm. 39.
27   Kemp/Pallanti 56.
28   LDP 158 f., Nr. 36.
29   Vasari IV, 31 (V/M IV, 39 f.); Lit.: Minois; Fontaine.
30   R II, 189–191, Nr. 1029–1031.
31   Keele 1983, 35; Fehrenbach 1997, 276–283.
32   Cennini 196 f.; Ausgaben für Kleie: R II, 383, Nr. 1545; Pinselreinigung: CM I, 191v.
33   R I, 362, Nr. 628; Venerella A, 5.
34   LDP 231, Nr. 211; R I, 361, Nr. 626; Walter 178–180; das Folgende: Stege 182 f..
35   LDP 348, Nr. 514; Schönes Rot: CA II, 1385, fol. 704d/r; Stege; Rubin: 182; R I, 361, Nr. 622; Rottöne: R I, 360, Nr. 618.
36   Walter 2013, 183; CA I, 510 f., fol. 304v; R I, 364, Nr. 635–637.
37   Vasari IV, 35 (V/M IV, 47).
38   V 147, Nr. 170.
39   de Viguerie u. a.; Walter 183; Kemp/Pallanti 213–223; Zitat: LDP 348, Nr. 514.

40 Vasari IV, 23 f. (V/M IV, 26).

41 Vasari IV, 8; IV, 11 f.; Farago 2008, 8.

42 Alberti 126–129, 136 f.; Herding 64; LDP 173, Nr. 58; 291, 377.

43 LDP 205, Nr. 144.

44 Vasari IV, 30 (V/M IV, 39).

45 Élisabeth Martin u. a. in: Mohan 62 f.

46 Roeck 2013, 159 mit Nachweis.

47 Woods-Marsden 2016, 182.

3. Das unbekannte Meisterwerk

1 Dei/Barducci 56.

2 Machiavelli, Istorie fiorentine, V, 33.

3 V 161 f., Nr. 182 f.

4 V 165 f., Nr. 188 (auch das Folgende); Bambach 1999, 292; Bambach 1999a.

5 Alberti 162 f.

6 V 166–169, Nr. 189.

7 R I, 381 f., Nr. 669; R/P I, 381 f.

8 LDP 197 f., Nr. 119.

9 R II, 344, Nr. 1372 f.

10 R II, 344, Nr. 1373A; CA I, 221, fol. 178v.

11 Kemp/Pallanti 2017, 74–76, 229–234.

12 Esch 2016, 138 f.

13 V 163, Nr. 186; Levine.

14 Pagliara; R/P II, 177, 340.

15 Landucci 276; Condivi/Davis 21; Leonardos Zeichnung: K/P II, 838.

16 Landucci 268.

17 Condivi/Davis 14 f.

18 Condivi/Davis 22.

19 Vasari VI, 18 f. (V/M VII, 153).

20 Bambach 2017, 74.

21 Giovanni Villani u. a. 409.

22 Vasari VI, 23 f. (V/M VII, 160 f.); Condivi/Davis 26.

23 Condivi/Davis 23 f.; Milanesi/Buonarroti 158.

24 R I, 304, Nr. 488 f.; R/P I, 327 (1502/04, 388 aber 1490/92); Zöllner 2007, 174.

25 Nicholl 2004, 376; Vasari IV, 35 (V/M IV, 47).

26 Mag. 115 (Hervorhebung B. R.).

27 Windsor RCIN 912338; AK Europe in the Renaissance, 264, Nr. 199.

28 Staiano-Daniels 120–145.

29 RL 12338r.

30 Vasari IV, 31–33 (V/M IV, 41 f.).

31 Plinius, Nat. Hist. XXXV, 122, 149; Beyer 1961, 712–736.

32 V 184 f., Nr. 218.

33 Cennini 111, Nr. CV.

34 V 84, Anm. 1; Suida 251; Vecce 1998, 240, 152.

35 Mag. 114.

36 V 185 f., Nr. 219; R/P I, 382.

37 V 289, Nr. 334; Vecce 243; V 289, Nr. 334.

38   V 186 f., Nr. 222.

39   Bambach 1999, 251–256; V 239, Nr. 277.

4. Eine neue Kunstwelt

1   Brioist 238–244. Ms. L mit Notizen von der Reise in die Romagna enthält eine Skizze der Landzunge von Piombino (Marinoni L, 69, fol. 77r). Allerdings findet sich auf derselben Seite ein Eintrag zum weit entfernten Cesena.

2   CM II, 38r u. fol. 86–98 (nach Francesco di Giorgio).

3   R I, 357, Nr. 609; II, 199, Nr. 1066.

4   Venerella A, 56.

5   R/P II, 355–368; Reti 1974, III, 61 f. u. Anhang D.

6   Emboden 30 f.

7   Clagett 14 f.; Fehrenbach 1997, 239–245.

8   Zaccarello, Mond: 10, Zwiebeln: 13, Hunde: 19, Raupen: 16; del Puppo.

9   U. a. auch CA II, 1119, fol. 569r; 1471, fol. 761v; 1656 f., fol. 892v; 1843 f., fol. 1025r.

10   R II, 356, Nr. 1422.

11   Landrus 2016, 100, 111; Welch 1995, 200 f.; Marani 2010a.

12   Plinius, Nat. Hist. XXXVI, 117; CM I, 110r; Bühnenraum: Vitr. VII, Praef. 11; Arasse 240 f.; CA III, 1802, fol. 996v.

13   LDP 355, Nr. 533.

14   Bambach 2003, 574, 539–543; Kemp 1995, 64–78, 66 f.; Luke Syson in: Syson/Keith 2012, 27; Diomedes: RL 12540; Clayton 1996, 66 f.; ders. 2008, 58; RL 12325v.

15   R/P II, 189.

16   Chapman/Faietti 23; Bambach 2003, 512–515; Vasari IV, 23 (V/M IV, 25); RL 12570.

17   R/P I, 66.

18   Verg. Aen. I, 125–139; vgl. Ov. Met. 1, 274–285 u. R 352, Nr. 607.

19   Burke 1972, 152, 279.

20   Vasari IV, 23 (V/M IV, 25 f.); Mag. 112; Löwe: Wright 421. Herkules: K/P I, 114 f., fol. 46v.

21   Dalli Regoli 110–119, 140–145.

22   Zöllner 2007, 188.

23   Eine von Leonardos Skizzen deutet darauf hin, daß er sich dabei von einer Darstellung der knienden «Venus Anadyomene» auf einem Sarkophag anregen ließ, der sich heute in der Villa Borghese befindet: RL 12337r.

24   LDP 184, Nr. 81; CA II, 680, fol. 387r; 1042, fol. 534v; folgendes Zitat: Forster III, 28, fol. 48 f. Leonardos Verhältnis zur Natur: Frosini/Nova.

25   LDP 192 f., Nr. 107 f.

26   R I, 304, Nr. 487.

27   Syson 38; Zitat: R I, 310 f., Nr. 506; LDP 171 f., Nr. 56.

28   LDP 135, Nr. 8.

29   V 169–171, Nr. 190–192.

30   Campbell 179–190; Ames-Lewis 26–34.

31   V 194 f., Nr. 227 f.

32   Campbell 172–174.

33   LDP 149, Nr. 25.

34   Vasari V, 408 f. (V/M VI, 608 f.); Sodoma: Roeck 2013, 43.

35   Alberti 102 f.

36 Vasari IV, 34 (V/M IV, 44 f.).
37 LDP 175 f., Nr. 65.
38 R II, 245, Nr. 1178 f.; R/P II, 243 f.; Erinnerung: CA I, 42, 42v.

IV.
Der Ruf des Königs: Mailand, 1506–1513

1. Nahe der Krone

1 V 196, Nr. 229; das Folgende: V 200 f., Nr. 233; Viganò 242, 244.
2 V 203, Nr. 236; Vecce 1998, 267 f.
3 V 204 f., Nr. 237.
4 Mayer/Bentley-Cranch 32 f., 52, 95, 138.
5 V 207 f., Nr. 240.
6 V 209, Nr. 241; nicht bei B 115 f., Nr. 184; das Folgende: V 210 f., Nr. 242 f.
7 Garten: Beltrami 1920, 21; Zolleinnahmen: V 221 f., Nr. 256; R II, 333–335, Nr. 1349 f.
8 R/P II, 29 f.; Vecce 1998, 264–270; Pedretti 1978, 210–217; Pedretti 1972, 44–52.
9 R II, 213 f., Nr. 1103 f.; R/P II, 211 f.
10 Poliziano 1988, 68–92; Ar. 224r. Scarpati 155 f. vermutet Dante als Anreger der Schiffbruchsszene (Inf. XXI,11).
11 Vecce 1998, 266–269; Steinitz 18–20; R I, 386, Nr. 678; R/P I, 386 f.; Mazzocchi Doglio 55–64.
12 R/P II, 72 f.; Orlandi 85 f.
13 Pedretti 1978, 218 f.; Ciseri 1990, 125.
14 V 213, Nr. 247.
15 Vecce 1998, 356; Vasari IV, 26 f. (V/M IV, 31 f.).
16 R/P II, 276.
17 V 172, Nr. 195; Brieffragment: R/P II, 298 f.; «Il Botro»: ein mit Büschen zugewachsener Bach, Jäger 1764, 152.
18 Vecce 1998, 272–274.
19 Sechs Monate verbrachte Leonardo – nicht 1508, sondern 1500 – im Haus Rusticis an der Via de' Martelli (Mag. 110 f.). Vasari teilt nur mit, Rustici habe in der Via de' Martelli gewohnt, nicht aber, daß er im Palazzo Piero Martellis beherbergt worden sei. Über Rustici: Mozzati; Brown 1998, 7, 36, 75; R/P I, 103, Nr. 4.
20 Vasari V, 477 f. (V/M VI, 603–606); Suida 154. Der Auftrag war schon im Januar 1506 erteilt worden. Als die Gruppe fertiggestellt war, 1511, weilte Leonardo nicht mehr in Florenz.
21 V 213 f., Nr. 247; Ippolito d'Este: V 219, Nr. 252; Amboise: V 216, Nr. 249.
22 V 221 f., Nr. 256; Entwürfe u. a.: RL 12355, 12359, 12360.
23 Viganò; V 197–199, Nr. 231.
24 V 224–226, Nr. 258.
25 V 289, Nr. 334; Suida 169; Gould 503 f.; Cannell 491. Das Gemälde wäre demnach als Geschenk für Maximilian anläßlich des Vollzugs der Ehe mit Bianca Maria Sforza nach Innsbruck verfrachtet worden. Nach Frankreich soll es 1570 gelangt sein, als Hochzeitspräsent zur Eheschließung Elisabeths von Österreich mit Karl IX. «Geburt»: Vasari IV, 25 (V/M IV, 29).

26 V 35, Nr. 24.

27 V 72 f., Nr. 67 (nach 1491, dem Todesjahr Evangelista de Predis'); Datierung auf 1502: B 73 f., Nr. 67, Nr. 120. Die spätere Datierung fügt sich eher in den Kontext der Petition an Ludwig XII. im März 1503; ich schlage 1499 vor, da Leonardo die frühere Petition noch mitverfaßt hat.

28 Kubersky-Piredda 302.

29 V 149–156, Nr. 175.

30 V 152, Nr. 175: «... ex parte dictorum de Prederiis opus perfectum est», 153: «Ambrogio ... qui opus perfecit ut supra».

31 B 101, Nr. 168; Kommission: V 187–190, Nr. 224 f.; ähnliche Rekonstruktion schon bei Suida 44–50.

32 V 190–194, Nr. 226.

33 V 214 f., Nr. 248.

34 V 221–223, Nr. 256; V 232, Nr. 266.

35 Auch Marco d'Oggiono und Boltraffio werden genannt: Marani 2010b, 108 f.; dessen Interpretation der Dokumente weicht von der meinen ab.

36 Kemp/Wells 162–164.

37 Dimier 280–283; Dan 135, das Folgende: 58, 60: «... auec quelques peintures et tableaux de plusieurs Anges, qui composent vn concert de musique».

2. Die Gründe der Dinge erkennen

1 K/P I, 214, fol. 69v; R/P II, 115; Keele 321 f., 327 f.; Wells 27, 55.

2 K/P I, 360, fol. 113r; R II, 357, Nr. 1434; R/P II, 337.

3 Vasari IV, 27 f. (V/M IV, 34 f.).

4 R II, 86–88, Nr. 797; K/P II, 594–597, fol. 154r; Winter 1510: R II, 345, Nr. 1376.

5 K/P I, 362, fol. 113r; R II, 85, Nr. 796.

6 Mag. 112; R II, 85, Nr. 796.

7 Landucci 272 f.; French 11 f.; Cunningham 52–54.

8 R II, 338, Nr. 1353.

9 Keele 204.

10 LDP 152, Nr. 28; 147, Nr. 23.

11 Scarpati 12, 143–145.

12 Keele 244 f.

13 LDP 183, Nr. 79b; Capra 33 f.

14 Kemp 2005, 124; Koitus: K/P I, 76–79, fol. 34v, 35r.

15 Keele 280.

16 Keele 307.

17 RL 19029; Wells 62 f.

18 R II, 149, Nr. 941; Kemp 1986/1999, 362; vgl. auch Wells 121, 125.

19 R II, 84.

20 CP II, 91, Nr. 798; auch K/P II, 642, fol. 162r.

21 Keele 93, 143–152.

22 R II, 90, Nr. 805; R/P 90; K/P I, 96–101, fol. 40v–41v; R II, 93, Nr. 814.

23 R II, 105, Nr. 850; vgl. auch K/P II, 626, fol. 158r (Kommentar).

24 Wells 242.

25 R II, 240, Nr. 1153A; R/P I, 108, Nr. 8D; Keele 132 f.; Kemp 1986/1999, 372 f.

26 K/P II, 564, fol. 148v, XVIII; Keele 218.

27 Keele 237 f.; Gross 352. Ich danke Klaus F. Steinsiepe für Hinweise zu diesem Experiment.

28 K/P I, 332, fol. 104r; Gross 350 f.; Busche.

29 R II, 100, Nr. 836; K/P I, 70 f. (Anm.), 32r; 362, fol. 113r; Sitz der Seele: 88 f., fol. 39r; R II, 102, Nr. 838, auch das folgende Zitat; Keele 61–69, 237–239; Kemp 1971/1999, 218.

30 R II, 93, Nr. 815; Kemp 1971/1999, 212, Anm. 39.

31 R II, 88, Nr. 798; 144, Nr. 929; Vecce 1998, 115–117; Fehrenbach 1997, 215–229; Kemp 2006, Kap. II.

32 Kemp 1986/1999; R/P II, 208 f., 150.

33 Keele 295, 297; Kemp 1986/1999, 349, 352.

34 R II, 172–175, Nr. 989–992.

35 CA II, 773, fol. 418a/r; Fossilentstehung: Marinoni F, 131 f., 79v; Kemp 1986/1999, 363 f.

36 Laurenza 2013.

37 Übers. nach Vecce 1998, 116 f.; Ov. Met. XV, 165, 259–272.

38 Capra 4–6.

39 R II, 222, Nr. 1114b; Locken: Gombrich 1969/1999, 326.

40 R II, 221, Nr. 1114; Pedretti 1978, 28 f.

41 R II, 118, Nr. 879; 111, Nr. 866.

42 R II, 133, Nr. 904; 150, Nr. 943.

43 R II, 123 f., Nr. 892; 130 f., Nr. 902.

44 R II, 109, Nr. 858; vgl. aber 110, Nr. 861.

45 R II, 118, Nr. 879.

46 CA II, 909, fol. 476v; Roberts in CL 30, 36 (zu fol. 30r); R II, 127 f., Nr. 897; 129, Nr. 900; Bambach 2003, 619.

47 R II, 134 f., Nr. 909; auch 122, Nr. 889; Ross/Plug.

48 R/P II, 127 f.

49 Forster II, fol. 46r; RL 12326v. Erde als Stern: R II, 111, Nr. 865–867; CA I, 525, fol. 310v.

50 CL 28r; R II, 187, Nr. 1121; MacCurdy 761; Scarpati 169 f.

51 LDP 158, Nr. 34.

52 R/P II, 255, Nr. 1211 und 234 f.; Forster III, 27, fol. 43v; R II, 237, Nr. 1135 f.; Fehrenbach 1997, 74 f.

53 CM I, 152v.

54 CA 119v; R I, 116, Nr. 10.

55 R/P II, 313, Nr. 1368; R II, 241, Nr. 1159. Dante: Scarpati 26 f., 39, 117 f., 135–139, 144 f., 166, 199 f.

56 R II, 240, Nr. 1153; CA II, 767, fol. 417r.

57 R I, 112, Nr. 3; Saffrey.

58 R II, 241, Nr. 1155.

59 Vasari IV, 16 (V/M IV, 18).

60 R II, 324, Nr. 1339.

61 LDP 149, Nr. 25; Seybold 265–267.

62 R I, 67, Nr. 31; LDP 152, Nr. 28; vgl. auch S. 268. Für wen er wohl sechs Soldi ausgab, um die Zukunft vorhergesagt zu bekommen (R II, 381, Nr. 1534)?

63 K/P I, 136; Roberts in CL 32 (zu fol. 34r).

64 K/P I, 134, fol. 50v; 126, fol. 49v.

65 R II, 356, Nr. 1425.

66   LDP 262, Nr. 292; Kwakkelstein 50–52.

67   K/P I, 122–134, 48v–50v; R II, 252 f., Nr. 1213.

68   K/P I, 126; CA II, 1001, fol. 519v.

69   K/P I, 126, vgl. 128.

70   R II, 373, Nr. 1492; das Folgende: Greenblatt; Roeck 2018, 519.

71   Er glaubte, daß Erde, das erste Element, aus pyramidalen – und nicht, wie Platon meinte, kubischen – Korpuskeln oder Atomen zusammengesetzt sei: Keele 144; vgl. aber Kemp 2006, 300.

72   Verg. Georg. II, 490–492.

73   R II, 237, Nr. 1132.

74   R II, 237, Nr. 1133; nach Hor. sat. I, 9, 59 f. u. Petrarca (R/P II, 232 f.).

75   K/P I, 134, fol. 50v, II; CL 29v; MacCurdy 610.

76   R II, 237, Nr. 1134; Marinoni A, 48, fol. 24r; Kemp 2006, 320.

77   R II, 88, Nr. 798.

78   R II, 100 f., Nr. 837 (auch das Folgende); vgl. Wells 83.

79   K/P II, 486, fol. 136r, IX; Mönchskritik: R II, 301 f., Nr. 1296; Bestimmung «des Rests»: K/P I, 372, fol. 114v; «Pharisäer»: R II, 250, Nr. 1209.

80   R II, 251, Nr. 1210.

81   R I, 33 f., Nr. 6.

82   R/P I, 112 (zu Nr. 13).

83   R II, 118 f., Nr. 880; Platon, Tim. 34a–37c; Federici Vescovini.

84   R II, 242, Nr. 1162.

85   R II, 369, Nr. 1473; CA III, 1922, fol. 1067r.

86   K/P I, 254, fol. 76v u. 440, fol. 122r (Anmerkungen); R II, 238, Nr. 1142; Erinnerung: R II, 242, Nr. 1164; Gefängnis: R I, 40, Nr. 16. Vermutlich kannte Leonardo Plinius' Polemik gegen den Glauben an ein Leben nach dem Tod und die Unsterblichkeit der Seele – das alles, so der römische Gelehrte, seien «Erfindungen einer Sterblichkeit, die nicht sterben wolle», zu «kindischer Vertröstung» (Plinius, Nat. Hist. VII, 56, 188 f.; Bardonali 40). Vgl. auch R II, 289, Nr. 1285 (Leonardos Spott über Seelenwanderung und Reinkarnation).

87   Garin 391.

88   Marinoni F, 82, fol. 49v.

3. Mailänder Herbst

1   Vecce 1998, 289–292, 298–301 (auch zum Folgenden).

2   Heydenreich 1988, 172 f.; vgl. auch RL 12660.

3   LDP 147, Nr. 23.

4   R II, 183 f., Nr. 1010; MacCurdy 778–780.

5   Kemp 2005, 94 f.; Gombrich 1969/1999, 318; CA I, 323–325, fol. 214b, r/v; 281–288, fol. 201r/v; Scarpati 122–127.

6   K/P I, 430 f.; RL 12585r.

7   V 236, Nr. 272.

8   RL 12416.

9   Pedretti 1978, 228–231; Pedretti 1972, 53–63 u. Abb. 70–76.

10   Clayton 1996, 109 f.; vgl. RL 12282r, 12701.

11   Vasari IV, 28 (V/M IV, 35 f., auch zum Folgenden); über Melzi: Marani 1998b; Fresko: 372.

12 Houssaye 301.

13 R II, 335, Nr. 1350; CA I, 334–336, fol. 219v; 405 f., fol. 254r; CA III, 1882, fol. 1037v.

14 V 285, Nr. 332.

15 R/P I, 65; Pacioli, Vorrede.

16 LDP 178, Nr. 68; «stumme Dichtung»: LDP 142 f., Nr. 19; 145, Nr. 21; 152, Nr. 28; Fehrenbach 1997, 48.

17 LDP 158 f., Nr. 36. Malerei als Wissenschaft: Fehrenbach 1997, 33–38.

18 Emboden 167–171.

19 Lindberg 156–162.

20 R/P I, 132; Kemp 1977/1999, 102; Keele 70 f.

21 R I, 158–161, Nr. 107–109; Kemp 1977/1999, 114 f.; Reti 1974, 225.

22 LDP 391, Nr. 646; 249, Nr. 262; 241, Nr. 243; R I, 337, Nr. 568.

23 R II, 196, Nr. 1060; Bell 155–157.

24 LDP 188, Nr. 93; 199, Nr. 124.

25 LDP 204, Nr. 138; R I, 314, Nr. 512; 316, Nr. 520.

26 Venerella A, 235 f. (Ms A1. II, 4v); R I, 313 f., Nr. 512; R/P I, 330.

27 Vasari IV, 5 (V/M IV, 9).

28 R II, 256, Nr. 1216; Ar. 131r; Wasser: R II, 244, Nr. 1174; Marini 152 f.

29 CA I, 20 f., fol. 189v; K/P I, 414, fol. 118r (B), VIII; Punkt: R I, 31, Nr. 1; 127 f., Nr. 42–46; Kemp 1977/1999, 142; Keele 84, 364; Fehrenbach 1997, 34–36.

30 R I, 129, Nr. 49; 306, Nr. 492; LDP 336, Nr. 486; Arasse 121.

V.
Die letzten Jahre: 1513–1519

1. Rom

1 B 136, Nr. 215; V 243, Nr. 285.

2 Pastor 1955, IV,1, 28, das Folgende: 353.

3 Pedretti 1978, 115 f. (Lit.: R/P I, 327); das Folgende: V 244, Nr. 287.

4 Settis 118.

5 R II, 334.

6 Hatfield 2003.

7 Pedretti 1978, 120.

8 R II, 302, Nr. 1296.

9 Thoenes 9.

10 Vasari IV, 34 (V/M IV, 46).

11 R II, 345, Nr. 1376b; V 244–246, Nr. 288; 246, Nr. 289.

12 Moppi.

13 Vecce 1998, 307 f.; Vasari IV, 34 f. (V/M IV, 46 f.).

14 RL 12684; Clayton 1996, 131.

15 CA III, 1485, fol. 770r; 1495, fol. 775r; Marani 1999.

16 R/P II, 240; Pedretti 1978, 209. San Paolo: V 258, Nr. 309.

17 R/P II, 300 f.; Vecce 1998, 319.

18 Vasari IV, 35 (V/M IV, 47).

19 Vecce 1998, 320–324; V 251 f., Nr. 300; 253–255, Nr. 303; MacCurdy 1141–1143.

20 R I, 320, Nr. 529; LDP 302, Nr. 408. Acht Spiegel: R/P I, 136.

21 R/P II, 18 f., Nr. 729; Venerella G, XIV–XVIII, 73; R II, 121, Nr. 885 (dazu R/P II, 127); R I, 364, Nr. 637; Vecce 1998, 323 f.; Keele 157.

22 R I, 365, Nr. 641; R/P I, 194; R/P II, 19 f.

23 Bardonali 22.

24 R II, 135, Nr. 910; R/P 134.

25 Pedretti 1973, 169; Lit.: Zöllner 2007, 199, 248.

26 V 251, Nr. 299.

27 Schneider 1969.

28 Rosheim 2006, Kap. IV; Sara Taglialagamba in Moffatt/Taglialagamba 306–309.

29 Roeck 2018, 426 f. (Lit.).

30 CM I, 152v, Hammelschmalz: 117v, Kugellager: 20v. Die Codices Madrid werden samt vorbildlichem Kommentar künftig unter codexmadrid@rwth-aachen.de greifbar sein.

31 Capra 182.

32 R II, 250, Nr. 1206; R/P II, 252 f.; CM I, fol. 0r; Reti III, 1974, 51; Keele 119 f.

33 Rosheim 2006, 21–68.

34 Rosheim 2006, Kap. III.

35 Vecce 1998, 283.

36 Vasari IV, 28 (V/M IV, 37); Rosheim 2006, 21 f.; zuletzt Brioist 283 f.

37 Vecce 1998, 317 f., das Folgende: 316; auch R II, 336, Nr. 1351.

38 K/P II, 486, fol. 136r, X; R II, 343, Nr. 1368A.

39 R II, 106, Nr. 855; CA I, 319, fol. 213v.

40 Bergdolt 182–189, auch zu Ficino.

41 R II, 104, Nr. 845.

42 R II, 302, Nr. 1296.

43 Pico della Mirandola/von der Gönna, 25.

44 R I, 352–357, Nr. 607–609; LDP 206, Nr. 147; CA I, 326 f., fol. 215r; 504 f., fol. 302r; Fehrenbach 1997, 293–297; Scarpati 153–161.

45 RL 12376r.

2. Stille Tage in Cloux

1 V 250, Nr. 298.

2 Taglialagamba/Nicolai 136–147; Taddei 201–203; dagegen Rosheim 89–91, 6 (Taube), 115 (Heron).

3 Landucci 352; Vecce 1998, 326–330; Ciseri; Kanonen, Glocken: Ciseri 28 f.

4 Ciseri 95 (Lit.); Landucci 355.

5 Pedretti 1962, 112–118; Pedretti 1978, 251, 260 f., Fassaden: 208 f.

6 Brioist 307 f.

7 V 258, Nr. 310.

8 V 274, Nr. 321.

9 Mayer/Bentley-Cranch 51.

10 Kemp/Wells 52–54; Neptun: RL 12591; Pedretti 1978, 216.

11 Pedretti 1962, 49–52.

12 Grésy 62.

13 Grésy; Kemp/Wells 180, 185–194; Mayer/Bentley-Cranch 144.

14 Jestaz 69 f.; V 265, Nr. 316.

15 Pedretti 1972, 79–86; Landrus 100–113; Skizze: RL 12292v.

16 Landrus 2016, 105, 111 f.

17 R II, 25, Nr. 748, 748a; Pedretti 1972, 80, Abb. 143.

18 Pedretti 1972, 93.

19 Pedretti 1972, 137.

20 Clayton 1996, 141–149; Bambach 2003, 643–636; Viganò 252; Marani 2010d, 186; RL 12342r.

21 V 266, Nr. 318; Seel 28, 85, Anm. 133.

22 Vecce 1998, 338; V 267, Nr. 319.

23 Clayton 1996, 150; aber Pedretti in RL I, 111.

24 B 150, Nr. 240; V 274 f., Nr. 321.

25 Baxandall, Kap. II.

26 Fischer 2014, 37–39.

27 Roeck 2008.

28 Pastor 1905, 142–145 (auch das Folgende); V 262 f., Nr. 314.

29 Der siebzehnjährige König Karl schien ihm siebzehn oder achtzehn Jahre alt zu sein, den 66jährigen Jakob Fugger, dem er in Augsburg gegenüberstand, beschreibt er als «noch nicht über 70 Jahre alt», und Margarethe von Österreich, die 37 Jahre zählende Statthalterin der Niederlande, schätzte er auf 35.

30 Clayton 1996, 156 f.; Brille: Keele 210 f.

31 R II, 258, Nr. 1218 (Ar. 155v).

32 R II, 248, Nr. 1198; R/P II, 248.

33 Ar. 245r; Nicholl 2004, 1 f.; Vecce 1998, 339.

34 R II, 244, Nr. 1173.

35 V 275–278, Nr. 323.

36 Vasari IV, 36 (V/M IV, 48 f.).

37 Gemäß dem «Catalogue des Actes de François Ier» (I, Paris 1887) war Franz zwischen März und Juni 1519 ziemlich durchgängig in Saint-Germain-en-Laye. Am 1. Mai sind dort zehn Erlasse, Briefe und andere Dokumente gezeichnet worden, am 3. Mai immerhin noch einer (178–180).

38 Vgl. schon Dan 135. «Divinissimo»: Vasari IV, 31 (IV, 41).

39 Vgl. Le Brun 288 f. Um welche Gregorskirche es sich handelt, ist unklar. In Amboise gibt und gab es eine solche nicht (freundliche Mitteilung von Michel Laurencin, Archivar der Diözese Tours, vom 28. 3. 2018).

40 V 276, Nr. 323; «libri et altri instrumenti et Portracti circa l'arte sua et industria de Pictori»: «Portractus» heißt mittellateinisch «Porträt», aber auch das «Hervorgebrachte» (von «protrahere», herausziehen, ans Licht bringen); «protractus»: «Exemplar» oder «Modell» (Du Cange 366, 492). Der Kontext legt die hier gewählte Übersetzung nahe; vgl. Jestaz 68.

41 V 278 f., Nr. 324.

42 Adhémar 102.

43 Vecce 1990, 66–71; Vecce 1998, 334–337. Alle diese Umstände lassen sich aus den von Vecce zitierten Dokumenten nicht zweifelsfrei erschließen. Es ist nicht einmal sicher, ob Ranieris Tochter Isabella hieß.

44 Affò III, 183, 188 f.; Pezzana VI,2, 423 f.; Kemp/Pallanti 162; zum Folgenden auch Syson/Keith 2012, 128.

45 Arasse 389.

46 Carrer/Federici VII, 633.

47 Lomazzo 1584, 434 (Hervorhebung B. R.); das Folgende: Lomazzo 1590, 6 f.; Leonardos Nachlaß: 17 f.

48 Dimier 281 f.; Dan 135 f. spricht vom Porträt einer «Duchesse de Mantouë»; ob er die Dargestellte für Isabella d'Este hielt?
49 Zöllner 2007, 249; Arasse 470–473.
50 Pastor 1905, 11; Vecce 1998, 336; Moneta.
51 Jestaz 69. Umrechnung Livres tournois/Scudi: Lang 459, Anm. 1.
52 Shell 1998c, 400.
53 Kemp/Pallanti 110–115. Die Lesart der Wertangabe (hundert oder nur achtzig Scudi?) ist nicht ganz sicher (111 f.).
54 Jestaz 71; anders Kemp/Wells 32 f.
55 V 285, Nr. 332: «… dipinge molto bene» (Alberto Bendidio).
56 Kemp 2016, 159 f.; Oberhuber/Brown.
57 B 156, Nr. 246: «M.ᵉ Lionard de Vincy, noble millanois, I.er peinctre et ingénieur et architecte du Roy, meschanischien d'estat et anchien directeur de peincture du Duc de Milan»; (Houssaye 311); zum Titel «Direktor»: Pedretti 2011, 16.
58 Houssaye 298–320; «cerveau monstrueux»: Valéry 11.
59 Tytler 107 f.
60 Vasari IV, 15 (V/M IV, 17).

3. Wie war er?

1 Plinius, Nat. Hist. XXXV, 43; Alberti 102–104.
2 R I, 194, Nr. 190; R/P I, 176; Venerella A, 6.
3 Brown 1998, 8. Die folgenden Identifikationen bei Nicholl.
4 Wright 2005, 71.
5 Vasari IV, 37 (V/M IV, 50).
6 Pedretti 1977, 125; Lomazzo 384.
7 Ost 1980; Marotzki 351–354; dagegen Clayton 2002, 112.
8 Meyer zur Capellen 35–50.
9 Arasse 30 f.
10 Vasari IV, 166 f. (V/M IV, 331).
11 Bellori 15–21, Platon: 19. Bellori identifiziert dafür einen der Dargestellten als Francesco Maria della Rovere, einen Nepoten Julius' II. (17). Vgl. auch die Ausgabe Rom 1751, 40–42.
12 Martin Clayton in Reynolds, 172, Nr. 96.
13 Vasari IV, 28 (V/M IV, 35 f.).
14 Chapman/Faietti 288 f.
15 Vgl. auch Clayton 2002, 110–113.
16 Mag. 115.
17 RL 12726; Pedretti 1996, 133, Anm. 63; Vertova; Clayton 2002, 110.
18 RL 12283r.
19 Clark 1988, 255.
20 Seybold 68, 343; Nietzsche 655, Nr. 200.
21 Vasari IV, 19 (V/M IV, 48 f.).
22 CA III, 1868, fol. 1033v; R II, 302, Nr. 1296.
23 Keele 23.
24 CA I, 40, fol. 42r; Stinkbombe: Marinoni B, 17, fol. 11v; CM II, 39r.
25 Türner 113.
26 RL 12671r; vgl. Pedretti in RL 162 f.

27 Lindberg 164.

28 CM I, 6r.

29 Lomazzo/Ciardi I, 19–22, 104.

30 R II, 295, Nr. 1295.

31 CA III, 1863 f., fol. 1033r.; R II, 299, Nr. 1295.

32 Marani 2010b, 107.

33 R II, 301, Nr. 1296; Tabernakel: 306, Nr. 1303.

34 R II, 295, Nr. 1295; CA III, 1866, fol. 1033r.

35 LDP 135, Nr. 8.

36 R II, 279, Nr. 1270; Wiesel: 278, Nr. 1269; Budde 1985, 60 f.

37 R II, 242, Nr. 1163.

38 R II, 342, Nr. 1359; R/P II, 310.

39 Forster II, fol. 41v.

40 Santich 208 f.

41 R II, 332 f., Nr. 1348 f.; 336, Nr. 1351 f.; 338, Nr. 1352.

42 V 301, Nr. 346.

43 Vasari IV, 37 (V/M IV, 49 f.).

44 Gérin-Jean; Venus: Gérin-Jean 191.

45 LDP 138, Nr. 13.

46 LDP 173, Nr. 58; Fehrenbach 1997, 29.

47 CA I, 507, 509, fol. 302r.

48 Krause/Krause 78–81.

49 Ar. 1r, 180v; auch R/P I, 102; folgendes Zitat: V 299, Nr. 345.

50 Mag. 110.

51 Vasari IV, 27 (V/M IV, 34).

52 LDP 175, Nr. 62; vgl. auch 301, Nr. 406.

53 Kemp 1972/1999, 237.

54 V 299, Nr. 345.

55 LDP 170, Nr. 50; R I, 307, 494; aber R I, 495.

56 R I, 371, Nr. 660.

57 Csíkszentmihályi.

58 R/P II, 236; das Folgende: K/P II, 772, fol. 197v, XI.

59 Popper 97; Scarpati 164.

60 R I, 115, Nr. 10; Vecce 1992, 206, Anm. 8.; Muskelkraft: Keele 275 f.; Hunde: R II, 312, Nr. 1330; Marinoni F, 48, fol. 47r; Büchse: CM I, 59v.

61 Wolken: R I, 298, 474; Specht, Krokodil: R II, 94, Nr. 819; Kapaun: R II, 357, Nr. 1432; MacCurdy 172.

62 R II, 110, Nr. 864.

63 R II, 239, Nr. 1148.

64 Meerwasser: R II, 152, Nr. 946; Wassertropfen: Scarpati 131–133; Äste: R I, 272–380; Nr. 393–417; Augen: R II, 96–98, Nr. 829 f.; Keele 202 f.

65 Keele 68 f.; Lindberg 166.

66 Lopez 1982, 39–43.

67 R/P I, 361; Reti 1971/1999.

68 R/P I, 105 f., Nr. 6 f.; II, 337, Nr. 1434; R II, 141, Nr. 920; Pacioli, Widmung; Vecce 1998, 176.

69 CM II, 141r.

70 Z. B. CA I, 157, fol. 112r; 156, fol. 100v; 267, fol. 195r.

71 Reti 1974, III, 49; IV, 387; Forster II, 116v/117r; CM I, 144r/v, 145r; «Dimmi …»: z. B.
    R/P II, 310 f.
72 Marinoni A, 70, fol. 34v; Keele 117.
73 R I, 306, Nr. 493; CA II, 968, fol. 505v.
74 R I, 307, Nr. 496.
75 LDP 221 f., Nr. 189b; Alberti 110 f.; Venerella A, 289 (Ms A1. II, 22v). Dürer: Roeck
    2013, 119.
76 Castiglione/Preti 144.
77 LDP 199, Nr. 124.
78 LDP 221 f., Nr. 189b; Keith 2012, 58; Gombrich 1966, 58; Arasse 285–288.
79 Gombrich 1969/1999, 338; Marinoni F, 82, fol. 49v.
80 R/P II, 229; Marinoni K/2, 51, fol. 49r; Degrada 414; Judd; Venerella K, 51, Anm. 1;
    Gerüche: CM II, fol. 67r; Marinoni K/2, 51, fol. 49r; Intervalle: Kemp 1972/1999, 257.
81 RL 12581; Purg. XXVIII, 67; Fehrenbach 1997, 302 f.

Die Schönheit des Rätsels

1 Marinoni B, 104, 70v; Moon 5; Ladislao Reti in: Reti 1974, 272–279; Roeck 2018,
    1052–1054.
2 Roeck 2011.
3 mcqueenmcqueen.com/thelastdavinci/
4 Benjamin 479.
5 Valéry 9; Turner 132–140.

Aabato, Agnese, La Madre di Leonardo era una schiava? Ipotesi di studio di Renzo Cianchi, 2008.

Acerbi, Giuseppe (Hg.), Ascensione aerostatica di Madamigella Garnerin il 5 marzo 1824, in: Biblioteca italiana XXXIII (1824), 274–286.

Acidini, Cristina, Für ein blühendes Florenz. Botticellis mythologische Allegorien, in: Schumacher 2009, 73–96.

Adhémar, Jean, Une galerie de portraits italiens à Amboise en 1500, in: Gazette des Beaux-Arts LXXXVI (1975), 99–104.

Affò, Ireneo, Memorie degli scrittori e letterati parmigiani, Parma 1791.

AK Schweizerisches Nationalmuseum, Europe in the Renaissance, Berlin 2016.

Alberti, Leon Battista, Della Pittura – Über die Malkunst, hg. v. Oskar Bätschmann/Sandra Gianfreda, ²Darmstadt 2007.

Albini, Giuliana, Assistenza sanitaria e pubblici poteri a Milano alle fine del Quattrocento, in: Bologna 1983, I, 129–146.

Alpatov, Michele u. a., La Madonna Benois di Leonardo da Vinci a Firenze, Florenz 1984.

Ames-Lewis, Francis, Isabella and Leonardo. The Artistic Relationship Between Isabella d'Este and Leonardo da Vinci, 1500–1506, New Haven/London 2012.

Antonetti, Pierre, La vita quotidiana ai tempi di Dante, Mailand 1983.

Arasse, Daniel, Léonard de Vinci, Le rythme du monde, Paris 1997.

Aristoteles, Poetik, übers. u. hg. v. Manfred Fuhrmann, Stuttgart 1994.

Averlino, Antonio (il Filarete), Trattato di architettura, hg. v. Anna Maria Finoli u. Liliana Grassi, 2 Bde., Mailand 1972.

Azzolini, Monica, The Duke and the Stars. Astrology and Politics in Renaissance Milan, Cambridge MA u. a. 2013.

Babinger, Franz/Heydenreich, Ludwig Heinrich, Vier Bauvorschläge Lionardo da Vinci's an Sultan Bajezid II. (1502/03), Göttingen 1952.

Bacon, Roger, Epistola de secretis artis et naturae, hg. v. John Dee, Hamburg 1618.

Baldovinetti, Alessio, I ricordi (1470–73), hg. v. Giovanni Poggi, Florenz 1909.

Bambach, Carmen C. (Hg.), AK Leonardo da Vinci: Master Draftsman, New York 2003.

Dies., Drawing and Painting in the Italian Renaissance Workshop. Theory and Practice, 1300–1600, Cambridge 1999.

Dies., Michelangelo. Divine Draftsman and Designer, New Haven/London 2017.

Dies., The Purchase of Cartoon Paper for Leonardo's *Battle of Anghiari* and Michelangelo's *Battle of Cascina*, in: Walter Kaiser (Hg.), I Tatti Studies: Essays in the Renaissance 8 (1999), 105–133 (= Bambach 1999a).

Bandera, Sandrina, Agostino de' Fondulis e la riscoperta della terracotta nel Rinascimento, Bergamo 1997.

Bandinelli Capretti, Elena, La torre Lanfredini, Florenz 1994.

Banker, James R., A Manuscript of the Works of Archimedes in the Hand of Piero della Francesca, in: The Burlington Magazine 147 (2005), 165–169.

Bardonali, Paolo, Leonardo a Venezia e nel Veneto, Silea 2007.

Barducci, Roberto, ‹Dei, Benedetto›, in: DBI 36 (1988), 252–257.

Battisti, Eugenio, Piero della Francesca, Mailand 1971.

Baxandall, Michael, Painting and Experience in Renaissance Italy. A Primer in the Social History of Pictorial Style, Oxford ²1988.

Beck, James, Die drei Welten des Michelangelo, München 2001.

Ders., Leonardo's Rapport with his Father, in: Antichità nova, XXVII, 5/6 (1988), 5–12.

Ders., Ser Piero da Vinci and his Son Leonardo, in: Source: Notes in the History of Art 5,1 (1985), 29–32.

Below, Irene, Leonardo da Vinci und Filippino Lippi. Studien zu den Altartafeln für die Bernhardskapelle im Palazzo Vecchio und für das Kloster San Donato a Scopeto, Diss. Berlin 1971.

Bell, Janis, Aristotle as a Source for Leonardo's Theory of Colour Perspective after 1500 (1993), in: Farago 1999b, 152–170.

Bellori, Giovanni Pietro, Descrizzione delle immagini dipinte da Raffaelle d'Urbino nelle camere del Palazzo Apostolico Vaticano, Rom 1695.

Belting, Hans, Bild und Kult. Eine Geschichte des Bildes vor dem Zeitalter der Kunst, ²München 1991.

Beltrami, Luca, Bramante poeta, Mailand 1884.

Ders., La vigna di Leonardo, Mailand 1920.

Benjamin, Walter, Das Kunstwerk im Zeitalter seiner technischen Reproduzierbarkeit, in: ders., Gesammelte Schriften I, 2, Frankfurt a. M. 1980, 471–508.

Benzoni, Gino, ‹Gonzaga, Francesco II›, in DBI 49 (1997), 771–783.

Bergdolt, Klaus, Leib und Seele. Eine Kulturgeschichte des gesunden Lebens, München 1999.

Beyer, Roswitha, ‹Enkaustik›, in: Reallexikon zur Kunstgeschichte V (1961), 712–736.

Bigi, Emilio, ‹Argiropulo, Giovanni›, in: DBI 4 (1962), 129–131.

Biringuccio, Vannoccio, Pirotecnica, Venedig 1559.

Bisticci, Vespasiano da, Große Männer und Frauen der Renaissance. Achtunddreißig biographische Porträts, hg. v. Bernd Roeck, München 1995.

Black, Jeremy, Absolutism in Renaissance Milan. Plenitude of Power under the Visconti and the Sforza, 1329–1535, Oxford 2009.

Blume, Andrew C., Botticelli and the Cost and Value of Altarpieces in Late Fifteenth-Century Florence, in: Fantoni u. a. 151–161.

Blumenberg, Hans, Aspekte der Epochenschwelle: Cusaner und Nolaner (Die Legitimität der Neuzeit, 4), Frankfurt a. M. 1976.

Bologna, Giulia (Hg.), Milano nell'età di Ludovico il Moro, 3 Bde., Mailand 1983.

Bolzoni, Lina, I ritratti e la comunità degli amici fra Venezia, Firenze e Roma, in: Guido Beltramini u. a. (Hg.), Pietro Bembo e l'invenzione del Rinascimento, Venedig 2013, 210–217.

Bongrani, Paolo, La poesia lirica alla corte di Ludovico il Moro, in: Bologna I, 215–229.

Brachert, Thomas, Radiographische Untersuchungen am Verkündigungsbild von Monte Oliveto, in: Maltechnik Restauro 80 (1974), 177–186.

Brescia, Licia/Tomìo, Luca, Tommaso di Giovanni Masini da Peretola detto Zoroastro. Documenti, fonti e ipotesi per la biografia del *priscus magus*, allievo di Leonardo da Vinci, in: RV 28 (1999), 63–77.

Brioist, Pascal, Léonard de Vinci, homme de guerre, Paris 2013.

Brown, Alison, The Medici in Florence. The Exercise and Language of Power, Florenz 1992.

Brown, Beverly L., Leonardo and the Tale of Three Villas: Poggio a Caiano, the Villa Tovaglia in Florence and Poggio Reale in Mantua, in: Firenze e la Toscana dei Medici nell' Europa del '500, III, Florenz 1983, 1053–1062.

Brown, David A. u. a. (Hg.), Virtue and Beauty, Leonardo's Ginevra de' Benci and Renaissance Portraits of Women, Princeton/Oxford 2003.

Brown, David A., Leonardo da Vinci. Origins of a Genius, New Haven/London 1998.

Bucci, Carlo Alberto, ‹Gallerani, Cecilia›, in DBI 51 (1998), 551–553.

Budde, Hinrich, Natur statt Tradition. Leonardo da Vincis Fabeln, in: Idea IV (1985), 53–73.

Bulst, Wolfger A., Die sala grande des Palazzo Medici in Florenz. Rekonstruktion und Bedeutung, in: Beyer, Andreas/Boucher, Bruce (Hg.), Piero de Medici ‹il Gottoso›, Berlin 1993, 89–127.

Burckhardt, Jacob, Der Cicerone. Eine Anleitung zum Genuss der Kunstwerke Italiens (1855), ND Stuttgart 1978.

Ders., Die Kultur der Renaissance in Italien. Ein Versuch (1860), Basel 1930.

Burke, Peter, Culture and Society in Renaissance Italy, 1420–1540, London 1972.

Busche, Hubertus, Die Seele als System. Aristoteles' Wissenschaft von der Psyche, Hamburg 2001.

Bush, Virginia L., The Political Context of the Sforza Horse, in: Cole Ahl 79–86.

Calabrese, Filomena, Leonardo's Writings. History, Genre, Philosophy, Toronto 2011.

Calvi, Gerolamo/Marinoni, Augusto, I manoscritti di Leonardo, Busto Arsizio 1982.

Campbell, Stephen J., The Cabinet of Eros: Renaissance Mythological Painting and the Studiolo of Isabella d'Este, New Haven/London 2004, 172–174.

Cannell, William S., Leonardo da Vinci. The Virgin of the Rocks. A Reconsideration of the Documents and a New Interpretation, in: Farago 1999a, 489–497.

Capra, Fritjof, The Science of Leonardo da Vinci, New York u. a. 2007.

Capretti Bandinelli, Elena, La torre Lanfredini, Florenz 1994.

Carnesecchi, Carlo, Il ritratto Leonardesco di Ginevra Benci, in: Rivista d'arte 6 (1909), 291–296.

Carrer, Luigi/Federici, Fortunato, Dizionario della lingua italiana, 7 Bde., Padua 1827–1830.

Cartwright, Julia, Beatrice d'Este, Duchess of Milan, London 1903.

Casio, Girolamo (Girolamo Pandolfini), Libro intitulato Cronica ove si tratta di Epitaphii di Amore e di Virtute, Bologna 1525.

Castiglione, Baldesar, Il libro del Cortegiano, hg. v. Giulio Preti, Turin 1965.

(Castiglione, Sabba da), Ricordi ovvero ammaestramenti di fra Sabba da Castiglione, hg. v. Santa Cortesi, Faenza 1999.

Cecchi, Alessandro, New Light on Leonardo's Florentine Patrons, in: Bambach 2003, 121–140.

Cecco d'Ascoli, Acerba etas, hg. v. Marco Albertazzi, [2]Lavis 2005.

Cennini, Cennino, Il libro dell'arte, hg. v. Franco Brunello, Vicenza 1982.

Chapman, Hugo/Faietti, Marzia (Hg.), AK Fra Angelico to Leonardo. Italian Renaissance Drawings, The British Museum, London 2010.

Chastel, André, Le mythe de la Renaissance, 1420–1520, Genf 1969.

Chianchi, Marco, Le macchine di Leonardo da Vinci, Florenz 2000.

Chiapelli, Alessandro, Il Verrocchio e Lorenzo d Credi a Pistoia, in: Bollettino d'arte V, 2 (1925), 49–68.

Cian, Vittorio, Pietro Bembo e Isabella d'Este Gonzaga. Note e documenti, in: Giornale storico della letteratura italiana 9 (1887), 81–136.

Cianchi, Renzo, Ricerche e documenti sulla madre di Leonardo. Notizie inedite, Florenz 1975.

Ciseri, Ilaria, L'ingresso trionfale di Leone X in Firenze nel 1515, Florenz 1990.

Clagett, Marshall, Leonardo da Vinci. Mechanics (1973), in: Farago 1999b, 1–20.

Clark, Kenneth, Leonardo da Vinci (1939), London u. a. 1988.

Clayton, Martin, Leonardo da Vinci: A Curious Vision, London 1996.

Ders., The Divine and the Grotesque, London 2002.

Ders., Leonardo's ‹Gypsies› and the ‹Wolf and the Eagle›, in: Apollo 155 (2002), 27–33 (= Clayton 2002a).

Clemenz, Manfred, Freud und Leonardo. Eine Kritik psychoanalytischer Kunstinterpretation, Frankfurt a. M. 2003.

Cochrane, Eric, Historians and Historiography in the Italian Renaissance, Chicago 1981.

Cole Ahl, Diane, Leonardo da Vinci's Sforza Monument Horse: The Art and the Engineering, Bethlehem PA u. a. 1995.

Cole, Bruce, The Renaissance Artist at Work. From Pisano to Titian, New York u. a. 1983.

Collins, Bradley I., Leonardo, Psychoanalysis and Art History. A Critical Study of Psychobiographical Approaches to Leonardo da Vinci, Evanston 1997.

Condivi, Ascanio, Vita di Michelagnuolo Buonarroti, hg. v. Charles Davis (Fontes 34), Rom 1553 (http://archiv.ub.uni-heidelberg.de/artdok/volltexte/2009/714).

Contamine, Philippe, À propos du ‹Voyage de Milan› (février-juillet 1500). Louis de Trémoille, Louis XII et Ludovic le more, in: Bologna 1983, I, 81–91.

Cortesi, Santa s. Castiglione, Sabba da

Costa, Patrizia, The Sala delle asse in the Sforza Castle in Milan, Diss. Pittsburgh 2006.

Covi, Dario A., Andrea del Verrocchio. Life and Work, Florenz 2005.

Csíkszentmihályi, Mihály, Creativity. Flow and the Psychology of Discovery and Invention, New York 1996.

Cunningham, Andrew, The Anatomical Renaissance. The Resurrection of the Anatomical Projects of the Ancients, Aldershot u. a. 2003.

Dalli Regoli, Gigetta u. a. (Hg.), Leonardo e il mito di Leda, Vinci 2001.

Dan, Pierre, Le tresor des merveilles de la maison royale de Fontainebleau, Paris 1642.

Degrada, Francesco, Musica e musicisti nell'età di Ludovico il Moro, in: Bologna 1983, II, 409–415.

Dei, Benedetto, La Cronica dall'anno 1400 all'anno 1500, hg. v. Roberto Barducci, Florenz 1984.

Delieuvin, Vincent, AK La Sainte Anne. L'ultime chef-d'œuvre de Léonard de Vinci, Paris 2012.

Dimier, L., Le Primatice, peintre, sculpteur et architecte des rois de France (...), Paris 1900.

Dittmeyer, Daria, Gewalt und Heil. Bildliche Inszenierungen von Passion und Martyrium im späten Mittelalter, Köln u. a. 2014.

Donato, Maria Monica/Parenti, Daniela (Hg.), Dal Giglio al David. Arte civica a Firenze fra Medioevo e Rinascimento, Florenz 2013.

Du Cange, Charles du Fresne, Glossarium mediae et infimae latinitatis V, Paris 1845.

Duhem, Pierre, Études sur Léonard de Vince. Ceux qu'il a lus et ceux qui l'ont vu, III, Les précurseurs parisiens de Galilée, Paris 1955.

Edson, Evelyn, The World Map, 1300–1492: The Persistence of Tradition and Transformation, Baltimore 2007.

Emboden, William, Leonardo da Vinci on Plants and Gardens, Portland OR 1987.

Erben, Dietrich, Bartolomeo Colleoni. Die künstlerische Repräsentation eines Condottiere im Quattrocento, Sigmaringen 1996.

Esch, Arnold, Rom. Vom Mittelalter zur Renaissance. 1378–1484, München 2016.

Fane, Lawrence, The Invented World of Mariano Taccola. Revisiting a Once-Famous Artist-Engineer of Fifteenth-Century Italy, in: Leonardo 36, 2 (April 2003), 135–143.

Fantoni Marcello u. a. (Hg.), The Art Market in Italy, 15th–17th Centuries, Modena 2003.

Farago, Claire (Hg.), Leonardo da Vinci and the Ethics of Style, Manchester/New York 2008.

Dies. (Hg.), An Overview of Leonardo's Career and Projects until c. 1500, New York/London 1999 (= Farago 1999a).

Dies. (Hg.), Leonardo's Science and Technology. Essential Readings for the Non-Scientist, New York/London 1999 (= Farago 1999b).

Fauvelet du Toc, Antoine, Histoire des secretaires d'estat contenant l'origine, le progrés et l'etablissement de levrs charges (…), Paris 1668.

Federici Vescovini, Graziella, Astrologia e scienza. La crisi dell'aristotelismo sul cadere del Trecento e Biagio Pelacani da Parma, Florenz 1979.

Fehrenbach, Frank, Licht und Wasser. Zur Dynamik naturphilosophischer Leitbilder im Werk Leonardo da Vincis, Tübingen 1997.

Ders., The Pathos of Function. Leonardo's Technical Drawings, in: Helmar Schramm u. a. (Hg.), Instruments in Art and Science. On the Architectonics of Cultural Boundaries in the 17th Century, Berlin/New York 2008, 78–105.

Feinberg, Larry J., The Young Leonardo. Art and Life in Fifteenth-Century Florence, Cambridge u. a. 2011.

Fichtner, Gerhard, Rückblick auf ‹Leonardo›. Ein unbekannter Brief Sigmund Freuds vom 21. November 1932, in: Luzifer-Amor 11 (1993), 117–142.

Ficino, Marsilio, Über die Liebe oder Platons Gastmahl, hg. v. Paul Richard Blum, Hamburg 1994.

Fiorio, Maria Teresa, Chiese di Milano, Mailand 1985.

Dies., Giovanni Antonio Boltraffio. Un pittore milanese nel lume di Leonardo, Mailand 2000.

Fischer, Jean-Paul, Rätsel Spiegelschrift, in: Gehirn und Geist 12 (2012), 22–25.

Fischer, Stefan, Hieronymus Bosch. Der ‹Garten der Lüste› in der Forschung, Hamburg 2014.

Fleckner, Uwe u. a. (Hg.), Handbuch der politischen Ikonographie, I, München 2014.

Fletcher, Jennifer, Bernardo Bembo and Leonardo's Portrait of Ginevra de' Benci, in: Burlington Magazine 131 (1989), 811–816.

Fontaine, Marie Madeleine, Rire à la Renaissance, Genf 2010.

French, Roger, Dissection and Vivisection in the European Renaissance, Aldershot 1999.

Freud, Sigmund, Briefe 1873–1939, hg. v. Ernst Freud/Lucie Freud, [2]Frankfurt a. M. 1968.

Ders., Eine Kindheitserinnerung des Leonardo da Vinci, Leipzig/Wien 1910 (2. Aufl. 1919).

Freund, Lothar, Apelles (Verleumdung des Apelles), in: Reallexikon zur Deutschen Kunstgeschichte, I, Stuttgart 1937, 747 f.

Frimmel, Theodor, Anonimo Morelliano (Marcanton Michiel's Notizie d'opere del disegno), Wien 1896.

Frosini, Fabio/Nova, Alessandro (Hg.), Leonardo on Nature. Knowledge and Representation, Venedig 2013.

Fusco, Laurie, The Use of Sculptural Models by Painters in Fifteenth-Century Italy, in: Art Bulletin LXIV, 2 (1982), 175–194.

Gaeta, Giovanni, ‹Benintendi›, in: DBI 8 (1966), 540 f.

Garin, Eugenio, Il problema delle fonti del pensiero di Leonardo (1953), in: ders., La cultura filosofica del Rinascimento italiano, Florenz 1961, 388–401.

Garrard, Mary D., Who was Ginevra de’ Benci? Leonardo’s Portrait und Its Sitter Recontextualized, in: artibus et historiae 53 (2006), 23–56.

Gazzini, Marina, Confraternite e società cittadina nel Medioevo italiano, Bologna 2006.

Gérin-Jean, Pierre, Prices of Works of Art and Hierarchy of Artistic Value on the Italian Market (1400–1700), in: Fantoni u. a. 181–194.

Gesner, Conrad, Historiae animalium liber I, Zürich 1551.

Ghilardotti, Jacopo, La casa degli Atellani e la vigna di Leonardo, Rom 2015.

Ghisetti Giavarina, Adriano, ‹Fancelli, Luca›, in: DBI 44 (1994), 544–549.

Gibbs-Smith, Charles, The Inventions of Leonardo da Vinci, Upper Saddle River NJ 1978.

Gilli Pirina, Caterina, ‹de Predis, Giovanni Ambrogio›, in DBI 39 (1991), 63–66

Giraldi, Giambattista, Discorsi, Venedig 1554.

Glasser, Hannelore, Artist’s Contracts of the Early Renaissance, New York 1977.

Goethe, Johann Wolfgang, Joseph Bossi: Über Leonard da Vinci Abendmahl zu Mayland (Sämtliche Werke 30), Berlin o. J., 416–437.

Goldthwaite, Richard A., The Building of Renaissance Florence. An Economic and Social History, London 1980.

Gombrich, Ernst H., Das symbolische Bild. Zur Kunst der Renaissance II, Stuttgart 1986.

Ders., Die Geschichte der Kunst, [16]Frankfurt a. M. 1996.

Ders., Leonardo’s Method for Working Out Compositions, in: ders., Norm and Form. Studies in the Art of the Renaissance, London 1966, 58–63, 146 f.

Ders., The Form of Movement in Water and Air, in: Farago 1999b, 311–344 (= Gombrich 1969/1999).

Gould, Cecil, Early History of Leonardo’s Vierge aux Rochers in the Louvre, in: Farago 1999a, 499–506.

Grazzini, Marina, ‹Dare et habere›. Il mondo di un mercante milanese del Quattrocento, Florenz 2002.

Greenblatt, Stephen, The Sverve. How the Renaissance Began, London 2011.

Grésy, Eugène, Inventaire des objets d’art composant la succession de Florimond Robertet, ministre de François Ier, dressé par sa veuve le 4e jour de Âout 1532, in: Mémoires de la Societé impériale des Antiquaires de France, 3e série, tome 10, Paris 1868, 1–66.

Gross, Charles G., Leonardo da Vinci on the Brain and Eye, in: Neuroscientist 3 (1997), 347–354.

Gundermann, Gotthold, Der Brief des P. Lentulus über Jesum, in: Zeitschrift für wissenschaftliche Theologie 29 (1886), 241.

Guthmüller, Bodo, Studien zur antiken Mythologie in der italienischen Renaissance, Weinheim 1986.

Hand, John Oliver, Hans Memling’s Saint John the Baptist and Saint Veronica, Washington DC 1994.

Hankins, James, Plato in the Italian Renaissance, I, Leiden 1990.

Harbison, Craig, Jan van Eyck. The Play of Realism, [2]London 2012.

Harding, Eric u. a., The Restauration of the Leonardo Cartoon, National Gallery Technical Bulletin 13 (1989), 4–26.

Hatfield, Rab, Botticelli’s Mystic Nativity, Savonarola and the Millennium, in: Journal of the Warburg and Courtauld Institutes 58 (1995), 89–114.

Ders., Finding Leonardo: The Case for Recovering the Battle of Anghiari, Florenz 2007.

Ders., The High End. Michelangelo’s Earnings, in: Fantoni u. a. 2003, 195–201.

Herding, Klaus, Freuds Leonardo, München 1998.

Hessler, Christiane J., Zum Paragone. Malerei, Skulptur und Dichtung in der Rangstreit-literatur des Quattrocento, Berlin 2014.

Heydenreich, Ludwig Heinrich, ‹Qui è la veduta›, in: ders., Leonardo-Studien, hg. v. Günter Passavant, München 1988, 163–174.

Hildburgh, W. L., Aeolipiles as Fire-blowers, in: Archaeologia (...) 94 (1951), 27–56.

Houssaye, Arsène, Histoire de Léonard de Vinci, ²Paris 1876.

Ianziti, Gary, Humanistic Historiography under the Sforzas, Oxford 1988.

Ders., Sforza, in: Volker Reinhardt (Hg.), Die großen Familien Italiens, Stuttgart 1992, 501–515.

Isaacson, Walter, Leonardo da Vinci. The Biography, London u. a. 2017.

Jacobsen, Werner, Die Maler von Florenz zu Beginn der Renaissance, München/Berlin 2001.

Jacobus, Mary, Poetry in Paint, Princeton/Oxford 2016.

Jäger, Wolfgang, Nuovo dizionario italiano-tedesco (...), Nürnberg 1764.

Jardine, Lisa, Worldly Goods, London 1996.

Jestaz, Bertrand, François Ier, Salaì, et les tableaux de Léonard, in: Revue de l'art 126 (1999), 68–72.

Judd, Cristle Collins, Reading Renaissance Music Theory. Hearing with the Eyes, Cambridge u. a. 2000.

Karnim, Otto, La legge del catasto fiorentino del 1427, Florenz 1906.

Kaufmann, Walter, Nietzsche. Philosoph – Psychologe – Antichrist, Darmstadt 1982.

Kecks, Ronald G., Domenico Ghirlandaio und die Malerei der italienischen Renaissance, München/Berlin 2000.

Keele, Kenneth D., Leonardo da Vinci's Elements of the Science of Man, New York u. a. 1983.

Keith, Larry/Roy, Ashok/Morrison, Rachel/Schade, Peter, Leonardo da Vinci's *Virgin of the Rocks*. Treatment, Technique and Display, in: National Gallery Technical Bulletin 32 (2011), 32–56.

Keith, Larry, In Pursuit of Perfection. Leonardo's Painting Technique, in: Syson/Keith 2012, 54–77.

Kemp, Martin, Analogy and Observation in the Codex Hammer (1986), in: Farago 1999b, 345–376 (= Kemp 1986/1999).

Ders. ‹Here's Looking at You›: The Cartoon for the So-called ‹*Nude Mona Lisa*›, in: Moffatt/Taglialagamba 2016, 151–168.

Ders., ‹Il concetto dell'anima' in Leonardo's Early Skull Studies (1971), in: Farago 1999b, 205–228.

Ders., Dissection and Divinity in Leonardo's Late Anatomies, in: Farago 1999b, 230–263 (= Kemp 1971/1999).

Ders., From ‹mimesis› to ‹fantasia›. The Quattrocento Vocabulary of Creation, Inspiration and Genius in the Visual Arts, in: Viator VIII (1977), 347–398 (= Kemp 1977a).

Ders., Leonardo, München 2005.

Ders., Leonardo and the Visual Pyramid (1977), in: Farago 1999b, 96–117 (= Kemp 1977/1999).

Ders., Leonardo da Vinci: La bella principessa. Errors, Misconceptions and Allegations of Forgery, www.lumiere-technology.com/A&HresponseMK.pdf (4. 2. 2018).

Ders., Leonardo da Vinci: The Marvellous Works of Nature and Man (1981), Oxford/New York 2006.

Ders., Leonardo's Drawings for ‹Il Cavallo del Duca Francesco di Bronzo›: The Program of Research, in: Cole Ahl 64–78 (= Kemp 1995).

Ders./Pallanti, Giuseppe, Mona Lisa. The People and the Painting, Oxford 2017.

Ders./Wells, Thereza, Leonardo da Vinci's Madonna of the Yarnwinder: A Historical & Scientific Detective Story, London 2011.

Kirwin, W. Chandler/Rush, Peter G., The Bubble Reputation: In the Cannon's and the Horse's Mouth (or The Tale of Three Horses), in: Cole Ahl 8–110.

Kish, Susan, The Cartography of Leonardo da Vinci: The Map-Maker, in: Carla Clivia Marzoli (Hg.), Imago et mensura mundi, Florenz 1985, 89–98.

Koerner, Joseph Leo, The Moment of Self-Portraiture in Renaissance Art, Chicago/London 1993.

Kohl, Benjamin C./Witt, Ronald G. (Hg.), The Earthly Republic. Italian Humanists on Government and Society, Manchester 1978.

Kommer, Björn R. (Hg.), AK Adriaen de Vries 1556–1626, Augsburgs Glanz – Europas Ruhm, Heidelberg 2000.

Krause, Johanna/Krause, Klaus-Henning, ADHS im Erwachsenenalter. Symptom – Differenzialdiagnose – Therapie, [4]Stuttgart 2014.

Kruft, Hanno-Walter, Geschichte der Architekturtheorie von der Antike bis zur Gegenwart, München 1986.

Kubersky-Piredda, Susanne, Die Florentiner Maler der Renaissance und der Kunstmarkt ihrer Zeit, Norderstedt 2005.

Kwakkelstein, Michael W., Leonardo da Vinci as a Physiognomist. Theory and Drawing Practice, Leiden 1994.

Landrus, Matthew, Evidence of Leonardo's Systematic Design Process for Palaces and Canals in Romorantin, in: Moffatt/Taglialagamba 2016, 100–113.

Landucci, Luca, Diario fiorentino dal 1450 al 1516, hg. v. Iodoco del Badia, Florenz 1883.

Lang, Heinrich, Herrscherfinanzen und Bankiers unter Franz I. Die Rolle der Florentiner Salviati im Finanzsystem des frühen 16. Jahrhunderts, in: Peter Rauscher u. a. (Hg.), ‹Das Blut des Staatskörpers›. Forschungen zur Finanzgeschichte der Frühen Neuzeit, München 2012, 459–510.

Lapucci, Carlo, Dizionario dei proverbi italiani, Florenz 2006.

Laurenza, Domenico, Leonardo on Flight, Baltimore 2004.

Ders., Leonardo's Theory of the Earth: Unexplored Issues in Geology from the Codex Leicester, in: Frosini/Nova 257–267.

Le Brun, Pietro, Spiegazione della messa (…), Verona 1742.

Lee, Egmont, Sixtus IV and Men of Letters, Rom 1978.

Leishman, J. Gordon, Principles of Helicopter Aerodynamics, Cambridge NY 2006.

Leverotti, Franca, La crisi finanziaria del ducato di Milano alle fine del Quattrocento, in: Bologna 1983, II, 585–632.

Levine, Saul, The Location of Michelangelo's David. The Meeting of January 25, 1504, in: Art Bulletin 56,1 (1974), 31–49.

Lindberg, David C., Theories of Vision from Al-Kindi to Kepler, Chicago/London 1976.

Lomazzo, Giovanni Paolo, Idea del tempio della pittura, Mailand 1590.

Ders., Scritti sulle arti, a cura di Roberto Paolo Ciardi, 2 Bde., Florenz 1973/74.

Ders., Trattato dell'arte della pittura, scoltura, et architettura, Mailand 1584.

Lopez, Guido, Festa di nozze per Ludovico il Moro, Mailand 1976.

Ders., La roba e la libertà. Leonardo nella Milano di Ludovico il Moro, Mailand 1982.

Lorenzo il Magnifico s. Medici, Lorenzo de'

Lubkin, Gregory, A Renaissance Court. Milan Under Galeazzo Maria Sforza, Berkeley/Los Angeles 1994.

Lydecker, John K., The Domestic Setting of the Arts in Renaissance Florence, Ann Arbor 1987.

MacCurdy, Edward, The Notebooks of Leonardo da Vinci (1939), New York 1955.

Machiavelli, Niccolò, Opere, hg. v. Corrado Vivanti, Turin 1999.

Mancini, Gerolamo, Vita di Leon Battista Alberti (1911), Rom 1967.

Mander, Karel van, The Lives of the Illustrious Netherlandish and German Painters, hg. v. Hessel Miedema, 6 Bde., Dornspijk 1994–1999.

Marani, Pietro C., Francesco Melzi, in: Porzio 1998, 371–384 (= Marani 1998b).

Ders., Il problema della ‹bottega› di Leonardo. La ‹pratica› e la trasmissione delle idee di Leonardo all'arte e la pittura, in: Porzio 1998, 9–37 (= Marani 1998a).

Ders., Imita quanto puoi li Greci e Latini. Leonardo da Vinci e l'antico (2004), in: ders. 2010, 169–178 (= Marani 2010a).

Ders., *La Vergine delle rocce* di Leonardo, la sua fortuna iconografica e il Paliotto leonardesco di Santa Maria del Monte, in: ders. 2010, 103–123 (= Marani 2010b).

Ders., Leonardiana. Studi e saggi su Leonardo da Vinci, Mailand/Genf 2010.

Ders., Leonardo e Leon Battista Alberti, in: ders. 2010, 313–323 (= Marani 2010c).

Ders., Leonardo. Una carriera di pittore, Mailand 1999.

Ders., Per Leonardo scultore. Nuove ipotesi sul bronzo di Budapest, il *Monumento Trivulzio* e il Rustici, in: Marani 2010, 179–190 (= Marani 2010d).

Marini, Andrea, Paesaggi interrotti. Geostoria e geofilosofia dei luoghi abbandonati, Diss. Mailand 2015.

Marotzki, Miriam Sarah, Das Selbstporträt bei Leonardo da Vinci und Michelangelo Buonarroti. Oder: Der ‹horror vacui› der Kunstgeschichte, in: Uwe Fleckner/Titia Hensel (Hg.), Hermeneutik des Gesichts. Das Bildnis im Blick aktueller Forschung, Berlin/Boston 2016, 349–372.

Martinis, Roberta, Il palazzo del Banco Mediceo. Edilizia e arte della diplomazia a Milano nel XV secolo, in: Annali di architettura 15 (2003), 37–58.

Mayer, Claude A./Bentley-Cranch, Dana, Florimond Robertet (?-1527). Homme d'état français, Paris 1994.

Mazzocchi Doglio, Mariangela, Leonardo ‹apparatore› di spettacoli a Milano per la corte degli Sforza, in: dies. u. a., Leonardo e gli spettacoli del suo tempo, Mailand 1983, 41–76.

Mecatti, Giuseppe Maria, Storia genealogica della nobiltà e cittadinanza di Firenze, Neapel 1754.

(Medici, Lorenzo de') Lorenzo il Magnifico, Opere, hg. v. Attilio Simioni, I, Bari 1991.

Mengozzi, Stefano, The Renaissance Reform of Medieval Music Theory. Guido of Arezzo between Myth and History, Cambridge u. a. 2010.

Meyer zur Capellen, Jürg, Raphael. A Critical Catalogue of the Paintings, 3 Bde., Landshut 2001–2008.

Meyer, Alfred C., Oberitalienische Renaissance. Bauten und Bildwerke der Lombardei, I, Berlin 1897.

Milanesi, Gaetano (Hg.), Le lettere di Michelangelo Buonarroti, Florenz 1875.

Ders., Documenti inediti risguardanti Leonardo da Vinci, in: Archivio storico italiano ser. 3, 16 (1872), 219–239.

Minois, Georges, Histoire du rire et de la dérision, Paris 2000.

Moczulska, Krystyna, The Most Graceful and the Most Exquisite gallée in the Portrait of Leonardo da Vinci, in: Folia historia artium 1 (1995), 77–86.

Moffatt, Constance/Taglialagamba, Sara (Hg.), Illuminating Leonardo, Leiden 2016.

Moffatt, Constance, Leonardo's Maps, in: Dies./Taglialagamba 342–358.

Mohan, Jean-Pierre u. a. (Hg.), Im Herzen der Mona Lisa. Dekodierung eines Meisterwerks, München 2006.

Molho, Anthony, Marriage Alliance in Late Medieval Florence, Cambridge MA 2004.

Moneta, Milena, ‹De Beatis, Antonio›, in: DBI 33 (1987), 345 f.

Moon, Francis C., The Machines of Leonardo Da Vinci and Franz Reuleaux. Kinematics of Machines from the Renaissance to the 20th Century, Dordrecht 2007.

Moppi, Gregorio, ‹Migliorotti, Aatalante›, in: DBI 74 (2010), 392–394.

Mormando, Franco, The Preacher's Demon. Bernardino of Siena and the Social Underworld of Early Renaissance Italy, Chicago/London 1999.

Mozzati, Tommaso, Giovanfrancesco Rustici, le Compagnie del Paiuolo e della Cazzuola. Arte, letteratura, festa nell'età della Maniera, Florenz 2008.

Mulazzani, Giovanni, Studi economici sulle monete di Milano, in: Rivista italiana di numismatica I, 3 (1888), 299–332.

Muratori, Lodovico Antonio, Antiquitates italicae medii aevi, Mailand 1738/42.

Muther, Richard, Geschichte der Malerei im 19. Jahrhundert, 3 Bde, München 1909.

Nahrstedt, Wolfgang, Die Entstehung der Freizeit, Göttingen 1972.

Nanni, Romano, Leonardo nella tradizione di Leda in: Gigetta dalli Regoli u. a. (Hg.), Leonardo e il mito di Leda, 23–45.

Neri di Bicci, Le ricordanze (10 marzo 1453–24 aprile 1475), hg. v. Bruno Santi, Pisa 1976.

Nesi, Alessandro, Mariano Graziadei di Pescia (1491–1518), allievo di Ridolfo del Ghirlandaio, Florenz 2016.

Niccolini, Enrico, Biagio Buonaccorsi. Diario dell' anno 1498 all'anno 1512, Rom 1999.

Nicholl, Charles, Leonardo da Vinci. The Flights of the Mind, London 2004.

Nietzsche, Friedrich, Jenseits von Gut und Böse (Werke in drei Bänden, II), München 1954.

Nova, Alessandro, ‹Addj 5 dagghosto 1473›: L'oggetto e le sue interpretazioni, in: Frosini/ Nova, 285–301.

Oberhuber, Konrad/Brown, David Alan, Monna Vanna and Fornarina. Leonardo and Raphael in Rome (1978), in: Farago 1999a, 319–380.

Oberli, Matthias, Der Wettbewerb für den ‹tiburio› des Mailänder Doms. Ein Wettstreit zwischen Herzogshaus und Dombauhütte, in: Schweizer Ingenieur und Architekt 117 (1999), 451–454.

Orlandi, Andrea, La rocca di Baiedo in Valsassina, in: Angelo Borghi (Hg.), La rocca di Baiedo in Valsassina. Baluardo del ducato di Milano, Missaglia 2007, 37–93.

Ortalli, Gherardo, ‹… pingatur in Palatio›. La pittura infamante nei secoli XIII–XVI, Rom 1979.

Ost, Hans, Das Leonardo-Porträt in der Kgl. Bibliothek Turin und andere Fälschungen des Giuseppe Bossi, Berlin 1980.

Ders., Edeltrödel. Neues zu der Leonardo da Vinci oder seinem Umkreis zugeschriebenen «Flora» des Bode-Museums in Berlin, http://archiv.ub.uni-heidelberg.de/artdok/volltexte/2008/494 (24. 4. 2018).

Pacioli, Luca, Divina proportione, Venedig 1509.

Pagliara, Pier Nicola, ‹della Volpaia, Lorenzo›, in: DBI 37 (1989), 799–802.

Paravicini, Werner, Colleoni und Karl der Kühne, Berlin 2014.

Parziale, Lavinia, Nutrire la città. Produzione e commercio alimentare a Milano tra Cinque e Seicento, Mailand 2009.

Pastor, Ludwig von, Die Reise des Kardinals Luigi d'Aragona durch Deutschland, die Niederlande, Frankreich und Oberitalien, 1517–1518, beschrieben von Antonio de Beatis, Freiburg i. Br. 1905.

Ders., Geschichte der Päpste im Zeitalter der Renaissance bis zur Wahl Pius II. (…), [12]Freiburg i. Br./Rom 1955.

Pater, Walter, The Renaissance. Studies in Art and Poetry, hg. v. Adam Philips, Oxford/New York 1985.

Pedretti, Carlo, A Chronology of Leonardo de Vinci's Architecture Studies After 1662, Genf 1962.

Ders., Documenti e memorie riguardanti Leonardo da Vinci in Bologna e in Emilia, Bologna 1953.

Ders., La ‹Dama con l'ermellino› come allegoria politica, in: Studi politici in onore di Luigi Firpo, hg. v. Silvia Rota Ghilardi/Franco Barcia, I, Mailand 1990, 161–181.

Ders., Leonardo architetto, Mailand 1978.

Ders., Leonardo da Vinci. L'‹angelo incarnato› e Salai, Foligno/Campi Bisenzio 2009.

Ders., The Royal Palace at Romorantin, Cambridge MA 1972.

Ders., Leonardo e gli astronomi del suo tempo, in: Studi Vinciani. Documenti, Analisi e Inediti leonardeschi, Genf 1957, 118–124.

Ders., Leonardo. A Study in Chronology and Style, Berkeley 1973.

Ders., Paolo di Leonardo, in: ALV V (1992), 120–122.

Ders., Quella puttana di Leonardo, in: ALV IX (1996), 201–219.

Ders., The Sforza Sepulchre I, in: Gazette des Beaux-Arts VI/LXXXIX, 119 (1977), 121–131.

Ders. (Hg.), Leonardo da Vinci and France, Poggio a Caiano 2011.

Pérez-Gómez, Alberto, The Glass Architecture of Fra Luca Pacioli, in: ders./Stephen Parcell (Hg.), Intervals in the Theory of Architecture (Chora IV), Montreal 2004, 245–286.

Pezzana, A., Aggiunte alle Memorie dell'Affò, Parma 1827.

Pico della Mirandola, Giovanni, De dignitate hominis. Rede über die Würde des Menschen, hg. v. Gerd von der Gönna, Stuttgart 2009.

Poliziano, Angelo, Der Triumph Cupidos. ‹Stanze›, übers. v. Emil Staiger, Zürich/München 1974.

Ders., Stanze (…), hg. v. Saverio Orlando, Mailand 1988.

Popper, Karl R., Vermutungen und Widerlegungen, Tübingen 2000.

Porzio, Francesco (Hg.), I leonardeschi. L'eredità di Leonardo in Lombardia, Mailand 1998.

Prizer, William F., Isabella d'Este and Lorenzo da Pavia, ‹Master Instrument Maker›, in: Ian Fenlon (Hg.), Early Music History II. Medieval and Early Modern Music, Cambridge u. a. 1982, 87–128.

Pucci, Antonio, Historia della bella reina d'Oriente, hg. v. Anicio Bonucci, Bologna 1866.

Pulci, Luigi, Il Morgante, hg. v. George B. Weston, Bari 1930.

Puppo, Dario del, Where ‹High› and ‹Low› Meet. Text and Document of a Humanistic Manuscript of Burchiello's Poetry (Pluteo XL 48), in: Text 11 (1998), 207–223.

Putscher, Marielene, Leonardos Anatomiestudien und ihre Bedeutung für Kunst und Wissenschaft, in: Wolfram Prinz/Andreas Beyer (Hg.), Die Kunst und das Studium der Natur vom 14. zum 16. Jahrhundert, Weinheim 1987, 141–157.

Rehm, Ulrich, Botticelli. Der Maler und die Medici. Eine Biographie, Stuttgart 2009.

Reindl, Hedda, Männer um Bāyezīd. Eine prosopographische Studie über die Epoche des Sultans Bāyezīd II. (1481–1512), Berlin 1983.

Reinhardt, Volker, Machiavelli oder die Kunst der Macht, ²München 2012.

Renouard, Yves/Ragni, Eugenio, ‹Benci, Amerigo›, in: DBI 8 (1966), 182 f.

Resta, Gianvito, La cultura umanistica a Milano alle fine del Quattrocento, in: Bologna I, 201–214.

Reti, Ladislao, Leonardo da Vinci and the Graphic Arts. The Early Invention of Relief-Etching (1971), in: Farago 1999b, 379–385 (= Reti 1971/1999).

Ders. (Hg.), Leonardo. Künstler, Forscher, Magier, Frankfurt a.M. 1974.

Reynolds, Anna u.a. (Hg.), AK Portrait of the Artist, London 2016.

Roberts, Jane/Pedretti, Carlo, The Codex Hammer of Leonardo da Vinci. The Waters. The Earth. The Universe, Florenz 1982.

Rocke, Michael, Forbidden Friendships. Homosexuality and Male Culture in Renaissance Florence, New York/Oxford 1996.

Roeck, Bernd, Das verlorene Meisterwerk. Übermalt, gestohlen, versunken: Kunst wird interessant, wenn sie verschwindet. Über die Magie des blinden Flecks, in: Süddeutsche Zeitung, 191 (2011), 14.

Ders., Der Morgen der Welt. Geschichte der Renaissance, [4]München 2018.

Ders., Gelehrte Künstler. Maler, Bildhauer und Architekten der Renaissance über Kunst, Berlin 2013.

Ders., Lo sguardo del costruttore. Venezia vista dagli architetti del Rinascimento, in: Uwe Israel (Hg.), La diversa visuale. Il fenomeno Venezia visto dagli altri, Rom 2008, 115–149.

Ders., Mörder, Maler und Mäzene. Piero della Francescas ‹Geißelung›. Eine kunsthistorische Kriminalgeschichte, [5]München 2010.

Rombai, Leonardo, Cartography in the Central Italian States from 1480 to 1680, in: David Woodward (Hg.), The History of Cartography, III, 1, Chicago 1987, 909–939.

Ronen, Avraham, The Chariot of Darius. The Central Scene of Altdorfer's ‹Battle of Alexander› and its Sources, in: Münchner Jahrbuch der bildenden Kunst XLIV (1993), 99–117.

Roover, Raymond de, The Rise and Decline of the Medici Bank, 1397–1494, Cambridge MA 1963.

Rosheim, Mark Elling, Leonardo's Lost Robots, Berlin/Heidelberg 2006.

Ross, Helen E./Plug, Cornelis, The Mystery of the Moon Illusion. Exploring Size Perception, Oxford 2002.

Rozzo, Ugo, L'ordine de le imbandisone per le nozze di Gian Galeazzo Sforza e Isabella d'Aragona, in: Libri e documenti 15, 2 (1989), 1–14.

Ders., La festa di nozze sforzesca del gennaio 1489 a Tortona, in: Libri e documenti 15,1 (1989), 9–23.

Rucellai, Giovanni, Zibaldone, hg. v. Gabriella Battista, Florenz 2013.

Ruggiero, Guido, The Boundaries of Eros. Sex Crime and Sexuality in Renaissance Venice, New York 1985.

Saffrey, Henry Dominique, ΑΓΕΩΜΕΤΡΗΤΟΣ ΜΗΔΙΣ ΕΣΙΤΩ. Une inscription légendaire, in: Revue des Études grecques 81 (1968), 67–87.

Salzer, Anselm, Die Sinnbilder und Beiworte Mariens in der deutschen Literatur und lateinischen Hymnenpoesie des Mittelalters, Linz 1893.

Santich, Barbara, Meals and Morality, in: Harlan Walker (Hg.), The Meal, London 2002, 206–215.

Sanvito, Alessandro, Il *De ludo scachorum* di Luca Pacioli, in: Gli scacchi di Luca Pacioli. Evoluzione rinascimentale di un gioco matematico, San Sepolcro 2007, 129–160.

Scarpati, Claudio, Leonardo scrittore, Mailand 2001.

Scarton, Elisabetta, Giovanni Lanfredini, uomo d'affari e diplomatico nell'Italia del Quattrocento, Florenz 2007.

Schapiro, Meyer, Leonardo and Freud. An Art-Historical Study, in: Journal of the History of Ideas XVII (1965), 147–178.

Schlechter, Armin, Ita Leonardus Vincius facit in omnibus suis picturis. Leonardo da Vincis Mona Lisa in einer Heidelberger Cicero-Inkunabel und deren Geschichte, in:

Robert Kretzschmar/Sönke Lorenz (Hg.): Leonardo da Vinci und Heinrich Schickhardt. Zum Transfer technischen Wissens im vormodernen Europa, Stuttgart 2010, 242–284.

Schlosser, Julius von, Tote Blicke. Eine Geschichte der Porträtbildnerei in Wachs. Ein Versuch, hg. v. Thomas Medicus, Berlin 1993.

Schmidt, Victor M. u. a. (Hg.), Italy and the Low Countries – Artistic Relations. The Fifteenth Century, Florenz 1994.

Schneider, Ivo, Die Entstehung der Legende um die kriegstechnische Anwendung von Brennspiegeln bei Archimedes, in: Technikgeschichte 36 (1969), 1–11.

Schneider, Marianne, Leonardo da Vinci, Der Vögel Flug. Sul volo degli uccelli, München u. a. 2000.

Schumacher, Andreas (Hg.), AK Botticelli. Bildnis – Mythos – Andacht, Frankfurt a. M. 2009.

Ders., Der Maler Sandro Botticelli. Eine Einführung in sein Werk, in: ders. 2009, 15–55.

Seel, Otto (Hg.), Der Physiologus, [3]Zürich/München 1976.

Settis, Salvatore, Laocoonte. Fama e stile, Rom 2006.

Seybold, Dietrich, Leonardo im Orient. Geschichte eines europäischen Mythos, Köln u. a. 2011.

Sgarbi, Claudio, All'origine dell' Uomo Ideale di Leonardo, in: DISEGNARECON 5,9 (2012), 177–186.

Shell, Janice, Ambrogio de Predis, in: Porzio 123–130 (= Shell 1998a).

Dies., Marco d'Oggiono, in: Porzio 163–178 (= Shell 1998b).

Dies., Gian Giacomo Caprotti, detto Salaì, in: Porzio 397–406 (= Shell 1998c).

Dies./Sironi, Grazioso, Cecilia Gallerani. Leonardo's Lady with an Ermine, in: artibus et historiae 25 (1992), 47–66.

Dies., Salai and the Inventory of His Estate, in: RV 24 (1992), 109–153.

Dies., Un nuovo documento di pagamento per la Vergine delle Rocce di Leonardo, in: Pietro C. Marani (Hg.), ‹Hostinato rigore›. Leonardiana in memoria di Augusto Marinoni, Mailand 2000, 27–31.

Simms, Dennis, Archimedes' Weapons of War and Leonardo, in: British Journal for the History of Science 21,2 (1988), 195–210.

Soldi Rondinini, Gigliola, Le strutture urbanistiche di Milano durante l'età di Ludovico il Moro, in: Bologna II, 553–573.

Spufford, Peter/Denzel, Peter A. u. a. (Hg.), Kaufmannsbücher und Handelspraktiken vom Spätmittelalter bis zum 20. Jahrhundert, Stuttgart 2002.

Staiano-Daniels, Lucia, War People. The Daily Life of Common Soldiers 1618–1654, Diss. Los Angeles 2018.

Starnazzi, Carlo, Leonardo in Casentino, in: Pedretti 2009, 17–43.

Starr, Frederick S., Lost Enlightenment. Central Asia's Golden Age from the Arab Conquest to Tamerlane, Oxford 2013.

Stege, Heike, ‹Es ist nicht immer gut, was schön aussieht›. Untersuchungen zu den Farbmitteln, in: Syre 175–197.

Steinitz, Kate T., Leonardo architetto teatrale e organizzatore di feste, Vinci 1969.

Suida, Wilhelm, Leonardo und sein Kreis, München 1929.

Syre, Cornelia u. a., Leonardo da Vinci. Die Madonna mit der Nelke, München 2006.

Syre, Cornelia, ‹Und Du sollst wissen, daß der Mensch nichts anderes ist als das Muster der Welt›. Die *Madonna mit der Nelke* von Leonardo da Vinci, in: Dies. u. a. 2006, 23–60.

Syson, Luke/Keith, Larry (Hg.), Leonardo da Vinci. Painter at the Court of Milan, [4]London 2012.

Syson, Luke, The Rewards of Service. Leonardo da Vinci and the Duke of Milan, in: Syson/Keith 2012, 12–53.

Taddei, Mario, I Robot di Leonardo da Vinci. La meccanica e i nuovi automati nei codici svelati (…), Mailand 2007.

Taglialagamba, Sara/Nicolai, Gabriele, Leonardo da Vinci. Automazioni e robotica (…), Poggio a Caiano 2010.

Thoenes, Christof, Über die Größe der Peterskirche, in: Georg Satzinger/Sebastian Schütze (Hg.), St. Peter in Rom, 1506–2006, München 2008, 9–28.

Thro, Broyderick E., Leonardo's Early Work on the Pinhole Camera. The Astronomical Heritage of Levi ben Gerson, in: ALV IX (1996), 20–54.

Tissoni-Benvenuti, Antonia, Il teatro volgare della Milano sforzesca, in: Bologna 1983, I, 332–351.

Torre, Carlo, Il ritratto di Milano, Mailand 1674.

Travers Newton, Henry, Leonardo da Vinci as Mural Painter. Some Observations on His Materials and Working Methods, in: Giuseppe Basile/Maurizio Marabelli, Leonardo, L'ultima cena. Indagini, ricerche, restauro, Florenz 2007, 116–123.

Trexler, Richard, Public Life in Renaissance Florence, New York 1980.

Turner, A. Richard, Inventing Leonardo, New York 1993.

Tyler, Christopher W., Leonardo da Vinci's World Map, in: Cosmos and History. The Journal of Natural and Social Philosophy, 13,2, (2017), 1–16.

Tytler, Graeme, Physiognomy in the European Novel. Faces and Fortunes, Princeton 1982.

Uccelli, Giovan Battista, Il convento di San Giusto alle Mura e i Gesuati, Florenz 1865.

Uzielli, Gustavo, Ricerche intorno a Leonardo da Vinci, Florenz 1872.

Vaglienti, Francesca M., ‹Gian Galazzo Maria Sforza›, in DBI 54 (2000), 391–397.

Valentiner, William R., Leonardo's Early Life, in: Leonardo da Vinci Loan Exhibition 1452–1519, Los Angeles 1949.

Valéry, Paul, Introduction à la Méthode de Léonard de Vinci (1894), Paris 1957.

Vasari, Giorgio, Das Leben des Verrocchio und der Gebrüder Pollaiuolo, hg. v. Alessandro Nova u. a., Berlin 2012.

Vasić Vatovec, Corinna, Luca Fancelli, architetto. Epistolario gonzaghesco, Florenz 1979.

Vecce, Carlo, La Gualanda, in: ALV III (1990), 51–72.

Ders., Leonardo da Vinci. Scritti, Mailand 1992.

Ders., Leonardo, Rom 1998.

Ventrone, Paola, Gli araldi della commedia. Teatro a Firenze nel Rinascimento, Pisa 1993.

Dies., Simonetta Vespucci e le metamorfosi dell'immagine della donna nella Firenze dei primi Medici, in: Giovanna Lazzi/dies. (Hg.), La nascita della Venere fiorentina, Florenz 2007, 7–49.

Ventura, Marco/Pecoraro, Angelo, ‹Bembo, Bernardo›, in: DBI 8 (1966), 103–111.

Versiero, Marco, The Gift of Liberty and the Ambitious Tyrant. Leonardo da Vinci as a Political Thinker, between Republicanism and Absolutism, in: Andrea Moudarres/Christiana Purdy Moudarres (Hg.), New Worlds and the Italian Renaissance. Contributions to the History of European Intellectual Culture, Leiden 2012, 75–86.

Vertova, Luisa, La barba di Leonardo. Osservazioni in margine dell'autoritratto, in: AK Da Leonardo a Rembrandt (…), hg. v. Gianni Carlo Sciolla, Turin 1992, 15–21.

Vezzosi, Alessandro, Leonardo da Vinci. Arte e scienza dell'universo, Mailand 1996.

Viganò, Marino, Leonardo and the Trivulzio Monument. Some Questions and Evidence (1507–1518), in: Moffatt/Taglialagamba 2016, 239–255.

Viguerie, Laurence de u. a., Revealing the sfumato Technique of Leonardo da Vinci by

X-Ray Fluorescence Spectroscopy, in: Angewandte Chemie, International Edition 49 (2010), 6125–6128.

Villani, Giovanni, Matteo und Filippo, Chroniche, Trieste 1857.

Villata, Edoardo, Il San Giovanni Battista di Leonardo. Un ipotesi per la cronologia e la committenza, in: RV 27 (1997), 187–236.

Vissière, Laurent, Dialogue des devises et devises en dialogue à l'occasion des premières Guerres d'Italie, in: Denise Turel u. a. (Hg.), Signes et couleurs des identités politiques, du Moyen Âge à nos jours, Rennes 2008, 421–435.

Wackernagel, Martin, Der Lebensraum des Künstlers in der florentinischen Renaissance. Aufgaben und Auftraggeber, Werkstatt und Kunstmarkt, Leipzig 1938.

Walker, John, Ginevra de' Benci by Leonardo da Vinci, in: National Gallery of Art, Report and Studies, Washington DC 1967, I, 1–38.

Walter, Philippe, Chemical Analysis and Painted Colours. The Mystery of Leonardo's Sfumato, in: Cambridge University Press 21,2 (2013), 175–189.

Warnke, Martin, Hofkünstler. Zur Vorgeschichte des modernen Künstlers, [2]Köln 1986.

Welch, Evelyn, Art and Authority in Renaissance Milan, New Haven/London 1995.

Dies., Shopping in the Renaissance. Consumer Cultures in Italy, 1400–1600, New Haven/London 2005.

Wells, Francis, The Heart of Leonardo, Berlin 2013.

Welser, Marx, Cronica der Weitberuempten Keyserlichen vnd deß H. Reichs Statt Augspurg, Frankfurt a. M. 1595, ND Neusäß 1984.

Wesselski, Albert (Hg.), Angelo Polizianos Tagebuch mit vierhundert Schwänken und Schnurren aus den Tagen Lorenzos des Großmächtigen und seiner Vorfahren, Jena 1929.

White, Lynn jr., The Invention of the Parachute, in: ders., Medieval Religion and Technology, Collected Essays, Berkeley u. a. 1978, 175–180.

Wiesflecker, Hermann, Kaiser Maximilian I. Das Reich, Österreich und Europa an der Wende zur Neuzeit, 4 Bde, Wien 1971–1981.

Williams, Gareth D., Pietro Bembo on Etna. The Ascent of a Venetian Humanist, Oxford u. a. 2017.

Windt, Franziska, Andrea del Verrocchio und Leonardo da Vinci. Zusammenarbeit in Skulptur und Malerei, Münster 2003.

Winternitz, Emanuel, Leonardo da Vinci as a Musician, New Haven/London 1982.

Witt, Ronald D., The Two Latin Cultures and the Foundation of Renaissance Humanism in Medieval Italy, Cambridge u. a. 2012.

Woods-Marsden, Joanna, Leonardo da Vinci's *Mona Lisa*. A Portrait without a Commissioner?, in: Moffatt/Tagliagamba 169–182.

Wright, Alison, The Pollaiuolo Brothers. The Arts of Florence and Rome, New Haven u. a. 2005.

Zaccarello, Michelangelo, I sonetti del Burchiello, Bologna 2000.

Zambrano, Patrizia (Hg.), Amico di Sandro, Mailand 2006.

Zapperi, Roberto/Ricci-Albani, Daniela, ‹Botta, Bergonzio›, in: DBI 13 (1971), 362–364.

Zedler, Johann Heinrich, Grosses vollständiges Universal Lexicon Aller Wissenschafften und Künste, 64 Bde., Halle/Leipzig 1732–1750.

Zöllner, Frank, From the Face to the Aura. Leonardo da Vinci's Sfumato and the History of Female Portraiture, in: Monika Körte u. a. (Hg.), Inventing Faces. Rhetorics of Portraiture between Renaissance and Modernism, München 2013, 67–83.

Ders., Il paesaggio di Leonardo da Vinci fra scienza e simbolismo religioso, in: RV 31 (2006), 231–256.

Ders., Karrieremuster. Das malerische Werk Leonardo da Vincis im Kontext der Auftragsbedingungen, in: Georges Bloch-Jahrbuch 2 (1995), 57–73.
Ders., Leonardo da Vinci, Sämtliche Gemälde und Zeichnungen, Köln 2007.
Ders., Leonardo's Portrait of Mona Lisa del Giocondo, in: Gazette des Beaux-Arts 121 (1993), 115–138.
Zupko, Ronald E., Italian Weights and Measures from the Middle Ages to the Nineteenth Century, Philadelphia 1981.

Nachtrag

Aus der Literatur zu Leonardos Leben und Werk, die nach Abschluß der Arbeiten an der vorliegenden Biographie zum 500. Todestag 2019 oder kurz zuvor erschien, seien einige wichtigere Publikationen hervorgehoben. 200 Blätter des einzigartigen Bestandes an Leonardo-Zeichnungen der Royal Collection in Schloß Windsor stellt Martin Clayton in seinem Begleitband zu einer Serie von Ausstellungen vor (Leonardo da Vinci. A Life in Drawing, London 2018; deutsch: Leonardo da Vinci. Das Genie als Zeichner, Stuttgart 2018). Kia Vahland wirft einen frischen Blick auf Leonardos Frauenporträts (Leonardo und die Frauen. Eine Künstlerbiographie, Berlin 2019); darin (S. 108–110) findet sich der Hinweis auf zwei 2016 aufgefundene Gedichte, die möglicherweise von Ginevra Benci stammen (unbekannt war mir der dort zitierte Aufsatz von Marco Faini, Per Bernardo Bembo poeta. Un possibile scambio poetico con Ginevra de' Benci, in: Albertiana XIX, N. S. I, 1 [2016], 147–161; vgl. S. 85 in diesem Buch). Neue Einsichten in die Werkstatt, in der Leonardo seine Ausbildung erfuhr, vermittelte eine Ausstellung, die im Palazzo Strozzi in Florenz zu sehen war (Francesco Caglioti/Andrea De Marchi [Hg.], AK Verrocchio, il maestro di Leonardo, Venedig 2019). Ben Lewis informiert in seiner gründlich recherchierten Studie darüber, was gegenwärtig über die Schicksale des «Salvator mundi» bekannt ist (The Last Leonardo. The Secret Lives of the World's Most Expensive Painting, London 2019; vgl. S. 177–180 in diesem Buch). Seit Juli 2019 liegt schließlich die monumentale Leonardo-Monographie Carmen C. Bambachs vor, ein Markstein der Leonardo-Forschung (Leonardo da Vinci Rediscovered, 4 Bde., New Haven/London 2019).

Bildnachweis

Androuet du Cerceau, Jacques, Le second volume des plus excellents bastiments de France, Paris 1579: 59

Bentley-Cranch, Dana, The Renaissance Portrait in France and England. Comparative study, Paris 2004: 46

Berlin, akg-images: 9 (Heritage Images/Fine Art Images); 13, 15, 42 (De Agostini Picture Lib.)

Berlin, bpk: 2 (Skulpturensammlung und Museum für Byzantinische Kunst, SMB/Jörg P.Anders); 10, Taf. 22 (RMN/Grand Palais/René-Gabriel Ojéda); 36 (RMN/Grand Palais/Michèle Bellot); 45, 62 (RMN/Grand Palais/Gérard Blot); 61, Taf. 31 (RMN/ Grand Palais/Hervé Lewandowski); Taf. 12 (RMN/Grand Palais/Angèle Dequier); Taf. 15 (RMN/Grand Palais/Christian Jean); Taf. 24 (RMN/Grand Palais/Michel Urtado); 32 (The Metropolitan Museum of Art); 52 (British Library Board); 64 (Gemäldegalerie, SMB/Jörg P.Anders); Taf. 5 (Alinari Archives/George Tatge); Taf. 6 (Bayerische Staatsgemäldesammlungen)

Berlin, Bridgeman Images: Vorsatz, 11, 23, 27, 50, 55, 56 (Veneranda Biblioteca Ambrosiana/Mondadori Portfolio); 6 (De Agostini Picture Library); 8, 14, 28, 29, 34, 44, 47, 48, 49, 57, 60, 70, 71 (bearb. Taf. 29), Taf. 1, Taf. 16, Taf. 23, Taf. 29 (Royal Collection Trust © Her Majesty Queen Elizabeth II, 2019); 12 (Biblioteca Reale, Turin/Alinari Archives, Florenz); 17 und Det. aus 17 auf S.15, 21, 87, 187, 251, 297, 365, 369 (Gallerie dell'Accademia, Venedig); 30 (Ashmolean Museum, University of Oxford, UK); 35 (Veneranda Biblioteca Ambrosiana Mailand/De Agostini Picture Library); 37, 38 (De Agostini Picture Library/G. Nimatallah, 38 bearbeitet von Jose Cáceres-Mardones); 53 (Gabinetto dei Disegni e Stampe, Galleria Degli Uffizi, Florenz/Alinari Archives, Florenz); 58 (Raffaello Bencini); 65 (Pinacoteca di Brera, Mailand/Mondadori Portfolio/Archivio Magliani/Mauro Magliani & Barbara Piovan); 66 (Alinari Archives, Florenz); 69 (British Museum, London); Taf. 8, Taf. 27 rechts (National Gallery, London); Taf. 27 links (Granger);

Berlin, Ullstein images: Taf. 26 (Heritage Images/Fine Art Images)

Florenz, Archivi Alinari: 5

Florenz, Scala Archives: 3 (Det. aus Taf. 4), Taf. 3, Taf. 4 (The National Gallery, London); 4, 33, Taf. 10, Taf. 18, Taf. 19, Taf. 28 (Courtesy of the Ministero Beni e Att. Culturali e del Turismo); 20, 24, 67, Taf. 2, Taf. 7, Taf. 9, Taf. 14; 18 (Art Media/Heritage Images); 68 (Photo Fine Art Images/Heritage Images); Taf. 11 (Art Resource); Taf. 17 (White Images); Taf. 20 (Salvator Mundi LLC/Art Resource, NY)

Heidelberg, Universitätsbibliothek: 41 (Marcus Tullius Cicero, Epistulae ad familiars, 1477, Signatur: D 7620 qt. INC, S. 11a)

London, The National Gallery: Taf. 13

Marinoni, Augusto (Hg.), Leonardo da Vinci, I manoscritti dell'Institut de France, 12 Bde., Florenz 1986–1990: 16 (Ms B 2173, fol. 16r), 21 (Ms. B 2173, 80r), 22 (Ms B 2173, fol. 83v), 25 (Ms B 2173, 33r), 40 (Ms L, 65v u. 66r), 54 (Codex Asburnham II, BN 2038, 4b), 63 (Ms A 2172, 1r)

Oxon, Alamy: 7 (UtCon Collection/Stock Foto), 39 (Dennis Hallinan/Stock Foto), Taf. 21 (Stock Foto/The Picture Art Collection)
Pavia, Musei Civici del Castello Visconteo: 19
Roberts, Jane/Pedretti, Carlo, The Codex Hammer of Leonardo da Vinci. The Waters. The Earth. The Universe, Florenz 1982: 51
Zöllner, Frank/Nathan, Johannes, Leonardo da Vinci. Sämtliche Gemälde und Zeichnungen, Köln 2015: 1, 43 (Venedig, Osvaldo Böhm); 26 (Florenz, Paolo Tosi, Studio Fotografico); 31 (Oxford, Christ Church, Governing Body)
Zürich, Grit Schüler: 72, Taf. 30
Zürich, Schweizerisches Nationalmuseum: Taf. 25

Personenregister

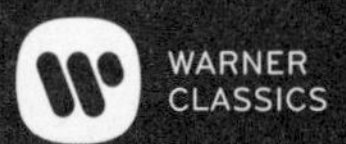

WARNER
CLASSICS

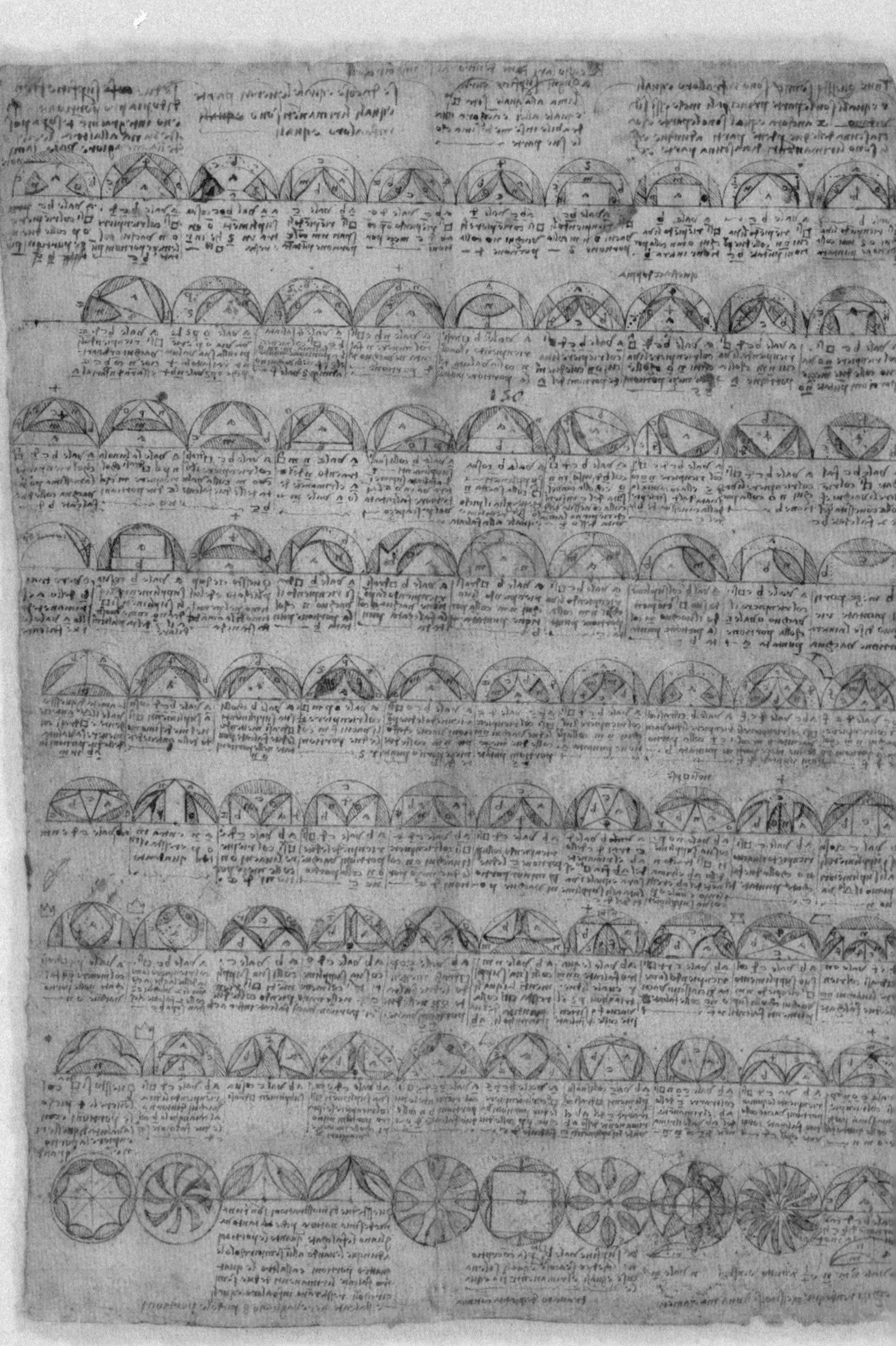